KB140311

생활속 심리학

Ψ

이병관·박지영

PSYCHOLOGY

머리말

심리학은 흥미로운 학문이다. 사람의 마음을 연구하기 때문이다. 많은 사람들이 관심을 가질 만하다. 그래서 심리학 서적을 찾게 된다. 그러나 방대한 분량, 어려운 전문용어, 이해되지 않는 내용 때문에 쉽게 접근을 하지 못한다.

이는 심리학이라는 학문의 스펙트럼이 넓기 때문이다. 회계학이라면 회계 관련, 법학이라면 법학 관련 부분을 공부하면 된다. 심리학 역시 심리 관련 부분을 공부하면 되지만, 심리 관련 부분이라는 것이 만만치가 않다. 동기, 정서, 인지, 발달, 지능, 장애, 성격, 성, 연령 등 많은 분야들이 포함되어 있다. 예컨대, 생물심리학이나 임상심리학은 생물학이나 의학의 영역이다. 심리학에 필수인 통계학은 자연과학의 영역이다.

심리학 개론서 중에는 공저자가 10명 이상 되는 책도 있는데, 각 분야의 전문가가 자신의 분야를 맡아 집필하기 때문이다. 그만큼 심리학은 범위가 넓다.

이에 저자들은 심리학 분야 중 생활과 관련 있는 내용을 위주로 하여 흥미롭고 쉬우면서도 재미있는 책을 만들어보기로 했다.

이를 위해 관련 생활사례를 많이 제시하여 설명했다. 사례로는 국내의 자료를 많이 활용하고자 했다. 전형적인 사례를 찾다보니 다소 오래된 사례도 있고, 외국 사례도 물론 있다. 현실감을 느낄 수 있을 것이다.

또한 내용을 쉽게 설명하고자 했다. 어려운 전문용어라든가 이해하기 어려운 내용은 책에서 찾아보기 어렵다. 거추장스런 표현은 없애고 짧은 문장으로 이해를 도왔다. 옆에서 이야기해주는 듯한 느낌을 받을 수 있을 것이다.

그리고 언론 기사 등을 도입사례와 마무리사례에 넣어 각 장의 내용이 실생활에 어떻게 접목되는지 살펴봄으로써 이해의 폭을 넓히도록 하였다. 각 장 마지막에는 핵심 용어와 본문의 요약을 넣어 한 번 더 복습이 되도록 하였다. 이 부분은 각 장을 시작하기 전에 읽어봐도 좋을 것이다.

상담, 임상, 발달, 산업, 교육 심리학 등은 중요한 과목이지만 이 책에서는 다루지 않았다. 아쉽긴 하지만 이 책의 성격상 저자들이 의도한 목적과 다른 분야이기 때문이다. 그래서 이 책은 심리학 전공자보다는 비전공자, 심리학에 관심 있는 대학생이나 일반인에게 도움이 될 것이다. 이 책을 통해 쉽고 재미있게 심리학에 접근할 수 있을 것이다. 모쪼록 독자들께서 심리학에 대한 기본 지식을 얻을 수 있기를 기원한다.

훌륭한 편집으로 좋은 책을 만들어주신 양수정, 이은정, 최문하, 정명희 과장님께 감사드린다.

2023년 8월

저자들 씀

차 례

제 1 장 심리학 개요

제 2 장 감각과 지각

제 3 장 학습

제 4 장 기억과 망각

제5장 인지

제6장 문제해결과 창의성

제 7 장 언어와 사고

제 8 장 동기와 정서

제 9 장 성격과 정신분석

제10장 스트레스와 대처

제11장 집단과 리더십

제12장 사회지각

제13장 사회행동

제14장 군중행동과 환경

CHAPTER 1

심리학 개요

심리학은 인간의 행동과 정신과정을 과학적으로 연구하는 학문이다. ψ[psi, 프시]는 23번째 그리스 문자로서 심리학을 상징하는 기호로 사용된다.

도입사례

이 인물, 그 배우의 연기 - '이순신'

역사적인 위인을 묻는다면 누구나 숨 쉬듯이 자연스레 언급되는 '이순신' 장군은 그 위업에 걸맞게 많은 시대극으로 대중들에게 선보여 왔다. 대표작을 살펴보자면 드라마 업계에서는 2004년 KBS1에서 방영된 '불멸의 이순신'이 있고, 영화 업계에서는 2014년 개봉된 영화 '명량', 2022년 '한산 : 용의 출현' 등이 있다. 드라마 '불멸의 이순신'은 2004년 9월부터 2005년 8월까지 방영된 대하드라마로 총 106화로 완결되었으며, 이순신 장군의 일대기를 담고 있다.

시청자들은 이순신 역할을 맡은 김명민을 보며 '저 사람은 누구지?'라는 생각을 대부분이 했을 것이다. 당시 무명에 가까웠던 김명민은 대중들에게 너무나도 생소한 얼굴이었다. 성웅 이순신에 대한 영화나 연극에서는 늘 기라성 같은 원로 배우들이 연기를 선보였기에 잘 모르는 배우가 출연해 의문으로 가득했었다.

'불멸의 이순신'은 사극 중 역대급의 볼거리를 제공하기로 유명하다. 호쾌한 전투신과 박진감으로 숨 막히는 연출을 선보여 긴박한 당시 상황을 잘 표현해냈으며, 이러한 연출을 김명민은 훌륭하게 소화해냈다. 감정선의 굴곡이 큰 장면들이 많은데 김명민을 포함한 출연진들이 뛰어난 연기력을 보여주어 하나의 호흡을 이루어내기도 한다. 특히 작중 배경 자체가 임진왜란인 점과, 암울했던 당시 내정 상황, 일본과 명나라에 대한 자세한 서술 표현, 훌륭한 OST 퀄리티 등등은 시청률을 이끌어내는 데 크게 한몫했다.

일대기를 담은 만큼 이순신 장군의 나이에 따른 연기 변화도 눈여겨볼 만했다. 청년 시절, 중장년 시절 등 세월의 흐름에 따른 표정 연기부터 목소리의 변화까지 세세한 부분의 연기력을 표현해내는 점에 대중들은 김명민에게 높은 평가를 주었다.

또한, 이순신 장군 영정 모습과 김명민의 얼굴이 매우 흡사한 점도 재미다. 성형의가 매우 닮았다고 판단할 정도로 인상이 흡사한데, '이순신 장군을 실제로 본다면 이러한 모습이겠구나'라는 상상을 할 만큼 시청하는 데에 있어 더욱 몰입감을 주기에 충분했다.

김명민은 '불멸의 이순신'을 통해 2005년 연기대상에서 대상을 수상하는 쾌거를 달성했다. 수상 소감으로 "이순신 장군을 연기하게 된 것은 인생에 있어 가장 큰 행운이다. 한때 모든 것을 포기하려 했으나 이순신 장군을 만나게 되었고, 다시 한번 존경의 마음을 표한다"는 메시지를 전하기도 했다. (뉴스플릭스, 2022.8.3 발췌)

생각해보기 배우가 연기를 잘한다는 것은 심리학적으로 어떤 의미일까?

"조선 수군은 패배할 것이다. 우리 모두는 전멸할 것이며, 그러므로 이곳 명량의 바다는 조선 수군의 무덤이 될 것이다. 적이 그렇게 믿고 있다. … 나는 지난 6년간 수많은 전장에 부하들을 세워왔고, 단 한 번도 진 바 없다. … 살고자 하면 죽을 것이요. 죽고자 하면 살 것이니 목숨과 바꿔서라도 이 조국을 지키고 싶은 자, 나를 따르라."

명량출정연설

2004년 방송된 KBS 대하드라마 〈불멸의 이순신〉에서 이순신 역의 김명민이 명량해전 출전을 앞둔 출정식에서 한 연설이다. 이순신은 이 대사를 수병들 앞에서 외쳤다. 그의 고뇌와 간절함이 서린 눈빛도 있었지만 중저음으로 깔리고 공명이 된 비장한 음성은 발음조차 분명해 귀에 쏙쏙 꽂혔다. 인간 이순신의 고뇌와 의지, 적에 대한 분노, 병사들의 공포 등 복잡한 상황들이 이 연설 속에 녹아들었다.

시청자들은 모골이 송연해졌다. 김명민은 시청자들을 화면으로 빨아들여 꼼짝 못하게 했다. 급기야 TV 화면을 보며 눈물을 주르르 흘리는 이도 적지 않았다. (아시아투데이, 2014.11.13)

이순신은 남은 열두 척의 전선으로 133척의 적과 싸워야 했다. 일반적인 상황이라면 게임이 되지 않는 극한 상황! 이순신은 어떤 생각을 하고 어떤 감정을 느꼈을까?

〈불멸의 이순신〉 KBS 화면

영화나 드라마에서는 맡은 인물의 감정과 생각을 몸짓과 자세, 표정, 목소리 등을 통해 잘 표현했을 때 흔히 '섬세한 내면 연기'를 펼친다고 한다. 반면 책 읽듯이 대사만 읊는다면 '발연기'라는 소리를 듣는다.

'내면'은 사람의 마음이라 할 수 있을 것이다. 내면 혹은 마음은 행동을 통해 밖으로 드러나게 된다. 훌륭한 배우는 맡은 배역의 인물을 잘 이해하여 그의 마음을 행동으로 제대로 옮기는 사람이다.

그러면 마음이란 무엇일까? "네 마음을 보여줘"란 이야기를 들으면 우리는 우리가 하고 싶은 것이 무엇이고, 어떤 기분을 느끼며, 또 무엇에 대해 어떻게 생각한다는 등의 내용을 이야기할 것이다. 즉 우리의 욕망과 느낌(동기와 정서), 그리고 생각(사고과정)이 합쳐진 것이라고 할 수 있다. 동기와 정서만 있고 사고과정이 없다면 우리는 동물과 다를 바가 없을 것이다. 대신 사고과정만 있고 욕망과 느낌이 없다면 우리는 컴퓨터와 같이 정보를 처리하는 존재로만 머물 것이다. 심리학은 이러한 인간의 마음에 관해 연구를 하는 학문이다.

심리학이란

심리학(psychology)은 "인간의 행동과 정신과정을 과학적으로 연구하는 학문"이다. 이 정의에 따르면 세 가지의 심리학 구성요소가 나온다. 인간, 행동과 정신과정, 그리고 과학이다.

인간을 연구하는 학문이다

심리학 외에도 인간을 연구하는 학문은 많다. 문학이나 역사, 철학, 언어 등을 연구하는 인문학뿐만 아니라 사회학이나 인류학과 같은 사회과학, 그리고 의학 등이 인간을 연구하는 학문이다. 그러나 심리학은 다음의 점에서 인간을 연구하는 다른 학문과 구분된다.

인간의 행동과 정신과정을 연구하는 학문이다

인문학은 문학이나 역사, 언어 등에 나타난 인간을 연구하고, 사회학이나 인류학 같은 사회과학은 사회적 존재로서의 인간, 사회와 인간의 관계 혹은 민족이나 전체 인류의 행동을 연구하며, 의학은 인체의 구조와 치료에 대한 연구를 한다. 하지만 정신과정을 포함한 행동을 연구하는 것은 심리학이다.

과학적 방법을 통해 연구한다

심리학은 과학적 방법을 통해 연구한다. 인문학도 행동을 관찰하고 기술하며 그 원인을 분석하기도 하지만, 어디까지나 작가 개인의 주관적 분석이거나 혹은 역사적 사실에 근거한 분석 등을 통한 것이다.

사회학이나 인류학도 심리학과 마찬가지로 인간의 행동을 과학적으로 연구하기 때문에 주로 이 세 학문을 행동과학(behavioral science)이라 한다. 하지만 연구 범위에 차이가 있다. 사회학이 사회 속에서의 인간 행동을 연구하는 것이라면 인류학은 더 큰 범위인 민족이나 종족 등을 연구한다. 심리학은 개인과 집단이 연구대상인데, 집단이라 하더라도 소집단과 같이 그 범위가 좁다.

인간의 행동과 정신과정은 인간 마음의 표현이다. 결국 심리학은 인간의 마음을 과학적으로 연구하는 학문이라 할 수 있다.

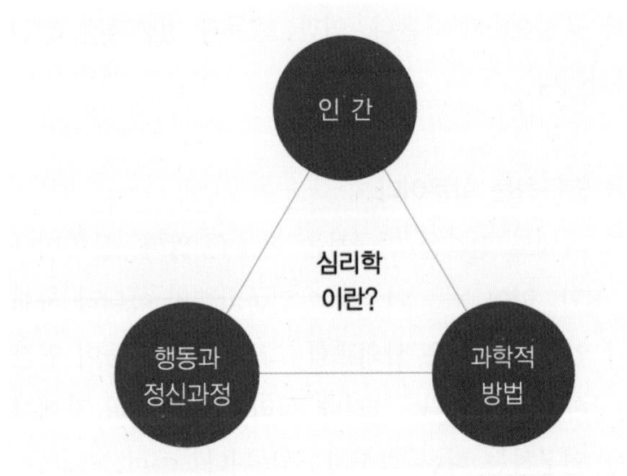

심리학의 목적

심리학은 세심한 과학적 관찰을 통해 특정한 행동을 기술하려 하고, 그 원인을 설명하기 위해 연구를 수행하며, 연구결과에 기반하여 어떤 행동이 미래의 어떤 경우에 나타날지 예언을 하고, 부적절한 행동일 경우 연구결과를 적용하여 행동을 변화시키려 한다.

가령 모임에 늦는 한 친구가 있다고 하자. 심리학의 목적을 적용시키면 다음과 같이 생각할 수 있다. 이 친구는 매번 모임에 늦는다(기술). 그것은 그 친구가 시간관념이 없기 때문이다(설명). 이번 모임에서도 그 친구는 늦게 올 것이다(예언). 벌칙을 가해 그 친구가 제시간에 올 수 있도록 하자(변화와 통제).

그러나 심리학이 관심을 가지는 것은 이런 개인의 단순한 행동만은 아니다. 개인의 행동에서부터 집단 속 사람의 행동에 이르기까지 수많은 행동이 관심의 대상이다. 왜 사람들은 어떤 위험도 없는데도 공포를 느끼는가?

인간은 선한 존재인가? 악한 존재인가? 이러한 질문은 오래전부터 철학의 주요 주제였다. 검은색을 보면 악마가 보이고, 흰색을 보면 천사가 보인다. 완전한 원은 악마와 천사로 이루어져 있고, 악마는 천사의 바로 곁에 존재한다. 네덜란드 미술가 에셔(M.C. Escher, 1898~1972)의 목판화 〈천사와 악마, 1960〉

부당한 명령에도 왜 사람들은 복종하는가? 왜 사람들은 틀린 것인 줄 알면서 다른 사람을 따라 하는가? 어떤 경우에 사람들은 다른 사람을 도와주는가? 어떻게 하면 태도를 변화시킬 수 있는가?와 같이 좀더 다양하고 복잡한 행동에도 관심을 가진다.

예컨대 제2차 세계대전 당시 수많은 유대인들이 나치의 '인종청소'로 인해 목숨을 잃었다. 이를 집행한 사람들은 명령을 받은 중간 계급의 장교들이었다. 이런 사실을 설명하기 위해 심리학자들은 통제된 실험을 사용하여 연구한다. 그 결과 도출된 결론을 현실에 적용하여 어떤 경우에 그러한 복종행동이 나타날지 예언하며, 또 부당한 명령에 복종하지 않기 위해서는 어떤 조치가 필요한지를 제시한다.

심리학의 연구방법

갈릴레이는 피사의 사탑에 올라 무거운 물체와 가벼운 물체를 동시에 떨어뜨렸다. 무거운 물체와 가벼운 물체는 동시에 지상에 떨어졌다. 이것은 무거운 물체가 당연히 빨리 떨어질 것이라는 당시의 믿음을 엎어버렸다.

이 실험을 오늘 피사의 사탑에서 수행해도 같은 결론이 나오고, 피사의 사탑이 아닌 63빌딩에서 수행해도 마찬가지 결론이 나온다. 또 갈릴레이가 아닌 여러분이 실험을 해도 결과는 마찬가지다. 과학에서는 동일한 조건이라면 항상 동일한 결과가 나와야 한다. 이러한 검증가능성이 과학의 가장 큰 특징이다.

심리학 역시 과학적인 방법(scientific method)으로 연구한다. 인간의 행동과 정신과정을 과학적으로 연구하기 위해 심리학은 자료를 수집하고 분석하여 객관적인 결론을 이끌어낸다. 이를 위해 심리학은 자연상태에서 관찰을 하기도 하고, 사례를 연구하기도 하며, 설문조사를 하기도 하고, 엄격히 통제된 환경을 만들어 실험을 하기도 한다. 관찰법과 사례연구, 설문조사는 비실험적인 방법

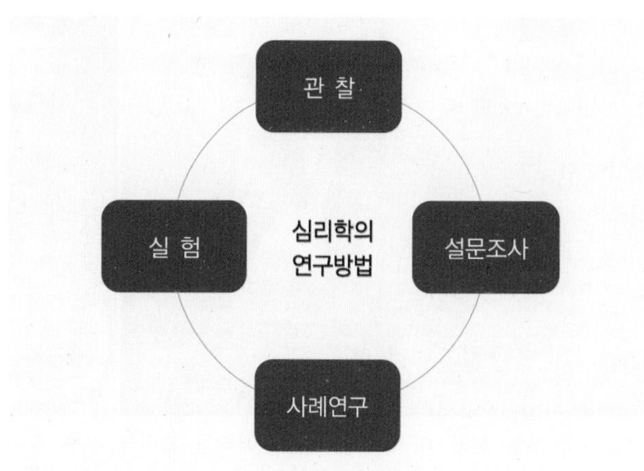

이며, 실험법은 다른 사회과학과 차별화되는 심리학의 방법이다.

비실험적 방법

관찰법

동물학자들은 동물행동 연구를 위해 자연상태에서 그들을 관찰(observation)한다. 심리학자들 또한 자연스런 상태에서 행동하는 인간을 관찰하여 결론을 이끌어낸다. 수업시간에 질문을 많이 하는 학생이 성적이 우수한지, 실험실에서 폭력 비디오를 본 어린이가 폭력적인 행동을 더 많이 보이는지를 연구하기 위해 비디오 촬영을 해서 분석하기도 하고 이들이 눈치 채지 못하게 직접 관찰하기도 한다.

1950년대 후반에 실시된 하로우(H. Harlow)의 원숭이 실험도 관찰을 통한 것이었다. 하로우는 어미와 떨어져 있는 원숭이가 헝겊에 애착을 보이는 것에 착안하여 애착연구를 했다. 그는 갓 태어난 원숭이를 어미와 분리시켜 빈 방에 두고 슬그머니 철사로 만든 어미 원숭이와 헝겊으로 둘러싸인 어미 원숭이를 방에 넣었다. 철사로 만든 어미 원숭이에게는 먹이를 먹을 수 있는 장치가 달려 있었지만, 그럼에도 불구하고 아기 원숭이는 항상 헝겊으로 싸인 어미 원숭이와 함께 놀았다. 그래서 그는 애착이 먹이와 같은 강화물에서 나오는 것이 아니고 스킨십

하로우의 실험 장면. 아기가 엄마에게 애착을 보이는 것은 젖과 같은 강화물이 아니라 스킨십 때문이라는 것을 밝혀냈지만, 생활에 적용된 것은 20년이 훨씬 지나서였다. 요즘 산부인과 병원에서는 출산 직후 신생아가 산모와 스킨십을 하도록 한다.

에서 나온다는 결과를 얻었다. 아기들은 젖을 주기 때문에 엄마에게 애착을 보인다는 당시 행동주의 심리학의 주장을 뒤엎는 엄청난 사건이었다.

사례연구

쌍둥이의 성격과 지능이 유전의 영향인지 환경의 영향인지를 연구하기 위해서는 대상이 될 쌍둥이가 필요하고, 그들을 수십 년 동안 따로 떼어놓아야 한다. 그러나 실제로 이런 경우를 인위적으로 만들기란 윤리적으로나 법적으로 불가능하다. 이럴 경우에는 이미 쌍둥이로 태어났지만 어떤 이유로 떨어져 자란 쌍둥이를 찾아내서 이들의 성격과 지능에 차이가 있는지를 알아볼 수밖에 없다. 그리하여 어릴 때부터 서로 떨어져 자랐음에도 불구하고 성격과 지능에 차이가 없다면 유전의 영향이 클 것이라고 결론을 내릴 수 있다. 반대로 차이가 있다면 환경의 영향이 성격과 지능에 영향을 준다고 할 수 있을 것이다.

사례연구(case study)는 주로 희귀한 특성이나 장애를 가진 대상을 오랫동안 집중적으로 연구하는 방법이기도 하다. 러시아의 심리학자 루리아(A. Luria)는 자신을 방문한 S라는 사람(사망 후 솔로몬 셰르셰프스키로 알려졌다)을 연구하는 데 평생을 바쳤다. S라는 사람은 엄청난 기억의 소유자로서 거의 모든 것을 기억하는 사람이었다. 이런 연구에서는 피험자를 보호하기 위해 이름 대문자를 주로 사용하는데, 대체로 연구자보다 더 유명한 경우가 많다. 기억분야에서는 H.M.이라는 사람이 유명한데, 그는 심한 간질로 뇌수술을 받은 후 새로운 기억을 형성할 수 없어 연구대상이 된 사람이다(제4장 기억과 망각 참조).

설문조사

관찰이나 사례연구로 연구하기 어려운 문제들은 설문조사나 인터뷰 등을 통해 연구한다. 선거 때의 후보지지율 조사나 일반 여론조사를 할 때 또는 어떤 제품에 대한

$$N \cdot \sqrt{d^2 \times \frac{85}{vx}} \cdot \sqrt[3]{\frac{276^2 \cdot 86x}{n^2 v \cdot \pi 264}}\, n^2 b = sv \frac{1624}{32^2} \cdot r^2 s$$

루리아가 평생 연구한 S라는 사람은 30~70개의 숫자를 한 번 들은 후 정확하게 기억해냈다. 뿐만 아니라 뒤쪽으로부터도 아주 쉽게 기억해냈다. 신문기자였던 S는 그 이후 직업을 전문기억술사로 바꿨다. 그리하여 관중이 제시하는 복잡한 목록을 기억하는 묘기를 공연했다. 한번은 위와 같은 무의미한 공식을 관중이 제시했다. S는 몇 분간 이 공식을 연구한 뒤 정확하게 기억해냈다. 그는 모든 단어나 숫자를 시각적 이미지로 나타내 기억했다. 이 사람에 관한 루리아의 책인 〈모든 것을 기억하는 남자〉가 국내에 번역되어 있다.

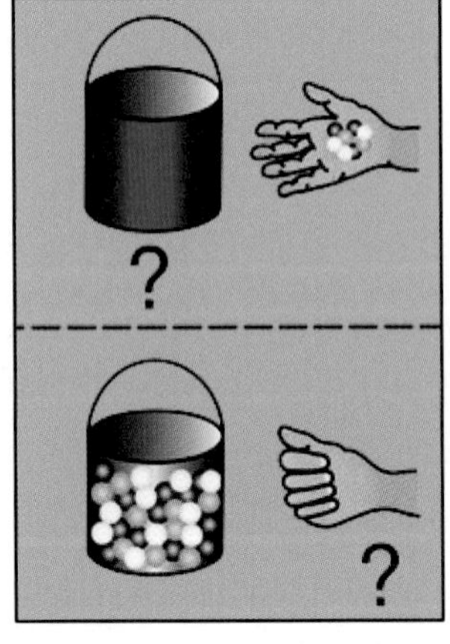

통계(그림 위)는 손 안의 정보를 바탕으로 통 속의 정보를 알아내는 것이고, 확률(그림 아래)은 통 속의 정보를 바탕으로 손 안의 정보를 알아내는 것이다. 통계를 적용하기 위해서는 통 속의 내용물들이 골고루 잘 섞여 있어야 한다.
(그림 : MIT OpenCourseWare)

선호도를 조사할 때 설문조사를 실시하는 것과 같은 방법이다. 모두 과학적이고 구조화된 질문을 함으로써 조사를 실시한다.

설문조사(survey)는 샘플(표본집단)이라고 하는 비교적 적은 수를 대상으로 얻은 정보를 전체집단(모집단)에 일반화시키는 형태로 진행된다. 그래서 조사결과가 의미 있기 위해서는 질문이 편향되지 않아야 하고 샘플이 전체집단을 대표할 수 있어야 한다.

1936년 미국 대통령 선거 때 여론조사기관인 리터러리다이제스트와 갤럽은 서로 다른 후보가 당선될 것이라고 예측했다. 리터러리다이제스트는 1,000만명을 조사하여(응답 240만명) 공화당의 랜던 후보가 당선될 것으로 예상했다. 이에 비해 5만명을 표본조사한 갤럽은 민주당의 루스벨트가 당선될 것이라고 예상했다. 결과는 갤럽의 예상대로 62%의 지지율을 얻은 루스벨트의 당선이었다.

리터러리다이제스트는 훨씬 많은 사람을 조사했음에도 왜 이런 결과가 벌어졌을까? 바로 샘플에 문제가 있었다. 리터러리다이제스트는 샘플을 대부분 잡지 정기구독자, 자동차등록부, 사교클럽 명부, 전화번호부 등에서 골랐다. 이 당시 자동차나 전화기를 소유하고 사교클럽에 드나들 정도면 대부분 부유한 사람들이다. 이들은 보수 성향의 공화당을 지지할 가능성이 높은 사람들이었다. 이 사례는 샘플링의 유명한 실패사례로 자주 거론된다.

그리고 설문조사시 조사대상자가 자신이 생각하는 것을 답하는 것이 아니라 바람직하거나 이상적인 것을 답하거나 조사자가 답을 의도하는 질문을 하는 등 편향이 있으므로 주의해야 한다.

실험

사회과학으로서의 심리학이 다른 사회과학 학문과 방법론에서 차이가 있는 것이 바로 심리학은 실험을 한다는 것이다. 실험(experiment)은 어떤 가설을 세우고 그 가설을 검정하는 절차다. 어떤 행동의 원인에는 여러 가지 이유가 있을 수 있다. 그러므로 특정 원인 때문에 특정 행동이 나타난다는 가설을 세웠다면 그 특정 원인을 다른 원인과 분리시켜 그 특정 원인만의 효과를 살펴보는 것이다.

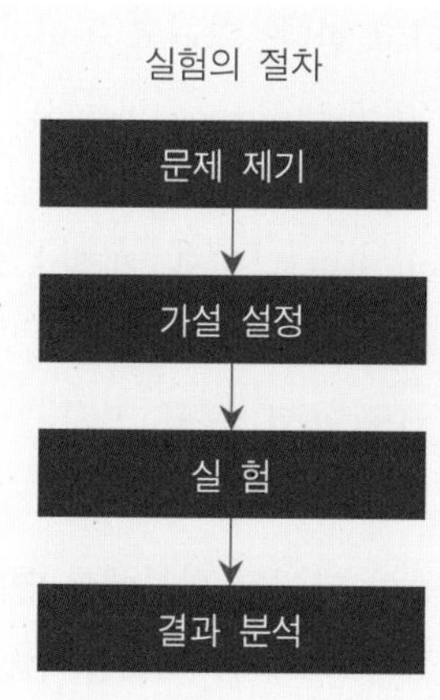

가령 학생들의 성적을 향상시키는 알약이 개발되었는데, 이 약이 효과가 있는지를 알아보기 위해 실험을 한다고 하자. 그리하여 한 학급 학생들에게 알약을 먹여 성적이 향상되었는지를 살펴볼 것이다. 하지만 이전보다 성적이 올랐다고 해서 이것이 알약 때문인지 학생들이 평소보다 공부를 열심히 해서인지, 선생님이 더 잘 가르쳐서인지를 알기 어렵다. 그 때문에 이런 외부 변인을 없애기 위해 학생들을 무작위로 몇 그룹으로 나누어야 한다. 그래서 첫 번째 그룹에는 알약을 주고, 또 다른 그룹에는 알약을 주지 않는다. 그리고 성적을 향상시키는 알약을 먹었다는 인식 자체로만 성적이 오를 수 있으므로(공부를 열심히 하는 등) 아무 효과가 없는 가짜 약을 먹일 세 번째 그룹이 필요하다.

그리하여 알약을 먹은 첫 번째 그룹의 학생들만 성적이 향상되고, 다른 두 집단이 성적이 향상되지 않았다면 알약 때문이라고 설명할 수 있다. 그러나 성적에 차이가 없거나 또는 알약을 먹은 그룹과 가짜약을 먹은 그룹의 성적에 통계적으로 유의미한 차이가 없다면 알약이 성적을 향상시킨다고 결론 내리지 않는다.

이 가상의 실험에서 알약을 독립변인이라고 한다. 독립변인(independent variable)은 실험자가 통제하고 변화시킬 수 있는 변인이다. 독립변인의 처치에 따라 나타나는 것이 종속변인(dependent variable)인데, 여기에서는 성적이다. 이것은 독립변인에 따라 나오기 때문에 종속변인이라고 한다. 그리고 독립변인의 처치를 받은 집단을 실험집단(experimental group), 처치를 받지 않은 집단을 통제집단(control group)이라고 한다. 통제집단은 실험집단과의 비교를 위한 기준이 된다.

연구결과의 평가

자동차 타이어 회사에서 연비를 향상시키는 타이어를 개발했다고 하자. 이것을 검증하기 위해서는 실제로 연비가 좋은지 실험을 해보아야 한다. 그러기 위해서는 타이어만 제외하고 나머지 조건은 동일하게 하여 신형 타이어와 일반 타이어를 장착하여 측정해보아야 한다. 그리하여 신형 타이어 장착차량의 연비가 일반 타이어 장착차량보다 더 좋게 나왔다면 연구자는 신형 타이어가 연비를 몇 퍼센트 상승시키는 효과가 있다고 결론 내릴 수 있을 것이다.

하지만 사람을 대상으로 한 연구에서는 이렇게 명쾌한 결론을 내기가 불가능하다. 차종이 다른 소형 승용차를 비교하는 것과 비슷하다. 소형 승용차는 차종에 따라 마력이나 최고속도, 연비 등의 제원과 편의성, 디자인 등이 조금씩 다르다. 그래서 딱히 어떤 차종이 더 나은지 결론을 내리기가 쉽지 않다.

그래서 심리학에서는 자료를 분석할 때 통계적 기법을 사용한다. 통계적 기법을 사용하면 여러 변인간의 차이나 관계가 의미가 있는지를 알 수 있다. 통계적으로 의미가 있다는 이야기는 그런 결과가 우연하게 나온 것이 아니라는 것이다. 즉 다른 조건을 동일하게 했을 때 실험자가 처치한 독립변인에 따라 종속변인이 다르게 나왔다는 것을 말한다.

심리학에서는 대개 95% 수준의 신뢰도를 사용한다. 이것은 100번 실험을 반복했을 때 실험의 결과가 오차범위 내에서 95번 정도는 비슷하게 나온다는 것으로 이해하면 된다. 이 정도라면 우연하게 결과가 나왔다고 보기 어렵고, 어떤 처치의 결과라고 결론을 내릴 수 있다.

심리학의 분야

심리학은 인간의 행동과 정신과정을 연구하기 때문에 다루는 주제가 매우 다양하고 광범위하다. 인간이 있는 곳에는 심리가 있다고 할 수 있다. 그만큼 심리학의 분야는 다양하다.

일반적으로 대학에서 배우는 심리학 분야로는 심리통계, 성격, 실험, 발달, 이상, 사회, 학습과 기억, 인지, 생물, 심리측정, 상담, 임상, 지각, 언어, 산업 및 조직, 정서 등이 있다.

이런 분야도 기초심리학과 응용심리학으로 나눌 수 있다. 기초심리학(basic psychology)은 실생활에의 응용

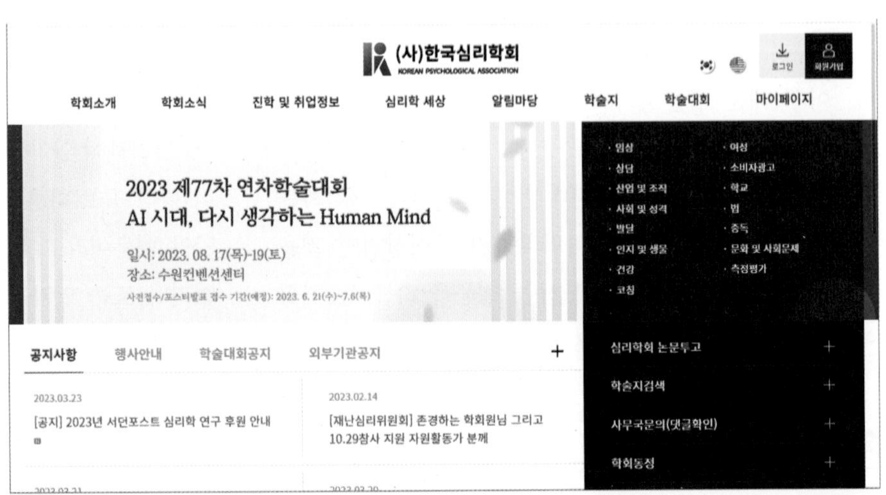

한국심리학회 홈페이지(www.koreanpsychology.or.kr). 2023년 현재 한국심리학회에는 임상, 상담, 산업 및 조직, 사회 및 성격, 발달, 인지 및 생물, 건강, 코칭, 여성, 소비자·광고, 학교, 법, 중독, 문화 및 사회문제, 심리측정평가, 디지털 심리학회 등 16개의 분과가 있다. 심리학 연구가 활발한 미국심리학회에는 비만, 수면, 윤리, 장애, 인권, 화폐, 군대, 결혼 등을 포함한 54개의 분과가 있다.

여부와 관계없이 이론적인 것을 연구하는 분야로, 성격, 학습, 인지, 지각, 언어, 생물, 발달, 사회, 정서 심리학 등을 예로 들 수 있다. 응용심리학(applied psychology)은 기초심리학에서 나온 결과물을 실생활에 적용하려는 분야로, 산업, 조직, 상담, 임상, 소비자, 광고, 건강, 학교, 범죄, 법 심리학 등을 예로 들 수 있다.

심리학의 주요 분야를 세부적으로 살펴보면 다음과 같다.

- ▶ 실험심리학 : 심리적 현상을 측정하고 통제하기 위한 정밀한 방법을 연구하는 데 관심을 갖는다.
- ▶ 생리심리학 : 뇌와 신경계, 호르몬, 혹은 마리화나와 LSD 같은 약물이 인간의 행동과 정신과정에 어떠한 영향을 주는가를 다루는 학문이다. 생물심리학이라 하기도 한다.
- ▶ 발달심리학 : 출생부터 노년에 이르는 시기 동안 인간의 신체, 언어, 성격, 도덕성, 인지 등과 관련하여 발달이 어떻게 진행되는지에 관심이 있다.
- ▶ 사회심리학 : 인간 대부분의 행동은 사회적 맥락 속에서 행해지기 때문에 사회심리학자들은 타인과의 상호작용, 집단 속에서의 행동 등 사회적 상황하에서 개인의 행동에 관심을 갖는다.
- ▶ 성격심리학 : 성격은 한 개인이 자라오면서 환경과의 상호작용으로 형성된 것이기 때문에 성격심리학은 사람들의 차이에 관심을 갖는다.
- ▶ 인지심리학 : 감각과 지각, 주의, 학습, 기억, 문제해결, 창의성, 지능과 같은 인간의 인지과정을 연구하는 분야다.
- ▶ 교육심리학 : 학습자가 학습을 성공적으로 이루는 것을 목표로 하며, 학습을 통한 인간의 발전을 탐구한다.
- ▶ 산업심리학 : 심리학의 여러 원리들을 기업, 산업체, 공공기관 등 모든 조직에 적용하는 학문이다. 인사, 교육, 인간공학, 소비자행동, 광고 등 다루는 범위가 넓다.
- ▶ 상담심리학 : 부적응이나 진로, 적성, 학업 등과 관련된 문제의 해결을 도와주는 심리학 분야다.
- ▶ 임상심리학 : 정서적 문제 혹은 정신질환, 비행, 범죄행동, 약물중독과 같은 행동적 문제를 진단하고 치료하는 데 심리학 원리를 적용하는 분야다.

이러한 각 심리학의 연구결과는 실생활에 바로 접목할 수 있다. 기억 관련 연구는 법정에서의 목격자 진술 타당성 검토에 도움이 될 수 있으며, 지각과 관련된 연구는 광고나 표지판, 각종 기계의 설계에 활용될 수 있고, 학습 관련 연구는 학교에서의 수업방식에 이용될 수 있다.

심리학의 역사

행동에 대한 과학적 연구가 시작된 것은 200년도 채 되지 않는다. 1800년대 초반에서야 생물학, 생리학, 화학, 물리학 등의 연구가 활발히 진행되었고, 그러다 보니 자연스럽게 동물과 인간의 행동에 대한 관심이 높아졌다. 생리학자들은 신경계의 구조와 기능에 관해, 물리학자들은 물리자극과 이것이 일으키는 감각 간의 관계를 연구

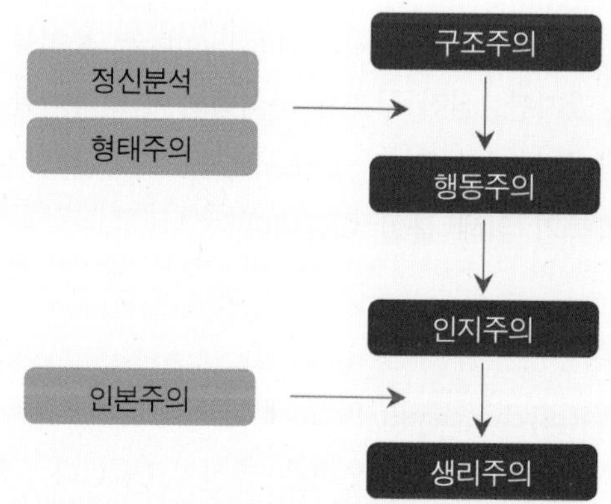

심리학은 구조주의, 행동주의, 인지주의, 생리주의의 심리학이라는 굵직한 흐름이 있다. 이 과정에서 정신분석, 형태주의, 인본주의 같은 흐름도 있었다.

했다.

그러다가 1879년 독일 라이프치히 대학의 분트(Wilhelm Wundt)가 심리학 실험실을 개설했다. 이 해를 심리학의 원년으로 삼는다. 당시까지 심리학은 철학의 한 분야로 여겨졌기 때문에 그 주된 연구방법은 합리적 분석이었으나, 분트는 실험적 방법을 사용할 것을 강조했다. 분트의 제자들은 미국으로 건너가 미국에서 심리학이 번성하는 밑거름이 되었다.

구조주의

분트는 감각과 감정이 심적 요소들이라고 가정하고 이들의 연합에 의해 관념과 지각이 형성되는 과정을 설명했다. 분트는 의식 경험에 대한 직접 자료를 언어적으로 기술하는 내성법(introspection)을 심리학의 기본방법론으로 삼았다. 즉 자신의 지각과 사고, 감정을 스스로 관찰하고 기록하는 식이었다. 가령 메트로놈이 째깍째깍 하는 소리를 들을 때 자신의 감각과 느낌 같은 자신의 즉각적인 반응을 보고하는 것이다.

심리학의 창시자 빌헬름 분트(1832~1920)

분트 자신은 구조주의(structuralism)라는 용어를 사용하지 않았지만, 심적 구조를 분석하는 심리학이란 의미에서 제자인 티치너(E.B. Titcherner)가 미국에서 심리학을 전파하기 위해 붙인 이름이다.

정신분석

정신분석(psychoanalysis)은 20세기 초 프로이트(Sigmund Freud)가 창시한 성격이론이자 정신치료법이다. 우리가 지각하지 못하는 사고와 태도, 충동, 동기, 정서 등은 무의식의 발로라는 것이다. 따라서 마음에 떠오르는 것을 자유롭게 말하게 하는 자유연상(free association)을 통해 환자를 치료할 수 있다고 주장한다.

정신분석의 창시자 프로이트(1856~1939)

그러나 정신분석은 과학적이지 못하고, 경험적 증거가 부족하며, 이론을 반증해볼 수 없다는 점에서 비판을 받는다. 프로이트 자신도 답답했던지 물리학자 아인슈타인에게 보낸 편지에는 다음과 같은 구절이 있다. “물리학을 모르는 사람들은 선생님의 주장에 대해 이러쿵저러쿵 말을 할 수 없을 것입니다. 그런데 심리학을 전혀 모르는 사람조차도 저의 주장에 관해서는 이러쿵저러쿵 말이 많습니다.”

행동주의

구조주의는 다분히 주관적 방법론이었다. 이에 반발하여 1920년대에 객관적이고 관찰가능한 행동을 연구대상으로 삼아야 한다는 심리학파가 나오게 되었는데, 이것이 행동주의(behaviorism) 학파다. 왓슨(J.B. Watson, 행동주의 창시자)과 스키너(B.F. Skinner)가 행동주의 심리학의 대표 학자다.

행동주의자들은 모든 행동은 자극(S, Stimulus)에 대한 단순한 반응(R, Response)이라고 생각한다. 그래서 행동주의를 자극-반응이론(S-R 이론)이라 하기도 한다. 행동주의는 1950년대말까지 심리학의 주요 접근방법이었다.

인지주의

행동주의가 인간의 행동만을 다룬 것에 반발하여 1950년대 후반부터 인간의 정신과정을 다루어야 한다고 주장한 인지주의는 20세기 후반까지 심리학의 주요 접근방법이었다. 인지주의는 인간 행동을 이해하기 위해서는 단순히 자극과 반응의 관계보다는 자극이 어떤 정신과정을 거쳐 반응에 이르게 되는지 ‘뇌’라는 블랙박스(심적 과정)

를 연구해야 한다고 주장한다. 이들의 주요 관심사는 주의, 기억, 학습, 문제해결, 창의성 등과 같은 인간의 인지 과정이었다.

생리주의

생리주의는 인간 행동의 원인을 뇌와 신경계, 호르몬, 신경전달물질 등의 기능에서 찾으려는 학파다. MRI와 같은 의학기술의 발달로 인해 뇌의 활동상태를 볼 수 있게 됨으로써 등장했다. 생리주의자들은 뇌가 사고와 감정, 지각, 이상행동 등과 어떻게 관련되어 있는지에 대해 놀라운 성과를 냈다.

진화론적 관점과 긍정심리학

비교적 최근에 등장한 진화론적 관점(진화심리학)은 인간 행동을 설명함에 있어 다윈의 진화론을 접목한 것이다. 환경에 잘 적응한 개체는 살아남고, 그렇지 못한 개체는 사라지는 적자생존(자연선택) 상황에서 인간 행동도 오랜 기간 동안 진화되어 왔다는 것이다. 이 관점에서는 인류의 적응문제를 중점적으로 다루는데, 짝찾기와 번식, 양육, 생존문제 등이 주요 주제다.

한편, 심리학자들은 인간행동의 부정적인 면에 관심을 가져왔는데, 이는 인간의 문제를 해결하기 위한 것이었다. 최근에는 인본주의 심리학의 영향을 받은 심리학자들이 사랑과 행복, 창의성, 웰빙, 자존심, 성취 등 인간의 강점과 장점에 관심을 갖기 시작했는데, 이것이 셀리그먼(M. Seligman)이 창시한 긍정심리학(positive psychology)이다.

심리학의 연구결과는 사회에 큰 영향을 끼칠 수 있다. 행동주의 심리학자 스키너의 사례를 보자.

심리학자 탐구 – 스키너

미국인들은 우리나라 사람들과는 달리 일상적으로 사랑한다는 말을 자주 한다. 가족이나 연인 사이에서 한쪽이 "사랑해(I love you)"라고 하면 상대방도 "나도 사랑해(I love you, too)"라고 대답한다. 그런데 사랑한다는 말 대신 독특한 말을 사용한 사람이 있었다. 부인의 "사랑해"라는 말에 그는 "나에게 긍정적 강화를 줘서 고마워"라고 대답하곤 했다. 바로 행동주의 심리학파의 거장 스키너다.

스키너(Burrhus Frederic Skinner)는 1904년 미국 펜실베이니아의 작은 마을 서스쿼해너(Susquehanna)에서 태어났다. 스키너의 아버지는 그 지역의 유명한 변호사였기에, 사람들은 그가 아버지를 따라 법률가가 될 것으로 내다봤다.

하지만 스키너는 작가가 되고 싶었다. 그래서 1922년 뉴욕에 있는 해밀턴 대학교에서 영문학을 전공하면서 문학 수업을 받았다. 그의 습작품에 대해 〈가지 않은 길〉로 유명한 시인인 프로스트(Robert Frost)가 좋은 평을 하기도 했다. 문학에 대한 꿈은 나중에 행동주의적 유토피

행동주의 심리학자 스키너(1904~1990). 행동주의는 학습을 심리학의 기본으로 보고, 조작적 조건화 실험을 통해 심리학의 실험방법을 정교화하고 또 행동치료에 적용시키는 등 교육심리학과 실험심리학, 임상심리학 등에 큰 영향을 미쳤다.

아를 다룬 소설 〈월든 투(Walden Two)〉를 쓸 수 있는 바탕이 되었다.

그러나 스키너는 결국 작가의 꿈을 접고 심리학을 공부하기로 결심한다. 1차 세계대전이 끝나고 혼란스러운 사회 상황 속에서 스키너는 세상을 변화시키는 것은 예술보다는 과학이라고 생각했다. 그래서 예술로서의 문학을 포기하고 과학으로서의 심리학을 선택하게 된 것이다. 그리하여 영문학으로 학사학위를 받은 스키너는 미국 최고 대학 중 하나인 하버드 대학교에서 심리학을 공부하여 1931년(28세)에 박사학위를 받게 된다.

스키너 상자는 안쪽 벽에 지렛대가 있고, 이것을 누르면 먹이통에서 먹이가 나온다. 쥐 대신 비둘기를 이용할 때에는 지렛대 대신 양궁의 과녁과 같은 표적을 붙여서 이것을 쪼면 먹이가 나오게 했다. 그리고 실험동물이 어떤 행동을 했는지를 기록할 수 있는 기록계도 설치했다. (사진 : www.intropsych.com)

이 당시 스키너는 조건화라는 현상을 처음 소개한 러시아 학자 파블로프(Pavlov)의 책에 매료되었다. 파블로프는 어느 날 실험실의 개가 연구자의 발자국 소리만 듣고도 침을 흘리는 것을 발견했다. 연구자가 올 때 자신이 먹을 음식을 가지고 온다는 것을 여러 번의 경험을 통해 '학습'했기 때문이었다. 여기에 착안하여 파블로프는 개에게 음식을 주기 전에 종소리를 들려줌으로써 나중에는 개가 종소리만 듣고도 침을 흘리게 만들었다.

스키너는 파블로프의 발견에 착안하여 이를 한 단계 더 발전시킨 실험을 했다. 스키너는 주로 쥐와 비둘기 같은 동물의 행동을 분석하기 위한 실험 장치를 고안하고, 이를 '실험 공간'이라고 불렀다. 이 상자는 후일 '스키너 상자(Skinner Box)'라는 유명한 이름으로 불리게 된다.

이 상자 안에 쥐를 넣으면 아마도 쥐는 가만히 앉아 있기도 하고 이리저리 움직이기도 할 것이다. 그러다가 우연히 지렛대를 누르게 되면, 먹이통으로 먹이가 톡 나온다. 이때만 해도 쥐는 자기가 지렛대를 눌렀기 때문에 먹이가 나왔을 거라고는 생각지도 못한다. 그런데 다음 번에도 지렛대를 툭 눌렀을 때 먹이가 또 나오고, 이런 행동이 몇 차례 반복되면 비로소 쥐는 '아! 지렛대를 누르면 음식이 나오는구나!'라고 생각할 수 있을 것이다. 즉 지렛대를 누르면 음식이 나온다는 것을 '학습'하게 되는 것이다. 그래서 나중에 배가 고프면 지렛대를 눌러 먹이를 먹을 수 있다.

스키너는 이 같은 행동을 파블로프의 고전적 조건화와 구별하여 조작적 조건화라고 정의한다. 조작적이라는 말은 실험동물이 파블로프의 개처럼 단순히 자극에 수동적으로 반응하는 것이 아니라 어떤 반응을 불러일으키는 행동을 스스로 취한다는 뜻이다. 스키너 상자 속의 쥐는 실험자가 주는 먹이를 그저 얻어먹은 것이 아니라 자기가 지렛대를 누르는 동작을 스스로 취함으로써 먹이를 얻을 수 있었다. 즉 조작적 조건화는 실험동물의 능동적인 학습 능력에 주목한 것이다.

이런 조작적 조건화 개념을 인간에게 적용해보면, 우리가 학습한 많은 것들이 조작적 조건화의 결과라는 사실을 알 수 있다. 징크스나 미신도 마찬가지다. 가령, '시험 보기 전에 손톱을 깎으면 성적이 떨어진다'는 징크스를 예로 들어보자. 실제로는 손톱을 깎는 것과 성적은 아무런 관계가 없다. 그런데 성적이 떨어졌을 때, 그런 결과가 나온 이유로 시험을 보기 전에 손톱을 깎았기 때문이라고 생각하게 되면, 앞으로는 시험 보기 전에 손톱을 깎지 않으려고 한다. 즉 징크스가 만들어진 것이다.

스키너는 동물 실험을 통해 조작적 조건화와 더불어 강화라는 개념을 생각해낸다. 예를 들어, 처음 말을 배울 때 아기들이 한 마디 할 때마다 부모님이 쓰다듬어 주거나 환하게 웃어주는 등의 행동을 한다. 또 좋은 성적을 받아오면 부모님은 특별 용돈을 주거나 칭찬을 해준다. 이러한 '강화'를 받음으로써 말을 더 잘하려고 하고 또 좋은 성적을 유지하기 위해 더욱 공부를 열심히 하게 된다는 것이다. 쥐 실험의 경우에는 먹이가 바로 학습된 행동을 촉진하는 강화물이다. 그리하여 스키너는 조작적 조건화와 강화를 인간이 새로운 것을 배워나가는 기본 원리로 규정한다.

실험실에서 실생활로

스키너는 실험에서 얻은 아이디어들을 실험실 밖의 세상에 적용하려고 노력했다. 실험이나 연구에만 머무는 다른 심리학자들과 다른 점이었다. 서커스에서 공연하는 사자나 코끼리, 유원지에서 쇼를 하는 돌고래를 본 적이 있을 것이다. 또는 공항의 마약탐지견, 시각장애인의 안내견, 사고현장의 인명구조용 개와 같이 특정한 목적을 위해 조련된 동물을 본 적이 있을 것이다. 동물을 조련할 때에는 강화를 통한 조건화가 필수다. 특정한 행동을 만든다는 의미에서 이를 '조성(shaping)'이라고 한다. 실제로 스키너는 조작적 조건화로 동물을 훈련시키면서 쌓은 경험을 책으로도 내고 조련사들을 훈련시키기도 했다. 이런 연구는 대중매체로부터 엄청난 관심을 받아 조련된 동물이 TV에 출연하는 등 조작적 조건화가 널리 알려지는 계기가 되었다.

아동교육에도 관심이 많았던 스키너는 자신의 원리들을 교육현장에도 적용시켜 프로그램 학습법이라는 것을 만들어내기도 했다. 학생들의 반응에 즉각적인 피드백을 제공하는 프로그램을 설계하여, 자기 속도에 맞추어 학습 자료를 익힘으로써 학습 효과를 높이고자 하는 것이었다. 가령 문제집 중에는 동일한 수준의 문제를 몇 개 맞히면 같은 레벨의 문제를 모두 건너뛰어 진도를 빨리 나가게 하고, 문제를 맞히지 못하면 이전 레벨로 돌아가 새로 문제를 풀어야 하는 식으로 설계된 것이 있다. 프로그램 학습의 좋은 예다. 여기서는 진도를 빨리 나가는 것 자체가 학생에게는 강화가 되는 셈이다.

조건화와 강화는 심리장애를 치료하는 행동요법에도 적용된다. 행동요법은 바람직한 행동을 하게 하거나 바람직하지 않은 행동을 없애기 위해 강화의 원리를 적용한 것이다. 바람직하지 않은 행동을 할 때에는 약간의 고통스런 자극을 가하거나 불쾌한 상태를 만듦으로써 그 행동을 하지 않도록 한다. 가령 알코올 중독자를 치료할 때 그 사람이 마시는 술병에 구토를 유발하는 약물을 첨가한다. 그러면 술을 마실 때마다 구토를 한다는 것을 학습하게 되고, 결국 술을 상당히 줄이거나 끊을 수 있게 될 것이다.

〈월든 투〉에 근거하여 세워진 버지니아 주 트윈 옥스 커뮤니티의 홈페이지

이러한 행동요법은 오늘날 야뇨증, 공포증, 말더듬, 강박행동, 약물 중독 등의 치료에 많이 쓰인다.

자유의지로 행동한다 vs 행동을 조종할 수 있다

스키너는 '자유의지'를 인간의 본성으로 인정하지 않았다. 인간은 스스로의 의지로 행동하는 것이 아니라, 강화를 통해 훈련을 시키면 특정한 행동을 하게 만들 수 있듯이, 특정한 조건과 환경의 지배를 받아 행동한다고 본 것이다.

그런 관점에서 인간은 주어진 조건에 따라 움직이는 동물이므로, '행동공학'적인 조작을 통해 모든 인간이 바람직한 행동을 하는 유토피아를 건설할 수 있다고 생각했다. 이런 내용을 다룬 것이 1948년에 내놓은 〈월든 투(Walden Two)〉라는 소설이다. 이 소설에서 스키너는 행동공학의 원리로 설계된 가상 사회인 '월든 투'에서 이루어지는 삶의 모습을 묘사했다. 월든 투는 강화에 기초해 설립되고 유지되는 사회로, 노동자들은 하루에 4시간만 일하고, 돈 대신 점수로 보수를 받으며, 많은 창조적인 휴식의 기회를 즐긴다.

이 소설은 불과 7주 만에 완성되었지만, 스키너가 쓴 책들 중 가장 인기 있는 책이다. 1967년에는 월든 투에 근거한 실험적인 사회가 버지니아 주에 실제로 세워지기도 했다.

스키너는 하버드대 교수로 재직중이던 1971년에 〈자유와 존엄을 넘어서〉라는 책을 출간했는데, 이 책에서 그는 인간은 자유롭고 존엄한 존재가 아니라 단지 환경의 조작을 통해 바꿀 수 있는 존재라는 사실을 주장했다. 자신의 실험을 바탕으로 기존의 인간관과는 완전히 다른 인간관을 제시한 것이다. 하지만 이것이 그가 가장 비판받는 이유이기도 하다. 개를 훈련시키는 방식으로 인간을 변화시킬 수 있다는 그의 주장이 당연히 썩 기분 좋게 들리지는 않는다.

〈자유와 존엄을 넘어서〉 영문판. 이 책은 스키너를 심리학자를 넘어 사회사상가로 격상시켜 준 기념비적인 책이지만, 인간에 대한 관점에 있어서 아직도 논쟁거리가 되고 있다. (사진 : Wikipedia)

행동주의 심리학은 자아, 성격, 인지, 정서, 창의성 등과 같은 인간 내적 과정에 무관심하고, 인간을 비인간화한다는 비판을 받았지만, 1920년대부터 1950년대까지 미국 심리학을 지배한 이론이다. 학습을 심리학의 기본으로 보고, 조작적 조건화 실험을 통해 심리학의 실험방법을 정교화하고 또 행동치료에 적용시키는 등 교육심리학과 실험심리학, 임상심리학 등에 광범위한 영향을 미쳤다. 그 중심에 스키너가 있었다. Ψ

'심리학과' 로봇 대체 불가, 공감능력 넘치는 '마음 과학자' 양성한다!

긍정심리학 연구자인 마틴 셀리그만(Martin Seligman)은 "심리학은 인간의 약점과 장애에 대한 학문뿐만이 아니라 인간의 강점과 덕성에 대한 학문이기도 해야 한다. 진정한 치료는 손상된 것을 고치는 것이 아니라 우리 안에 있는 최선의 가능성을 이끌어내는 것이어야 한다"라고 말한 바 있습니다.

이처럼 심리학은 '인간애'를 바탕으로 개인의 행복, 개인간 소통, 집단간 협력, 사회의 통합 문제를 과학적으로 탐구함으로써 성숙한 사회로 발전해 나갈 수 있는 심리학적 실천방법을 제시합니다. 인간의 마음속에는 의식이 영향을 미치지 못하는 부분이 존재하기 때문에, 자신의 생각이나 감정을 정확히 파악하기 힘들 때가 있습니다. 이처럼 인간의 복잡한 심리과정을 규명하기 위해 심리학에서는 정밀한 과학적 방법론을 중시합니다.

심리학은 인간과 관련된 모든 학문에 적용될 수 있는 학문으로 그 쓰임 가능성이 무궁무진합니다. 계속해서 증가하는 정신 장애를 치료하는 임상심리학자와 상담심리학자의 수요는 증가할 수밖에 없습니다. 이는 옥스퍼드대 교수 칼 프레이의 연구에서도 동일하게 나타났는데, 그에 따르면 미래에 로봇이 가장 대체하기 어려운 직업들 중 하나는 바로 '공감능력'이 요구되는 심리학자라고 합니다.

프레이 교수는 기계가 대체하기 어려운 분야로 창의적인 활동, 사회적 지능(교류), 인지와 조작과 관련한 작업 수행 등을 꼽았다. 2017년 경기창조경제혁신센터에서 열린 '빅포럼 2017'에서 기조연설을 하고 있는 칼 프레이 교수

임상 및 상담심리 전공 이외에도 심리학은 다양한 분야에 접목될 수 있습니다. 유엔미래보고서 2025에서는 유망직업(경제, 경영분야)으로 인재 관리자, 매너 컨설턴트, 브랜드 매니저를 꼽은 바 있으며, 인적자원 관리 혹은 개인 컨설팅 등은 산업심리학에서 활발히 연구되고 있는 분야입니다.

나아가 브랜드가 일반 대중에게 어떤 영향을 미치는지에 대한 다양한 연구 역시 광고 및 소비자 심리학의 영역에서 이루어지고 있습니다. 기술의 영역에서는 다양한 인공 지능과 사물 인터넷의 개발 역시 심리학자가 개입할 수 있는 영역입니다.

기계가 인간과 더 자연스럽고, 긴밀하게 상호작용을 하려면 인간에 대한 연구가 선행돼야 합니다. 아무리 최첨단의 기술을 접목한 기계라도 그것을 사용하는 인간에게 불편함을 준다면 아무런 의미가 없기 때문입니다.

이러한 사용자 경험(User Experience, UX)은 여러 방면에서 인지 및 지각 심리학의 도움을 받고 있습니다. 통섭의 시대를 맞아 간학문적 접근이 점점 중요해지는 추세 속에서 심리학은 앞으로 더욱 다양한 영역으로 진출해 빛을 발할 것입니다.

(http://www.edujin.co.kr/news/articleView.html?idxno=36031에서 발췌)

핵심 용어

관찰법	구조주의	독립변인	비실험적 방법
사례연구	생리주의	설문조사	신뢰도
실험	실험집단	인지과학	인지주의
정신분석	종속변인	진화론적 관점	통제집단
행동주의			

요약

- 심리학은 인간의 행동과 정신과정을 과학적으로 연구하는 학문이다.
- 심리학은 특정한 행동을 기술하려 하고, 그 원인을 설명하기 위해 실험을 수행하고, 어떤 행동이 어떤 경우에 나타날지 예언을 하며, 부적절한 행동일 경우 행동을 변화시키려 한다.
- 심리학의 연구방법으로는 관찰, 사례연구, 설문조사, 실험 등이 있다. 관찰법과 사례연구, 설문조사는 비실험적인 방법이며, 실험은 어떤 가설을 세우고 그 가설을 검정하는 절차다.
- 심리학에서는 자료를 분석할 때 통계적 기법을 사용한다. 통계적 기법을 사용하면 여러 변인간의 차이나 관계가 의미 있는지를 알 수 있다.
- 심리학의 주요 분야로는 실험심리학, 생리심리학, 발달심리학, 사회심리학, 성격심리학, 인지심리학, 교육심리학, 산업심리학, 상담심리학, 임상심리학 등이 있다.
- 1879년 독일 라이프치히 대학의 분트(Wilhelm Wundt)가 심리학 실험실을 개설했는데, 이 해를 심리학의 원년으로 삼는다.
- 심리학은 구조주의, 행동주의, 인지주의, 생리주의 심리학이라는 굵직한 흐름이 있다. 이 과정에서 정신분석, 형태주의, 인본주의 같은 흐름도 있었다.

CHAPTER 2

감각과 지각

감각(sensation)은 시각, 청각, 후각, 미각, 촉각과 같은 자극의 경험을 말하며, 지각(perception)은 감각 등 환경에서 오는 정보를 해석하고 의미 있는 형태로 수용·처리하는 과정을 말한다.

도입사례

화성의 얼굴

1976년 화성 탐사선 바이킹 1호가 화성 표면에서 촬영한 사람 얼굴 형상(아래 왼쪽 사진)의 정체가 29일 공개된 NASA의 고해상도 사진(아래 오른쪽 사진)을 통해 드러났다고 우주과학 전문매체 유니버스투데이 등 외신이 보도했다.

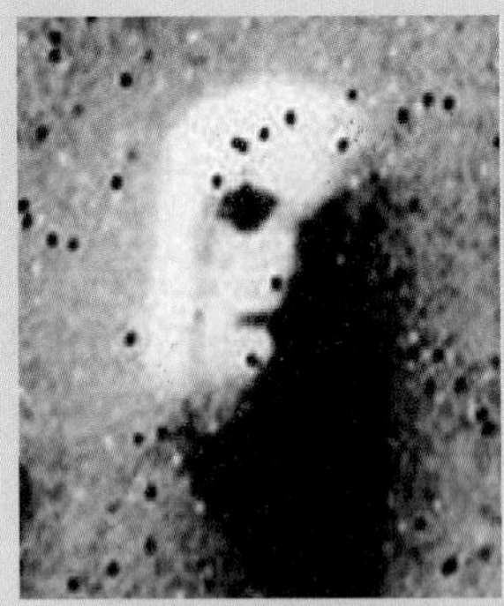

'화성의 얼굴'(Face on Mars)이라 불리는 이 형상은 바이킹 1호가 화성 표면을 촬영한 뒤 지구로 보낸 사진에서 나타난 것으로 끊임없는 논란을 일으켰다. 이 형상은 눈, 코, 입을 갖춘 사람의 얼굴과 흡사하게 보인다.

일각에선 '화성의 얼굴'을 두고 외계인이 화성에 남긴 고대문명의 흔적이라며 미국 정부와 과학자들이 이 같은 사실을 숨기고 있다는 주장이 제기됐다. 화성은 태양계에서 지구 다음으로 생명체가 존재할 가능성이 높은 환경을 지닌 행성이기 때문에 외계인과 관련된 각종 음모론의 대상이 돼 왔다.

그러나 29일 공개된 NASA의 고해상도 사진을 통해 '화성의 얼굴'이 거대한 바위산에 불과하다는 사실이 드러났다. 이 고해상도 사진은 화성 리코네상스 위성이 25일 촬영한 것으로 1976년 바이킹 1호 때의 흑백 사진과 달리 컬러이다.

또 화성 표면에서 300km까지 근접해 '사람 얼굴' 의혹을 불러일으킨 사진에 비해 훨씬 가까운 거리에서 촬영됐다. 새롭게 공개된 사진에는 사람 얼굴을 연상시킬 만한 것들이 전혀 보이지 않는다.

NASA는 '화성의 얼굴'이 바위산에 태양이 비치면서 생긴 음영 때문에 생긴 착시현상에 불과하다고 설명했다. 아울러 1976년 당시 우주 탐사 및 관측 기술이 지금처럼 발달하지 못해 먼 거리에서 희미하게 촬영된 화성 표면 사진을 확대하고 선명도를 높이는 과정에서 나온 결과라고 덧붙였다.

1976년 첫 촬영 이후 화성의 외계 문명 음모론이 끊이지 않자 NASA는 그동안 '화성의 얼굴' 사진을 지속적으로 공개해 왔다. 이 사진들을 살펴보면 시간이 지나고 기술이 발전할수록 사람 얼굴에 가까운 형상은 점차 사라져갔다.

(동아일보 인터넷판, 2010.7.30)

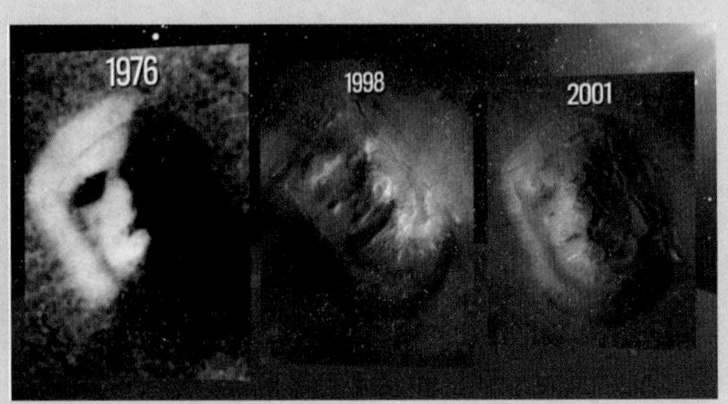

1998년 4월 5일 재촬영된 사진(가운데)과, 2001년 NASA에서 컴퓨터로 화질을 향상시킨 사진(오른쪽)

생각해보기 왜 사람들은 예상치도 못했던 곳에서 종종 사람의 얼굴을 보게 될까?

인간은 외부의 자극을 받아들여 이를 처리하여 환경에 반응한다. 외부의 자극으로는 시각, 청각, 후각, 미각, 촉각 등이 있다. 감각기관으로 들어온 이들 자극은 뇌로 전달되어 처리과정을 거친다. 감각기관으로 들어온 자극이 감각이라면, 뇌에서 처리되어 우리가 판단하게 되는 것이 지각이다.

우리가 볼 수 있고, 들을 수 있고, 냄새를 맡을 수 있고, 맛을 볼 수 있고, 촉각을 느낄 수 있는 것은 우리에게 감각기관이 있기 때문에 가능한 것이다. 감각기관이 없으면 우리는 세계를 지각하기 위한 외부의 자극을 받아들일 수 없다. 가령 태어나면서부터 눈먼 사람에게는 후추와 소금의 차이는 맛에서 차이가 있는 것이지 색에서 차이가 있는 것이 아니다.

이러한 감각은 우리가 살고 있는 세상에 대한 정보를 제공해준다. 따라서 감각에 이상이 있으면 우리가 의식하는 세계는 그만큼 한계가 있을 수밖에 없다.

사람들이 예상치도 못했던 곳에서 종종 사람의 얼굴을 보게 되는 이유는 뇌에는 얼굴과 비슷한 이미지를 보면 반응하는 영역이 있어 얼굴은 물론, 얼굴과 그저 비슷해 보이는 이미지에 대해서도 반응을 일으키기 때문이다. 얼굴 이미지는 '눈 부위는 항상 이마보다 짙다', '입은 뺨보다 어둡다' 같은 공통되는 특성이 있는데, 두뇌는 이런 정보들이 전체적으로 조화되면 '얼굴 같다'고 인식한다. 위 사진 오른쪽의 너덜너덜한 벽면에서도 얼굴을 찾을 수 있을 것이다.

감각의 경험

우리가 감각(sensation)을 경험하기 위해서는 자극을 탐지해야 하고, 그것을 뇌가 해석할 수 있는 신호로 바꾸어서 뇌로 전달해야 한다. 우리의 감각기관은 빛이나 소리, 맛, 냄새 혹은 기타 자극을 효과적으로 탐지할 수 있고, 또 뇌로 전달할 수 있게끔 신경신호로 바꾸어준다. 결국 우리가 감각을 경험하는 것은 뇌의 작용인 셈이다.

우리가 감각기관을 통해 세상에 대한 자극을 받아들이지만, 이것 역시 우리의 감각기관이 할 수 있는 범위 내에서의 일이다. 우리의 시각은 우리가 볼 수 있는 가시광선만 볼 수 있다. 이것은 400~750nm(나노미터, 10^{-9}m)의 파장이다. 그래서 적외선, FM이나 AM, 레이더와 같이 파장이 더 긴 빛을 볼 수 없고, 감마선이나 엑스레이, 자외선 같이 더 짧은 파장도 볼 수 없다. 또 우리의 청각은 주파수가 20~20,000헤르츠 이내의 소리만 들을 수 있다. 그래서 그보다 더 높거나 낮은 소리를 우리는 듣지 못한다.

하지만 이러한 것은 우

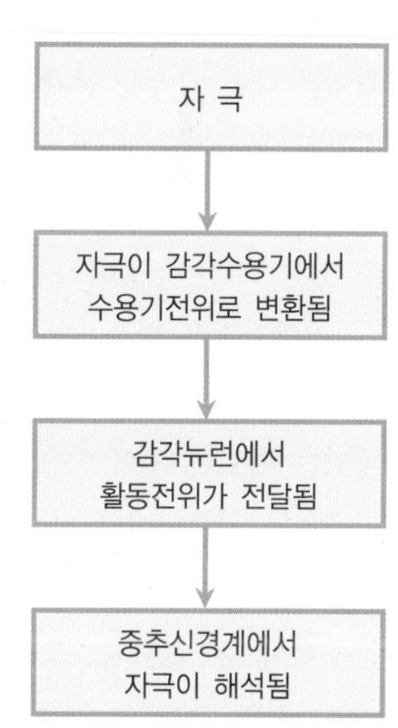

감각정보가 해석되는 경로. 감각자극은 수용기전위로 변환되고, 감각뉴런에서 활동전위를 발생시킨다. 그리고 뇌로 전달되어 해석된다.

❖외부에서 들어오는 자극의 종류
- 기계적인 힘 : 압력, 중력, 관성, 소리, 접촉, 진동 등
- 화학물질 : 맛과 냄새, 습도 등
- 전자기와 열에너지 : 빛과 열, 전기, 자기 등

리에게는 참으로 다행스런 일이다. 우리의 시각이 아주 예민하여 자외선을 볼 수 있다면 우리는 자외선을 피하기 위해 여름날 외출도 하지 못할 것이며, 적외선을 볼 수 있다면 한밤에도 우리 눈은 쉴 새도 없이 엄청난 자극을 계속 받아야 할 것이다. 또 청각이 예민하다면 우리는 찢어지는 듯한 높은 소리의 지구자전 소리에 시달리거나 귓속을 도는 혈류의 소리에 잠을 잘 수가 없을 것이다.

절대식역

우리가 어떤 자극을 감각하기 위해서는 강도가 어느 정도 이상이어야 한다. 식사 후 뺨에 붙어 있는 밥알을 느끼지 못해 한순간 창피해지거나 팔에 모기가 앉아 만찬을 즐기는 것을 느끼지 못해 가려움으로 고통을 당하는 것도 그런 자극의 강도가 약해서 우리가 느끼지 못하기 때문이다.

감각을 일으키는 데 요구되는 물리적 에너지의 최소 강도를 절대식역(absolute threshold)이라 한다. 따라서 절대식역 이하의 자극은 우리가 느낄 수 없다. 그러나 실제로 절대식역은 고정된 값이 아니라 범위의 문제다. 어떤 때에는 약한 자극을 탐지할 수 있지만 또 어떤 때에는 탐지하지 못하기도 한다. 따라서 심리학자들은 어떤 자극을 제시했을 때 제시횟수의 50% 정도 그 자극을 탐지할 수 있는 지점에 절대식역을 설정한다.

건강검진을 받을 때나 병원에서 청력을 알아보기 위해 헤드폰을 써 본 경험이 있을 것이다. 검사자는 소리가 들리는 헤드폰 쪽의 손을 들게 한다. 절대식역을 알아내기 위한 실험도 이와 비슷하다. 즉 들을 수 없을 정도의 아주 작은 소리부터 겨우 들릴 만한 크기의 소리까지 들려주면서 체크한다. 그중에는 소리가 들렸는지를 반(50%) 정도 맞힐 수 있는 정도의 소리가 있는데, 이것이 절대식역이다.

절대식역은 청각에만 있는 것이 아니다. 시각, 미각, 촉각에도 있다. 그래서 우리의 절대식역 이상이라면 뭔가가 꿈틀거렸거나 어디선가 이상한 소리가 들렸거나 뭔가 이상한 냄새를 맡을 수 있다.

매의 시각이나 개의 후각에는 미치지 못하겠지만, 인간 역시 만만치 않은 절대식역을 갖고 있다. 사람은 맑고 깜깜한 밤중이라면 48km 정도 떨어진 곳에 있는 촛불을 볼 수 있다. 최고의 마라톤 선수들이 두 시간 반을 뛰어야 갈 수 있는 거리다. 또 조용한 방에서 6m나 떨어진 곳에 있는 손목시계의 째깍거리는 소리를 들을 수 있다.

미각이나 후각으로 가면 더욱 극적이다. 세 스푼의 설탕을 넣어야 커피의 단맛을 느끼는 사람이 있기도 하지만, 두 갤런(1갤런=3.78ℓ)에 넣은 한 스푼의 설탕을 알아맞힐 수 있는 게 사람이기도 하다. 또 우리의 코는 방이 세 개나 딸린 아파트에 뿌려진 단 한 방울의 향수냄새를 맡을 수 있다.

절대식역은 우리가 얼마나 예민한 감각을 갖고 있는가에 관한 것이지만, 제품개발에도 참고할 만하다. 제품을 작고 가볍게 만들기 위해 기업에서는 많은 노력을 기

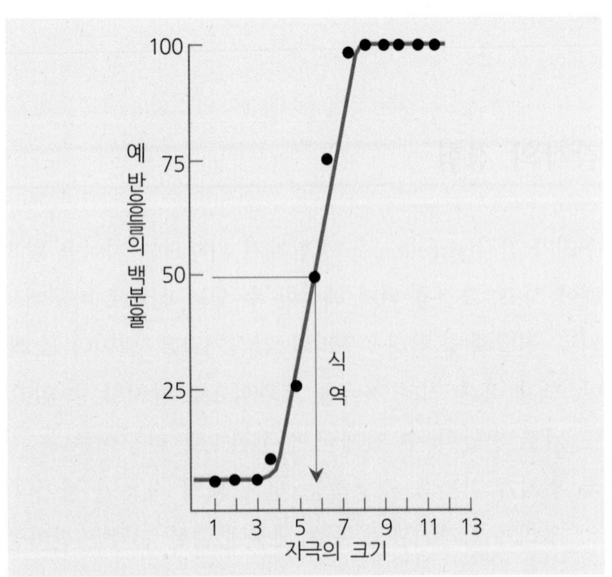

절대식역의 경우 자극의 크기에 대해 50%의 "예" 반응을 보인 지점에서 결정된다. 차이식역은 자극의 차이에 대해 50%의 "예" 반응을 보인 지점에서 결정된다. 식역은 1824년 독일의 헤르바르트(Johann Herbart)가 '의식의 식역'이란 용어로 처음 사용했지만, 페흐너가 '의식의 식역을 넘는 감각이나 감각차이를 일으키는 것'으로 절대식역을 정의했다. 식역(threshold)을 역치라 번역하기도 한다.

울이지만, 쉽게 탐지가 될 수 있어야 한다. 그래야 사람들이 그 제품을 잃어버리지 않는다.

차이식역

다음의 A, B 선분은 길이가 같은가? 다른가?

(A) (B)

이것은 차이식역을 알아보기 위한 실험이다. 절대식역이 자극의 존재 여부에 관한 것이었다면 차이식역은 자극의 변화 여부에 관한 것이다. 절대식역에서와 마찬가지로 차이식역(difference threshold)은 자극 강도에서 최소의 변화를 50% 탐지할 수 있을 때 그 변화를 말한다. 영어약자를 써서 보통 JND(just noticeable difference)라고 한다.

차이식역 역시 시각, 청각, 미각, 촉각에도 있다. 그래서 차이식역 이상의 변화가 감지되면 우리는 차의 속도가 빨라졌고, 방 안이 밝아졌으며, 라디오 소리가 커졌음을 알 수 있다. 레이더 감시병이나 위성사진 분석가, 방사선과 의사 등은 예민한 차이식역을 갖고 있어야 한다.

소리의 높이(Hz)는 0.3%만 차이가 나더라도 느낄 수 있지만, 소금의 농도는 20%의 차이가 있어야 느낄 수 있다. 그 때문에 음치는 쉽게 발각되고, 요리할 때 소금을 듬뿍 넣어야 차이를 느낄 수 있다(베버의 법칙).

길이의 차이식역은 3%이다. 위의 실험에서 두 선분은 0.3mm 차이가 있으므로(A선분은 10.0mm이며 B선분은 10.3mm이다) 여러분 중 반은 차이가 난다는 사실을 알 수 있을 것이고 또 반은 그렇지 못할 것이다. 그렇지 못할 경우라도 실망은 말자. 이런 실험들은 상당히 조건이 좋은 상태에서 나온 결과인 데다가 그런 감각은 현재의 신체 조건과 동기, 시간에 따라서도 변하기 때문이다.

미등과 브레이크등을 구별할 수 있는 것은 밝기에서의 차이 때문이다.

✥정신물리학과 베버의 법칙

방이 좀더 밝게 느껴지기 위해서는 얼마나 더 밝은 전등을 사용해야 할까? 음식맛을 좀더 짜게 하기 위해서는 소금을 얼마나 더 넣어야 할까? 이러한 의문에 답하는 것이 정신물리학이다. 정신물리학(psychophysics)은 마음으로 느끼는 감각과, 이 감각을 야기한 물리적 자극의 강도 간의 관계를 연구하는 학문이다. 페흐너(G.T. Fechner, 1801~1887)가 창시한 정신물리학은 탐지(detection), 인지(recognition), 식별(discrimination), 측정(scaling)이 중요한 탐구영역이다.

한편, 베버(Ernst Weber)는 두 자극간의 JND는 일정한 비례관계가 있다는 것을 알아냈는데, 이것을 베버의 법칙이라고 한다. 즉 $\Delta I/I = k$(베버의 상수)라는 식으로 표시된다. 여기서 I는 표준자극의 강도이고, ΔI는 변화량, 즉 JND이다. 표준자극의 강도가 변하면 표준자극과 비교자극의 차이(JND)도 비례하여 변해야 두 자극이 다르게 인식된다는 것이다. 베버의 상수는 다음과 같다.

소리의 고저	0.003	빛의 강도	0.08	냄새 농도	0.07	압력 강도	0.14
맛의 농도	0.20	밝기	0.08	소리 크기	0.05	무게	0.02
길이	0.03	전기쇼크	0.01				

시각

시각은 다른 감각에 비하여 쓰임의 범위가 넓다. 우리는 100m 떨어진 곳에서 나오는 말소리나 향을 듣거나 맡기 어렵다. 그러나 우리의 시각은 100m 떨어진 곳에 있는 친구를 알아볼 수 있고, 수십 킬로미터 떨어져 있는 수평선의 선박을 볼 수도 있으며, 수억 광년 떨어진 곳에 있는 별에서 오는 불빛도 볼 수 있다.

우리 눈에는 두 가지의 광수용기가 있다. 간상세포와 원추세포가 그것이다. 막대기 모양의 간상세포(rods)는 한밤중이나 극장 안에서와 같이 어두울 때 흑백시각을 일으키며, 원뿔모양의 원추세포(cones)는 정밀한 시각과 색각을 맡는다. 사람의 망막에는 약 1억 개의 간상세포와 300만 개의 원추세포가 있다. 대부분의 원추세포는 중심와(fovea)라고 불리는 망막의 중앙 부위에 몰려 있는데, 이 부분에서 가장 선명한 상을 얻는다. 우리가 시선을 고정시키는 것은 원추세포가 몰려 있는 중심와에 상을 맺어 선명히 보기 위해서다. 대신 간상세포는 중심와에는 거의 없지만 예민하다. 밤하늘의 별을 볼 때에는 중심와가 아닌 다른 곳(간상세포가 있은 곳)에 상을 맺기 위해 약간 시선을 옆으로 돌리면 더 잘 볼 수 있다.

맹점

책을 40cm 정도 떼고 아래 그림을 보자. 오른쪽 눈을 감고 왼쪽 눈으로 X표를 보면서 점점 다가가 보자. 25cm 정도에 이르면 왼쪽 철로가 사라지고, 더 다가가면 철로의 끊어진 부분이 이어져 보이게 된다.

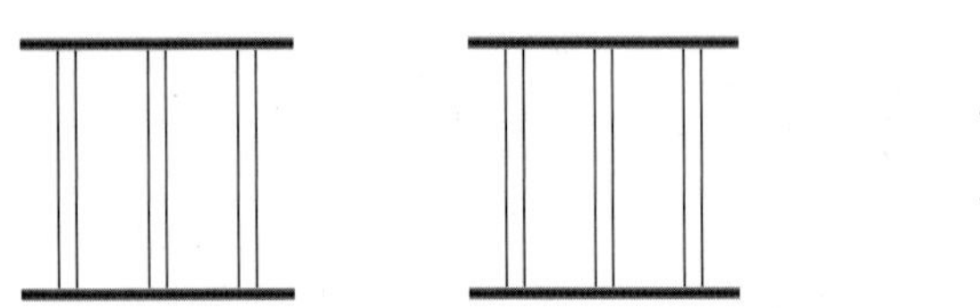

이는 망막상이 맹점(blind spot)이라는 곳에 맺혔기 때문이다. 일상생활에서 흔히 쓰이는 말로, 우리가 보통 의식하지 못한 허점이 있을 때 쓰는 '맹점이 있다'는 말은 바로 여기에서 유래했다. 맹점은 신경과 혈관이 통과하는 망막의 한 지점으로, 시각신경이 없는 곳이다. 시각신경이 없기 때문에 이곳에 상이 맺히게 되면 볼 수가 없다. 그래서 왼쪽 철로가 사라져 보이고, 또 끊어진 부분이 보이지 않으므로 철로는 이어져 있는 것처럼 보인다.

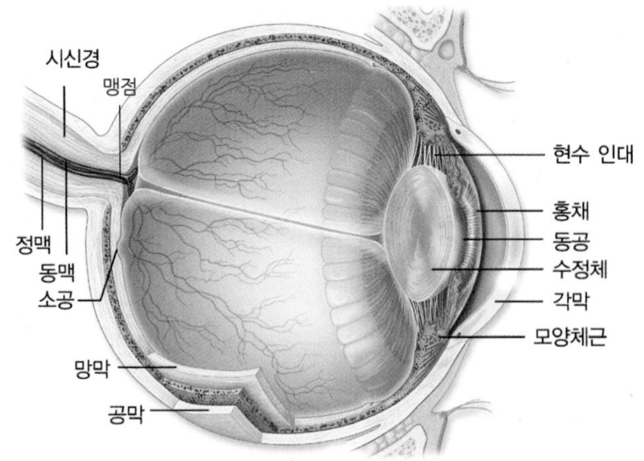

눈의 구조. 망막 중간부분에 신경이 지나는 맹점이 있다.

하지만 우리의 시각계통은 민감하지 못한 시야의 부분들을 메워주기 때문에 아무 어려움 없이 외부세계를 볼 수 있다. 이 때문에 우리는 일상생활에서 눈에 맹점이 있다는 것을 알아채지 못한다.

외부단서의 중요성

밤하늘을 나는 비행기를 보면 켜져 있는 불빛과 깜빡거리는 불빛이 함께 있음을 볼 수 있다. 또한 지상의 높은 건물 꼭대기에도 켜져 있는 불빛과 깜빡거리는 불빛이 함께 있음을 알 수 있다. 모든 불을 켜놓으면 될 텐데 왜 깜박거리는 불이 있을까?

그 이유는 비행기가 날고 있는 방향이나 지상의 건물 위치를 정확하게 알려주기 위해서다. 지상에 있는 우리들에겐 별 필요가 없다. 그러나 야간비행을 하는 조종사에겐 다른 비행기의 위치와 방향을 알기 위해, 그리고 지

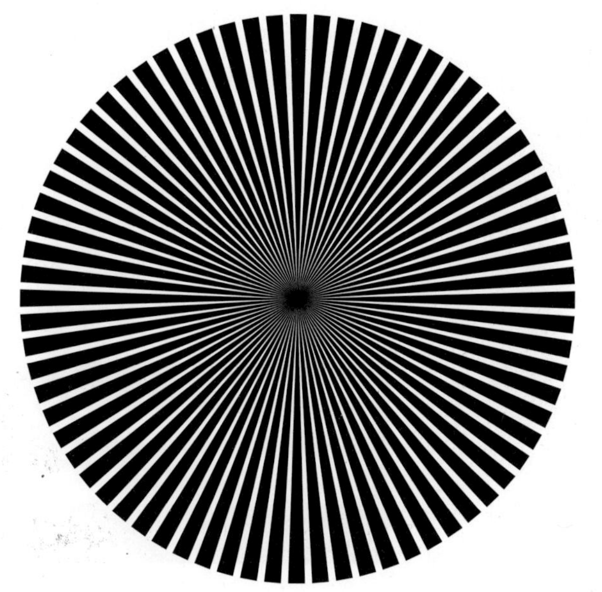

눈의 진동. 한 눈을 감고 그림 중앙을 보면 그림이 떨리는 것을 알게 된다.

상의 건물 위치를 알기 위해 아주 필요하다.

깜깜한 방에서 고정되어 있는 조그마한 불빛을 몇 초 동안 바라보고 있노라면 그 불빛은 마치 살아 있는 것처럼 움직이기 시작한다. 이리로 갔다가 저리로 가기도 하며, 자기에게 돌진해 오기도 한다. 이것은 깜깜하기 때문에 그 불빛이 고정되어 있다는 것을 알려줄 만한 외부의 단서가 없어서 일어나는 현상이다(자동운동, autokinetic movement).

실제로 우리 눈은 한 곳에 초점을 고정시켜 볼 만큼 멈춰 있진 않다. 조금씩 떨리기 때문에 망막에 맺히는 불빛의 상이 변하고, 그래서 고정된 불빛이 움직이고 있는 것처럼 보이게 된다.

비행기가 불을 깜박깜박하는 것은 '켜져 있는 불'의 위치를 알려주는 외부단서의 역할을 하게 된다. 그러면 비행기의 방향을 알 수 있고 자동운동과 같은 착시를 하지 않게 된다.

거리와 입체 지각

우리는 사물을 입체로 지각한다. 그래서 그것이 우리로부터 얼마나 떨어진 곳에 있는지 단번에 알아볼 수 있다. 하지만 우리가 보는 사물의 상은 망막(retina)에 맺힌다. 망막은 필름처럼 평면이다. 평면에 맺힌 상을 우리

평면인 이 사진에서도 우리는 거리(깊이)를 지각할 수 있다. 이것은 같은 크기라면 먼 곳에 있는 것이 작게 보이고(상대적 크기), 앞에 있는 것이 뒤의 것을 가리는 것(중첩) 등과 같은 단서를 이용하기 때문이다. 또 오른쪽 사진에서는 결의 모습을 보여주는데, 가까울수록 성기고 멀수록 빽빽해진다(결의 구배). 이런 것은 한눈으로도 가능하므로 단안(單眼)단서라 한다. 한편, 본문에 나온 망막부등과 수렴같이 두 눈에 의존하는 깊이단서를 양안(兩眼)단서라 한다.

는 어떻게 입체로 지각하게 되는가?

그것은 뇌의 작용 때문이다. 우리는 한쪽 방향으로 구성되어 있는 두 눈을 갖고 있다. 두 눈은 떨어져 있기 때문에 각 눈으로 들어오는 상이 서로 다르다. 눈앞에 손가락을 세우고 눈을 번갈아 감아보라. 그러면 손가락의 상이 서로 다름을 알 수 있다. 이러한 것을 망막부등(retinal disparity)이라 한다. 이것은 눈에서 멀수록 그 차이가 작아지고, 가까울수록 커진다. 그래서 우리의 두뇌는 망막부등이 크면 가까이 있는 것으로 지각하고, 작으면 멀리 있는 것으로 지각하게 된다.

또 두 눈이 함께 전방을 향하기 때문에 두 눈이 가까운 곳을 볼 때에는 두 눈의 초점이 안쪽으로 쏠리게 된다. 이것을 수렴(convergence)이라고 한다. 두 눈의 수렴 각도를 파악하면 두뇌는 그 물체가 얼마나 떨어져 있는지 알 수 있게 된다.

3D영화 〈아바타〉의 포스터. 3D(입체)영화는 약간 위치를 달리한 두 대의 카메라로 촬영함으로써 망막부등을 흉내 낸 것이다. 맨눈으로 3D영화를 보면 두 화면이 약간의 간격을 두고 겹쳐 보이지만, 특수안경을 끼면 입체로 보인다. 스테레오 방송 역시 떨어져 있는 두 대의 녹음기로 녹음하여 좌우 스피커로 따로 소리를 내보내면 세기와 시간이 다른 음이 들려와서 음원의 위치가 재현된 것처럼 느껴진다.

이런 것 때문에 한 눈을 감으면 똑바로 걷기가 어렵다. 또 다른 동물을 잡아야 하는 포식동물은 두 눈이 정면에 배치되어 있다. 먹잇감과의 거리를 제대로 파악할 수 있어야 유리하기 때문이다. 하지만 먹이가 되어야 하는 동물들은 적의 출현을 파악하는 것이 우선이다. 따라서 사방을 볼 수 있게끔 눈이 양옆으로 붙어 있는 것이 많다.

청각

사람의 청각이 만만치는 않지만 이것은 우리가 들을 수 있는 가청범위(20~2만 헤르츠) 내에서의 일이다. 세상에는 무지하게 높은 소리와 아주 낮은 소리들도 있다. 그러나 이 소리들은 우리가 들을 수 있는 범위를 벗어나기 때문에 들을 수가 없다. 이런 소리들을 초음파나 초저음파라 한다.

박쥐들은 주파수가 너무 높아서(10만 헤르츠) 사람들이 들을 수 없는 소리(초음파)를 낸다. 이 소리를 이용하여 박쥐들은 먹이를 잡고, 대화를 하며, 장애물에 부딪치지 않게 비행할 수 있다. 이 소리들은 우리가 듣는 일반적인 소리에 비해 엄청나게 높다. 이 소리를 우리가 듣지 못하는 것은 다행한 일이다. 우리가 들을 수 있다면 엄청난 고역이 될 것이기 때문이다.

박쥐의 소리가 너무 고음이라서 우리가 듣지 못한다면, 코끼리의 초저음파는 너무 낮아서 듣지 못한다. 인간이 귀로 들을 수 있는 저음의 한계는 20헤르츠인데, 코끼리는 12헤르츠의 낮은 음으로 서로 대화한다. 이 초저음파를 이용하여 암컷 코끼리들은 수컷들에게 신호를 보내고, 다른 코끼리 가족들과 정보를 주고받는다.

우리의 오감 중에서 태어난 순간 가장 예민한 것은 청각이다. 갓난아기는 16에서 3만 헤르츠에 이르는 소리를 알아낼 수 있다. 그러나 안타깝게도 태어난 순간부터 청각은 쇠퇴하기 시작한다. 사춘기에 이르면 들을 수 있는 상한은 2만 헤르츠로 떨어지고 50세가 되면 1만 2천 헤르츠로 떨어진다. 더 나이가 들면 범위는 더욱 줄어든다. 이 때문에 중년의 사람은 어린이가 들을 수 있는 높은 헤르츠의 음악을 듣지 못하고, 노인들은 여러 사람이 동시에 이야기를 한다면 목소리를 가려내기가 어렵다.

틴벨(teenage bell)이라는 것이 있다. 틴벨은 10대들만이 들을 수 있는 높은 주파수의 전화기 벨소리를 말한다. 일반 벨소리는 누구나 들을 수 있는 200~8,000헤르츠 주파수대를 이용하는데, 틴벨은 이 주파수를 훨씬 넘어서는 17,000헤르츠의 주파수를 사용한다. 따라서 청력이 좋은 청소년들만 들을 수 있고, 나이 많은 선생님은 들을 수 없다. 그 때문에 수업시간 중이라도 나이 어린 학생들은 전화 오는 소리를 들을 수 있다.

그래서 음악에 조예가 깊은 한 중년가장이 거액을 들여 2만 헤르츠까지 기능을 발휘할 수 있는 최고급 오디오 시스템을 마련했다 하더라도 이 음역을 감상할 수 있는 가족이라곤 어린 자녀들밖에 없다. 투자한 가장의 입장에서는 속 터지는 일이 아닐 수 없다.

❖음의 높이와 크기

높은 소리와 큰 소리, 낮은 소리와 작은 소리가 헷갈릴 수 있다. 음의 높낮이는 주파수에 따라 결정되고, 음의 크기는 진폭에 의해 결정된다. 그래서 피아노의 '도'음과 한 옥타브 높은 '도'음은 같은 강도로 두드릴 때 높낮이가 다른데, 이것은 주파수가 다르기 때문이다. 한편, 같은 음을 강하게 치거나 약하게 치면 소리의 크기는 다르지만 높이는 같다. 이것은 진폭이 다르기 때문이다.

데시벨	예	위험시간
180	로켓발사대	청각상실
150	제트비행기, 일제사격, 음향대포	즉각적 위험
130	스피커 앞의 음악, 천둥소리	즉각적 위험
100	지하철, 기차, 전기톱	2시간
90	트럭, 시끄러운 가전제품	8시간 이하
80	복잡한 교통, 공장소음	8시간 이상
70	일반 자동차, 시끄러운 식당	
60	일반적인 대화	
50	냉장고, 조용한 자동차	
40	조용한 사무실, 침실	
30	조용한 도서관	
20	5피트 거리에서 속삭이는 소리	
10	나뭇잎 흔들리는 소리	
0	인간의 귀로 들을 수 있는 최저소리	

소리는 10데시벨이 증가할 때마다 10배씩 강해진다. 따라서 20데시벨이 증가하면 10배의 10배, 즉 100배 강해지며, 30데시벨이 증가하면 1,000배 강해진다.

❖'시각장애인 셜록 홈스' 눈 어둡지만 소리로 추적

벨기에에서 귀가 아주 밝은 시각장애인 6명이 경찰 도·감청반에 특채돼 테러나 마약조직, 조직폭력배 등 강력범죄 해결을 위해 맹활약하고 있다. 31일 인터내셔널 헤럴드 트리뷴(IHT)에 따르면 이들은 범죄조직에서 도청한 내용을 듣고 동료 경찰이 미처 알아채지 못한 단서를 척척 찾아낸다 해서 '시각장애인 셜록 홈스'로 불린다. 활약상이 추리소설에 나오는 명탐정에 버금간다는 뜻이다.

벨기에 연방경찰청은 올 6월 도청 내용 분석에 도움이 된다는 판단에서 이들을 뽑았다. 그중 한 명인 사차 반 루는 도청자료에서 자동차 소리를 들으면 현대차인지, 도요타인지, 벤츠인지를 가릴 수 있다. 전화기 누르는 소리만 들어도 번호를 알 수 있는 것은 물론 주변 소음만으로 전화를 거는 곳이 공항인지, 커피숍인지 파악할 수 있다. 폴 반 티에렌 경찰청장은 "그의 듣기 능력은 만화에서나 나올 법한 '슈퍼 히어로'급"이라고 말했다.

반 루는 최근 마약 밀매업자 검거에 큰 공을 세웠다. 경찰은 처음엔 모기소리만 한 마약 밀매업자의 도청 녹음을 듣고 모로코인이라고 결론지었지만 반 루가 알바니아인이라고 해 이를 근거로 범위를 좁혀 수사한 결과 검거에 성공했다. 이는 그가 7개 국어를 구사할 수 있기에 가능했다. 영어나 프랑스어뿐 아니라 러시아어·아랍어도 막힘이 없다. 같은 아랍어를 써도 범죄혐의자가 이집트인인지, 모로코인인지를 구별할 정도다. 반 루는 "시각장애인이 도로를 건너거나 기차를 탈 때 생명의 위협을 받지 않기 위해서는 청각을 발달시킬 수밖에 없다"고 말했다. 그는 "우리는 범죄현장에서도 활약할 수 있는데 총기를 지급하지 않아 그렇게 할 수 없는 것이 유감"이라고 덧붙였다. (중앙일보, 2007.11.1)

또한 CD로 음악을 듣는 것과 연주회장에서 음악을 듣는 것은 차이가 있다. 실제 연주회장에서는 모든 악기들의 실제 소리를 들을 수 있지만, 녹음을 할 때에는 각각 악기의 소리를 뭉뚱그려 버린다. 그래서 저급한 오디오 시스템은 연주회의 실제 악기소리를 제대로 구현해낼 수가 없다. 이 때문에 사람들은 비싼 돈을 들여 공연장으로 간다.

한편, 듣기를 원하지 않더라도 아주 잘 들리는 소리가 있다. 우는 소리가 그런 예다. 이것은 주로 3,400헤르츠 정도의 소리인데, 청각의 절대식역이 이 지점에서 가장 낮아 예민하기 때문이다.

소리방향 찾기

우리의 귀가 소리 나는 방향을 찾는 데는 오른쪽과 왼쪽 귀에 도달하는 미세한 시간차이를 이용한다. 벨이 오른쪽에서 울리면 소리는 오른쪽 귀에 먼저 도달하고 뒤이어 왼쪽 귀에 도달한다. 또한 오른쪽 귀에 도달하는 소리는 왼쪽 귀에 도달하는 소리보다 크다(왼쪽 귀에 도달하는 소리는 머리가 장벽역할을 하기 때문에 작다). 물론 그 차이는 극히 작다. 어디선가 소리가 들려올 때 그 방향으로 한쪽 귀를 돌리는 것은 소리로부터 각각의 귀까지의 거리를 최대로 벌리면서 방향을 잡기 위해서다.

그래서 바로 앞이라든가 바로 뒤처럼 소리가 귀에 도착하는 시간이나 크기가 비슷하면 귀는 방향을 찾는 데 가끔 어려움을 겪는다. 이럴 때에는 고개를 조금 돌려주면 문제는 해결된다.

소리의 방향을 알아내는 데는 양 귀로 들어오는 소리의 강도와 시간차이를 이용한다.

같은 벨소리를 내는 전화기가 책상 위에 나란히 여러 대 놓여 있다면 어느 전화기에 전화가 왔는지를 알아내기 어렵다. 그래서 벨소리와 함께 불빛을 내는 전화기도 나왔다. 그 때문에 귀는 그만큼 일이 줄어든 셈이다.

소음문제

큰 소리는 청각장애를 가져온다. 총소리나 제트엔진 소리와 같은 150데시벨(dB) 이상의 소리에 한 번 노출되기만 하더라도 청각이 손상될 수가 있다. 전투기의 이착륙이 빈번한 항공모함에서 갑판 승무원들이 헬멧을 쓰고 있는 한 이유는 비행기 소리로부터 귀를 보호하기 위한 것이다.

인체가 시끄러운 소리에 오랫동안 노출되면 청각기관의 이상으로 청각장애를 수반하고, 불안, 초조, 신경장애, 불면증, 식욕감퇴, 정서불안 등을 일으킬 수 있다.

✣소음은 기억력을 감퇴시킨다

소음은 특히 아동의 기억력과 학습능력을 손상시킨다. 많은 연구결과를 보면 구공항 주변 어린이들은 공항폐쇄 후 장단기 기억력과 독서력이 향상된 반면, 신공항 주변 아이들은 새로운 소음에 노출된 후 이러한 능력이 감퇴했음을 알 수 있다. 또한, 신공항 주변 아이들은 듣기능력도 떨어졌고, 구공항 주변 아이들도 저하된 듣기능력이 공항폐쇄 이후 쉽게 회복되지 않았는데, 이것은 언어학습능력이 소음에 특히 취약함을 보여준다. 이러한 연구결과는 인적이 드문 곳이나 학교가 없는 곳에 공항이 건설되어야 한다는 것을 시사한다.

특히 어린이들의 학습능력에 대단히 부정적인 영향을 끼친다.

또한 스트레스 반응이 유발되어 근육이 긴장되고 심장박동이 빨라지며 혈액 내 지방치와 혈당치가 달라진다. 그리고 아드레날린이 갑자기 분비되면서 위궤양이나 위경색이 오고, 심근경색 발생가능성도 눈에 띄게 높아진다. 독일의 시사주간지 「슈피겔」은 매년 2천 명 이상의 독일인이 소음으로 죽어가고 있다고 보도했다. 또한 뉴욕타임스는 록 음악의 1세대인 미국 베이비붐 세대들이 록스타의 공연과 개인 음향 시스템을 통해 115데시벨 이상의 소음에 지속적으로 노출돼 서서히 청력을 잃어갔음을 전한다. 또 베이비붐 세대의 6명 중 한 명이 청각장애로 생활에 불편을 느끼고 있다고도 전하는데, 그 수가 65세 이상 청각장애인구 900만 명보다 많은 1,000만 명에 육박한다고 한다.

후각과 미각

후각 때문에 우리는 가끔 고통스런 상태를 경험한다. 화장실에 들어갈 때의 냄새 혹은 배고플 때 식당에서 나오는 냄새는 우리를 불쾌하게 하고 배고픔을 더하게 한다. 그래서 가끔은 냄새를 맡는 능력이 불편하고 별로 생활에 도움이 되지 않을 것처럼 여겨지기도 한다.

그러나 후각은 우리의 생존에 중요하다. 보기에는 멀쩡하지만 상한 음식을 구별하고, 가스 냄새와 같은 위험한 상황을 알아차리게 하여 피하도록 도움을 준다. 건강한 사람이라면 1만 가지의 냄새를 구별할 수 있고 전문적인 사람은 더 많은 냄새를 구별할 수 있다. 연구에 의하면 인간은 천 가지나 되는 서로 다른 유전자가 냄새 수용기 단백질을 만드는 데 관여한다고 한다. 그러나 냄새 감각은 개인차가 심해 어떤 사람은 특정 냄새를 맡지 못하고, 나이 든 사람들은 냄새 감각을 잃어버리기도 한다.

개는 인간보다 훨씬 뛰어난 후각을 갖고 있어 공항에서 마약 탐지견으로 활용되는데, 이것은 인간보다 후각 수용기가 더 민감해서가 아니라 인간보다 100배나 많은 후각 수용기를 가지고 있기 때문이다.

후각은 성적 매력과도 연관이 있다. 그래서 동물들은 페로몬(pheromone)이라는 이성을 유혹하는 물질을 방출하고, 인간은 향수나 로션 등을 이용하여 이성에게 매력적으로 보이려 한다. 그러나 냄새는 초기에 강한 인상을 주지만 곧바로 느끼지 못하게 된다(순응). 그래서 듬뿍 바른 향수를 자신은 느끼지 못하지만 다른 사람은 금방 알아채 코를 막는다.

후각과 마찬가지로 미각도 화학물질에 반응한다. 미각이 없다면 우리가 식사를 하는 것은 상당한 고통일 것이다. 맛을 보지 못한다면 하루 두세 번 식사는 아마도 생존을 위한 의무가 되었을 것이다. 하지만 다행스럽게 미각은 잘 손상되지 않는다. 그 때문에 맛을 보지 못하는

후각과 미각이 없다면 음식을 먹는 것은 신체에 에너지를 공급하기 위하여 매일 시행해야 하는 아주 고통스런 일이 되었을지도 모른다.

사람을 만나는 것은 로또 1등 당첨보다 어렵다.

냄새와 달리 우리의 미각은 단지 네 개의 맛(쓴맛, 짠맛, 단맛, 신맛)만을 구분할 수 있다. 그 외의 맛은 이 네 개 맛의 조합이다. 혀끝은 단맛과 짠맛에 민감하고, 뒷부분은 쓴맛에, 옆부분은 신맛에 가장 민감하다. 혀의 중앙 부분은 맛을 느낄 수 없다. 그래서 어린이에게 쓴 약을 먹여야 할 때에는 혀 중심에 약을 놓는다.

후각과 미각은 밀접한 관계가 있다. 대개의 경우 동물들의 코와 입은 가까이 있다.

대부분의 동물들은 코와 입이 가까이 있다. 이것은 냄새와 맛 수용기가 서로 밀접한 관련이 있어, 냄새가 맛을 느끼는 데 중요하기 때문이다.

이것을 알아보기 위해서는 눈을 감고 코를 막은 채 양파와 사과, 감자를 각각 먹어 보면 된다. 아마도 맛을 분간하기 어려울 것이다. 감기가 걸려 코가 맹맹하다면 맛을 다르게 느끼게 되는 게 이 때문이다.

대부분의 사람들에게 후각과 미각은 생존의 문제라기보다는 좋은 냄새와 맛을 추구하는 개인 미적 감각의 문제로 여겨져 왔다. 그래서 시각이나 청각만큼 심리학자들의 주의를 끌지는 못했다.

평형감각

우리가 심하게 몸을 움직이더라도 시선을 고정시키고 몸의 균형을 유지할 수 있는 것은 귓속에 있는 전정기관 때문이다. 전정기관은 몸의 운동감각이나 위치감각을 중추에 전하는 기관이다. 귓속에 있는 포낭과 구형낭, 반고리관을 합해 전정기관이라고 한다. 포낭과 구형낭은 직선적 가속 감각을 담당하는데, 포낭은 달리는 자동차 안에서처럼 수평 가속에 더 예민하고 구형낭은 승강기 안에서처럼 수직 가속에 더 민감하다.

이 두 기관은 세 개의 반고리관과 연결되어 있다. 세 반고리관은 서로 다른 방향으로 배열되어 있어 모든 방향의 각도 가속을 감지할 수 있다. 머리가 움직이면 반고

본문의 감각 외에도 압각(압력감각)과 통각, 온도감각, 운동감각 등이 있다. 압각은 수용기 수와 관련 있는데, 손가락, 입술, 뺨은 민감하지만 발가락이나 등은 둔감하다. 만원의 지하철 내에서 압각을 경험한다. 온도감각은 상당한 온도변화에도 순응한다. 그래서 불가에 앉거나 욕탕에 들어가면 처음엔 뜨겁게 느껴지더라도 조금만 지나면 괜찮아진다. 우리가 각 신체부위의 위치와 운동을 지각(운동지각)할 수 없다면 날아오는 공을 잡지 못할 뿐만 아니라 운전하는 것, 걷는 것, 심지어 밥을 먹기 위해 입에 수저를 넣는 것도 어려울 것이다.

리관 안의 액체가 섬모를 휘게 만든다. 그러면 신체의 회전 속도와 방향에 대한 정보가 뇌로 전달되고, 뇌는 이 정보를 바탕으로 몸의 균형과 평형을 유지하게 된다.

장시간 차를 타게 되면 아래위로 요동치기도 하고 빨리 갔다 느리게 갔다 하면서 불규칙하게 움직인다. 이 경우 전정기관은 과부하를 받게 되고 어질어질하거나 메스꺼움을 느끼게 된다. 이것이 멀미다.

멀미는 나이에 따라 느끼는 정도가 다르다. 어린 아기들은 거의 영향을 받지 않는다. 아기를 잡고 위로 높이 올렸다 내리는 광경을 많이 볼 수 있다. 몇 번을 하더라도 아기들은 좋아할 뿐이지 멀미를 하거나 울지도 않는다. 2세에서 12세까지의 어린이들이 가장 멀미에 약하고 나이가 들면서 줄어든다.

멀미약은 귓속에 있는 전정기관의 민감성을 줄여주는 것이다. 멀미약 〈키미테〉를 귀 밑에 붙이는 이유다.

짧은 시간 동안 심하게 움직이는 것은 멀미 대신 쾌감을 가져온다. 놀이공원 대부분의 시설들은 이 원리를 이용한 것이다.

감각박탈

스트레스가 너무 높아도 업무수행이 저하되지만, 스트레스가 너무 낮아도 업무수행이 저하된다. 이러한 것은 우리의 각성수준에서도 마찬가지다. 스트레스나 각성이 중간 정도일 때 업무수행이 가장 효과적이다.

감각 역시 마찬가지다. 세상에는 너무나 많은 자극이 있고 또 우리의 감각기관은 아주 다양하고 광범위한 자극을 받아들일 수 있다. 하지만 또한 우리가 받아들이는 상당한 자극을 의도적으로 감소시키는 메커니즘을 갖고 있기도 하다. 그래서 우리는 음악을 들을 때 눈을 감는다. 청각을 위해 시각을 차단하는 것이다.

모든 감각을 느끼지 못하도록 인간에게서 박탈해버리면 어떤 일이 벌어질까? 이러한 것은 건물이나 탄광 붕괴로 인해 꼼짝달싹 못한 채 매몰된 경우에나 경험할 수 있다. 신체 내외에 작용하는 각종 감각자극을 차단하는 것을 감각박탈(sensory deprivation)이라고 한다.

1954년 캐나다에서 시행된 실험에서 참가자들은 어떠한 스트레스나 간섭을 받지 않고 오로지 좁은 방의 침대에 계속 누워 있기만 하면 되었다. 대신 신체 외부에서 오는 감각을 가능한 한 없앴다. 이들은 보지 못하도록 반투명의 플라스틱 안경을 쓰고, 에어컨 소음이 계속 흘러나와 그 이외의 소리를 듣지 못하게 되었고, 면장갑을 껴 촉감을 느끼지 못하도록 조치되었다. 이 대가로 학생들은 당시로서는 꽤 괜찮은 하루 20달러(현재가치로 40만원 상당)의 일당을 받았다.

얼마 지나지 않아 피험자들은 지루해지고 짜증을 냈으며, 아무것에도 주의를 기울이지 못하는 공백기간을 경험했다. 감각박탈이 계속되자 그들은 약물 없이도 시각적이거나 청각적 혹은 촉각적 환각을 경험했다. 환각은 주로 빛과 같은 점이 날아다니는 형태로 나타났으나, 다람쥐가 배낭을 메고 거리를 달리거나 안경이 거리를 활보하는 것과 같은 환각을 경험하기도 했다.

꽤 짭짤한 참가비에도 불구하고 많은 참가자들이 이

일상생활에서 감각박탈을 경험하기란 쉽지 않다. 건물붕괴 등으로 인한 매몰 상황에서 대략 경험해볼 수 있지만, 감각박탈이 유쾌하지는 않다.

틀을 버티지 못했다. 이러한 것을 보면 우리 신체는 정상적으로 기능하기 위해 일종의 감각자극을 필요로 한다는 사실을 알 수 있다.

순응

화장실에 들어가면 처음에는 냄새가 나더라도 나올 때쯤에는 사라져버린다. 영화관 안을 들어설 때 캄캄하던 것이 몇 분 지나면 밝아 보인다. 똑같은 소리라도 계속 듣고 있으면 조금은 약하게 들린다. 같은 크기의 목소리로 친구가 나를 부를 때에는 공연장에서 막 나왔을 때보다 독서실에서 막 나왔을 때 더 크게 들린다.

하루일이 끝날 즈음이면 우리의 청각기관은 낮 동안의 각종 소리에 순응되어 있다. 그러나 고요한 밤에는 회복된다. 그래서 밤에는 같은 크기의 소리라도 더 크게 듣는다. 또한 잠자는 동안 귀는 순응에서 회복된다. 그래서 전날 편안하게 들은 라디오 소리가 볼륨을 높인 것도 아닌데 아침에는 크게 들리는 것이다.

오랫동안 자극을 받고 있으면 감각기관이 자극에 적응되기 시작한다. 이것이 순응(adaptation)이다. 모든 감각기관이 다 그렇다.

통증 같은 것은 아주 느리게 순응되는 반면 냄새와 같은 감각은 빨리 순응된다. 그 때문에 치명적인 사고가 발생하기도 한다. 탱크나 하수구에서의 질식사고, 연탄가스 중독이 그 예다.

이러한 순응은 현실에서도 일어난다. 수십 수백 장의 보고서를 프린트할 때, 처음에는 시끄럽게 들리지만, 시간이 지날수록 민감도가 떨어져 아무렇지 않게 된다. 그래서 용지 부족으로 그 시끄러운 소리가 멈추었을 때 오히려 의식하게 된다.

실제로 1970년대에 미국 시카고에서 해프닝이 벌어졌다. 시끄러운 고가철도가 운행정지되는 일이 일어났을 때였다. 시카고 경찰은 주민들로부터 "이상하다"거나 "묘한 일이 밤 동안 발생했다"는 전화를 많이 받았다. 하지만 이상한 느낌에 자다가 깬 주민들도 그것이 무엇 때문이었는지는 알 수 없다고 했다. 그러다가 나중에서야, 그러한 소동이 벌어진 시간이 평소 열차가 통과하던 시간과 일치하는 것을 알 수 있었다. 결국 늘 듣던 열차 소리에 무심해 있던 시카고의 주민들이, 어느 날 열차의 운행이 중단되니 마치 시끄러운 프린터가 멈

대낮에 어두운 터널로 들어가면 눈이 순응하는 데 시간이 걸려 위험하다. 그래서 터널의 불빛은 낮에 밝게 하고 밤에 어둡게 해야 한다.

춘 것처럼 그것을 갑자기 의식하게 되어 벌어진 사건이었다.

초감각

자신들이 초감각(ESP, Extrasensory perception)을 갖고 있다고 주장하는 사람들이 많이 있었다. 이들은 사람의 마음을 읽을 수 있고(텔레파시), 보통 사람들은 볼 수 없는 사물을 볼 수 있고(투시력), 미래를 예언하며, 물체를 만지지 않고 움직일 수 있다고 주장해왔다. 이런 발언들은 사람들의 마음을 사로잡았다. 실종된 아이를 찾거나 암살을 예견할 수 있다는 등의 이야기가 신문을 메운 적도 있었다.

그러나 이런 것들은 대부분의 심리학자들에 따르면 눈속임에 불과하다고 한다. 일반 사람들이 잘 모르는 도구나 방법을 사용할 뿐이라는 것이다. 제임스 랜디(James Randi)라는 마술가는 속임수를 못 쓰도록 정해놓은 조건 아래서 그런 '신통술'을 부리는 사람에게 100만 달러를 주겠다고 제의한 바 있다. 수백 명의 사람들이 수십 년간 도전했지만 아무도 그 돈을 가져가지 못했다. 오히려 마술이나 심령술로 수십 년간 명성을 날린 사람들은 제임스 랜디의 전화를 회피하고 있다고 한다.

초능력 사냥꾼으로 불리는 제임스 랜디(James Randi, 1928~2020). 신비스럽게만 보이는 초자연 현상이 결국은 마술사들이 부리는 눈속임과 다를 게 없다는 것이 사이비 초능력자들의 천적인 랜디의 주장이다. 초능력자로 세계적인 명성을 얻은 유리 겔러(Uri Geller)도 랜디와의 소송 끝에 자신은 엔터테이너라는 사실을 인정했다고 했다.

그러면 왜 많은 사람들은 초감각을 믿을까? 사람들은 쉽게 설명되지 않는 희한한 사건을 듣거나 경험하면 그럴 듯한 설명을 하려 한다. 초감각은 기본적으로 주관적이고 기묘하기 때문에 사람들은 그런 경험에 대한 설명으로 초감각을 받아들인다.

또 일반인들은 대개 복잡한 과학적 정보를 평가하고 처리하기가 어렵다. 그리고 일상생활에서 일어나는 많은 사건들에서 우연적인 것과 필연적인 것을 구분하기가 힘들다. 그렇기 때문에 그런 경험을 알려주는 사람이나 신문방송이 마치 그것이 사실인 양 떠벌리면 믿을 수밖에 없다.

지각

보는 것이 믿는 것이라고는 하지만 우리가 있는 그대로 보는 것은 아니다. 같은 교통사고를 보았는데도 목격자들마다 진술이 다르다. 다음에 나오는 착시도 실재하는 것과 우리가 보는 것 사이에는 차이가 있다는 것을 말해준다. 이러한 것은 우리가 받아들이는 감각을 그대로 보거나 듣는 것이 아니라 자기 나름대로 해석한다는 것을 보여준다. 이것이 지각(perception)이다.

> 2일 오전 경기 고양시 자유로 부근에서 간첩이 나타났다는 오인 신고가 접수돼 경찰과 군(軍) 당국이 긴급 수색작업을 벌이는 등 소동이 빚어졌다. 경찰과 군에 따르면 이날 오전 6시께 자유로 킨텍스 IC 부근 서울 방향에서 '검은색 잠수복을 입은 수상한 사람이 보인다'는 신고가 접수됐다.
> 군과 경찰은 5분 대기조와 지구대 직원 등을 투입해 수색작업을 벌였고 조사결과 이날 오전부터 내린 비로 검은색 우의를 입은 청소부인 것으로 밝혀졌다. 경찰 관계자는 "비 때문에 어두운 상태에서 검은색 우의를 잠수복으로 오인해 신고한 것으로 보인다"고 말했다. (뉴시스, 2013.4.2)

이런 해프닝은 지각이 잘못되어서 일어난다. 산속의 새끼줄을 뱀으로 잘못 지각하여 깜짝 놀라기도 하고 사람을 사냥감으로 잘못 지각하여 총을 발사하기도 한다.

주의

우리의 감각기억(제4장 기억과 망각 참조)에는 엄청난 양의 외부자극이 들어온다. 청각과 시각, 미각, 후각 그리고 촉각 등의 자극이다. 이런 것들은 아주 잠시 동안 우리의 감각기억에 머물다 사라지지만, 우리는 그 짧은 시간 동안에도 우리에게 의미가 있는 것을 골라 그것을 처리한다.

우리가 외부자극이 거의 없는 환경에서 지내고 있다면 우리는 아마 우리에게 전달되는, 우리가 감지할 수 있는 외부자극을 대부분 처리할 수 있을 것이다.

하지만 실제로는 외부자극이 거의 없는 환경은 없다. 우리가 느끼지 못할 뿐, 외부자극은 우리의 생각 이상으로 많다. 그 수많은 자극들은 우리의 감각기억에 아주 잠시 머물고 간다. 다만 너무나 짧은 시간(시각 0.25초, 청각 3초) 동안만 머물기 때문에 기억하지 못하는 것뿐이다.

결론을 말하면, 우리는 외부의 모든 자극에 일일이 대응할 수도 없고 할 필요도 없다. 일일이 대응을 해야 한다면 우리 머릿속의 인지체계는 엄청난 부담에 시달려야 하고, 대부분의 자극은 우리에게 그리 필요하지 않기 때문이다. 대신 우리에게는 우리의 감각기억에 들어온 수많은 외부정보 중에서 우리에게 의미 있는 것을 선택하는 과정이 필요하다. 이것이 주의(attention)다. 주의는 외부세계를 인식하기 위한 첫걸음인 셈이다.

대형 통유리에 스티커나 로고 등이 붙어 있지 않아도 약간만 신경을 쓰면 유리문이라는 것을 알 수 있다. 그런데도 사람들은 통유리를 보지 못하고 사고를 당한다. 어느 한 곳에 주의를 집중하고 있어서 그 주변의 일이나 사물이 눈에 들어오지 않기 때문이다. I.C.U.유리세정제 광고사진.

주의를 끄는 요인

주의를 끌기 위해서는 자극의 강도나 크기가 다른 것과 달라야 한다. 신문의 전면광고가 5단 광고보다 주의를 많이 끈다. 또 대학 졸업식장에 사각모 대신 고깔모자를 쓴 졸업생이 있다면 역시 주의를 끌 것이다. 어떤 대상이 다른 것들과 크게 대조가 되거나 신선하기 때문이다.

반복적으로 계속되는 것도 주의를 끌 수 있다. 각종 광고의 CM송에 반복되는 가사나 '아이더, 아이더, 아이더'라고 광고 끝부분에 반복적으로 나오는 아웃도어 업체 Eider의 광고는 귀를 솔깃하게 만든다. 움직이는 것들도 우리의 주의를 끈다. 글자와 그림으로만 되어 있는 광고판을 치우고 비싼 돈을 들여 전광판을 설치하는 것도

> 우리가 모든 것에 주의를 기울이지 못하는 이유에 대한 설명 중 단순한 설명으로 병목이론과 용량이론이 있다. 병목이론은 들어오는 자극의 병목현상 때문에 모든 자극을 처리하지 못한다는 것이고, 용량이론은 우리의 용량이 제한되어 있어 모든 것에 주의를 기울이지 못한다는 것이다. 용량이론에 의하면 우리의 용량에 약간의 여유가 생기면 다른 자극에도 주의를 줄 수 있다. 실제생활에서 우리가 어려운 수학문제를 풀고 있을 때에는 그쪽에만 신경을 쓰기 때문에 다른 곳에 신경을 쓰지 못하기도 하지만, 소설을 읽으며 음악을 들을 수도 있고, 친구와 전화로 수다를 떨면서 게임을 하기도 하는 것은 용량이 남아 있기 때문이다. 더 나아가 자전거와 인라인 같이 너무나 익숙해져서 주의를 사용할 용량이 거의 필요 없게 될 수도 있다. 어떤 것에 익숙해지면 전혀 주의를 하지 않고서도 성공적으로 그 일을 수행할 수도 있는데, 이것이 뒤에서 보게 될 자동적 처리(자동화된 행동)다.

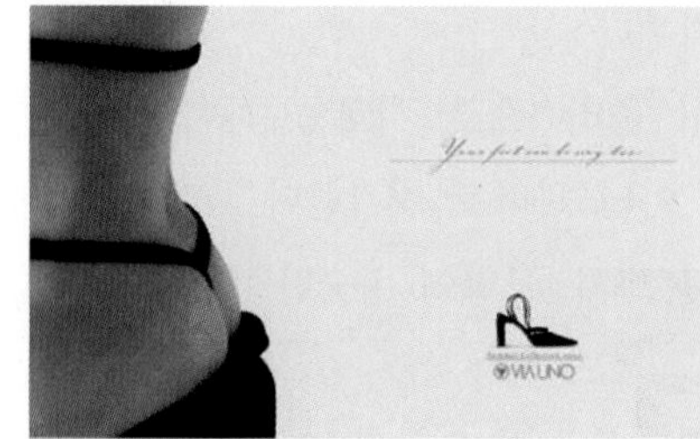

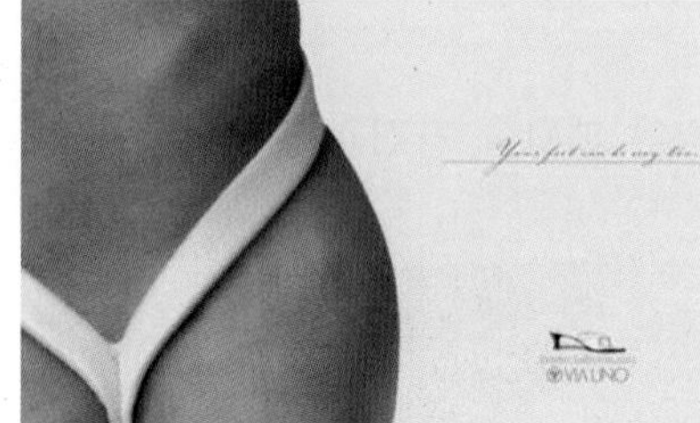

이 사진이 당신의 주의를 끌었다면 일단 이 광고는 성공한 것이다. 모든 광고가 사람들의 주의를 끌어당기는 것이 일차적인 목표다. AIDMA모델에 의하면 일단 사람들의 주의(Attention)를 끌어야만 관심(Interest)을 갖게 만들고, 구매욕구(Desire)를 일으키게 하며 제품을 기억(Memory)하게 하여 실제로 구매행위(Action)를 하게 한다. 신발업체 VIAUNO의 광고.

이 때문이다.

그리고 사람들의 심리적 상태 때문에 주의를 끌게 된다. 애인을 구하기 위해 길거리를 돌아다니는 총각의 눈엔 아버지가 지나가도 보이지 않는다. 동기가 주의의 방향을 결정하기 때문이다.

또 중요한 전화가 올 것이라고 준비하고 기다리는 사람은 다른 사람이 듣지 못하는 전화벨 소리도 들을 수 있다. 그리고 우리가 상당한 관심을 갖고 있는 대화는 다른 내용보다 더 주의를 기울여 듣게 된다. 엄마는 아기의 작은 소리에도 다른 사람보다 민감하다.

자동적 처리

처음 자전거를 배웠을 때, 또는 자동차 운전학원에서 처음으로 운전대를 잡았을 때를 기억하고 있을 것이다. 아마도 상당히 긴장했을 것이다. 하지만 익숙해진 뒤에는 자전거든 자동차든 운전하면서 의식적으로 예전처럼 긴장하지는 않는다. 오히려 운전하면서 옆 사람과 대화하기도 하고 라디오의 대담 프로그램까지 별 어려움 없이 듣고 있다.

이처럼, 어떤 일에 익숙해지면 거기에 사용하는 주의의 정도가 엄청나게 줄어버리는 경우를 볼 수 있다. 즉 최소한의 주의용량으로도 탁월하게 그 일을 수행하는 것이다. 이것을 자동적 처리(자동화된 행동)라고 한다.

자동적 처리가 되기 위해서는 세 가지 조건이 필요하다. 우리가 의도하지 않아도 일어나야 하며, 의식하지 않아도 일어나야 한다. 그리고 다른 주의를 방해하지 않아야 한다. 즉 옆 사람과 대화를 하면서 걸어갈 때 우리는 걸어야겠다고 의도하지도 않으며 걷고 있는 것을 의식하지도 못한 상태에서 걸어간다. 그리고 걷는 것이 대화에 전혀 지장을 주지도 않는다.

자동적 처리의 사례는 많은 분야에서 찾아볼 수 있다. 처음 여러분들이 걸음을 시작할 당시에는 넘어지지 않기 위해 부모님의 손을 잡거나 책상과 같은 주위의 사

❖주의와 휴대전화

휴대전화가 위험한 것은 주의를 분산시키기 때문이다. 걸으면서 휴대전화로 통화를 하거나 문자를 보내면서 부딪치거나 발을 헛디디거나 사고가 날 뻔한 경험을 누구든 갖고 있을 것이다. 또 운전중 전화를 하게 되면 통화에 주의가 집중되어 운전능력이 심각하게 훼손된다. 신호등을 보고도 머릿속에서 처리를 하지 못하게 되고, 빠져야 할 인터체인지를 그냥 지나쳐버린다.

핸즈프리조차 같은 이유로 위험하기는 매한가지다. 이런 것 때문에 대부분의 나라에서는 운전중 휴대전화 사용을 금지하고 있다. 옆 사람과 대화를 하면서 운전하는 것은 그나마 나은 편이다. 옆 사람은 운전자에 대한 배려나 이해가 있다. 그래서 운전자가 운전에 신경 써야 할 시점에서는 말을 삼가고 주의를 환기시킨다. 하지만 운전중 전화통화를 할 때 수화기 건너편의 상대방은 이런 배려가 없다.

많은 사람들이 운전중 휴대전화 사용을 자신만만하게 생각하고 있지만, 미국에서는 휴대전화로 인한 교통사고 때문에 매년 2,600여 명이 사망하고 1만 2,000여 명이 부상을 입는다. 또 매년 4,000명이 보행중 핸드폰 사용으로 인해 사망하고 6만 명이 부상을 입는다(미국 질병예방통제센터). 많은 사람들이 걱정하는 휴대전화의 전자파는 이에 비하면 아무것도 아닌 것이다.

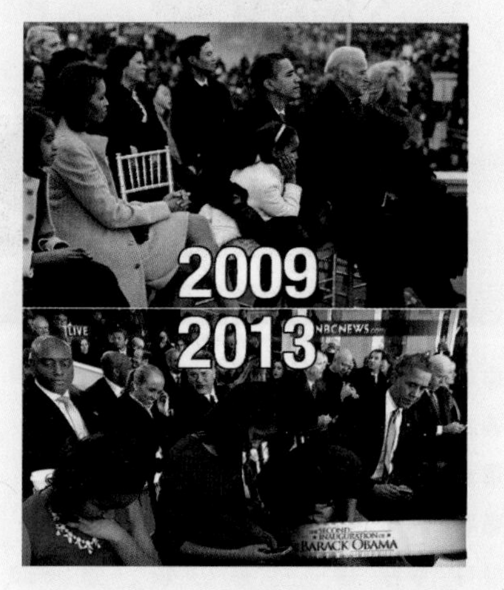

물을 잡고 걸음마를 시작했지만 지금은 아무런 의식도 없이 넘어지지 않으면서 걸어다닐 수 있다. 글을 읽는 것이라든가 글씨를 쓰는 것 등도 처음에는 엄청난 주의를 요하는 사건이었지만, 지금은 거의 주의를 기울이지 않아도 되는 사건이 되어 버렸다.

지각조직화

인간은 받아들이는 감각을 어떤 원리에 기초하여 해석을 내린다. 바로 조직화다.

게슈탈트 심리학(Gestalt psychology, 형태심리학)은 감각자극들이 뇌에서 어떻게 조직되는지를 처음 연구한 분야다. Gestalt는 '전체' 혹은 '패턴'이라는 뜻의 독일어다. 이들은 부분보다는 전체를 지각하는 조직화를 강조한다. 즉 전체는 부분의 합보다도 더 중요하다는 믿음에 기반하여 어떻게 사람들이 형태를 지각하는지에 대한 다음과 같은 조직화의 법칙을 제안했다.

- 전경과 배경 : 이 책을 읽을 때 글자는 전경(figure)이 되고, 종이는 배경(ground)이 된다. 우리가 보고 있는 것이 전경이다. 전경은 배경보다 앞에 있는 것으로 지각된다.
- 근접성 : 대상이 물리적으로 서로 가까이 있으면 그것을 별개가 아닌 하나로 지각한다.
- 유사성 : 색이나 크기, 모양이 비슷한 대상들은 집단화된다.
- 폐쇄성 : 감각정보가 불완전하더라도 전체 대상으로 지각한다.
- 연속성 : 연속적인 패턴을 가진 대상은 집단화가 된다.

지각조직화를 보여주는 그림들. 상단 좌측의 풍경을 보고 있으면 이것이 전경이 되지만, 아기가 전경이 되면 풍경이 배경이 된다. 상단 우측 그림에서 전경을 찾지 못하면 혼란스런 그림이 된다. 이 장 처음에 나온 이 그림은 경남 통영시의 로고다. 하단은 좌측부터 근접성, 유사성, 폐쇄성, 연속성을 보여준다.

항등성

우리가 망막에 맺히는 상을 있는 그대로 받아들인다면 세상은 아마도 너무 복잡해질 것이다. 가령 문이 열리고 닫히는 모습을 보게 되면 열리는 정도에 따라 우리 눈의 망막에 맺히는 상은 모두 다르다. 하지만 우리는 망막의 상에 관계없이 모두 문의 크기나 모양을 같은 것으로 지각한다.

감각수용기에 전해지는 자극은 변하는데도 불구하고 세상은 변하지 않는 것으로 우리는 지각한다. 이러한 것을 항등성(constancy)이라고 한다. 항등성은 크기와 모양, 색과 밝기에서 나타나며, 개개의 특징들이 변할지라도 이들을 통합하여 일정한 양식으로 반응한다.

감각의 해석

기대와 맥락

기대와 맥락이 지각에 영향을 미친다. 친구와 종로에서 만나기로 한 경우에는 복잡한 사람들 속에서도 친구를 알아본다. 하지만 뜻하지 않은 곳에서 아는 사람을 만나면 그를 알아보는 데 시간이

멀리 있는 사람이 망막상에 작게 맺히더라도 작은 것으로 지각하지 않는다(좌, 크기항등성). 그림자가 져 어두울지라도 우리는 밝은 부분과 색이 같다고 지각한다(우, 색과 밝기 항등성).

걸린다(공간적 맥락).

모호한 그림을 보게 하면 기대나 맥락이 얼마나 지각에 강한 영향을 끼치는지를 알 수 있다. 아래 루빈의 컵은 술잔으로도 보이고 마주한 두 사람의 얼굴로도 보인다. 그러나 토론을 막 끝낸 사람이거나 얼굴 실루엣을 금방 본 사람이라면 술잔보다 사람의 얼굴로 그림을 보게 된다(시간적 맥락).

가 나 다
3 나 5

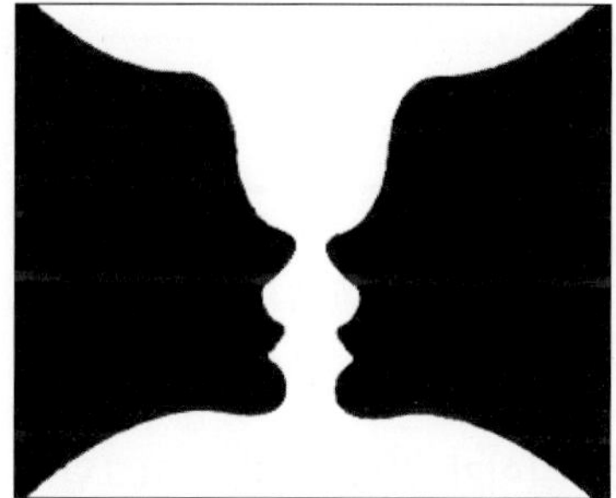

맥락에 따라 '나'가 되기도 하고 '4'가 되기도 한다(상). 술잔 혹은 얼굴로 보이는 루빈의 컵(하)

과거의 경험

우리가 이전에 어떤 경험을 했느냐 하는 것도 우리가 사물을 보는 데 영향을 미친다. 가난하게 자란 사람은 부유하게 자란 사람보다 동전의 크기를 더 크게 본다.

우리가 크기나 색, 밝기 항등성을 가지고 있는 것도 이전에 많은 경험을 함으로써 학습했기 때문이다. 경험이 충분하지 않은 미취학 아동들은 길 건너편의 차가 옆에 있는 차보다 작다고 말한다. 크기 항등성이 발달되지 않은 탓이다.

실제로 아프리카 콩고강 밀림에 사는 피그미족 사람을 아프리카 평원으로 데리고 나왔을 때 그는 사물의 크기를 파악하는 데 어려움을 겪었다. 멀리 떨어져 있는 물소를 곤충으로 판단했다. 다가갈수록 그 '곤충'은 점점 커졌고 그는 매우 놀랐다. 이 사람은 100m 이상 볼 수 없는 정글에서만 살아왔기 때문이었다.

문화적 요인

문화적 요인도 우리가 세상을 지각하는 데 중요한 영향을 미친다. 산업화된 사회에서 자라난 사람들은 그렇지 못한 사람들에 비해 수평선과 수직선에 대해 높은 민감도를 보인다. 빌딩과 도로 등 수많은 수평선과 수직선을 가진 세상에서 살아왔기 때문이다. 대신 직각처럼 생긴 것이 없는 시골지역에서 살아온 사람들은 모든 방향에 대해 거의 비슷한 민감도를 보인다. 이러한 것은 뮐러-라이어 착시(뒷면 참고)에서 왜 산업화 사회의 사람들이 더 영향을 받는가를 설명하기도 한다.

개인의 동기와 참조틀

개인의 욕구와 흥미도 선택된 정보를 해석하는 데 색깔을 입힌다. 성적으로 흥분된 남자는 여성의 사진을 더욱 매력적으로 평가한다. 특히 그 여성과 실제로 데이트를 할 것이라고 믿을 때 더욱 강하게 반응한다.

다른 사람이나 사물, 상황을 지각할 때 참조틀, 즉 그것들을 둘러싼 환경에도 영향을 받는다. 한 여성의 사진을 매력적으로 평가한 남자는 다음 사진이 미스코리아라면 그 여성을 덜 매력적으로 평가한다.

✜ 상표 가린 와인 맛 애호가도 구별 못한다

와인 애호가들이 말하는 '좋은 와인'이란 브랜드에 좌우될 뿐이라는 연구결과가 나왔다. 미국 코넬대 심리학 연구팀은 최근 "와인 애호가들이 선택하는 좋은 와인은 품질보다 생산지나 상표에 영향을 더 많이 받는다"고 발표했다.

연구팀은 41명의 와인 애호가들에게 상표가 없는 와인을 맛보게 하는 '블라인드 테스트'를 실시해 이 같은 내용을 증명했다. 고급 프랑스 레스토랑에서 코스 요리와 함께 상표를 확인할 수 없도록 와인을 제공한 것. 같은 종류의 와인을 일부에게는 '고급 캘리포니아산 와인'이라고 밝히고 다른 피실험군에는 다소 질이 낮은 '노스다코타산 와인'이라고 알렸다.

결과는 연구팀의 가설대로였다. 캘리포니아산 와인이라고 알고 마신 사람들만 와인과 요리를 칭찬하고 다시 오겠다는 예약까지 했던 것. 또 '좋은 와인'이라고 믿었던 사람들은 음식도 평균 11%가량 더 주문했다. 와인의 정보가 와인뿐 아니라 요리에 대한 평가까지 영향을 끼친 것이다.

이 같은 결과는 연구팀이 이전에 MBA 학생들을 대상으로 한 실험에서도 똑같이 나타났다. 와인과 치즈를 사용했던 당시 실험에서 '좋은 와인'으로 알고 맛 본 학생들이 그렇지 않은 학생들에 비해 와인맛은 85%, 치즈맛은 50% 높게 평가한 것. 연구팀은 "이 결과는 경험이 감각에 많이 간섭한다는 뜻"이라며 "미각이 특별히 발달된 전문가들에게는 같은 결과를 기대할 수 없다"고 밝혔다. (나우뉴스, 2007.8.7)

별 볼 일 없어 보이는 남자가 성공한 사업가라면 사람이 달라 보이듯이 한 가지 좋은 특성이 있으면 다른 특성도 좋을 것이라는, 대인지각에서의 후광효과도 이 때문에 나타난다.

착시

이러한 지각의 특성 때문에 착시(illusion)가 나타난다. 착시는 잘못되거나 왜곡된 지각으로, 자극 속에 부정확하거나 엉뚱한 단서가 포함되어 있을 때 일어난다.

착시는 대상의 물리적 조건이 동일하다면 누구든지 그리고 언제든지 경험하게 되는 지각현상이다. 이러한 현상은 주위의 자극상황에 강요되어 지각을 조직화해야 되기 때문이다. 그래서 배경의 영향을 받아 직선이 곡선으로 보이기도 하고, 같은 크기의 원이 다른 크기로 보이기도 한다. 예를 보자.

다음 A와 B 두 선분의 길이는 물리적으로 같다. 그러나 B의 선분이 더 길게 보인다.

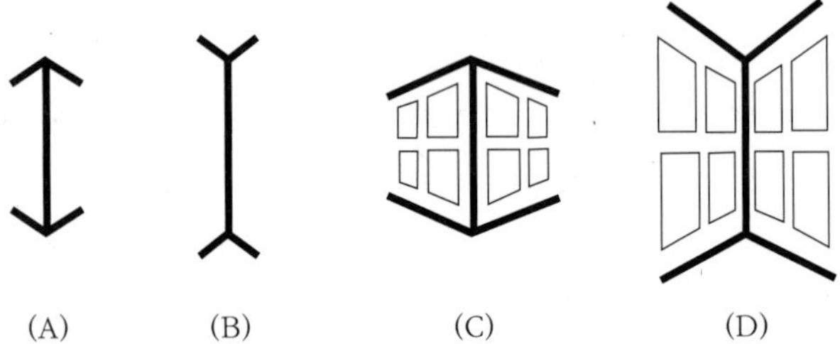

(A) (B) (C) (D)

뮐러-라이어(Müller-Lyer) 착시라고 불리는 이 착시는 산업화 사회에서 더욱 두드러지게 나타난다. 산업화가 많이 된 사회일수록 직선과 직각형태로 만들어진 건축물에서 생활한다. 짧아 보이는 A는 빌딩의 튀어나온 부분(C)을 나타낸다. 그리고 B는 건물 내부의 구석진 부분(D)을 나타낸다. 그래서 같은 길이라면 앞으로 튀어나온 것보다는 뒤로 움푹 들어가 있는 것이 더 길게 보이는 것이다. 멀리 있다고 생각하기 때문이다. 다음 그림을 보면 양 선분은 같은 길이라는 게 증명된다.

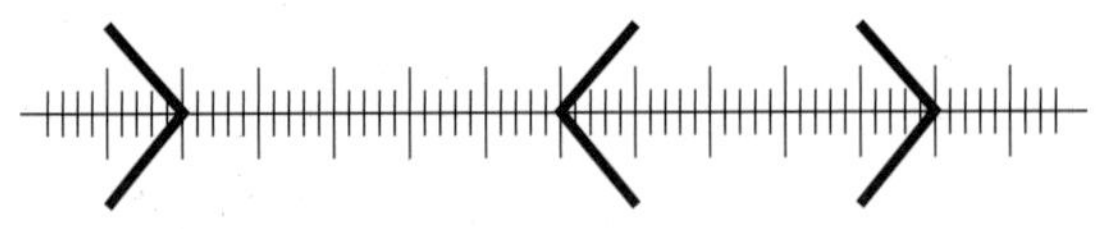

이제 다음 그림을 보자.

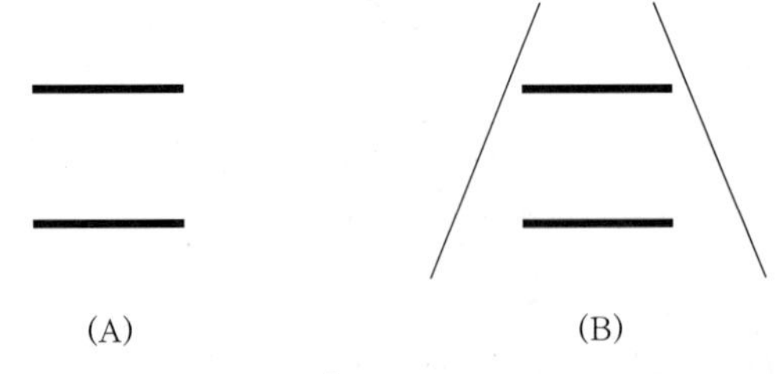

(A) (B)

A그림에서 두 선분은 길이가 같다. 그러나 B그림에서는 윗선분이 더 길게 보인다(Ponzo 착시). 이것 역시 우리가 물체의 크기를 지각할 때 거리를 참작하여 판단하

기 때문이다. 먼 곳에 있는 황소가 개미만 하게 보이더라도 우리는 그것이 크다는 것을 알고 있는 것처럼, 물체의 크기를 판단할 때에는 거리를 감안한다. 즉 거리가 멀면 작게 보이고 가까우면 크게 보이지만 우리는 그 물체의 크기를 같게 본다(크기 항등성).

크기 항등성을 보여주는 철길

또 눈에 보이는 크기가 같다면 멀리 있는 것이 더 크다고 판단한다. 그래서 위의 B그림에서는 같은 길이의 선분이지만 철로에 놓인 막대처럼 멀리 있다고 생각되는 윗선분이 더 길게 보이는 것이다.

여러 착시

착시는 도형이나 물체, 색깔 등에서만 나타나는 것은 아니다. 시간이나 체중, 얼굴에서도 나타난다.

시간착시

시간은 한 치의 빈틈도 없이 흐른다. 하지만 시간은 객관적이지 않을 때가 많다. 시간의 속도는 상황에 따라 다르기 때문이다. 즐거운 시간은 순식간에 지나가지만, 힘들고 지루한 시간은 더디게 흐른다. 심리적 요인에 의해 시간이 왜곡된 결과다.

영국 맨체스터대학에서 실험을 해보았다. 각자 다른 상황을 주고 자신이 느낀 시간의 흐름을 비교했다. 그 결과 재미있는 영화를 볼 때, 시험을 칠 때, 나이트클럽에서 춤을 출 때, 컴퓨터 게임을 할 때, 운전할 때에는 시간이 실제보다 더 빨리 흘렀다. 반면, 재시험을 볼 때, 일을 할 때, 지루한 영화를 볼 때, 줄을 서서 기다릴 때에는 시간이 더디게 흘렀다.

해가 갈수록 날짜가 훨씬 빨리 가버리는 것처럼 생각될 때가 있다. 어릴 때에는 신기한 것이 많아 시간이 지나가는 것을 느낄 수가 있다. 그래서 어제는 무엇을 했으며, 그저께는 또 무엇을 했다는 식이다. 그러나 경험이 많고 생활이 안정적인 중장년이 되면 새로운 것이 별로 없으므로 시간이 흘러가는 것을 깨닫지 못하게 된다. 그 때문에 어느 순간 시간을 의식하게 되면 벌써 며칠이 훌

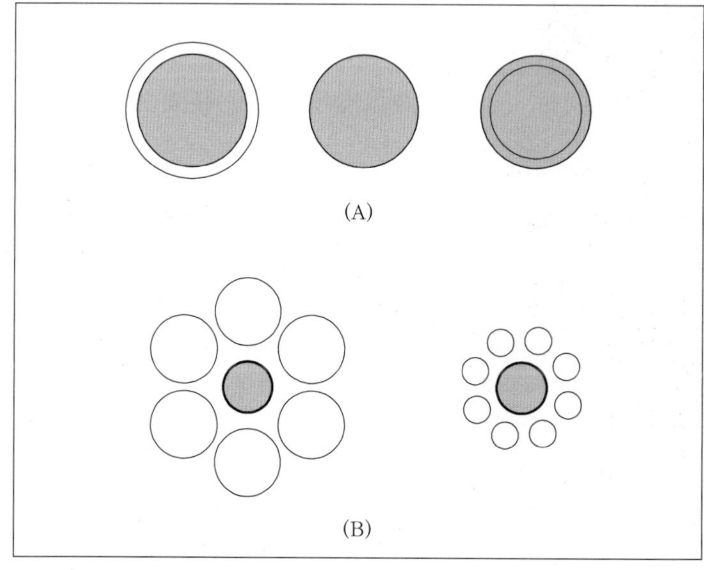

회색 원의 크기는 같다.

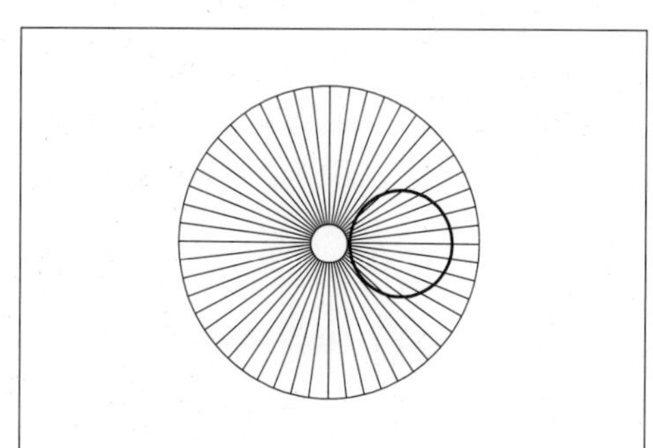
작은 동그라미는 완전한 원이다.

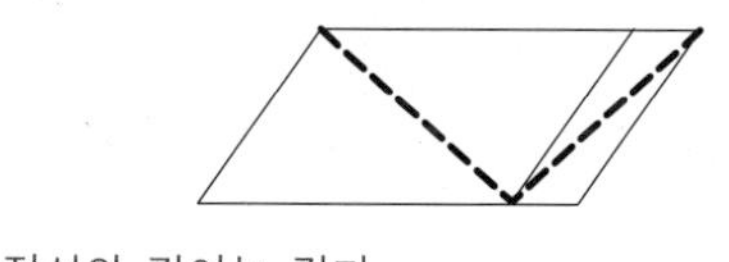
점선의 길이는 같다.

쩍 지나가버린 것을 알게 된다. 20대엔 시속 20km, 30대엔 시속 30km, 60대엔 시속 60km 식으로 나이에 따라 시간의 속도가 빨라지는 것이다.

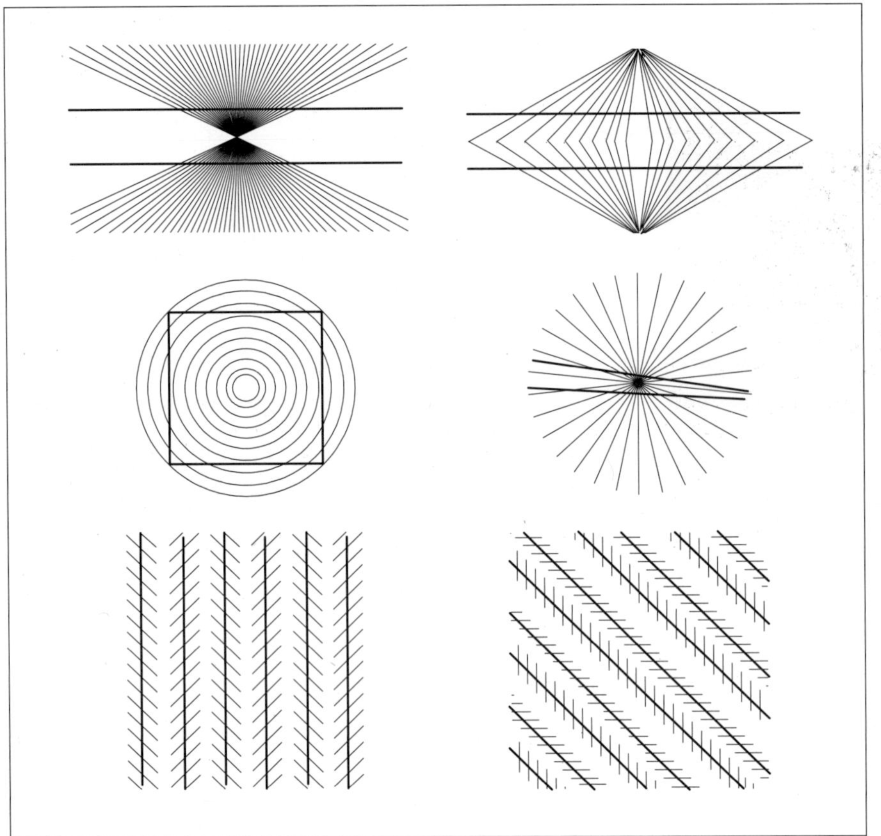

위의 선은 모두 직선 혹은 평행이다.

과학자들의 연구에 의하면 신경계의 노화로 인해 인간의 시간감각이 바뀐다고 한다. 즉 나이가 들면서 시간이 빨리 가는 것처럼 느끼게 된다는 이야기다.

미국의 심리학자 피터 맹건(Peter Mangan) 박사는 사람들을 나이별로 나누어 이들에게 속으로 숫자를 세면서 3분을 측정하도록 하는 연구를 실시했다. 20대 초반의 사람들은 평균 3분 3초로 비교적 정확하게 대답했고, 그중 일부는 아주 정확하게 맞혔다. 60대 이상의 노인들은 평균 3분 40초가 지나서 대답했다. 즉 60대 이상은 3분이라 생각했는데, 실제로는 3분 40초가 지나버린 것이다.

차량 통행이 금지된 광화문 광장 지하보도에 진입한 택시. 착시는 사고와 연결될 수 있다. (연합뉴스, 2011.9.29)

시간에 가속도가 붙는 또 다른 설명은 일정기간의 시간은 총기간에 비례하여 느껴진다는 것이다. 10세 아이는 1년을 1/10으로 느끼고, 30세의 사람은 1년을 1/30으로 느끼고, 50세의 사람은 1년을 1/50으로 느낀다. 그래서 1년이란 기간이 10세 아이에게는 10%이지만, 50세의 사람에게는 2%밖에 되지 않는다. 그래서 나이 들수록 시간은 사소한 비중을 차지하고 빨리 지나는 것처럼 느껴진다고 한다.

체중착시

정상체중일 경우 여자는 살이 쪘다고 생각하는 반면 남자는 너무 말랐다고 느끼는 등 본인의 체중에 관한 남녀의 감각은 정반대로 나타난다.

연구에 따르면 피험자들에게 신장, 체중과 자신의 체중에 관한 느낌을 묻고 스스로의 매력, 만족, 건강을 어떻게 평가하는지를 조사한 결과 정상체중인 경우 여성은 31%, 남성은 5%가 과체중으로 느끼고 있고, 정상체중을 체중미달로 생각하는 경우는 남성이 25%인 데 비해 여성은 5%에 불과한 것으로 나타났다. 또 과체중인 경우는 남성은 거의 50%, 여성은 4%만이 자신이 정상체중이라고 생각하고 있었다.

얼굴착시

부모와 자식의 얼굴 중 어느 부분이 닮아 보이는 것은 실제로 닮은 것이 아니라 부모-자식간이니만큼 유전적으로 강한 연관이 있을 것이라는 자가판단에서 나온 착시현상인 경우가 대부분이라는 주장이 있다. 즉 자식의 턱이 아버지를 닮아 보인다든가 눈이 어머니를 닮아 보인다든가 하는 것은 두 사람이 부모와 자식이니까 당연히 닮았을 것이라는 생각 때문에 그렇게 보이는 것뿐이지 실제로 닮은 경우는 많지 않다는 것이다.

착시는 우리가 입력되는 자극을 있는 그대로 감각하지 않는다는 것을 보여준다. 우리의 뇌가 나름대로 해석을 내린다는 것이다. 즉 지각은 감각의 해석이다.

이러한 인간의 감각과 지각의 특성은 실생활에 적용되지 않는 곳이 거의 없다. 실수를 줄이고 효율적이면서 효과적인 작업을 위한 기계의 설계, 빠른 시간 내에 정보를 전달해야 하는 도로표지판, 주의를 끌기 위한 홈페이지의 구성, 입체영상과 사운드, 소음을 규제하기 위한 법률의 제정, 효과적으로 내용을 전달하는 각종 출판물과 광고물, 착시를 이용한 예술, 군대의 위장술 등에 사용된다. Ψ

미술가들은 심도를 나타내기 위해 거리단서를 이용하며, 착시를 위해 그 단서를 사용하기도 한다. 물의 흐름에 주의하라. 그림은 네덜란드의 미술가 M.C. 에셔의 판화 〈폭포, 1961〉

마무리사례

휴대전화 대화 귀에 거슬리는 이유

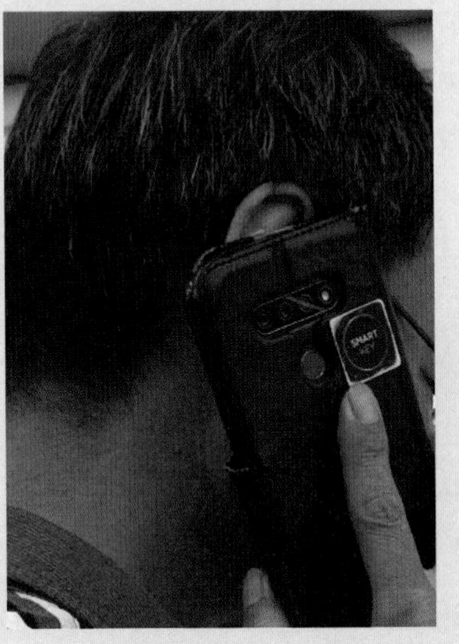

지하철, 식당, 엘리베이터 등에서 남의 휴대전화 대화가 유독 귀에 거슬리는 이유는 일방의 대화만 들림으로써 뇌가 혼란을 겪기 때문이라는 연구결과가 나왔다.

미국 코넬 대학 심리학과의 로런 엠버슨 연구원은 쌍방 대화 중 한쪽 얘기만 듣게 될 때에는 뇌가 대화의 연결을 예측할 수 없어 어려움과 혼란을 겪게 되며 이 때문에 대화에 주의력을 빼앗기게 된다고 밝힌 것으로 헬스데이 뉴스가 21일 보도했다.

우리 뇌의 언어처리 기능은 한 말 다음에 어떤 말이 올 것인가를 예상하고 예측하는 능력에 바탕을 두고 있는데, 대화하는 두 사람 중 어느 한쪽의 말만 들리게 되면 그다음에 어떤 말이 올 것인지를 예측하는 데 어려움을 느끼면서 듣는 것 자체가 힘겨운 작업이 된다고 엠버슨 연구원은 말했다.

이를테면 "난 먹는 걸 좋아해"라는 말을 들으면 뇌는 음식 종류에 대한 말이 뒤따를 것으로 예측하는데, 그 뒷얘기가 없으면 정보가 부족하기 때문에 얘기에 더욱 귀를 기울일 수밖에 없다는 것이다. 그는 일련의 실험을 통해 이를 입증했다.

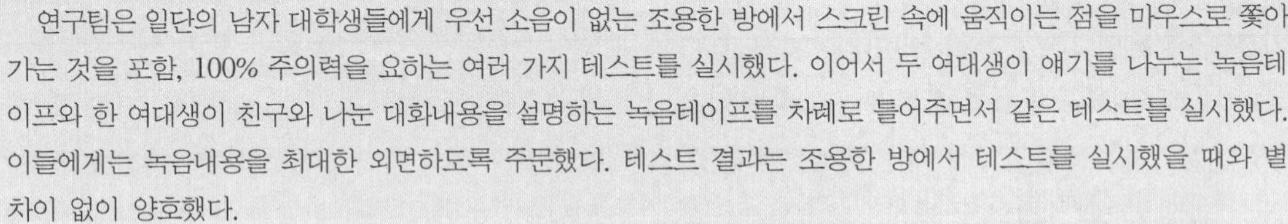

연구팀은 일단의 남자 대학생들에게 우선 소음이 없는 조용한 방에서 스크린 속에 움직이는 점을 마우스로 쫓아가는 것을 포함, 100% 주의력을 요하는 여러 가지 테스트를 실시했다. 이어서 두 여대생이 얘기를 나누는 녹음테이프와 한 여대생이 친구와 나눈 대화내용을 설명하는 녹음테이프를 차례로 틀어주면서 같은 테스트를 실시했다. 이들에게는 녹음내용을 최대한 외면하도록 주문했다. 테스트 결과는 조용한 방에서 테스트를 실시했을 때와 별 차이 없이 양호했다.

그러나 두 여대생의 대화 중 한쪽 여대생의 말만 떼어서 들려주었을 땐 실수가 급증하면서 테스트 성적이 크게 떨어졌다.

영국 요크 대학의 게리 올트만 심리학교수는 전화대화 중 일방의 말만 들리는 것을 평탄한 길과 자갈이 깔린 울퉁불퉁한 길을 걷는 것의 차이에 비유했다. 평탄한 길을 갈 때에는 그다지 큰 주의가 필요 없지만 기복이 심한 길은 예측이 어렵기 때문에 그만큼 주의가 더 필요하다는 것이다.

이 연구결과는 '심리과학' 최신호에 실렸다.

(연합뉴스, 2010.5.22)

핵심 용어

감각	감각박탈	감각의 해석	근접성
망막부등	배경	베버의 법칙	병목이론
수렴	순응	연속성	용량이론
유사성	입체지각	자동운동	자동적 처리
전경	절대식역	정신물리학	주의
지각	지각조직화	차이식역	착시
초감각	폐쇄	항등성	

요약

- 감각을 경험하기 위해서는 우리가 자극을 탐지해야 하고, 그것을 뇌가 해석할 수 있는 신호로 바꾸어서 뇌로 전달해주어야 한다.
- 감각을 일으키는 데 요구되는 물리적 에너지의 최소강도를 절대식역이라 하고, 자극 강도에서의 최소의 변화를 50% 탐지할 수 있을 때 그 변화를 차이식역이라 한다.
- 두 눈의 망막부등과 수렴 때문에 거리를 지각할 수 있다.
- 소리 나는 방향을 찾는 데는 오른쪽과 왼쪽 귀에 도달하는 미세한 시간과 강도의 차이를 이용한다.
- 오랫동안 자극을 받고 있을 때 감각기관이 자극에 적응하는 것을 순응이라고 한다.
- 우리의 감각기억에 들어온 수많은 외부정보 중에서 우리에게 의미 있는 것을 선택하는 과정이 주의다.
- 지각조직화에는 전경과 배경, 근접성, 유사성, 폐쇄성, 연속성 등의 법칙이 있다.
- 항등성은 크기와 모양, 색과 밝기에서 나타난다.
- 감각의 해석에는 기대와 맥락, 과거의 경험, 문화적 요인, 개인의 동기와 참조틀이 영향을 미친다.
- 착시는 자극 속에 부정확하거나 엉뚱한 단서가 포함되어 있을 때 나타나는 왜곡된 지각이다.

CHAPTER 3

학습

학습이라면 공부(studying)를 생각하겠지만, 여기서의 학습(learning)은 훨씬 넓은 개념이다. 즉 행동에 비교적 영속적인 변화를 가져오는 것이 학습이다.

학습이란? | 고전적 조건화 | 조작적 조건화 | 강화 | 강화계획 | 벌 | 조성-강화의 활용
인지학습 | 사회적 학습이론(관찰학습) | 학습된 무력감

도입사례

♠ 자라 보고 놀란 가슴…

한 젊은 여자가 운전을 하다가 교통사고를 당해 몇 달 동안 병원신세를 져야 했다.

…퇴원 후 그녀는 차를 타기 싫어했다. 운전은 더욱 하기 싫어했다. 따라서 친구를 방문하는 횟수가 줄어들었으며, 대신 친구들이 자신에게 찾아오도록 했다.

얼마가 지났을 때, 이번에는 차를 보는 것조차 두려워지기 시작했다. TV에서 자동차 추격전이 벌어지면 TV를 꺼버렸다. 잡지에 실린 자동차 사진도 무서워져 남편이 잡지에 실린 모든 자동차 사진을 없애버린 후에야 잡지를 읽을 수 있었다.

♠ 카지노의 신사

한 중년신사가 카지노에서 36시간 동안이나 도박을 하고 있었다. 룰렛바퀴가 돌아가는 것을 자욱한 담배연기 속에서 보고 있는 그의 표정은 천국과 지옥을 왔다 갔다 했다.

그리 멀지 않은 곳에서 이를 지켜보고 있던 회사 관계자가 옆 사람에게 말했다. "저 친구는 정말 골병이 날 거야. 어제부터 계속 하고 있었거든. 저 친구가 병이 나서 앰뷸런스가 실어가기 전까지는 아마도 자리를 뜨지 않을 거야."

♠ 우주공간의 개

1957년 11월 3일 우주궤도로 쏘아 올려진 소련 우주선 스푸트니크 2호에는 라이카라는 개 한 마리가 타고 있었다. 인간이 우주여행을 하기 전에 무중력이 생물에 미치는 영향 등 각종 자료를 수집하기 위한 실험용이었다.

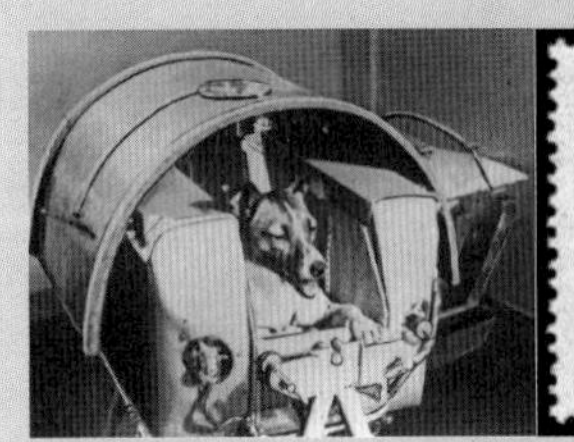

우주개 라이카와 스푸트니크 2호 발사 기념우표, 1957

우주복을 입고 수많은 계기를 부착한 라이카는 6일간 우주에 머무는 동안 별 탈 없이 때 맞춰 나오는 식사를 하면서 귀중한 각종 자료를 지구로 보내왔다.

생각해보기 위 세 사례의 공통점은 무엇일까?

학습이란?

우리 행동의 대부분은 학습이라는 과정의 결과다. 학습(learning)은 '경험의 결과로 일어난 잠재적인 행동상의 변화'라고 말할 수 있다. 나이가 들거나 머리를 다쳐서 행동이 변화되는 경우도 있는데, 이는 경험을 통한 것이 아니므로 학습이라고는 하지 않는다. 나이가 들면서 행동이 변화하는 것은 성숙이라 할 수 있을 것이고 머리를 다쳐 행동이 변화하는 것은 이상행동이라 할 수 있을 것이다.

또 우리가 행동을 즉시 바꾸어야만 학습된 것이라고 하지도 않는다. 가령 우리는 범죄와 관련된 TV드라마나 영화를 보면서 어떻게 하면 완전범죄를 저지를 수 있는지 '학습'한다. 그러나 여러 이유, 즉 범죄는 바람직한 행위가 아니고 또 잡혀서 죗값을 치를 수 있기 때문에 곧장 범죄를 실행에 옮기지는 않는다. 그러나 우리가 어쩔 수 없는 상황에 처하게 된다면 그런 행동을 할 가능성은 여전히 있다.

학습은 경험의 결과로 일어난 잠재적인 행동상의 변화다.

학습으로 인한 결과물은 상당히 많다. 그러나 그 기본원리는 간단하다. 그것은 '조건화(conditioning)'라는 것이다. 조건화!

고전적 조건화

음식물을 입에 넣으면 침이 나온다든가 손이 뜨거운 것에 닿으면 뜨겁다고 생각하기 전에 손을 뗀다든가 하는 것은 우리가 일상생활에서 흔히 경험하는 것들이다. 선천적으로 타고난 이러한 현상을 무조건반응(unconditioned response, UCR)이라고 한다.

그러나 음식과 아무 관련 없는 발자국 소리라든가 종소리, 불빛 등(중립자극)을 개에게 음식물을 주기 전에 들려주거나 보여주는 것을 계속하면 개는 그런 자극을 듣거나 보기만 하여도 침을 흘리게 된다. 자극과 음식물이 연합된 것이다. 이런 것은 선천적으로 타고나는 것이 아니라 후천적으로 배운(학습된) 반사행동이다. 이것이 조건화다. 조건화는 러시아의 생리학자 파블로프(I. Pavlov, 1849~1936)가 처음 발견한 것이다. 파블로프식의 조건화는 그 후에 나온 스키너식의 조건화와 구분하기 위해 고전적 조건화(classical conditioning)라고 한다.

요약하면 무조건자극(unconditioned stimulus, UCS)인 음식은 개가 침(무조건반응)을 흘리게 만든다. 그러나 침을 흘리게 하는 음식과 아무 관련이 없는 자극을 함께 주어 조건자극(conditioned stimulus, CS)에도 침(조건반응, conditioned response, CR)을 흘리게 만드는 것이 고전적 조건화다.

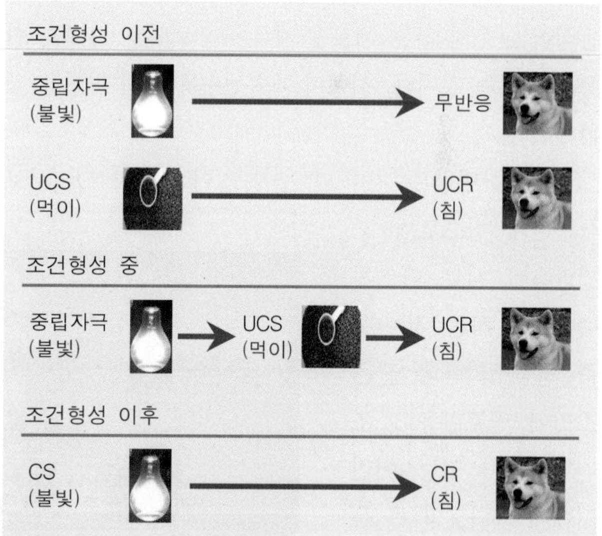

고전적 조건형성의 도식. 고전적 조건형성이 성공적으로 이루어졌다면 여기에 사용된 조건자극 이외의 다른 자극을 추가할 수도 있다. 불빛이 나온 후 음식이 나온 조건형성에서 불빛 앞에 종소리를 하나 더 추가하는 것이다. 그래서 종소리를 들려주고 난 후 불빛을 비추고 그 후 음식을 주는 것이다. 이렇게 되면 개는 종소리에도 침을 흘리게 되는데, 이것이 이차조건형성이다.

일반화와 변별

사나운 큰 개에 혼쭐이 난 어린이는 모든 개를 무서워하게 된다. 집에서 기르는 귀엽고 작은 애완견조차 무서워한다. 자라 보고 놀란 가슴, 솥뚜껑 보고 놀라는 것이다. 또 소금자루를 싣고 강을 건너다 발을 헛디뎌 물에 빠진 나귀가 짐이 훨씬 가벼워진 것을 학습한 후에 솜 가마니를 싣고 갈 때에도 일부러 물에 빠져 고생한 우화가 있다.

이러한 것을 일반화라고 한다. 조건형성에서 중요한 개념인 일반화(generalization)는 조건형성 과정에서 한 자극에 조건형성된 것이 그 자극과 유사한 것에도 조건반응을 보이는 것을 말한다. 원래의 조건자극과 비슷할수록 새로운 자극이 조건반응을 유발할 가능성이 더욱 크다.

이와 반대되는 것이 변별이다. 변별(discrimination)은 새로운 자극과 조건자극의 차이를 구별하여 조건자극에만 반응하는 것이다. 불빛이 자극으로 주어지더라도 음식이 따라오는 조건자극(예컨대 강한 빛)에만 반응하고, 음식이 나오지 않는 새로운 자극(예컨대 약한 빛)에는 반응하지 않는 것이다. 시행이 계속될수록 이런 변별은 정확해진다.

이처럼 변별은 '자라'와 '솥뚜껑'이라는 자극을 서로 구분하게 함으로써 조건반응이 서로 다르게 나오도록 하는 것이다. 즉, 천둥소리와 같은 큰 소리에 공포반응이 조건형성되어 있는 어린이에게 라디오의 큰 음악소리는 안전하다는 것을 보여줌으로써 자극을 구분할 수 있도록 하는 것이다.

소거와 자발적 회복

조건화가 되었다 하더라도 강화물이 뒤따르지 않으면 조건행동이 사라져 간다. 이것을 소거(extinction)라고 한다. 자극과 강화물 사이의 연결고리가 단절되는 것이다.

소거가 진행되는 과정이라 하더라도 어느 순간 조건화된 반응을 보이는 경우가 있다. 자극과 강화물의 연결관계는 사라졌지만 그래도 혹시나 하는 마음이 남아 있는 것이다. 이러한 경우를 자발적 회복(spontaneous recovery)이라고 한다.

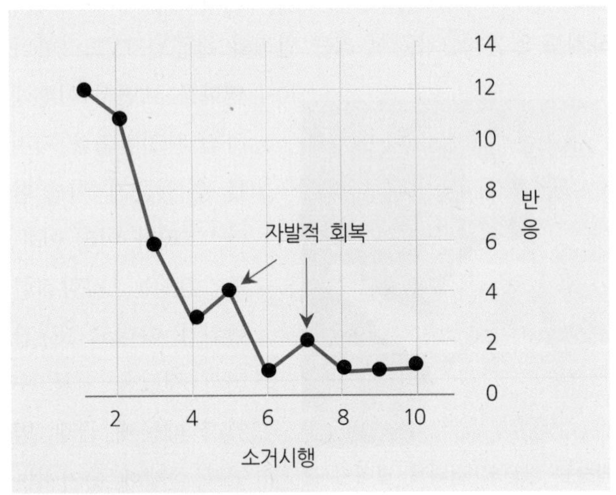

파블로프는 개를 조건화시킨 후에 소거를 시작하였는데, 급속히 진행되었다. 이 시행의 중간에서 자발적 회복이 일어난 것을 볼 수 있다.

어떤 사람이 돼지꿈을 꾼 후 구입한 로또가 거액의 상금에 당첨되었다고 하자. 그는 돼지꿈을 꿀 때마다 로또를 구입할 것이다(조건화). 그러나 계속된 구매에도 더 이상 당첨되지 않으면 점차 구입횟수를 줄이다가 결국에는 구입을 중단할 것이다(소거). 하지만 시간이 흐른 후 돼지꿈을 꾸게 되었을 때 옛날을 회상하며 다시 한 번 로또를 구입할 수도 있다. 이것이 자발적 회복이다.

고전적 조건화의 적용

함구효과

사람들은 일반적으로 나쁜 소식을 전달하지 않으려 한다. 이것은 나쁜 소식이 유발하는 부정적인 감정들이 메시지 전달자인 자신과 연결되는 것을 두려워하기 때문이다. 즉 전달자인 자신과 나쁜 소식이 결합되는 것을 원하지 않기 때문이다.

다른 사람들에게 나쁜 소식을 전하지 않으려 하는 것을 함구효과(mum effect)라고 한다. 연구에 따르면 사람들은 정보가 개인적인 무능이나 약점을 나타내는 것일 때뿐만 아니라, 부정적인 정보 속에 나타나 있는 문제들이 자신과는 아무런 상관이 없을 때에도 메시지의 전달자가 되지 않으려 한다.

그래서 좋은 소식은 윗사람들이 빠르게 보고를 받을 수 있으나 나쁜 소식은 가장 늦게 전달된다. 또 어떤 경우에는 아예 전달되지 않기도 한다. 그러므로 청문회에 나온 장관이나 기업 경영자들은 신문보도를 보고 불미스런 그 사건을 알게 되었다고 말하기도 한다. 그리고 피고인의 부정직한 행위를 묘사하는 검사나, 폭력 · 강도 · 살인 사건 등을 보도하는 기자들도 자신의 이미지를 걱정할 필요가 있을 것이다.

광고

조건화에서 필수적인 자극과 반응의 짝짓기는 여러 분야에 응용되고 있다. 예를 들어, 광고를 보면 대개 사람들이 호감을 갖는 남녀 연예인들을 출연시킴으로써 자사 제품과 연결시킨다.

그래서 광고에서 모델은 보배인 동시에 애물단지다. 모델=제품으로 소비자들에게 인식되므로 모델은 인기에 비례해 광고효과가 높아지기도 하지만, 모델이 자칫 불미스런 스캔들에라도 휩싸이게 되면 제품에 상당한 타격을 주기 때문이다.

따라서 광고주들은 자사 모델이 드라마의 주인공에 캐스팅되거나 상을 탔을 때에는 남의 일 같지 않게 기뻐하지만, 악역을 맡든가 기존 이미지에서 변화가 있을 때에는 모델을 재빨리 교체하기도 한다. 요즘 광고주들은 '전속기간 동안 물의를 일으키거나 결혼을 발표할 경우 손해배상을 한다'는 조건을 다는 경우가 많다.

광고는 스타 연예인에 대한 호감과 제품을 연결시켜 제품에 대한 이미지를 증대시키려 한다.

조작적 조건화

앞에서 본 것처럼 조건자극과 조건반응의 단순한 연합에 의한 조건화를 고전적 조건화라고 한다. 그러나 고전적 조건화만으로는 모든 학습을 설명할 수 없다. 사람을 비롯한 많은 유기체들은 외부자극(무조건자극)이 있어야만 반응하는 것은 아니다. 오히려 자신의 환경을 조작하거나 환경에 영향을 미치고 있다.

그래서 나오게 된 것이 조작적 조건화다. 조작적 조건화(operant conditioning)는 유기체가 여러 환경에서 능동적으로 반응함으로써 이루어진 조건화다. 그러므로 고전적 조건화에서는 자극(조건자극과 무조건자극)이 먼저 제시되었지만, 조작적 조건화에서는 강화(reinforcement)라는 이름으로 나중에 제시된다. 유기체가 어떤 행동을 했을 때 그 행동을 반복할 가능성은 그 행동 뒤에 따르는 강화가 어떤 것인가에 달려 있다(강화의 자세한 설명은 뒷부분 참조).

우리의 생활습관 중에는 조작적 조건화로 학습된 것들이 많이 있다. 그중의 하나가 징크스다.

징크스

누구든 한두 가지 징크스를 가지고 있을 것이다. 시험 보기 전에는 손톱을 깎지 않는다든지, 첫 손님이 여자인 경우 물건을 팔지 않는다든지, 양치질을 하다가 칫솔이 부러지면 하루 종일 재수가 없다고 느낀다.

징크스(jinx)라는 말은 고대 그리스에서 마술에 사용하던 새의 이름(jugx)에서 유래했다고 한다. 사람의 힘이 전혀 미치지 못하는, 마치 마술과 같은 힘으로 일어나는 불길한 일이나 운명적인 일을 의미한다. 국어대사전에서는 "재수 없는 일, 불길한 일", "으레 그렇게 되리라고 일반적으로 생각되는 일"로 정의하고 있다.

자신감 등의 심리적 요인이 승패에 결정적 영향을 끼치는 운동선수나 감독에게 징크스는 그림자와 같다. 몸에 딱 붙어 있는 것이다. 하루가 멀다 하고 되풀이되는 승패에 대한 부담과 두려움, 끊임없는 긴장의 연속이 이들에게 징크스를 강요한다. 연구에 따르면 운동선수들 가운데 86%가 징크스를 갖고 있다고 한다.

이런 징크스들은 모두가 조작적 조건화의 결과다. 손톱을 깎지 않는 징크스의 경우를 예로 들어보자. 그 사람은 아마도 징크스가 생기기 전에는 손톱 깎는 것과 시험 성적 사이에 연관이 있을 것이라고는 생각하지 못했을 것이다. 실제로도 아무 연관이 없다. 그런데 한번은 공부한 것에 비해 성적이 월등하게 나왔다고 하자. 무엇 때문일까라고 생각할 것이다. 그러다가 이전에 하지 않았던 행동, 즉 이번에는 손톱을 깎지 않았다는 것에 생각이 미치게 된다. 결국 '손톱을 깎지 않았다는 것'과 '시험성적이 좋았다'는 관계없는 두 행동이 연결되어 다음부터는 시험 치기 전에 손톱을 깎지 않게 된다.

한편, 우리가 미신이라고 부르는 것도 알고 보면 징크스와 같은 경우다. 징크스가 집단화된 것이 미신이다. '희한하게 생긴 나무에 절하는 것'과 '그날 재수가 좋은 것'을 온 동네 사람들이 알게 되면 미신이 된다는 이야기다.

일반화와 변별

일반화와 변별은 조작적 조건형성에도 그대로 적용된다. 손톱을 깎지 않고 시험을 봤는데도 성적이 안 좋게 나오

✤치마 길이가 짧아지면 경기가 나빠진다?－상관관계와 인과관계

통계를 보면 여성의 치마 길이와 경기 간에는 상관관계가 있다. 즉 치마 길이가 짧을 때에는 경기가 나빴으며, 길 때에는 경기가 좋았다는 것이다. 하지만 치마 길이가 짧아졌기 때문에 경기가 나빠졌다고 말할 수 있을까?

이를 위해서는 상관관계와 인과관계의 개념을 알아야 한다. 상관관계는 두 변수간에 관련이 있다는 것인데, 정적(+)으로 관련이 있는 경우가 있고, 부적(−)으로 관련이 있는 경우가 있다. 가령 '기온이 떨어지니 감기 환자가 많더라'는 것은 부적 상관이며, '기온이 올라가니 아이스크림 판매량이 늘어나더라'는 정적 상관이다. 이러한 것이 상관관계다. 상관관계는 두 변수 사이에 관련성이 있다는 것만 말해줄 뿐이다.

이와 잘 혼동되는 인과관계는 한 사건이 다른 사건의 원인이 되는 관계다. 인과관계가 성립하기 위해서는 ① 원인이 되는 사건은 결과가 되는 사건보다 시간적으로 앞서야 하고, ② 두 사건은 서로 관련이 있어야 하며, ③ 결과가 되는 사건은 원인이 되는 사건에 의해서만 설명되어야 한다는 조건이 모두 충족되어야 한다. 하지만 많은 사람들은 이 중 하나만 성립되어도 인과관계가 있는 것으로 '착각'한다. 징크스는 이러한 인과관계 착각의 대표적 사례다.

한편, 경기가 나쁘면 치마길이가 짧아지는 것은 기업의 원가절감 때문이다. 긴 치마 한 벌의 원단으로 가격차가 별로 없는 짧은 치마 두세 개를 만들어 팔 수 있다면 기업입장에서는 훨씬 득이 된다. 유행에 따라(경기에 관계없이) 치마가 짧아질 수도 있으므로 경기와 치마 길이 간에는 인과관계가 없다.

긴 제목의 영화 〈행복은 성적순이 아니잖아요〉와 선글라스를 쓴 배우를 등장시킨 〈맨 인 블랙〉 포스터

거나 여자가 첫 손님이었는데도 그날 매상이 보통 때보다 좋았다면 다음부터는 그런 징크스를 점차 믿지 않게 된다. 이것을 소거라고 한다.

영화제목이 5자보다 길면 흥행이 되지 않는다고 기피했지만, 요즘 젊은 감독이나 제작진들은 그리 신경을 쓰지 않는다. 〈행복은 성적순이 아니잖아요〉가 그 징크스를 깼다. 선글라스를 쓴 배우가 영화 포스터에 나오면 앞이 깜깜하다는 영화계의 징크스가 있었지만, 〈맨 인 블랙〉은 선글라스를 쓴 배우를 포스터에 등장시키고도 보란 듯이 성공했다. 징크스는 깨기 위해 존재한다고 하지만 깨진 징크스는 또 다른 징크스의 시작일 뿐이다.

강화

세심한 독자라면 조작적 조건형성의 위 사례들에서 한 가지 공통점을 발견할 수 있었을 것이다. 그것은 어떤 정해진 행동을 함으로써 얻게 되는 이익이 있다는 것이다. 이것을 강화(强化, reinforcement)라고 부른다. 강화에는 긍정적인 것(+)과 부정적인 것(−)이 있다. 어떤 것이든 강화는 어떤 행동이 일어날 가능성을 크게 해준다.

예를 들어 손톱 징크스에서 시험성적이 올라갔다면 그는 계속 시험 전에 손톱을 깎지 않을 것이다. 또 첫 손님이 여자손님이거나 외상으로 팔았을 때 그날 매출이 평소보다 적다면 가게주인은 앞으로 더욱 그런 손님에게 물건을 팔지 않을 것이다. 앞의 경우는 강화가 긍정적으로, 뒤의 경우는 부정적으로 작용한 경우다.

우리가 학습한 거의 모든 행동들은 강화를 통해서 얻어졌다고 할 수 있다. 아기가 말을 배울 때에는 옆에서 칭찬하는 엄마가 있기에 빨리 배울 수 있다. 학창시절에는 용돈이나 선물 같은 뿌리치기 힘든 유혹들, 그리고 취직을 해서는 월급이 강화로 작용한다.

강화는 심리학에서 상당히 중요한 개념이다. 행동치료에 강화가 쓰이기도 하고 또 유원지나 놀이공원에서 보는 동물 쇼도 강화를 통해 얻어진 결과다. 강화는 돈이나 칭찬에만 한정되는 것은 아니다. 대상에게 도움이 될 만한 것이면 모든 것이 강화가 될 수 있다.

문제집에 나와 있는 정답 또한 학생에게는 강화가 된다. 정답은 바로 밑에 있기도 하며 맨 끝에 있기도 하다. 조급한 학생이라면 바로 밑에 정답이 있는 문제집을 사는 것이 좋다. 뒤에 정답이 나오는 문제집을 샀다간 짜증나서 오래 못 간다.

또한 한 문제를 맞혔을 때 서너 문제를 뛰어넘어 가게 되어 있는 문제집을 본 일이 있을 것이다. 이것은 보다 고차원적으로 강화를 활용한 것이다. 맞혔을 때 강화를 받으니 즐겁고 페이지가 빨리 넘어가서 또 즐겁다. 대신 틀린 경우에는 이전으로 되돌아가 다시 공부하게 함으로써 내용을 확실히 깨우치도록 한다. 행동주의 심리학자 스키너(B.F. Skinner)가 제시한 이러한 학습법을 프로그램 학습이라고 한다.

✣효과의 법칙(law of effect)

많은 가능한 행동 중에서 강화가 뒤따르는 행동들이 반복되는 반면에 그렇지 못한 것들은 소거(extinction)되는 것, 즉 주어진 자극상황에서 만족스러운 효과(강화)를 일관되게 일으키는 반응은 확고하게 되고, 지겨운 효과를 일으키는 반응은 없어진다는 것이다.

강화계획

올바른 행동을 했다 하여 매번 강화를 줄 수는 없다. 강화의 내용이 돈이라면 언젠가는 집안이 거덜 나게 되고 칭찬이 강화라면 입술이 부르트게 된다. 따라서 적당한 방법을 찾아야 한다. 그러나 그 적당한 방법을 어떻게 사용하느냐에 따라 뒤따르는 행동은 여러 가지로 달라진다. 그러므로 어떤 행동을 요구하느냐에 따라 방법을 달리해야 한다.

사례 : 긍정적 강화의 경우

친구에게 중요한 부탁을 했다고 하자. 그 친구는 당신에게 집에서 기다리면 집전화로 연락을 주겠다고 한다. 전화 연락 오는 것이 긍정적 강화물이므로 기다리는 행동을 증가시킨다. 따라서 이 경우는 긍정적 강화다. 그러면 친구가 어떻게 연락을 하느냐에 따라 당신은 초조해질 수도 있고 그렇지 않을 수도 있다.

매시간 정시마다 연락을 주겠다고 했으면 전화를 받고 한 시간을 기다리면 된다. 초조함이 덜하다. 한 시간쯤 외출할 수도 있다. 한 시간에 한 번꼴로 전화를 하겠다고 했으면 조금은 초조해진다. 연락이 30분이 지나 올 수도 있고 1시간 30분이 지나 올 수도 있기 때문이다. 그래도 잠깐 동안의 외출이 가능하다.

오늘 다섯 번을 연락하겠다고 했으면 언제 연락이 올지 모른다. 연달아 세 번 올 수도 있고 띄엄띄엄 올 수도 있기 때문이다. 연락이 덜 왔으면 외출은 어려워진다. 물론 다섯 번이 다 왔으면 느긋하게 볼일을 봐도 된다.

그러나 몇 번 연락이 올지, 언제 연락이 올지 모르면 하루 종일 전화기 앞에서 기다리고 있어야 한다. 연락을 하는 친구는 느긋하겠지만 기다리는 사람은 다른 일도 못하고 초조함은 더해진다.

사례 : 부정적 강화의 경우

속도위반 단속의 경우를 보자. 이것은 교통위반 스티커라는 부적 강화물을 제거함(발부하지 않음)으로써 안전운전 행위를 증가시키는 부정적 강화다(스티커를 발부함으로써 위법행위를 줄이는 의미에서는 벌이다). 이 경우에도 어떻게 단속을 하느냐에 따라 운전자의 행위가 달라진다.

매일 정해진 위치에서 정해진 일정한 시간에만 교통경찰관이 지키고 서 있는 경우에는 그 시간 그곳에서만 법규를 지키면 된다. 그러면 운전자는 스티커를 발부받지 않는다.

또 하루에 정해진 시간을 지키고 서 있기는 하나 그 시간이 오전일 수도 있고 오후일 수도 있으면 운전자들은 조금은 긴장이 된다. 지나올 때 경찰관을 보았으면 되돌아갈 때쯤이면 없을 것이기 때문에 안심은 되나 그래도 조금은 불안하다.

하루에 정해진 일정량의 스티커를 발부해야 하는 상황이라면 경찰관의 그날 '실적'에 따라 기복이 심해진다. 이미 할당량을 채웠으면 사소한 위반은 너그럽게 봐줄 것이다. 그러나 그 반대라면 국물도 없다.

언제 어느 때 경찰관을 만나게 될지 모르

칭찬하면 칭찬할수록 더욱더 잘하는 동기를 부여하는 것을 피그말리온 효과(Pygmalion Effect. 로젠탈 효과, 자성적 예언, 자기충족적 예언이라고도 한다)라고 한다. 그러나 작은 일에 칭찬을 남발하다보면 진짜로 칭찬을 받을 일을 했을 때에는 효과를 낼 수 없을 뿐만 아니라 장기적으로 부정적 결과를 가져올 수 있다. 조각가였던 피그말리온은 아름다운 여인상을 조각하고, 그 여인상을 진심으로 사랑하게 된다. 여신 아프로디테(로마신화의 비너스)는 그의 사랑에 감동하여 여인상에게 생명을 주었다. 그림은 장 레옹 제롬의 〈피그말리온과 갈라테이아〉

교통단속을 어떻게 하느냐에 따라 운전자의 행동이 달라진다. 불시에 한다면 가장 효과적이지만 그만큼 운전자의 반발을 불러온다.

게 된다면 운전자는 조심할 수밖에 없다. 아주 잘 보이는 곳에 경찰관이 있는가 하면 커브길에 있을 수도 있고, 있으리라 생각되는 곳에는 없고 없으리라 생각되는 곳에 있을 수도 있다. 또 대낮에 만날 수도 있고 한밤에 만날 수도 있다. 언제 어느 곳에서 만나게 될지 모르기 때문에 안전운전을 할 수밖에 없다.

전화 오는 것(긍정적)과 교통단속(부정적)이 강화라면 어떻게 전화를 하고 교통위반을 단속하느냐에 따라 기다리는 사람과 운전자의 행동이 달라진다. 그러므로 그를 하루 종일 집 안에서 기다리게 만들려면 되는 대로 연락을 주겠다고 하면 된다. 그를 편안하게 만들려면 언제 연락을 하겠노라고 밝히면 된다. 물론 확실히 그 약속을 지켜야 한다.

강화계획의 종류

강화를 어떻게 하느냐에 따라 행동을 통제할 수 있다. 그것이 강화계획(schedule of reinforcement)이다. 강화계획은 원래 스키너(B.F. Skinner)가 우연히 발견한 것이다. 행동주의 심리학자 스키너는 실험 도중 비둘기에게 줄 먹이가 떨어져 가자 매번 반응할 때마다 먹이를 주지 않고 띄엄띄엄 주었다. 그랬더니 비둘기가 더 열심히 반응을 하는 것이었다. 이에 착안하여 스키너는 먹이를 주는 간격을 변경해 가면서 실험을 하여 강화계획을 찾아냈다.

강화계획에는 네 가지 종류가 있다. 고정간격, 변화간격, 고정비율, 변화비율 강화계획이 바로 그것이다. 고정간격(매시 정각에 연락)과 변화간격(한 시간에 한 번꼴로 연락)은 보상이 언제 나올지 알 수 있거나 예측이 가능하다. 그러나 고정비율(오늘 다섯 번 연락)과 변화비율(되는 대로 연락)은 언제, 어떤 비율로 강화가 나오는지 알 수 없기 때문에 하던 일을 멈추지 못하게 한다.

고정간격강화계획

고정간격강화계획(fixed-interval reinforcement)은 일정한 시간이 흐르고 난 다음 강화를 주는 것이다. 월급 같은 것이 대표적인 경우다.

고정간격강화계획에서는 강화를 받고 난 다음 행동이 감소하는 경향이 있다. 월급날이 지나면 근무기강이 조금 해이해진다. 중간고사가 끝나면 학생들은 책을 놓게 된다.

변화간격강화계획

변화간격강화계획(variable-interval reinforcement)은 강화하는 시간간격이 약간 변하는 것이다. 여기에서는 행동이 비교적 안정되어 있다.

버스를 놓친 경우 갈아탈 요량으로 다른 버스를 타기도 쉽지 않고, 택시를 타기도 쉽지 않다. 기다린 것도 아깝고 또 버스가 곧 올 것만 같기 때문이다. 결국엔 다음 버스를 계속 기다리게 된다.

강화계획의 비교

강화계획	절 차	사 례	특 징
고정간격	일정한 시간이 지나면 강화	• 매시 정각에 연락 • 정해진 장소와 시간에 단속 • 월급, 버스출발시간 등	강화를 받기 직전에는 행동이 증가하나, 강화를 받고난 직후에는 행동이 조금 줄어듦
변화간격	평균적인 시간간격이 있으나 그 간격은 약간 변함	• 한 시간에 한 번꼴로 연락 • 단속시간이 변함 • 시내의 버스도착시간	행동이 비교적 안정되어 있음
고정비율	일정비율의 반응 후 강화	• 오늘 다섯 번 연락 • 단속건수가 정해져 있는 경우 • 쿠폰 10개 모으면 사은품 증정	고정간격과 비슷. 강화를 받고 난 직후에는 행동이 조금 줄어듦
변화비율	언제 강화가 나올지 알 수 없음	• 되는 대로 연락 • 무작위 단속 • 슬롯머신에서 돈 따는 것	가장 높은 반응을 나타내며 소거가 어려움

변화간격강화계획의 적당한 예가 시내버스를 기다리는 것이다. 버스의 배차간격이 고정되어 있더라도 교통상황에 따라 정류장에 버스가 오는 시간은 일정치가 않다. 한 대의 버스를 놓쳤더라도 운이 좋으면 바로 뒤따라 오는 같은 번호의 버스를 탈 수도 있지만, 운이 나쁘면 30분을 기다려도 버스가 오지 않을 수도 있다. 그래도 대개는 다음 버스가 올 때까지 기다리게 된다.

고정비율강화계획

고정비율강화계획(fixed-ratio reinforcement)은 일정한 수의 행동이 일어난 다음 강화를 주는 것이다. 사과 10개를 따면 1천원을 주든가 책 한 권 읽을 때마다 용돈을 주는 경우가 여기에 해당한다. 고정비율강화계획은 보다 많은 보상을 받기 위해 짧은 시간 안에 많은 반응을 하게 만든다.

변화비율강화계획

사람으로 하여금 밤을 지새우게 하고 마지막 남은 차비마저도 복권을 사게 만드는 것이 변화비율강화계획(variable-ratio reinforcement)이다. 이 강화계획은 강화를 받는 기간이나 크기가 정해져 있지 않다. 축구경기 관람은 손에 땀을 쥐게 만들고 화장실에도 못 가게 한다. 골이 언제 터질지, 즉 강화가 언제 얼마만 한 크기로 돌아

낚시도 변화비율강화계획의 예다. 물고기가 언제 입질을 할지 알 수 없다.

올지 모르기 때문이다.

도박이 변화비율강화계획의 좋은 예다. 돈을 많이 투자했다 하여 딸 수 있는 것도 아니고 오래 계속했다 하여 딸 수 있는 것도 아니다. 언제 얼마를 딸지 알지 못하지만 딸 확률은 언제나 있기 때문에 돈과 시간을 쏟아붓는 것이다.

벌

벌(punishment)로써 행동을 통제할 수 있다. 무단횡단을 하다가 벌금을 물면 무단횡단을 할 가능성은 줄어든다.

벌은 어떤 행동을 할 가능성을 줄여준다. 반면 부정적 강화는 어떤 행동을 할 가능성을 증가시킨다.

어떤 매력적인 여자에게 데이트를 신청했다가 호되게 퇴짜를 맞으면 또다시 데이트를 신청할 가능성은 줄어든다. 어떤 행동을 할 가능성을 줄여주는 게 벌이다.

이러한 것을 혐오적 조건형성이라고 한다. 실험실에서의 전기쇼크나 소음, 일상생활에서의 체벌과 같은 혐오적인 자극을 뒤따르게 하여 어떤 행동의 가능성을 줄이는 것이다.

하지만 벌은 몇 가지 단점을 가지고 있다. 먼저, 정보를 줄 수 없다는 것이다. 긍정적 강화의 경우에는 강화를 받은 행동이 바람직한 것이라는 정보를 줄 수 있으나, 벌은 그 행동이 바람직하지 못하다는 것만 알려줄 뿐 다른 대안행동을 제시해주지 못한다. 그래서 더욱 나쁜 행동으로 대치될 가능성도 있다. 그리고 벌을 주는 사람과 벌이 연합됨으로써 그 사람에 대한 부정적인 감정을 가질 수도 있다. 마지막으로 벌이 정도를 넘어 지나치면 저항을 불러오며, 심각한 공격행동을 보일 수도 있다.

그럼에도 불구하고 벌은 행동수정에 효과가 있다. 하지만 그 효과가 제대로 발휘되지 못하는 경우가 많다. 벌을 주었는데도 계속 나쁜 행동을 하는 것은 벌을 제대로 주지 못했기 때문이다.

벌이 효과를 나타내기 위해서는 몇 가지 조건이 있다. 나쁜 행동을 했을 때 바로 벌을 주어야만 자기가 한 행동이 잘못된 것임을 알 수 있다. 또 벌은 충분해야 한다. 잘못한 만큼의 벌을 주어야 한다. 큰 잘못을 저질렀을 때 꾸중 정도로 끝내버리면 오히려 역효과를 낸다. 그리고 일관성 있게 벌을 주어야 한다. 잘못을 저질렀을 때 어떤 때에는 벌을 주고 어떤 때에는 벌을 주지 않는다면 자기가 한 행동에 대하여 잘잘못을 구분할 수가 없기 때문이다.

조성—강화의 활용

바다에서 조난자를 찾는 데에는 시력이 좋은 조류, 특히 비둘기를 훈련시켜 효과를 보고 있다. 비둘기들은 바다에서 목적물을 찾는 데 사람보다 훨씬 우수하다. 사람은 2~3°의 영역에만 초점을 둘 수 있으나 비둘기들은 60~80°에 초점을 둘 수 있다. 또한 눈의 피로 없이 장시간 물을 응시할 수 있고 사람보다 우수한 색 시각을 갖고 있다.

이런 비둘기들을 오렌지색에 반응하게끔 훈련시켜

2012년 은퇴한 중앙119구조단 인명구조견 '백두'. 국내 재난현장에 63차례 출동해 실종자 15명을 발견했으며, 전국 인명구조견 경진대회에서 5회 입상했고, 2010년 세계인명구조견 경진대회에 출전해 각국의 구조견과 기량을 겨룬 베테랑 구조견이다. 백두는 2008년 중국 쓰촨성 지진, 2009년 인도네시아 수마트라 지진, 2010년 아이티 지진, 2011년 일본 쓰나미 현장 등 국제 재난현장에서도 맹활약했다. 인명구조견을 만드는 데에는 조성기법이 사용된다. 2008년 중국 쓰촨성 지진현장에서 수색활동을 펴고 있는 '백두'. (세계일보, 2012.4.18)

고전적 조건화와 조작적 조건화의 비교

	고전적 조건화	조작적 조건화
별칭	반응적 조건화 / 파블로프식 조건화	도구적 조건화 / 스키너식 조건화 / 효과의 법칙
주요 학자	파블로프 / 왓슨	손다이크 / 스키너
주요 개념	무조건자극(UCS) / 조건자극(CS) 무조건반응(UCR) / 조건반응(CR)	강화물(일차적 / 이차적) 강화(긍정적 강화 / 부정적 강화) 벌 / 조성 / 강화계획
공통 개념	소거 / 자발적 회복 / 일반화 / 변별	
주요 차이	비자발적(수동적) / 조건자극이 무조건자극 앞에 옴	자발적(능동적) / 강화가 행동 뒤에 주어짐

비행기에 태운 후 조난자 구조에 나선다. 앞, 양옆의 각 방향으로 한 마리씩 있는 비둘기들은 오렌지색의 구명 튜브를 발견하면 반응을 하고(구명튜브는 국제적으로 오렌지색이다) 그러면 조종사는 반응이 온 쪽으로 기수를 돌린다.

비둘기를 훈련시킬 때 사용하는 기법이 조성(造成, shaping)이라는 것이다. 이것은 목표행동을 정해놓고 그 행동을 위해 한 단계씩 나아갈 때마다 강화를 주는 것이다. 이 방법은 동물의 조련에 이용될 뿐만 아니라 약물중독이나 공포증과 같은 이상행동(abnormal behavior)을 치료하는 데에도 사용된다.

인지학습

고전적 조건형성이나 조작적 조건형성은 학습의 중요한 통로다. 조건화에서는 즉각적으로 명백한 반응을 이끌어 낼 수 있다.

그러나 조건화가 학습과 관련한 모든 정신적 과정은 아니다. 반응 역시 즉각적으로 나타나지 않기도 한다. 우리가 책을 보거나 영화를 통해서 어떤 행동을 학습할 수 있지만, 즉각적으로 어떤 반응을 보이는 것은 아니다. 색종이 접기처럼 바로 따라 할 수도 있지만, 행동은 나중에 나타나거나 아예 나타나지 않을 수도 있다. 그래서 학습은 연습이나 경험의 결과로 일어나는 비교적 영속적인 행동상의 '잠재적' 변화다.

조건화에 관심이 많은 학자들은 관찰할 수 있는 행동에만 관심을 보이는 행동주의 심리학자들이었다. 하지만 행동보다 사고와 인지과정에 더 많은 관심을 가지는 학자들이 있는데, 인지심리학자(cognitive psychologist)들이다. 이들은 세상에 관한 지식을 학습할 때 우리가 사용하는 정신적 과정을 연구한다. 주의, 선택, 조직화와 같은 정신과정을 통해 외부에 대한 정보를 사람들이 어떻게 얻고, 이 정보를 기억에 저장하기 위해 어떤 과정을 거치는지를 연구한다. 이들은 관찰할 수 없다고 하여 이런 과정이 무시되어서는 안 된다고 주장한다.

학습의 한 분야로서 인지학습(cognitive learning)이라는 개념은 행동주의의 조건화에 수십 년 뒤늦은 1960년대에 나타나긴 했지만, 행동주의 심리학이 주도하던 1920~1930년대에도 연구가 이루어지고 있었다. 중요한 것이 1920년대에 시행된 쾰러(W. Köhler)의 통찰학습과 1930년대에 시행된 톨만(E. Tolman)의 잠재학습이다.

통찰학습

우리가 어떤 문제에 대한 해결책을 어렵게 찾고 있다가 어느 순간 갑자기 그것이 떠오르는 경우가 있다. 이러한 것을 통찰(insight)이라고 한다. 유머를 들었을 때 처음엔 이해를 못하다가 그 의미를 순간적으로 이해하고 폭소를 터뜨리는 것도 통찰이라 할 수 있다. CSI나 셜록 홈즈 같은 범죄수사 드라마를 보면 각종 단서들을 수집하지만 서로 연결고리를 갖고 있지 못한 채로 있다. 그러다가 어는 갑작스런 순간 연결고리를 찾으면서 이런 단서들이 서로 연결되어 사건을 해결한다. 이것 역시 통찰이다.

쾰러(W. Köhler)라는 심리학자도 침팬지에게서 이러한 것을 발견했다. 그는 침팬지 우리 바깥에 바나나를 놓아두었는데, 침팬지가 우리 가까이 있던 나무 몇 개를 이용하여 바나나를 먹었던 것이다. 즉 침팬지는 손으로 잡을 수 있을 정도로 가까이 있는 짧은 나무 막대를 이용해서는 먼 곳의 바나나를 먹지 못했지만, 짧은 막대를 이용하여 손으로는 닿지 않은 먼 곳의 긴 나무 막대를 가져와 이 막대로 바나나를 가져와 먹었던 것이다.

유머를 이해하여 갑작스런 웃음이 나오는 것도 통찰의 한 유형이다.

이러한 것은 많은 시행착오를 거듭해야 하는 조건화의 학습이 아니다. 대신 보이지 않는 마음속에서 시행착오를 하는 것으로 보인다. 통찰을 할 수 있기 때문에 우리는 조건화와 같은 시행착오식의 학습 없이도 세상에 대한 지식을 습득할 수 있는 것이다.

잠재학습

행동주의자와 같은 대부분의 학습이론가들은 학습이 일어나기 위해서는 특정 행동이 강화를 받아야 한다고 주장한다. 그러나 어떤 인간 행동은 강화 없이 학습되기도 한다. 가령 새로운 곳으로 이사를 갔다고 해보자. 그러면 여기저기 주위를 탐색하게 된다. 그래서 편의점과 약국이 어디에 있고, 버스 정거장은 어디에 있으며, 동사무소와

✤통찰(insight)

왓슨 박사와 홈즈가 처음 만났을 때 홈즈의 첫마디는 "안녕하십니까? 아프가니스탄에 있다가 오셨군요"였다. 나중에 홈즈와 왓슨 박사가 함께 하숙을 하면서 다음과 같은 이야기를 나눈다.

홈즈 : 처음 만났을 때 제가 박사님에게 아프가니스탄에서 왔다고 말하자 좀 놀라시는 것 같더군요.
왓슨 : 누구한테 그 얘기를 들으셨겠지요.
홈즈 : 전혀 그렇지 않습니다. 나는 박사가 아프가니스탄에서 왔다는 사실을 알고 있었습니다. 아주 습관이 되어버린 탓에 수많은 생각이 한꺼번에 머릿속을 스쳐갔고, 나는 *중간단계를 의식하지 못한 채 결론에 도달했습니다.* 하지만 중간단계는 있었습니다. 그 과정을 구구절절 설명하자면 이렇습니다. '이 신사는 의사 같지만 그러면서도 군인 같은 분위기를 풍긴다. 그러면 군의관이 분명하다. 얼굴빛이 검은 것으로 보아 열대지방에서 귀국한 지 얼마 안 되는 것 같다. 손목이 흰 걸 보면 살빛이 원래 검지 않다는 것을 알 수 있다. 얼굴이 해쓱한 것은 고생을 많이 하고 병에 시달렸기 때문이겠지. 왼팔에 부상을 입은 적이 있나보다. 왼팔의 움직임이 뻣뻣하고 부자연스럽다. 열대지방에서 영국 군의관이 그렇게 심하게 고생하고 팔에 부상까지 입을 만한 곳이 어디일까? 분명히 아프가니스탄이다.' *이러한 생각들이 1초도 안 되는 사이에 스쳐갔습니다.* 그래서 나는 박사가 아프가니스탄에서 왔다고 한마디 슬쩍 건넸고, 박사는 깜짝 놀란 것입니다.

(코난 도일, 셜록 홈즈 전집 1(주홍색 연구), 황금가지)

통찰을 할 때에는 우반구의 측두엽(뇌의 귀쪽 부분)이 폭발적인 신경활동을 보인다고 한다. 그 때문에 우리가 어떤 문제해결전략을 사용하고 있다는 사실을 깨닫고 있지 못한 상태에서 생각이 튀어나오는 것이다.

세탁소는 어디에 있는지 알게 된다. 그래서 나중에는 어떤 사람이 길을 묻는다면 가는 길을 이야기해줄 수 있다.

이것은 어떤 보상을 바라고 행동하는 것은 아니다. 그냥 돌아다니면서 보다보니 알게 되는 것이다. 그래서 우리 마음속에 어떤 인지적인 지도를 만들어 놓는다. 당장 필요한 것도 있지만, 어떤 것은 영구적으로 필요 없는 것도 있을 수 있다. 가령 아파서 약을 사러 가야 할 때라든가 누군가가 약국의 위치를 물을 때에는 필요하지만, 그럴 필요가 없을 때에는 전혀 필요하지 않을 수도 있다. 그래서 조건형성에서의 학습은 당장 효과가 나타나지만, 인지학습은 잠재적이다. 잠재학습은 어떤 보상이 있어서 일어나는 것이 아니며, 그것이 필요할 때까지는 나타나지 않을 수도 있는 것이다.

톨만(E. Tolman)은 상당히 많은 학습이 잠재학습(latent learning)으로 이루어져 있다고 믿었다. 그는 실험쥐를 이용하여 이를 증명해 보였다. 그는 쥐를 두 그룹으로 나누어 한 그룹은 아무런 강화물 없이 미로를 탐색하도록 했고, 나머지 그룹에는 미로의 끝부분에 강화물(음식)을 두어 보상을 했다. 이렇게 10일간을 보낸 후 11일째 날에는 음식을 두 집단 모두에게 미로 끝에 놓아두었다. 그 결과 이전에 보상을 받지 않았던 쥐들도 보상받은 쥐들만큼 빠르게 한두 번의 시도만으로 음식에 도달했던 것이다.

이 연구를 통해 톨만은 쥐가 그 미로의 인지도(cognitive maps)를 만듦으로써 환경에서 방향 잡는 것을 학습한다는 것을 제안했다. 실험쥐의 경우 이들의 인지도에 있던 정보는 미로 끝의 음식을 발견하기 전까지는 잠재적으로 유지되었던 것이다.

사회적 학습이론(관찰학습)

인간학습의 전부 또는 대부분에는 고전적 또는 조작적 조건형성이 있다는 것에 반대하는 또 다른 입장이 있는데, 사회적 학습이론(social learning theory)이 그것이다. 이 이론은, 우리는 직접적 경험으로부터 학습할 수도 있지만(즉 조건형성), 다른 사람들에게 일어나는 것을 보거나 무엇에 대한 이야기를 들음으로써도 학습할 수 있다고 주장한다. 이런 학습을 관찰학습(observation learning) 또는 대리학습(vicarious learning)이라 한다. 이 이론은 TV의 폭력 · 선정성을 반대하는 사람들의 이론적 근거이기도 하다.

우리의 행동이 조건화를 통해서만 학습된다면 엄청나게 많은 경험을 쌓아야 할 것이다. 하지만 우리는 그러한 경험과 시행착오를 거치지 않고 수많은 행동을 습득할 수가 있다. 우리는 다른 사람이 보상을 받거나 처벌을 받는 것을 보기만 하고서도 나중에 어떤 행동을 하거나 혹은 하지 않기도 하는 관찰학습능력을 갖고 있기 때문이다.

관찰학습의 고전적인 사례는 반두라(A. Bandura)라는

처음 결혼을 하는 신랑 신부는 다른 사람의 결혼식을 직접 관찰하거나 드라마 등의 결혼식을 관찰함으로써 학습하게 된다.

✥달인

어느 정도의 시간을 투자해야 달인의 경지에 오를 수 있을까? 그 마법의 시간은 '1만 시간'이란 연구가 있다. 남들보다 뛰어나게 무언가를 이루려 한다면 특정 분야에서 최소한 1만 시간을 투자해야 두각을 나타낼 수 있다는 것이다.

캐나다 몬트리올 맥길대의 심리학과 교수 대니얼 레비틴 박사는 독일 베를린 음악학교에서 다섯 살 정도에 바이올린을 시작한 학생들이 20세가 될 때까지 연습한 시간을 계산해보았다. 그 결과 20세가 되었을 때 엘리트 연주자로 평가받는 학생의 누적 연습시간은 1만 시간이 넘었지만, 단지 좋은 학생이란 평가를 받는 연주자는 누적 연습시간이 8천 시간 정도에 머물렀다. 누적 연습시간이 1만 시간을 넘었다는 것은 하루에 3시간씩 또는 일주일에 20시간 이상씩 10년 동안 꾸준히 연습했다는 것을 말한다.

실제로 비틀즈는 1960~1962년 사이 독일 함부르크에서 하루도 쉬지 않고 매일 밤 8시간 이상씩 연주했으며, 앨범을 내기 전 이미 라이브 공연을 1,200번 이상 마쳤다고 한다. 이 정도의 라이브 공연은 보통 밴드들이 평생 해내기도 힘든 분량이다. 이러한 연습과 공연을 바탕으로 비틀즈는 1964년 첫 히트곡을 냈으며, 40년이 흐른 지금도 그들의 음악은 많은 사람의 사랑을 받고 있다. (KorMedi, 2008.11.25)

달인의 T셔츠 접기

심리학자가 제안한 것이다. 어른이 오뚝이 인형을 때리는 비디오테이프를 본 아이들은 보지 않은 아이들에 비해 나중에 인형을 때리는 행동을 더 많이 하였다.

학습된 무력감

이솝 우화에 다음과 같은 것이 있다.

> 매 한 마리가 사냥꾼에게 잡혔다. 사냥꾼은 마당 한가운데 말뚝을 박아 매를 매어두었다. 매는 하늘로 날아가기 위해 수많은 시도를 했다. 그러나 밧줄 길이 이상으로 날아가지는 못했다. 그럴 때마다 땅으로 곤두박질치곤 했다.
>
> 오랜 세월이 흘렀다. 밧줄은 풍상에 시달려 저절로 끊어져버렸다. 하지만 매는 날아갈 생각을 하지 않았다. '날아봐야 또 떨어질 텐데.'

아르헨티나의 의사이자 작가인 호르헤 부케이(Jorge Bucay)의 〈The Chained Elephant〉

자신이 외부환경을 통제하지 못할 때에는 무력감에 빠진다. 그리하여 새로운 시도를 포기한다. 아무리 해도 안 된다는 무기력을 학습한 결과다. 그래서 이것을 '학습된 무력감'이라 한다.

학습된 무력감(learned helplessness)이라는 용어는 셀리그먼(M. Seligman)의 회피훈련연구에서 처음 나왔다. 그는 도피할 곳이 없는 상자에 개를 두어 전기충격을 가했다. 도망갈 곳이 없던 개는 어쩔 수 없이 전기충격을 받아야 했다. 그러고 나서 이 개를 도피가 가능한 상자로 옮겨왔다. 전기충격이 가해지면 이를 피해 옆 상자로 도망갈 수 있었지만 여전히 개는 같은 상자에서 전기충격을 견뎠다. 즉 도피할 곳이 없던 장면에 넣어두었던 개는 도피할 곳이 있는 환경에 와서도 도피하려 하지 않았던 것이다.

자신의 의견이 상관에 의해 번번이 묵살당할 때, 목표를 이루기 위하여 온갖 수단을 다 썼음에도 불구하고 계속 실패할 때 등등 이것은 일상생활에서 많이 일어난다. 심각한 스트레스가 아닐 수 없다.

그러나 방법은 있다. 현실적이고 실현가능한 목표를 세울 것, 자기가 할 수 있는 능력을 알 것, 그리고 실패의 원인이 무엇인지를 알 것. 이 세 가지면 학습된 무력감에서 빠져나올 수 있다.

매는 날아가기를 포기하였을 때, 즉 학습된 무력감에 빠졌을 때 자기는 도망가야 된다는 것, 자기는 날 수 있다는 것, 그리고 자기를 잡아두었던 밧줄이 끊어졌다는 것을 알았어야만 했다. 안타까운 이솝 이야기다. ψ

마무리사례

'골대 징크스' 수원, 드디어 골대 바꿨다

프로축구 수원 삼성이 드디어 홈 경기장 골대를 바꿨다. 지긋지긋한 '골대 징크스'를 없앨 수 있는 기회다.

수원은 5일 수원월드컵경기장 양측 골대를 모두 새 제품으로 교체했다. 2013년 시즌 4경기를 남겨둔 시점이다. 새 골대의 좋은 기운을 받아 아시아축구연맹(AFC) 챔피언스리그 진출권이 걸린 리그 4위에 오른다는 각오다.

수원은 올 시즌 홈 구장 골대와 악연이 많다. 3월 17일 열린 포항 스틸러스와의 3라운드 홈 경기에서 4차례나 골대를 맞힌 끝에 0-2로 졌다. 라돈치치와 조동건의 슛이 각각 3차례, 1차례씩 골대로 향했다. 포항 조찬호도 이날 두 차례나 골대를 맞혔다. 한 경기에서 6차례나 골대를 맞힌 건 프로축구 역사상 처음 있는 기록이다. 스페인 스포츠 전문지 '마르카'까지 "한국에서 진기명기가 연출됐다"고 보도했다.

개막 후 2연승을 달리던 수원의 기세는 포항전 골대 징크스로 인해 한풀 꺾였다. 수원의 핵심 선수 김두현은 이날 오른쪽 십자인대 부상을 당해 8개월이 지난 현재까지도 재활중이다. 수원은 지난 9월 22일 인천 유나이티드와의 29라운드 홈경기에서도 2차례나 골대를 맞혔고, 1-1로 비겼다.

수원은 올 시즌 K리그 클래식 14개팀 가운데 가장 골대를 많이 맞힌 팀이다. 홈과 원정 경기를 통틀어 15차례나 골대를 맞혔다. 특히 홈경기에서만 11차례다. 홈에서 경기를 할 때마다 유독 북측 서포터즈석 쪽에 있는 골대에 슈팅이 맞는 경우가 많다. 11차례 중 9차례가 북측 골대였다. 북측 골대는 수원이 후반전에 공격을 하는 방향이다. 그래서 수원을 응원하는 서포터즈는 골대가 얄밉다. '골대에 기름칠을 하자', '골대가 포스코(포항과 전남의 모기업)에서 만든 것 같다'라는 우스갯소리까지 나왔다.

수원은 3월 포항전 이후 꾸준히 수원월드컵경기장 관리재단에 골대 교체를 요구했다. '골대 징크스'라는 이유뿐 아니라 골대가 오래돼 낡았기 때문이다. 곳곳에 상처가 있고, 크로스바가 조금씩 주저앉아 경기 감독관으로부터 수차례 경고를 받았다. 수원월드컵경기장에 새 골대가 설치된 건 2001년 경기장이 개장한 이후 처음 있는 일이다. 약 12년 만이다.

그런데 골대 교체 시점이 절묘하다. 수원은 10일 포항과 홈경기를 한다. '골대 징크스'가 시작된 경기의 상대팀이다. 이은호 수원 홍보팀 과장은 "우연의 일치다. 마침 포항전을 앞두고 골대가 교체돼 느낌이 좋다. 골대 징크스를 털어버리고, 승리도 가져가는 게 수원의 목표"라고 말했다. (일간스포츠, 2013.11.6)

핵심 용어

강화	강화계획	고전적 조건화	고정간격강화계획
고정비율강화계획	벌	변별	변화간격강화계획
변화비율강화계획	사회적 학습이론	상관관계	소거
이차조건형성	인과관계	인지학습	일반화
자발적 회복	잠재학습	조건화	조성
조작적 조건화	징크스	통찰학습	학습
학습된 무력감	함구효과		

요약

- 학습은 경험의 결과로 일어난 잠재적인 행동상의 변화라고 말할 수 있다.
- 학습의 기본 원리인 조건화에는 고전적 조건화와 조작적 조건화가 있다.
- 일반화는 조건형성 과정에서 한 자극에 조건형성된 것이 그 자극과 유사한 것에도 조건반응을 보이는 것을 말한다.
- 변별은 새로운 자극과 조건자극의 차이를 구별하여 조건자극에만 반응하는 것이다.
- 조건화가 되었다 하더라도 강화물이 뒤따르지 않으면 조건행동이 사라지는데, 이것을 소거라고 한다.
- 소거가 진행되는 과정에서 어느 순간 조건화된 반응을 보이는 경우가 있는데, 이를 자발적 회복이라고 한다.
- 조작적 조건화는 유기체가 여러 환경에서 능동적으로 반응함으로써 이루어진 조건화다.
- 강화는 어떤 행동이 일어날 가능성을 크게 해준다.
- 강화계획에는 고정간격, 변화간격, 고정비율, 변화비율 강화계획의 4종류가 있다.
- 벌은 어떤 행동을 할 가능성을 줄여준다.
- 조성은 목표행동을 정해놓고 그 행동을 위해 한 단계씩 나아갈 때마다 강화를 주는 것이다.
- 조건화 이외의 학습으로는 통찰학습, 인지학습, 관찰학습 등이 있다.

CHAPTER 4

기억과 망각

기억(memory)은 인지심리학의 주요 연구영역으로, 지식이나 정보가 획득, 수정, 저장, 인출, 변형되는 하나의 능동적인 체제라고 할 수 있다. 망각(forgetting)은 기억과 분리하여 설명할 수 없는데, 학습곡선이 바로 망각곡선이듯이 망각은 기억의 연장선상에 있기 때문이다.

첫키스만 50번째

사고 이후의 일을 기억 못하는 순행성 기억상실증을 다룬 영화 〈첫키스만 50번째〉

하와이의 한 해양동물원에서 수의사로 근무하는 한 남자가 있었다. 이 남자는 돈을 충분히 모은 후 알래스카로 가서 그곳에 있는 '해마'의 삶을 연구하는 것을 꿈으로 품고 살고 있었다. 근무가 없는 날이면 그는 하와이를 찾은 여성과 하룻밤의 로맨스를 위해 데이트하는 것을 낙으로 삼고 있었다. 그러던 어느 날 아침 그는 한 카페에서 한 여성과 우연히 마주치게 되고 한눈에 마음을 빼앗겨 버린다. 결국 그는 그 여성과 달콤한 하룻밤을 보내게 되지만, 문제는 다음날 아침에 터진다. 그 여성이 자기를 알아보지 못하는 것이다. 달콤해야 될 아침이 눈 뜬 여성의 비명으로 시작되어 순식간에 아수라장이 되어 버린다.

남자는 이 여성이 교통사고의 후유증으로 단기기억 상실증을 앓고 있다는 것을 듣게 된다. 새로운 기억이 저장되지 않는 것이다. 그 때문에 하루만 지나면 전날 일을 깨끗이 잊어버리고 그 전날과 똑같은 날이 반복된다. 그래도 그녀에게 마음이 빼앗긴 남자는 그 여성에게 매일 접근하면서 대화를 시도한다. 그리하여 접선(?)에는 성공하지만 여전히 결과는 참담하다. 다음날 역시 그녀가 기억을 하지 못하기 때문이다.

…결국 가족과 이웃들의 도움을 받으면서 애처로운 구애가 계속되고, 여성은 어렴풋이 이 남자의 잔상을 남기게 된다. 그리하여 결국엔 결혼하기에 이른다.

몇 년이 지난 뒤 알래스카로 향하는 배에는 그 여성뿐만 아니라 장인과 처남, 그리고 어린아이가 타고 있다. 하지만 여전히 여성은 남자를 알아보지 못하고 있다.

한 편의 영화는 이렇게 끝난다. 아담 샌들러와 드류 베리모어가 주연하고 피터 시걸이 감독한 영화 〈첫키스만 50번째〉(50 First Dates, 2004)의 줄거리다. 여성에게는 새 기억이 저장되지 않는 '병'이 있었으므로 그 남자와 키스를 하더라도 여자에게는 항상 첫 키스였던 것이다. 이 영화가 진짜 첫키스 후 결혼하여 30년이 지난 후의 이야기를 다루었다면 아마도 제목은 〈첫키스 만오십 번째〉(10050 First Dates)로 바뀌었을지도 모른다.

이 영화에서 해마는 바다에 사는 생물체를 말한다(우). 그러나 뇌에도 해마라는 같은 이름의 부위가 있는데(좌), 마치 생김새가 바다의 해마를 닮아 그렇게 부른다. 뇌 속의 해마는 기억을 관장하는 곳이다. 그래서 이 영화에서 해마는 하나의 복선이라 할 수 있다.

이 영화에는 여주인공 루시 외에도 기억장애를 겪고 있는 또 다른 한 남자가 등장한다. 그는 어떤 이야기를 하고 돌아서면 잊어버린다. 웃음을 유도하기 위해 넣은 캐릭터이겠거니 생각하겠지만, 30초가 지나면 기억이 사라지는 사람이 실제로 있었다. 50년 넘게 H.M.이라 불린 남자다. 이 영화의 남자 주인공 헨리는 바다생물체 해마를 연구하는데, H.M.은 헨리 및 해마와 깊은 관련이 있다.

생각해보기 인간에게 기억의 의미는 무엇일까?

잊을 수 없는 기억상실증 환자 H.M.

2008년 12월 5일, 〈뉴욕타임스〉 신문 1면에 한 사람의 부고 기사가 실렸다. H.M.이란 남자가 82세의 나이로 사망했다는 것이다. 잊어버릴 수 없는 기억상실증 환자란 말도 덧붙였다. H.M.은 어떤 사람 이름의 앞 글자만 딴 것이다. 환자의 개인정보를 보호하기 위한 것이다. 살아 있을 때 H가 "Henry가 아니냐?"라는 정도의 정보만 알려졌다. 그의 본명도 이 기사에서 공개됐다.

이 사람은 기억 분야에서 저명한 심리학자들 이상으로 유명하다. 그는 새로운 것을 기억할 수 없었다. 대신 30초의 기억을 갖고 있었다. 50년 이상을 기억 연구의 피험자로 참여했고, 120명 이상의 학자들이 그를 대상으로 실험을 진행했다. 기억에 관한 수많은 연구논문에 이름을 올렸으며, 대부분의 심리학 입문서, 인지과학 및 신경과학과 의학 서적에 단골로 등장한다.

그를 통해 기억에 관한 중요하고도 많은 부분이 밝혀졌다. 뇌과학이 지금처럼 성장할 수 있었던 게 그의 덕분이라고 말하는 이들도 있다.

H.M.은 7세 때 자전거에 부딪히는 사고를 당했다. 머리 왼쪽을 땅에 박았고, 이마에는 1인치 깊이의 상처가 났다. 처음에는 그리 심각하지 않았다. 사소한 부주의, 잠시 멍한 상태, 순간적인 방심 정도였다. 10세에 경미한 간질 발작이 일어나기 시작했으며, 15세 생일에 큰 발작이 일어났다. 발작은 점점 심해져 정상적인 생활이 불가능할 정도였다.

친구들의 놀림이 심해 고등학교를 중퇴한 그는 에이스일렉트릭모터스의 모터생산부에서 직업훈련을 받았

SEARCH

The New York Times

U.S.

H. M., an Unforgettable Amnesiac, Dies at 82

By BENEDICT CAREY DEC. 4, 2008

He knew his name. That much he could remember.

He knew that his father's family came from Thibodaux, La., and his mother was from Ireland, and he knew about the 1929 stock market crash and World War II and life in the 1940s.

But he could remember almost nothing after that.

In 1953, he underwent an experimental brain operation in Hartford to correct a seizure disorder, only to emerge from it fundamentally and irreparably changed. He developed a syndrome neurologists call profound amnesia. He had lost the ability to form new memories.

For the next 55 years, each time he met a friend, each time he ate a meal, each time he walked in the woods, it was as if for the first time.

And for those five decades, he was recognized as the most important patient in the history of brain science. As a participant in hundreds of studies, he helped scientists understand the biology of learning, memory and physical dexterity, as well as the fragile nature of human identity.

On Tuesday evening at 5:05, Henry Gustav Molaison — known worldwide only as H. M., to protect his privacy — died of respiratory failure at a nursing home in Windsor Locks, Conn. His death was confirmed by Suzanne Corkin, a neuroscientist at the Massachusetts Institute of Technology, who had worked closely with him for decades. Henry Molaison was 82.

2008년 12월 5일 뉴욕타임스 1면에 실린 H.M.의 부고 기사와 전날의 인터넷 기사(https://www.nytimes.com)

다. 좋은 직업이었다. 하지만 간질이 심해져 그만두어야 했다. 그런 다음 다른 고등학교에 복학해 졸업장을 받았다.

수술 직전의 H.M.

고등학교 졸업 후 그는 언더우드타자기 공장의 생산라인에서 일했지만, 빈번한 발작 때문에 일을 또 그만두어야 했다. 그의 마지막 일터였다. 직장생활을 하기에는 너무 위험했다. 그래서 그는 부모님과 함께 살았다.

수많은 약물치료를 받았지만 아무 소용이 없었다. 당시 간질 수술이 의학계에 막 시도되고 있었다. 다른 마땅한 치료법이 없자 1953년, 그는 하트퍼드병원(Hartford Hospital)의 윌리엄 스코빌(William Scoville) 박사에게 수술을 받았다. 그의 나이 27세 때였다. 간질의 진원지는 양쪽 측두엽이었기 때문에 스코빌 박사는 양쪽 측두엽을 모두 제거했다. 제거된 부분에는 편도체(Amygdala)와 해마(Hippocampus)의 3분의 2가 포함되어 있었다.

수술 후 그의 간질 증세는 눈에 띄게 좋아졌다. 간질치료 자체는 대성공이었다. 뇌의 상당 부분을 잘랐는데도 그의 성격, 태도, 사고 등은 수술 전과 다름없었다.

그러나 아무도 예측하지 못한 문제가 발생했다. 수술 후 H.M.은 새로운 것을 기억하지 못했다. 새로운 사실이나 단어를 배울 수 없었고, 새로운 장소라든가 사람의 얼굴을 기억할 수 없었다. 의사가 단어 세 개를 외우게 하고 5분 후에 기억해 보라고 하면 하나도 기억하지 못했다. 게다가 의사가 그런 요구를 했는지조차 기억하지 못했다.

그는 혼자 살 수 없었다. 수술 후에도 부모님과 함께 살았다. 그의 일상은 어머니와 함께 시장에 나가 식료품을 사고, 잔디를 깎는 등 간단한 집안일을 하고, TV를 보고, 신문과 잡지를 읽는 것이었다. 십자말풀이(crossword puzzles)는 가장 좋아하는 취미이자 오락이었다. 그것이 전부였다. 그래도 그는 유머감각이 있고 낙천적이었다.

그는 수술 이전의 일은 기억하고 있었다. 1929년의 대공황, 2차 세계대전, 어릴 때 좋아했던 롤러스케이팅에 관해 기억하고 있었다. 하지만 특정 시간과 장소에서 일어난 일에 대해서는 기억하지 못했다. 롤러스케이팅에 관한 기억은 있지만 언제 어디서 탔는지 에피소드가 없었다. 그나마 다행스럽게 그는 대화를 할 수 있을 정도로 짧은 글자나 숫자를 잠시 기억할 수 있었다. 게다가 사회생활의 예절도 기억하고 있었다.

거울을 보면서 이중의 선으로 된 별의 내부공간을 따라 선을 긋는 과제에서, 시행을 하면 할수록 수행이 향상되었다. 그러나 그는 그 과제를 해 본 적이 없다고 말했다. 과제를 해 본 사실을 기억하지 못했기 때문이다.

시간이 흘러 80세가 되어서도 그는 혼자서는 아무것도 할 수 없었다. 이사한 집으로 가는 길도 몰랐으며, 점심으로 뭘 먹었는지도 몰랐다. 전기난로를 켠 다음 몇 분이 지나면 난로를 켠 사실조차 기억하지 못했다. 몇몇 학자들이 그를 연구하기 위해 수십 년 동안 함께했지만 그는 이들도 기억하지 못했다.

46년간(1962~2008)을 연구자로서, 보호자로서, 친구로서 그와 함께한 수잰 코킨(Suzanne Corkin) 박사는 회고한다.

"그가 겪은 일은 틀림없는 비극이지만, 정작 헨리

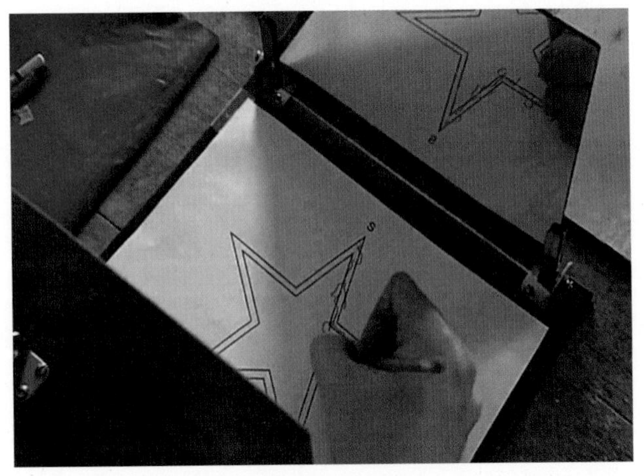
(사진 : http://www.pbs.org/wgbh/nova/body/corkin-hm-memory.html)

(H.M.) 자신은 좀처럼 고통스러워 보이는 일이 없었으며, 항상 헤매고 두려워하는 것도 아니었다. 오히려 그 반대였다. 헨리는 일상에서 일어나는 일들을 있는 그대로 받아들이며 그 순간을 살았다."

1975년 코네티컷의 자택에 살던 무렵의 H.M.

뒤돌아서면 무엇이든 까맣게 잊어버리는 증상! 그는 수술 후 55년의 생을 30초의 현재로만 살다가 2008년 12월 2일 숨을 거뒀다.

숨을 거둔 직후 그의 뇌는 MRI 영상으로 기록되었고 머리카락 굵기의 두께로 2,401개로 잘려 샌디에이고 캘리포니아대학 뇌 · 인지연구센터에 보존되었다. 사망 전에 그와 후견인이 연구용으로 사후 뇌기증에 동의했기 때문이었다.

심리학자들에게 그는 기적 같은 존재였다. 다른 환자들과 달리 그는 평균 이상의 지능과 정상적인 지각능력, 추상적 사고능력, 추리력을 갖고 있었다. 언어결함도 없었다. 정신병적 증상이나 불안도 없었고, 우울하지도 않았다. 오직 장기기억 능력만 상실했다. 그는 기억 메커니즘 연구의 순수하고도 완벽한 표본이었다.

1957년 스코빌과 H.M.의 첫 연구자인 밀너(Brenda Milner)는 함께 그에 관한 논문을 냈고, 이후 그는 심리학과 뇌과학계의 가장 유명한 피험자가 됐다.

그에 관한 수많은 논문이 발표되었고, 인간 기억에 관한 여러 중요한 사실이 밝혀졌다. ① 기억은 다른 지각 및 인지 능력과 구분되는 대뇌 기능이며, ② 두 종류 이상의 기억 유형이 있고, ③ 상실되는 기억은 의미기억과 일화기억이며, ④ 즉각적인 기억에는 측두엽이 필요하지 않고, ⑤ 해마가 기억의 저장소는 아니라는 것 등이다.

죽어서 되찾은 이름, 헨리 구스타프 몰래슨(Henry Gustav Molaison, 1926~2008)! 그는 자손을 남기진 못했지만 심리학과 뇌과학에 방대한 유산을 남겼고, 기억하지 못했기 때문에 잊을 수 없는 사람이 되었다.

기억의 연구

인간은 인류 초기부터 기억을 갖고 있었고 그로 인해 역사의 진보를 이루어왔지만, 기억에 대한 연구가 시작된 것은 불과 140여 년 전이었다. 그전까지는 분명 인간이 기억을 갖고 있음에도 불구하고(2000년 전 철학자들도 기억에 관해 언급을 한 적은 있다) 기억에 대한 과학적인 연구가 없었다. 그것은 기억이 '있다'는 것을 알기는 하지만, 그것을 측정(증명)할 방법이 없었기 때문이다. 그 때문에 수천 년간 기억은 인간의 연구(심리학)에서 한 발짝 뒤로 처져 있었다.

기억에 관한 과학적인 실험은 19세기 후반 독일의 학자인 에빙하우스(Herman Ebbinghaus)로부터 시작되었다. 그는 1879년 기억연구를 시작하여 1885년 〈기억에 관하여, On Memory〉라는 책을 출판했는데, 이 해를 심리학계에서는 기억연구의 시작으로 보고 있다. 그리하여 1920년대에도 기억에 관한 연구가 있긴 했지만, 1960년대 이후 심리학의 조류가 행동주의에서 인지주의로 바뀌면서 기억에 대한 연구가 활발히 진행되었다.

에빙하우스는 자기 자신을 피험자로 하여 엄격하게 통제된 환경에서 학습과 망각에 대한 간단한 실험을 했다. 그것은 DAX, BUP, LOC 등과 같이 자음-모음-자음으로 구성된 아무런 뜻이 없는 철자들의 묶음(이러한 것을 무의미철자라고 한다)들을 틀리지 않고 반복할 수 있을 정도로 학습한 다음 시간을 달리하면서(20분~1개월) 이 목록들을 얼마나 기억하고 있는가를 검사하는 것이었다. 그리하여 기억은 1시간까지는 급속하게 떨어지다가 그 후 점진적으로 떨어진다는 것을 발견해냈다. 그리하여

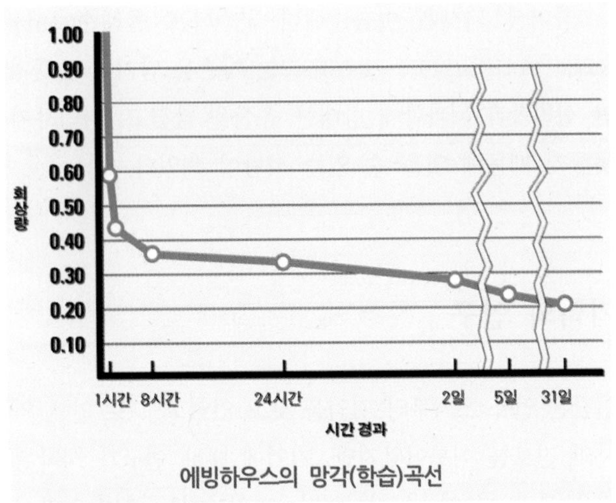

에빙하우스의 망각(학습)곡선

위 그림과 같은 학습곡선(=망각곡선)을 제안했는데, 이것이 과학적인 기억연구의 시작이었다.

기억구조

기억은 세 개의 단계로 구분된다. 부호화, 저장, 인출이 그것이다. 부호화 단계(encoding)는 물리적 입력을 기억이 받아들이는 표상이나 부호로 전환하여 입력하는 과정이다. 저장단계(storage)는 기억을 유지하기 위한 과정이고, 인출단계(retrieval)는 저장된 기억을 이끌어내는 것이다. 컴퓨터로 비유하면 좀더 이해가 쉽다. 부호화는 키보드나 마우스 등으로 입력하는 단계이며, 저장은 '저장' 키를 눌러 작업한 것들을 저장하는 단계다. 그리고 인출은 작업을 위해 하드디스크나 CD에 저장된 파일을 불러오는 단계다. 이들 어느 단계에서든 이상이 생기면 기억실패 또는 망각으로 이어지게 된다. 즉 입력을 하지 않으면 저장되는 것이 없을 것이고, 저장 키를 눌러 저장을 하지 않으면 작업한 것이 모두 날아가게 될 것이다. 그리고 저장을 잘했더라도 어디에 저장해 두었는지 알지 못해 불러올 수 없다면 이 또한 기억실패가 된다.

기억에는 세 가지 종류가 있다. 감각기억, 단기기억 그리고 장기기억이다.

출력
되뇌기
입력
감각기억
주의
단기기억
부호화
인출
장기기억
망각
망각

기억에 관한 애트킨슨과 쉬프린 모형(1968). 화살표의 굵기는 정보의 양을 나타낸다.

감각기억

카드놀이를 하다보면 엎어놓아야 할 카드를 바로놓아버려 딜러가 재빨리 덮는 경우가 있다. 순간적이긴 하지만 참가자들은 그 카드를 본다. 그러나 그 카드가 무엇이었는지는 생각나지 않은 경험이 있을 것이다. 또 뭔가가 휙 하고 지나갔거나 이상한 소리를 들으면 그곳으로 고개를 돌리게 된다. 그러나 그것이 무엇인지는 모른다. 운전중에 백미러를 힐끗 보았을 때 뭔가가 보였다면 다시 한번 유심히 봐야 알게 된다.

이것은 우리의 기억구조 중 감각기억이 작용한 결과다. 감각기억(sensory memory)은 말 그대로 감각적인 것이라 의식적인 과정이 필요 없다. 또 기억이라고 하기엔 너무 짧다(그래서 감각기억을 기억의 한 종류로 다루지 않는 학자들도 있다). 시각적인 것이라면 0.25초 정도 지나면 없어져버린다. 정말로 눈 깜짝할 사이이다. 청각적인 것은 그보다는 조금 길다(3~5초). 그래서 뭘 보긴 봤고 뭘 듣긴 들었는데 그것이 뭔지를 모르는 것이다.

지금 주위를 한번 둘러보기만 해도 엄청난 양의 정보들이 감각

"내 이야기 했어?" 사람들이 북적대는 곳에서 일반적인 소음을 무시하면서 어떤 사람과 이야기를 나누고 있을 때 다른 곳에서 자기의 이름이 들리면 주의를 기울이게 되는 현상을 칵테일파티 현상(cocktail party phenomenon)이라 한다. 즉 우리가 유의미한 어떤 것을 감각하면 우리의 주의는 그쪽으로 이동할 수 있다.

기관으로 들어온다. 감각기억은 그런 정보를 잠시 동안, 아주 잠시 동안 보관하는 창고의 역할을 한다. 우리는 그 창고에서 우리에게 의미 있는 것을 선택적으로 끄집어내어 활용한다.

잠재의식광고

감각기억을 활용하는 한 분야가 광고다. 영화 화면에 나타나는 1초 동안의 동작은 24개 프레임에 이르는 필름들의 연속 영상으로 이루어진다. 그래서 한 개 프레임에 콜라 사진을 슬쩍 집어넣더라도 의식적으로 분간해낼 수가 없다. 설사 남보다 훨씬 예민한 사람(예컨대 영화 〈레인맨〉의 주인공 레이먼드, 더스틴 호프만 분)이 있다 하더라도 영화에 집중해 있으면 보이지 않는다. 그러나 영화관 매점의 콜라 판매량이 보통 때보다 늘어난다. 감각기억이 '폼'으로 있는 것이 아니란 이야기다.

이것이 잠재의식광고다. 잠재의식광고는 CF의 장면과 장면 사이에 사람의 눈으로는 인식할 수 없는 또 다른 '숨겨진 메시지'를 포함하는 광고다.

1950년대 후반 미국에서 등장했던 이 광고는 누드사진이나 마약, 죽음을 상징하는 해골 등 자극적인 장면을 교묘하게 광고 속에 끼워 넣거나, 눈에 잘 띄지 않을 정도로 작고 자극적인 글자를 적어 넣는 방법을 사용한다. 이런 광고는 무의식적으로 그 제품에 대한 주목률을 높여 결국 구매욕구를 높이게 된다.

2006년 타계한 세계적인 비디오 예술가 백남준 씨가 만든 사이다 광고에서는 우리나라 현대사의 장면 장면들이 순식간에 현란하게 지나간다. 그는 이 속에 그 회사의 사이다 사진이 들어간 컷을 슬쩍 집어넣었으나 방영 전에 빼내야 했다. 잠재의식광고가 우리나라에서는 허용되지 않기 때문이다(물론 이것은 심의관들이 백씨의 광고가 주

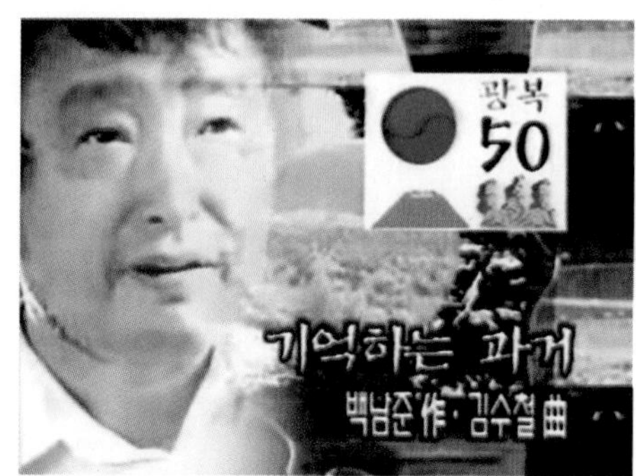

백남준 씨가 만든 칠성사이다 광고

자폐증이 있으나 숫자에 비상한 능력을 가진 형 레이먼드와 가정에 융화되지 못하고 홀로 오랜 시간을 살아온 동생 찰리가 가족으로서의 의미를 찾아가는 영화 〈레인맨〉. 이 영화에서 형 레이먼드는 비상한 암기력과 계산능력을 갖고 있다. 이러한 사람을 이디오사방(idiot savant, 우수한 백치)이라고 한다. 이디오사방은 날짜에 관한 기억이나 계산능력, 혹은 엄청난 기억력을 갖고 있는 등 어떤 한 분야에서는 아주 뛰어나지만 다른 분야에서는 두드러지게 능력이 부족한 정신발육지체자를 이르는 의학용어다.

❖감각기억의 발견

아주 짧은 순간 스쳐 지나가는 감각기억을 어떻게 찾아낼 수 있었을까?

감각기억은 스펄링(George Sperling, 1960)이라는 심리학자가 찾아낸 것이다. 그는 당시 하버드 대학교에서 박사학위 논문을 준비하고 있었는데, 그 과제는 이해의 범위라는 것을 측정하는 것이었다. 즉 단 한 번의 짧은 노출(보여주는 것)에서 사람들이 얼마나 많은 항목을 기억할 수 있는가에 관한 것이었다.

그는 피험자(실험참가자)들에게 문자 행렬을 50msec(1msec는 1/1,000초를 말한다) 동안 보여주었다. 피험자들은 제시된 항목이 4개 이하라면 쉽게 그 항목이 무엇인지를 보고할 수 있었다. 하지만 더 많은 것이 한꺼번에 노출되었을 때에는 넷 혹은 다섯 항목보다 더 많이는 정확하게 보고할 수가 없었다. 피험자들은 많은 항목을 보았다는 것을 알고 있었지만, 그것이 무엇인지 기억할 수는 없었다.

이에 스펄링은 실험절차를 바꾸어 옆 그림과 같은 문자 행렬을 보여준 직후 세 개의 음조(고, 중, 저)를 들려주었다. 고음이 들리면 피험자들은 첫째 행을 보고하고, 중간음이 들리면 중간 행을, 그리고 저음이 들리면 아래 행을 보고하게 했다(이러한 방법을 부분보고법이라고 한다). 그랬더니 거의 3/4 수준으로 맞히는 것이었다. 총 12개 중에서 9개를 보고할 수 있었던 것이다. 신호음의 제시가 1초 이상 되면 피험자들은 더 이상 감각저장고를 사용할 수 없게 되었다. 바로 여기에서 짧은 시간 동안 대부분의 감각재료를 기억할 수 있는 감각기억이 발견된 것이다.

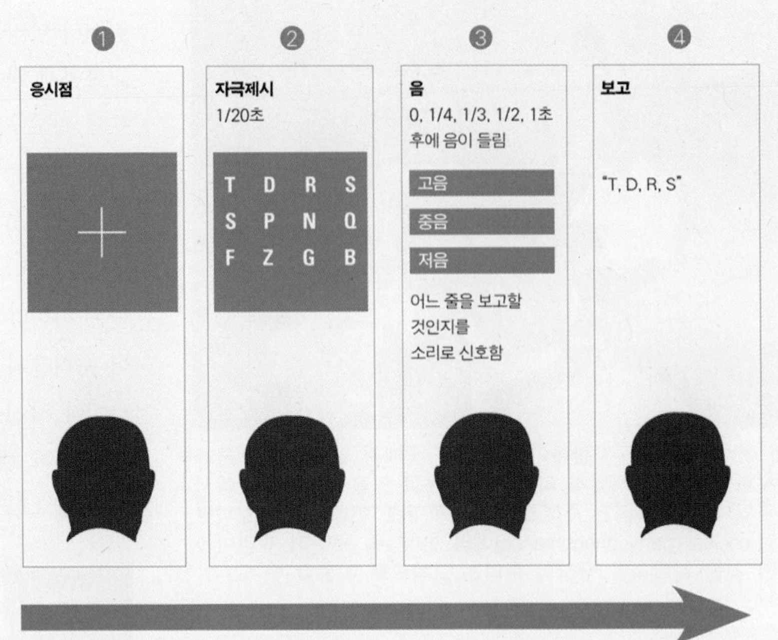

스펄링의 감각기억에 관한 실험방법

로 잠재의식광고라는 사실을 미리 알고 심의과정에서 필름을 한 컷 한 컷 살피다가 '잡아낸' 것이다).

단기기억

밖에서 들어온 많은 정보들 중에서 한 개를 끄집어내어 주의를 기울이고 있다면 이것은 단기기억을 활용하는 것이다. 단기기억(short-term memory, STM)은 감각기억에 들어온 정보 중에서 의미 있는 것을 골라내어 처리하는 것이다.

또 이 단기기억은 장기기억으로부터 정보를 가져와 활용하기도 한다. 바꿔 이야기하면 지금 여러분이 생각하고 있는 것이 단기기억이라고 보면 된다(컴퓨터를 생각하면 이해가 쉬워진다. RAM은 단기기억, 하드디스크나 CD는 장기기억이다). 요즘에는 단기기억을 확장하여 작업기억(working memory)이라고도 한다.

그러나 이런 단기기억이 우리들 머릿속에 저장되어 있는 시간도 그리 길지 않다. 아무 생각 없이 18초 정도 지나면 단기기억은 사라진다(컴퓨터 작업 후 '저장'을 하지 않고 전원을 끄면 작업한 것이 모두 사라지는 것과 같다).

또 단기기억이 처리할 수 있는 용량도 그리 크지가 않다. 70% 정도의 사람들이 매일 꿈을 꾸지만 전날 꾼 꿈을 기억하고 있는 사람은 많지 않은데, 일어나서 이것저것 하다보니 잊어버리기 때문이다(물론 악몽이었다면 깨어나 생각하기에 조금 오래 지속된다). 명함을 받아 이름을 분명히 봐두었는데도 이야기하다보니 기억이 나지 않는 것도 이런 이유 때문이다.

매직넘버 7

다음 숫자들을 주의 깊게 보고 한번 외워본 후 회상을 해 보라.

A： 3 9 6
B： 7 4 0 8 3
C： 5 2 8 4 9 3 7
D： 6 4 8 5 2 7 1 3 9
E： 1 4 7 2 7 5 4 7 9 4 2

A와 B는 비교적 쉬웠을 것이고 C는 외울 만했을 것이다. D는 좀 어려웠을 것이고 E는 대단히 힘들었을 것이다. 이것은 우리의 단기기억이 처리할 수 있는 용량(capacity)이 제한되어 있다는 것을 보여준다. 그러면 다음 숫자들을 한번 보자.

A： 2 7 4 4 1 3 9 2 1 9 1 9 2 3 3 3
B： 2744 1392 1919 2333

B의 숫자들은 우리에게 의미가 있는 것들이다. 2744는 백두산의 높이(백두산이 조금 높아졌다고 주장하는 사람도

✣회상과 재인

심리학의 기억 분야에서는 회상과 재인이라는 용어가 많이 나온다. 회상(recall)은 단답형 문제처럼 기억에서 끄집어내는 것이며, 재인(recognition)은 사지선다형 문제와 같이 여러 개 중에서 본 것을 골라내는 것이다.

있다)다. 1392는 조선을 건국한 해이고, 1919는 삼일운동이 일어난 해다. 2333은 고조선의 건국연도다. 물론 앞에는 기원전이란 말이 생략되었다.

낱낱으로 기억하면 힘든 16자리 숫자(A)지만, 묶어서 생각하면(B) 기억이 쉬워진다. 아마도 여러분은 앞의 E 행을 기억할 때 1472, 7547, 942의 세 묶음으로 묶어 시도했을 것이다[1472(일사천리), 754(치료사), 7942(친구사이)로 묶으면 훨씬 더 쉽다]. 이렇게 하면 단위가 한 자리 숫자에서 서너 자리 숫자로 확대된다. 주민등록번호나 은행 계좌번호가 이런 방식으로 기억되고, '태정태세문단세'가 모이면 조선 역대 왕이름이 된다.

기억용량에서 이런 묶음의 덩어리를 청크(chunk, 片)라고 한다. 청크는 앞서 본 바와 같이 한 자리 숫자일 수도 있고, 네댓 자리 숫자일 수도 있다. 더 큰 묶음의 덩어리로 묶기 위해서는(청킹) 이미 알고 있는 장기기억을 활용한다. 즉 묶이는 단위에 의미가 있어야 한다. 장기기억에 2744나 1392, 1919에 대한 지식이 없다면 이런 식으로 묶지 못한다.

단기기억은 옆구리가 터진 장바구니와 같다. 계속 물건을 집어넣어도 옆구리 구멍으로 빠져나간다. 단기기억에서 거의 모든 성인은 7±2의 용량을 갖는다. 기억에 관한 연구를 시작한 에빙하우스(H. Ebbinghaus)가 이것을 발견한 후 약 70년 뒤 단기기억 용량의 이런 항상성에 감명받은 조지 밀러(G. Miller)가 '신비의 숫자 7'(magic number 7)이라고 불렀다. 이런 단기기억의 용량(7±2) 때문에 우리가 한 번에 생각할 수 있는 아이디어나 어떤 사람에 대한 첫인상의 수도 7±2개에 한정된다.

결론을 이야기하면 우리의 단기기억은 7묶음 내외(7±2)의 용량을 갖고 있다. 7 이하에서는 훌륭하게 처리해낼 수 있으나 9가 넘어가면 처리하기 힘들어진다. 32M RAM으로 이것저것 쓰다가는 컴퓨터가 깡통이 되는 것과 같다.

다음의 바둑판 그림을 자세히 보고 난 다음 책을 덮고 순서대로 놓아보자. 바둑을 모른다면

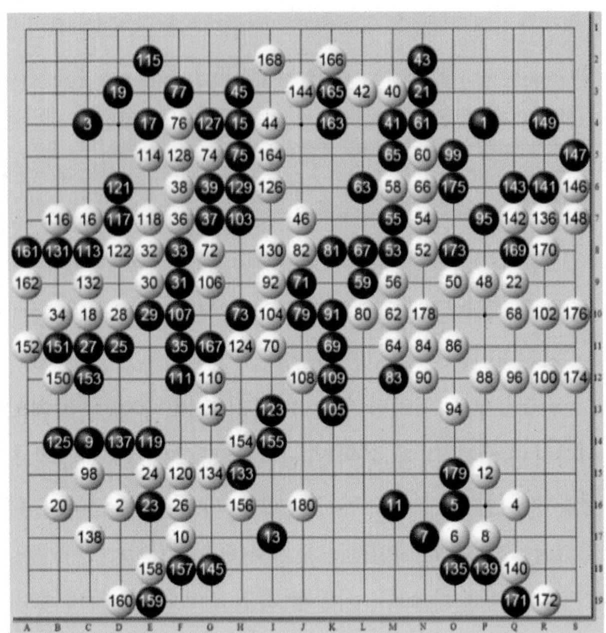

이세돌 vs 알파고 4국(2016. 3). 흑 : 이세돌 9단, 백 : 알파고. 프로기사에게 바둑돌은 서로 의미 있게 연결되어 있다. 그래서 프로기사들은 바둑을 쉽게 복기할 수 있다.

앞부분 몇 개만 놓아보고는 그만둘 것이다.

그러나 프로기사라면 완벽하게 진행했을 것이다. 이것은 프로기사들이 모든 면에서 대단한 단기기억의 소유자라는 것을 말하지는 않는다. 대신 바둑의 경우 한 청크로 묶을 수 있는 범위가 일반인들보다 월등하다는 것을 보여준다.

바둑을 모르는 독자라면 앞 바둑판 그림은 검은 돌과 흰 돌의 무의미한 배치에 지나지 않는다. 그러나 프로기사와 바둑에 식견이 있는 사람이라면 그 돌은 의미 있게 서로 연결되어 있다. 여러분들이 책을 볼 때 철자 하나하나 보지 않고 단어를 보는 것처럼 프로기사들은 의미 있는 패턴으로 바둑판을 본다. 그렇기에 돌 하나의 다음 정거장이 어딘지를 알 수 있다.

또 그 과정에서 전투준비(포석단계), 접전(초반전), 전투(중반전), 역공세(후반전), 마무리(끝내기) 등 몇 단위로 구분하여 보기 때문에 기억할 수 있는 범위가 크다. 물론 이들도 아무렇게나 돌을 배열해놓았다면 다른 사람들과 차이가 없다.

계열위치효과

다음 단어들을 한 번 보고 기억하는 실험을 해보자. 천천히 주의를 기울여 순서대로 한 번만 읽어보고(단어당 1~2초) 외워보라(실제 실험에서는 자극이 순서대로 하나씩 제시된다).

제비 사과 지붕 가방 연필 야구 나무 공책 신발 간판 책상 우산

다 읽었으면 위 단어를 가리고 무엇이 기억나는지 순서에 관계없이 말해보라.

단기기억의 용량이 7±2이므로 여러분들은 5~9개의 단어를 기억하고 있을 것이다. 그러나 단어가 떠오르는 정도는 위치에 따라 차이가 있다. 아마 맨 앞에 있는 제비와 맨 뒤에 있는 우산이 가장 잘 떠오를 것이다. 맨 앞에 있는 것은 가장 먼저 나왔기에 되뇌기를 할 기회가 많

청킹을 제대로 이해했는지 간단한 시험을 보자. 기억에서의 청킹은 단기기억의 용량을 늘려주는 마법과 같은 것이다. 따라서 청킹을 확실히 이해해야만 기억용량을 늘릴 수가 있다. 다음의 긴 숫자를 어떻게 묶을 것인가?

1 1 0 1 0 0 1 0 0 0 1 0 0 0 0 1 0 0 0 1 0 0 1 0 1

0과 1로 구성된 단조로운 숫자를 어떻게 묶었는가? 110, 100, 1000이나 1101, 0010, 0010처럼 무조건 세 자리나 네 자리로 끊어 묶었는가? 110, 100, 1000이나 1101, 0010, 0010이 여러분에게 의미가 있는 숫자인가? 의미가 없는데도 그런 식으로 청킹을 했다면 아직 제대로 청킹을 이해하지 못한 것이다.

묶기 위해서는 묶이는 단위에 의미가 있어야 한다. 그러기 위해서는 1 10 100 1000 10000 1000 100 10 1과 같이 우리에게 의미 있는 형태로 묶어야 한다. 그래야 기억하기 쉽고, 25자리 숫자가 9개의 묶음으로 줄어듦으로써 쉽게 외울 수 있다.

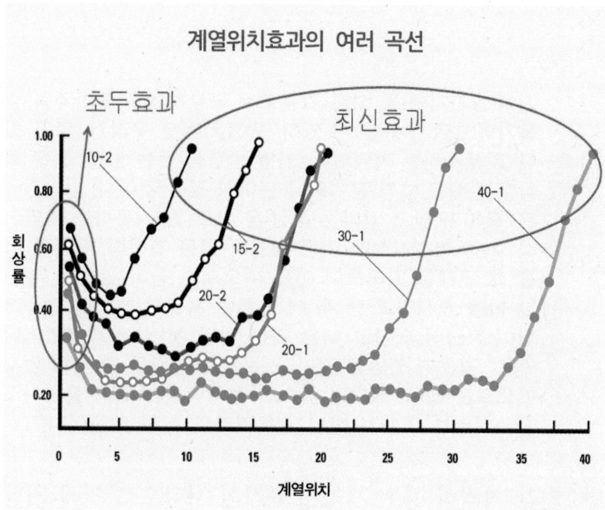

계열위치효과를 보여주는 여러 곡선. 이런 계열위치효과는 TV광고의 단가를 결정하는 데에도 중요하다. TV광고가 프로그램의 앞뒤 어디에 위치하느냐에 따라 광고가격에 차이가 있다. 프로그램이 시작되기 전이라면 가장 나중에 나오는 광고(직전광고)의 가격이 가장 비싸고, 프로그램이 끝난 후라면 가장 먼저 나오는 광고(직후광고)의 가격이 가장 비싸다. 시청자가 광고를 볼 가능성이 가장 높은 위치이기 때문이다(그림에서 10-2 등의 숫자는 10개 목록을 2초 간격으로 제시함을 뜻함).

왔고, 그래서 가장 먼저 장기기억으로 넘어가 있는 것이다. 이처럼 처음 보거나 들은 것이 기억이 잘 되는 것을 초두효과(primary effect)라 한다.

그리고 가장 뒤에 나온 우산도 잘 기억하고 있을 것이다. 가장 나중에 나왔기 때문에 아직 단기기억에 남아 있어 기억이 잘 되는 것이다. 이것을 최신효과 혹은 신근성(新近性) 효과(recency effect)라고 한다. 하지만 중간에 위치한 단어는 회상이 어렵다.

단어가 어디에 위치해 있는지에 따라 기억되는 정도가 다르다 하여 이러한 것을 계열위치효과(serial position effect)라고 한다.

❖단기기억의 저장기간

인디애나 대학교의 피터슨(Peterson) 등은 학생들을 대상으로 세 개의 자음을 기억해내는 능력을 검사했다. 피험자들이 낱자를 암송(되뇌기)하지 못하도록 하기 위해 자음을 제시하고 난 다음 숫자 하나를 제시하고는 피험자들에게 그 숫자에서 3씩 빼나가는 계산을 하라고 했다. 가령 C, H, J라는 낱자를 들려준 후 495라는 숫자를 제시한다. 그러면 피험자는 다음 신호가 있기 전까지 그 숫자에서 계속 3씩 빼나가는 계산을 해야 한다.

다음 신호는 불빛으로 나타났는데, 그 불빛이 나오면 세 개의 낱자를 회상해야 했다. 그 불빛은 낱자 제시 후 3, 6, 9, 12, 15, 18초 후에 나타났는데, 정확히 재생할 확률은 18초 동안 급속하게 감소했다. 이를 통해 연구자들은 제시된 낱자를 암송하지 않고 18초 정도 지나면 잊어버린다는 것을 발견해냈다.

장기기억

우리의 기억이 감각기억과 단기기억밖에 없다면 우리는 자신의 이름을 기억하기 위해 하루에도 수백 번 자신의 이름을 되뇌어야 할지 모른다. 또 두꺼운 노트를 들고 다니며 일일이 보고 들은 것을 기록해야 할 것이다. 그러나 우리에겐 장기기억이라는 것이 있기 때문에 이 같은 수고는 하지 않아도 된다.

용량과 저장기간

장기기억(long-term memory, LTM)은 단기기억의 내용이 부호화나 정교화 단계를 거쳐 체계적으로 저장되는 기억이다. 이 때문에 오랫동안 저장할 수 있고 기억할 수 있는 용량도 엄청나다. 컴퓨터의 저장용량이 매우 크긴 하지만 우리의 장기기억에 비해서는 경쟁이 되지 않는다. 당장 어제 하루의 일과를 컴퓨터에 저장한다고 생각해보라. 컴퓨터 용량으로 계산하면 어마어마한 양일 것이다.

웨일즈의 수학자 그리피스(John Griffiths, 1837~1916)는 평생 동안 사람이 기억하는 정보는 브리태니커 백과사전 전집에 있는 정보의 500배에 달한다고 했다. 노스웨스턴대학교 심리학과 폴 리버(Paul Reber) 교수에 의하면 평균 성인의 뇌 기억용량은 2.5페타바이트라고 한다. 1페타바이트는 1,024테라바이트(또는 1,048,000기가바이트)를 의미한다.

우리의 두뇌가 TV용 카메라처럼 작동한다면 2.5페타

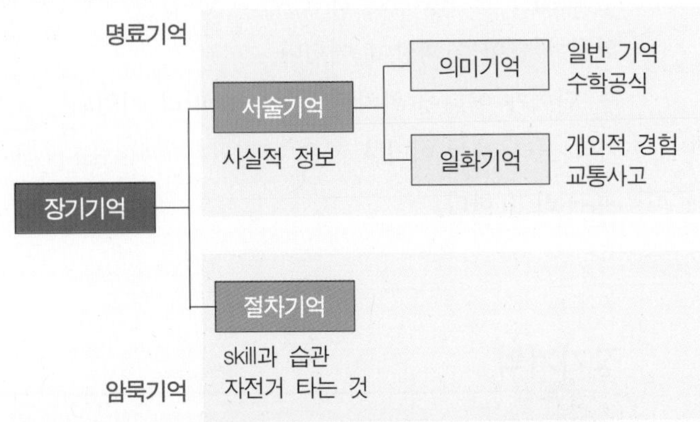

기억(장기기억)을 다른 기준으로 구분하면 명료기억과 암묵기억으로 구분할 수 있다. 명료기억은 우리가 '알고 있다'고 생각하는 기억이다. 가령 방정식 푸는 방법, 혹은 외국어를 배울 때의 문법이나 단어와 같은 것이다. 암묵기억은 '우리가 알고 있다는 사실'을 알고 있지 못하는 기억이다. 가령 학창시절에 이런 경험이 있을 것이다. 시험을 치를 때 문제를 읽어보니 언뜻 떠오르는 답이 있었다. 일단 그 답을 표시하고 난 후 다시 한번 자세히 생각해보니 그 답이 정답이 아니고 다른 것이 답일 것 같아 바꾸었더니 '틀린' 경우가 있었을 것이다. 문제가 나왔을 때 제일 먼저 떠오르는 답을 '찍으면' 70%는 정답이라는 말이 틀렸다고 할 수 없는 이유가 이런 암묵기억의 작용 때문이다.

자전거 타기와 같은 것은 암묵기억(절차기억)으로 저장된다. 그래서 타는 방법을 알고 있다면 자전거를 타본 지 수십 년이 지나도 잘 탈 수 있다. 자전거 타는 법을 말로 설명하기가 꽤 어려운 것처럼 이런 암묵기억은 논리적으로 그것에 대해 설명하는 것이 거의 불가능하다는 특징이 있다.

바이트는 3백만 시간 동안 쉬지 않고 TV쇼를 찍을 수 있는 용량이라고 한다. 3백만 시간을 연수로 바꾸면 약 340년이다. 인간 뇌에는 10억 개의 뉴런이 있는데, 각 뉴런이 하나의 기억만 저장한다면 몇 기가바이트(GB)만 저장하지만 다른 뉴런과 약 1천 개의 연합을 통해 저장용량이 기하급수적으로 증가한다. 장기기억의 용량은 아무도 모르고 측정할 수가 없다. 그래서 장기기억의 용량은 무한하다고 말한다.

장기기억의 저장기간이 얼마인지도 알기 어렵다. 백 년인지 천 년인지를 알 수 없다. 건축물일 경우 지은 연도를 알고 있다면 후세 사람들이 그 연한을 알 수 있지만, 인간 기억의 경우 기억 소유자의 사망으로 인해 저장기간의 한계를 증명하지 못하기 때문이다.

체계적 저장

도서관의 책은 종류별로 분류되어 꽂혀 있다. 따라서 심리학 서적을 찾을 때 문학 서가로 가면 헛걸음을 할 것이다. 사회과학 서가로 가서 찾아야 한다. 그리고 심리학 서적과 법학 서적을 여러 권 찾을 때 '이곳에서 한 권, 저곳에서 한 권' 하는 식으로 찾는다면 빠른 시간 내에 찾을 수 없을 것이다. 한 곳에서 필요한 것을 다 찾고 난 다음 자리를 옮겨 찾는 것이 효율적이다.

그래서 외워야 할 목록이 "고등어, 사과, 연필, 포도, 꽁치, 붓, 수박, 향어, 사인펜"이라면 나중에 회상할 때 아마도 '고등어, 꽁치, 향어', '사과, 포도, 수박', '연필, 붓, 사인펜'과 같이 종류별로 묶어서(체계적으로) 생각해낼 가능성이 많다. 즉 기억할 때 체계적으로 저장하기 때문이다.

우리의 기억은 다음 그림과 같이 망과 같은 모양(網狀)으로 구성되어 있다. 종달새와 타조는 새 항목 아래에 배열되었고, 상어와 연어는 물고기 항목 아래에 배열되었다. 그리고 새와 물고기는 동물이라는 더 높은 항목 아래에 배열되었다. 그림에서 보듯이 아래 항목으로 갈수록 세부적인 특징이 많이 저장되고 위 항목으로 올라갈수록 아래 항목에서 공통되는 요소들을 많이 저장하고 있다.

이처럼 장기기억은 도서관의 책과 같은 방식으로 저장된다. 그래야 쉽게 찾을 수 있다. 어떤 기준도 없이 책이 배열되어 있다면 도서관에서 책 찾기란 엄청난 고역이 될 것이다. 여러분들이 어떤 질문을 받았을 때 즉시 대답할 수 있는 것은 장기기억의 저장방식이 도서관에 책이 꽂힌 방식과 같기 때문이다. 상위폴더 내에 하위폴더를 만들고, 그 속에 파일을 저장하는 컴퓨터 작업도 마찬가지 방식이다.

이렇게 체계적으로 저장하지 않고 아무렇게나 저장하면 어떻게 될까? 여러분은 시험을 치다가 분명히 알고 있는 것이 기억나지 않아 애를 먹은 경우가 있을 것이다. 또는 친하게 지내는 친구 이름이 갑자기 생각나지 않아 당황한 경험이 있을 것이다. 이것은 우리가 분명히 알고 있기는 하지만 어디에 저장해 놓았는지 알지 못해 기억해내지 못하는 것이다. 입사면접 때 이런 일이 닥치면 안타까운 일이 아닐 수 없다. 혀끝에서 튀어나올 듯 말 듯 맴돈다고 하여 이것을 설단현상(舌端現象, tip-of-the-tongue phenomenon)이라고 한다.

다산 정약용. 200여 년 전 강진에서 18년간의 유배생활 동안 목민심서, 경세유표, 흠흠신서 등 문집 260여 권과 논어고금주, 주역심전, 중용강의 등 무려 500권의 저서를 집필했다. 그 비결은 '분류'와 '정리'였다(정민, 다산선생 지식경영법, 리브로). 기억을 잘하기 위해서도 이러한 분류와 정리가 필요하다.

설단현상을 겪을 때 사람들은 그 명칭을 회상하기 위해 소리를 이용하기도 하고 의미를 이용하기도 한다. 그래서 비슷한 음을 가진 명칭을 몇 개 떠올리기도 하고 또는 비슷한 의미를 가진 용어를 몇 개 떠올리기도 한다. 그렇지만 그러한 것들이 자신이 찾고 있는 단어가 아니라는 것 또한 잘 알고 있다.

실제 연구결과를 보면, 설단현상은 일상생활에서 1주일에 한 번씩은 일어나며, 나이가 많아지면서 더 자주 일어난다. 그리고 대부분은 아는 사람의 이름에서 나타난다. 그리고 50%의 사람들이 첫 글자를 추측할 수 있고 또 절반 정도의 설단현상은 1분 안에 해결

동물
피부를 갖고 있다
움직일 수 있다
먹는다
호흡한다
새
날개를 갖고 있다
날 수 있다
깃털을 갖고 있다
물고기
지느러미를 갖고 있다
수영할 수 있다
종달새
지저귄다
작다
타조
다리가 길다
키가 크다
날 수 없다
상어
물 수 있다
위험하다
연어
핑크색이다
먹을 수 있다
알을 낳기 위해
강의 상류로 수영한다

이러한 구조는 우리의 머릿속에 기억할 내용들을 체계적으로 저장함으로써 인지적 노력을 절약하기 위한 것이다. 만약 우리가 종달새는 "노래한다", "작다"뿐만 아니라 새의 특징인 "날개", "깃털", "날 수 있다", 그리고 동물의 특징인 "피부"와 "호흡", "움직임" 등을 모두 저장하려면 많은 노력이 들기 때문이다. 그러므로 이러한 구조는 기억의 효율성을 보여준다고 할 수 있다.
이러한 사실은 간단한 실험을 해보면 잘 알 수 있다. A : "종달새는 작다"와 B : "종달새는 피부가 있다"라는 질문에 대한 답(Yes, No로 답한다)은 A에서 빠르다. A문항에 빨리 답할 수 있는 것은 종달새의 특징을 고스란히 담고 있기 때문이다. 하지만 B에서는 A보다 느린데, 이는 피부가 있다는 특징은 종달새에 붙어 있는 것이 아니라 동물 항목에 붙어 있기 때문이다. 그 때문에 그림에서 "새" 항목을 지나고 "동물" 항목까지 올라가서 찾아야 하므로 그 시간만큼 답하는 속도가 느려지는 것이다.

각 기억의 비교

특 성	감각기억	단기기억	장기기억
용량	크다	작다(7±2)	무한정
지속기간	$\frac{1}{4}$초(시각) / 1~3초(청각)	18초	평생
정보유지	불가능	지속적 주의 시연(되뇌기)	반복 조직화
정보손실	쇠퇴 / 차단	쇠퇴 / 간섭 / 대치	쇠퇴 / 간섭 / 인출실패
표상의 형태	감각	주로 음운적	주로 의미적
작용	자동적 / 병렬처리	의식적 / 능동적 / 직렬처리	무의식적 / 수동적
회상	–	완전하고 정확	불완전하고 부정확

되는 것으로 나타난다.

다음은 어떤 그림을 본 후 그 그림의 단어를 맞히라는 한 실험에서 설단현상을 겪고 있던 한 피험자가 중얼거린 내용이다. 그 그림은 앵커(Anchor, 닻)였다.

1. "배의 부품 중의 하나다."
2. "그런데 이걸 뭐라고 부르더라."
3. "그래, 행거(hanger)는 아냐."
4. "오, 제길. 쉬운 건데."
5. "이게 그… 뭐더라."
6. "그들이 이걸 배 안에 집어던지던가?"
7. "무엇이라고?"
8. "행거(hanger)는 아니고."
9. "오, 곧 생각날 것 같다."
10. "해머(hammer)와 비슷한 건데."
11. "행거(hanger), 어… 앵ㅋ, 앵ㅋ…"
12. "그래 맞아. 앵커."

이름이 입 안에서 맴도는 상황이 그리 유쾌한 것은 아니다. 대신 답을 찾게 되면 시원해진다. 설단현상은 재채기를 하기 직전의 상황과 유사해서, 재채기가 터질락 말락 하는 약간 고통스런 상황(설단현상)이 따르고, 막상 재채기가 터지면(회상 성공) 시원하고 안정감이 뒤따른다.

설단현상은 우리가 알고 있다는 것을 자신하면서도 어떤 단어나 이름을 회상하지 못하는 것이다. 마치 찾으려는 심리학 책이 법학 서가에 잘못 꽂혀 있어 그 책을 심리학 서가에서 못 찾는 것과 같다. 이처럼 설단현상이 일어났을 때에는 찾는 것을 잠시 중지하고 다른 것을 하다 보면 떠오르는 경우가 있다.

기억을 잘하려면

기억력이 좋으면 생활에서 얻을 수 있는 이점이 한둘이 아니다. 당장 어떤 자료를 찾아볼 수고를 덜어주고 그만큼 시간을 절약시켜준다. 친구의 생일날을 기억하면 그와의 친구관계가 한층 더 깊어지고, 동료의 기념일을 기억해준다면 동료애가 돈독해진다. 거래처와의 관계에서라면 앞으로의 사업이 순조로이 풀려나갈 것이다.

기억을 잘하기 위해서는 단기기억에서 장기기억으로 넘어가는 부호화 과정에서 처리를 잘해야 한다. 그러기 위해서는 처리의 수준을 깊게 만들고 정교하게 다듬어야 한다.

깊은 처리

먼저 실험을 보자. 연구자들(Craik, Tulving, 1975)은 지각과 반응시간 연구라는 실험을 한다면서 피험자들을 모았다. 그리하여 다음과 같은 질문을 하고 난 후 어떤 단어를 200msec(0.2초) 동안 보여주었다. 피험자들이 해야 할 일은 가능한 한 빠르고 정확하게 질문에 '예' 혹은 '아니오' 반응을 해야 한다. 그 질문들은 다음과 같다.

1. 단어가 대문자로 되어 있습니까?
2. 웨이트(weight)와 같은 운(韻)이 있습니까?
3. 단어가 다음 문장에 들어맞습니까?
   그는 거리에서 ________을(를) 만났다.

1번 질문 다음에 TABLE 혹은 table이 나왔다. 그래서 TABLE이 나오면 '예'라고 답을 해야 했으며, table이 나오면 '아니오'라 답해야 했다. 2번 질문에는 크레이트(crate) 혹은 마켓(MARKET)과 같은 단어가 나왔으며, 3번 질문에는 친구(FRIEND) 혹은 구름(cloud)과 같은 단어가 나왔다(각 질문의 단어에는 대문자와 소문자가 섞여 나오는 점에 주의하라. 실험절차상 통제의 한 방법이다). 대답하는 방식은 1번 질문의 경우와 같았다. 예상하는 바와 같이 이 실험에서는 1번 질문에 대한 답이 가장 빠르게 나왔으며, 3번 질문에 대한 답이 가장 느렸다.

하지만 이 실험은 이것이 목적이 아니었다. 실제 목적은 각 질문 후에 나온 단어를 재인(재인은 사지선다형 문제와 같이 여러 개 중에서 골라내는 것이다)하는 것이었다. 그 결과 3번 질문에 대한 단어(친구)를 재인하는 것이 가장 높았고, 1번 질문에 대한 단어(TABLE, table)를 재인하는 것이 가장 낮았다.

이것은 처리의 수준이 기억에 영향을 미침을 보여준다. 1번 질문의 경우는 단순히 단어가 대문자인가 아니면 소문자인가에 관한 것이기 때문에 물리적인 수준에서 처리를 하면 되었다. 따라서 피험자가 크게 주의를 기울이지 않아도 되는 것이었다. 2번 질문의 경우에는 음성적인 처리를 해야 한다. 그리고 3번 질문의 경우에는 단어의 의미에 대해 보다 깊은 의미적 처리가 있어야 하는 것이다. "그는 거리에서 친구를 만났다"이면 '참'이 되지만, "그는 거리에서 구름을 만났다"고 하면 거짓이 된다. 이 경우 "예" 대답에서는 1번 질문의 경우에는 재인율이 15%에 불과했지만, 3번 질문의 경우에는 81%가 재인되었다. 처리의 수준을 깊게 하면 훌륭한 기억이 이루어질 수 있다는 것을 보여준다.

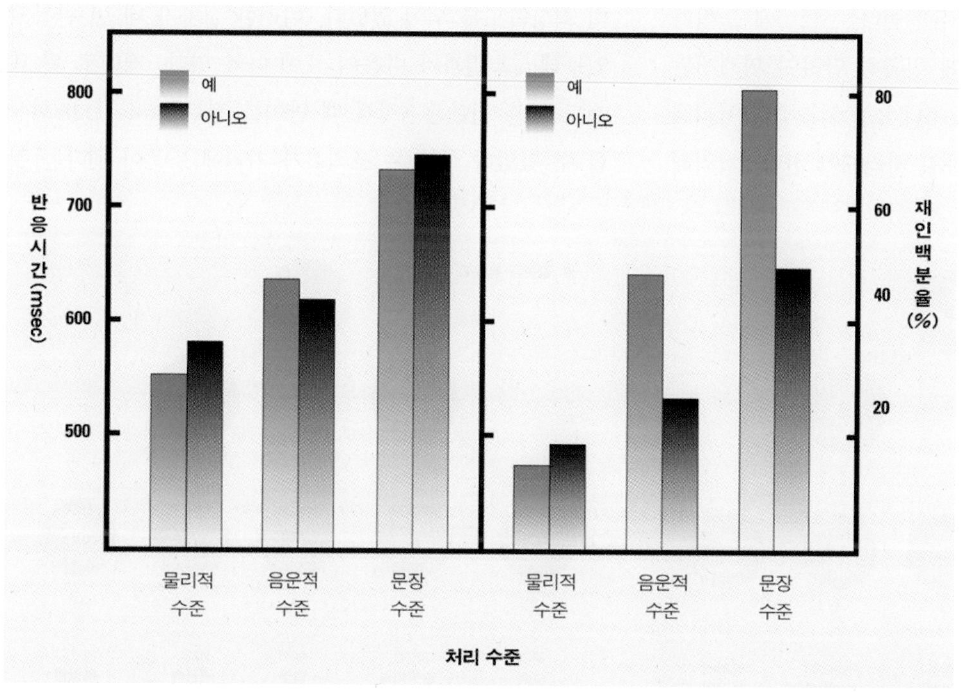

물리적 수준(활자)과 음운적 수준(운) 및 의미적 수준(문장)에서의 반응시간(좌)과 나중의 재인율(우). 반응시간에서는 물리적 수준에서 가장 빠르나 재인율에서는 의미적 수준이 가장 높았다(Craik & Tulving, 1975).

정교화

이 실험에서는 3번 질문의 경우 동일한 의미처리를 했을 텐데도 "예" 대답보다 "아니오" 대답의 재인율이 낮았다. 이는 동일한 정도의 의미를 처리한다 하더라도 정교화하는 것이 중요하다는 것을 보여준다. 정교화는 맥락의 세부 특징들을 포함시킴으로써 기억재료를 풍요롭게 하는 것을 뜻한다. 가령 "단어가 다음 문장에 들어맞습니까? 그는 ______와(과) 악수했다.” 이 질문에 이은 단어가 친구라면 피험자는 이 단어의 의미와 함께 문장을 처리할 수 있다. 그렇다면 그 단어는 문장에 통합되어 기억이 잘 되지만, 가령 그 단어가 '학교'라면 그 문장에 들어맞지 않기 때문에 통합되지 않는다. 그 때문에 “아니오” 반응에서는 재인율이 낮게 나타나는 것이다.

이 연구자들은 앞과 똑같은 방법으로 실험을 했다. 다른 점이 있다면 이 실험에서는 단어가 문장에 들어맞는지에 관한 것이다. 다음의 문장을 보자.

1. 그는 ______을(를) 떨어뜨렸다.
2. 그 노인은 ______을(를) 떨어뜨렸다.
3. 그 노인은 절뚝거리며 방을 걷다가 ______을(를) 떨어뜨렸다.

______에 들어가는 단어를 기억하기 위해서는 어떤 문장으로 기억하는 것이 좋을까? 이 경우 1번 질문은 단순한 문장유형이며, 3번 질문은 복잡한 문장유형, 그리고 2번 질문은 중간 정도의 문장유형이다. _____에 들어가는 단어가 시계일 경우 질문에 정확히 답하기 위해서는 이 단어를 물리적인 수준(대문자냐 소문자냐)에서 처리해서는 되지 않고 의미적 수준까지 처리해야 한다. 처리해야 하는 것이 복잡해질수록 단어 의미의 정교화를 위한 맥락이 풍부해진다. 복잡성이 클수록 인출단서로서의 문장의 효율성은 더 풍부하게 되는 것이다. 반면, 들어맞지 않는 단어는 문장의 복잡성과는 관계없이 회상단서로서는 덜 효과적이다. 문장에 통합될 수 없기 때문이다. 이 실험에서도 대답이 “예”일 경우(가령 시계) 당연히 복잡한 문장유형(3번 질문)에서 회상이 가장 잘 되었다.

조직화(체제화)

다음 그림에 나와 있는 단어를 외울 때 어느 것이 더 쉽겠는가?

당연히 조직화가 잘 되어 있는 것(A)이 기억이 쉽다. 실제 실험에서 연구자들(Bower et al.)은 아래 그림과 같이 한 집단에는 제대로 된 위계도(A)를 보여주고 다른 집단에는 잘못된 위계도(B)를 보여주었다. 각 피험자 집단은 28개 내외의 단어(본문 실험의 경우 26개)로 구성된 네 가지의 위계도를 1분씩 학습했으며 그 후 순서에 관계없이 회상하도록 되어 있었다. 이러한 절차가 네 번 반복되었는데, 그 결과가 다음의 표에 나와 있다. 제대로 된 위계도를 본 집단은 3시행 때 단어를 전부(28×4=112) 회상할 수 있었다. 이것은 조직화가 기억에 도움이 된다는 것

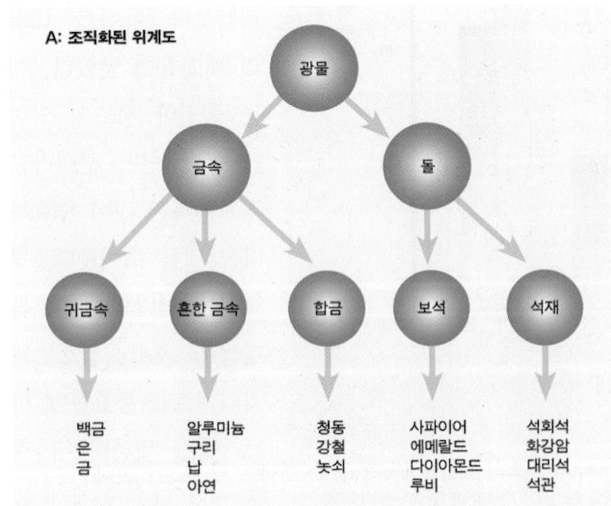

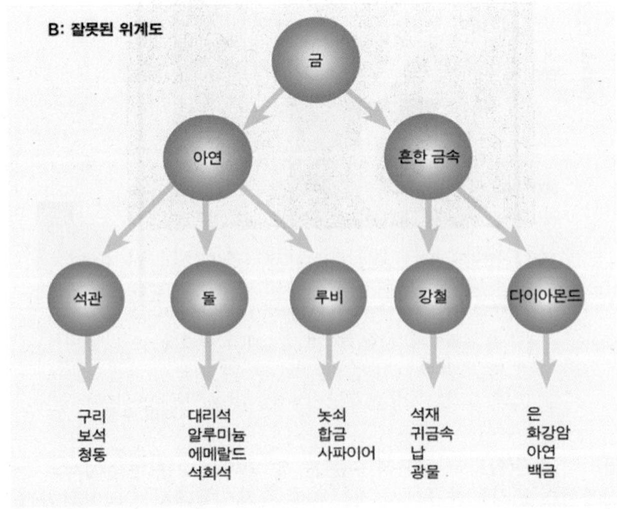

조직화가 회상에 미치는 실험

실험에서 제시된 위계로 구성된 단어의 범주는 광물, 식물, 도구, 신체 부위에 해당하는 단어들이었으며, 총 단어의 개수는 112개였다. 실험 결과 회상한 단어 수가 아래 표에 나와 있다. 조직화(체제화)의 회상 단어수가 훨씬 많음을 알 수 있다.

네 번 시행에 걸쳐 회상된 평균 단어 수

조 건	시 행			
	1	2	3	4
체제화	73.0	106.1	112.0	112.0
무선	20.6	38.9	52.8	70.1

을 보여준다.

실제로 피험자들은 위계도의 위계에 따라 위에서 아래로 조직화하여 단어를 회상했다. 즉 광물을 회상한 다음 금속을 회상하고, 금속은 합금을 회상하고, 또 합금은 놋쇠, 청동, 강철을 회상했는데, 상위 단어가 하위 단어를 기억나게 하는 단서로 작용했던 것이다. 체계적으로 정보를 배열하기 때문에 조직화를 체제화라고 하기도 한다.

조직화는 창고의 물건을 '정리'해 두는 것과 같다. 물건 정리에는 시간이 걸리지만 막상 어떤 물건이 필요할 때에는 빨리 찾아 활용할 수 있다. 필요할 때 찾지 못해 드는 비용까지 고려한다면 정리정돈을 미리 해놓는 것은 엄청난 미래의 이익이 된다.

기억을 잘하기 위한 마음가짐

처리를 깊게 하고 정교화를 하면 기억이 잘 되지만, 기억을 보다 더 잘하기 위해서는 우선 필요한 몇 가지 요인이 있다. 그것은 책임감과 절박감, 흥미, 그리고 기억해야 할 대상의 중요성이다.

책임감이 있으면 기억을 잘하게 된다. 수많은 손님들이 주문한 메뉴를 다 기억하는 웨이터, 선수의 기록과 버릇까지 꿰고 있는 경기 해설가, 세익스피어 연극 한 편을 달달 외우는 연극배우, 악보를 다 외우고 있는 지휘자의 기억력이다.

"이 포르테시모를 원하는 것은 내가 아니라 베토벤이다." -연주자들에게 작곡가의 의중을 파악하라고 말한 토스카니니(1867~1957). 20세기를 대표하는 지휘자 중 한 명인 토스카니니도 엄청난 기억의 소유자였다. 그는 250개 교향곡의 음표 하나하나, 그리고 100개 오페라의 악보와 가사를 모두 기억했다.

절박하면 기억이 잘 된다. 시험 직전 공부 잘하는 친구에게서 '이 문제는 시험에 꼭 나올 거야'란 말과 함께 들은 문제는 잘 잊히지 않는다. 하지만 절박하더라도 그 절박함과 관련이 없는 것은 귀에 들어오지 않는다. 돈 빌릴 때 언제까지 갚아야 한다는 이야기는 잘 기억하지 못한다.

불안이 심하면 기억이 잘 나지 않는다. 시험에 대한 불안이 있으면 시험이 쉽더라도 이해를 못하게 된다. 불안은 '나는 낙제할 거야' '남들은 내가 바보라고 하겠지'와 같은 불필요한 생각을 불러일으키게 되고, 그런 생각이 인출을 간섭하여 기억실패를 초래하게 된다.

관심이나 흥미 또한 기억을 잘하게 한다. 의욕과 동기를 높이기 때문이다. 공부를 잘하지 못하는 학생이라도 야구광이라면 프로구단의 야구선수 이름과 타율, 포지션 등등을 줄줄이 꿰고 있다. 공부를 못한다고 하여 기억력이 나쁘다는 것이 아니란 이야기다.

❖날씨와 기억

흐린 날씨에 느끼는 가라앉은 기분은 기억을 더 예리하게 하고 기억력을 증강시키는 데 도움을 준다는 연구결과가 있다. 한 쇼핑센터 계산대에 10개의 작은 장식품을 진열해놓은 뒤 무작위로 피실험대상을 골라 날씨가 맑은 날과 흐린 날 10개의 장식품 중 몇 개를 기억하는지 조사했더니 흐린 날씨로 인해 우울함을 느끼는 사람들이 기억하는 장식품의 개수는 그렇지 않은 사람에 비해 3배가량 더 많은 것으로 나타났다.

연구자들에 의하면 흐린 날씨가 주는 우울한 기분은 사람들의 집중력을 향상시켜주는 반면, 행복하고 밝은 기분은 편안함과 건망증을 증가시킨다고 한다.

✣ SQRRR(SQ3R)

공부를 할 때 가장 효과적인 방법으로 SQRRR(SQ3R)이란 것이 있다. 이것 역시 조직화를 활용한 것이다. 이것은 전체 개관(Survey) → 내용에 대한 질문(Question) → 본문 읽기(Read) → 요점 암송(Recite) → 복습(Review)이라는 과정을 거친다. 이 방법은 내용을 흥미롭고 유의미하게 만들며 조직화하여 장기기억으로 이전시킨다. 이렇게 조직화하면 기억이 쉽고 인출이 잘 된다. 그러면 당연히 공부가 효과적일 수 있고 성적이 올라간다.

기억해야 할 것이 중요한 것이라면 훨씬 기억이 잘 된다. 돈을 빌려준 사람은 차용증서를 보지 않더라도 누구에게 언제 어디서 얼마를 빌려줬는지 훤하게 기억하고 있다. 군대에서의 암호처럼 까딱하다가는 생명이 위태로워지는 경우 그러한 암호는 잊어버리는 법이 없다.

망각이론

쇠퇴이론

쇠퇴이론은 시간이 지날수록 기억이 나빠진다(decay)는 단순한 설명이다. 이 이론에 의하면 기억은 중추신경계에 어떤 변화를 일으켜 기억흔적을 남기게 되는데, 이 기억흔적은 사용하지 않으면 시간의 경과에 따라 점차 희미해져 가고 결국에는 사라지게 된다는 것이다. 바위에 새겨진 글자가 시간이 지날수록 뭉개져 사라지듯이, 생생한 기억이 시간이 지날수록 희미해져 간다는 것이다.

이 이론은 그럴듯해 보이고 당연해 보이는 이론이다. 우리가 이전에 사용했던 전화번호를 시간이 흐를수록 기억하기 어려운 것이라든가 초등학교 때 친구의 이름을 기억하는 것이 어려운 것은 이런 이유 때문인 것처럼 보인다.

하지만 이 이론은 너무나 당연해 보여 과학적으로 검증하기가 쉽지 않다. 이 때문에 실험적으로 검증할 수 있는 다른 설명들이 나타나게 되었다.

"자기야." "응."
'자기야라고만 부르다보니 자기 이름을 까먹었어….'

간섭이론

두 번째는 간섭(interference) 때문이라는 것이다. 이것은 어떤 정보가 방해를 하기 때문에 다른 정보를 잊어버린다는 것이다. 주로 정보들이 서로 비슷한 경우에 한정된다.

다른 동네로 이사한 지 얼마 안 되었을 때 가끔 옛날 집으로 가는 버스를 타기도 했을 것이다. 이것은 이전의 정보(옛날집)가 새로운 정보(새집)의 망각을 가져온 것이다. 또 얼마 지나다 보면 옛날집의 주소를 잊어버리게 된다. 이것은 새로운 정보가 이전의 정보를 잊어버리게 하는 것이다.

아이디와 비밀번호를 바꾸었을 때 겪는 불편함도 이런 간섭 때문이다. 바꾼 지 얼마 되지 않았다면 이전 것과 새것이 헷갈리게 된다. 그래서 이전 것으로 로그인하려다 실패하는 경우도 생기게 되고, 새것으로 로그인하다 보면 이전 것이 점차 잊힌다.

또 많은 연구에서 수면이 기억을 증진시킨다고 한다. 즉 같은 목록을 외우게 한 후 일상적인 일을 하도록 하여 일정 시간 재우지 않은 집단(비수면집단)보다는 목록을 외운 후 일정 시간 잠을 자게 한 집단(수면집단)의 회상률이 더 높다는 것이다(그 때문에 밤을 새우는 벼락치기 공부가 더 나은 성적을 보장하는 것이 아니다). 수면이 기억에 도움이 되는 이유 중의 하나도 수면 중에는 간섭을 받지 않기 때문이다.

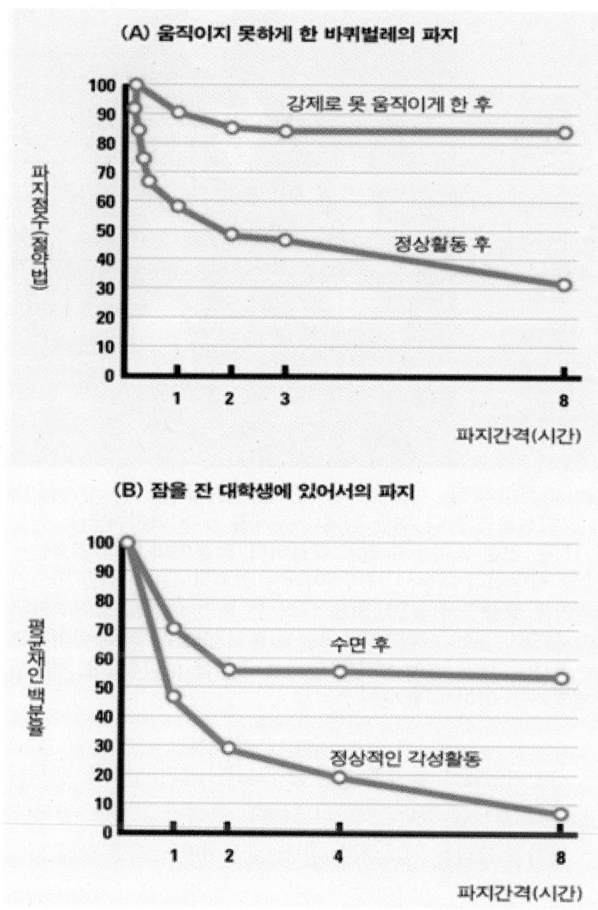

활동의 간섭효과. 움직이지 못하게 한 경우와 잠을 재운 경우가 정상적인 활동을 한 경우보다 기억이 좋다는 것을 보여준다.

인출실패이론

세 번째는 머릿속에 기억이 있기는 하나 어디 있는지 몰라 끄집어내지 못하는 것이 망각이라는 설명이다. 가령 도서관에서 찾으려는 심리학 책이 법학서적 쪽에 섞여 있다면 찾기가 어렵다. 또 생고생을 하여 작업한 파일을 무심코 엉뚱한 폴더에 저장하면 역시 찾기가 쉽지 않다. 하지만 그 책과 파일은 도서관과 컴퓨터에 분명히 보관되어 있다.

그래서 기억을 이끌어내는 단서나 신호(이러한 것을 인출단서라 한다)가 장기기억의 인출에 중요한 역할을 한다. 집에서 공부를 하고 교실에서 시험을 보면 답이 잘 생각이 나지 않는 경우가 있다. 이것은 집과 교실의 분위기가 같지 않아 기억하고 있는 것을 제대로 뽑아줄 만한 단서가 없기 때문이다. 그러므로 교실에서 공부하면 집에서 공부하는 것보다 나은 성적을 기대할 수 있다. 운동선수에게만 현지적응훈련이 필요한 것이 아니다.

또 며칠 전 친구와 차를 마실 때 그가 나에게 무엇인가를 부탁했는데 기억이 나지 않다가 오늘 그와 다시 그 찻집에서 만났을 때 '아차'란 말과 함께 그것이 생각난다.

❖중년의 기억

중년의 기억이 어린아이의 기억보다 느리고 성능이 떨어져 보이는 것도 인출실패이론에 따르면 하등 문제가 되지 않는다. 커다란 창고에 물품이 10개 있을 때와 10,000개 있을 때 어느 경우에 필요한 것을 쉽고 빨리 찾을 수 있는지 생각해보라. 어린아이는 경험과 지식이 그리 많지 않으므로 창고에서 쉽게 필요한 기억을 찾을 수 있지만, 경험과 지식이 많은 중년은 훨씬 많은 기억재료에서 찾아야 하기 때문에 시간이 걸리는 것이다.

그 때문에 나이 든 사람들은 퀴즈 대회에 나갈 때 젊은이들보다 불리하다. 인출에 걸리는 시간이 그들보다 길기 때문이다. 머리 구석구석을 찾아보면 답을 찾을 수가 있지만, 부저를 빨리 누른 사람한테 우선권이 주어지는 퀴즈 대회에서는 젊은이에 비해 핸디캡이 있을 수밖에 없다.

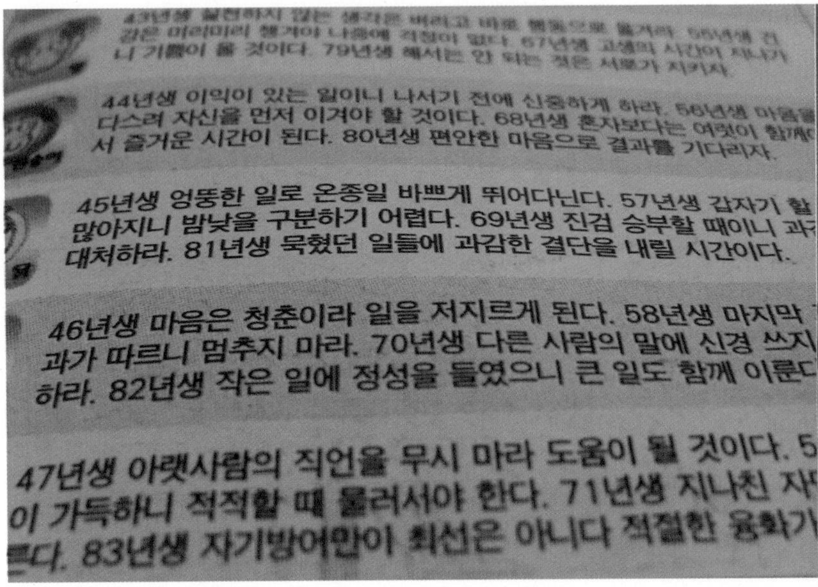

신문에 실려 있는 오늘의 운세가 맞아 보이는 것은 바님효과(barnum effect) 때문이다(좌). 바넘효과는 점성술적인 성격묘사에서처럼 대부분의 사람들이 일반적인 묘사를 믿거나 개인적으로 그것을 받아들이는 경향성을 말한다. 어떤 점괘나 운세를 듣게 되면 우리는 장기기억에서 그와 일치하는 것을 찾아낸다. 보통사람이라면 그런 경험과 일치하는 것은 얼마든지 있기 때문이다. 점쟁이의 말이 인출단서의 역할을 하고 있고, 또 이런 모호한 운세들은 많은 사람들에게 공통적으로 해당되기 때문에 개개인에게는 정확하다는 착각을 일으킨다. 바넘(P.T. Barnum, 1810~1891)은 미국의 서커스를 지상 최대의 쇼로 만든 흥행술사다(우). 그는 나이 든 흑인 여성을 소개하면서 조지 워싱턴 장군의 무려 161세 된 유모라고 속여 성공을 거두기도 하고, 물고기 몸에 사람 머리 모양을 붙여 만들어 피지 인어라고 박물관에 전시하기도 했다. 스스로를 '사기의 왕자'라고 부른 그는 관객을 무대로 불러 그의 성격을 맞히는 공연을 성공적으로 하면서 "모든 사람은 한순간 멍청이가 된다"는 말을 남겼는데, 이 말에서 바넘효과라는 말이 나왔다.

찻집이 인출단서의 역할을 하기 때문이다. 마트에서 사야 될 품목들을 외워서 가면 정작 마트에서는 생각나지 않는 게 한둘 있는 것도 같은 맥락이다.

이 설명에 따르면 기억은 잊어버릴 수가 없다. 머릿속 어디엔가 '머리카락이 보이지 않을 정도로' 꼭꼭 숨어 있는 것이다. 그러나 다른 정보가 방해를 한다든가(간섭) 정서적인 상태로 인해 생각이 나지 않는 것이다.

동기적 망각이론

프로이트가 주장한 동기적 망각이론은 좀 흥미롭다. 그는 다음과 같은 예를 들었다. 자기 남편이 누구인지를 '까먹은' 여자가 불행한 결말을 맞았다는 이야기다.

> 나는 언제인가 젊은 부부의 초대로 손님으로 갔는데, 그 부인이 웃으면서 다음과 같이 말하는 것을 듣게 되었다. … 신혼여행에서 돌아온 다음날 그녀는 그의 언니를 불러서 함께 쇼핑을 갔다. 그녀의 남편은 출근하고 없을 때였다. 갑자기 그녀는 거리 저쪽 편에 있는 어떤 남자를 보게 되었는데, 그녀는 언니의 옆구리를 찌르며 말했다. "저기 좀 봐, K씨가 가고 있네."
>
> 그녀는 그 사람이 자기 남편이라는 사실을 잊어버리고 있었다. 나는 이 이야기를 들으면서 오싹하는 느낌이 들었지만 더 이상의 추리는 하지 않았다. 몇 년 후에 이 결혼이 대단히 불행한 결말을 가져왔다는 말을 들었을 때 이 이야기가 다시 떠올랐다.

동기적 망각이론에 따르면 우리가 기억하기 싫은 것들, 예컨대 고통스럽거나 위협적인 것, 불쾌한 것, 좋지 못한 기억 등을 의도적으로 잊어버린다는 것이다. 누군가와 만날 약속을 해놓고는 깜빡 잊어버리고 있다가 약속시간이 지나서야 생각이 난 경우가 있을 것이다. 이것은 그 약속을 잊지는 않았으나 그와 만나기 싫은 동기가 있기 때문에 생각나지 않는다는 것이다.

또 다른 망각

꼭 위의 이유만으로 기억을 잊어버리는 것은 아니다. 뇌 기능 저하나 손상 같은 어떤 돌발적인 사태로 인하여 기억장애가 생길 수도 있다.

건망증

기억력은 정상적인 노화과정에서 점차 떨어진다. 건망증은 단기기억 장애 또는 일시적인 검색능력 장애다. 경우에 따라서는 과거의 일정한 기간 동안의 일을 기억하지 못하고, 최근의 일은 잘 기억하는 경우도 있다. 하지만 건망증은 그다지 심각한 상태는 아니다. 처리해야 할 정보는 지나치게 많고 기억력에 한계가 있다면, 뇌는 혼란을 차단하는 수단으로 단기기억 장애 혹은 일시적인 검색능력 장애를 보인다. 즉 뇌의 혹사로 인한 현상으로, 그것이 한참 뒤에야 생각나는 건망증으로 표출될 뿐이다.

또 모든 것이 디지털화되면서 '디지털 치매'로 어려움을 겪는 경우도 늘고 있다. 디지털 치매는 휴대폰이나 컴퓨터, 내비게이션 등의 사용이 많아짐에 따라 자신이 외워야 할 것들을 기기에 의존하면서 기억력이나 계산능력이 크게 떨어진 상태다. 갑자기 간단한 암산이 안 되거나, 휴대폰 단축번호의 사용으로 누군가의 전화번호가 기억나지 않고, 노래방 기기의 등장으로 가사자막 없이는 부를 수 있는 노래가 거의 없는 것과 같은 '증상'이 생긴다.

건망증은 지속적인 스트레스와 긴장감으로 뇌가 굳어 있을 때, 우울하고 불안한 기분이 오래 지속되고 한 가지 생각에 집중했을 때, 떨쳐버리지 못하는 특정한 생각이나 사건에 집착하는 강박증이 있을 때, 수면이 부족하거나 불규칙적인 활동을 할 때, 단순하면서도 반복되는 일들을 지속할 때 등의 경우에 심해질 수 있다.

건망증이 심한 사람은 가끔 기억이 없는 동안의 일들

나가시마 시게오는 일본의 야구팬들로부터 가장 많은 사랑을 받는 감독(전 자이언츠 감독)이다. 이 감독은 건망증과 관련된 일화가 많다. 거리에 차를 주차하고 일을 마친 후 차를 내버려두고 택시로 귀가하여 경찰이 집까지 차를 갖다주기도 했으며, 불펜에서 몸을 풀고 있던 선수는 잊어버리고 벤치에 앉아 있던 투수를 등판시키기도 했다. 아들이 초등학교 시절 함께 놀러 갔다가 혼자만 집으로 돌아와 아들을 찾아 헤맸다는 일화는 아직도 유명하다.

에 관해 마치 무슨 일이 있었던 것처럼 꾸며서 이야기하는 수가 있다. 또 이때에는 의식도 또렷하지 않은 경우가 많아서 자기가 어디에 있는지, 오늘이 며칠인지, 누구와 이야기하고 있는지도 모르고 있는 경우가 허다하다. 경우에 따라서는 낯익은 일들이 생소하게 느껴지고, 반대로 처음 보는 것인데도 어디선가 본 듯이 생각되는 일도 생긴다[데자뷰(deja vu) : 새로운 상황을 만났을 때 지금까지 본 적이 없는 상황인데도 마치 전에 본 것처럼 느껴지는 현상]. 이런 것은 정상인에게서도 몹시 피로하다든지 취해 있을 때 나타나는 수가 있다.

건망증이 문제가 되는 이유는 치매의 초기증상일 가능성이 있기 때문이다.

알츠하이머병—노인성치매

알츠하이머병(Alzheimer's desease)은 기억손상의 극단적인 예다. 이 병은 노인들에게서 많이 발병하는데, 노인성치매(노망)로 더 잘 알려져 있다. 그러나 엄격히 이야기하면 치매에 이르게 하는 한 원인이 알츠하이머병이다.

이 병은 신경계통의 진행성 불치병이다. 해부학적으로 보면 대뇌반구의 수축과 뇌간이라는 뇌영역의 신경손상 때문이다. 뇌간이 제대로 작용해야 중요한 신경전달 물질을 만들어낼 수 있다. 초기 증세는 건망증이며, 혼동 상태를 거쳐 흔히 노망으로 불리는 치매에 이르게 된다.

치매 증상이 오래가면 오래전에 습득한 장기기억도 상실된다. 과거에는 익숙하게 처리했던 일들을 서투르게 하거나 제대로 완성하지 못하게 된다. 세탁기와 같은 가전제품의 사용법을 몰라 우물쭈물하거나, 돈 계산을 서투르게 하는 경우도 생긴다. 자동차 열쇠로 시동을 거는 방법조차 생각나지 않는다. 치매가 더욱 진행되면 자녀 이름을 제대로 말하지 못할 뿐만 아니라 자신의 이름, 생년월일, 태어난 곳과 현주소도 모르게 된다.

알츠하이머병은 더 이상 희귀한 병이 아니다. 미국의 경우 4백만 명이 이 질병을 앓고 있고, 매년 10만 명이 이 병으로 죽어간다. 알츠하이머병은 미국인의 사망 원인 중 심장병, 암, 뇌졸중에 이어 네 번째다.

우리나라의 역학조사 결과를 보면 65세 이상 노인 인구의 약 10.38%가 치매를 앓고 있다(2022). 치매를 앓는 노인 중 남자(38.3%)보다는 여자(61.7%)가 더 많고, 연령이 높을수록 더 많이 앓는다. 나이가 80세라면 3~4명에 한 명꼴, 90세가 된다면 10명 중 네 명은 치매를 각오해야 한다.

하지만 이 병의 원인이 무엇인지는 아직 모른다. 노화와 유전이 알츠하이머병의 주된 원인으로 알려져 있다. 또 베타아밀로이드(beta amyloid)라는 단백질이 알츠하이머 환자의 뇌에 축적되어 여기서 발생한 독성이 알츠하이머병을 유발한다는 이론이 20년 이상 각광을 받았다. 그래서 관련 임상연구의 약 80%가 이 단백질을 대상으로 하는 것이었다. 그러나 초국적 거대제약회사인 릴리, 머크 등이 실제 환자의 뇌에서 베타아밀로이드를 제거하는 데 성공했지만 치료효과가 나타나지 않았다. 그래서 '베타아밀로이드 학설은 실패했다'라는 것이 거의 정론으로 받아들여지고 있다고 한다.

이처럼 알츠하이머병은 원인을 모르므로 마땅한 예방과 치료방법이 없다. 약물은 증상을 완화하거나 악화되는 것을 늦추기만 할 뿐이다. 보통 천천히 시작하여 시간이 지나면서 악화된다. 대개의 경우 이상한 행동이 나타난 뒤에야 알츠하이머병을 의심하게 된다. 그러나 기억력 감퇴 등의 증상을 보인다면 이미 병이 상당 기간 진행됐을 가능성이 크다. 그러므로 알츠하이머병 역시 조기발견이 중요하다. 그래야 병이 악화되는 것을 지연시

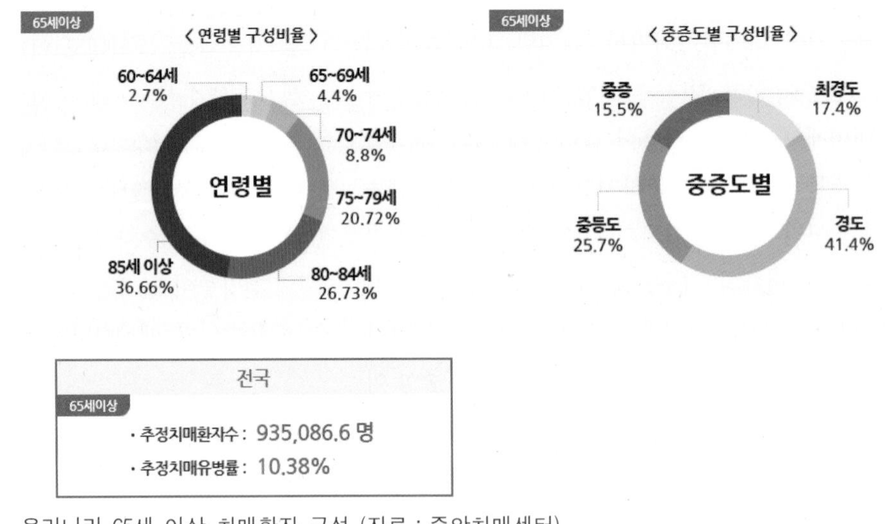

우리나라 65세 이상 치매환자 구성 (자료 : 중앙치매센터)

✜건망증과 치매

건망증은 치매와 다르다. 뇌기능 영상사진을 찍어봐도 치매환자의 뇌세포는 상당부분이 죽어 있는 반면 건망증은 뇌 손상이 없는 정상으로 나타난다. 건망증과 치매 초기증세의 경우 딱히 구분하긴 어렵지만, 기억력 상실을 의식하는 것은 건망증이라 할 수 있다. 하지만 자신의 기억력이 감퇴된 것을 인식하지 못한다면 치매에 해당된다. 치매는 뇌세포가 파괴되어 단순한 기억력뿐만 아니라 판단능력 등 뇌기능 전체에 문제가 생기는 병이기 때문이다.

미국 제40대 대통령인 로널드 레이건(1911~2004)은 1994년 말 알츠하이머병을 앓고 있다고 공개하여 미국을 충격에 빠뜨렸다. 2000년 89세 생일을 맞은 레이건이 부인 낸시 여사로부터 축하 키스를 받고 있다. 이때에도 레이건은 알츠하이머병으로 인해 자신이 대통령이었다는 사실을 기억하지 못했다.

키고, 상속 등 법적 문제에 대처할 시간을 벌고, 의료비도 줄일 수 있다.

알츠하이머병을 예방하려면 뇌신경세포를 계속 활성화하는 것이 중요하다. 교육수준이 낮은 계층에서 발생률이 높기 때문에 나이 든 후 고립과 격리를 피하고 기억훈련을 하는 것도 중요하다. 뿐만 아니라 치매가 가족과의 이별, 사별 등 심한 스트레스를 받았을 때 흔히 발병하기에 스트레스에 대한 적절한 관리가 예방에 필수다.

알코올성 치매

'술은 흥분제'라고 알고 있는 사람이 많겠지만 사실은 억제제다. 술이 인체 내에서 하는 역할이 신경, 특히 사고(思考)를 담당하는 대뇌피질을 자극시키는 것이 아니고 억제하고 마비시키는 것이기 때문이다. 그 결과가 흥분된 행동으로 나타나는 것이다.

그런 술을 많이 마신 뒤 기억이 끊기는 사람들이 있다. 특히 술자리가 많은 연말이나 거래처 접대를 해야 하는 사람들은 지난밤에 있었던 일을 기억 못하는 '필름절단현상'을 겪곤 한다.

필름이 끊긴다는 것은 인체에 흡수된 알코올이 뇌 신경전달물질의 기능을 변화시켜 기억임무를 맡고 있는 대뇌의 부위를 일시적으로 마비시키는 것으로, 단기적인 기억장애다.

알코올은 1단계로 소뇌에 영향을 미쳐 언어와 운동감각에 혼선을 일으키고, 2단계로 의식을 주관하는 뇌영역인 뇌간을 자극한다. 음주량이 더 많아지면 3단계로 접어드는데, 이때에는 기억능력을 담당하는 세포가 많이 몰려 있는 측두엽세포를 취하게 한다. 또 마지막 4단계는 판단력, 추리 등 고도의 정신작용을 하는 대뇌피질세

잊어버리기 위해 술을 마시는 사람들도 있다. 하지만 술이 슬픔을 달래준다는 통념과는 달리, 나쁜 기억이나 불쾌한 감정을 더욱 오래 지속시킨다. 연구에 따르면, 술 속의 에탄올 성분은 기억을 감퇴시키는 대신, 음주 전의 기억을 더욱 오래 고착시킨다. (Nomura and Matsuki, 2008)

❖코르사코프 증후군

지속적으로 술을 마시는 가운데 반복적으로 필름이 끊기는 현상이 일어난다면 주의해야 한다. 필름절단현상은 알코올 의존증의 초기 현상으로 볼 수 있다. 필름이 계속 끊기면 비타민B 중 하나인 티아민 부족으로 술을 마시지 않아도 필름이 끊기는 코르사코프 증후군에 걸릴 수도 있다. 1889년 러시아 의사인 코르사코프(Sergei Korsakoff)는 뇌손상에 의해 일어나는 심각한 기억장애를 처음 발견했는데, 그의 이름을 따 코르사코프 증후군이라고 한다. 이 증후군에 걸리면 깜박깜박 잊어버리는 건망증 현상이 일어나고 심하면 지속적으로 기억을 해내지 못하는 기억상실증이 발생한다.

포를 파괴함으로써 알코올성 치매를 일으키게 된다.

기억상실증

기억상실증(amnesia)은 뇌손상으로 인해 생기는 망각이다. 간혹 드라마에서 넘어지거나 머리를 맞아 뇌에 충격이 가해진 후 기억을 잃어버리는 이야기가 나오는데, 이것이 기억상실증이다.

기억상실증에는 두 가지 종류가 있다. 하나는 사고가 나기 이전의 사건들을 기억해내지 못하는 경우(역행성 기억상실증)다. 예를 들어 교통사고로 머리를 다친 환자가 사고 이전의 일정한 기간 동안의 일을 기억하지 못한다든가, 전기충격이나 인슐린 같은 약물충격을 받고 나면 그 이전의 일을 생각해내지 못하는 경우가 그 예다.

사고 이전의 일을 기억 못하는 역행성 기억상실증에 걸린 주인공을 다룬 영화 〈본 아이덴티티〉

일반적으로 충격이 심할수록 망각되는 기간이 길어진다. 때로는 충격이 심하여 자신의 이름이나 가족, 주소 등 과거를 완전히 망각하기도 한다. 그래서 자기가 누구인지, 어디에 살았는지도 모른다. 그러나 대부분의 경우 기억상실의 증세가 심하더라도 며칠 또는 몇 주가 지나고 나면 사고 이전에 일어났던 일들을 대부분 기억해낼 수 있다. 또한 일상생활에 필요한 여러 일들, 예를 들어 밥 먹고 옷 입고 운전하는 일들은 잊지 않는다. 그리고 자신이 살던 동네로 데리고 가든가 친구들을 만나게 해주는 등 적절한 단서를 주면 대부분 기억해낼 수 있다. 그러므로 역행성 기억상실증은 장기기억에 저장된 내용이 상실됐다기보다는 기억의 인출과정에서 혼란이 생긴 것이라고 볼 수 있다.

다른 하나는 사고가 난 후에 일어난 일들을 기억해내지 못하는 것이다(순행성 기억상실증). 순행성 기억상실증은 역행성 기억상실증이 심한 사람들에게서 나타나는 경우가 많다. 이는 뇌손상으로 인해 기억체계가 파괴되어 효율적으로 작용하지 못하기 때문에 일어난다.

기억과 영화

인간에게 기억이 없으면 벌어질 수 있는 일은 기억상실증 환자라든가 치매로 고통받는 사람들을 보면 알 수 있다. 하지만 실생활에서 그런 사람을 만나기란 쉽지 않다. 겉으로만 봐서는 모르고, 기억장애가 심한 사람은 혼자 외출하기도 어렵기 때문이다.

기억은 중요한 영화 소재가 되기도 한다. 〈본 아이덴티티〉, 〈본 슈프리머시〉, 〈본 얼티메이텀〉과 같은 〈본 시리즈〉, 〈첫키스만 50번째〉, 〈도리를 찾아서〉, 〈이터널 선샤인〉, 〈메멘토〉, 〈토탈 리콜〉, 〈내 머리 속의 지우개〉가 그러한 영화다. 이런 영화를 통해 기억장애가 있으면 벌어질 수 있는 일을 대략적으로나마 알 수 있다.

건망증이나 기억상실증은 인기 있는 영화 소재이지

만 대개의 경우 몇몇 오해가 있다. 머리 부상으로 인한 기억상실은 또 다른 머리 부상으로 인해서 회복되는 경우가 영화에서는 많다. 하지만 실제로는 드물다. 영화에서의 기억상실증은 기억을 잃어버린 것이 아니라 일시적으로 기억을 인출하기가 어려운 것이다. 따라서 다양한 방법을 사용하면 기억을 복구할 수 있다.

또 영화 속 기억상실증의 원인은 다양하지만, 대부분의 영화는 정신적인 것과 의학적인 것을 구분하지 않는다. 이런 구분은 예후와 치료 측면에서 매우 중요하다. 머리 부상으로 인한 기억상실은 현실에서 발생하기도 하지만 대체로 회복되고 영화에서처럼 심한 기억상실증이 생기지는 않는다.

기억장애를 가장 정확하게 묘사한 영화 주인공은 인간 배우가 아니라 애니메이션 영화 〈니모를 찾아서〉에 나오는 파란 열대어 도리(Dory)다. 도리는 심한 기억장애를 가진 물고기다. 새로운 정보를 배우고 유지하거나 이름을 기억하기도 힘든 도리는 자신이 어디로 가고 있는지도 제대로 모른다. 그 주위 물고기의 좌절감은 기억장애 환자와 함께 사는 사람들의 감정을 반영한다. 도리의 증상은 관객에게 웃음을 주기도 하지만, 혼자일 때, 길을 잃었을 때, 매우 혼란스러울 때 도리의 행동은 기억장애가 심한 사람의 고통을 처절하게 보여 준다.

기억장애를 가진 파란 열대어(도리)가 나오는 애니메이션 영화 〈니모를 찾아서〉 (Finding Nemo, 2003)

망각은 불쾌한 것인가?

기억은 양날을 가진 칼과 같다. 상대를 해칠 수도 있지만 자기가 다칠 수도 있다. 기억이 좋으면 그만큼 이득도 많겠지만 쉽게 잊어버리지 못해 고통받을 수 있다. 외상후 스트레스 장애(PTSD)나 우울증 환자의 경우 고통스러운 과거의 기억을 '지우지 못해' 고통을 겪기도 한다. 반면 기억이 좋지 않으면 그만큼 손해도 있긴 하겠지만 고통스런 일들을 쉽게 잊어버림으로써 생활의 안정을 찾을 수도 있다.

기억이 좋으면 생활에서 얻을 수 있는 이점이 한둘이 아니다. 시험 성적을 올리는 것에서부터 타인의 이름을 기억해줌으로써 인간관계가 개선되기도 하는 등 수많은 이점이 있다. 그래서 뛰어난 기억력을 가진 사람이 부럽기도 하다. 그 때문에 기억을 증진시키는 책략을 다룬 책을 찾게 되고, 나름대로 기억의 전략을 세우기도 한다. 그리고 알약 하나만 먹어서 기억이 좋아진다면 더할 나위 없을 것이라 바라는 사람들도 많다.

공상과학에서나 나올 법한 이야기지만 실제로 기억력을 향상시키는 약이 개발될 가능성이 있다고 한다. 그리고 최근에는 머리에서 지우고 싶은 개별 또는 특정 기억을 떠올릴 때 마음의 아픔을 해소시켜주는 약이 발명되었다고 한다. 현재 미국이나 캐나다, 프랑스 등에서 진행되는 실험결과를 보면, 애초부터 고통스런 기억이 정신장애를 가져올 만큼의 강도로 저장되지 않도록 막아주거나 옛날 기억이 되살아날 때마다 복용하면 그 기억의 고통을 완화시켜준다고 한다.

일반적으로 기억을 못해 괴로움을 당하는 것보다는 잊어버리지 못해 고통받는 것이 더 심한 경우가 많다. 기억을 못하면 메모라든가 주위의 도움을 받을 수 있다. 하지만 잊지 못해 힘들 경우에는 뾰족한 대책이 없다. 특히 잊고 싶은 기억일수록 지우기가 더 어렵다.

이처럼 기억하고 싶은 것은 기억하고 잊어버리고 싶은 것은 잊어버릴 수 있으면 얼마나 좋겠는가? 그렇다면 우리는 컴퓨터 파일을 삭제하는 것처럼 지워버리고 싶은 기억을 골라 머리에서 지워버릴 수 있을 것이고, 또 잘못 지웠다면 컴퓨터 파일을 복원하는 것처럼 다시 재생시킬 수 있을지도 모른다.

기억을 주입하는 내용이 나오는 SF영화 〈토탈 리콜〉(1990)

그러나 실제로 그런 약이 임상실험을 통과하고 시중에 나오려면 수년은 걸린다. 또 그 과정에서 효과가 없는 것으로 판명되어 묻혀버리기도 한다. 설령 세상에 나왔다 하더라도 논란이 없을 수가 없다. 한편으로는 PTSD에 시달리는 환자의 고통을 덜어주는 게 타당해 보이지만 다른 한편으로는 사회윤리적인 문제도 나타날 수 있기 때문이다. 즉 고통스런 기억도 그 사람의 현재의 일부이자 정체성의 일부라고 할 수 있을 것이다. 또한 유대인 학살과 같은 일을 직접 당하거나 목격한 사람들의 기억은 보존하는 것이 사회윤리적으로 타당해 보이기도 한다.

그런 사회적인 윤리 문제는 젖혀두더라도 정상적인 개인에게 망각이 불쾌한 것만은 아니다. 오히려 망각은 뇌의 능률을 높이는 유쾌한 것이기도 하다. 고통받는 정도는 아니더라도 누구든 잊고 싶은 기억이 한둘은 있게 마련이다. 창피했던 경험, 쓰라렸던 패배, 정상 코앞에서의 좌절…. 이런 것들은 빨리 잊어버릴수록 오히려 더 나은 생활을 유지해나갈 수 있을 것이다. 또 컴퓨터가 빨리 돌아가려면 하드디스크에 빈 공간이 많아야 하듯이, 인간의 뇌도 별 필요 없는 정보는 걸러내야 하고 쓸데없는 기억은 지워버려야 한다. 그래야 새로운 정보를 잘 저장할 수 있다. 우리의 기억 창고에서 필요도 없는 것이 입구근처에 자리를 차지하고 있으면 우리의 기억 공간만 잡아먹게 되고 기억의 인출에 방해만 될 뿐이다.

살다 보면 우리에겐 잠시 동안만 기억하고 잊어버려야 할 것들이 많다. 한 번 전화하고 말 회사의 전화번호라든가 길을 물어본 낯선 사람의 얼굴, 옆집에서의 싸움 소리 같은 것들이다. 이런 것들조차 우리 머릿속에 오랫동안 저장되어 있다면 간단한 전화번호를 찾는 데 상당한 지장을 줄지도 모른다.

기억해야 할 것은 잊어버리고, 잊어버려야 되는 것은 기억하는 게 인간이지만 이러한 것도 인간에게는 유쾌한 일이다. 기억이 있다는 사실만으로도 우리는 이미 축복받은 존재이니까. Ψ

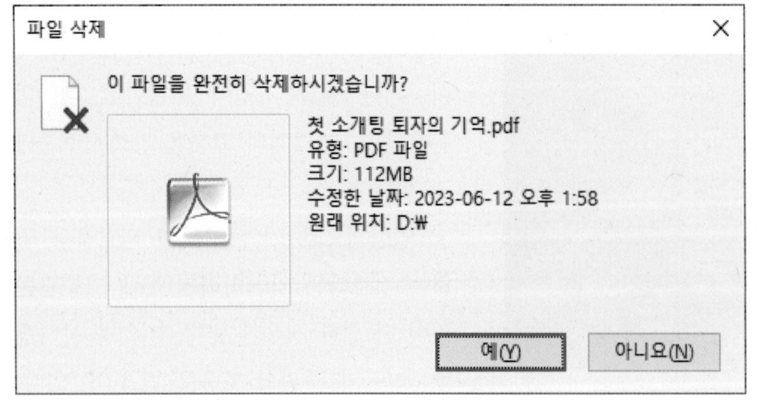

자이가르닉 효과

자이가르닉(B. Zeigarnik). 그녀의 지도교수가 장(場) 이론으로 유명한 쿠르트 레빈(Kurt Lewin)이다.

일은 마무리가 있어야 매듭이 지어진다. 그래야 그 일을 잊고 새로운 일에 매달릴 수 있다. 벼락치기 공부로 시험을 치른 학생은 곧 그 내용을 잊어버린다. 무사히 시험을 치렀기 때문이다. 대학 신입생이 고등학교 때 배운 내용을 잊어버리는 것도 입시가 잘 마무리되었기 때문이다.

완결되지 않으면 쉽게 잊히지 않는다. 이것을 자이가르닉 효과(Zeigarnik effect)라고 한다. 리투아니아의 심리학자 자이가르닉(Bluma Zeigarnik, 1900~1988)이 1927년 박사논문에서 이 효과를 처음 설명했다. 어떤 과제를 시작한 피험자는 그 과제를 완료할 욕구를 개발하는데, 이것이 방해를 받으면 긴장상태에 빠지게 되고 완료되지 않은 과제에 대한 기억이 향상된다는 것이 그녀의 설명이다.

자이가르닉 효과는 카페 웨이터들의 기억력에서 비롯되었다. 자이가르닉은 웨이터들이 메모지도 없이 이 테이블, 저 테이블 주문을 받는 것을 보았다. 그녀는 그들이 주문을 모두 외우고 있음에 놀랐다. 서양의 음식 주문은 우리나라의 된장찌개나 갈비탕처럼 간단하지가 않고 매우 까다롭다. 스테이크만 하더라도 살짝 구운 것, 적당히 구운 것, 많이 구운 것이 있다. ○○를 곁들인 ○○를 어떤 식으로 해달라는 주문이 많다. 그런데도 어김없이 주문대로 음식이 나오는 것이었다. 하지만 서빙이나 계산이 끝나면 그 주문을 모두 잊어버리는 것을 보고 또 놀랐다. 일이 진행 중일 때에는 기억을 하지만 완료된 후에는 깡그리 잊어버린 것이다.

그녀는 실험을 해 보았다. 학생, 교사, 어린이를 대상으로 하여 이들 피험자들에게 한 번에 18~22개의 작업으로 구성된 과제를 주었다. 그 작업은 골판지 상자 만들기, 점토 인물 만들기 등과 같은 손작업이라든가 퍼즐, 산술문제 등이었다. 대부분 3~5분이면 작업을 끝낼 수 있었다. 이 과제들 중 절반은 그들이 진행 중인 작업을 끝내기 전에 실험자가 다른 작업을 먼저 해 달라고 요청하는 등 교묘한 방법으로 중단시켰다. 마지막 작업이 끝난 후 실험자는 피험자에게 어떤 작업을 했는지 모두 말해 달라고 요청했다.

작업을 완료한 과제는 중단된 과제에 비해 더 오래 시간을 보냈기 때문에 당연히 완료한 작업을 더 잘 기억해야 했다. 그러나 실험결과는 반대였다. 중단된 과제를 거의 두 배(90% 이상) 더 잘 기억했다.

이처럼 완료되지 않으면 잘 잊히지 않는다. 그 때문에 끔찍한 기억으로 고통받는 사람들에게 주위 사람들이 "이제 다 끝난 일이야"라고 조언하는 것은 효과가 있다.

1950년 8월 3일, 여수시 남면 안도 이야포 해안에서 350여명이 탄 피난선이 미군기의 공격을 받아 최소 150여명이 사망했다. 이 사건은 아직도 규명조차 되지 않고 있다. 마지막 생존자 이춘혁 어르신은 70년이 지난 지금도 그 일을 잊지 못한다.
작가 양영제는 그의 기억을 글로 풀어냈다(두 소년, 아르테, 2022). 그는 여수 출신 소설가다. 여순사건을 다룬 그의 소설 〈여수역〉은 한국 분단문학 대표작품집 〈기억과 증언〉에 조정래의 〈태백산맥〉, 현기영의 〈순이 삼촌〉 등과 나란히 실려 있다.

핵심 용어

간섭이론	감각기억	건망증	계열위치효과
기억상실증	노인성치매	단기기억	동기적 망각
망각	설단현상	쇠퇴이론	인출실패이론
잠재의식광고	장기기억	정교화	조직화
청킹	칵테일파티 현상		

요약

- 기억은 부호화, 저장, 인출의 세 단계로 구분된다. 부호화는 물리적 입력을 기억이 받아들이는 표상이나 부호로 전환하여 입력하는 과정이고, 저장은 기억을 유지하기 위한 과정이며, 인출단계는 저장된 기억을 이끌어내는 것이다.
- 기억에는 감각기억, 단기기억, 장기기억 세 종류가 있다.
- 기억을 잘하기 위해서는 단기기억에서 장기기억으로 넘어가는 부호화 과정에서 처리를 잘해야 한다. 그러기 위해서는 처리의 수준을 깊게 만들고 정교화해야 한다.
- 망각에 관하여는 쇠퇴이론, 간섭이론, 인출실패이론, 동기적 망각이론 등이 있다.
- 건망증은 단기기억 장애 또는 일시적인 검색능력 장애다. 처리해야 할 정보는 지나치게 많고 기억력에 한계가 있을 때 나타난다.
- 기억상실증은 뇌손상으로 인해 생기는 망각으로, 사고가 나기 이전의 사건들을 기억해내지 못하는 경우(역행성 기억상실증)와 사고가 난 후에 일어난 일들을 기억해내지 못하는 경우(순행성 기억상실증)가 있다.

CHAPTER 5

인지

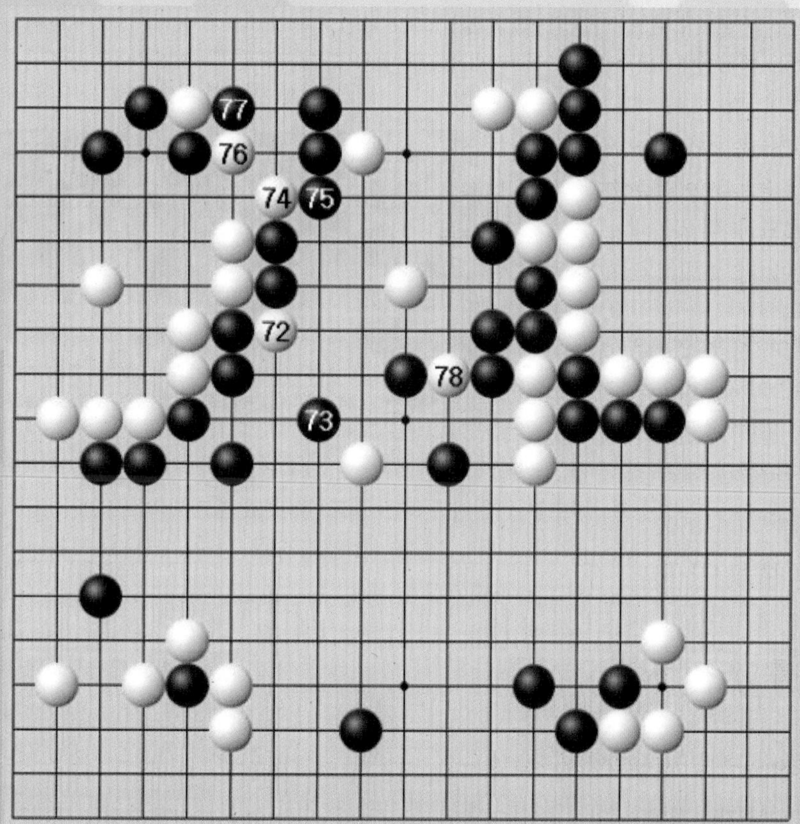

인지심리학(cognitive psychology)은 정보를 처리하는 과정을 다루는 심리학 분야다. 즉 외부에서 들어온 정보가 우리 머릿속에서 어떻게 처리되는지에 관해 연구하는 분야다. 앞에 나온 학습과 기억도 인지심리학에서 다룬다. 사진은 이세돌(白)과 인공지능 알파고(黑)의 대국에서 나온 신의 한 수 78.

범주화 | 변별 | 심상(이미지) | 기억의 재구성 | 의사결정모형
불확실한 상황에서의 의사결정 – 확률 | 기대가치와 기대효용

도입사례

찰나의 메커니즘 - 흘깃 0.013초 "저 남자 멋지네"

바쁜 출근시간 지하철역을 뛰어오르는데 누군가 스쳐 지나간다. 무의식적으로 얼굴을 흘깃 봤을 뿐인데 왠지 기분이 좋아져 다시 돌아본다. 멋있게 생긴 이성이었다. 순식간에 상대의 얼굴을 '정확히' 파악한 것은 우연이었을까. 최근 심리학 연구에 따르면 결코 우연이 아니다. 인간은 0.013초라는 짧은 시간에 이성이 잘생겼는지 아닌지를 알아차린다고 한다. 어떤 대상을 바라볼 때 '얼굴이다' '그림이다'고 이성적으로 인식하는 시간은 0.2초로 알려져 있다. 상대에 대한 호감, 즉 감성은 이보다 훨씬 빠른 시간에 발생하는 셈이다.

미국 펜실베이니아대 심리학과 잉그리드 올슨 교수 연구팀은 고등학교 교과서와 인터넷에 등장하는 남성과 여성의 사진들을 컴퓨터 화면을 통해 실험 참가자들에게 보여 줬다. 올슨 교수는 "누가 봐도 '매력적이다' 또는 '추하다'고 느낄 수 있는 극단적인 두 종류의 얼굴을 보여 줬다"고 말했다.

실험의 핵심은 사진을 보여 주는 시간이 0.001초 수준으로 매우 짧아 미처 '볼 수 없는' 상태라는 점. 실험 참가자들은 모두 매력적인 얼굴이 제시된 후에 '멋있다'는 느낌을 받은 것으로 나타났다. 놀랍게도 이런 답변이 나오기까지 걸린 시간은 불과 0.013초.

서울대 심리학과 김정오 교수는 "사람이 호감을 갖는 것은 미처 생각할 겨를도 없는 무의식 상태에서 일어난다"며 "잘생긴 얼굴을 보면 기분이 좋아져 긍정적인 정서가 유발된다"고 말했다. 김 교수는 또 "찰나의 시간에 뇌에서는 엄청나게 많은 사건이 벌어진다는 의미에서 '0.001초는 영원이다'라는 말도 있다"고 설명했다.

이런 순간적인 정서 반응에 대한 구체적인 메커니즘은 밝혀지지 않은 상태. 단지 0.001초는 신경세포 하나가 다른 신경세포에 신호를 전달하는 시간으로 알려져 있을 뿐이다.

사람이 호감을 갖는 시간에 대한 연구는 '시선을 붙잡는 데 성패를 건' 기업들의 관심을 모으고 있다. 대표적인 사례가 인터넷 홈페이지를 구축하는 경우. 캐나다 캘리튼대 기테 링가드 교수는 실험참가자들이 홈페이지를 보고 마음에 드는지를 판단하는 시간이 0.05초에 불과하다는 사실을 알아내 국제저널 'Behavior and Information Technology(BIT)' 1월호에 소개했다.

(동아일보, 2006.1.27)

생각해보기 사람이나 기업 홈페이지의 인상에 대한 찰나의 판단은 인간 행동에 어떤 영향을 미치게 될까?

범주화

A형 : 예의 바르고 성실해 보이며 청결감이 있고 조심스럽다.

B형 : 쾌활하고 말이 많으며 붙임성이 좋고 솔직한 인상을 준다.

O형 : 대인관계가 좋다. 청결하며 박력을 느끼게 한다.

AB형 : 신경이 예민하고 섬세하며 지적으로 보인다.

이것은 인터넷에 떠도는 혈액형별 성격 이야기로, 정확한 것이 아니다. 사람의 성격은 100인 100색이다. 하지만 사람들은 각각의 사람들에 대해 일일이 대응하기보다는 몇 단위로 묶어서 보려고 한다. 예를 들어, 저마다 다른 사람들의 성격을 혈액형에 따라 파악하려 한다. 이렇게 하면 성격은 A, B, O, AB형의 네 가지로 줄어든다. 혹은 태어난 달의 별자리에 따라 성격을 파악하기도 한다. 이렇게 하면 수많은 성격이 12가지 유형으로 분류된다.

일반적으로 우리는 사물을 일정한 규칙이나 속성에 따라 몇 단위로 묶어서 보려고 한다. 사람의 경험의 양은 엄청나게 많다. 만나는 사람만 하더라도 수도 없이 많은 유형의 사람들을 만난다. 하지만 그 사람들 각각의 특성을 감안하면서 그들 모두에게 제각각의 방식으로 반응하려면 우리의 정신세계는 너무나 할 일이 많아질 것이다. 예를 들어, 아래의 그림에서 세 번째 도형만 네모라고 파악하고 나머지는 네모가 아닌 별개의 도형이라고 한다면 머릿속이 너무 복잡해질 것이다.

하지만 우리는 앞의 도형들을 모두 '사각형'이라고

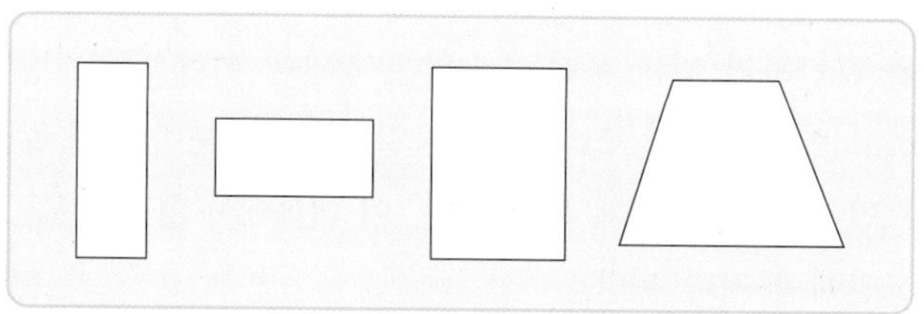

공룡이 모형인 줄 알면 놀라지 않는다. 대신 산속에서 새끼줄을 보고 뱀인 줄 알고 놀라는 경우가 있다. 이처럼 우리가 정보를 처리하는 데에는 두 가지 방법이 있다. 위(뇌)에서 먼저 처리하여 내려오는 방법이 있고(하향처리접근법), 아래(감각수준)에서 처리하여 위로 올라가는 방법(상향처리접근법)이 있다.

인식한다. 각각의 형태는 조금씩 다르지만 뭉뚱그려 사각형이라고 판단해버리는 것이다. 이것을 범주화(categorization)라고 한다. 비슷한 속성을 가진 것을 하나로 묶어버리는 것이다. 범주화는 복잡한 환경을 단순하게 만들어줌으로써 계속적으로 우리가 배우고 기억해야 할 정보의 양을 대폭 줄여준다.

변별

동물의 세계에는 무리지어 생활하는 동물들이 많다. 침팬지가 그러하다. 동물 관련 다큐멘터리에 침팬지 가족이 출연할 때, 여러 침팬지의 이름이 나온다. 물론 연구자나 촬영팀이 붙여준 이름이다. 하지만 우리가 이름으로든 모양으로든 각각의 침팬지를 구별하기는 쉽지 않다.

사람이 침팬지를 보면 그놈이 그놈 같지만, 사실은 사람들도 비슷비슷하게 생겼다. 달걀형 얼굴에 두 눈과 코, 입, 그리고 두 귀를 가진 사람을 침팬지들이 시각적

당신의 자전거가 이곳에 있다면 어떻게 다른 사람 것과 구별될까?

으로만 감지한다면 역시 구분이 어려울 것이다.

하지만 우리는 친한 친구를 다른 사람들과 구분할 수 있고, 뒷모습만 봐도 금방 알아차릴 수 있다. 즉 인간은 눈에 익숙하다면 서로서로에 대한 구분을 자동적으로 해내는 것이다. 그리하여 저 사람이 나와 친하게 지내는 사람인지 아니면 오늘 처음 만나는 사람인지를 구분할 수 있다. 이런 구분을 변별(discrimination)이라 한다.

우리가 두 마리 고등어를 구분(변별)하기 힘들 듯이, 사람 얼굴 모양이나 글자체 등을 제대로 변별하지 못하면 어떻게 될까? 낯선 사람과 친구를 구분하지 못하고, 비슷해 보이는 글자인 '물'과 '불'을 구분하지 못한다면 어떻게 될까? 세상은 혼란에 빠질 것이다. 하지만 다행히도 그런 사태는 일어나지 않는다. 우리에겐 변별능력이 있기 때문이다. 그래서 우리는 친구와 만나기로 약속한 그 장소에서 친구를 다른 사람과 혼동하지 않고 만날 수 있다.

변별은 인간의 인지활동에서 중요한 과제다. 우리의 인지과정은 외부세계를 지각하는 것에서 시작되기 때문이다. 외부세계가 비슷해 보일지라도 우리는 그 속에서 차이점을 알아차려 각각에 맞게 대응한다. 그 사람은 나의 친구인가? 아니면 오늘 처음 본 사람인가? 그러한 변별에 따라 그 사람을 대하는 우리의 태도와 행동이 달라진다.

형판이론

다음 그림을 보자. 이것이 컵이냐 국그릇이냐 물어보면 무엇이라 말해야 할까?

변별을 가장 간단하게 설명하는 것은 형판이론이다. 형판이론은 사람들이 형태를 비교할 때 자신이 갖고 있는 형판(templates)이 있다고 가정한다. 즉 개개인이 나름대로의 틀을 갖고 있다는 것이다.

예컨대 우리는 어떤 사진을 한 장 제시받으면 이 사진의 주인공이 고양이인지 새끼 호랑이인지 알기 위해 우리 자신이 갖고 있는 고양이 또는 호랑이의 형판과 맞춰본다는 것이다. 그리하여 형판에 가장 많이 겹치는 것을 찾아내서 형태를 구분한다는 것이다. 위의 그림도 누구는 컵이라 하고 누구는 국그릇이라고 할 것이다. 이는 여러분이 갖고 있는 컵이나 국그릇의 형판 중에 더 비슷한 쪽으로 이름을 붙이기 때문이다.

형판을 갖고 사물을 변별한다는 이 형판이론은 변별을 빨리 할 수 있다는 장점이 있다. 하지만 각각의 형태를 분간하기 위해 우리는 수많은 형판을 머릿속에 저장하고 있어야 하고, 그런 형판과 일치하는 부분이 많지 않으면 변별할 수 없게 될 것이다. 이 대목에서 형판이론은 고민에 빠지게 된다.

세부특징이론

이 때문에 다른 설명이 나오게 되었다. 이 설명은 세부특징을 비교함으로써 형태를 구분한다는 것이다(세부특징이론). 즉 비교되는 물체들간의 세부적인 특징을 발견함으로써 둘을 변별한다. 여러분들은 글자를 배우기 시작했을 때 '마'와 '바', '라'와 '타'를 혼동했을지도 모른다. 또 한자를 처음 배울 때는 王(임금 왕)자와 玉(구슬 옥)자를 구분하기 어려웠을지도 모른다. 하지만 각 글자에는 다른 글자와 구별되는 특징, 즉 세부특징이 있다. 예를 들어 '바'의 ㅂ에는 ㅁ 위로 삐쳐 나온 획이 두 개 있다. 그 때문에 쉽게 구분할 수 있었을 것이다. 즉 두 글자의 세부적인 특징을 비교함으로써 변별을 할 수 있게 되는 것이다.

형판이론에 의하면 캐리커처의 주인공이 누구인지 구분하기 어렵다. 캐리커처의 눈과 코, 입, 귀 등이 실물과 차이가 커서 우리가 가지고 있는 이 인물에 대한 형판과 일치되는 부분이 거의 없기 때문이다. 하지만 세부특징이론에 의하면, 우리가 그의 세부특징을 알고 있다면 즉시 이 캐리커처의 주인공이 미국의 영화배우 윌 스미스(Will Smith)라는 것을 알 수 있다.

똑같은 머리, 똑같은 수염이지만 모자가 히틀러와 채플린을 구분해준다. 독일 모자업체 Hut Weber 광고.

세부특징이 없다면 우리는 제대로 형태를 인식하지 못할 수가 있다. 위 그림 중 오른쪽 그림이 인식하기 쉬운데, 세부특징을 살린 그림이기 때문이다.

신문이나 잡지의 만평 등에 많이 이용되는 캐리커처는 어떤 사람의 특징을 과장되게 표현한 그림이다. 따라서 실제 사진과는 많이 다르다. 하지만 우리는 그 인물의 특징들에 주목함으로써 그가 누구인지 쉽게 알아볼 수 있다.

실험결과를 보면 사람들은 어떤 인물을 정확하게 그린 그림보다 캐리커처를 더 빨리 알아본다고 한다. 캐리커처는 인물의 특징을 과장해서 그리기 때문에 그 인물의 독특한 세부특징을 더 빨리 파악할 수 있고, 따라서 그 사람의 얼굴을 더 빨리 알아볼 수 있다는 것이다.

구조주의이론

한편, 같은 세부특징을 갖고 있더라도 구성이 어떻게 되어 있느냐에 따라서도 구분하는 형태가 달라진다는 설명(구조주의이론)도 있다. 다음 중 왼쪽 그림은 컵일까 양동이일까?

중간과 오른쪽 그림의 구성요소와 특징은 모두 같다. 원통 하나와 반원의 손잡이다. 하지만 어떻게 구성하느냐에 따라 우리가 보는 사물의 모양이 달라진다. 즉 손잡이를 어디에 붙이느냐에 따라 컵이 되기도 하고 양동이가 되기도 하는 것이다. 그래서 세부특징이론에서 한 발짝 나아간 구조주의이론은 이러한 세부특징들의 관계를 중시한다.

심상(이미지)

지금 도서관에 가야 한다고 생각하고 도서관 가는 길을 생각해보라. 아니면 만나고 싶은 친한 친구를 생각해보라. 아마 도서관 가는 길이 다음과 같이 이미지로 떠오를 것이다. 즉 지금 여기서 오른쪽으로 가서 편의점에서 좌회전한 후 우체국 사거리에서 계속 직진하고… 등의 생각이 머릿속에 한 폭의 그림으로 펼쳐질 것이다. 친한 친구를 생각하면 그의 이름뿐만 아니라 얼굴도 떠오를 것이다. 또 간단한 계산을 한다고 해보자(가령 33×22). 그러면 숫자들이 머릿속에서 이미지로 떠오를 것이다. 우리는 이처럼 이미지로 사고를 하는 경우가 많다.

또 이미지는 기억을 증진시킨다. 이미지가 기억에 얼마나 도움이 되는지 알아보기 위해, 다음 단어를 한번 외워보자.

A : 사과 호텔 가위 연필 쟁반

여러분들은 그리 어렵지 않게 위의 다섯 단어를 외웠을 것이다. 외우기 어려웠다면 다음과 같이 기억해보자.

호텔주방장이 연필을 귀에 낀 채 가위로 사과를 깎아 쟁반에 놓았다.

이렇게 외우면 한결 쉬워진다. 이미지를 사용하여 공부하면 효과가 좋은 것은, 이처럼 기억하기가 쉽기 때문이다. 그러면 다음 단어를 한번 외워보자.

B : 이상 평화 사랑 인내 헌신

A행과 마찬가지로 다섯 단어밖에 되지 않지만 B행은 외우기가 A행보다 어렵다. 이 단어들은 우리가 이미지로 쉽게 떠올려볼 수 있는 단어가 아니기 때문이다.

또한 이미지는 문제해결에 도움을 주기도 한다. '곰'이란 글자를 거꾸로 하면 어떤 글자가 될까? 이 질문에 아마 여러분은 머릿속에서 곰이란 글자를 떠올려 돌리고 있을 것이다. 이처럼 우리는 시각적인 심상을 이용하여 과제를 해결한다.

이미지가 활용되는 분야는 엄청 많다. 머리를 깎기 전에 원하는 머리 모양을 이미지를 통해 생각해보는 것에서부터 이사를 갈 때에는 미리 집의 배치를 상상해볼 수도 있다. 건물이나 기계처럼 복잡하면서도 정교한 새로운 사물을 설계하는 사람들에게는 특히 이미지가 중요하다.

하지만 이미지가 무조건 좋은 것만은 아니다. 이미지에는 두 가지 큰 한계가 있기 때문이다. 그것은 이미지가 완벽하지 않다는 것과 허위기억을 만들어낼 수 있다는 것이다.

불완전한 기억

이미지는 시각적으로 상세하고 완벽한 기억이 아니다. 여러분들은 오랫동안 같이 지내온 친구 얼굴에서 문득 지금껏 보지 못했던 얼굴의 점 하나를 발견하고는 희한한 듯 쳐다볼지도 모른다. 몇십 년 동안 얼굴을 마주 대해 왔지만 친구의 얼굴이 완벽하게 이미지로 남아 있지는 않기 때문이다.

그런 경험이 없다면 100원짜리 동전을 생각해보자. 그러면 100원짜리 동전이 이미지로 떠오를 것이다. 앞면에 어떤 그림이 있고 이미지의 배열은 어떤지 기억해보라. 그런 다음 동전을 꺼내 살펴보라.

지금 100원짜리 동전이 없다면 아래 그림에서 어느 것이 우리나라에서 통용되는 100원짜리 동전인지 찾아보자.

여러분은 100원짜리 동전의 대략적인 모양과 크기 정도로만 이미지를 떠올렸을 뿐, 어떤 글자들이 어떻게 적혀 있는지는 떠올리지 못했을 수도 있다.

이처럼 이미지가 완벽하지 않은 이유는, 친구 얼굴이나 100원짜리 동전 등이 우리에게 너무나 익숙해서 세부적인 사항에까지 주의를 기울이지 않아도 되기 때문이다. 즉 우리는 별다른 주의를 기울이지 않아도 친구의 얼굴을 다른 사람의 얼굴과 쉽게 구분할 수 있고, 동전 역시 크기와 색깔로 10원, 50원, 100원, 500원짜리 동전을 쉽게 구분해낼 수 있기 때문이다.

허위기억

심상을 사용해 허위기억을 만들 수도 있다. 특히 특정 사건에 대해 기억의 일부를 잊어버리고 나면 실제로 일어났던 일과 상상한 일, 또는 암시된 일 사이에 혼동이 일어나게 된다. 그래서 우리가 상상하거나 생각해본 일이 점점 친근해져서 결국에는 상상이 실제 기억인 것처럼 느껴지기도 한다. 이것이 허위기억이다.

어린이들을 대상으로 한 연구에 따르면, 어린이들은 어떤 일을 상상해보라고 하거나 암시만 주어도 너무나 쉽게 그 일을 실제 사건으로 확신하게 된다고 한다. 이러한 허위기억은 너무나 정교해서 아동학대 전문 심리학자조차도 어느 기억이 진짜인지 분간할 수 없을 정도라는 것이다(그러므로 어린이를 대상으로 하는 법정에서의 심문은 특별한 주의를 필요로 한다).

이러한 '착각성' 기억이 일어나기 위해서는 몇 가지 조건이 있다. 실제 사건이 있었던 과거와 기억해내려는 현재 사이에 오랜 공백이 있어야 하고, 그러한 사건이 있

✣허위기억, 심을 수 있다

미국 어빈 캘리포니아 대학 심리학 교수 엘리자베스 로프터스 박사는 미국과학진흥협회 연례총회에서 발표한 연구보고서에서 사람들 중 약 3분의 1은 허위기억의 인위적인 주입을 통해 전혀 겪은 일이 없는 경험을 스스로 했다고 믿을 수 있다고 주장했다.
로프터스 박사는 따라서 경찰 수사관이 암시나 거짓말을 통해 혐의자에게 하지도 않은 범행을 자백하게 할 수도 있다고 지적하고, 신문하는 사람은 피의자의 마음에 어떤 암시를 심어주는 일이 없게 주의해야 한다고 말했다.
로프터스 박사는 대학생들에게 디즈니랜드와는 아무 관계없는 워너 브러더스 사의 만화영화 주인공 벅스 버니(토끼)를 선전하는 디즈니랜드 광고를 보여준 뒤 어렸을 적 디즈니랜드에 갔던 기억들에 관한 질문을 했다. 그러자 이들 중 36%가 디즈니랜드에서 벅스 버니를 만났다는 대답을 했으며, 상당수가 디즈니랜드에서 벅스 버니를 쓰다듬었다든가 포옹을 했다든가 하는, 말도 안 되는 경험을 자세히 얘기했다는 것이다.
로프터스 박사는 정신적 외상을 가져올 수 있는 사건에 관한 기억도 조작이 가능하다고 말했다. 러시아의 동료 교수들과 일단의 러시아인들과 대담을 통해 1999년 모스크바 폭탄테러 사건과 9.11 테러에 관한 조작된 사실을 생생하게 주입시키자 나중에 이들 중 12%가 허위사실들을 상세하게 설명하더라는 것이다.
로프터스 박사는 또 언론매체가 지니는 강력한 암시의 힘도 시청자들에게 허위영상을 심어줄 수 있다면서 얼마 전 워싱턴 연쇄저격사건이 발생했을 때 흰색 밴에 관한 보도가 나가자 사람마다 흰색 밴을 보았다는 신고가 들어온 사실을 지적했다. (연합뉴스, 2003.2.18)

었다는 암시가 계속적으로 주어져야 하며, 권위(신뢰) 있는 사람이 그런 암시를 주어야 한다. 그런 조건들이 갖추어지면, 사람들은 있지도 않은 이야기를 실제 사건인 양 믿게 된다.

우리 또한 실제와 다른 허위기억을 가지고 있을 수 있고, 또 진실이라고 믿고 있을 수 있다. 뇌를 촬영해보니 허위기억도 실제 기억을 담당하는 뇌의 부위와 동일한 위치에서 발생하기 때문에 두 기억이 매우 비슷하다는 연구도 있다. 그 때문에 우리가 허위기억과 실제 기억을 구분할 수 없고, 허위기억이 꼭 실제 기억인 것처럼 느껴진다고 한다.

하지만 허위기억은 목격자 증언이나 허위자백과 같은 특별한 경우가 아니라면 그렇게 심각한 결과를 가져오지는 않는다. 그리고 엉터리 기억을 만들어내려면 앞과 같은 특수한 상황이 필요하다. 그 때문에 우리가 한두 개의 허위기억을 갖고 있다 하여 실제 생활에서 혼란을 느끼지는 않는다.

기억의 재구성

'인수가 동수를 때렸다'는 말을 해준 후 나중에 똑같이 기억해보라 하면 '동수가 인수를 때렸는지', '동수가 인수에게 맞았는지', '인수가 동수를 때렸는지', '인수가 동수에게 맞았는지' 잘 모른다. 또 '옆집 개가 고양이를 쫓아가다가 트럭에 치여 죽었다'는 이야기를 듣고 난 후 나중에는 '옆집 개가 길을 건너다가 죽었다'고 기억한다. '술집에서 콜라병을 깼다'는 말을 들으면 우리들 대부분은 나중에 술병을 깼다고 기억한다.

우리는 보다 완전한 기억을 위해 상식을 이용하거나 고정관념 혹은 우리가 미리 짜놓은 도식에 맞춘다. 이렇게 재구성한 기억은 세상을 이해하려는 욕구의 산물이기도 하지만, 범인식별과 같은 환경에서는 생사람을 잡는 부작용을 낳기도 한다.

TV의 오락 프로그램 내용 중에 한 이야기를 들은 사람이 그 다음 사람에게 이야기를 전달하면서 여러 사람을 거치는 놀이가 있다. 첫 이야기와 나중 이야기가 상당 부분 달라지는 경우가 대부분이다. 이것은 이야기 내용이 자신이 가지고 있는 어떤 틀과 맞지 않으면 내용을 삭제하거나 혹은 확대시켜 새로운 내용을 첨가하기 때문이다. 즉 우리가 정보를 저장할 때 혹은 정보를 끄집어낼 때 기억을 재구성한다는 이야기다.

영국의 심리학자 바틀릿(F.C. Bartlett)은 전설과 상징의 내용이 많은 미국 인디언의 이야기인 "유령들의 전쟁(War of the Ghosts)"을 이용하여 재구성 기억에 대한 실험을 했다. 실험에 참가한 피험자의 대부분은 케임브리지 대학의 학생들이었다. 다음 이야기가 열 사람을 거친 뒤에 어떻게 바뀌었는지 비교해보라.

어느 날 밤 에귤랙의 두 청년이 강으로 물개사냥을 나갔다. 주위는 안개가 자욱하고 조용했다. 그때 그들은 함성소리를 들었다. 두 청년은 한판 싸움이 벌어질 것 같다고 생각

바틀릿 경(Sir Frederic Bartlett, 1886~1969)과 북미 원주민의 카누. 영국 케임브리지 대학교의 첫 실험심리학 교수였던 바틀릿의 실험은 두 방식으로 이루어졌다. 피험자가 이야기를 두 번 들은 후 2년 동안 시간간격을 두고 여러 차례 그 이야기를 회상하는 방식(반복재생)과, 먼저 이야기를 들은 피험자가 그것을 다음 피험자에게 전달하는 방식(연속재생)이었다. 반복 및 연속 재생 테스트 모두에서 왜곡의 수는 증가했다. 연속재현 실험에서는 이야기를 많이 할수록 회상이 짧아지고 모호한 부분은 놓치거나 합리화되는 것으로 나타났다.

하여 강가로 도망가 통나무 뒤에 숨었다. 그때 여러 대의 카누가 올라오는 것을 보았고 노 젓는 소리도 들었다.
그중 한 대의 카누가 두 청년에게 다가왔다. 그 카누에는 다섯 사람이 타고 있었는데, 그들이 두 청년에게 말했다. "당신들을 데리고 가고 싶은데 어떻소? 우리는 강을 거슬러 올라가 전쟁을 할 작정이오." 한 청년이 말했다. "나에게는 화살이 없소." 그러자 카누에 탄 사람들은 "화살은 카누 안에 얼마든지 있소"라고 대답했다.
이 청년은 다시 말했다. "난 가지 않겠소. 죽을지도 모르지 않소. 또 내가 간다면 나의 동족들은 내가 어디로 갔는지 모르지 않겠소? 하지만 너는…"라고 하며 옆의 청년을 보며 말을 계속했다. "이 사람들과 가고 싶으면 가렴." 이렇게 해서 한 청년은 카누에 탄 사람들과 함께 싸움을 하러 가고 다른 청년은 집으로 돌아왔다.
카누를 탄 일행은 계속 강을 거슬러 올라가 반대편의 마을로 갔다. 그러자 그 마을 사람들이 강으로 내려왔고 전투가 시작되었다. 많은 전사자들이 생겼다. 청년은 "자, 이제 서둘러 집으로 돌아가자. 저 인디언이 화살에 맞았어"라고 말하는 소리를 들을 수 있었다. 그제서야 그 청년은 '아! 저 사람들은 유령이었구나'라고 생각했다. 이 청년은 아무런 통증을 느낄 수 없었는데도 카누에 탄 사람들은 이 청년이 화살에 맞았다고 말했다.
카누에 탄 사람들은 에귤랙으로 되돌아왔다. 싸움에 참가한 청년은 카누에서 내려와 집으로 와 불을 밝혔다. 그러고 나서 동네사람들에게 "여러분! 나는 유령들과 함께 전투에 참가했습니다. 우리 편 용사도 많이 죽었고 우리를 공격했던 적들도 많이 죽었습니다. 그들은 내가 화살에 맞았다고 말했지만 난 전혀 통증을 느끼지 않았습니다"라고 말했다. 이 모든 것을 말하고 난 다음 청년은 조용해졌다. 태양이 떠올랐을 때 청년은 쓰러졌다. 청년의 입에서는 검붉은 무엇인가가 흘러나왔다. 청년의 얼굴은 일그러졌다. 사람들은 놀랐고 울음을 터뜨렸다. 그 청년은 죽었다.

열 번째 사람은 이 이야기를 다음과 같이 기억했다.

두 명의 인디언이 만파파 만으로 물개사냥을 나갔다. 그때 한 대의 배를 타고 다섯 명의 다른 인디언들도 같이 왔다. 그들은 전투를 하러 가고 있었다.
"우리와 함께 싸우러 가겠소?"라고 다섯 명의 인디언들이 두 명의 인디언에게 물었다. "나는 부양해야 할 어머니가 집에 계시기 때문에 못 가겠소"라고 두 인디언 중 한 명이 말했다. 옆에 있던 다른 인디언도 무기가 없어서 갈 수 없다고 말했다.
"그런 건 문제가 되지 않소. 배 안에는 화살이 많이 있소"라고 다섯 명의 인디언들이 말했다. 그래서 한 사람은 배를 타고 전투에 참가하러 다섯 명의 인디언들과 함께 떠났다. 전투가 시작되었고 곧 그 젊은 인디언은 치명상을 입었다. 자신의 종말이 다가오고 있음을 알고 그 인디언은 자신이 죽으려 한다고 외쳤다. 다른 사람들은 "쓸데없는 소리, 당신은 죽지 않을 것이오"라고 말했다. 그러나 그 인디언은 죽었다.

✣필름 끊긴 다음날, 피해야 할 행동은?

- 같이 취했던 친구에게 물어보지 말라 -

술에 취해 필름이 끊긴 사람들은 주로 자기처럼 취했던 사람들에게 무슨 일이 있었는지를 물어보는 것으로 나타났다. 그리고 그런 질문을 받은 사람들은 없는 일을 지어내는 경우가 많은 것으로 드러났다.
영국 서리 대학 로버트 내시가 이끄는 연구팀은 280명의 대학생을 대상으로 필름이 끊기는 것과 관련한 설문조사를 했다. 그 결과 술을 먹고 완전히 필름이 끊긴 경험이 있는 학생은 24%, 부분적으로 끊긴 일이 있는 학생은 37%로 나타났다.
간밤에 무슨 일이 있었고 내가 무슨 짓을 했을까? 필름이 끊긴 사람들은 주로 자기처럼 술을 마신 사람들에게 이런 질문을 하는 것으로 나타났다. 그 자리에 있었지만 술을 마시지 않은 사람들에게 물어서 좀더 정확한 정보를 얻을 수 있을 텐데도 그렇게 하지 않는다는 것이다.
그리고 그런 질문을 받은 사람 4명 중 3명은 무심결에 없던 일을 지어내서 알려주는 것으로 나타났다. 하지만 필름이 끊겼던 학생 중 자신이 들은 이야기가 거짓이었다는 사실을 나중에 알아차린 경우는 17%에 불과한 것으로 드러났다.
연구논문의 주저자인 내시는 "필름이 끊긴 사람들이 간밤에 무슨 일이 일어났는지를 그토록 열심히 알아내고 싶어 한다는 데 놀랐다"면서 "자신이 알아낸 사실에 당황하거나 공황상태에 빠질 위험이 있다는 것을 스스로 알고 있으면서도 사람들은 그런 행동을 했다"고 말했다. 그는 "우리는 다른 상황이었다면 매우 신뢰하기 어렵다고 생각했을 정보원을 자신의 필름이 끊긴 상황에서는 신뢰하는 것"이라고 말했다.
그의 조언은 "끊긴 기억을 남의 말만 듣고 재구성할 때에는 그 사람이 정말 신뢰할 만한 사람인지 아니면 목격자가 그 사람뿐이어서 다른 방도가 없는 상황인지를 조심스럽게 검토해야 한다"는 것이다.
이 같은 내용은 '기억(Memory)'저널에 실렸으며 영국 신문 데일리메일 등이 17일 보도했다. (코메디닷컴, 2011.12.18)

열 사람을 거치는 동안에 이야기 내용이 바뀌어 버렸다는 것을 알 수 있다. 원문에는 유령 이야기를 하고 있으나 나중 이야기에는 유령에 대한 언급이 전혀 없다. 이야기 속의 마을이름(에귤랙)은 거의 등장하지 않으며 카누는 단순한 배로 인식되었다. 자기의 문화권에 친숙하지 않은 세부사항들이 무시되거나 왜곡된 것이다.

또 원래 이야기는 주인공들이 물개를 사냥하는 것이었는데, 많은 사람들이 그것을 낚시라는 친숙한 활동으로 묘사했다. 어머니를 부양해야 하기 때문에 전투에 참가할 수 없다는 이야기도 원문에는 나오지 않는다.

실험에 참가한 사람들은 자신이 이야기를 바꾸어버렸다는 것조차 몰랐다. 즉 사실 그대로가 아니라 기억된 대로 이야기를 전하는 것이었다. '옆집 개가 고양이를 쫓다가 트럭에 치여 죽었다'는 것도 '고양이를 쫓는 것은 개의 습성이고, 트럭에 치여 죽었다면 길을 건너고 있었을 것이다'라고 추론한다. 따라서 '고양이를 쫓아간 것'이나 '트럭에 받힌 것'은 잊어버리고 길을 건너다 죽은 것으로 기억에 남게 된다. 요약하면 우리가 갖고 있는 사회적·문화적 사고방식에 맞게 기억을 다시 짜 맞춘다는 이야기다.

국보 1호 남대문 화재소식을 들었을 때 당신은 무엇을 하고 있었는지 기억나는가? 어떤 사건과 그와 관련된 상황들을 오랜 시간이 지나도 생생하게 기억해낼 수 있는 것을 섬광전구기억이라고 한다. 그러한 기억은 카메라 플래시가 터질 때 찍은 사진과 같이 생생하게 기억이 된다. 하지만 섬광전구기억은 정확하지 않다는 것이 확인되고 있다. 섬광전구기억의 가장 큰 특징은 대부분의 사람들이 기억할 정도로 그 사건이 크고 중요하다는 것인데, 그 사건을 기억하고 있는 많은 사람들이 다른 사람과의 대화 등을 통해 자주 이야기하고 반복적으로 접하게 되므로 기억이 잘 된다는 것이다. 따라서 섬광전구기억도 빈번한 시연과 반복적인 인출에 의한 재구성의 산물이라 할 수 있다.

영국의 심리학자 바틀릿(Bartlett)이 한 피험자에게 이집트 상형문자인 독수리 모양의 그림을 보여주고 '그대로' 그려보라고 했다. 그리고 이 피험자가 그린 그림을 다른 피험자에게 보여주어 '그대로' 그려보도록 했다. 이렇게 반복했을 때 그 그림은 더 이상 독수리 그림이 아니었다. 그것은 고양이가 되어 있었다. 사실 그대로 그리는 것이 아니라 기억된 대로 그리는 것이었다.

목격자 증언은 정확하지 않다

기억을 다시 짜 맞춘다는 것은 일상생활에서 중요한 결과를 초래하기도 한다. 특히 법정에서의 목격자 증언이 사실에 바탕을 둔 것이 아니고 기억을 짜 맞추어서 이루어진다면 예상치 않은 결과를 초래하기도 한다.

다음 이야기를 보자. 목격자 증언의 허구성을 알아내기 위한 실험에 한 남자와 두 여인이 등장한다.

> 두 여인이 버스정류장에 들어가 가방을 벤치에 놓았다. 그러고 나서 주의를 기울이지 않은 채 버스시간표를 확인하고 있었다. 그때 한 남자가 들어와서 그 가방에 손을 대고서는 무엇을 자기 코트 밑으로 챙겨 넣은 다음 지나갔다. 두 여인 중 한 여인이 가방이 있는 곳으로 와서 내용물을

한 연구에서 연구자들은 피험자가 개별적으로 도착하면 다른 사람이 실험을 마칠 때까지 사무실에서 기다려야 한다고 했다. 대학생인 피험자들은 35초 동안 사무실에 홀로 남겨졌다. 그 후 사무실에서 나오게 하여 그 사무실에 있던 모든 것을 적어 내도록 했다. 사무실에 있던 것은 책상, 타자기, 커피포트, 달력, 두개골, 와인 병, 나무껍질과 펜치 등이었다. 대부분의 대학생들은 책상과 타자기 등 대학원생 사무실에 있을 법한 사물을 잘 회상했다. 또한 전혀 예기치 않았던 두개골도 잘 회상했다. 그러나 일부 학생들은 사무실에 없던 전화기와 책을 보았다고 했다. 대학원생들은 많은 책을 읽을 것이라는 일반적인 도식이 대학생들의 기억에 영향을 미친 것이다(Brewer and Treyens, 1981).

체크하다가 녹음기를 도난당했다고 말했다.

많은 목격자들은 잃어버린 녹음기에 대하여 색깔, 크기, 모양 등 상세하게 진술했다. 그러나 사실 가방에 녹음기는 원래 없었다.

목격자는 사건의 여러 정황에 대해 상당한 확신을 갖고 있다. 그러나 사건은 증언을 해야 하는 시점으로부터 오래전에 '급작스럽게' 일어난 것이다. 그렇기 때문에 세부적인 내용은 희미해진다. 이렇게 희미해진 부분을 목격자는 자신도 의식하지 못하는 사이에 자신이 세운 가정에 맞도록 추론하여 채워 넣는다. 그 결과로 생사람을 잡을 수도 있다.

또 어떤 식으로 목격자를 심문하느냐에 따라 증언에 오류가 생겨날 수도 있다. 차가 충돌하는 비디오테이프를 똑같이 보고도 '두 차가 부딪칠 때 차의 속도가 얼마였는가?'라고 물을 경우와, '두 차가 정면충돌할 때 차의 속도가 얼마였는가?'라고 물을 때 그들이 말하는 차의 속도가 다르다. 또 실제로는 유리창이 깨지지 않았음에도 불구하고 정면충돌의 경우엔 유리창이 깨졌다고 말한다.

✿범인 가려내기는 엉터리?

범인을 가려내는 방법으로 흔히 사용되는 목격자의 범인식별(criminal identity parade)이나 사진식별 등의 방법은 상당히 높은 비율로 범인을 잘못 판단한다. 특히 경찰로부터 범인에 대한 암시를 받으면 목격자는 아주 자세한 기억까지 왜곡시키며 증언한다. 미국 법무부 보고서에 따르면 유죄선고를 받았다가 나중에 DNA증거를 통해 무죄로 입증된 28명 중 무려 24명이 범인식별이나 사진식별 과정에서 범인으로 지목됐다.

세크 등은 <사실상 무죄(Actual Innocence)>라는 책에서 잘못 유죄 판결을 받은 사람들의 84%가 적어도 부분적으로는 목격자나 피해자의 엉터리 증언에 의한 것이라고 주장했다.

의사결정모형

'오늘 점심으로 무엇을 먹을까?', '이번 주에 놀이공원에 놀러 갈 때 어떤 옷을 입을까?', '지금 당장 필요하진 않지만 아주 가격이 괜찮은 중고차가 있다는데, 그냥 사버릴까?'

우리의 일상생활은 이처럼 수많은 선택의 연속이다. 다양한 선택들 중에서 우리는 하나를 결정한다. 이것이 의사결정(decision making)이다. 우리는 옷을 살 때나 한 끼 메뉴를 고를 때에는 별생각 없이 결정하기도 하지만, 새 차나 집을 살 때, 또는 배우자를 고를 때에는 심각하게 요모조모 따져보면서 결정한다.

의사결정이 어려운 한 가지 이유는 '완벽한 딱 한 가지 대안'이 없기 때문이다. 즉 각각의 결정에는 여러 대안이 있을 수 있다. 또 각각의 대안이 좋은 점만을 갖고 있지도 않다. 일단 마음에 드는 대안이라도 싫은 구석이 있으며, 제외시켜 놓은 대안에도 마음에 드는 속성이 있을 수 있다.

그러면 여러 가지 가능한 선택들 중에서 우리는 어떻게 의사결정을 하게 될까? 이런 의사결정의 방법에는 크게 두 가지가 있다. 보충모형과 비보충모형이다.

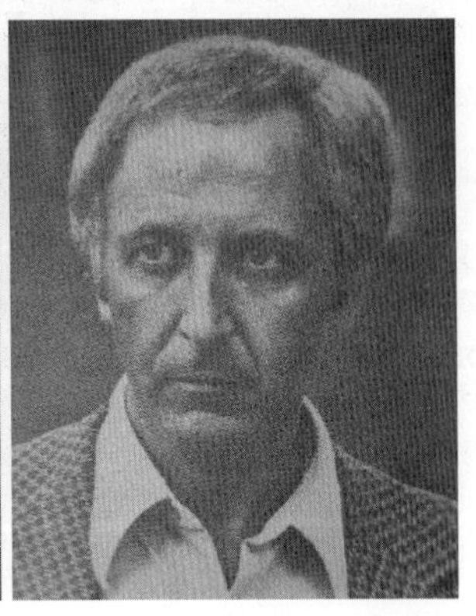

1979년 8월, 미국 메릴랜드주의 천주교회 신부인 파가노(Bernard T. Pagano)는 5건의 무장강도 혐의로 재판중이었다. 일곱 명의 증인들이 그를 범인으로 확신하고 있었다. 지역사회에서 존경받고 인기 있는 인물이었음에도 많은 증인들이 진술했기에 그들 모두가 사람을 잘못 보았으리라 믿기란 어려웠다. 체포 순간부터 신부는 자신의 무죄를 강변했으나 먹혀들지 않았다. 파가노의 재판은 무고한 사람이 처벌받는 것을 견디지 못한 진범이 자수함으로써 끝났다. 파가노와 진범은 생김새부터가 아주 달랐다. 당시 파가노는 53세의 대머리 중년이었으나 진범은 비교적 마른 체형으로 39세에 불과했다. 피해자에 대한 예의 바르고 사과하는 태도 때문에 강도에게 'The Gentle Bandit'(신사 강도)라는 별칭이 붙었다. 사진은 파가노 신부(좌)와 진범 로널드 클라우저(Ronald W. Clouser).

보충모형

여러분들은 한 끼 식사로 무엇을 먹어야 할지는 그리 심각하게 생각하지 않을 것이다. 뭘 먹든지 한 끼 때우면 그만이라고 생각하고는 친구가 가자는 데로 가거나, 바쁘기 때문에 맛은 별로 없지만 사람이 적은 식당에서 식사를 해도 괜찮다고 생각할 것이다.

그러나 매우 중요한 결정을 해야 하는 상황이라면, 예를 들어 차를 사거나 집을 구입하는 것처럼 큰돈이 들어가는 일이나, 배우자를 선택하는 것처럼 순간의 선택이 일생을 좌우하는 결정이라면 한 끼 메뉴 고르듯 후다닥 결정을 내리지는 않을 것이다.

이처럼 중요한 의사결정에 우리가 사용하는 전략이 보충모형이다. 보충모형이란 글자 그대로, 어떤 대안이 가진 매력적인 속성이 그렇지 못한(비매력적인) 속성을 보충하도록 하는 결정이다. 즉 어떤 결정에 한두 가지 흠이 있긴 하지만 그 결정이 가진 더 나은(매력적인) 특성이 그 흠을 메워줄 수 있으므로 선택을 하는 것이다. 이 결정에서는 각 속성에 가중치를 줌으로써 결정을 돕는다.

예를 들어보자. 여러분이 새 차를 사야 할지 중고차를 사야 할지 의사결정을 한다고 가정하자. 각각의 선택에는 다음과 같은 속성이 있으며, 각 속성에 대해 여러분이 '가상적으로' 평가한 가중치가 점수로 나타나 있다(각 속성과 가중치는 저마다 다를 것이다).

	가 격	성 능	흠 집	기 분	합 계
새차	−5	+3	+2	+4	+4
중고차	+2	−5	−2	+1	−4

여기서 플러스(+)는 긍정적인 측면을, 마이너스(−)는 부정적인 측면을 나타낸다. 숫자는 그 속성의 정도의 크기를 나타낸다. 가령 새 차의 값이 −5인 것은 그만큼 가격부담이 된다는 의미다.

각각을 합하면 새 차는 +4, 중고차는 −4라는 점수가 나온다. 이 경우 여러분은 새 차를 구입하게 될 것이다. 중고차 점수가 −4가 아니라 +2가 나오더라도 여러분은 새 차를 사게 될 것이다. 왜냐하면 새 차의 점수(+4)가 더 높기 때문이다. 보충모형을 이용한 결정에서, 새 차는 값이 비싸다는 결점이 있지만 다른 속성, 즉 성능이 좋고 흠집이 없으며 기분이 좋다는 속성들이 그 흠을 메워준다는 것이다.

	Stone (40,000 B.C.)	iPhone 3G (2008)
MMS	X	X
Video recording	X	X
Videocall	X	X
Changeable memory cards	X	X
Touchscreen	X	✓

보충모형의 유머러스한 사례 (출처 : www.wit.co.kr)

이 방법을 사용하면 우리도 중요한 의사결정 단계에서 자신에게 맞는 가장 합리적인 결정을 내릴 수 있을 것이다. 보충모형은 대학이나 직업 선택 등과 같은 의사결정에서 가장 바람직한 결정을 내릴 수 있게 해준다. 보충모형은 가능한 모든 대안들을 펼쳐놓은 상태에서 각각의 대안이 갖는 장점과 단점을 종합적으로 판단해서 가장 합리적인 해결책을 얻을 수 있는 방법이기 때문이다.

비보충모형

한 여자가 세 남자 중 한 명을 데이트 상대로 선택해야 할 상황이라고 해보자. 여자는 키도 크고 좋은 대학에 다니는 잘생긴 남자와 데이트를 하고 싶다. 그러나 불행히도 세 남자는 그렇지 못하다.

남자 A : 키가 크고 좋은 대학에 다니지만 못생겼다.
남자 B : 좋은 대학에 다니고 잘생겼지만 키가 작다.
남자 C : 키가 크고 잘생겼으나 좋은 대학에 다니지 않는다.

앞에서 본 보충모형은 가장 합리적인 의사결정의 방안으로 여겨지지만, 일반적으로 사람들은 그 방법을 잘 쓰지 않는다. 그보다는 차가 비싸서, 또는 수리비가 많이 들 것 같아서 등의 이유를 대며 그에 해당되는 차를 아예 제외시켜 놓고 생각하는 경우가 훨씬 더 많다. 물론 새 차라면 좋겠지만 가진 돈이 그리 많지 않을 때에는 자신이 가진 돈 이상의 차는 아예 머릿속에서 지워버리는 것이다. 남자의 외모를 중요한 기준(속성)으로 보는 여자는 좋은 대학에 다니지 않아도 괜찮다고 생각하는 식이다. 이것이 비보충모형이다. 비보충모형이란, 다른 면에서 상당히 훌륭하더라도 자신이 중시하는 한두 가지 조건을 충족시키지 못하면 아예 대안에서 지워버리고 결정하는 것을 말한다.

이 선택에서는 속성들이 평가되는 순서가 중요하다. 차를 고를 때 차값이 중요한 고려요인이라면 선택 리스트에서 비싼 차가 가장 먼저 지워진다. 차의 연비가 중요한 요인이라면 1ℓ당 20km도 못 가는 차가 가장 먼저 버려진다. 위 사례에서도 마찬가지로 한두 가지 이유를 대서 잘라버리는 것이다. 즉 "남자 A는 못생겨서 안 돼", "남자 B는 키가 작아서 안 돼"라고 하면서 하나씩 대안에서 제외시켜, 결국 마지막에 남는 남자로 결정하는 것이다.

하숙집 구할 때를 생각해보자. 하숙집의 속성에는 학

❖"심리학자가 경제학자보다 주가 예측 잘한다"

심리학자가 경제학자보다 증시 예측을 더 잘한다는 연구결과가 미국 주식 관련 블로그에서 뒤늦게 화제가 되고 있다. 안드리아 로이더 본 대학교 경제학 교수가 지난 2006년 1월 메디컬 뉴스투데이에 기고한 글이 최근 블로그를 통해 확산되고 있는 것이다.

로이더 교수에 따르면, 당시 영란은행(BOE)과 하이델베르크 대학교, 본 대학교는 경영 컨설팅회사 맥킨지와 공동으로 6,500명을 대상으로 주식투자 성향을 실험했다. 이들은 A와 B라는 가상의 종목을 만들고, 참가자들에게 둘 중 하나는 휴지조각이 될 것이라고 설명했다. 그리고 각 참가자에게 애널리스트의 추천 종목이 어떤 것인지를 제시했다. 단, 참가자에게 추천한 종목은 각기 달랐고, 추천이 들어맞을 가능성은 3분의 2의 확률이라는 단서를 달았다.

이를 참고해 실험 참가자들로 하여금 A와 B 가운데 하나를 매수하도록 했다. 그러나 최초 주문 이후에는 주가 흐름을 보면서 추가 매수하거나 다른 종목을 매수할 수 있도록 했다. 연구진은 이를 통해 주식시장에서 군중심리가 얼마나 크게 작용하는지를 파악해보고자 했다.

연구결과, A 주가가 이미 상승하고 있는 경우에는 B를 추천받은 참가자들도 A를 매수하는 경향을 보였다. 이로 인해 A 주가는 더 오르고 결국 비정상적인 급등세에 이르렀다. 이로써 투자자들은 전문가의 추천보다는 다른 투자자들의 투자 여부에 따라 움직인다는 것이 입증된 셈이다.

그러나 실험 참가자 가운데 심리학 전공자들은 다른 경향을 나타냈다. 이들은 특정 종목의 주가 급등을 군중심리 효과에 따른 비이성적 현상일 가능성이 높다고 진단했다. 결국 심리학 전공자들은 물리학이나 수학, 경제학 전공자들보다 3배나 높은 수익률을 기록했다.

로이더 교수는 "심리학 전공자들은 다른 사람들이 특정 종목에 대거 투자할 때 매수를 하지 않는 경향을 보였다"면서 "급등 종목을 군중심리로 해석함에 따라 이들은 더 높은 수익률을 기록할 수 있었다"고 설명했다. 그는 이어 "반면 물리학 전공자들은 다른 참여자의 행동에 의존하는 경향을 나타냈고, 결국 큰 손실을 기록했다"고 덧붙였다. (이데일리, 2009.5.11)

보충모형으로 하숙집을 구하면 가장 좋은 집을 고를 수 있지만 많은 사람들이 비보충모형을 이용한다.

교와의 거리, 교통, 채광, 하숙비, 룸메이트, 음식맛 등 여러 가지가 있다. 보충모형식 하숙집 구하기는, 여러 하숙집을 찾아다니며 '나중에 이 집으로 결정하면 연락드리겠다'고 하면서 각각의 장단점을 파악하고 가중치를 주어 결정하는 것이다. 그래서 결국엔 하숙집을 5군데 돌든 20군데 돌든 그중에서 가장 자기한테 이득이 되는 하숙집 하나를 고르게 된다.

반면 비보충모형식 하숙집 구하기는, '이 집은 하숙비가 비싸서 안 돼'라는 식으로 그 자리에서, 그 순간에 결정을 해버리는 것이다. 이 결정에서는 자기가 정한 일정한 기준에 맞지 않으면 아예 선택의 대상에서 지워버리는 것이다. 따라서 20군데를 돌아도 하숙집을 구하지 못할 수도 있다.

게다가 나중에 생각해보니 6번째 하숙집이 그중 나을 것 같다고 생각하더라도 돌아가기가 만만치 않다. 이미 그 하숙집이 나가버렸을 수도 있고, 이번에 그 하숙집으로 되돌아가면 무조건 계약을 해야 하는 압박이 있을 수도 있기 때문이다. 또 더 나은 하숙집이 있을지도 모른다는 생각을 뿌리칠 수가 없는 것도 의사결정을 더디게 한다.

이러한 비보충모형은 보충모형에서와 같은 계산이 필요 없다. 대신 가장 중요한 속성이 무엇인지가 중요하다. 그러므로 비보충모형은 "가장 중요한 최소한의 조건을 만족시키면 된다"는 말로 바꿔 설명할 수 있다.

그렇다면 사람들은 왜 보충모형에 비해 불합리해 보이는 비보충모형 전략을 사용할까? 심리학자들은 그 이유를 "사람들의 용량이 제한되어 있기 때문"이라고 설명한다. 즉 사람이 처리할 수 있는 용량의 한계 때문에 모든 대안을 일일이 검토해볼 수가 없고, 그 결과 최선의 대안을 찾지 못할 때도 있다는 것이다. 또 시간과 돈 등의 자원이 부족하기 때문이라는 설명도 있다. '빨리 선택을 해야 하기 때문에' 또는 '현재 가진 돈이 이것뿐이라서' 그 제품을 산다는 것이다.

이런 이유 때문에 사람들은 가장 좋은(최선의) 대안이 아니라, 그보다는 조금 떨어지지만 최소한의 조건을 만족시키는 괜찮은 대안을 주로 선택하게 된다.

불확실한 상황에서의 의사결정—확률

세상살이에는 항상 불확실성이 존재한다. 비싼 돈을 주고 새 차를 샀는데, 예상과 달리 잔고장으로 AS를 받아야 할 때도 있을 것이다. 반대로 수리비가 많이 들 것을 각오하고 중고차를 샀지만 의외로 상태가 좋아 수리비가 생각만큼 들지 않을 때도 있을 것이다. 따라서 의사결정에서도 이러한 불확실성을 감안해야 할 때가 많다.

이럴 때에는 확률이라는 개념을 사용해야 한다. 확률은 고정된 값이다. 동전을 던질 때 앞면과 뒷면이 나

❖승부차기에서 골키퍼의 의사결정

승부차기에서는 당연히 골키퍼가 심리적으로 우위에 선다. 골키퍼는 '밑져야 본전'이지만 키커로서는 반드시 넣어야 한다는 압박감에 시달리기 때문이다. 그래서 골대 밖으로 차는 실축을 하게 된다.

골대 정면 11m 앞에서 차는 승부차기는 과학적으로 보면 성공확률이 거의 100%다. 키커가 차는 공의 속도가 시속 130km 정도라고 보면 공은 0.3초 만에 골대를 통과한다. 그동안 골키퍼는 공의 방향을 보고 몸을 날리게 되는데, 일반적으로 상당히 빠른 선수라 하더라도 판단에만 0.3초가 걸린다. 여기에 몸까지 날려야 하니 골키퍼로서는 한쪽을 포기하고 다른 한쪽으로만 몸을 날리게 된다.

영국의 리버풀 존 무어 대학에서는 "키커의 엉덩이는 골키퍼가 킥을 막을 중요한 단서를 제공한다"는 연구 결과를 발표하여 관심을 끈 적이 있다. 한 예로 킥을 날리기 직전 오른발잡이 키커의 몸이 돌아가면서 엉덩이가 골키퍼와 마주보게 된다면 골키퍼는 공이 오른쪽으로 날아올 것이라고 예측해도 좋다고 분석했다.

키커는 그렇지 않아도 부담스러운데, 키커의 몸동작에 대한 연구가 활발해지면서 더 부담감을 가져야 될 것 같다.

올 확률은 똑같이 1/2이다. 주사위를 던졌을 때, 1이 나올 확률과 6이 나올 확률은 똑같이 1/6이다.

하지만 우리는 정확한 확률을 구하기 위해 통계청을 방문하지도 않고 관련 서적을 통해 조사하지도 않는다. 대신 우리는 평소에 봐왔거나 들은 정보를 바탕으로 확률을 추정한다. 바로 주관적 확률을 이용한다는 것이다.

그래서 정확한 확률계산에는 실패하게 되는데, 여기에는 일정한 경향이 있다. 즉 확률이 낮은 사건은 과잉추정하고 확률이 높은 사건은 과소추정한다는 것이다. 로또에 당첨될 확률은 평생 동안 벼락을 맞을 확률과 비교된다. 그만큼 확률이 낮다. 하지만 사람들은 이런 확률을 과잉추정한다. 교통사고로 사망할 확률도 낮지만 이 역시 과잉추정한다. 그래서 낮은 확률의 사건을 주관적으로는 이보다 더 높게 보기 때문에 사람들은 로또를 구입하고 보험에 가입한다.

이런 주관적 확률에는 두 가지 함정(오류)이 있다. 그것은 대표성의 오류와 가용성의 오류다.

대표성의 오류

다음 숫자를 보자. A와 B의 로또번호 중에서 어느 것이 더 당첨확률이 높을까?

번호 A : 5, 18, 28, 30, 42, 45

번호 B : 1, 2, 3, 4, 5, 6

수학적으로 계산하면 번호 A든 번호 B든 1등에 당첨될 확률은 같다는 것을 알 것이다. 하지만 위의 로또복권 두 장 중 한 장을 가지라고 한다면 번호 B가 찍힌 복권을 가져갈 사람은 아무도 없을 것이다. 번호 B보다는 번호 A가 더 당첨될 확률이 높을 것이라고 생각하기 때문이다.

우리는 확률이라는 것이 체계적인 것이 아니라 임의적인 것이라고 생각한다. 따라서 아무런 체계가 없는 번호 A가 1등 당첨확률이 더 높다고 생각한다(실제로 번호 A는 2005년 11월 26일 추첨한 제156회 로또의 1등 당첨번호다). 번호 A와 번호 B의 당첨확률은 같지만, 번호 B의 숫

제196회(2006. 9. 2) 로또복권 1등 당첨번호는 35, 36, 37, 41, 44, 45였다. 41을 제외하고는 모두 일련번호인 데다 30과 40대에 숫자가 몰려 있어 쉽게 맞힐 수는 없는 번호였다. 게다가 1등 당첨자가 사상 세 번째인 15명이나 되었다. 이 때문에 네티즌들 사이에서는 한때 조작논란이 일기도 했다. 하지만 이 같은 결과는 확률상 충분히 나올 수 있는 결과다. 또 복권카드에 일련번호나 대각선, 일직선 등으로 입력하는 참여자들이 많아 1등이 많이 나오게 되었다는 것이 관계자의 설명이다. 실제로 제655회(2015. 6. 20)의 1등 당첨번호는 7, 37, 38, 39, 40 44였는데, 4개의 번호가 연속되었다. 1등 당첨자는 9명으로, 이 중 7명이 자동번호를 선택했다. 이 때문에 1~6의 일련번호가 1등 번호가 될 경우 당첨자는 예상보다 많을 것이라고 한다.

자들은 연속하는 자연수 여섯 개로 되어 있으므로 상당히 체계적이자 정연하게 구성된 숫자다. 따라서 임의적이고 무작위적이어야 한다는 확률의 개념에는 들어맞지 않아 보인다.

이것이 대표성의 오류다. 대표성이란, 특정 사건이 그런 부류의 사건 전체에서 얼마나 전형적인가 하는 것이다. 사실 여러분들은 로또의 당첨번호를 볼 때 12, 13, 14처럼 연속으로 나온 숫자를 거의 보지 못했을 것이다. 그래서 여섯 개의 숫자가 연달아 나올 확률은 0이라고 생각하게 된다(그러나 번호 A가 당첨되기 한 주 전인 제155회 당첨번호는 16, 19, 20, 32, 33, 41로, 연속되는 숫자가 2개나 있었다). 물론 수학적으로는 확률이 같다는 것을 알면서도 그런 오류를 저지르는 것이다.

가용성의 오류

또 하나의 오류는 가용성의 오류다. 가용성은 우리가 머리에 떠올리기 쉬운 정도에 따라 그 확률을 평가하는 것을 말한다. 즉 주위에서 우리 눈에 보이는 것이 많으면 그 상황이 일어날 확률이 높다고 여기는 것이다. 예를 들어, 서울대가 자리한 관악구 신림동에 사는 주민이라면 눈에 보이는 학생이 대부분 서울대생이기 때문에 서울대 입학이 그리 어려워 보이지 않을 수도 있다. 부자 동네에 살고 있으면 부자 되기가 이렇게 쉬운데 왜 다른 사람들은 부자가 못 되는지 의아해하기도 할 것이다.

가용성 오류는 특히 언론 등과 같은 매스컴의 보도에 의해 증폭될 수 있다. 보도를 많이 하면 할수록 일어날 확률이 높다는 인식을 사람들이 가지게 되기 때문이다.

암으로 사망하는 사람이 많을까? 교통사고로 사망하는 사람이 많을까? 정확한 통계를 모른다면 여러분은 교통사고라고 답할지도 모르겠다. 사실은 암으로 사망하는 사람이 훨씬 많지만, 매스컴에서는 암으로 사망한 경우 유명인이 아니면 잘 보도하지 않는다. 반면 교통사고로 사람이 죽었다는 소식은 거의 매일 보도된다. 특히 한 번의 교통사고로 많은 사람이 사망하면 매스컴은 앞을 다투어 보도한다. 이럴 때 우리는 암으로 인한 사망자보다 교통사고로 인한 사망자가 더 많다고 지각하게 된다.

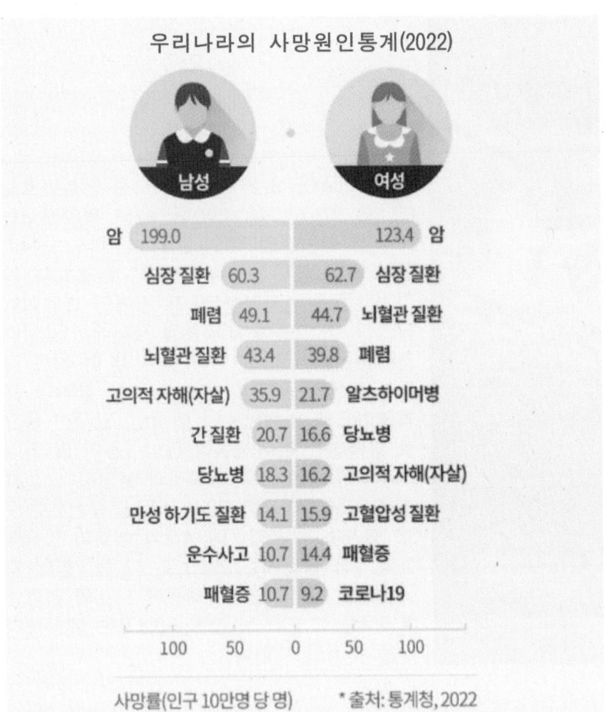

2022년 우리나라 사망원인은 남성의 경우 암, 심장 질환, 폐렴, 뇌혈관 질환, 자살의 순이다. 특히 암은 1983년 이후 우리나라 사망원인 부동의 1위다. (통계청)

기대가치와 기대효용

이런 점을 염두에 두고 확률 이야기로 돌아가 보자. 불확실한 환경 아래에서는 확률을 따져 의사결정을 해야 손해를 막을 수 있다. 예를 들어 다음과 같은 게임의 초대장을 받는다면 여러분은 초대에 응하겠는가?

> 모두가 공평하게 1천원을 내고 게임에 참여합니다. 딜러가 주사위를 던져서 당신이 고른 숫자(예를 들어 3)가 나오면 당신은 5천원을 받게 됩니다. 하지만 특정 숫자 이외의 다른 숫자가 나오면 참가비 1천원을 잃게 됩니다.

여러분은 이길 가능성이 높으니 그 초대를 기꺼이 받아들여야 할까, 그렇지 않으면 질 가능성이 높으니 그 게임을 거부해야 할까?

기대가치

이것을 알아보기 위해서는 여러분이 얼마를 딸 수 있을지 기대가치를 따져봐야 한다. 기대가치(expected value)란 여러분이 이 게임에 참여했을 때 얻을 수 있는 이익을 말한다. 그것은 다음 네 가지 값을 알면 계산해볼 수 있다. 이기면 받는 돈의 액수 V(W), 이길 확률 P(W), 질 확률 P(L), 질 때 잃게 되는 돈의 액수 V(L)이다(V : value, W : win, L : lose, P : probability). 기대가치는 이길 확률에다 이겼을 때 얻을 액수를 곱하고, 질 확률에다 졌을 때 잃어버리게 될 액수를 곱한 것을 더하면 얻을 수 있다. 즉

$$\text{기대가치} = P(W) \times V(W) + P(L) \times V(L)$$

이다. 위의 주사위 게임의 경우 이길 확률은 1/6이고 그 경우 딸 돈의 순수한 액수는 4천원이다(1천원은 자신의 참가비이므로 제외해야 한다). 그리고 질 확률은 5/6이며 그 때 잃을 돈의 액수는 1천원이다. 그러면 다음과 같이 기

로또는 기대가치가 0 이하인 게임이다. 하지만 기대효용 면에서 보면 0 이상의 가치가 있다. 기대효용 때문에 사람들은 로또를 구입한다.

대가치를 계산해볼 수 있다.

$$
\begin{aligned}
\text{기대가치} &= P(W) \times V(W) + P(L) \times V(L) \\
&= 1/6 \times 4{,}000\text{원} + 5/6 \times (-1{,}000)\text{원} \\
&= -166.7\text{원}
\end{aligned}
$$

이 게임의 경우 게임에 한 번 참가할 때마다 166.7원을 손해 보게 된다. 게임을 10번 하면 1,667원 손해, 100번 하면 16,670원을 손해 보게 된다. 확률에 근거해서 계산해보면 이런 결과가 나온다. 따라서 이 게임에 참여하지 않는 것이 이득이다.

하지만 여러분은 손해를 보는 줄 알든 모르든 이 게임에 참여할 가능성이 크다. 확률로 계산해보면 손해 보는 게임이지만, 이길 가능성이 높다고 주관적으로 판단하기 때문이다.

이와 비슷한 경우가 복권이다. 복권은 일단 손해를 보고 시작하는 게임이다. 왜냐하면 복권판매는 어떤 목적을 위한 기금 마련이 우선이기 때문이다. 그래서 판매액의 50% 정도는 주관하는 곳에서 가져가게 되어 있다. 그 나머지를 당첨자에게 나눠주는 것이다.

확률을 사용하여 기대가치를 정확히 계산할 수 있다면 그토록 많은 사람들이 손해를 보는 복권에 빠져들지는 않을 것이다. 하지만 오늘도 많은 사람들이 복권을 사

❖범죄는 합리적 선택?

범죄경제학은 범죄행위를 인간의 합리적 선택으로 간주하여 경제분석을 적용한 경제학의 한 응용분야다. 범죄행위는 어떻게 결정되는가에 관한 문제는 병리가설과 합리가설로 구분할 수 있다. 범죄행위를 일종의 병리현상으로 파악하는 입장을 병리가설이라 하고, 범죄행위를 경제적 기대이익과 기대비용의 관점에서 파악하는 입장을 합리가설이라 한다. 사회학자들은 병리가설을 주장하고, 경제학자들은 합리가설을 주장한다. 합리가설에 근거를 둔 범죄경제학은 베커(G. Becker) 교수에 의해 처음으로 제창되었다. 베커는 미시경제의 분석영역을 인간 행동에까지 확대한 공로로 1992년 노벨경제학상을 받은 시카고대 교수다.

(사진 : polinlove)

베커의 합리가설에 따르면 범죄행위자도 보통 사람들과 마찬가지로 합리적 경제행위를 선택하며, 범죄행위의 기대순이익을 극대화하려 한다는 것이다. 범죄행위로부터 얻을 수 있는 기대순이익은 범죄행위의 기대편익에서 범죄행위의 기대비용을 뺀 것과 같다. 개별 범죄자는 범죄행위로부터 얻을 수 있는 기대효용의 극대화를 추구한다. 범죄의 기대순이익은 다음과 같이 계산된다.

$$\text{범죄의 기대순이익} = (\text{범죄 성공확률}) \times (\text{성공할 경우의 이익}) + (\text{범죄 실패확률}) \times (\text{실패할 경우의 손해})$$

예를 들어보자. 절도를 하지 않고 그 시간에 적법한 노동을 하면 50만원의 소득을 올릴 수 있다고 하자. 그리고 절도의 성공확률은 85%이고, 2천만원의 이득을 올릴 수 있다고 하자. 또 절도의 실패확률은 15%이며 체포될 경우 8천만원 상당의 수감생활을 해야 한다고 하자. 그러면 절도의 기대순이익은 다음과 같다.

$$(0.85) \times (2{,}000\text{만원}) + (0.15) \times (-8{,}000\text{만원}) = 500\text{만원}$$

결국 절도행위로부터 얻을 수 있는 기대순이익은 500만원인데, 적법한 노동소득은 50만원이다. 이 경우 이 사람은 절도를 택하게 된다. 따라서 범죄를 줄이려면 두 가지 정책을 사용하면 된다. 범죄의 기대비용을 증가시키기 위해 처벌의 강도(벌금, 징역 등)를 높이거나 범죄의 실패확률(즉 검거율)을 높이는 것이다.

고, 도박장에 드나들고, 보험에 가입한다. 복권, 도박, 보험 상품은 모두 기대가치가 0 이하인 상품들이다.

그러므로 자신이 객관적으로 얻을 이익인 기대가치는 왜 사람들이 손해를 보면서도 그 행위를 계속하는가를 설명하지 못한다. 그렇다면 다른 설명을 찾아야 한다. 그것은 기대효용이다.

기대효용

모든 사람이 합리적으로 기대가치를 생각한다면 도박장에 들락거리지도 않을 것이고, 복권을 사지도 않을 것이며, 보험에 들지도 않을 것이다.

하지만 사람들은 기대효용 때문에 도박을 하고 복권을 사며 보험에 든다. 기대효용(expected utility)은 확률에서와 같은 객관적인 가치가 아니라 결과에 대한 개인의 주관적 가치를 말한다. 기대효용은 승률을 높게 만듦으로써 자신이 가져갈 이익의 가치를 높이게 된다. 다음 질문을 보자.

> 여러분에게 로또복권이 두 장 있다. 한 장은 로또 판매점에 가서 직접 선택한 번호로 구성된 복권이며 또 다른 한 장은 선물로 받은 것이다. 로또 한 장의 가격은 1천원이다. 만약 두 장의 복권을 팔아야 한다면, 여러분은 각각의 복권을 얼마에 팔겠는가?

아마 여러분은 선물로 받은 복권은 1천원보다 낮은 가격으로도 팔아넘길 수 있을 것이다. 하지만 여러분이 직접 로또 판매점에 가서 여러분의 직관과 조상님의 음덕과 어젯밤 꿈에 본 숫자를 조합해서 선택한 복권은 액면가 1천원에 팔기에는 아쉬움이 남을 것이다.

실제로 연구결과를 보면 사람들은 자신이 선택한 것에 대해 가치를 더 높게 느낀다. 그래서 앞의 주사위 게임에서 자신이 3번을 골랐을 때, 3이 나올 확률은 사실 1/6이지만 실제로 느끼기에는 1/6 이상이라는 것이다. 그리하여 3이 나올 확률을 '주관적으로' 2/6라고 생각한다면 그 기대가치는 다음과 같은 가치를 갖는 기대효용으로 바뀐다.

$$
\begin{aligned}
\text{기대효용} &= P(W) \times V(W) + P(L) \times V(L) \\
&= 2/6 \times 4{,}000\text{원} + 4/6 \times (-1{,}000)\text{원} \\
&= 666.7\text{원}
\end{aligned}
$$

이렇게 되면 기대효용은 플러스(+)가 된다. 이 경우에는 게임에 참가하면 할수록 이득이 된다. 10번을 하면 6,667원을 벌고 100번을 하면 66,670원을 번다. 물론 이것은 개인이 판단하는 주관적 확률이다. 이렇다 보니 복권이든 도박이든 참여하게 되는 것이다. 실제 기대가치가 마이너스(−)임에도 불구하고 사람들은 기대효용을 높게 보기 때문에 기대가치와 다른 행동을 한다.

실제로 보험에 들면 나중에는 이자도 없고 불입한 원금보다도 더 적게 돌려받게 되더라도 한 번에 목돈이 들어가는 것에 대한 두려움 때문에 보험에 들게 된다. 예기치 않은 불상사에 대한 기대효용이 기대가치를 압도하기 때문이다.

위험회피와 위험선호

사람들은 손해에 민감하다. 가령 1만원짜리 지폐를 주웠다고 하자. 좀 기분이 좋을 것이다. 이번엔 가지고 있던 1만원을 잃어버렸다고 하자. 아주 기분이 나쁘고 성이 나는 경험일 것이다. 같은 액수의 돈인데도 득이 되었을 때와 손해가 되었을 때 느끼는 정서의 크기가 다른 것이다.

어제 100만원짜리 복권에 당첨되었다고 하자. 기분이 좋을 것이다. 오늘 200만원짜리 복권에 당첨되었다고 하자. 훨씬 더 기분 좋을 것이다. 하지만 정확히 두 배로 기분 좋은 것은 아니다. 게다가 아주 큰 액수일 때에는 심리적 가치가 별로 다르지 않다. 이러한 것은 손해를 보는 상황에서도 마찬가지다. 그래서 100억원짜리 로또에 당첨되든 200억원짜리 로또에 당첨되든 별반 다르지 않고, 100억원 적자를 보든 200억원 적자를 보든 이것 역시 별반 다르지 않다. 중간 정도의 일정 액수에서 감정의 기복이 크다. 우리가 일정 금액에 일희일비하는 것은 이 구간에서다.

1,000원을 줍거나 아니면 잃어버렸을 때에는 가치가 아주 적어 별다른 느낌을 가지지 않을 수도 있다. 물론 이러한 것은 개인이 가진 기준점이 어떠냐에 달려 있다. 어떤 사람에게는 100만원이 클 수도 있지만, 또 어떤 사람에게는 작은 금액일 수도 있다.

손해에 민감하기 때문에 사람들은 손실을 회피하려 한다. 그래서 손실의 경우에는 모험을 하고, 이득의 경우에는 그것을 지키려 한다. 다음의 두 경우를 보자.

A-1. 240만원의 확실한 이득

A-2. 1,000만원을 벌 수 있는 기회가 25%,
아무것도 얻지 못할 확률 75%

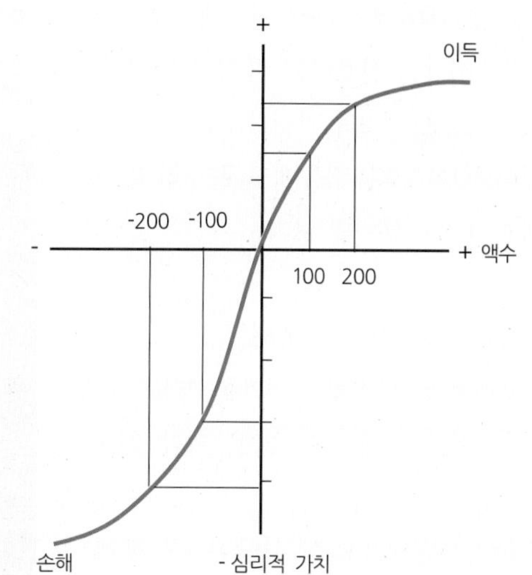

경제학에 심리학 이론을 접목시킨 행동경제학을 창시한 카네만과 트버스키는 돈의 액수와 가치에 관해 그림과 같은 그래프를 제안했다. 원점을 중심으로 아래로 길게 처진 S자 모양의 그래프다. 이 그래프를 보면 같은 액수일 때 이득보다 손해의 심리적 가치가 더 큼을 알 수 있다. 그리고 그래프의 끝부분에서는 경사가 완만하고 중간 부분에서 경사가 크다. 이는 아주 큰 액수의 금액에서는 추가적인 이득이나 손해가 발생하더라도 심리적 가치는 크게 변하지 않고, 대신 중간 부분에서는 그 변동성이 크다는 것을 보여준다. 카네만은 2002년 노벨경제학상을 수상했으나 트버스키는 1996년 작고하여 함께 기쁨을 누리지 못했다.

✣심적 회계

상황 1 : 콘서트 장소로 가다가 갖고 있던 5만원짜리 입장권을 잃어버린 것을 알았다. 입장권을 살 돈은 있다. 여러분은 5만원을 주고 입장권을 살 것인가?

상황 2 : 콘서트 장소로 가다가 갖고 있던 현금 5만원을 잃어버린 것을 알았다. 입장권을 살 돈은 있다. 여러분은 5만원을 주고 입장권을 살 것인가?

각 상황에 여러분은 어떻게 답할 것인가? 상황 1은 갖고 있던 입장권을 분실하여 또다시 구입해야 하는 경우이고, 상황 2는 돈 5만원을 잃어버린 경우이다. 이 경우 상황 1에서보다는 상황 2에서 더 많은 사람들이 입장권을 구입한다.

사람들은 나름대로 마음속에 회계학에서 말하는 계정을 갖고 있다. 이것을 심적 회계(mental accounting)라고 한다. 그래서 한 달에 쓸 수 있는 돈이 얼마인데, 이 돈을 식대계정, 문화비계정, 교통비계정 등등에 넣어둔다. 계정이 바닥나면 더 이상 쓸 돈이 없으므로 돈을 쓰려 하지 않는다. 어제 한턱낸 사람은 오늘 몸을 사리는 것이다.

위 상황에서 공통점은 5만원의 가치를 잃어버렸다는 것이다. 하지만 상황 1은 문화비계정에 있던 '돈'을 잃어버린 것이며, 상황 2는 현금이기 때문에 아직 어디에 써야 할지 모르는 계정의 돈을 잃어버린 것이다. 따라서 문화비계정의 예매권을 잃어버리고 또다시 문화비계정에서 돈을 꺼내 입장권을 사기가 망설여지는 것이다.

심적 회계 때문에 최고급 TV를 새로 장만하더라도 고장 난 TV를 대체할 때와 새집을 샀을 때 돈을 쓰는 느낌이 다르다. 고장 난 TV를 대체할 때에는 조금이라도 더 싸게 사기 위해 발품도 팔며 가격비교도 한다. 하지만 새집을 사고 난 다음 TV를 살 때에는 같은 돈을 쓰는데도 그 정도까지 공을 들이지 않는다. 앞의 경우는 문화비계정에서 돈이 나가기 때문에 조금이라도 아껴야 한다. 그러나 뒤의 경우는 부동산계정에서 돈이 나가므로 최고급 TV의 가격이 집값에 비해 아주 낮게 평가된다. 그 때문에 새집을 산 다음에는 고급 가구와 침대, 전자제품에 거액이 나가더라도 별로 신경을 쓰지 않는 것이다.

공돈이 생기면 공돈계정에 넣어둔다. 그래서 쉽게 그 돈을 써버린다. 복권당첨으로 받은 돈 역시 공돈계정에 넣어둔다. 그 돈도 흥청망청 써버린다. 그래서 복권에 당첨된 사람의 종말이 당첨되기 전보다 더 어려워졌다는 보도를 자주 접하게 된다. 실제로 미국의 켄터키 대학과 피츠버그 대학 등의 연구진이 1993년부터 2003년까지 '판타지 5복권'에 당첨된 사람 3,500명을 추적해 재정변화에 대해 조사한 결과, 당첨자의 절반이 넘는 1,900명 이상이 당첨 5년 만에 빈털터리가 된 것으로 나타났다.

어느 것을 택하겠는가? 연구에 의하면 84%의 사람들이 1을 선호하고 단지 16%의 사람들이 2를 선호했다. 2의 기댓값(250만원)이 1의 기댓값(240만원)보다 컸음에도 불구하고!

이번에는 다른 경우를 보자.

B-1. 750만원의 확실한 손해

B-2. 1,000만원을 손해 볼 확률 75%,
아무것도 손해 보지 않을 확률 25%

이 경우에는 단지 13%의 사람이 1을 선택하고 87%의 사람들이 2를 선택했다. 이득의 경우에는 몸보신을 택했고, 손해의 경우에는 모험을 강행했다.

이러한 것은 국가정책을 결정할 때에도 마찬가지로 나타난다. 카네만과 트버스키의 다음 의사결정 사례를 보자.

몸이 피곤한데도 학원비가 아까워 수업을 듣기 위해 가는 것이 바람직한 결정인가? 아니면 집에서 쉬는 것이 바람직한 결정인가? 잘못된 길로 들어서 걸어온 먼 길이나 재미없는 책을 산 돈은 이미 지급해버린 것으로, 앞으로의 의사결정과는 관련 없는 비용이다. 이미 먼 길을 걸어왔고, 이미 자기 손을 떠나버린 돈이다. 이러한 것을 매몰비용(sunk cost)이라고 한다. 의사결정에서 매몰비용은 생각하지 말아야 한다. 하지만 많은 사람들은 돈 주고 예매해놓은 것이 아까워 몸이 아픈데도 영화를 보러 가기도 하고, 구입한 비용이 아까워 마음에 들지 않는 옷을 입고 다니며, 손해 볼 것이 뻔한데도 지금까지 한 것이 아까워 밀어붙인다. 모두 다 본전생각 때문이다.

> 정부는 600명을 사망시킬 질병에 맞닥뜨렸다.
> 이에 대처하기 위해 두 가지 대안이 제시되었다.
> A대안을 선택하면 200명의 목숨을 구할 수 있다. B대안을 선택하면 600명의 목숨을 구할 가능성은 1/3이고, 한 명도 구할 수 없는 가능성이 2/3이다.

이 경우에도 대부분의 사람들은 대안 A를 선호한다.

이처럼 사람들은 위험선호성향과 위험회피성향을 모두 갖고 있다. 하지만 이득이 수반되느냐, 손해가 수반되느냐에 따라 다르게 나타난다. 이득이 수반되면 '위험회피적'이 되고, 그 반대의 경우라면 '위험선호적'이 된다. A의 경우에는 확실한 이득을 택하여 위험을 피했고(A-1), B의 경우에는 더 큰 손실을 볼 수 있지만 모험을 택했다(B-2).

바둑에서 한 집으로 이기든 열 집으로 이기든 이기는 것은 똑같다. 따라서 이기는 것이 확실하다면 모험을 하지 않는다. 하지만 질 경우 한 집으로 지든 만방으로 지든 똑같다. 어차피 질 바에는 모험을 해보는 것이다.

그래서 도박에서 돈을 조금 잃은 사람은 쉽게 손을 털고 일어서지만, 큰돈을 잃은 사람은 차를 저당잡히더라도 돈을 마련하여 만회해보려 한다. 평소 멀쩡하던 사람이 주식에 뛰어들어 큰 손해를 보게 되면 오히려 더 공격적으로 투자를 감행하는 경우도 볼 수 있다. 그래서 집을 팔고 여기저기 빚을 낸다.

부자들이 복권을 사지 않고 안전자산을 선호하는 것도 마찬가지다. 부자 몸조심인 것이다. 어차피 복권은 손해 보는 장사인 데다 설사 당첨이 되었다 하더라도 그들이 보기에 큰 이득이 되지 않는다. 오히려 여유가 없다고 생각하는 사람들이 복권을 사고 모험을 한다. Ψ

장고 끝에 악수… 실험으로 증명

고려사항 많을수록 단순-신속한 결정이 유리

새 집이나 차를 살 때 요모조모를 모조리 따져보는 사람보다는 순간적으로 마음에 드는 것을 선택하는 사람이 최종적으로 오히려 더 좋은 선택을 할 가능성이 높다는 연구결과가 발표됐다.

미국 노스웨스턴대 로란 노드그렌 박사와 네덜란드 라드바우드대 압 데익스터호이스 박사 등으로 구성된 연구팀은 신중한 사람과 배짱을 믿는 사람 중 누가 더 좋은 판단을 하는지를 실험했다.

연구팀은 연구 대상자를 △한자의 매력을 평가하는 그룹 △수준 높은 그림을 감정하는 그룹 △저질 그림을 감정하는 그룹 △아파트를 고르는 그룹 △젤리 사탕을 고르는 그룹 등 5개로 나눴다. 연구진은 이들의 절반에게는 일부러 심사숙고하도록 유도했고, 나머지 절반에게는 본능에 이끌리는 대로 단순하게 판단하도록 유도했다.

그 결과, 고려 사항의 숫자가 적을수록 심사숙고 그룹이 좋은 선택을 했다. 반면 고려 사항의 숫자가 늘어날수록 심사숙고 그룹은 '오랜 숙고 끝에 잘못된 결정을 하는' 비율이 높아졌다.

예컨대 아파트를 고르는 그룹에서 위치, 크기, 값 등 3가지 요소를 놓고 선택할 때에는 심사숙고 그룹이 좋은 아파트를 골랐다. 그러나 검토 항목을 9개로 늘리자 본능에 이끌리는 대로 신속하게 결정한 사람이 더 좋은 아파트를 골랐다.

이번 연구결과는 소비자나 기업에 유용할 수 있다. 소비자라면 고려 항목이 많지 않은 물건의 경우 요모조모를 따져 신중하게 결정하면 이익을 볼 수 있다. 그러나 고려 사항이 많은 신형 전자제품 등이라면 자신의 예산이나, 자신에게 꼭 필요한 기능만을 선택의 기준으로 삼아 신속하게 결정하는 것이 좋은 물건을 고를 수 있다는 것이다.

반면 판매업체 입장에서는 '많은 고려 사항은 소비자를 헷갈리게 한다'는 점을 적극 활용할 수 있을 것이라고 연구팀은 소개했다. 예컨대 안전성은 최고로 뛰어난 자동차지만, 핸들링이나 연비 등에선 경쟁에 밀리는 자동차 업체라면 일부러 자사 자동차의 장단점을 시시콜콜 나열하면서 "그래도 안전한 차가 고객님의 안전에 최고 아니겠습니까"라고 설득하면 단점을 잠시 잊게 하면서 구매 결정을 유도할 수 있을 것이라는 조언이었다.

이 연구결과는 미국 과학 웹진 사이언스 데일리, 의학 논문 소개사이트 유레칼러트 등이 최근 보도했으며 '소비자 연구 저널(Journal of Consumer Research)' 최신호에 실렸다. (코메디닷컴, 2009.1.29)

핵심 용어

가용성의 오류 구조주의이론 기대가치 기대효용
기억의 재구성 대표성의 오류 매몰비용 목격자 증언
범주화 변별 보충모형 비보충모형
섬광전구기억 세부특징이론 심상 심적 회계
위험선호 위험회피 의사결정모형 행동경제학
허위기억 형판이론

요약

- 범주화는 비슷한 속성을 가진 것을 하나로 묶어버리는 것인데, 복잡한 환경을 단순하게 만들어줌으로써 계속적으로 우리가 배우고 기억해야 할 정보의 양을 대폭 줄여준다.
- 변별은 두 자극 사이의 차이를 탐지하는 것으로, 형판이론, 세부특징이론, 구조주의이론이 있다.
- 심상(이미지)은 기억을 잘하는 데 도움이 되고, 문제해결에 도움이 되기도 하지만 이미지가 완벽한 것은 아니다.
- 허위기억은 우리가 상상하거나 생각해본 일이 점점 친근해져서 실제 기억인 것처럼 느끼는 것이다.
- 보다 완전한 기억을 위해 상식을 이용하거나 고정관념 혹은 우리가 미리 짜놓은 도식에 맞추어 기억을 재구성하기도 한다.
- 의사결정방법으로는 보충모형과 비보충모형이 있다.
- 불확실한 상황에서 의사결정은 확률을 이용하는데, 확률이 낮은 사건은 과잉추정하고 확률이 높은 사건은 과소추정하는 경향이 있다.
- 확률에는 대표성의 오류와 가용성의 오류가 있으며, 객관적 확률을 이용하는 기대가치보다 주관적 확률을 이용하는 기대효용 때문에 사람들은 기댓값이 0 이하인 도박을 하거나 보험을 든다.
- 사람들은 위험선호성향과 위험회피성향을 모두 갖고 있는데, 이득이 수반되면 '위험회피적'이 되고, 그 반대의 경우라면 '위험선호적'이 된다.

CHAPTER 6

문제해결과 창의성

SEND
+ MORE
MONEY

문제해결은 인지심리학에서 다루는 내용으로서, 지능 및 창의성과도 관련이 있다. 창의성은 새로운 무언가를 만들어내는 능력으로, 지능과 관련하여 다루기도 하고, 사고와 관련하여 다루기도 한다. (위 문제 해답은 제8장 참고)

도입사례

레고와 츄파춥스의 탄생

♠ 기울어진 가업을 위해 발 벗고 나선 고등학생

블록완구 대명사 레고는 덴마크 시골 빌룬트의 작은 목공소에서 탄생했다. 1930년대 중반 목공소에 큰 불이 나자 아버지의 목공소일을 도왔던 고등학생 고트프레드는 기울어버린 가업을 이어가기 위해서 불탄 후 남은 자투리 나무들을 모아 오리 장난감을 만들어 팔았다.

솜씨 좋은 고트프레드의 손재주 덕분에 오리 장난감이 반응이 좋아서 이후 자동차, 배 등 다양하게 장난감의 종류를 늘려갔다. 덴마크어로 '재미있게 놀아라'라는 말에서 딴 레고(LEGO)라는 상표를 붙이기 시작한 것도 이때부터다.

사업이 커지면서 나무가 아닌 플라스틱으로 모형을 만들어냈고 이것이 현재 우리가 알고 있는 레고의 시초가 됐다.

♠ 눈깔사탕을 포크로 찍으면 막대사탕 '츄파춥스'

막대사탕은 52년 전 미국에서 처음 선보인 후 현재까지 세대를 아울러 사랑을 받는 사탕의 왕자다.

큰 눈깔사탕을 입에 넣고 주체하지 못하는 아이들을 위해 포크로 찍어먹을 수 있는 사탕이 없을까 고민하다 막대기에 꽂으면 좋겠다는 아주 단순한 생각에서 탄생했다. 무심코 뜯어 버렸던 컬러풀한 포장지는 초현실주의 화가 살바도르 달리가 디자인한 작품이다.

오늘날 츄파춥스는 세계 막대사탕 시장을 거의 독점하다시피 하고 있다. 우리나라에는 1982년 처음으로 소개돼 브랜드 인지도를 끌어올려 누구나 즐길 수 있는 제품이 됐다. (조이뉴스24, 2011.1.15)

생각해보기 위 사례는 창의적인 문제해결로 성공한 사례다. 우리 주변에서 창의적인 해결이 필요한 문제는 없는가?

문제해결

우리의 일상생활은 문제를 해결하는 일들로 가득 차 있다. 짝사랑하는 그에게 어떻게 말을 붙여볼까? 고양이가 매일 밤 창가에서 듣기 괴로운 울음을 우는데, 어떻게 하면 쫓아버릴 수 있을까? 누군가가 남몰래 쓰레기를 우리 집 현관에 버리고 가는데, 어떻게 그 사람을 잡아낼까? 뿐만 아니라 국가적으로도 풀어야 할 과제가 많다. 경제성장을 우선으로 다루어야 할 것인가 분배를 먼저 다루어야 할 것인가? 보다 많은 사람에게 공감이 되는 복지정책을 하려면 어떻게 해야 하는가? 등등.

문제해결은 주어진 상태에서 다른 상태로, 즉 문제의 상황에서 해결의 상황으로 옮겨가는 것을 뜻한다. 배가 고프면 밥을 먹음으로써 문제를 해결할 수 있듯이 어떤 문제는 쉽게 해결할 수 있지만, 절도범 체포와 국가정책 결정과 같이 어떤 문제는 해결하기가 만만치 않은 것들도 있다.

시행착오 없이 한두 번의 시행으로 올바른 해결책을 찾으려면 어떻게 해야 할까? 어떻게 하면 좀더 효율적으로 문제를 해결할 수 있을까? 이러한 것은 현재의 어려움에서 벗어나는 것이기도 하지만 좀더 확대하면 앞으로의 생존전략이기도 하다.

문제의 발견과 해석

우리들 대부분은 문제가 있다면 그 문제를 있는 그대로 받아들여 바로 돌진하여 해결하려고 한다. 예를 들어 지구상의 인구문제 해결책을 찾는다고 하자. 대부분은 인구를 줄이는 방법부터 이야기할 것이다. 회사의 사정이 어려워져 비용을 줄여야 한다고 하자. 이럴 때에는 직원 수를 줄이거나 전등을 끄거나 엘리베이터 격층 운행, 이면지 활용 등을 이야기할 것이다.

하지만 지구상의 인구가 문제라면 식량을 늘리거나 토지의 활용도를 높여 전 인류가 함께 잘 살 수 있는 방법을 찾는 것도 인구문제를 해결하는 한 방법이다. 회사의 문제는 비용을 줄이기보다 이윤을 더 많이 창출할 수 있는 방법을 찾는 것이 오히려 더 바람직한 해결책이다.

다음 문제를 풀어보자. 연필을 떼지 않고 9개의 점을 4개의 직선으로 연결해보라.

여러분은 이 문제를 성공적으로 풀었는가? 이 문제의 '문제'가 무엇인지 알아냈는가? 이 문제를 풀 때 여러분들은 아마도 점으로 되어 있는 사각형 안에서만 선을 그어야 되는 것으로 생각했을 것이다. 그러나 4각형 안에서만 해결

2013년 10월 22일 부산진구 부전동 철길 굴다리 아래 도로에서 초읍 방면으로 향하던 11톤 탑 차량이 다리 아래에 끼여 움직이지 못하는 사고가 발생했다. 문제를 어떻게 해결했을까?
신고를 받고 출동한 119 구조대는 차량의 타이어의 공기를 모두 빼고, 운전석 위 탑부분을 제거하는 등 차량 높이를 낮춰 40분 만에 후진으로 차량을 이동조치했다. 이 사고로 인근 차량 운행이 통제되면서 약 30분가량 극심한 교통 정체가 빚어졌다. (노컷뉴스)

하라는 요구사항은 없다. 즉 선이 점으로 된 사각형의 바깥으로 나가도 된다는 것이다. 이것을 알아내는 것이 문제의 해석이다.

문제의 해석은 '문제가 무엇인지'를 정확히 발견하고 파악하는 것이다. 그러면 문제해결이 훨씬 쉬워질 것임은 말할 필요가 없다. 문제를 모르면 '문제'가 커지는 법이다.

해결책략

문제를 적절히 발견하고 해석했다면 그 다음에는 문제를 풀 수 있는 책략을 사용해야 한다. 우리는 수학문제를 풀기 위해 우리의 머릿속에 있는 공식을 끄집어내는 등 문제를 해결하기 위한 책략을 우리의 기억에 저장되어 있는 정보에서 가져올 수도 있고, 아니면 이것저것 좌충우돌식으로 해봄으로써 시행착오를 겪기도 한다.

일반적으로는 알고리듬과 어림법을 많이 이용한다. 알고리듬은 문제해결의 한 방법으로서 적절히 수행되기만 하면 성공적으로 해결할 수 있는 책략이다.

알고리듬

알고리듬(algorithm)을 설명하는 데 가장 효과적인 것은 수학문제다. 복잡한 곱셈을 해야 할 때라면 곱하는 공식(알고리듬)을 사용한다. 예를 들어 476×731을 계산한다고 할 때 곱하는 방식을 알고 있으면 언제든 정답에 이를 수 있다.

어림법

또 다른 하나의 방법은 휴리스틱스(heuristics)라 불리는 어림법이다. 이것은 유사한 문제에 관한 우리의 경험으로부터 나온 방법으로, 주먹구구식이기는 하지만 적절히 사용하기만 하면 알고리듬보다 더 빠른 해결책을 가져다준다. 이러한 방법에는 많은 것들이 있지만 일반적으로 많이 사용되는 것은 수단-목표 분석법, 후방으로 문제풀기법, 하위목표 설정법 등이다.

수단-목표 분석법 : 오래 사용한 탁자의 다리 하나가 짧아 흔들린다고 해보자. 이럴 때에는 짧은 다리에 뭔가를 대주어 높이를 맞추어야 한다. 종이를 접어서 댈 수도 있고 못 쓰는 책으로 받칠 수도 있다. 그리하여 높이가 맞아 흔들리지 않으면 이전 상태와 현 상태의 차이가 없어진 것이다(즉 문제해결). 이처럼 수단-목표 분석법은 현재 상태와 목표 상태의 차이를 알아내기 위해 비교를 해서 그 차이를 없애나가는 것이다.

후방으로 문제풀기법 : 이것은 수학적 증명과 같은 복잡한 문제를 풀 때 많이 사용되는데, 목표에서 시작해서 현 상태로, 즉 거꾸로 진행하는 것이다. 예를 들어 여러분이 오늘 하루에 다 쓰는 조건으로 10만원을 부모님으로부터 받았다고 하자. 아마도 책이나 요즘 유행하는 옷 또는 평소에 봐두었던 제품을 사려고 할 것이다. 이럴 때에는 목록을 적어가면서 가격을 더해가는 것보다는 총액에서 산 제품의 가격을 거꾸로 빼나가면 좀더 문제해결이 쉬울 것이다.

하위목표 설정법 : 이것은 주된 목표를 달성하기 위해서 그 목표로 가는 하위목표를 설정하는 것이다. 이것은 보다 더 복잡한 문제를 해결하는 데 많이 쓰인다. 케네디 대통령이 "1960년대가 끝날 때까지는 인간을 달세계에 착륙시켰다가 무사히 지구로 귀환시키는 목표를 달성시키고 싶다"는 포부를 밝혔다. 이때 NASA는 머큐리 계획(미국 최초의 유인위성 발사계획, 1인 우주비행사)과 제미니 계획(2인승 우주선 발사계획) 같은 하위목표를 세운 후 마지막으로 아폴로 계획에서 달 착륙에 성공할 수 있었다.

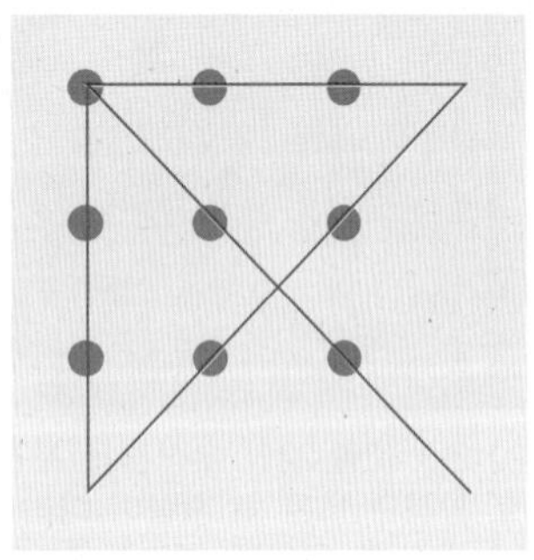
125쪽 문제의 해답

한때는 잘됐는데! — 성공의 덫

모든 사람이 성공적으로 문제를 해결할 수는 없다. 종종 우리는 문제해결을 가로막는 복병을 만나기도 한다. 그중 두 가지는 문제해결세트와 기능적 고착이라는 것이다.

우리는 생활하면서 자신만의 방식을 굳혀나간다. 그래서 나이가 들어가면서 옹고집이 되어간다. 문제해결에서도 이런 것이 나타난다. 즉 과거의 방식이 한때 먹혔다면 계속 그 방식을 고집하는 것이다(문제해결세트).

이전의 지식이 문제해결에 영향을 미치는 것을 보여준 루친스(A. Luchins)라는 심리학자는 다음과 같은 문제를 낸 적이 있다.

> A주전자는 25리터짜리, B주전자는 5리터짜리, C주전자는 2리터짜리다. 16리터를 만들려면 어떻게 하면 될까?

이 문제는 상당히 쉬운 문제다. 25리터 주전자를 가득 채운 다음 5리터짜리에 한 번, 2리터짜리에 두 번 부으면 16리터가 남는다. 그렇게 되면 성공적으로 문제해결이 된 것이다. 하지만 또 다른 주전자 문제가 주어졌을 때 70% 이상의 사람들이 위와 같은 해결전략(A－B－2C)으로 풀고자 했다. 루친스가 제시한 새로운 문제는 위의 방식으로는 해결이 안 되는 또 다른 문제였다.

실패상품 중 대표적으로 꼽히는 코카콜라의 '뉴코크'(좌). 1985년 출시 당시 코카콜라 회장은 이렇게 예측했다. "코카콜라 역사상 가장 획기적인 청량음료 개발이다. 과거 어느 때보다 미래가 확실하다."
코카콜라사가 원조 코카콜라에 단맛을 가미해 출시한 이 상품은 개발단계 시장조사에서는 소비자 선호도가 높았지만 결과는 대재앙으로 끝나고 말았다.

이처럼 사람들은 이전의 방식이 통했다면 지금의 상황에서도 통할 것이라고 생각하고 있다. 여건이나 상황이 변하면 해결책도 따라서 변해야 하는데, 이전의 그 방식만을 고집하고 있다.

진짜 치명적 위기는 자기의 약점이 아니라 강점 때문에 오는 경우가 많다. 멋진 뿔을 자랑하던 사슴도 뿔이 나무에 걸리는 바람에 맹수의 먹이가 되었다. 과거의 성공이 오늘날의 장애물이 되는 것이다.

또 다른 복병은 기능적 고착이라는 것이다. 먼저 다음의 그림을 보고 문제를 풀어보자. 여러분이 해야 할 일은 주어진 재료를 이용해서 양초를 나무벽에 세우는 일이다.

이 과제의 해결이 만만치 않은 것은 종이상자의 용도 때문이다. 종이상자는 다른 물건을 담아두는 용도로만 생각된다. 그래서 종이상자를 벽에 붙이는 받침대로 쓰면 된다는 생각이 떠오르지 않는다.

이처럼 어떤 사물을 하나의 용도로 자주 사용하다 보면 그 사물을 새로운 용도로 보기가 어렵게 된다. 즉 그 사물이 하나의 기능만을 가지고 있다고 생각하게 된다. 이것이 기능적 고착(functional fixedness)이다.

우리는 기능적 고착 탓에 사회에서도 문제해결을 원만하게 하지 못하는 경우가 많다. 예를 들어 아동보호기관과 노인보호기관 등이 그러한 사례다. 우리는 아동보호기관에는 아동만 들어올 수 있고 노인보호기관에는 노인만이 들어올 수 있다는, 단 하나의 용도만 생각한다. 하지만 아동들은 보살핌을 필요로 하고 있고, 노인들은 보살핌을 주려는 욕구를 가지고 있다. 이 두 기관을 하나로 합쳐 놓으면 보다 더 효과적이지 않을까?

창의성*

먼저 생존이 걸린 문제를 하나 풀어보자.

> 당신은 지금 권총으로 무장하고 3인이 하는 결투를 진행하고 있다. 당신도 명사수이지만 나머지 두 명은 당신보다 총을 더 잘 쏜다. 그 사람들이 1등 총잡이와 5등 총잡이쯤 된다면 당신은 10등쯤 된다. 하지만 결투에는 '공정한' 규칙이 있어서 못 쏘는 사람부터 먼저 한 발씩 쏘게 되어 있다. 제일 먼저 총을 쏘아야 하는 당신은 생존을 위해 어디를 쏘아야 할까?

127쪽 문제의 해답

위 문제를 여러분은 성공적으로 해결했는가? 해결했다면 생존할 것이고, 해결하지 못했다면 생존하지 못할 것이다.

이 문제는 더 이상 수수께끼가 아니다. 세상은 바야흐로 그와 같은 상황으로 치닫고 있다. 각 총잡이를 기업이나 조직 혹은 개인으로 바꾸고, 결투를 생존경쟁으로 바꾸어서 생각해보라.

생존경쟁에서 살아남기 위해서는 일상적으로 생각하는 정도 이상의 사고방식이 필요하다. 그것이 창의성이다. 남들이 생각지 못한 독창적인 아이디어가 앞으로 당신의 생존을 이끌게 될 것이다. 위 사례의 정답은 총잡이를 쏘지 않고 허공에 쏘거나 빗맞히는 것이다.

〈반지의 제왕 1·2·3〉은 뉴질랜드 출신의 감독이 뉴질랜드에서 찍은 영화다. 이 영화는 서너 번씩 봤다는 영화팬들이 수없이 많을 정도로 세계를 흥분시켰다. 뉴질랜드는 이 영화 3편의 극장수입만으로 28억 6천만 달러(약 2조 8천억 원)를 벌었다. 뉴질랜드는 이후 할리우드 영화의 촬영지로 각광받았으며, 영상산업 또한 단번에 164%의 초고속으로 성장했다. 〈라스트 사무라이〉, 〈마스터 앤드 커맨더〉 등이 그 후 뉴질랜드에서 촬영된 작품들이다. 이렇게 되자 단역배우, 세트장 건설, 숙박 및 음식업 등 관련 산업에서 약 2만 명의 고용효과가 창출되었고, 〈반지의 제왕〉 주인공인 프로도의 이름을 딴 '프로도 경제'라는 신조어까지 생겨났다. 또한 뉴질랜드라는 국가 브랜드의 광고효과는 4천 8백만 달러에 달하는 것으로 조사되었고, 뉴질랜드를 찾는 관광객 수는 이전보다 5.6% 늘어났다.

사람들은 현대를 불연속성·불확실성의 시대라고 한다. 현대는 과거와 단절된 상태여서 과거의 연장선상에서는 예측할 수가 없으며, 주변 상황과 환경 또한 변화가 많고 거세져 확실한 것이 없는 시대다.

앞으로의 세상도 현재와 단절된 채 불확실하게 펼쳐질 것이다. 기술 또한 발전이 엄청나서 생각지도 못한 어떠한 신기술이 우리 앞에 나타날지 모른다. 과거에는 튼튼한 신체와 체력을 바탕으로 삽질을 해서 100명 모두가 먹고살았다면 굴착기가 등장한 후에는 단 한 명의 일손으로도 99명의 일꾼을 대체할 수 있게 되었다. 나머지 99명은 새로운 일자리를 찾아 나서야 하는 것이다.

* 창의성 부분은 장재윤·박지영, 『창의성의 심리학』에서 주로 인용함.

이처럼 앞으로 우리에게 닥칠 문제는 이제껏 우리가 겪어보지 못한 것들이 많을 것이다. 굴착기의 등장으로 새로운 직업을 찾아야 하는 것처럼 환경은 우리에게 또 다른 형태의 문제해결을 요구할 것이다. 이러한 문제를 잘 해결하느냐 그렇지 못하느냐에 따라 우리의 생존이 달라질 것이다.

두 사례

일반 사람들은 창의적인 인물들과 그들의 업적에 대해 생각하면 그 과정이 너무나 신비로워서 굉장히 신기하고 마술(magic) 같은 느낌을 갖는다. 그래서 창의성은 자신과 무관한 것으로 생각하고 일부 특출한 사람들의 전유물로 생각해버린다.

그러나 창의성은 일부 특출한 사람들의 전유물이 아니다. 우리 앞에도 창의적으로 해결해야 할 과제가 많다.

✿창의성의 대가, 토런스 교수

2003년 타계한 미국 조지아 대학교 교육심리학자 토런스(E.P. Torrance) 교수는 창의성 교육과 연구를 왕성하게 하여 창의성 분야의 세계적 권위자로 인정받는 사람이다. 그는 세계적으로 사용되고 있는 창의성 검사인 TTCT(Torrance Tests of Creative Thinking)를 개발했을 뿐만 아니라 세계적으로 매년 25만여 명이 참여하는 미래문제해결 프로그램(Future Problem Solving Program)을 개발하기도 했다.

그는 1950년 미국에서 박사학위를 받고 얼마 되지 않아서 미 공군으로부터 중요한 프로젝트를 수행해달라는 요청을 받았다. 당시는 한국전쟁(6.25전쟁)이 시작되었을 때였다. 프로젝트의 목적은 전투기나 전폭기 또는 수송기 조종사가 작전수행중 비행기가 추락했을 때 조종사가 생존하여 무사히 귀환할 수 있는 훈련 프로그램을 개발하는 것이었다.

토런스는 여러 관련 문헌들을 살펴보고, 제2차 세계대전 당시 실제로 추락 후 생존한 조종사들을 만나서 '어떻게 해서 생환할 수 있었는지'에 대한 인터뷰를 했다. 토런스는 이러한 인터뷰 내용을 분석하는 과정에서 놀라운 사실을 발견했다. 비행기 추락 후 생환한 사람들이 일관적으로 지적하는 능력은 바로 '창의력'이었다. 추락하게 되면 전혀 예측할 수 없는 장소와 상황에 처하게 되고, 이러한 불확실한 상황에서 살아나오기 위해서는 자신의 지금까지의 경험들을 기초로 한 창의적인 문제해결 능력이 요구된다는 것이었다.

그래서 토런스는 미 공군으로부터 의뢰받은 프로젝트에서 무엇을 훈련시킬 것인가에 대해 결론을 내릴 수 있었다. 그것은 다름 아닌 창의력을 훈련시키는 것이었다. '생환에 필수적인 도구'는 바로 창의력이었다.

토런스는 이 프로젝트 수행 후 창의성에 매료되어 연구를 집중하여 창의성 분야의 세계적 권위자가 되었다. (장재윤 · 박지영, 창의성의 심리학)

매출을 올리는 전략이든 이성에게 접근하는 방법이든 입사면접을 통과하기 위한 대책이든 이전의 방식으로는 더 이상 문제가 해결되기 어려운 것들이다.

결론을 이야기하면 우리 모두는 창의적이다. 두 사례를 보자. 하나는 빈둥거리며 앞일을 걱정하던 영국의 한 대학생이 남들이 생각지 못한 아이디어 하나로 대박을 터뜨린 이야기이고, 다른 하나는 직장에서 해고되고 생활보조금으로 연명하던 한 이혼 여성의 이야기다.

[사례 1] 영국의 일간지 「가디언」은 윌트셔 주 크릭레이드에 사는 21세 대학생인 알렉스 튜의 성공 신화를 소개했다. 그는 얼마 전 '밀리언달러홈페이지닷컴'을 열고 페이지를 10×10픽셀 크기의 미니 박스 1만 개로 나누어 픽셀당 1달러의 가격에 분양하기 시작했다. 작은 박스 로고를 클릭하면 광고주의 홈페이지로 바로 연결되는 구조였다. 학자금 대출금을 갚는 문제로 고심하던 알렉스는 놀라운 성공을 거두었다. 4주 만에 5만 6천 파운드(약 1억 원)를 벌어들이는 데 성공한 것이다. 「가디언」이 전한 분석에 따르면, 밀리언달러홈페이지닷컴은 세계에서 3번째로 빨리 성장하는 웹사이트이며 하루 방문자가 4만 명 수준이다. 한편, 아류가 봇물처럼 터져 나오고 있다. 밀리언달러웹페이지, 밀리언페니홈페이지, 밀리언벅스퍼즐 등이 대박을 노린 후발주자다.

(팝뉴스, 2005.9.26)

[사례 2] 그녀는 1965년 7월 영국 웨일스의 작은 시골 마을 치핑 소드베리에서 태어났다. 엑세터 대학 불문학과를 졸업한 후 비서일을 하다가 해고되었다. 그 뒤 맨체스터의 회사에서 일했고 포르투갈로 건너가 영어 강사로 일하다 결혼했으나 곧 이혼했다.

영국으로 다시 돌아온 그녀는 생후 4개월 된 딸과 함께 에든버러에 초라한 방 한 칸을 얻어 정착했다. 일자리가 없어 1년여 동안 생활보조금으로 연명하다 동화를 쓰기 시작했다.

1997년에 나온 이 작품은 고아소년이 친척집에 맡겨져 천대받다가 마법 학교에 입학하면서 마법사 세계의 영웅이 된다는 줄거리를 담고 있는 환상소설이다.

위 첫 사례의 알렉스라는 청년은 참신한 아이디어 하나로 대박을 터뜨려 다섯 달 만에 1백만 달러의 소득을 올렸다. 그는 더 이상 학자금 대출문제로 걱정하지 않아도 될 것이다. 지금도 그의 홈페이지는 회사의 로고들로 여전히 꽉 차 있다.

두 번째 사례의 주인공은 전 세계적인 베스트셀러 〈해리포터〉 시리즈를 쓴 영국의 여류 작가 조앤 롤링(Joanne K. Rowling)이다. 그녀는 해리포터 시리즈의 성공으로 백만장자가 되었을 뿐만 아니라 2000년에는 영국 여왕으로부터 작위를, 세인트 앤드류스 대학에서 명예박사학위를 받기도 했다. 2001년 3월에는 대영제국훈장을 수여받았다.

또 2001년에는 미국의 경제전문지 「포브스」가 선정한 전 세계 저명인사 100명 중 25위를 차지했으며, 책 판매와 영화 판권으로 영국에서 2002년 최고 여성소득자에 올랐다. 2004년에는 「포브스」가 집계한 10억 달러 이상 '세계 최고 부호 클럽'에 합류했을 뿐만 아니라 미국의 시사주간지 「타임」이 뽑은 '세계에서 가장 영향력 있는 100인' 중 한 사람으로 선정되기도 했다. 창의적인 생각 하나가 개인에게 얼마나 엄청난 효과를 가져오는지를 보여주는 극적인 사례라 할 수 있다.

판타지 소설 〈해리포터〉의 작가 조앤 롤링

위 사례의 두 인물이 비교적 어려운 환경에 놓인 사람이었다는 것을 감안한다면 창의성은 일부 특출한 사람들만의 전유물은 아니라는 것을 알 수 있다. 스스로 창의적이지 않다고 생각하겠지만, 많은 연구에 의하면 우리 모두는 창의적인 사람이다.

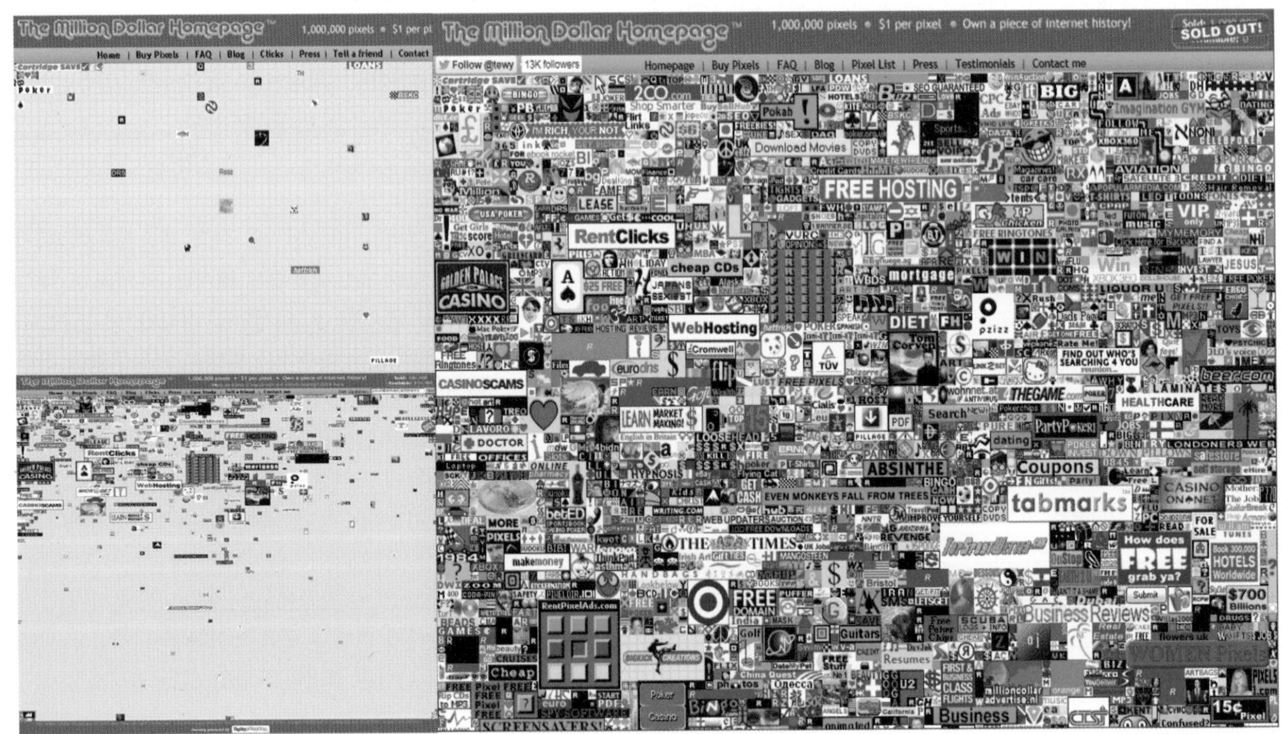

밀리언달러홈페이지닷컴의 홈페이지. 좌상과 좌하는 2005년 시작시점. 약 5개월 만에 모두 판매되어 총 103만 달러를 벌어들였다.

오늘날의 세계는 미래가 어느 쪽으로 튈지 모르는 불확실·불연속성의 시대다. 이럴 때에는 창의성으로 무장을 해야 한다. 한 번 더 강조하지만 창의성은 국가적으로든 개인적으로든 앞으로 가장 중요한 생존전략이다.

창의성이란

독일의 한 초등학교 학급에서 학생들이 너무 시끄럽게 떠들었다. 참다 못한 여선생님은 아이들이 떠든 벌로 1부터 100까지 모두 더하라는 문제를 냈다. 그러면 한참 동안은 조용할 것이라는 생각에서였다. 그러나 한 꼬마가 몇 분도 안 되어 다 풀었다고 손을 들었다. 또 장난을 하는 것이려니 생각하고 답을 들어보니 뜻밖에도 정답이었다. 놀란 선생님이 어떻게 풀었느냐고 물었다. "아주 쉬워요." 꼬마가 대답했다. "1에 100을 더하면 101, 2에 99를 더하면 또 101, 3에 98을 더하면 또 101, 이런 게 50개 있으니 5050이 되죠." 여선생님은 꼬마의 소질을 인정하고 수학교수를 소개해 가면서까지 특별지도를 했다. 이 꼬마가 19세기의 가장 위대한 수학자라는 칼 프리드리히 가우스(Gauss, 1777~1855)다.

창의성이란 무엇일까? 우리는 창의성이란 어떤 것이라고 대충 알고는 있지만 막상 무엇이라고 규정하기는 쉽지 않다. 학자들도 마찬가지여서 일치된 견해가 아직도 없는 실정이다. 모건(Morgan)이라는 심리학자에 따르면 심리학 문헌에는 25개의 서로 다른 창의성에 대한 정의가 있다고 한다. 그만큼 창의성이라는 개념은 다양하다.

하지만 그러한 정의에서 공통으로 들어가 있는 단어가 있다. 그것은 독창적인 산물을 생성한다는 것이다. 즉 창의성의 가장 핵심이 되는 요소는 독창성이다. 그러나 독창적인 산물이라 하여 항상 창의적인 것은 아니다. 이것이 문제해결에 적절할 때에만 창의성이라고 할 수 있다.

영화 〈ET〉에서처럼 하늘을 나는 자전거를 생각해냈다 하더라도 창의적인 것은 아니다. 이론상으로 그것을 실현시킬 방법이 없기 때문이다. 하지만 가우스의 사례는 창의적인 것이다. 왜냐하면 수학적인 공식을 사용하지 않는 독창성을 지녔을 뿐만 아니라 정답을 맞힘으로써 성공적으로 문제해결을 할 수 있었기 때문이다. 요약하면 창의성이란 '독창적인 동시에 적절한 산물을 생성해내는 능력'이라고 할 수 있다.

하지만 현실생활에서는 창의성에 대한 오해가 많다. 마음대로 생각하고 말하는 것이 창의성이라든가 또는 정신분석학자들의 주장과 같이 창의성이 환상적이고 무의식적인 사고과정이라는 것이 그러한 오해다.

연구에 따르면 창의성은 구조화된 사고를 통해 나타난다고 한다. 그러므로 마음대로 생각한다고 하여 모두가 창의적인 것은 아니다. 또한 창의성은 모든 사람이 가지고 있는 인간 고유의 능력임에도 불구하고 창의적인 사람을 말할 때 주로 위인들을 많이 떠올리는데, 이런 것도 일반인은 창의성과 거리가 멀다는 그릇된 환상을 심어준다.

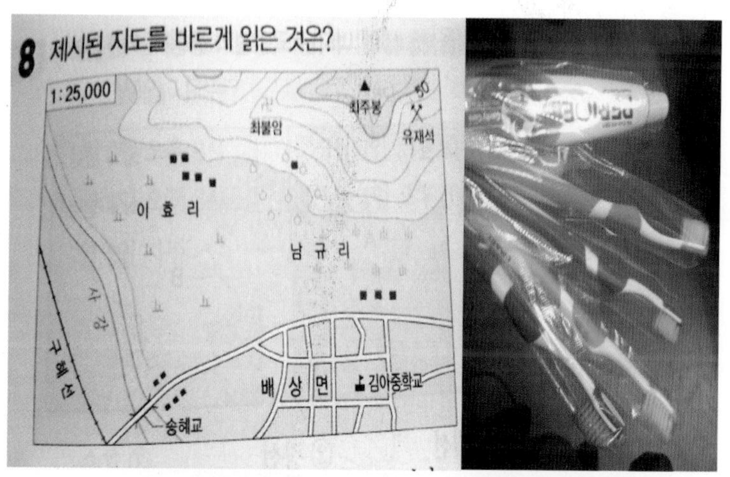

창의성은 예술가나 발명가들만의 전유물은 아니다. 일반인들도 얼마든지 창의적으로 생각할 수 있다. 인기연예인의 이름으로 만든 학습용 지도와 1회용 비닐장갑으로 만든 여행용 칫솔 보관용기 (출처 : www.wit.co.kr)

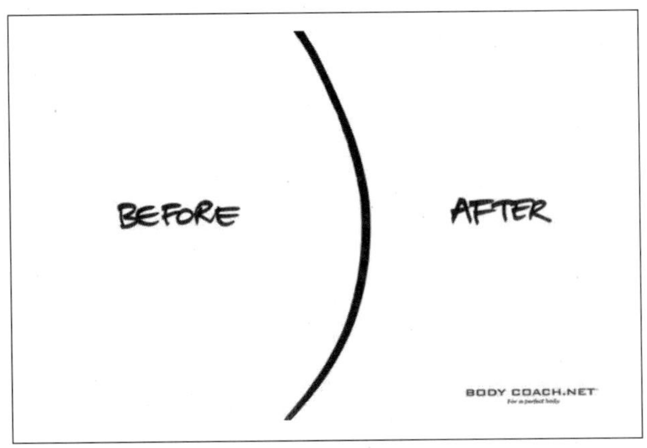

체형관리회사 bodycoach사의 광고. 간단한 아이디어 하나가 수억 원짜리 광고가 된다. 뚱뚱한 허리(혹은 배)가 쏙 들어간다는 내용을 담고 있다.

다음의 사례를 보자. 일반인들도 창의적일 수 있다는 것을 보여준다.

2002년 10월 8일 일본의 고시바 마사토시(小柴昌俊) 도쿄대 명예교수가 노벨물리학상 수상자로 선정된 바로 다음날 시마즈(島津)제작소의 한 직원이 노벨화학상 수상자로 뽑혔다. 과학 분야에서 2명의 일본인이 연거푸 노벨상 수상자로 발표된 것도 놀라운 일이었지만, 특히 무명의 샐러리맨이 선정되었다는 사실이 세상을 놀라게 했다.
수상자가 발표되었을 때, 본인은 물론 가족 그리고 문부과학성까지도 믿을 수 없다는 표정을 지었고, 가족들은 동명이인이 아니냐고 되물었다. 그때 그의 나이 43세였고 유명한 사람도 아니었다. 그러나 사람들이 놀란 것은 그것이 전부가 아니었다. 그는 학사(동북대) 출신으로 일본에서 최고로 꼽히는 동경대 출신도 아니었다.

다나카 고이치 (자료 : MBC 화면 캡처)

그는 지극히 평범한 샐러리맨이었다. 수상소식이 전해지자 시마즈제작소측은 사내 3명의 동명이인 중 어느 사람인지 찾아 헤매야 할 정도로 그의 존재는 미미했다. 이 사람이 바로 최초의 '분자 질량 분석기 개발' 공로로 일본에 열두 번째 노벨상을 안겨준 다나카 고이치(田中耕一)다.

창의적인 사람의 환경

아벨은 오슬로 근교의 가난한 프로테스탄트 목사의 아들로 태어났다. 그는 어렸을 적에 그렇게 두드러진 재능을 나타낸 적이 없는 평범한 학생이었으나 15세 때에 오슬로의 대성당 학교에 들어갔을 때 유능한 수학자 홀름보에 선생을 만나 수학적 재능이 발굴되었다. 18세 때 아버지를 잃었고, 우울증에 걸린 형을 대신하여 어머니와 여섯 명의 형제들을 보살펴야 하는 책임이 그에게 주어졌지만 그의 천재성을 알아차린 홀름보에 선생의 도움으로 가난과 싸우면서 수학공부를 계속했다.
그의 첫 성과는 어렵기로 이름난 5차 방정식의 해법이었다. 카르다노와 페라리 등에 의해 3, 4차 방정식의 일반적인 해법이 발견된 이후로 많은 수학자들이 5차 방정식의 일반적인 해법을 발견하려고 노력했으나 그 해법은 3백여 년간 발견되지 않았다. 아벨은 5차 방정식의 해법을 연구하여 19세 때 그 답의 열쇠를 찾았다.
그 답은 '풀리지 않는다'는 것이었다. 이 위대한 것을 발견한 아벨은 무척 가난했음에도 불구하고 큰돈을 들여 5차 방정식에 관한 논문을 인쇄하고 당시 수학계의 제1인자였던 가우스에게 보냈다. 그러나 가우스는 그것을 읽어보지도 않고 쓰레기통에 버렸다고 한다. 그 후 그의 업적이 수학계에 알려져 높이 평가되었고 베를린 대학에서는 그를 교수로 초대하기에 이르렀다. 그러나 그 초대장이 도착하기 이틀 전인 1829년 4월 6일 아벨은 파리에서 얻은 폐병으로 26년 8개월의 짧고 불행한 생을 마감했다.

아벨. Johan Gorbitz가 그린 그림을 보고 제작한 석판화(1826)

(이태욱, 한국교육신문, 2005.8.1)

세기의 대천재 가우스가 알아보지 못한 노르웨이의 수학자 닐스 헨릭 아벨(N.H. Abel, 1802~1829)은 '아벨적분', '아벨의 정리', '아벨방정식', '아벨군' 등 오늘날 사용되고 있는 수학용어 속에 살아 있다. 뿐만 아니라 필즈상과 더불어 수학의 노벨상이라 일컬어지는 아벨상은 바로 그의 이름을 딴 것이다.

아벨의 사례를 보면 창의적인 사람들이 공통적으로 지니는 몇몇 특성이 고스란히 드러난다. 실제로 가난에 허덕여 은사의 재정적인 도움을 받은 것을 제외하면 창의적인 사람들의 환경적 요인을 많이 지니고 있다.

학자들의 분석에 따르면 일반적으로 창의적이라고 인정받는 역사상의 인물들에게는 다음과 같은 환경이 있었다.

가장 중요한 것은, 창의적인 사람들은 지적이고 문화적인 자극이 충만한 가정환경에서 자랐다는 것이다. 그리고 규율이 약하거나 덜 조직화된 환경에서 자랐으며, 특히 첫째 아이일 확률이 높았는데, 이는 첫째 아이에 대한 부모의 높은 관심이 보다 지적 자극이 풍부한 환경으로 만들었기 때문으로 이해된다.

그리고 명성이 뛰어난 과학자들의 15%가 10세 이전에 부모 중 한 명을 잃었으며, 노벨문학상을 받은 사람의 경우에는 약 30%가 어릴 때 부모의 사망 등 심각한 위기를 겪었다고 한다. 이러한 환경으로 인해 자연히 독립적이고 자율적인 성격이 형성되었다는 것이다. 또한, 창의적인 사람들에게는 그 직업의 초기 단계에서 좋은 스승이 있었다. 이런 스승은 제자에게 역할모형이 되므로 제자가 스승이 지닌 가치를 내재화할 수 있게 된다.

스승-제자의 개인적인 관계는 아니라 하더라도 예술가들에게는 모범-모방자의 관계가 더 많은 영향을 끼쳤다는 연구도 있다. 하지만 어떤 유형이든지 자신이 따르는 모형의 존재가 창의적인 업적을 이루는 데 중요함을 보여준다. 그리고 창의적인 인물들의 전기나 자서전을 보면, 자신의 활동이나 업적을 인정해주고 그것의 중요성과 의미를 제대로 인식하는 인지적 지지자와, 자신이 외롭고 힘들고 어려울 때 정서적으로 지지해주고 함께해준 정서적 지지자들이 있었다. 아벨의 사례에서는 홀름보에 선생이 스승이자 후원자였다.

생전에는 전혀 인정받지 못해 가난 속에 살았던 인상파 화가 빈센트 반 고흐(Vincent van Gogh, 1853~1890). 그에게는 평생 그의 재능을 인정하고 지지해준 후원자였던 동생 테오가 있었다. 테오는 매달 일정한 액수의 돈을 형에게 보내 생계를 도와주었고, 당시 아무도 사지 않던 형의 그림을 사들였다. 〈밀짚모자를 쓴 자화상, 1887〉

한편, 창의적인 사람들의 특성을 종합적으로 기술한 심리학자 아마빌레(T. Amabile)에 따르면 창의성을 발현시키는 사람들은 해당 영역에서 풍부한 지식으로 무장하고, 창의적 행동과 사고를 하며, 창의성을 향한 내적 동기가 풍부한 사람이라고 한다. 즉 특정 영역에서 요구되는 기술 및 지식이 많고, 주의집중, 헌신, 끈기, 의지 등의 창의적 행동과 개방적이며 폭넓은 사고를 하며, 외부 압력이 아니라 자신의 흥미, 만족과 같은 개인적인 도전으로 창의적 작업에 몰입한다는 것이다. 내적 동기가 높은 사람일수록 일에 열정을 갖고 그 일에 빠져들며, 일을 놀이라고 생각하는 특성이 있다고 한다.

창의적 사고

인간의 정신활동은 대뇌에서 이루어진다. 우리의 대뇌는 좌반구(좌뇌)와 우반구(우뇌)의 두 반구로 이루어져 있다. 널리 알려진 바와 같이 좌뇌와 우뇌의 기능은 서로 다르다. 좌뇌는 언어적 기능을 담당하고 우뇌는 공간지각과 관련된 기능을 담당한다. 좌뇌가 언어적 · 시간적 · 분석적이라면 우뇌는 영상적 · 공간적 · 종합적이다.

좌반구에서 언어적인 정보를 처리하지만, 그렇다 하여 우반구가 언어를 전혀 처리하지 못하는 것은 아니다. 그리고 우반구가 공간지각과 관련된 정보를 처리하지만 좌반구가 이것을 전혀 처리하지 못하는 것도 아니다. 다만 자기가 맡은 역할이 다른 반구에 비해 월등히 뛰어나므로 각 반구의 기능에 차이가 있는 것으로 보일 뿐이다.

두 뇌는 대립적인 것으로 보이지만 상호보완적인 관계에 있다. 좌뇌 따로 우뇌 따로가 아니라는 것이다. 예를 들어 고향이라는 말을 들으면 우리의 좌뇌는 언어적으로 그 정보를 처리하지만 우뇌는 고향의 이미지를 떠올리게 된다. 이러한 것은 두 대뇌반구를 이어주는 다리 역할을 하는 뇌량이라는 것이 있기 때문에 가능하다. 그래서 좌뇌는 우뇌에서 분석한 결과를 언어화하고, 우뇌는 좌뇌에서 처리된 것을 영상화한다.

창의적 사고를 하기 위해서는 좌뇌와 우뇌를 골고루 활용할 필요가 있다. 그래서 좌뇌에서 분석적이고 논리적인 사고를 하여 우뇌로 넘기면 우뇌는 이 자료를 종합하여 처리하고, 또 우뇌에서 종합적이고 전체적인 정보를 좌뇌에 보내면 좌뇌에서는 이를 분석하고 논리적으로 따져보는 것이 필요하다.

일반적으로 왼손을 쓰는 사람은 재주가 많다. 아리스토텔레스, 알렉산더, 다빈치, 모차르트, 나폴레옹, 아인슈타인, 처칠, 슈바이처, 채플린 등이 왼손잡이다. 그리고 인류 역사상 최초로 달 착륙에 성공한 암스트롱, 포드 자동차의 창립자 헨리 포드, 마이크로소프트사의 빌 게이츠, 영화 〈타이타닉〉과 3D영화 〈아바타〉로 유명한 제임스 카메론 감독이 모두 왼손잡이고, 제럴드 포드(1974~1976년), 로널드 레이건(1980~1989년), 조지 부시(아버지 부시, 1989~1992년), 빌 클린턴(1992~1999년) 등 지난 30년간 미국을 이끌었던 역대 대통령들이 왼손잡이였으며, 오바마 대통령 또한 왼손잡이다.

오른손잡이는 주로 오른손만 사용하지만 왼손잡이는 양손을 모두 사용하는 사람들이 많다. 양손을 모두 사용한다는 것은 두 대뇌반구를 골고루 사용한다는 뜻이다.

✿좌뇌와 우뇌의 기능 발견

좌뇌와 우뇌의 기능이 다르다는 것이 알려진 것은 1960년대 초 캘리포니아 대학의 스페리(R. Sperry)라는 심리학자가 뇌량이 절단된 환자들을 대상으로 한 실험에서였다(뇌량이 절단되면 좌반구와 우반구 뇌가 완전히 단절된다). 스페리는 이들에게 스크린의 한 점을 응시하라고 하면서 오른쪽에 다양한 물건의 사진을 보여주었다. 그리고 난 후 그 물건의 이름을 말하고 앞의 칸막이 뒤에 있는 그 물건을 집으라고 했을 때 그들은 성공적으로 수행할 수 있었다. 그러나 물건의 사진이 스크린 왼쪽에 제시되었을 때에는 왼손으로 그 물건을 골라낼 수는 있었으나 그 물건이 무엇인지 말하지는 못했다.

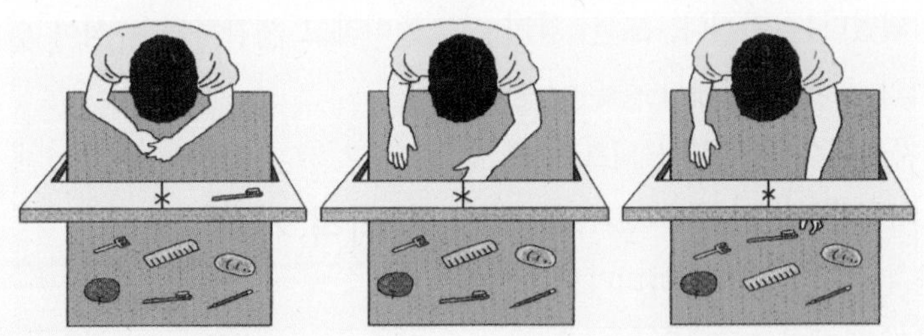

"X지점을 응시하세요." (X왼쪽에 칫솔이 나타났다가 사라진다)

"금방 무엇을 보았나요?" "……."

"본 것을 집어보세요." (칫솔을 집는다)

그리하여 스페리는 뇌의 각 반구의 역할이 다르다는 것을 발견했다. 뇌의 좌반구는 신체 우측에서 들어오는 정보를 받으므로 왼쪽에 보이거나 왼손에 만져지는 사물은 알 수가 없다(그 반대도 마찬가지다). 우반구는 왼쪽 눈을 이용하여 그 물건을 볼 수는 있으나 언어능력은 좌반구에 집중되어 있기 때문에 말을 할 수 없었던 것이다. 그리하여 각 뇌 반구의 기능이 다르다는 것을 발견한 스페리는 1981년 노벨 생리의학상을 공동 수상했다.

대뇌 좌반구와 우반구가 균형 있게 발달해야 창의적인 사고가 나올 수 있기 때문에 왼손잡이 중에서 천재가 나올 확률이 높다.

성격과 창의성

일반적으로 창의적인 사람들은 자신만의 규칙을 만들기를 좋아하고 자신만의 방식으로 일을 진행시킨다. 또 아직 만들어지지 않은 문제를 좋아하고, 글을 쓰거나 계획을 구상하는 것과 같은 유형의 활동을 좋아하며, 작가, 과학자, 예술가, 건축가 등의 직업을 선호한다.

그러므로 이들은 다양한 관점을 수용할 줄 알고 기존의 견해와 일치하지 않는 정보에 민감하다. 또한 사회적으로 지지를 받기가 어렵고 이러한 상태에서 오랫동안 자신의 일에 몰두해야 하기 때문에 자율성이라든가 독립심, 자신감 등이 강한 편이다. 게다가 다른 사람들의 비판이나 보상 등에는 관심이 별로 없으며, 일 그 자체에 높은 관심을 보인다.

창의성과 성격 간의 관계에 대해서도 많은 연구가 있어 왔다. 이러한 연구결과를 검토한 학자들에 따르면, 창의적인 사람은 다음과 같은 성격특성이 있다고 한다.

① 지적이고 예술적인 가치관
② 광범위한 관심
③ 복잡성 선호
④ 왕성한 활동력
⑤ 일과 성취에 대한 높은 관심
⑥ 판단의 독립성
⑦ 자율성
⑧ 고도의 직관력
⑨ 자신감
⑩ 갈등을 참고 해결하는 능력
⑪ 창의적인 자아상

지능과 창의성

창의적인 사람들은 평균 이상의 지능을 가지고 있다. 하지만 IQ가 아주 높다고 해서 창의적인 것은 아니다. 일반적으로 IQ 120을 기준으로 하여 그 이하에서는 지능이 창의성과 정적 상관관계를 가진다. 즉 IQ 120 이하에서는 지능이 높을수록 창의력도 높지만 IQ 120 이상에서는 지능과 창의성 사이에 아무 관련이 없다.

오늘날의 지능 연구자들은 단일지능 관점보다는 다중지능 관점을 더 인정하고 있으며, 인간의 지적 능력은 생각보다 훨씬 더 다양하다고 본다. 즉, 인간의 지능은 단순히 IQ 검사(주로 언어, 수리, 공간지각 능력 등을 측정하는 검사)로만 측정되는 것 이상이라고 본다.

가드너(H. Gardner)는 다중지능 이론을 제안한 교육심리학자로서, 인간의 지능은 다음과 같은 7가지 지능으로 구별될 수 있다고 했다.

- ▶ 언어적 지능 : 전반적인 언어능력(시인, 저널리스트, 예 : T.S. 엘리엇)
- ▶ 논리수리적 지능 : 추상적 사고를 할 수 있는 능력(과학자, 수학자, 예 : 아인슈타인)
- ▶ 음악적 지능 : 리듬, 가락, 음색을 만들고 소리로 구성된 의미를 이해하는 능력(작곡가, 바이올린 연주자, 예 : 스트라빈스키)
- ▶ 공간적 지능 : 시각적·공간적 정보를 지각하고 시각적 이미지를 재생할 수 있는 능력(항해자, 조각가, 예 : 피카소)
- ▶ 신체운동적 지능 : 자신의 몸의 움직임을 통제하고 외부 대상을 조작할 수 있는 능력(무용가, 운동선수, 예 : 마사 그레이엄, 무하마드 알리)
- ▶ 개인간 지능 : 다른 사람의 감정, 신념, 의도 등을 인식하고 구분할 수 있는 능력(치료사, 판매원, 예 : 간디)
- ▶ 개인내 지능 : 자신의 감정, 신념, 의도 등을 인식

하고 구분할 수 있는 능력(세부적이고 정확한 자기 지식을 지닌 사람, 예 : 프로이트)

이와 같이 지능에 대한 요즘의 관점은 과거의 단일지능 관점과는 많은 시각 차이를 드러내고 있지만, 다중지능의 관점에서 보더라도 지능과 창의성 간에는 특별한 관련이 없는 것처럼 보인다.

연령과 창의성

창의력은 나이가 들어감에 따라 계속 증가하는 것인가, 변함없이 유지되는 것인가, 아니면 점차 감퇴하는 것인가?

이러한 관심과 관련하여 상반되는 주장이 있다. 감소모델과 증가모델이 그것이다. 감소모델은 나이가 점점 들어가면 창의력이 감소하며, 열 살 어린아이의 창의력과 50세 성인의 창의력을 비교해보면 50세 성인의 창의력이 더 낮다는 주장을 한다. 반면, 증가모델은 나이가 점점 들어가면서 창의력이 증가한다고 주장한다.

아동기가 가장 창의적인 시기라고 주장하는 관점은 어린아이의 사고는 매우 독창적이어서 너무나도 기발한 아이디어들을 많이 생각해낸다는 것에 기초하고 있다. 그래서 어른들은 새로운 아이디어를 내려고 할 때, "동심의 세계로 돌아가자", "꿈의 세계로 돌아가자"는 얘기들을 많이 한다. 그 이유는 아동기가 가장 창의적인 시기이며, 논리, 법칙, 규범, 기존 질서와 가치의 영향을 받지 않는, 즉 일반 사회의 공통적인 생각의 틀이나 고정관념에 거의 영향을 받지 않는 순수한 시기이기 때문이다. 무한한 상상력이 있는 아동기가 가장 창의력이 높은 시기이며, 이후부터 공식적인 학교교육을 받고 사회의 가치나 규범을 점차 내면화하게 되면서 창의력은 점점 감소한다고 주장한다.

반면, 성인 초기가 가장 창의적인 시기라고 보는 관점은, 실제적으로 역사상 창의적인 업적을 남긴 사람들의 연령대를 비교해보면 가장 많은 시기가 2~30대였다는 것에 주목하고 있다. 그래서 창의성과 연령 간에는 역J 자형의 관계가 있다고 주장한다. J자를 거꾸로 뒤집어놓으면 중간 부분에서는 상당히 증가했다가 그 이후로는 점차 감소하는 모양을 보인다.

창의적인 업적을 남긴 연령대를 분야별로 비교해보면, 과학이나 수학 분야에서는 2~30대가 가장 많고, 역사나 철학 분야에서는 5~60대가 가장 많았다. 그래서 분야마다 창의성이 꽃피는 시기가 다르다는 것을 알 수 있다. 가령 철학의 경우는 오랜 기간의 지식과 경험을 통해서 창의적인 성과를 낼 수 있을 것이다. 결국, 분야마다 창의성이 정점에 이르는 시기는 다양하다고 볼 수 있다.

✣형만 한 아우 없다

인구통계학적으로 보면 맏이가 동생들보다 나은 교육을 받고 좋은 직장을 구한다. IQ는 가족크기 및 출생순위와 관계가 있다는 연구가 있다. 즉 지능은 가족크기에 따라 감소하고 출생순위가 빠를수록 영리하다는 것이다. Zajonc와 Markus가 이러한 사실을 발견했다. 아이가 태어나면 그 가족의 지적환경의 평균이 낮아진다. 가령 부모는 임의로 100점을 받고 신생아는 0점을 받는데, 이 경우 가족의 지적환경은 67점으로 떨어진다[(100+100+0)/3=67]. 한편, 3년 뒤 둘째 아이가 태어난다면 그 아이는 아버지(IQ 100), 어머니(IQ 100), 그리고 형(3세이므로 IQ 20이라 가정)의 환경, 즉 IQ 55[(100+100+20+0)/4=55]의 환경에 놓이게 된다. 이는 첫째 아이보다 낮은 수준의 환경이다. 이 때문에 전반적으로 첫째 아이보다 둘째 아이의 지능지수가 평균적으로 낮다고 설명한다.

정신질환과 창의성

"지금 난 미쳐버릴 것 같아요. 더 이상 이 끔찍한 시기를 견디며 살아갈 수 없습니다. 이번에는 회복하지 못할 것 같아요. 환청이 들리고 일에 집중하지 못하겠습니다…. 이제껏 내 모든 행복은 당신이 준 것이고, 더 이상 당신의 삶을 망칠 수 없습니다."

1941년 3월 '의식의 흐름' 기법으로 알려진 영국 최고의 모더니스트 작가 버지니아 울프는 이런 쪽지를 남편에게 남겨놓고 산책을 나가서, 돌멩이를 주워 외투 주머니에 가득 넣고 강으로 뛰어들어 스스로 삶을 마감했다.

예술가나 작가 중에는 반 고흐, 「누구를 위하여 종은 울리나」의 헤밍웨이, 「그리고 아무 말도 하지 않았다」의 전혜린처럼 자살로 삶을 마감한 사람들이 많다.

지금껏 많은 연구자들은 천재와 정신병자에게서 공통적으로 정신질환 증상이 나타난다고 주장해왔다. 특히 흥분과 침울이 번갈아 나타나서 '조울증'으로 불리는 극단적인 성격장애가 정신분열증과 유전적으로 유사하다는 연구결과도 있다. 편집증도 '천재적인 질병'에 속한다. 전체 인구 중 편집증 환자는 0.8%에 불과하지만, 영재와 천재에게서는 7%로 비율이 높아진다.

정신의학자 루드윅(A.M. Ludwig)은 자신의 책, 『위대함의 대가(The price of greatness)』에서 분야마다 정신질환의 유형이 다르다고 소개하고 있다. 그에 따르면 문학, 미술, 작곡, 연주, 연극 등과 같은 전문 예술 분야의 사람들이 다른 분야(예 : 과학, 비즈니스)보다 더 많이 정신적 고통을 경험하고 장기간 계속된다고 한다.

일반적으로 창의적인 작업에 종사하는 사람들의 정신적 고통 중 알코올 중독과 우울증이 가장 많이 나타나는 정신적 병리 현상이다. 분야마다 많이 나타나는 정신병리의 유형은 조금씩 다르다. 예를 들어, 배우나 연주가는 약물 과다복용이 많고, 작곡가, 화가, 논픽션 작가들에게는 알코올 중독과 우울증이 많으며, 시인, 배우, 소설가, 연주

정신분열증세를 나타내는 한 수학천재(존 내쉬)가 자신의 병적 어려움을 극복하고 노벨상을 수상하기까지의 실화를 그린 휴먼 드라마 〈뷰티풀 마인드〉

✤정신질환과 창의성

2010년 스웨덴-미국 연구팀은 피실험자를 정신병자, 보통사람, 굉장히 창의적인 사람 등 3개 그룹으로 나누어 '창의성 평가 테스트'를 실시하는 동시에, 양전자 방출 단층촬영 기법으로 뇌 구석구석을 세밀히 촬영했다.
그 결과, 창의적인 사람들의 뇌 이미지가 정신질환으로 고생한 사람들과 비슷한 것으로 드러났다. 높은 수준의 창의성을 지닌 사람은 정신병을 앓은 적이 없음에도 불구하고 뇌의 시상(thalamus) 부위의 도파민(신경전달물질) 수용체 밀도가 낮았다. 이는 정신분열증 환자들의 뇌 상태와 유사하다.
시상은 각종 감각정보를 적절히 조절해 대뇌피질로 전달하는 역할을 하는데, 도파민 수용체가 적으면 정보를 걸러내지 못해 대뇌가 훨씬 더 많은 데이터를 처리해야 한다. 즉 갖가지 생각과 이미지가 머릿속을 스치면서 좀더 창의적인 해결책을 발견할 여건이 조성되는 것이다.

피카소의 〈게르니카, 1937〉. 형태심리학자 아른하임(R. Arnheim)은 이 작품을 분석하기 위해 피카소가 초기의 구상부터 최종 그림이 완성되기까지의 시기 동안 스케치한 종이를 전부 모아 시간대별로 분석했다(피카소는 이 작품을 준비하면서 50점에 가까운 스케치를 했는데, 대부분 날짜를 적어두었다). 그 결과 조금씩 개선되거나 변화한 흔적은 있었지만, 갑작스럽게 어떤 그림의 형상이나 형태가 결정된 통찰이나 영감의 흔적은 없었다. 그리하여 아른하임은 예술가들이 자신의 생각이나 신념, 비전을 나타내기 위해 매우 의식적이고 목표지향적으로 활동한다는 결론을 내렸다. (장재윤 · 박지영, 창의성의 심리학)

가들에게는 자살 시도가 많고, 특히 시인들에게는 정신분열과 같은 심각한 정신병을 가진 사례가 많다. 반면 정확성, 이성, 논리 등이 강조되는 과학이나 비즈니스 분야 그리고 수필가, 비평가, 저널리스트와 같은 분야에서는 상대적으로 정신병리들이 덜 나타난다.

과학자들은 오랫동안 왜 창의성과 정신질환 간에 관련성이 있는지 궁금해했다. 한 연구(Peterson)에 의하면, 창의적인 사람들의 뇌는 자신을 둘러싼 환경으로부터 오는 자극들에 대해 일반인들보다 훨씬 더 개방적인 특성이 있다고 한다.

보통 사람들의 뇌는 대개 '잠재 억제(latent inhibition)'라는 기제를 통해 불필요한 것으로 인지된 자극들을 적절히 차단하지만, 창의적인 사람들은 정신병 환자와 마찬가지로 잠재 억제의 수준이 훨씬 낮다는 것이다. 이러한 특성이 높은 지능을 가진 사람들에게서 나타나면 독창적인 사고를 하는 데 중요한 기여를 하지만, 그런 특성이 없으면 정신질환으로 이어진다고 한다.

창의적 발상기법

많은 사람들은 자신이 창의적이지 않다고 생각한다. 그러나 이러한 것은 창의성에 대한 오해에서 비롯되는 부분이 많다. 실제로 창의성은 사람마다 약간의 차이가 있을 뿐 누구나 가지고 태어난다. 단지 창의력을 발휘할 수 있는 적절한 기법을 제대로 배우지 못했기 때문에 창의적이지 않은 것을, 우리는 창의적으로 태어나지 못했다고 오해하고 있을 뿐이다.

다음의 창의력 발상기법들은 주요한 몇몇 기법만을 소개한 것이다. 아래 기법이 아니더라도 자신만의 발상기법을 만들 수 있다면 우리가 가진 창의성을 충분히 발휘할 수 있을 것이다.

브레인스토밍

브레인스토밍(brainstorming)은 한 사람보다는 여러 사람이 더 많은 아이디어를 낼 것이며, 아이디어는 많을수록 좋다는 믿음에 바탕을 두고 있다. 따라서 이 기법은 짧은 시간 내에 많은 아이디어를 얻을 수 있고, 비판을 하지 않음으로써 창의적인 사고의 저해요소를 제거할 수 있다는 특징이 있다.

이 기법은 ① 좋거나 나쁘다는 비판을 해서는 안 되며, ② 아이디어는 자유분방할수록 좋고, ③ 아이디어의 양이 많을수록 좋으며, ④ 타인의 아이디어를 개선하여 더 나은 아이디어를 만들어내야 하는 네 가지 원칙이 있다. 브레인스토밍은 리더가 이끄는 10여 명 내외의 구성원으로 진행된다.

체크리스트법

체크리스트법은 막연하게 생각하기보다는 생각할 수 있는 모든 점을 조목조목 적어놓은 다음 그것을 하나씩 대조해가면서 말 그대로 체크하는 것이다. 사고의 출발점 또는 문제해결의 착안점을 미리 정해 놓고 그에 따라 다각적인 사고를 전개함으로써 능률적으로 아이디어를 얻을 수 있다.

이 방법은 중요한 점을 빠뜨리지 않고 파악할 수 있고 또 작업하기 쉽다는 장점이 있어 아이디어를 만들어내는 데 널리 이용되고 있다. 하지만 체크리스트에 없는 항목을 빠뜨릴 우려가 있고, 필요 없는 것까지 체크해야 하므로 시간낭비를 할 수도 있다. 체크리스트법 중 하나가 스캠퍼(SCAMPER)라는 것이다. 이것은 조금 후에 다시 보기로 하자.

> **❖창의성을 저해하는 말**
>
> 새로운 아이디어를 내려면 자극하고 격려해야 하지만 습관적으로 쓰는 말 중에 창의성의 싹을 죽여버리는 말이 있다. 다음과 같은 표현들인데, 주위에서 자주 들을 수 있다.
> "말도 안 되는 소리 하지 마."
> "예전에 다 해봤어."
> "전에는 그렇게 하지 않았어."
> "그것 없이도 지금까지 잘해왔어."
> "지금 할 일이 그것 말고도 많아."
> "너는 말이 너무 많아."
> "계획에 없던 일이야."
> "다른 사람들이 어떻게 생각하겠니?"
> "이미 늦었어."
> "그렇게 좋다면 왜 사람들이 하지 않았겠어?"
> "윗분들이 반대할 텐데."
>
> (장재윤 · 박지영, 창의성의 심리학)

속성열거법

속성열거법은 문제가 되는 대상을 가능한 한 잘게 나누어서 새로운 아이디어를 얻기 용이하도록 해주는 아이디어 창출기법이다. 어떤 문제가 갖고 있는 속성들을 세세하게 쪼개어 분석함으로써 가능한 한 여러 가지 방법으로 속성들을 개선하여 해결책을 찾으려는 것이다. 속성을 전부 열거했으면, 하나의 속성을 선택하여 검토함으로써 아이디어를 이끌어내고 그중에서 가장 좋은 아이디어를 고르는 방법이다.

결점열거법과 희망점열거법

결점열거법은 어떤 대상이 갖고 있는 결점을 찾아내어 그것을 해결하는 아이디어를 만들어내는 방법이다. 어떤 대상이 결점을 갖고 있다면 문제가 있다는 뜻이므로 그것을 어떻게든 개선하기 위한 것이다.

반면 희망점열거법은 "어떠어떠한 것이 있었으면 좋겠다"는 희망을 열거하는 것이다. 그리하여 이런 희망을 구체화하기 위한 해결책을 만들어내는 것이다. 이런 것은 주로 발명으로 이어진다.

스캠퍼(SCAMPER)

스캠퍼는 체크리스트법을 변형하여 만든 기법으로, 발명을 위한 아이디어를 만들어낼 때 유용하게 사용된다. SCAMPER는 대체(substitute), 결합(combine), 적용(adapt), 변형 · 확대 · 축소(modify · magnify · minify), 다른 용도(put to other use), 제거(eliminate), 역발상(reverse)의 첫자를 따서 조합한 말이다.

S(대체)

대체는 '재료를 다른 것으로 바꾸면 어떻게 될까? 다른 에너지로 바꾸면 어떻게 될까? 장소를 바꾸면 어떻게 될까? 방법을 달리하면 어떨까?'에 관한 것이다.

은행 창구를 무인자동화 창구로 대체함으로써 은행은 경비를 절감하고 있다. 또 우리나라 광동제약이 마시는 비타민 '비타 500'을 선보였을 때 시장의 반응은 폭발적이었다. 그 전까지는 비타민은 알약으로나 먹는 것으로 생각했다.

C(결합)

결합은 비슷한 기능이든 아주 다른 기능이든 두 가지 이상의 기능을 혼합해서 새로운 것을 만들어내는 것이다. 카메라폰은 휴대폰과 카메라의 결합으로 히트를 쳤고, 맥가이버 칼로 유명한 스위스의 빅토리녹스는 칼 이외에 드라이버, 송곳, 가위, 손톱깎이 등을 하나로 결합하여 세계적인 유명상품을 만들었다.

A(적용)

적용은 다른 곳에서 아이디어를 빌려오거나 과거의 유사한 것에서 아이디어를 구하여 새로운 것에 아이디어를 덧붙이는 것이다. '이 아이디어를 응용하면 어디에 활용할 수 있을까?'

양들이 울타리를 넘어 이웃의 콩밭을 망가뜨릴 때마다 주인에게 꾸중을 들은 소년 조셉은 양들이 철사로 둘러친 울타리 쪽으로만 뛰어넘고, 가시가 돋친 장미덩굴이 있는 쪽으로는 뛰어넘지 않는 것을 보고 대장간의 아버지를 찾아가 가시철조망을 만들도록 부탁했다. 그 후 가시철조망은 울타리뿐만 아니라, 세계 각국의 육군이 사용하여 조셉 부자를 돈방석 위에 올려놓았다.

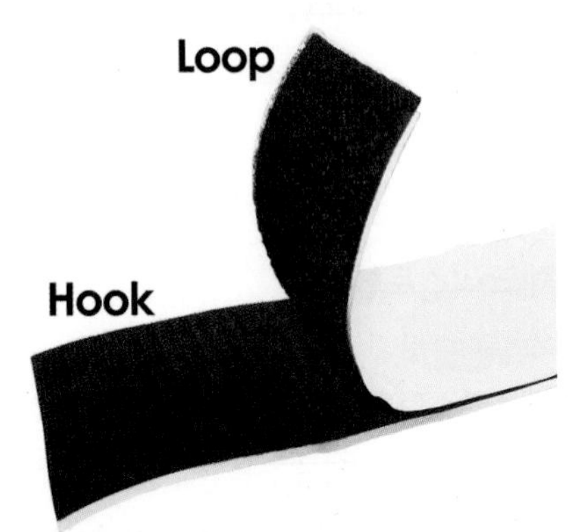

'찍찍이'라고 흔히 부르는 벨크로(Velcro)는 스위스의 조르주 드 메스트랄(George de Mestral)이 발명했다. 그가 숲에서 도꼬마리의 열매가 붙어서 옷을 털었는데 잘 떨어지지 않았다. 메스트랄은 집에 돌아와 확대경으로 살펴보았고 열매에는 갈고리 모양의 돌기가 있었다. 그는 이것을 이용하여 한 쪽에는 갈고리가 있고, 다른 쪽에는 실로 된 작은 고리가 있는 벨크로 테이프를 만들었다.

M(변형 · 확대 · 축소)

이것은 '모양을 바꾸면 어떻게 될까? 색깔을 바꾸면? 소리를 바꾸면? 크게 하면? 작게 하면? 길게 하면? 횟수를 늘리면? 다른 것을 첨가하면 어떨까?'에 대한 것이다.

영화 〈킹콩〉이라든가 볼링장 건물에 있는 대형 볼링핀은 확대법을 이용한 것이며, 골프장을 축소시킨 게이트 볼, 카메라 렌즈를 축소시킨 내시경은 축소법을 이용

카세트 플레이어를 주머니에 들어갈 정도로 축소해버린 소니(Sony)의 워크맨

한 사례다.

P(다른 용도)

이것은 '이 제품을 다른 용도로 사용한다면 어떤 용도들이 있을까? 기존의 제품의 기능 중 일부를 수정하여 사용한다면 어떤 용도로 사용할 수 있을까?'에 관한 것이다.

스카치테이프와 더불어 3M의 대표적 제품인 포스트잇은 지금 전 세계적으로 안 쓰이는 곳이 없을 정도로 유명해진 제품이다. 하지만 처음 개발되었을 때에는 접착력이 형편없어 사라질 처지에 있었다. 이때 한 직원이 뗐다 붙였다 하는 메모용지로 사용하면 되겠다는 아이디어를 냈다. 이것이 시장에 나오자 일약 세계적인 제품이 되었다.

E(제거)

제거란 '이 제품에서 포장을 없애버리면 어떻게 될까? 이 제품에서 없어도 되는 기능들은 어떤 것들인가?'를 따져 보는 것이다.

괜히 집어넣었다가 꼴이 우스워지는 경우가 한둘이 아니다. 사족은 필요 없고, 필요 없는 것은 과감하게 없애 버리는 것이 '필요'하다.

❖창의적 문제해결을 위한 9가지 원리

실생활에 적용해볼 수 있는 창의성 기법에 관련된 책은 많다. 하지만 그런 기법들을 실시할 때에는 창의적 사고에 기본이 되는 원리들을 이해할 필요가 있다. 이럴 때 보다 높은 수준의 창의성이 개발될 것이다.

① 문제를 정확히 파악하라.
② 틀에 박힌 사고에서 벗어나라.
③ 다양한 각도에서 사물을 보라.
④ 남들과 다르게 생각하라.
⑤ 독창적인 것만이 창의적인 것은 아니다.
⑥ 부정적인 사고를 최소화하라.
⑦ 모험을 두려워하지 마라.
⑧ 사고의 균형을 이루어라.
⑨ 좋은 분위기를 만들어라.

(문정화 · 변순화, 창의성이 보인다 성공이 보인다)

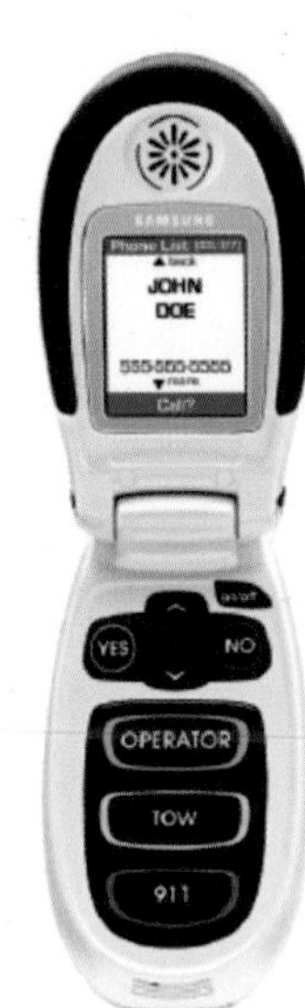

노인용 휴대폰. 복잡한 기능의 버튼은 물론이고 숫자까지 모두 없앴다. 교환원 연결, 호출, 긴급구조 기능을 하는 버튼 3개가 전부다. 미국 전 지역에서 교환원이 24시간 상담을 통해 통화 연결, 전화부 검색 등의 서비스를 제공한다. 삼성전자가 생산했으며, 2006년 4월 미국 그레이트콜에서 출시했다.

R(역발상)

역발상은 '뒤집으면 어떻게 될까? 위아래를 거꾸로 하면? 서 있는 것을 눕히면 어떻게 될까?' 하는 식으로 거꾸로 생각해보는 것이다. 앞과 뒤, 좌우를 바꾸거나 아래 위의 순서나 방법을 바꾸면 새로운 것이 떠오르기도 한다. 남성용 화장품도 지금은 보편적인 상품이 되었지만, 몇 년 전만 해도 상상하기 힘들었던 때에 한 화장품회사에서 남성용 마스크팩을 출시하여 히트를 쳤다. 이것은 여성만 화장을 하는 것이 아니라 남성도 화장을 할 수 있다는 역발상의 사례다.

Ψ

마무리사례

과학과 인문학이 만날 때… 창의력은 폭발한다

'창의성이 경쟁력'이라는 말도 옛말이 된 시대다. 창의성은 이미 경쟁력이 아닌 필수가 돼버렸다. 애플 아이폰으로 정보기술(IT) 업계에 혁신을 불러온 스티브 잡스, 페이스북으로 사람을 잇는 새로운 방법을 제시한 마크 저커버그, 테슬라 전기자동차와 스페이스X 우주선으로 이동 산업을 뒤흔드는 일론 머스크 등의 남다른 창의성에 세계는 감탄한다. 저들이 어떻게 창의성을 키웠는지 관심을 기울이고 자녀를 그렇게 키우고 싶어 하는 부모도 많다.

미 하버드대 교수이자 퓰리처상을 2번이나 받은 윌슨은 창의성은 어디서 오고, 어떻게 발휘될 수 있는지를 파헤친다. 이를 통해 아직도 미지의 세계에 남아 있는 창의력을 확장하자는 것이다. "바야흐로 제3차 계몽시대를 열고 있다"는 추천사처럼 저자는 창의성이 인간을 계몽할 수 있는 유일한 방법이라 역설한다.

저자가 창의성의 뿌리로 주목하는 건 '인문학'이다. 인문학처럼 무엇인가를 해석하는 능력이 인간을 '동물'에서 해방시켜 인간으로 만드는 근원이라는 것이다. 예를 들면 원숭이는 한 개체가 고구마를 물에 씻는 모습을 본 뒤 그대로 따라하지만 인간은 언어로 이를 전달한다. 소설가 마르셀 프루스트(1871~1922)의 문장은 자연현상을 그대로 전달하는 것이 아니라 복합적인 감정을 표현하는 데 이른다.

에드워드 윌슨

창의성의 기원

인간을 인간이게 하는 것

에드워드 윌슨의 최신작!

통섭의 과학으로 밝힌 예술과 인문학의 기원과 미래

에드워드 윌슨 지음, 이한음 옮김, 272쪽, 1만 9,500원, 사이언스북스

그러나 인문학은 힘을 잃어가고 있다는 게 저자의 생각이다. STEM(과학, 기술, 공학, 수학) 같은 분야에 밀려 연구 지원금이 줄고 일자리 경쟁에서도 밀린다는 것이다. 대안으로 저자는 인문학이 과학에 조금 더 개방적이 되어야 한다고 주장한다. 과학이 세상 만물의 궁극적 원인을 찾으려고 애쓰면서 세상이 발달했지만 인문학은 이를 응용하기 위해 노력하지 않았다고 지적한다. 생물학의 틀을 넘어 다양한 영역에서 창의적으로 활용되고 있는 다윈의 진화론처럼 과학을 이용할 필요가 있다고 조언한다.

저자는 구체적으로 고생물학, 인류학, 심리학, 진화생물학, 신경생물학 등 '빅 파이브(Big Five)'를 "인문학의 우군"으로 삼아야 한다고 주장한다. 빅 파이브가 "자연 선택이 구석구석까지 프로그래밍해" 온 인간의 생물학적 본질을 밝혀 준다는 것. 인문학의 토대인 인간 본성과 인간 조건을 해명할 열쇠가 될 것이라고 단언한다.

이 주장은 과학만이 유일한 진리라는 '과학 제국주의'로 경도되지는 않는다. 과학적 사실을 판단하는 역할을 인문학이 해야 하기 때문이다. "과학이 인문학의 토대가 된다면, 인문학의 범위가 더 넓어진다"며 "과학 이론이 상상할 수 있는 모든 현실 세계를 다루지만, 인문학은 한 걸음 더 나아가 무한히 많은 모든 환상 세계까지 다룬다"고 한다.

인문학과 과학이 융합되면 창의성이 이상적으로 발휘된다는 게 저자의 설명이다. 과학의 발달로 우주 탐사가 이뤄지자 각종 SF 소설과 우주 영화가 쏟아져 나왔다. 예술작품에 영감을 받은 이들이 다시 과학자가 돼 우주를 연구한다. 예술작품이 내놓은 가설을 과학적 방법으로 증명해내기도 한다. 이를 통해 새로운 계몽운동이 가능할 것이라고 결론을 맺는다. "과학과 인문학의 관계는 철저히 호혜적"이라며 "과학이 인문학의 토대가 된다면 인문학의 범위가 더 넓어진다"고 역설한다. 과학이 죽어가는 인문학에 숨결을 불어넣을 수 있을까.

(동아일보, 2021.1.16)

핵심 용어

결점열거법 문제해결 브레인스토밍 속성열거법
스캠퍼 알고리듬 어림법 창의성
창의적 발상기법 창의적 사고 체크리스트법 해결책략
희망점열거법

요약

- 문제해결은 주어진 상태에서 다른 상태로, 즉 문제의 상황에서 해결의 상황으로 옮겨가는 것을 뜻한다.
- 문제해결을 위해 일반적으로는 알고리듬과 어림법을 많이 이용한다.
- 우리가 가진 문제해결세트와 기능적 고착 때문에 문제해결에 장애가 되기도 한다.
- 창의성이란 독창적인 동시에 적절한 산물을 생성해내는 능력이다.
- 창의적인 사람들은 자율성이라든가 독립심, 자신감 등이 강한 편이며, 다른 사람들의 비판이나 보상 등에는 관심이 별로 없고 일 그 자체에 높은 관심을 보인다.
- 일반적으로 IQ 120 이하에서는 지능이 창의성과 정적 상관관계를 갖지만, 그 이상에서는 상관관계가 없다.
- 창의적인 사람들은 지적이고 문화적인 자극이 충만한 가정환경, 규율이 약하거나 덜 조직화된 환경에서 자랐으며, 첫째 아이일 확률이 높다.
- 분야마다 창의성이 꽃피는 시기가 다르다. 창의적인 업적을 남긴 연령대를 분야별로 비교해보면, 과학이나 수학 분야에서는 2~30대가 가장 많고, 역사나 철학분야에서는 5~60대가 가장 많다.
- 창의적인 사람들의 뇌는 자극에 개방적인 특성이 있고, 정신병 환자와 마찬가지로 잠재 억제의 수준이 훨씬 낮다.

CHAPTER 7

언어와 사고

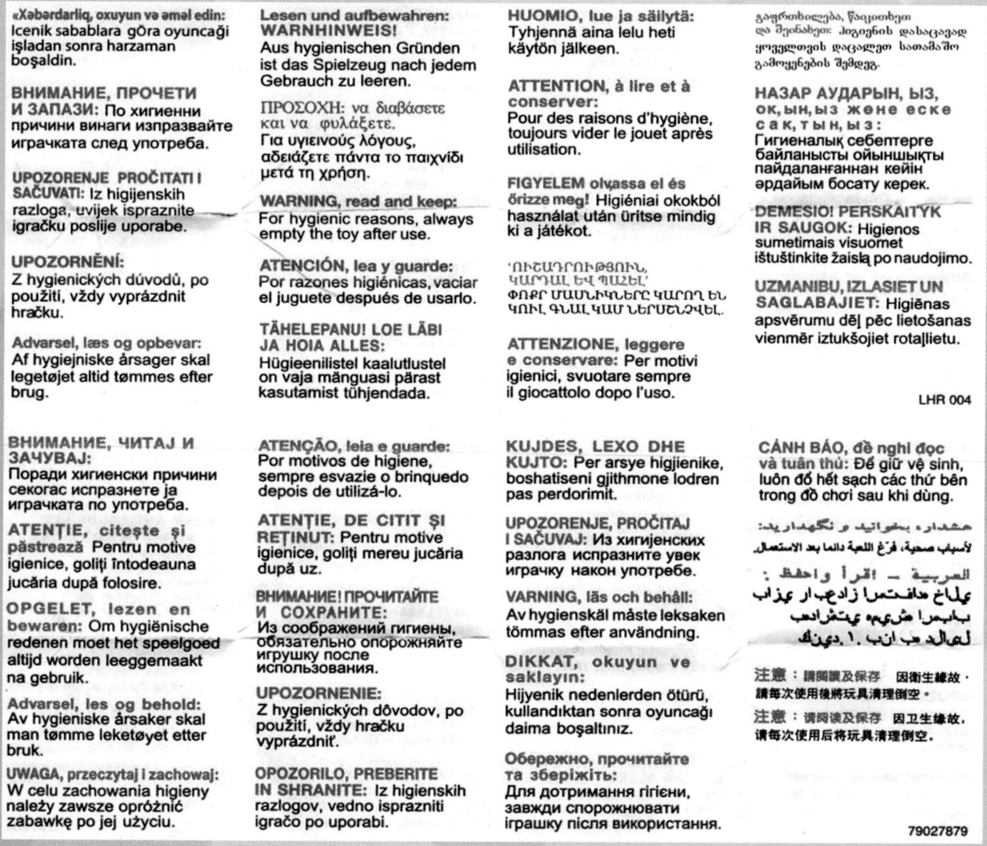

«Xəbərdarliq, oxuyun və əməl edin: Icenik sabablara gȍra oyuncaği işladan sonra harzaman boşaldin.

ВНИМАНИЕ, ПРОЧЕТИ И ЗАПАЗИ: По хигиенни причини винаги изпразвайте играчката след употреба.

UPOZORENJE PROČITATI I SAČUVATI: Iz higijenskih razloga, uvijek ispraznite igračku poslije uporabe.

UPOZORNĚNÍ: Z hygienických důvodů, po použití, vždy vyprázdnit hračku.

Advarsel, læs og opbevar: Af hygiejniske årsager skal legetøjet altid tømmes efter brug.

Lesen und aufbewahren: WARNHINWEIS! Aus hygienischen Gründen ist das Spielzeug nach jedem Gebrauch zu leeren.

ΠΡΟΣΟΧΗ: να διαβάσετε και να φυλάξετε. Για υγιεινούς λόγους, αδειάζετε πάντα το παιχνίδι μετά τη χρήση.

WARNING, read and keep: For hygienic reasons, always empty the toy after use.

ATENCIÓN, lea y guarde: Por razones higiénicas, vaciar el juguete después de usarlo.

TÄHELEPANU! LOE LÄBI JA HOIA ALLES: Hügieenilistel kaalutlustel on vaja mänguasi pärast kasutamist tühjendada.

HUOMIO, lue ja säilytä: Tyhjennä aina lelu heti käytön jälkeen.

ATTENTION, à lire et à conserver: Pour des raisons d'hygiène, toujours vider le jouet après utilisation.

FIGYELEM olvassa el és őrizze meg! Higiéniai okokból használat után ürítse mindig ki a játékot.

'ՈՒՇԱԴՐՈՒԹՅՈՒՆ, ԿԱՐԴԱԼ ԵՎ ՊԱՀԵԼ' ՓՈՔՐ ՄԱՍՆԻԿՆԵՐԸ ԿԱՐՈՂ ԵՆ ԿՈՒԼ ԳՆԱԼ ԿԱՄ ՆԵՐՍՇՆՉՎԵԼ.

ATTENZIONE, leggere e conservare: Per motivi igienici, svuotare sempre il giocattolo dopo l'uso.

გაფრთხილება, წაიკითხეთ და შეინახეთ: ჰიგიენის დასაცავად ყოველთვის დაცალეთ სათამაშო გამოყენების შემდეგ.

НАЗАР АУДАРЫН, ЫЗ, ОК, ЫН, ЫЗ ЖӘНЕ ЕСКЕ САК, ТЫН, ЫЗ: Гигиеналық себептерге байланысты ойыншықты пайдаланғаннан кейін әрдайым босату керек.

DEMESIO! PERSKAITYK IR SAUGOK: Higienos sumetimais visuomet ištuštinkite žaislą po naudojimo.

UZMANIBU, IZLASIET UN SAGLABAJIET: Higiēnas apsvērumu dēļ pēc lietošanas vienmēr iztukšojiet rotaļlietu.

LHR 004

ВНИМАНИЕ, ЧИТАЈ И ЗАЧУВАЈ: Поради хигиенски причини секогас испразнете ја играчката по употреба.

ATENŢIE, citeşte şi păstrează Pentru motive igienice, goliţi întodeauna jucăria după folosire.

OPGELET, lezen en bewaren: Om hygiënische redenen moet het speelgoed altijd worden leeggemaakt na gebruik.

Advarsel, les og behold: Av hygieniske årsaker skal man tømme leketøyet etter bruk.

UWAGA, przeczytaj i zachowaj: W celu zachowania higieny należy zawsze opróżnić zabawkę po jej użyciu.

ATENÇÃO, leia e guarde: Por motivos de higiene, sempre esvazie o brinquedo depois de utilizá-lo.

ATENŢIE, DE CITIT ŞI REŢINUT: Pentru motive igienice, goliţi mereu jucăria după uz.

ВНИМАНИЕ! ПРОЧИТАЙТЕ И СОХРАНИТЕ: Из соображений гигиены, обязательно опорожняйте игрушку после использования.

UPOZORNENIE: Z hygienických dôvodov, po použití, vždy hračku vyprázdniť.

OPOZORILO, PREBERITE IN SHRANITE: Iz higienskih razlogov, vedno izpraznite igračo po uporabi.

KUJDES, LEXO DHE KUJTO: Per arsye higjienike, boshatiseni gjithmone lodren pas perdorimit.

UPOZORENJE, PROČITAJ I SAČUVAJ: Из хигијенских разлога испразните увек играчку након употребе.

VARNING, läs och behåll: Av hygienskäl måste leksaken tömmas efter användning.

DIKKAT, okuyun ve saklayın: Hijyenik nedenlerden ötürü, kullandıktan sonra oyuncaği daima boşaltınız.

Обережно, прочитайте та зберіжіть: Для дотримання гігієни, завжди спорожнювати іграшку після використання.

CẢNH BÁO, đề nghị đọc và tuân thủ: Để giữ vệ sinh, luôn đổ hết sạch các thứ bên trong đồ chơi sau khi dùng.

هشدار، بخوانید و نگهدارید:

لأسباب صحية، فرّغ اللعبة دائما بعد الاستعمال.

العربية ـ اقرأ واحفظ :

注意：請閱讀及保存　因衛生緣故，請每次使用後將玩具清理倒空。

注意：请阅读及保存　因卫生缘故，请每次使用后将玩具清理倒空。

79027879

우리는 생각을 할 때 혼잣말을 하거나 마음속으로 중얼거린다. 사고와 언어는 무관하지 않은 것이다. 언어와 사고는 언어심리학에서 다루며, 언어심리학은 인지심리학의 한 분야이기도 하다.

도입사례

51초의 침묵 美 울린 최고의 연설

'51초의 침묵은 취임 이후 최고 연설이었다.'

버락 오바마 미국 대통령이 12일 애리조나 주 총기난사 사건 희생자 추모식에서 한 연설에 미국 언론이 내린 평가다. 정확히 말하면 오바마 대통령이 연설 말미에 복받치는 슬픔을 가까스로 억누르며 감정을 추스르느라 차마 말을 잇지 못한 순간이 준 극적인 감동에 대한 찬사다. 뉴욕타임스(NYT)는 13일 대중연설에서 좀처럼 감정을 드러내지 않는 오바마 대통령이 추모연설에서 보여준 이례적인 모습을 집중 조명했다.

오바마 대통령은 연설에서 총기난사 때 숨진 크리스티나 테일러 그린 양(9)에 대한 이야기를 꺼냈다. 그는 "나는 미국의 민주주의가 크리스티나가 꿈꾸던 것과 같았으면 좋겠다고 생각합니다. 우리 모두는 어린이들이 바라는 나라를 만들기 위해 최선을 다해야 합니다"고 말했다. 그러고는 갑자기 말을 멈췄다. 이어 10초 뒤 떨리는 눈으로 오른쪽을 쳐다보았다. 20초 뒤 길게 숨을 내쉬었고 30초 뒤엔 애써 눈물을 참는 듯 눈을 깜빡이기 시작했다. 이처럼 51초간 힘겨운 침묵이 흐른 뒤 그는 다시 연설을 이어갔다.

애리조나 총기난사 희생자 추모식에 참석한 오바마 대통령

NYT는 이 침묵을 두고 "대통령으로서, 그리고 두 딸의 아버지로서 단호한 모습을 보여준 순간이었다"며 "연설에서 두 딸 말리아와 사샤를 분명하게 언급하진 않았지만 침묵의 순간 두 딸은 그의 마음속에 있었을 것"이라고 전했다. 이 신문은 "오바마 대통령은 취임 이후 주로 정책에 초점을 둔 연설을 했으나 이날만은 전 국민과 하나 된 마음을 나눴다"며 "2년의 재임 기간 중 가장 극적인 순간의 하나로 기억될 것"이라고 덧붙였다.

AP통신은 "(이날 추모연설은) 2년 전 취임 뒤 이룩한 가장 엄청난 정치적 도약"이라며 "평소 오바마 대통령을 사납게 몰아붙이던 보수주의 정치 평론가들조차도 '진실로 아름다운' '정말로 놀라운' 등의 표현을 써 가며 찬사를 보냈다"고 전했다. NYT도 "미국의 대표적인 보수논객인 폭스뉴스 진행자 글렌 벡조차 '이번 연설은 그가 취임 이후 보여준 최고의 연설이었다. 진심이다. 그가 미국의 대통령이 된 것에 감사한다'고 했다"고 전했다. AFP통신은 "지난해 말부터 국정 운영에 대한 지지율을 회복하고 있는 오바마 대통령이 지도자로서의 입지를 탄탄히 하는 계기가 될 것"이라고 전했다. (동아일보, 2011.1.15)

생각해보기 언어는 마음을 담아 전하는 것이다. 언어 이외에 마음을 전하는 수단은 어떤 것이 있을까?

언어, 인류 최고의 유산

이 글을 읽는 당신은 지금 이 세상 어떤 동물도 해보지 못한 위대한 일을 하고 있는 중이다. 바로 언어를 사용하는 것이다.

우리가 문명생활을 하고 있는 것은 언어 때문이다. 언어가 없으면 다른 사람과 의사소통을 하지 못한다. 다른 사람과 마음을 나눌 수도 없다. 그래서 다른 사람과 협동을 하지 못하고, 어울려 함께 사는 세상을 만들지 못하며, 알고 있는 경험과 지식을 다른 사람이나 후세에 전달할 수도 없다.

다행히 인류는 진화과정에서 '언어'라는 성과를 이룩했다. 오직 인간만이 이루어낸 위대한 업적이다. 동물도 수천만 년 살아왔지만, 말을 할 수 있게 된 생명체는 오직 인간뿐이다.

두 발로 걷게 되면서 손이 자유로워졌고, 그 결과 도구를 사용하게 되었다. 불을 사용하게 되면서 고기를 구워 먹을 수 있었다. 생고기를 뜯어 먹을 때보다 식사 시간은 훨씬 짧아졌다. 소화를 위한 에너지도 덜 쓰게 되었고, 남은 에너지는 뇌 활동을 지원했다.

그리하여 원시인의 뇌가 커지기 시작했다. 고기에는 많은 단백질이 들어 있는데, 단백질은 뇌세포 형성에 중요한 역할을 한다. 이로써 인류 조상들은 머리가 좋아지고 딴 생각을 할 시간이 늘어났다. 인류 도약의 발판을 마련한 것이다.

언어를 구사하려면 성대에서 소리를 낼 수 있어야 한다. 원시인들의 성대는 너무 작아 발음을 하기에 적당하지 않아 말을 할 수 없었다.

약 20만 년 전, 인간 염색체의 유전자가 돌연변이를 일으켜 언어구사 능력을 갖추게 된다. 그리하여 인류는 언어로 의사소통이 가능해졌고, 생존과 번식에 유리한 집단을 형성하게 되었다. 개인들은 경험과 지식을 서로 나누고, 이러한 것은 후대에 전승되어 문명이 나타나는 토대가 되었다.

언어가 없었더라면 우리는 지금도 동물을 사냥하고 과일을 따면서 초원이나 동굴에서 살고 있었을 것이다. 이 때문에 언어는 인간 인지(認知)의 최고봉이자 인류가 이룩한 그 어떤 무엇보다도 소중한 보물이다.

마음을 담은 언어

세탁기가 '삐~' 하며 울린다. 세탁이 끝났다는 신호다. 이때 안방에서 아내의 목소리가 들린다. "여보, 빨래 끝났어?"

이때 거실에서 TV를 보던 남편이 무심코 "응"이라고 말하고 아무런 조치를 취하지 않으면 아내의 핀잔을 듣게 된다. 이때에는 "응, 내가 널게"가 답이다. 빨래가 끝난 것을 아내도 알고 하는 말이다.

언어는 말하는 이의 마음을 담는다. 말투와 내용에서 그 사람의 생각과 기분, 동기를 느낄 수 있다. 글 쓴 것을 보아도 마찬가지다. 글씨와 내용에서 그 사람의 마음이 묻어난다.

글을 쓴 사람은 자신의 글을 교정하기 어렵다. 자신의 글은 자신의 마음이 담겨 있는 그릇이기 때문이다. 다른 사람이 교정을 보면 오류가 나온다. 교정된 그 글을

상점에 진열된 목걸이를 보고 "참, 예쁜 목걸이네"라고 여자가 말할 때에는 그 목걸이가 예쁘다는 것만 말하지 않는다. 갖고 싶다는 이야기다. 남자가 이런 말을 이해하지 못해 연인, 부부 사이에 다툼이 벌어지기도 한다.

글쓴이가 읽으면 어색하다. 많은 교정이 있었다면 자기가 쓴 글이 아닌 것같이 느껴진다. 그래서 친구가 대신 써 준 연애편지는 자기의 편지가 아니다. 작가가 대필한 자서전은 자기의 책이 아니다. 연설보좌관이 쓴 연설문도 대통령의 연설문이 아니다. 자기가 자신의 언어로 고쳐야 한다. 그래야 비로소 자기의 글이 된다.

사람마다 마음이 다르다. 그래서 사람마다 사용하는 언어가 다르다. 남성과 여성의 언어가 다르고, 어린이와 어른의 언어가 다르다. 상황이나 상대에 따라, 학식과 인성, 직업과 사회적 지위에 따라 언어가 다르다. 진보와 보수 등 정치성향에 따라서도 언어가 다르다.

언어를 보면 그 사람의 성격이 보인다. 개인의 언어 스타일은 성격과 밀접한 관계가 있으며, 개성을 탐구하는 의미 있는 방법이다. 또한 언어에는 말하는 사람의 품격이 들어 있다. 그래서 말하는 이의 인성을 들여다볼 수 있는 가장 좋은 방법이다.

침묵의 대화

언어 이외의 수단으로는 마음을 표현하기 어렵다. 그 뜻을 상대방이 알아차리는 것도 쉽지 않다. 한 여성이 낯선 남성으로부터 꽃다발을 건네받았다고 하자. 이 여성은 남성이 꽃을 사라는 것인지, 자기에게 주는 것인지 헷갈린다. 이럴 때 "평소 흠모해 왔다"는 말 한마디면 상황이 정리된다. 언어가 뜻을 명확히하는 것이다.

이심전심(以心傳心)! 마음에서 마음으로 의사를 전달할 수 있다. 눈치로 알아차릴 수도 있고, 사물이나 몸짓으로 의미를 전달할 수도 있다. 그러나 언어가 동반되어야 뜻이 명확해진다. 감동의 폭도 커진다.

오 헨리(O. Henry)는 언어를 사용하지 않은 이심전심이 어떤 결말을 가져오는지 단편소설에 담았다.

〈매기의 선물〉은 긴 머리카락을 잘라 크리스마스 선물로 남편의 시곗줄을 산 아내와, 자신의 시계를 팔아 아내의 머리핀을 산 남편의 이야기다. 상대방에게 전혀 쓸모없는 물건을 선물로 산 것이다.

〈마녀의 빵〉에서는 언제나 딱딱한 빵만을 사가는 남자를 가난한 화가로 여긴 점원이 버터를 몰래 넣은 빵을 건네준다. 하지만 그로 인해 석 달 동안 애쓴 새 시청의 설계도를 망치고 말았다. 남자는 빵을 지우개로 쓰고 있었던 것이다.

애틋한 사랑이라거나 배려를 나타내는 이야기로 알려져 있다. 하지만 또 한편으로는 의사소통의 실패 이야기다. 말로써 마음을 보이지 못한 것이다. 말 한마디만 있었더라면 이런 비극은 일어나지 않았을 것이다.

언어를 통해 생각을 전달하고 감정을 교환한다. 마음을 나누는 것이다. 마음은 인간만이 가지고 있다. 마음은 우리가 무엇을 생각하고 있고, 무엇을 하고 싶고, 어떤 느낌을 갖고 있는지에 관한 것이다. 심리학적으로 보면 마음은 인지과정과 동기 및 정서를 합한 것이라 할 수 있다. 인간에게 인지과정만 있다면 컴퓨터와 다름없을 것이고, 동기와 정서만 있다면 동물과 마찬가지일 것이다.

언어란 무엇인가

회계를 기업의 언어라고 한다. 기업의 재무정보를 이해관계자에게 전달하기 때문이다. 재무제표를 보면 회사의 자산과 부채, 자본이 얼마나 되는지(재무상태표), 얼마나 이익을 내고 있는지(손익계산서), 가지고 있는 현금은 얼마인지(현금흐름표), 자본 상태는 어떤지(자본변동표) 등을 이해관계자들이 알 수 있다.

말을 통하지 않고도 의사소통을 할 수 있다. 운전자는 차량의 등화로 자신의 방향을 알리고, 교통경찰관은 수신호로 교통 흐름을 정리한다. 야구 경기 중 포수는 투수에게 사인을 보내고 투수는 고개를 움직여 응답한다. 심판은 손과 몸을 요란하게 움직여 삼진 아웃을 선언한다. 함성으로 가득 찬 경기장에서 심판의 말소리가 들리지 않는 관중에게 보내는 의사소통 행위다.

이 모두는 메시지를 전하는 의사소통의 수단이다. 하지만 언어라고 하지는 않는다.

언어는 세상의 사물과 관련되어 있다. 하지만 언어는 자의적이어서 그 언어가 나타내는 사물과 아무런 관련이 없다. 내가 '강아지'라는 단어를 말하면 상대방은 그것이 무엇인지 알아들을 수 있지만, '강아지'라는 글자는 진짜 강아지처럼 생긴 것이 아니다.

모든 언어는 무수한 수의 어휘를 가지고 있고, 새로운 어휘를 만들 수 있다. '가다', '간다', '갔다', '갈 것이다'처럼 의미를 수정할 수 있는 방법도 가지고 있다. 부정적 진술을 할 수 있으며, 의문문을 만들 수 있고, 거짓을 말할 수 있으며, 추상개념도 그려낸다. 한산대첩, 피라미드, 휴가계획 등 지금 여기의 것이 아닌 것을 이야기할 수도 있다.

이처럼 모든 언어는 가정적이거나 반사실적, 조건적, 비현실적, 허구적인 발화(發話)가 가능하다. 자극과 무관하게 어떤 상황에서든 무엇이나 말할 수 있다. 인간 이외의 어떤 생물도 이처럼 하지 못한다. 이러한 조건을 만족시키는 언어는 인간의 언어밖에 없다.

이런 기준에서 볼 때 언어에는 세 가지가 있다. 입으로 하는 말(입말), 문자로 표시하는 글(글말), 그리고 수어(手語)다.

입말은 자연스럽고 단순하다. 말하는 사람의 감정이나 의도, 생각을 편하고 명확하게 표현할 수 있다. 하지만 시끄러운 곳에서는 별로 도움이 되지 않고, 시간과 공간의 제약을 많이 받는다. 말하는 순간에만 존재하고 멀리서는 들을 수 없기 때문이다. 녹음기와 전화기가 이런 제약을 해소해준다.

글말은 이와 반대다. 글을 쓰려면 부담스럽다. 현대 미국 소설의 고전이 된 〈앵무새 죽이기〉의 작가 하퍼 리(Harper Lee)는, 작가가 되려면 재능을 연마하기 전에 뻔뻔함부터 길러야 한다고 했다. 짧은 글로는 명확하게 뜻을 전달하기도 쉽지 않다. 대신 글말은 시간의 제약을 받지 않는다. 신라의 문장가 최치원이 황소의 난(875년) 때 〈토황소격문〉(討黃巢檄文)을 지었는데, 이 격문을 읽어본 황소가 깜짝 놀라 의자에서 넘어졌다는 것을 알 수 있는 것은 〈삼국사기〉에 그런 기록이 나오기 때문이다.

수어(手語)도 언어다. 2016년 2월 3일 제정된 한국수화언어법에서는 한국수화언어(한국수어)가 국어와 동등한 자격을 가진 고유한 언어이며(1조), 대한민국 농인의 공용어임을 밝히고 있다(2조).

수어는 독자적인 문법 체계를 갖춘 시각언어다. 입말처럼 방언도 있고 어족도 있다. 단순한 손짓으로 단어를 나열하거나 음성언어 문장에 단어만 대입하는 것이 아니다.

수어도 음성언어와 동일하게 여러 개의 상이한 수준으로 구성되어 있다. 단순한 신호들이 모여서 좀더 복잡한 신호를 형성하고, 신호들이 문장으로 조직화된다.

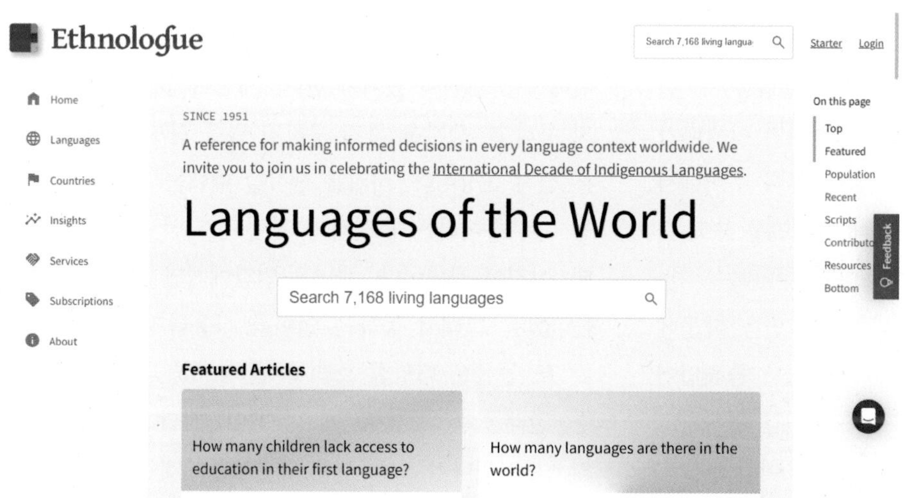

에스놀로그(Ethnologue) 사이트 초기화면. 세계 언어에 관한 다양한 정보를 제공하고 있는 '에스놀로그'(Ethnologue)에 의하면 세계에서 사용되는 살아 있는 언어는 2023년 현재 7,168개다. 2017년 7,099개, 2018년 7,097개, 2020년 7,117개, 2022년 7,151개였다. 언어의 수가 변하는 것은 사멸되는 언어도 있지만, 새로 발견되거나 부활하는 언어도 있기 때문이다.

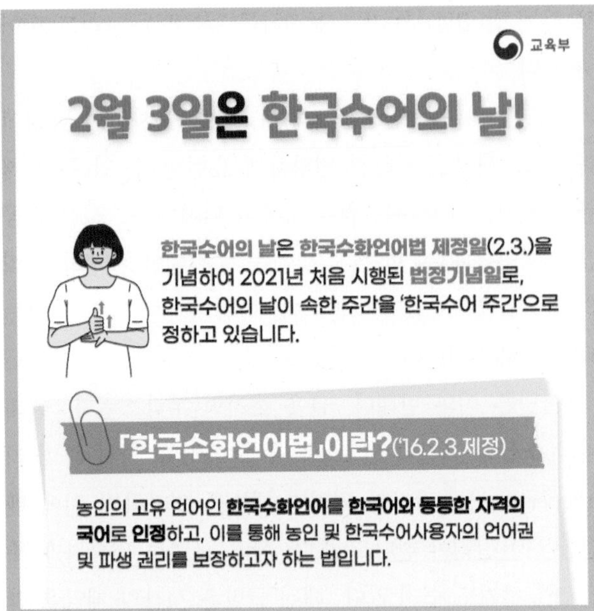

(자료 : 교육부 홈페이지)

수어를 볼 때에도 말을 들을 때와 마찬가지로 뇌의 베르니케 영역이 활성화된다. 베르니케 영역(Wernicke's area)은 뇌의 좌반구에 위치하는 특정부위로, 언어정보의 해석을 담당한다.

수어를 할 때 손과 손가락의 모양, 방향, 위치, 움직임에 따라 의미가 달라진다. 같은 동작을 하더라도 어떤 표정을 짓느냐에 따라 의미가 또 달라진다. "귀엽다"와 "아깝다"란 한국수어는 오른 손바닥으로 왼뺨을 두 번 두드리는데, 웃으면 귀엽다가 되고, 찡그리면 아깝다가 된다. 이는 얼굴의 움직임과 모양, 표정 등이 수어에서 문법 기능을 하기 때문이다. 이 때문에 마스크를 쓰고 수어를 하면 정확한 의미 전달이 어렵다.

수어는 장애인들의 몸짓에 불과하다는 믿음 때문에 언어로 인정받지 못한 때가 있었다. 동물들도 몸짓언어를 쓰는데, 이러한 원시적인 의사소통을 인간 언어라고 동의하는 데 한계가 있었던 것이다. 그래서 이전에는 수화(手話)라고 불렀다. 손(手)으로 대화(話)한다는 의미로, 의사소통의 수단으로 본 것이다. 요즘에는 언어적 측면을 강조하여 수어라고 부른다.

수어는 1950년대 중반부터 본격적으로 연구되기 시작했다. 그 결과, 상당한 수의 어휘와 정교한 문법을 가진 언어임을 확인하게 되었다.

수어는 세계 공용어가 아니다. 미국과 영국은 같은 영어를 말하지만 미국 수어(American Sign Language, ASL)와 영국 수어(British Sign Language, BSL)는 별개의 언어다. 중국과 대만 역시 같은 중국어를 쓰지만 중국 수어와 대만 수어는 서로 다르다. 이처럼 수어는 각 언어권마다 다른 독립적인 언어다. 통역 없이 우리나라 수어 사용자는 미국 수어 사용자와 대화를 나누지 못한다.

왜 인간만 말을 하는가

사람들은 언어를 의사소통의 수단으로만 생각한다. 언어가 의사소통의 수단이라면 두 사람 이상이 필요하다. 그러나 사람들은 혼자서도 말을 한다. 문제를 풀 때에도, 영어 단어를 암기할 때에도, 어떤 일을 기억할 때에도, 무언가를 생각할 때에도 혼잣말을 하거나 소리 없이 마음속으로 말을 한다. 이렇게 하면 마음속에서 정리가 된다. 인간의 언어는 의사소통 수단 이상의 것이다.

말을 하기 위해서는 생각을 해야 되고, 생각을 하기 위해서는 개념이 있어야 한다. 개념이 없으면 생각을 하지 못하고, 생각을 하지 못하면 말을 하지 못한다. 개념은 심적 표상이다. 사과를 생각할 때에는 사과의 색과 모양, 맛, 향이라든가 사과와 관련된 기억 등이 떠오르는데, 이것이 개념이다. 개념은 인간에게만 있고, 동물에게는 없다. 그래서 동물은 언어를 사용하지 못한다.

또 동물은 다양한 소리를 낼 수 있는 발성기관이 없다. 전래동화 〈소가 된 게으름뱅이〉는 게으른 청년이 소의 탈을 썼다가 소로 변한 후, 농부에게 팔려가 죽도록 고생하는 이야기다. 이 이야기에서는 소가 된 청년이 아무리 "나는 사람이다"라고 외쳐 봐야 겉으로 들리는 소리는 "음매~"였다.

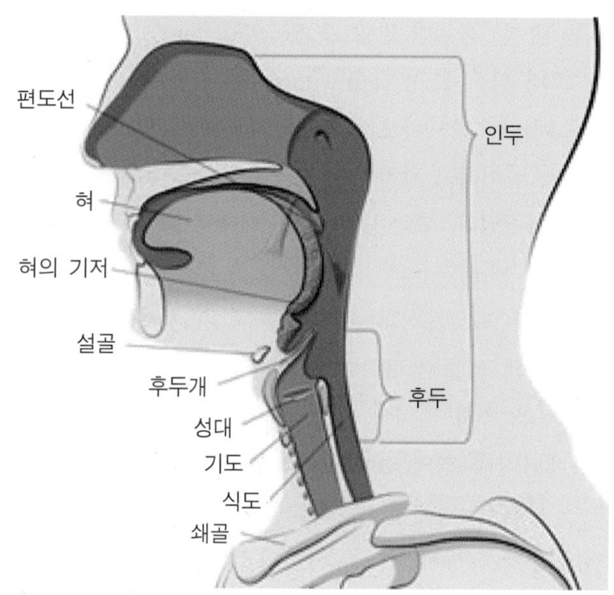

사람의 구강구조 (그림 : 나무위키)

같은 입을 갖고 있더라도 인간은 동물과 발성구조가 다르다. 인간의 입 속에는 인두라고 하는 빈 공간이 있다. 그 아래에 식도와 기도가 있다. 기도의 윗부분을 후두라고 한다. 후두 안에는 성대가 있는데, 여기에서 말이 시작된다.

말을 하기 위해서는 호흡을 조절할 수 있어야 한다. 팽팽한 성대 사이로 공기가 나올 때 진동이 시작되면서 소리를 내게 된다. 성대에서 만들어진 소리는 인두를 지나면서 증폭되고, 입 모양과 혀 위치에 따라 다양한 소리가 나오게 된다. 성대에서 모음이 만들어지고 구강에서 자음이 만들어진다.

어린 아기는 인두가 짧아 혀와 거의 같은 높이에 후두가 있다. 그래서 발음이 명확하지 않고, 다양한 소리를 내지 못한다. 아기가 성장하면서 후두가 아래로 내려오게 되면 인두가 길어지고, 좀더 다양한 소리를 낼 수 있게 된다.

유아는 처음에 모음을 생성하고, 자음은 ㅁ(/m/)과 ㅍ(/p/) 등 두 입술 사이에서 나는 소리인 양순음(兩脣音)이 먼저 나온다. 가장 쉽게 발음할 수 있는 음이기 때문이다. 대부분의 언어에서 엄마, 아빠, mamma, papa처럼 부모를 부르는 말이 비슷한 게 이 때문이다.

직립 자세를 취하게 되면서 인간의 후두는 아래로 내려왔다. 원래 인간의 입과 목, 후두는 음식물을 삼키고 숨을 쉬기 위해 설계된 것이다. 말을 하기 위한 것이 아니었다.

이처럼 말을 하기 위해서는 개념도 있어야 하고, 발성기관도 있어야 하고, 호흡도 조절할 수 있어야 한다. 오직 인간만이 할 수 있다.

언어 본능

인간의 언어습득 능력은 놀랍다. 아기는 4개월만 돼도 말귀를 알아듣고, 옹알이를 통해 대화를 한다. 6개월쯤에는 원하는 게 있으면 소리를 지르거나 몸을 들썩이고, 12~18개월에는 첫 단어를 말한다. 이때에는 말할 수 있는 낱말보다 훨씬 많은 낱말을 머릿속으로 알고 있다. 만 3세가 되면 온전한 의사소통이 가능할 정도로 문법을 구사한다. 3년 만에 한 언어를 습득하는 것이다.

언어가 학습되는 것이냐, 본능이냐에 대한 오랜 논쟁이 있어 왔다. 진화론의 창시자 다윈(C. Darwin)은 말했다. "사람은 말을 하려는 본능적인 경향이 있다. 하지만 누구도 빵을 굽거나 맥주를 만들거나 글을 쓰려는 본능적인 경향은 없다." 언어가 본능이라는 것이다.

행동주의 심리학에서는 언어가 학습되는 것이라고 보고 경험의 역할을 강조한다. 언어마저 '언어 행동'(verbal behavior)이라 부른 행동주의 심리학에서는 아이들의 정확한 언어 행동은 정확한 언어 모델이 주어지고, 강화를 통해 실수가 교정되는 환경에서 자란 결과라고 가정한다.

하지만 인생 초기의 폭발적인 언어습득이 강화로 설명될 수 있을까? 행동주의의 의견은 젊은 언어학자이던 촘스키(N. Chomsky)로부터 아주 신랄하게 비판받았다.

현대 언어학의 아버지라는 촘스키 이후 가장 위대한

언어학자 중 한 명으로 손꼽히는 스티븐 핑커(S. Pinker) 하버드대 심리학 교수도 언어는 인간의 본능이라고 한다. 그 이유는, 언어가 어린 시절에 의식적인 노력이나 교육 없이 자발적으로 발달되며, 밑바탕에 놓인 논리를 몰라도 사용할 수 있고, 모든 사람에게 질적으로 동일하며, 정보를 처리하거나 지능적으로 행동하는 일반적인 능력과 구별되는 기술이기 때문이다.

언어는 본능이다. 그러므로 아이에게 모국어를 가르치는 특별한 방법도 없다. 아이가 언어에 접하기만 하면 된다. 그러기 위해서는 풍부한 언어 환경을 만들어 주어야 한다. 누구에게는 조금 이르고, 누구에게는 조금 늦을 수는 있지만, 결국 아이는 자연스럽게 모국어를 습득하게 된다.

언어가 배워야 하는 것이라면 아주 머리 나쁜 사람은 언어를 배우기가 어려워 말을 할 수 없어야 할 것이다. 하지만 말을 하지 못하는 사람은 이 세상에 없다.

증거를 보자.

뇌의 언어영역

인간의 뇌에는 언어를 담당하는 부위가 있다. 브로카 영역과 베르니케 영역이 그것이다.

브로카 영역(Broca's area)은 좌반구 전두엽에 있는 부위로, 말을 하는 기능을 담당한다. 프랑스의 외과의사인 브로카(P. Broca)에 의해 밝혀져 브로카 영역이라 한다. 브로카 영역에 문제가 생기면 말을 제대로 하지 못하고, 문법에 맞지 않아 그 말이 무슨 말인지 알아듣지 못한다. 상대방의 말을 이해하긴 하지만, 언어 표현이 안 되는 것이다.

1861년에 브로카가 자신의 이름을 딴 영역을 발견하게 된 것은 언어 문제로 고통을 받았던 한 사람을 통해서였다. 그는 'tan'이라는 별명이 붙은 르보르느(L.V. Leborgne)라는 프랑스 사람이다. 그는 수년간 간질로 고생했으며, 30세 때 말을 할 수 있는 능력을 잃었다. 대신 그는 단 한 음절만 말할 수 있었다. "tan." 입에서 나오는 그의 말은 오직 "tan" "tan, tan"이었다.

그러나 그는 바보가 아니었다. 누가 시간을 물으면 "tan, tan"이라고 말하지만 시계를 가리키며 정확한 시간을 보여주었다. 그는 단지 말을 제대로 할 수 없었을 뿐이었다.

그 후 브로카는 같은 증상을 겪은 환자들이 사망한 후 그들의 뇌를 검사하여 동일한 영역의 손상을 관찰했다. 뇌의 특정 영역이 특정 기능을 담당하는 증거였다.

베르니케 영역(Wernicke's area) 역시 뇌의 좌반구에 있는 부위로, 언어정보의 해석을 담당한다. 베르니케 영역에 문제가 생기면 다른 사람의 말을 이해하는 데 어려움을 겪는다. 1874년 독일의 신경정신과 의사 베르니케(C. Wernicke)가 발견했다.

26세의 수련의였던 베르니케는 언어 이해력이 매우 떨어진 몇몇 환자들을 보았다. 그들은 유창하게 말했지만, 거의 의미가 없었다. 그들은 단어를 찾는 데 어려움을 겪었고, 많은 단어 아닌 단어(비단어)를 말했다. 환자 한 명이 사망했을 때, 그의 뇌를 검사하여 발견했다.

일반적으로 소음을 들을 때에는 청각영역이 활성화되지만, 단어와 같이 의미 있는 소리를 들으면 베르니케 영역에서 더 많은 활성화가 나타난다.

인간의 뇌에 언어를 담당하는 부위가 있다는 것 자체가 언어능력은 진화된 본능이자 선천적인 것을 나타낸다. 또 다른 생물학적 증거는 언어를 관장하는 유전자다.

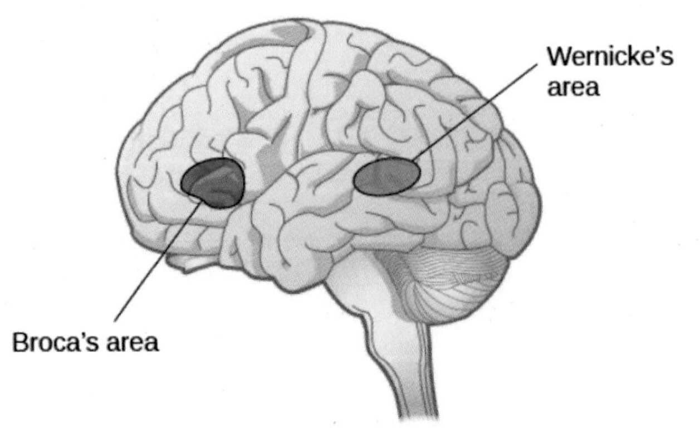

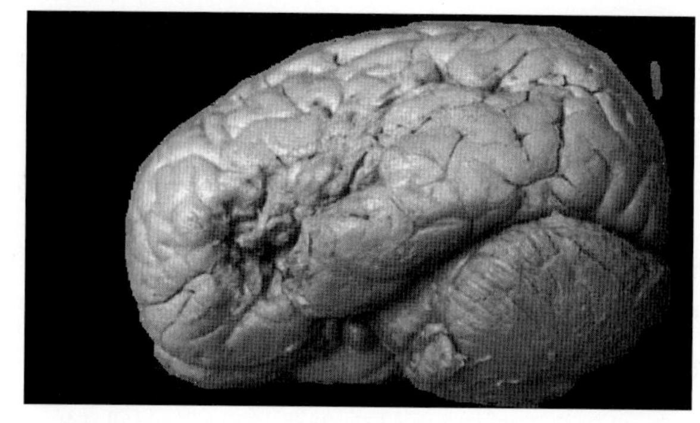

르보르느의 손상된 뇌. 브로카는 르보르느의 사망 후 뇌를 검사하여 브로카 영역으로 알려진 좌뇌 전두엽에서 병변을 발견했다. 르보르느의 말하는 능력이 손상되었지만 완전한 이해력을 가졌기 때문에 브로카는 뇌의 이 영역이 언어 생성에 책임이 있다고 결론내렸다. 브로카는 그의 뇌를 표면검사만 실시하여 완전한 절개를 하지 않았다. 그의 뇌는 파리에 있는 해부병리학 박물관인 뒤퓌트랑 박물관(Musée Dupuytren)에 보관되어 있다. 현재는 현대적인 방법을 사용하여 두뇌를 여러 번 스캔하여 모든 병변의 위치와 특성을 자세하게 분석할 수 있다.

언어 유전자

인간만이 말을 하게 된 것은 유전자의 돌연변이 때문으로 알려져 있다. 사람의 7번 염색체에 '폭스피2'(Forkhead box protein P2, FOXP2)라는 유전자가 있는데, 이 유전자가 오랜 진화과정에서 돌연변이를 일으켜 인간이 정교한 언어구사 능력을 갖게 되었다고 한다. 언어 관련 유전자로서는 처음 발견된 것이다. 그래서 이 유전자를 '언어 유전자'라 하기도 한다.

이 유전자는 가족 구성원의 절반가량이 언어장애를 겪고 있는 영국 런던의 한 집안을 대상으로 한, 3대에 걸친 연구를 통해 알려지게 되었다.

1980년대 후반, 그 집안 아이들이 초등학교에서 언어문제 때문에 한 특수교사의 눈에 띄었다. 그 아이들은 말하는 데 필요한 근육의 움직임을 조절할 수 없었다. 마치 아이들의 얼굴 일부가 얼어붙은 것 같았다.

'KE'라 불린 이 집안사람들 중 언어장애를 가진 사람은 발음이나 단어 순서를 틀리게 하거나, 말을 제대로 이해하지 못하는 증세를 나타냈다. 이들 대부분은 심하게 말을 더듬었고, 별(star) 대신 하늘(sky) 혹은 컵(cup) 대신 차(tea)라고 하는 등 어휘가 제한되어 있었다. 특히 자음을 처리하기 어려웠는데, 'spoon'을 'boon'이라 하고, 'table'을 'able', 'blue'를 'bu'라고 하는 등 빼먹기 일쑤였다. 이 집안의 언어장애는 자폐증이나 정신지체, 청각상실 등과는 아무런 관계가 없었다.

런던 아동보건연구소에서 첫 연구가 시작되었고, 유전자 결함 때문으로 짐작되었다. 그 후 진행된 옥스퍼드 대학의 연구에서 언어 유전자가 있음을 알아내고 이를 FOXP2라 명명했다.

모두 715개의 아미노산 분자로 구성된 인간의 FOXP2 유전자는 쥐와는 세 개, 침팬지와는 두 개만 분자 구조가 다르다. 이런 미세한 차이는 단백질의 모양을 변화시켜 얼굴과 목, 발성기관의 움직임을 통제하는 뇌의 일부분을 훨씬 복잡하게 형성하고, 그 결과 인간은 혀와 성대, 입을 매우 정교하게 움직여 복잡한 발음을 할 수 있는 능력을 얻게 된 것이다. 이에 따라 인간과 동물 간에 엄청난 차이가 발생한다. 이 변이를 제외하면 인간과 동물의 FOXP2는 거의 똑같다.

FOXP2는 조류와 포유동물에게도 있는데, 새의 경우 FOXP2 분비를 감소시키면 그들의 '교사' 노래를 제대로

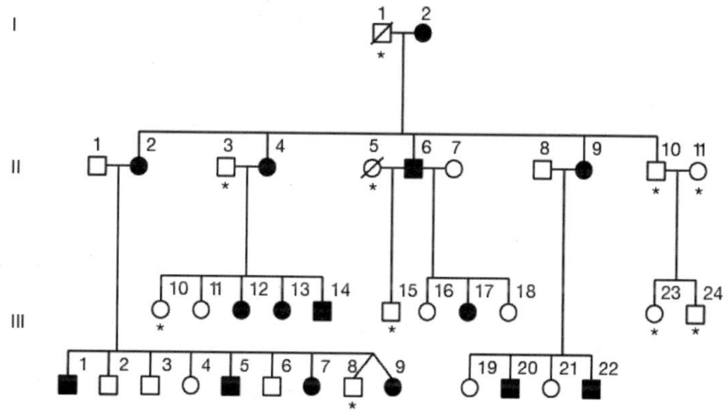

KE 집안의 가계도. 그림에서 원은 여자, 사각형은 남자, 검은색은 장애를 가진 사람, 흰색은 장애가 없는 사람, 빗금은 사망한 사람을 나타낸다. 별표는 유전자 분석에 사용할 수 없었던 사람들을 나타낸다. (Lai 등, 2001)

모방하지 못하고, 보다 다양한 노래를 부를 수 없다. 인간의 FOXP2 유전자를 쥐에게 넣으면 뇌의 신경회로가 변하고 "찍찍"거리는 소리도 바뀐다.

옥스퍼드 연구진에 의하면 FOXP2의 돌연변이는 12~20만 년 전에 처음 일어났으며, 현재 인간이 가진 형태의 유전자 변형은 1~2만 년 전에 완성되어 빠른 속도로 전파됐다고 한다. 20만 년 전이라면 현생 인류의 등장 시기라는 고고인류학 연구와도 일치하고, 인류가 말을 하기 시작했다고 언어학자들이 추정하는 시기이기도 하다.

언어의 결정적 시기

고대 이집트의 파라오 사메티쿠스(Psametichus, 663~610 BC)는 언어와 완전히 고립되어 성장한 아이가 말을 시작하면 어떤 언어를 사용할 것인지 궁금했다. '이집트어일까? 그리스어일까?'
사메티쿠스는 갓난아기 두 명을 양치기에게 주어 양육하도록 했다. 아무도 그들 앞에서 말을 해서는 안 되며, 그들을 외딴 집에서 혼자 살도록 해야 한다고 명령했다. 식사 때가 되면 양치기는 염소를 데리고 와서 그들에게 젖을 짜 주었다.
2천 년 뒤, 스코틀랜드 왕 제임스 4세(James Ⅳ, 1473~1513) 역시 아이가 말을 시작하면 어떤 언어를 사용할 것인지 궁금했다. 왕은 벙어리 여자와 그녀의 자녀인 두 젖먹이에게 필요한 모든 것을 제공하면서 섬에서 살도록 명령했다. 그래서 완전히 고립시켜 키웠다.
이집트 파라오와 스코틀랜드 왕은 자신들의 궁금증은 해소했을지 모르지만, 이 가엾은 아이들은 아무런 말도 하지 못했다.

오스트리아의 동물행동학자 로렌츠(K. Lorenz)는 자신이 부화시킨 새끼거위들이 자기를 마치 그들의 어미인 양 따라다니는 것을 보고 '각인'이라는 개념을 제시했다. 각인(imprinting)은 새끼가 생후 초기에 어떤 대상과 소통을 하게 되면 그 대상에 대해 애착을 가지게 되는 것을 말한다.

각인은 생후 초기의 제한된 기간 내에 발생하는데, 이것이 '결정적 시기'(critical period)다. 이 시기에 각인이 이루어지지 않으면 나중에 그와 같은 행동을 습득하기가 거의 불가능하다.

언어 역시 결정적 시기가 있다. 이 시기는 일반 아기들이 말을 하기 시작하는 옹알이 단계 무렵이다. 이 시기에 말을 배우지 못하면 더 이상 말을 배울 수 없게 된다.

갓난아기 때 버림받아 정글에서 동물들과 살았거나 부모의 유기로 인해 오랜 기간 대화 없이 자란 아이들이 발견되기도 했다. 대표적 사례가 19세기 초 프랑스 남부 아베롱(Aveyron)에서 발견된 늑대소년 빅터(Victor)다. 소년은 육체만 인간이고 행동은 늑대와 흡사했다. 사지로 기고, 생고기를 입으로 뜯으며, 늑대 울음소리로 소리를 질렀다. 그 소리는 늑대 소리와 달랐고 사람 말소리도 아니었다. 1920년 인도 늑대굴에서 발견된 카말라(Kamala)

로렌츠의 각인 행동

와 아말라(Amala) 자매도 유명하다. 이들 역시 늑대와 똑같은 행동을 하면서 사람을 두려워했다. 늑대인간들은 인간 언어를 하지 못했고, 이들에게 말을 가르치려는 시도는 모두 실패했다.

학대로 유기된 최신 사례는 지니(Genie)라는 별칭을 가진 미국 소녀다. 지니는 생후 20개월부터 작은 침실에 감금되었다. '지체일 가능성이 있는 증상이 보인다'는 의사의 말을 너무 심각하게 받아들인 아버지 때문이었다.

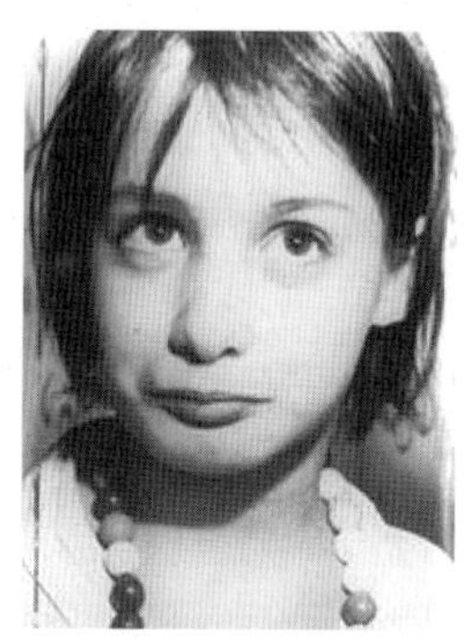
Genie (사진 : 위키피디아)

방에는 TV나 라디오도 없었고, 외부로부터 들려오는 말소리나 소음도 없었다. 지니가 소리를 내면 아버지는 마구 때렸다. 결국 그녀는 모든 발성을 하지 못하도록 키워졌다.

1970년, 지니의 어머니가 남편과 다툰 후 지니를 데리고 집을 나왔다가 사회복지센터에 들렀다. 지니의 어머니는 시각장애인이었다. 이때 센터 직원이 지니를 발견했다. 그때 지니는 13세였지만 6, 7세 아이 정도로 허약해 보였다.

지니는 병원에 입원했고 뒤이어 전문가가 말을 가르치기 시작했다. 몇 달 동안 지니는 단어 100개를 배웠다. 그러나 문법을 사용하거나 단어를 조합하여 의미 있는 문장을 만들 수는 없었다.

언어는 사람 간의 상호작용으로 발달한다. 다른 사람들과의 접촉은 언어를 배우는 데 필수불가결이다. 아기들은 부모의 말을 듣고 거기에 반응함으로써 언어능력이 발달한다. 그래서 부모가 사용하는 언어는 아기의 언어 발달과 상관관계가 있다.

사회경제적 지위가 나은 가정의 아이는 그렇지 못한 가정의 아이보다 더 많은 어휘를 가지고 있다. 나은 가정의 부모가 아이들과 더 많이 이야기하고, 더 다양한 어휘를 사용하며, 더 복잡한 구문을 사용하기 때문이다. 골린코프 · 허시-파섹(2010)에 의하면 기초생활보장대상자 가정의 아이는 1시간에 평균 616개 단어를 듣고, 전문직 가정의 아이는 평균 2,153개 단어를 듣는다.

6세가 되기까지 아이들은 14,000개 단어를 습득한다. 돌 전후 4개월 동안 어른들이 어떻게 반응해 줬느냐에 따라 어휘력에 차이가 벌어진다. 그러므로 아이가 몸짓으로 의사표현을 시작할 때부터 부모가 알맞은 반응을 해주어야 한다.

TV를 무심코 켜놓은 채 아이를 돌보거나 일을 하는 부모들이 많다. 아이들이 TV에 오랫동안 노출되면 언어능력에 부정적인 영향을 끼친다. TV를 시청하지 않더라도 TV 소음은 아이의 놀이시간을 줄이고, 집중력을 떨어뜨린다. TV가 켜져 있을 때에는 꺼져 있을 때보다 부모

유아교육 비디오제품인 베이비 아인슈타인을 두고 과장광고 논란에 휩싸여 온 월트 디즈니사가 대규모 환불조치를 단행한 적이 있다. 이와 관련, 과장광고 의혹을 제기해 온 미국 시민단체 관계자는 디즈니도 "유아용 비디오는 교육적이지 않다"는 사실을 인정하게 된 것이라고 말했다. (연합뉴스, 2009.10.25)

들이 말하는 단어의 수와 문장의 양이 훨씬 적고 새로운 단어를 덜 말한다. TV는 아이와 상호작용하는 것도 아니며, 부모와 아이의 상호작용도 방해한다.

또 TV는 어린아이들의 실제 삶에서 일어나는 일이나 아이가 체험하는 삶을 보여주는 것도 아니다. 게다가 TV나 비디오 이미지는 발달하는 아이의 뇌를 지나치게 자극한다. 이는 아이의 뇌를 영구적으로 손상시킬 수도 있다. 이 때문에 미국소아과학회(AAP, 1999, 2011)는 두 살 이하의 아기는 TV를 절대 봐서는 안 된다고 권고한다. 교육적이라는 증거가 부족한 데다 건강상 잠재적인 부작용 우려 때문이다.

언어와 사고

톰 행크스가 주연한 영화 〈캐스트 어웨이〉(Cast Away)는 2000년 개봉한 미국의 서바이벌 영화다. 비행기가 남태평양에 추락한 후 살아남은 페덱스(FedEx)의 직원인 척 놀랜드(톰 행크스 분)가 무인도에 갇히게 되자 집으로 돌아가려는 그의 필사적인 시도를 다루었다. 영화에서 척 놀랜드는 배구공을 발견하고는 그 공에 얼굴을 그려 넣고 윌슨이라는 이름을 붙이고 말을 건다.

사람들은 언어를 의사소통 수단으로만 생각한다. 언어가 의사소통의 수단이라면 두 사람 이상이 필요하다. 그러나 사람들은 혼자서도 중얼거린다. 심지어 동물이나 식물, 무생물에게도 말을 건다. 언어는 의사소통 수단만이 아닌 것이다. 다음 문제를 풀어보자.

$$\begin{array}{r} 27 \\ \times\ 15 \\ \hline \end{array}$$

아마 여러분들은 속으로 중얼거리며 문제를 풀고 있을 것이다. 이처럼 문제를 풀 때에도, 단어를 암기할 때에도, 생각을 할 때에도 혼잣말을 하거나 마음속으로 중얼거린다.

사고와 언어는 무관하지 않다. 뭔가를 잘 생각했는데, 말이나 글로 표현하기 힘든 경우가 있다. 또 그와 반대로 뭔가를 말이나 글로 잘 표현했는데, 머릿속이 오히려 복잡해지는 경우도 있다.

촘스키(N. Chomsky)처럼 언어와 사고가 별개라고 주장하는 학자도 있다. 윌리엄스 증후군을 앓는 사람이 그 증거다. 1961년 뉴질랜드의 윌리엄스(JCP Williams) 박사가 처음으로 보고한 윌리엄스 증후군(Williams Syndrome)은 작은 키, 굽은 어깨, 가늘고 긴 목, 좁은 얼굴과 넓은 이마, 납작한 콧등, 날카로운 턱, 두툼한 입술 등 요정처럼 보이는 외모를 가지고 있어 요정 증후군이라고도 불리는 희귀질환이다.

이 증후군을 갖고 있는 사람들은 인지 능력이 손상되어 있다. 지능(IQ)도 50 정도로 낮다. 하지만 이들은 유창한 언어 구사력을 갖고 있다. 그래서 촘스키는 사고와

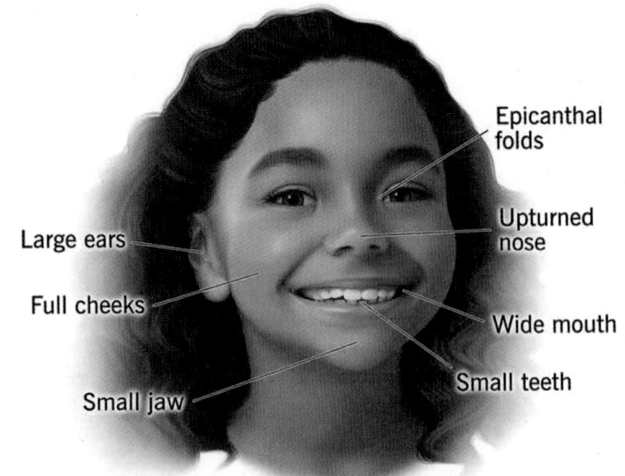

윌리엄스 증후군의 안면 특징 (그림 : 미국 클리블랜드 병원)

언어가 별개로 작동한다고 주장한다.

대부분의 학자들은 언어와 사고가 관계가 있다고 주장한다. 구소련의 심리학자 비고츠키(L. Vygotsky)는 언어와 사고는 각각 독립적으로 발생하여 개인 발달에 따라 상호의존으로 진행하며, 언어발달이 사고발달을 촉진시킨다고 주장한다.

스키너(B.F. Skinner)와 같은 행동주의 심리학자들은 언어와 사고가 동일하다고 주장한다. 스위스의 심리학자 피아제(J. Piaget)는 인지가 언어를 결정한다고 하고, 독일의 언어학자 훔볼트(W. von Humboldt)는 언어는 사상을 형성하는 기관이며, 오직 언어로써, 언어에 의해서 사상 형성이 가능하다고 한다.

미국의 언어학자 사피어(E. Sapir)와 그의 제자 워프(B.L. Whorf)는 언어가 사고를 결정한다고 한다. 언어가 실재(reality)를 상이한 방식으로 구분하며, 언어의 차이가 세계관에 영향을 준다는 것이다.

이들의 주장은 강조점이 서로 다르지만 언어와 사고의 밀접한 관련을 보여준다.

언어에 담긴 마음

프랑스어는 사랑을 위해 있다고 한다. 프랑스어를 잘하면 누구든 시인 같아 보인다. 혀가 꼬일 정도로 데굴데굴 굴러가는 발음과 빠른 속도 때문에 프랑스어를 듣다보면 랩 음악을 하는 것 같다. 연음이 많고, 비음 역시 상당히 많아 우아한 발음이 나온다.

이탈리아어는 음악을 위해 있다고 한다. 계이름인 '도레미…'가 이탈리아어이고, 대부분의 음악 기호가 이탈리아어다. 알레그로(allegro), 아다지오(adagio), 라르고(largo) 등의 박자 기호, 포르테(forte), 피아노(piano) 등의 셈여림 기호 등이 모두 이탈리아어다. 오페라의 발상지가 이탈리아고, 대부분의 오페라 가사가 이탈리아어로 되어 있기 때문에 성악에서 중요한 언어다.

독일어는 군인을 위해 있다고 한다. 딱딱 구분되기 때문에 절도 있는 군인들 말에 잘 어울린다. 독일어 낱말은 보통 첫 음절에 강세가 붙어 강한 느낌이 들고, 영어나 프랑스어와 달리 철자 그대로 발음하면 된다. 독일어는 속도가 일정해서 읽기 쉽지만, 복합어로 된 긴 낱말이 많아 제대로 끊어 읽지 않으면 이해가 잘 되지 않는다.

일본어는 외교를 위해 있다고 한다. '이다' '아니다'가 불분명하여 모호한 표현을 해야만 하는 국제외교에서 사용하기 좋다. 1945년 8월 15일 12시, 일본 왕의 항복 선언이 라디오 방송을 탔을 때 한국인들은 조국이 해방되었다는 사실을 알지 못했다. 라디오를 가진 사람도 많지 않았고, 듣더라도 음질이 좋지 않았다. 조선 해방을 언급하는 말도 없었고, 일본인조차도 알아듣기 힘든 문장이었다. 다음날, 일본의 포츠담 선언 수락 사실이 보도되자 조국이 해방된 것을 알게 되었다.

언어는 나름의 세계관을 가지고 있다. 신성로마제국의 황제 샤를마뉴(Charlemagne, the Great, 742~814)는 "제2의 언어를 갖는다는 것은 제2의 영혼을 갖는 것이다"라고 말했다. 독일의 언어학자 훔볼트(W. Humboldt)도 말한다. "언어가 다르면 세계관이 다르다. 그래서 외국어를 습득하는 것은 다른 세계관을 흡수하는 것이다."

두 언어를 유창하게 사용하는 사람이 한 언어를 말할 때에는 그 문화권의 개념이나 정체성이 활성화된다. 그래서 다른 언어를 사용할 때마다 마음의 변화가 나타난다. 캘리포니아 대학의 어빈-트립(S. Ervin-Tripp, 1964) 교수는 일본어와 영어에 능통한 일본계 미국 여성들에게 일본어와 영어로 된 문장을 완성해 달라고 요청했다. 그 결과, 사용된 언어에 따라 매우 다른 결과가 나왔다. "내 소원이 가족들과 상충될 때…"라는 문장을 제시하고 뒷부분을 완성하라고 요구했다. 한 참가자의 경우 일본어로 된 결말은 "그것은 대단한 불행의 시기"였다. 하지만 영어로 된 결말은 "나는 내가 원하는 것을 한다"였다. "참된 친구는 반드시…"라는 문장을 제시했을 때 일본어로 된 결말은 "서로 도와야 한다"였지만, 영어로 된 결말은 "매우 솔직해야 한다"였다.

라틴아메리카계 여성들은 영어보다 스페인어를 사용할 때 더 자신감 있고 당당한 모습을 보인다. 뉴욕 버룩 칼리지(Baruch College)의 루나(D. Luna, 2008) 교수 팀은 영어와 스페인어를 유창하게 하는 실험참가자들에게 광고사진을 보여주었다. 리조트 호텔 광고였다. 사진 속에는 호수가 내려다보이는 언덕 꼭대기에 한 여성이 혼자 앉아 있었다. 절반의 참가자들에게는 영어로, 나머지 절반의 참가자에게는 스페인어로 그녀에 대한 인상을 평가해달라고 요청했다.

6개월 후 실험참가자들은 뜻하지 않게 같은 질문을 다시 받았다. 이번에는 이전과 다른 언어로 답해야 했다. 그 결과, 같은 사진인데도 언어에 따라 광고 속 여성에 대한 평가가 달랐다. 스페인어로 답할 때에는 위험을 감수하는 긍정적인 사람, 강한 사람으로 묘사되었지만, 영어로 답할 때에는 불안하고, 걱정스럽고, 절망적이고, 혼란스럽게 묘사되었다.

언어와 개념

유아들은 한국에서 태어났든 미국에서 태어났든 넣는 상황(loose-in)과 끼는 상황(tight-in)을 언어의 도움 없이 구별할 줄 안다. 이때는 어떤 언어든 배울 수 있는 유연성을 지닌 시기다.

한국어와 영어를 배우면서 30개월이 되면 유아들의 공간 인지 방식에 차이가 생긴다. 한국 유아들과 달리 미국 유아들은 꼭 끼는 장면(tight-in)이든 넓은 공간에 넣는 장면(loose-in)이든 비슷하게 간주하는 경향이 있다.

미국 어른들도 30개월 된 아이들과 마찬가지로 끼는 장면과 넣는 장면을 구별하지 못했다. 한국어에는 '넣다'와 '끼다'라는 어휘가 있어 구분이 되지만, 영어에서는 두 장면 모두 전치사 in으로 표현되기 때문이다.

언어에 따라 인식의 틀이 달라진다. 언어의 틀 안에서 사고하는 것이다.

내가 그의 이름을 불러 주기 전에는
그는 다만
하나의 몸짓에 지나지 않았다.

내가 그의 이름을 불러 주었을 때
그는 나에게로 와서
꽃이 되었다.

김춘수 시인의 작품 〈꽃〉의 일부다. 하나의 몸짓에 지나지 않았던 것이 이름을 붙여 주니 비로소 꽃이 된다. 언어가 개념을 만드는 것이다.

용(dragon)은 세계적으로 오래된 개념이다. 서양에서는 dragon, 중국에서는 용(龍), 우리 옛말에서는 미르라고 한다. 용을 본 사람은 아무도 없다. 상상 속의 동물이기 때문이다. 하지만 그림으로 구체화하고 '용'이란 이름을 붙여주었다. 그래서 누구든 용에 대한 개념을 갖고 있다. 봉황, 유니콘도 마찬가지다.

우리가 지금은 '일곱 색깔 무지개'라는 표현을 사용하지만, 40~50년 전만 하더라도 '오색 무지개'란 말을 사용했다. 빛깔의 연속체인 무지개 색이 다섯 가지라는 이야기다. 붙이는 이름에 따라 무지개의 색상 수가 달라지는 것이다.

사람에게도 이름이 있고, 사물에도 이름이 있다. 산과 강, 도로, 교량, 터널, 기차, 함정에도 이름이 있다. 심지어 가로등, 전봇대에도 관리번호를 붙인다. 사물에 이

계이름에서 반음은 '파'와 '시'다. 도와 레 사이에도 반음이 있다. 피아노의 검은 건반이 반음이다. 이 반음은 악기로 소리를 낼 수 있지만, 우리가 그 소리를 내는 것은 지극히 어렵다. 그것을 표현하는 언어가 없기 때문이다. 반음인 '파'와 '시'를 다른 음과 구분할 수 있고 또 그 소리를 낼 수 있는 것은 '파'와 '시'라는 언어가 있기 때문이다.

름을 붙인다는 것은 그 사물의 존재를 인식하는 것이자, 그에 알맞은 의미를 부여하는 것이다. 이는 그 사물에 대한 개념을 형성하는 것이다. 언어가 있어야 어떤 대상에 대한 개념을 형성할 수 있다.

브라질의 아마존에 살고 있는 소수민족인 피라하(Pirahã) 족 언어에는 숫자어가 '하나(hói)'와 '둘(hoí)', '다수(baagi 또는 aibai)'만 있다. '하나'는 1의 의미가 아니다. '둘' 역시 2의 의미가 아니다. 좀 적어 보이면(1~3개) 1이고 그보다 많으면(4~6개) 2다.

자신들에게 숫자 개념이 없다는 것을 알게 된 피라하족 사람들은 다른 집단과의 거래에서 속임을 당할까봐 걱정되었다. 그래서 피라하어 연구를 위해 와있던 언어학자 에버렛(D.L. Everett)에게 산수를 가르쳐 달라고 부탁했다. 교수와 그 가족이 흔쾌히 제안을 받아들여 수업이 진행됐다. 피라하어에는 10까지의 숫자어가 없었기 때문에 브라질의 언어인 포르투갈어로 숫자를 가르쳤다.

8개월 동안 그들은 날마다 의욕적으로 산수를 배웠다. 하지만 진전이 없었다. 결국 자신들은 배울 능력이 없다는 결론을 내리고 공부를 그만뒀다. 그들 가운데 10까지 세거나 3+1, 심지어 1+1을 계산할 줄 알게 된 사람은 한 명도 없었다.

'멀리 한 점을 향해 나아가는 선들의 집합', '동심원을 이루는 두 개 이상의 선'이라는 말을 들으면 어떤 도형이 떠오르는가?

선뜻 대답하기 쉽지 않은 것은 우리말에 그런 도형을 나타내는 어휘가 없기 때문이다. 하지만 미국 뉴멕시코주의 나바호(Navajo or Navaho) 족 언어에는 그런 도형에 관한 어휘뿐만 아니라 다양한 형태의 선, 색에 대해 다채로운 기하학적 어휘가 있다.

이 언어에서는 다른 언어의 단어를 잘 차용하지 않는다. 그래서 자신의 언어를 사용하여 새 단어를 만든다.

나바호어에는 '수직으로 평행하게 서 있는 두 개의 암석'을 나타내는 별도의 어휘(Tsé Ahé'ii'áhá)가 있는데, 영어 화자들은 이것을 '코끼리의 발'(Elephant Feet)이라 부른다. 영어 화자들이 사물을 다른 사물과 닮은 것으로 보는 반면, 나바호어 화자들은 기하학적인 관계로 바라본다.

피라하 족과 에버렛 교수

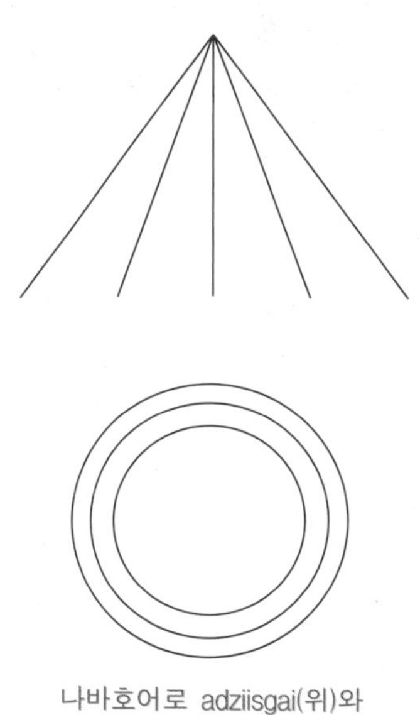

나바호어로 adziisgai(위)와 ahééhesgai(아래)

예컨대 전화기(telephone)를 뜻하는 나바호어는 béésh be hane'é인데, 문자 그대로 번역하면 '대화가 이루어지는 장치(instrument, with it talking takes place)'다.

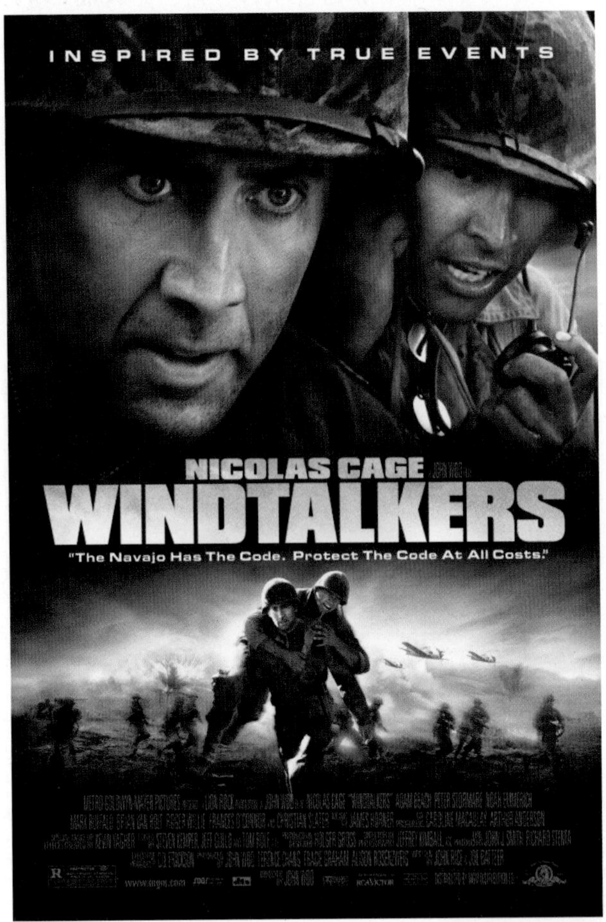

나바호어는 특별히 생소했다. 이 언어를 아는 미국인은 거의 없었고, 미국 외 다른 나라 사람 중에는 아예 없었다. 이러한 이유로 제2차 세계대전 당시 미군의 군사 정보가 일본군에게 자꾸 넘어가자, 미군은 나바호어에 기초한 암호체계를 만들었고, 입대한 나바호 족 젊은이들은 암호병·통신병으로 근무했다. 배우 니콜라스 케이지가 람보처럼 맹활약을 하는 영화 〈윈드 토커〉(Wind Talkers, 2002)는 태평양 전쟁 당시, 치열한 전장 중 하나인 사이판 전투를 배경으로 미 해병대에서 활약한 나바호 족 암호병들과 그들을 호위했던 백인 해병대원들의 이야기를 다루었다. 윈드 토커 혹은 코드 토커(Code Talker)는 미군의 암호통신병을 말하는데, 일본은 전쟁이 끝날 때까지 이 암호를 해독하지 못했다고 한다. 이들은 1968년 미국 정부가 공식적으로 언급하여 세상에 알려지게 되었다.

색상

날아라 새들아 푸른 하늘을
달려라 냇물아 푸른 들판을
오월은 푸르구나 우리들은 자란다
오늘은 어린이날 우리들 세상

어린이날 노래 가사다. 하늘도 푸르고 들판도 푸르다. 그러나 지금은 하늘이 '파랗다'라는 표현을 사용한다. 이는 그 당시 색 분화(分化)가 덜 되어 색 이름이 없었기 때문일 수 있다.

인간이 인식하는 색은 분화가 된다. 대신 일정한 순서가 있다. 하양/검정 → 빨강 → 노랑/초록 → 파랑 → 갈색 → 보라/분홍/주황/회색의 순이다. 노랑/초록처럼 사선으로 표시된 색은 둘 중 한 가지 색이 먼저 분화되고, 다른 색은 그 후에 분화된다. 다음 색(파랑)이 분화되기 전에는 모두 나타난다.

하양(밝다)과 검정(어둡다)이 가장 먼저다. 이 둘을 구분하지 못하는 문화권은 없다.

하양과 검정의 두 색만 있는 문화권도 있다. 뉴기니의 다니(Dani) 족 사람들이다. 이들은 모든 색을 몰라(mola)와 밀리(mili)라는 두 어휘로 표현한다. 몰라는 빨강, 노랑, 흰색처럼 밝고 따뜻한 색이고, 밀리는 파랑, 녹색, 검정색처럼 어둡고 차가운 색이다.

'푸른' 하늘이라는 표현을 사용한 때에는 우리말에 파랑의 색 분화가 나타나지 않았다. 그때 사용된 색은 흑, 백, 적, 청, 황의 다섯 색이다. '오색' 무지개, '오색' 색동옷, '오색'찬란하다고 할 때의 오색(五色)이 바로 그것이다. 이때에는 '파랑'의 개념이 없었다. 그래서 파란 하늘을 '푸른' 하늘이라고 한 것이다. 일본어 '아오'(あお, ao)는 이전의 우리처럼 파란색과 녹색을 함께 부르는 말이다. 녹색을 지칭하는 '미도리'(みどり, midori)가 있긴 하지만, 파란색(blue)을 지칭하는 언어는 없다.

영어의 blue는 light/dark를 붙여 밝은 파랑과 어두운

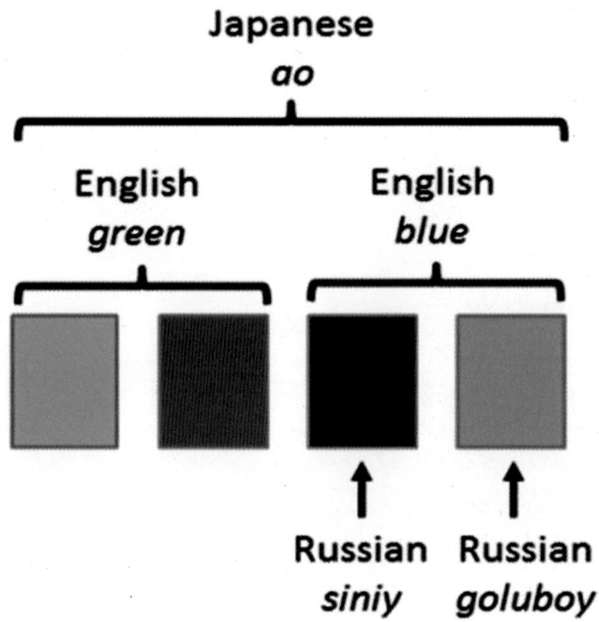

일본어와 영어, 러시아어의 색상 구분
(자료 : www.psychologytoday.com)

파랑을 구분하지만, 러시아어에서는 밝은 파랑(goluboy)과 어두운 파랑(siniy)의 어휘가 별도로 있다. 러시아처럼 색에 대한 고유명사가 많은 문화권에서는 색 구분을 빨리 한다. 대신, 색에 대한 어휘가 적은 문화권에서는 색 구분이 쉽지 않다.

그렇다 하여 색 분화가 덜 된 문화권의 사람들이 언어에 없는 색을 구분 못하는 것은 아니다. 다니 족과 미국 대학생들에게 색 조각을 하나 보여준 다음, 여러 개의 색 조각 중에서 보여준 색 조각을 잘 찾아내는지 검사했다. 그 결과 다니 족과 미국 대학생들은 정확률에서 차이가 거의 없었다. 색 이름이 많은 문화권의 사람들은 언어적 관점에서 색을 평가하지만, 색 이름이 적은 문화권의 사람들은 물리적 차원의 관점에서 색을 평가한다.

색의 분화는 모든 문화권에서 공통으로 나타나는 현상이다. 색상 언어의 다양성에도 불구하고 색상을 기억하는 데에는 현저한 유사성을 보인다. 하지만 공간이나 시간에 대한 생각은 문화권마다 다르다. 한 가지 가능성은 추상적인 영역, 즉 감각경험에 그다지 의존하지 않는 영역에서는 언어가 사고에 가장 강력한 영향을 미친다는 것이다.

음향

앞에서 보았듯이 이름이 있어야 개념이 생긴다. 이름을 붙인다는 것은 그 대상이 우리의 개념에 들어온다는 것을 의미한다.

음성은 사람 입에서 나오는 소리이므로 듣고 따라 하기 쉽다. 물소리, 바람소리 같은 음향은 정확히 듣고 따라 하기가 어렵다. 그래서 이름을 붙인다. '졸졸졸' '휘익' '부스럭' 같은 것이다.

개 짖는 소리가 우리나라에서는 '멍멍'인데, 미국에서는 '바우와우'(bow-wow)다. 고양이 울음소리도 우리나라에서는 '야옹'인데, 미국에서는 '뮤'(mew)다. 우는 소리가 다른 것은 그렇게 이름을 붙여 주었기 때문이다. 들리는 소리로 이름을 붙이고, 붙인 이름대로 들리는 것이다.

영어를 배울 때 f와 p 발음의 구분이 쉽지 않아 애를 먹었을 것이다. 우리말에는 f와 p 발음을 구분하는 음소(音素)가 없기 때문이다. f와 p는 영어에서는 /f/와 /p/로 구분되지만, 우리말에서는 /ㅍ/으로 뭉뚱그려 발음된다. flower든 power든 모두 /ㅍ/ 발음이다.

r과 l, b와 v 발음도 마찬가지다. 영어에서는 /r/과 /l/, /b/와 /v/로 구분되지만, 우리말에서는 /ㄹ/, /ㅂ/으로 뭉뚱그려 발음된다. 우리말 음소에 없는 외국어 음소는 비슷한 우리말 음소로 대치되는 것이다.

우리말 자모는 24자로 되어 있고, 이 자모로 적을 수 없는 소리는 두 개 이상의 자모를 어울러서 적는다. 우리말에는 ㄲ, ㄸ과 같은 자음이 있어 된소리도 잘 말할 수 있고 구분도 정확하게 할 수 있다. 그래서 '불'과 '뿔', '살'과 '쌀'은 발음도 다르고 의미도 다르다는 것을 안다.

영어에는 된소리를 나타내는 음소가 없다. 그래서 영어만 사용하는 사람들은 된소리를 내지 못한다. class에서처럼 겹쳐진 철자(ss)가 있긴 하지만 된소리로 발음되지 않는다. 미안함을 강조하기 위해 ssssorry(쏘리)라고 적을 수는 있어도 그들이 입 밖으로 내는 발음은 'sorry'(소리)다.

유아들은 right와 light 소리를 구분할 수 있다. 모어(母語)가 무엇이든 관계없이 r과 l을 구분할 수 있다. f와 p, b와 v도 구분할 수 있다. 유아들은 세상의 모든 언어에서 사용되는 음소를 구분할 수 있는데, 어떤 언어를 접하게 되든 그 언어를 말하고 이해할 수 있는 기초능력을 갖고 태어나는 것이다.

하지만 부모의 언어를 접하고 옹알이를 시작할 무렵에는 이 능력이 급속히 쇠퇴하며, 생후 1년이 되면 거의 소멸하고 회복되지 않는다. 바꿔 말하면 어떤 언어에 신속하게 적응하게끔 하는 진화된 메커니즘이 있는 것이다.

경남 사천시의 삼천포대교, 남해군과 연결된다.

단어의 성(性)

독일 사람들은 열쇠(key)를 딱딱하다, 무겁다, 유용하다고 생각한다. 스페인 사람들은 열쇠를 작다, 사랑스럽다, 반짝인다고 생각한다.

독일 사람들은 다리(bridge)를 아름답다, 우아하다, 예쁘다고 생각한다. 스페인 사람들은 다리를 강하다, 길다, 크다고 생각한다.

독일어와 스페인어는 명사가 성(性)을 가지고 있다. 열쇠가 독일어에서는 남성(der Schlüssel)이지만, 스페인어에서는 여성(la llave)이다. 다리가 독일어에서는 여성(die Brücke)이지만, 스페인어에서는 남성(el puente)이다. 열쇠와 다리가 생물학적인 성(性)을 가진 것은 아니지만, 언어가 성을 결정짓고, 언어에 따라 사물의 성질이 다르게 보인다.

많은 언어에서 명사는 성을 가지고 있다. 대부분 남성, 여성, 중성이다. 명사가 어떤 성을 가지고 있는지는 예측하기가 쉽지 않다. 탁자(Table)는 독일어와 폴란드어에서는 남성이지만, 프랑스어와 스페인어에서는 여성이고, 그리스어에서는 중성이다. 태양은 독일어에서는 여성이지만, 스페인어에서는 남성이며, 러시아어에서는 중성이다. 달은 스페인어와 러시아어에서는 여성이지만, 독일어에서는 남성이다. 이처럼 특정 개체의 이름에 할당된 문법적 성별은 언어에 따라 서로 다르다. 분류(성)에 따라 대상에 대한 지각은 제각각이다.

대상에 성을 붙여 주는 것은 대상을 남성과 여성, 중성 등으로 범주화시키는 것이다. 범주화(categorization)는 수많은 세상의 사물들을 분류하여 범주로 묶어 줌으로써 단순화시키기 위한 것이다. 이는 인지적 절약을 위한 뇌의 작용이다.

언어정보는 이러한 범주화를 수행할 때 기준이 될 수 있다. 미시간 대학교 연구진이 스페인어를 사용하는 아동과 영어를 사용하는 아동에게 생물과 무생물로 구성된 여러 그림을 보여주고 집단화를 하도록 요구했다. 그 결과, 두 집단의 절반가량 아동들은 생물과 무생물로 구분했지만, 스페인어를 사용하는 아동들은 1/3가량이 사물의 성에 따라 구분했다.

숫자

경제개발협력기구(OECD)가 전 세계의 청소년(만 15세)을 대상으로 3년마다 학업성취도를 평가하는 프로그램(program for international student assessment, PISA)이 있다. OECD 회원국 37개국과 비회원국 42개국에서 약 71만 명이 참여한 2018년 PISA의 수학부문에서 한국, 중국, 일본 등 동아시아가 선두를 달렸다(2021년 평가는 코로나19로 인하여 1년씩 연기되었다. 결과는 평가 후 약 1년 뒤에 나온다).

아시아권 아동과 미국 아동들의 수학 성적 차이를 보여주는 증거들이 많다. 여러 원인이 있겠지만, 숫자어도 한 원인일지 모른다. 동양(한국, 중국, 일본)의 숫자체계와 서양(미국)의 숫자체계는 차이가 있기 때문이다.

우리나라의 숫자체계는 '일, 이, …, 구, 십'으로 구성되어 있다. 그다음부터는 '십' 다음에 또다시 일, 이 등을 덧붙여 나간다. '십'이 두 개면 '이십'이고, 세 개면 '삼십'이다. 중국과 일본의 숫자체계도 우리와 똑같다.

영어의 숫자체계는 우리의 숫자체계와 차이가 있다. 11부터 19까지는 일정한 규칙을 따르지 않는다. 11은 ten-one이 아닌 eleven이며, 12는 ten-two가 아닌 twelve다. 20과 30도 two-ten, three-ten이 아닌 twenty와 thirty다. 이러한 것을 보면 체계적인 숫자어를 가진 아시아 아동이 영어를 사용하는 아동보다 훨씬 쉽고 빠르게 수 개념을 확립함을 시사한다.

미국과 일본의 초등학교 1학년 아동들에게 카드에 적힌 숫자를 읽은 다음, 10자리 블록과 1자리 블록을 이용하여 그 숫자를 보여줄 것을 요구하는 실험을 했다. 그 결과, 일본 아동들이 미국 아동들에 비해 표준적인 접근을 2배 이상 사용했으며, 미국 아동들은 1 : 1 모으기를 사용하는 경향이 있었다. 표준적인 접근은 42라는 숫자의 경우 네 개의 10자리 블록과 두 개의 1자리 블록을 사용하는 방법이고, 1 : 1 모으기는 1자리 블록만을 사용하는 방법이다.

미국 아동들은, 1자리 블록 열 개가 10자리 블록 한 개와 같은 값이라는 것을 연구자들이 상기시킨 후 다른 방식으로 보여달라 했을 때 비로소 표준적인 접근을 사용했다.

방향

책상에 다음과 같이 물체가 놓여 있다. 이것을 뒤에 있는 책상에 똑같이 놓아보자.

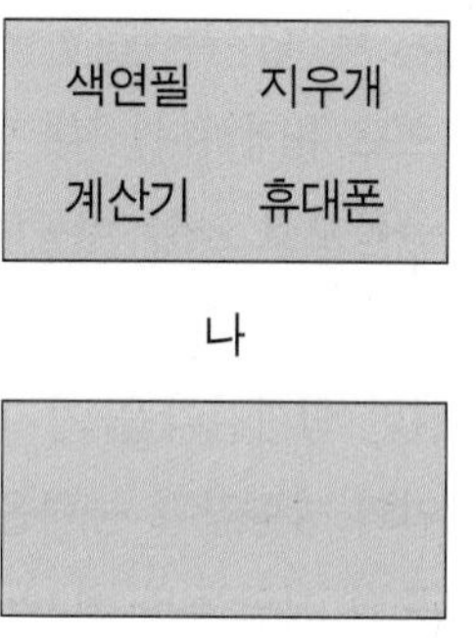

아마도 대부분의 사람들은 뒤의 책상에 놓을 때 왼쪽 먼 곳부터 시계방향으로 색연필, 지우개, 휴대폰, 계산기의 순으로 놓았을 것이다. 그러면서 똑같이 놓았다고 평가할 것이다. '똑같다'는 것의 의미는 기준에 따라 다르다. 동서남북을 기준으로 하면 위의 배열은 정반대로 한 것이다.

방향을 나타내는 데에는 세 가지 기준이 있다. 사람의 위치와 무관하게 동서남북을 기준으로 하는 것(절대적 용어)과, '오른쪽, 왼쪽', '내 앞, 내 뒤'처럼 자신과 대상의 관계를 기준으로 하는 것(상대적 용어), 그리고 '집 뒤', '나무 옆' 같이 다양한 대상을 기준으로 하는 것(내재적 용어)이 있다.

문화권마다 많이 사용하는 기준이 다르다. 드넓은 초원에서 생활하는 사람들이라면 동서남북을 많이 사용할 것이고, 빌딩으로 뒤덮여 동서(東西)를 구분하기 힘든 도시에서 생활하는 사람들은 오른쪽, 왼쪽을 많이 사용할 것이다. 우리가 앞의 사물들을 좌우 기준으로 배열한 것은 오른쪽, 왼쪽이라는 언어를 많이 사용하기 때문이다.

앞의 실험에서처럼 어떤 장면을 보고 뒤에 있는 탁자에 재구성해보라고 했을 때 절대적 공간어를 사용하는 첼탈(Tzeltal)어 화자들은 북쪽-남쪽 순서를 유지했다. 대신 독일어 화자들은 오른쪽-왼쪽 순서를 유지했다. 첼탈어는 멕시코 동남부에 사는 마야 인디언 첼탈(Tzeltal) 족의 언어다. 이 언어에는 오른쪽, 왼쪽이 없다.

호주의 퀸즐랜드 북쪽 폼퓨라오(Pormpuraaw)에 사는 원주민인 타요레 족 언어(Kuuk Thaayorre)도 오른쪽, 왼쪽이 없다. 대신 동, 서, 남, 북 등 절대적 공간어를 철저하게 사용하는 것으로 유명하다. "내 남쪽 팔" "내 북쪽 다리" "컵을 북북동쪽으로 조금 이동해주세요" "메리의 남쪽에 서 있는 소년이 내 동생입니다"라는 식이다.

이 부족은 탁월한 방향감각을 가지고 있다. 한 연구에서 이들과 미국인의 방향감각 능력을 테스트해보았다. 실험에 참가한 부족의 사람들은 제2외국어로 영어를 유창하게 말할 수 있는 사람들이었다. 대신 일상생활에서는 모두 자신들의 언어를 사용했다. 이 실험에서, 응답이 60° 범위(정확한 방향에서 ±30° 오차) 내에 있는 경우 올바른 것으로 판단했는데, 이 부족 사람들의 응답은 모두 정확했고, 모두 20° 범위 내에 있었다(정확한 방향에서 ±10° 오차). 반면, 미국인들은 36%가 정확하게 지목했지만, 또 다른 36%는 나침반에서 45°에서 90° 떨어져 있었으며, 나머지 28%는 방향을 전혀 모르거나 방향이 일관되지도 않았다.

시간

언어에서 시간은 공간과 관련이 있다. 많은 문화권에서 시간을 표현할 때 앞, 뒤와 같은 공간어를 사용한다. 우리는 약속시간을 '앞'당기거나, 마감시간을 '뒤'로 미루기도 한다. '긴' 뮤지컬 공연에 가면 중간에 '짧은' 휴식시간이 있다. 이처럼 공간어는 주로 순서와 기간을 설명하는 데 자주 사용된다.

영어로 필기할 때에는 왼쪽에서 오른쪽으로 한다. 달력의 요일도 왼쪽에서 시작된다. 그래서 영어를 사용하는 문화권에서는 시간이 왼쪽에서 오른쪽으로 간다. 왼쪽이 과거고 오른쪽이 미래다. 반면에 아랍어에서는 오른쪽에서 왼쪽으로 글자를 쓰고 읽는다. 이 문화권에서는 시간이 오른쪽에서 왼쪽으로 흐른다고 말한다.

이처럼 시간은 수평축에 있기도 하지만, 중국처럼 수직축에 있는 경우도 있다. 중국어에서는 달력의 구성과 같이 과거가 위, 미래가 아래에 배치되어 있다. 중국어는 경우에 따라 글자를 위에서 아래로, 왼쪽에서 오른쪽으로, 또는 오른쪽에서 왼쪽으로 적을 수 있다.

하지만 앞서 본 타요레 족은 시간이 동쪽에서 서쪽으로 흐른다고 한다. 해가 뜨고 지는 절대적인 방향이다. 그래서 남쪽을 향할 때에는 왼쪽에서 오른쪽으로, 북쪽을 향할 때에는 오른쪽에서 왼쪽으로, 동쪽을 향할 때에는 몸쪽으로 시간이 오고, 서쪽을 향할 때에는 시간이 몸에서 멀어진다고 생각한다.

이들을 대상으로 카드 네 장으로 구성된 여러 세트를 나누어 주고 시간대별로 카드를 바닥에 놓으라고 요청했다. 카드는 어떤 성인의 어린이 시

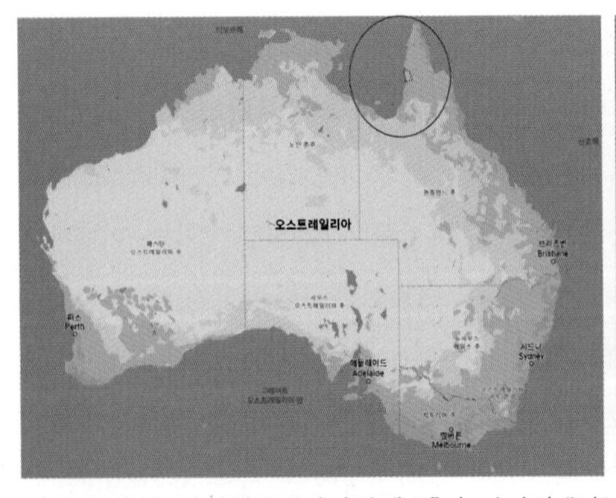

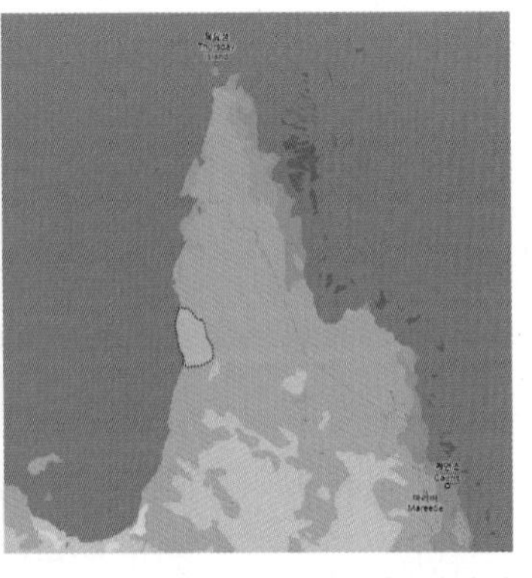

타요레 족의 인사말은 "안녕하세요"가 아니라 "어느 쪽으로 가세요?"다. 그러면 "남남서쪽으로 멀리 간다"는 답이 돌아온다. 그림의 붉은색 표시 부분이 이들의 거주지역.

Boroditsky와 Gaby(2010)의 실험에 사용된 카드 세트의 한 유형

절, 청소년 시절, 성인 시절, 노인 시절 등 사진 카드 4장, 또는 사과를 순차적으로 베어 먹은 4장의 사진 카드처럼 시간 개념이 포함되어 있었다. 각 참가자는 주어진 세트를 배열하고 난 다음, 90° 혹은 180°로 방향을 바꾸어 한 번 더 배열하도록 했다. 그 결과, 타요레 사람들은 자신의 신체 방향에 관계없이 동쪽에서 서쪽으로 일관되게 네 장의 카드를 배열했다. 대신 미국인들은 어느 방향을 향해 있든 모두 왼쪽에서 오른쪽으로 카드를 배열했다.

이처럼 언어는 추상적 영역에 대한 생각을 형성하는 강력한 도구이며, 일상적인 사고를 형성하는 데 중요한 역할을 하는 것이다.

정치성향

언어에는 확실한 것이 있고 모호한 것이 있다. 명사는 현상에 대해 명확하고 정확하게 설명한다. 형용사나 동사는 그렇지 못하다. 고양이라는 명사를 이용하면 단번에 그것을 알 수 있지만, 형용사나 동사만을 이용하면 고양이를 제대로 설명하기 어렵다.

아기들은 문화와 언어에 관계없이 똑같은 과정을 거쳐 말을 배운다. 명사를 먼저 익힌 후 동사와 형용사를 배운다. 명사를 먼저 익히는 것은 구체적이며 보고 만질 수 있기 때문이다. 동사나 형용사는 추상적이어서 유아들에게는 어려운 개념이다.

구체적인 것과 추상적인 것에 대한 선호는 정치성향에서도 나타난다. 보수와 진보의 정치성향은 안정과 안전을 좋아하느냐, 변화와 불확실성을 좋아하느냐에 따라 영향을 받는다.

보수는 현실을 중시하고 진보는 미래를 중시한다. 보수는 현재 사회의 가치를 지키고 현존의 틀 내에서 사회 발전을 꿈꾼다. 진보는 현재의 가치도 중시하지만 좀더 나은 새로운 것이 없는지 꾸준히 모색한다. 그래서 보수주의자들은 확립된 질서를 선호하며 양심적이다. 진보주의자들은 평등을 선호하고 새로운 경험에 개방적이다. 이 때문에 구체적인 명사는 보수주의자들이 좋아하고, 추상적인 형용사나 동사는 진보주의자들이 좋아한다.

한 연구에서 "Magda는 자신의 사업 성공에 대해 의심의 여지가 없었습니다. Magda는 ________ 입니다"라는 문장을 채울 때 보수적인 경향의 참가자는 'optimistic'(낙관적)이라는 형용사보다는 'optimist'(낙관론자)라는 명사를 더 선호했다(Cichocka 등, 2016).

이 연구에서는 또 루스벨트(Roosevelt) 대통령의 취임 연설에서부터 2014년 오바마(Obama) 대통령의 연두교서 연설에 이르는, 13명의 미국 대통령 연설 101건을 분석했는데, 보수당인 공화당 대통령들의 연설은 진보당인 민주당 대통령들의 연설보다 명사비율이 더 높았다.

기억

언어는 사물의 지각이나 기억에 영향을 미치고 어떤 때에는 과장하거나 왜곡시키기도 한다. 붉은 계통의 색을 '사과색'으로 기억하면 실제보다 더 붉은 색을 보았다고 반응할 것이다.

어떤 말로 질문했느냐에 따라 같은 장면을 보고도 다르게 판단한다. 기억에 저장된 어휘의 심상이 실제 기억과 사고에 과장된 영향을 미치는 것이다. 모호한 개념에서 언어의 역할은 더 강력하다.

연구에 참가한 사람들을 나누어 다음과 같은 모호한 그림을 보여주면서, 한 그룹에는 '안경' 등이 포함된 단어목록을 주었고, 다른 그룹에는 '아령' 등이 포함된 단어목록을 주었다.

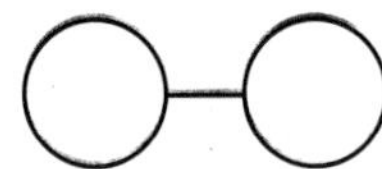

그러고 난 후 그 그림을 다시 그려 보라고 하자, 피험자들은 목록의 이름 물체와 유사하게 그림을 왜곡했다. '안경'이 포함된 단어목록을 본 사람들은 두 동그라미를 가까이 붙이고 가운데의 직선을 위로 둥글게 구부렸다. '아령'이 포함된 단어목록을 본 사람들은 두 동그라미를 좀더 멀리 배치하고 가운데의 직선을 더 굵게 그렸다. 언어가 그림의 지각에 영향을 미친 것이다.

교통사고가 녹화된 장면을 똑같이 보았는데도 일주일 후에는 질문하는 말에 따라 자동차의 속도에 차이가 난다. "자동차가 부딪혔을 때(hit)~?"로 질문할 때와, "자동차가 충돌(smash)할 때~?"로 질문할 때 대답하는 속도가 다르다. 'hit'로 질문할 때에는 시속 34.0마일로 답했지만, 'smash'로 물었을 때에는 시속 40.8마일로 평가했다. '접촉'(contact)했을 때라고 물을 때에는 31.8마일로 뚝 떨어졌다.

또 깨진 유리창을 보았느냐는 질문에서도 'smash'로 질문받은 피험자들이 'hit'로 질문받은 피험자들보다 더 많이 깨진 유리창을 보았다고 답했다. 실제로는 녹화된 교통사고 장면에 깨진 유리창은 없었다.

관사 하나 차이가 기억에 영향을 미친다. 위 실험에서 "Did you see <u>a</u> broken headlight?"라고 물을 때와 "Did you see <u>the</u> broken headlight?"라고 물을 때 정관사 'the'가 들어 있는 두 번째 질문에서 깨진 전조등을 보았다고 더 많이 응답했다. '어떤' 전조등과 '그' 전조등 차이다.

Carmichael 등(1932)의 실험 결과 일부. 오른쪽과 왼쪽 그림은 피험자들이 가운데 그림을 보고 난 다음 서로 다른 단어목록을 읽은 후 그린 그림이다.

철자 수

언어정보를 처리하기 위해서는 읽을 수 있어야 한다. 눈으로 보기만 해서는 처리할 수 없다.

영국의 심리학자 배들리 등(Baddeley 등, 1975)이 다음 단어를 보여주고 기억 실험을 했다.

차드　　버마　　그리스　　쿠바　　몰타

이 단어를 회상하라고 했을 때 피험자들은 평균 4.17개를 기억할 수 있었다. 그 후 다른 단어를 보여주었다.

체코슬로바키아　소말리아　니카라과　말레이시아　유고슬라비아

이 경우에는 평균 2.80개만을 기억할 수 있었다.

첫 철자부터 끝 철자까지 두 행의 시각적 길이는 같다. 눈으로 보아서 처리가 된다면 기억에 차이가 나지 않아야 할 것이다.

두 행의 차이는 단어의 철자 수다. 따라서 단어를 읽는 데 걸리는 시간이 다르다. 단어를 읽는 시간이 오래 걸리면 이전의 정보가 잊힐 가능성이 커진다.

우리의 머릿속에는 시각적 · 공간적 정보를 처리하는 시공간 스케치판(Visuo-Spatial Sketchpad)과, 청각정보를 처리하는 음운루프(articulatory loop)가 있다.

시각적 · 공간적 정보가 들어오면 시공간 스케치판이 처리한다. 38 곱하기 12를 암산으로 풀어보면 시공간 스케치판이 머릿속에서 흑판같이 펼쳐질 것이다.

언어와 관련된 정보가 들어오면 음운루프가 처리한다. 그래서 혼잣말을 하거나 마음속으로 중얼거리게 된다. 글자는 언어정보이므로 보기만 해서는 처리가 되지 않고 읽어야 하는 것이다. 짧은 단어일수록 암송 속도가 빠르고 기억에 더 많이 저장된다.

이 때문에 자주 쓰거나 생활에 중요하거나 생존에 필요한 단어는 짧다. 다음과 같은 것들이다.

걸 결 골 글 길 꽃 꿈 낮 넋 논 눈 달 닭 담 돈 돌 들
땀 땅 뜻 말 맛 멋 몸 물 밖 발 밤 밥 밭 배 벗 별 불
비 빗 빚 뼈 삶 샘 섬 손 솥 쇠 술 숨 숲 실 싹 쌀 씨
알 옷 일 입 잠 죽 집 짝 칼 코 털 풀 피 해 흙 힘 끝

새로 만들어지는 단어도 마찬가지다. 처음엔 긴 단어였다가도 쓰임이 많아지면 짧아진다. 애플리케이션을 '앱'이라 하는 것처럼 단어를 줄이기도 하고, 셀프 카메라를 '셀카'라 하는 것처럼 앞 글자를 따기도 한다.

짧은 어휘는 말하기 편하고, 의미 전달을 빠르게 해준다. '불이야' '적이야'처럼 위급할 때 빛을 발한다. 글로 쓸 때에도 시간과 자원(잉크, 종이), 노력을 줄여주고 좁은 공간에 내용을 많이 넣을 수 있다.

미국 언어학자 지프(G.K. Zipf)가 이를 발견했다. 그래서 이것을 지프의 법칙(Zipf's law)이라고 한다. 이 법칙에 따르면, 소설 한 권과 같이 한 말뭉치에 있는 단어들을 사용빈도가 높은 순서대로 나열했을 때, 모든 단어의 사용빈도는 해당 단어의 순위에 반비례한다. 가장 사

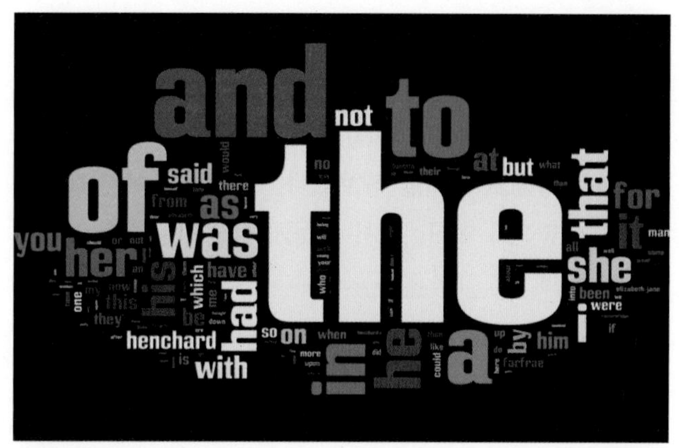

100만 단어 이상으로 구성된 미국 브라운 말뭉치(Brown Corpus)에서 'the'는 가장 많이 쓰이는 단어(6.99%)다. 2위 단어 'of'는 3.64%, 3위 단어 'and'는 2.88%다. 상위 세 단어가 전체 사용량의 13.5%를 차지한다. 50%를 차지하는 단어는 135개에 불과했다. 토머스 하디의 소설 〈캐스터브리지의 시장〉에서는 the가 6,775번 나왔으나, mathematical, grouping 같은 4,959개 단어는 단 한 번 나왔다. Adamic(2011) (그림 : www.scribd.com/document/116344001/)
우리말은 다음의 순으로 사용이 많다. 것>하다(동사)>있다(자동사)>있다(보조동사)>되다>수>하다(보조동사)>나>그>없다>않다>사람>우리 (국립국어원)

용빈도가 높은 단어는 두 번째 단어보다 빈도가 약 두 배 높으며, 세 번째 단어보다는 빈도가 약 세 배 높다.

이처럼 자연어에는 매우 자주 사용되는 단어가 몇 개 있고, 중간 빈도로 자주 사용되는 단어가 상대적으로 적다. 사전에 있는 매우 많은 단어는 거의 사용하지 않는다. 그러므로 다른 언어로 간단한 의사소통을 하기 위해 배워야 하는 단어는 길이가 짧고, 그 숫자도 생각보다 많지 않다.

외국어 효과

생각할 사(思)자는 밭 전(田)자와 마음 심(心)으로 되어 있다. 그래서 생각은 마음의 밭이라고 알고 있다. 원래 글자는 전(田) 대신 정수리 신(囟)자가 쓰였다. 생각은 마음과 머리로 한다는 뜻이다. 즉 감정과 지성을 동원하는 것이다.

생각을 외국어로 하는 것은 쉽지 않아 판단이 덜 체계적일 것이라 생각한다. 결론은 그 반대다. 외국어로 생

각하면 신중한 인지 과정을 수반하여 일반적인 오류를 피할 수 있다.

케이사르(B. Keysar, 2012) 등 시카고 대학 연구진이 대학생을 상대로 실험을 해보았다. 실험에 참여한 대학생들은 모국어가 영어이면서 뒤늦게 일본어를 배운 사람들이었다.

다음과 같은 질문을 제시했다. 그 후 대학생들을 무작위로 나누어 영어 혹은 일본어로 대답하도록 했다.

> 최근에 위험한 신종 질병이 돌고 있습니다. 약이 없으면 60만 명이 사망합니다. 이 사람들을 구하기 위해 두 종류의 약이 만들어지고 있습니다.
> 약 A를 선택하면 200,000명을 살릴 수 있습니다.
> 약 B를 선택하면 60만 명을 살릴 확률이 1/3이고 아무도 살리지 못할 확률이 2/3입니다.
> 어떤 약을 선택하시겠습니까?

이 문제는 카네만과 트버스키(Kahneman & Tversky, 1979)의 전망이론에 사용된 것을 변형한 것이다. 이런 문제에서 사람들은 이익이 되는 상황에서는 위험을 회피하고, 손해를 보는 상황에서는 위험(모험)을 추구한다. 카네만과 트버스키의 연구에서, 4,000원을 받을 확률이 80%인 경우 A와 3,000원을 무조건 받을 경우 B가 있을 때 80%의 사람들이 확실한 3,000원을 선택했다. 기댓값으로 따지면 A의 경우가 3,200원으로 더 많지만, 이득을 보는 상황에서는 위험을 회피하는 것이다(제5장 참고).

위 문제의 경우에도 사람들은 대부분 약 A를 선택한다. 약 A든 B든 확률은 같다. 이 실험에서 모국어인 영어로 대답한 대학생들은 약 A를 선택한 비율이 월등히 높았지만, 외국어인 일본어로 대답한 대학생들은 약 A와 약 B를 선택한 비율이 비슷했다.

모국어로 생각하면 감정이 개입되어 강한 영향을 미친다. 대신 외국어로 생각하면 감정과 단절된다. '그는 피를 토했다'와 'He vomited blood'를 비교해보라.

이 때문에 모국어보다 외국어로 선택이 제시되었을 때 사람들은 프레임의 영향을 받지 않았고, 편견을 피할 수 있었다. 편견은 감정적 반응에 뿌리를 두고 있는데, 외국어로 일하는 직장인들이 인지적 편견에 덜 민감한 이유다.

외국어가 의사결정에 영향을 미치는 것을 외국어 효과(foreign-language effect)라고 한다. 외국어로 생각하면 결정은 덜 편향되고, 더 분석적이며, 더 체계적인 경향이 있다. 외국어를 배워야 하는 이유가 하나 더 늘었다.

BBC | Sign in | News | Sport | Weather | Capital | TV | Radio | More... | Search BBC News

NEWS — Watch ONE-MINUTE WORLD NEWS

News Front Page
Africa
Americas
Asia-Pacific
Europe
Middle East
South Asia
UK
Business
Health
Science & Environment
Technology
Entertainment
Also in the news
Video and Audio
Programmes
Have Your Say
In Pictures
Country Profiles
Special Reports
Related BBC sites

Page last updated at 18:28 GMT, Thursday, 4 February 2010

E-mail this to a friend | Printable version

Last speaker of ancient language of Bo dies in India

By Alastair Lawson
BBC News

The last speaker of an ancient language in India's Andaman Islands has died at the age of about 85, a leading linguist has told the BBC.

The death of the woman, Boa Senior, was highly significant because one of the world's oldest languages, Bo, had come to an end, Professor Anvita Abbi said.

Boa Sr remained the last Bo speaker for at least 30 years

She said that India had lost an irreplaceable part of its heritage.

Languages in the Andamans are thought to originate from Africa. Some may be up to 70,000 years old.

The islands are often called an "anthropologist's dream" and are one of the most linguistically diverse areas of the world.

'Infectious'

SEE ALSO
- Tribeswomen remarry in Andamans 02 Feb 09 | South Asia
- Alcohol error hits Andamans tribe 09 Dec 08 | South Asia

RELATED INTERNET LINKS
- Voga
- Survival International

The BBC is not responsible for the content of external internet sites

FROM OTHER NEWS SITES
- Mail Online UK Last member of 65,000-year-old tribe dies, taking one of world's earliest languages to the grave - 3 hrs ago
- Times Online The lost 65,000-year old language - 5 hrs ago
- Observer Ancient tribal language becomes extinct as last speaker dies - 8 hrs ago

2010년 2월, 영국 BBC 방송은 인도의 안다만 제도의 한 여성이 약 85세의 나이로 사망했다고 보도했다. 개인에게 언어는 자신의 마음이자 정체성이고, 한 민족에게 언어는 그 민족의 정신이자 혼이다. 언어가 사라진다는 것은 그 민족의 정신과 혼이 사라지는 것을 의미한다.

세상과 사람 사이

사람들은 각자 나름의 프레임(frame)을 갖고 있다. 프레임은 세상을 파악하는 직관적인 틀이다. 사고는 언어의 틀(프레임) 내에서 이루어진다. 틀 밖의 것은 무시당하고 이 틀을 통해 보이는 것만 보고 믿는다.

인위적으로 프레임을 만들기도 한다. 많은 정보 중 일부 정보를 선택하거나 강조하거나 무시하는 것이다. 정보를 눈에 더 띄게 하고, 더 의미 있게 하며, 오래 기억할 수 있도록 만든다.

언어를 통해 '딱지'를 붙이기도 한다. '배신자' '빨갱이' 같은 것이다. 새로운 프레임을 만드는 것이다. 한번 붙은 딱지는 떼어내기가 무척 어렵다.

복잡하고 바쁜 세상에서 현대인들은 모두를 보거나 들을 수 없고, 언론보도를 통해 세상을 파악한다. 언론이 보여주는 것을 사실이고 진실인 양 믿는다. 하지만 언론보도는 언론의 프레임을 통해 나온 보도다. 주로 정치세력이 프레임을 만들고, 언론은 또 자신의 프레임으로 증폭시킨다. 현대인들은 프레임을 장악한 세력에 이끌려 그 프레임으로 세상을 파악한다. 나치 선동가 괴벨스(J. Goebbels)의 말처럼, 거짓말은 처음에는 부정되고 그 다음에는 의심받지만, 되풀이하면 결국 모든 사람이 믿게 된다.

이처럼 세상과 사람 사이에 언어가 있다. 사람은 언어를 통해 세상을 파악하고, 세상은 언어를 통해 개념화된다. 윤리와 아름다움 등 언어를 초월한 것에 관하여는 보여주고 보일 수는 있지만 말할 수는 없다. 노자 〈도덕경〉도 '도(道)를 도라고 할 수 있는 도는 진정한 도가 아니'라는 구절로 시작한다. 도는 말로 설명하거나 글로 개념화할 수 있는 것이 아니란 뜻이다. 이 때문에 내 언어의 한계가 곧 나의 세계의 한계이고, 말할 수 없는 것에 관해서는 침묵해야 한다(분석철학자 비트겐슈타인). Ψ

모든 언어는 평등하다. 고대와 중세 때 학자들은 우수한 언어를 찾으려 했지만, 이런 경향은 19세기 후반, 언어를 객관적인 방법으로 연구하기 시작한 이후 사그라지기 시작했다. 언어에 높고 낮은 수준이 있다는 생각이 아무런 의미가 없다는 것을 깨달았기 때문이다. 이제 특정 언어가 더 가치 있다는 식의 평가는 내리지 않는다. 파주출판단지에 있는 어학 전문 출판사인 도서출판 문예림 사옥 벽면에는 '언어 평등'이라는 내용의 여러 언어가 적혀 있다. (사진 : 문예림 서민우 제공)

말 한 마디가 바꾼 사회

1955년 12월 1일 미국 남부 앨라배마 주 몽고메리 시. 한 여성이 버스를 탔다. 백화점 재봉사로 일하는 42세의 흑인이었다. 당시 남부에서는 인종차별정책이 있었다. 버스의 앞쪽 자리는 백인용이었고, 흑인은 뒤쪽 흑인용 자리를 이용해야 했다. 얼마 지나지 않아 백인 승객이 많아졌고 백인에게 자리를 양보하라는 기사의 요구가 있었다. 흑인용 자리에 앉아 있던 그녀는 거부했다. "아니요! 일어나지 않겠어요." 결국 그녀는 기사의 신고로 경찰에 체포당했다.

로자 파크스와 루터 킹 목사

흑인 사회는 흥분했다. 몽고메리 버스 보이콧 운동이 벌어졌다. 흑인들은 카풀을 하거나 흑인 기사가 일하는 택시를 타거나 먼 거리를 걸어 출근했다. 많은 흑인들이 해고를 당했다. 카풀을 지원한 기사들은 면허와 보험이 취소당하고, 백인우월단체인 KKK의 살해협박이 계속되었다. 그럼에도 보이콧은 성공적이었다. 이듬해 11월, 연방대법원은 몽고메리의 인종분리 버스탑승제도가 위헌이라는 판결을 내렸고, 일 년여에 걸친 버스 보이콧은 끝나게 된다.

이는 인권운동의 시작이었다. 1963년 8월 28일, 25만 명이 운집한 워싱턴 평화대행진이 시작되었다. 몽고메리지위향상협회(MIA)의 대표로서 이 운동을 이끌며 흑인인권운동의 신예로 등장한 마틴 루터 킹 목사는 연설을 한다. "나에게는 꿈이 있습니다. 조지아 주 붉은 언덕에서 노예의 후손과 주인의 후손이 형제처럼 손을 맞잡고 나란히 앉게 되는 꿈이. 나에게는 꿈이 있습니다. 내 아이들이 피부색이 아니라 인격으로 평가받는 나라에서 살게 되는 꿈이." 20세기 4대 명연설 중 하나인 '나에겐 꿈이 있습니다' 연설 이후 11개월 만에 흑인들은 투표권을 얻었다.

워싱턴 평화대행진은 백인 5만 명 등 모두 25만 명이 워싱턴기념탑 광장에 모여서 시작됐다. 오전 11시 15분에 1.6km 앞의 링컨기념관을 향해 참가자들은 행진을 시작했다.

미국 의회는 이 여성에게 '현대 인권운동의 어머니'라는 호칭을 주었다. 이 여성은 로자 파크스(Rosa Parks, 1913~2005)다. 그녀는 후일담에서 자리를 양보하지 않은 이유에 대해 회고했다. "몸이 피곤하지도 않았다. 발도 아프지 않았다. 나는 다른 방법으로 피곤했다.… 나는 법적으로 강제된 인종차별에 질렸다."

92세의 나이로 세상을 떠난 그녀의 유해는 워싱턴 국회의사당 로툰다에 안치된다. 링컨, 케네디, 맥아더 등 유명 정치인과 장군의 유해가 안치되는 곳이다. 로자 파크스는 31번째로 안치된, 최초의 여성, 최초의 미국 시민, 두 번째 민간인(첫 번째는 워싱턴 DC를 설계한 프랑스 건축가 피에르 샤를랑팡), 두 번째 유색인종(첫 번째는 1998년 의사당총격사건으로 순직한 제이콥 체스트넛 경관)이었다. 미국 역사에서 빠뜨릴 수 없는 인물이 됐다. 추도식에서 콘돌리사 라이스 장관은 그녀가 없었다면 자신이 국무장관이 될 수 없었을 것이라고 말했다. 라이스 장관 역시 흑인이었다.

핵심 용어

각인	결정적 시기	공간	글말
단어의 성(性)	방향	범주화	베르니케 영역
브로카 영역	색 분화(分化)	수어	수화
숫자체계	시간	시공간 스케치판	언어 유전자
언어 행동	에스놀로그	외국어 효과	윌리엄스 증후군
음성	음운루프	음향	입말
정치성향	지프의 법칙	폭스피2	프레임
한국수어	행동주의 심리학		

요약

- 언어는 말하는 이의 마음을 담는다. 말투와 글씨, 내용에서 그 사람의 마음이 묻어난다. 언어를 통해 생각을 전달하고 감정을 교환한다. 마음을 나누는 것이다.
- 모든 언어는 자극과 무관하게 어떤 상황에서든 무엇이나 말할 수 있다. 인간 이외의 어떤 생물도 이처럼 하지 못한다.
- 언어에는 세 가지가 있다. 입으로 하는 말(입말), 문자로 표시하는 글(글말), 그리고 수어(手語)다.
- 말을 하기 위해서는 개념도 있어야 하고, 발성기관도 있어야 하고, 호흡도 조절할 수 있어야 한다.
- 언어는 본능이다. 사람 뇌의 좌반구에 있는 브로카 영역과 베르니케 영역은 언어를 담당하는 뇌부위이며, 폭스피2라는 언어 유전자도 있다.
- 언어 역시 결정적 시기가 있다. 이 시기는 일반 아기들이 말을 하기 시작하는 옹알이 단계 무렵이다. 이 시기에 말을 배우지 못하면 더 이상 말을 배울 수 없게 된다.
- 언어에 따라 인식의 틀이 달라진다. 언어의 틀 안에서 사고하는 것이다.
- 인간이 인식하는 색은 일정한 순서로 분화가 된다. 하양/검정 → 빨강 → 노랑/초록 → 파랑 → 갈색 → 보라/분홍/주황/회색의 순이다.
- 우리말 음소에 없는 외국어 음소는 비슷한 우리말 음소로 대치된다. 그래서 우리의 경우 /r/과 /l/ 발음의 구분이 쉽지 않다.
- 자주 쓰거나 생활에 중요하거나 생존에 필요한 단어는 짧다.
- 외국어로 생각하면 신중한 인지과정을 수반하여 일반적인 오류를 피할 수 있다. 이를 외국어 효과라고 한다.
- 사고는 언어의 틀(프레임) 내에서 이루어진다. 틀 밖의 것은 무시당하고 이 틀을 통해 보이는 것만 보고 믿는다.

CHAPTER **8**

동기와 정서

동기(motivation)는 행동을 일으키거나 지속시키는 원인이 되는 행동자의 상태로서 기아, 갈증, 성취 등과 같은 구체적인 욕구, 욕망, 소망을 말한다. 동기의 작용과 메커니즘을 연구하여 인간행동의 원인적 측면을 분석하는 것이 동기심리학이다. 정서(emotion)는 감정경험을 동반하는 흥분상태로서, 분노, 공포, 놀람, 질투, 애정, 슬픔 등 수많은 종류가 있다.

감정노동에 가장 시달리는 직업은 텔레마케터

서울시 감정노동종사자 권리보호센터 홍보 포스터

전화로 물건을 팔거나 손님의 요구사항을 접수하는 전화통신판매원(텔레마케터)이 국내 직업 가운데 가장 심한 감정노동에 시달리고 있는 것으로 나타났다.

한국고용정보원은 지난해 6월부터 넉 달간 국내 730개 주요 직업에서 일하는 노동자 35명씩 모두 2만5,550명을 대상으로 감정노동의 강도를 조사한 결과, 전화통신판매원의 감정노동이 가장 심한 것으로 나타났다고 13일 밝혔다. 고용정보원은 업무시간 중 다른 사람과의 접촉 빈도, 업무 가운데 민원인한테 대응하는 일의 중요도, 화를 내거나 무례한 사람을 대하는 빈도 등을 각각 5점 척도로 조사했는데, 전화통신판매원은 12.51점(15점 만점)으로 1위를 차지했다. 이는 많은 전화통화를 해야 하는 업무인 데다, 얼굴을 마주치지 않고 대화하는 업무 특성상 성희롱, 욕설 등 언어폭력에 손쉽게 노출되는 현실 때문인 것으로 풀이된다.

감정노동이 많은 직업 상위20개

순위	직업	점수	표준편차
1	텔레마케터(전화통신판매원)	12.51	2.09
2	호텔관리자	12.26	1.70
2	네일아티스트	12.26	1.60
4	중독치료사	11.97	1.25
5	창업컨설턴트	11.94	0.42
5	주유원	11.94	1.55
7	항공권발권사무원	11.91	2.45
8	노점 및 이동판매원	11.86	1.52
8	취업알선원	11.86	1.72
8	커리어코치	11.86	1.75
8	신용추심원	11.86	0.85
12	상점판매원	11.77	1.88
12	검표원	11.77	1.29
14	치과위생사	11.71	1.54
15	고객상담원	11.66	1.75
16	의료코디네이터	11.63	1.06
17	바텐더(조주사)	11.60	1.63
17	해양경찰관	11.60	1.48
19	자동차부품기술영업원	11.57	1.33
20	법무사	11.54	1.12
20	건설견적원(적산원)	11.54	1.27

15점 만점 척도로 점수가 높을수록 감정노동이 심함

호텔관리자와 네일아티스트가 나란히 12.26점으로 공동 2위를 차지했고 중독치료사(11.97점), 창업컨설턴트・주유원(11.94점) 등이 4・5위에 올랐다. 경찰관과 보건위생 및 환경검사원은 화를 내거나 무례한 사람을 대하는 빈도에선 전화통신판매원과 같은 3.46점으로 공동 1위를 차지했으나 접촉 빈도와 민원인 대응 중요도 부문에서 상대적으로 작은 점수가 나와 종합 순위에서는 44위와 100위권 밖에 머물렀다.

100위 안에 든 직업들은 대부분 서비스직종이었다. 전반적인 산업구조가 생산・제조업에서 서비스업으로 빠르게 이동하는 상황에서 감정노동에 대한 사회적 관심과 대처가 갈수록 중요해지는 현실을 보여준다. 연구를 수행한 박상현 고용정보원 연구위원은 "자신의 감정을 숨긴 채 웃는 낯으로 고객을 대해야 하는 감정노동 직업인을 위한 관심과 배려, 정책적 지원이나 예방책이 필요하다"고 말했다.

정부와 노동계는 극심한 감정노동으로 발생한 질환을 산업재해로 인정하는 대책을 놓고 노사정위원회에서 논의할 예정이다.

(한겨레, 2015.10.13)

생각해보기 본심과는 다르게 감정표현을 함으로써 스트레스를 받은 경우를 생각해보자.

동기

사람들은 다른 사람 또는 자신의 행동을 관찰하고 그렇게 행동하는 이유를 알고자 한다. 그 사람이 나에게 그런 말을 하는 까닭이 무엇인가? 왜 그 사람이 나에게 갑자기 친절한가? 오랫동안 연락이 없던 그가 나를 찾아온 이유가 뭔가? 등이다. 그뿐만 아니라 많은 경우에 자신이 어떤 행동을 하게 된 원인을 알아내려고 한다. 내가 그 상황에서 왜 그런 말을 했는가? 정말로 내가 그 사람에게 호감을 갖고 있는가?

이것은 동기의 문제다. 동기(motivation)는 목표행동을 향해 나아가도록 하는 개인의 욕구, 욕망, 흥미와 같은 요소들이다. 동기가 있는 행동은 동기가 없는 행동에 비해 더 오래 지속되고 활발할 뿐만 아니라 목표지향적인 행동을 보인다. 동기를 알면 그 사람이 행동한 원인을 알아낼 수 있다.

우리가 다른 사람의 마음을 알고자 하는 것은 그 사람의 동기를 알고자 하는 것과 일맥상통한다. 가령 누군가가 어떤 문제에 대해 찬성발언을 했다고 하자. 이때 우리가 관심을 갖는 것은 그가 찬성발언을 한 동기다. 그 사람이 그 문제에 관심과 흥미를 갖고 있고 또 신념이 있어서 행동을 한 것인가, 아니면 상황의 압력이나 사회적 지위 때문에 마음에도 없는 찬성발언을 한 것인가? 이런 상황에서 그 사람에 대한 동기를 어떻게 판단하느냐에 따라 그 사람과의 인간관계가 영향을 받게 되며 그 사람에 대한 인상도 달라진다.

우리가 어떤 사람을 깊이 이해하고 있다는 말은 바로 그의 동기를 제대로 알고 있다는 말이기도 하다. 그러므로 우리가 어떤 사람을 깊이 이해하고 그 행동을 제대로 설명하려면 인간의 동기를 무시해서는 안 된다. 사람의 다양한 행동들을 일으키는 동기를 모른다면 우리가 단편적인 행동들에서 일관되고 조직적인 인상을 어떻게 형성하며, 또 타인이나 자신을 어떻게 파악하고 이해할 수 있겠는가? 이런 의미에서 동기는 중요하다.

1차적 동기

1차적 동기는 주로 생존과 관련되는 생리적인 욕구들이다. 배고픔, 목마름, 성(性), 고통회피, 수면 등이 바로 그것이다. 얼핏 생각해보면 이런 욕구들은 아주 당연해 보이고 우리가 충분히 이해할 수 있을 것 같은 욕구들이다.

그러나 조금만이라도 깊이 들어가보면 그렇게 만만치가 않다. 배고픔만 하더라도 위(胃)가 관련이 되어 있는지, 뇌가 관련이 되어 있는지, 또 뇌에서는 어떤 작용으로 인한 것인지 등을 보게 된다면 그렇게 쉬운 내용이 아니다.

1차적 동기의 예로 잠을 보고 넘어가자.

잠

식욕과 성욕 같은 대부분의 일차적인 동기들은 사람의 행위를 촉진시키고 강하게 만든다. 그래서 배고프면 먹을 것을 찾고 목마르면 마실 것을 찾는다. 그러나 같은 생리적 동기인 잠은 수면을 하고 있는 동안 아무런 외적인 행위를 보이지 않는다는 점에서 다른 동기들과 차이

✢동기이론

- 본능이론 : 동기는 오랜 진화과정에서 생존에 유리하기 때문에 발달시킨 본능이라고 본다.
- 추동감소이론 : 유기체는 생리적 상태를 균형상태로 유지하려 하지만(항등성), 갈증이 나는 것과 같이 항등성이 깨어지면 물을 마시고 싶은 추동(drive)이 일어나고 이런 긴장상태를 감소시키기 위해 행동을 한다는 것
- 유인이론 : 잠을 자지 않고 밤새도록 게임을 하는 것처럼 생리적 욕구와 관련 없는 외적 자극이나 보상 때문에 동기가 유발된다는 이론
- 반전이론 : 암벽을 타거나 무서운 영화를 보는 것처럼 처음엔 긴장을 일으키지만 하고 난 다음에는 쾌감을 느끼는 것처럼 서로 상반되는 동기가 서로 반전된다는 것

가 있다.

잠이 부족하면 운동속도가 떨어지고, 판단에 장애가 생기며, 주의집중이 곤란해진다. 또 잠을 오랫동안 자지 못하면 수면에 대한 욕구가 대단히 강렬해진다.

그러나 아직까지도 왜 자야 하는지에 대한 이유는 확실치가 않다. 지금까지 밝혀진 한 가지 이유는 피로회복 때문이라는 것이다. 수면이 피로회복에는 최상의 방법이긴 하지만, 생리학적으로 보면 잠자는 것이 깬 채로 휴식을 취하는 것보다 나을 것은 없다. 왜냐하면 수면중에도 뇌는 쉬지 않는다. 또 수면중의 어떤 때에는 깨어 있을 때보다 뇌가 더 활발히 움직이기 때문이다. 게다가 많은 운동을 해서 피곤한 사람은 그렇지 않은 사람보다 잠을 더 많이 자야 하는데, 실제로는 그렇지가 않다.

또 다른 이유로는, 먼 옛날 먹이를 구하기 어려운 기

✤낮잠 권하는 사회를!

몇몇 남미국가와 유럽(특히 스페인)에서는 점심시간 후 낮잠을 즐기는 '시에스타(siesta)'가 유행이다. 그러나 대부분의 산업국가에서는 낮잠을 카페인(커피)으로 대체하는 경향이 있다. 하지만 카페인이 능률과 경계심을 높여준다는 것은 착각일 뿐, 실은 신체와 뇌의 기능을 빼앗는 등 건강상의 역효과를 초래한다.
낮잠은 에너지 재충전을 위한 좋은 청량제가 된다. 일부 회사들은 만성 수면부족에 빠진 근로자들을 위해 사내에 안락의자와 담요, 자명종 시계를 갖춘 '낮잠방'을 마련하고 있다. 낮잠을 권하는 회사들은 낮잠이 오히려 사고와 실수를 줄여주고 생산성을 향상시킨다고 보고하고 있다. 아인슈타인, 나폴레옹, 에디슨, 케네디, 레이건, 클린턴 대통령 등은 모두 낮잠을 즐겼던 사람들이다.

사람이 잠을 자지 않으면 어떻게 될까? 직접 경험해볼 필요는 없다. 200시간 동안 잠을 자지 않은 사람이 여기 있다.
1959년, 뉴욕의 유명한 DJ인 피터 트립은 200시간 동안 잠을 자지 않았다. 그는 8일 이상 동안 자신의 정규방송을 실시하고 또 타임스 광장에 마련된 방송부스에서 진행상황을 보고했다.
트립의 장시간 비수면은 많은 뉴욕시민들뿐만 아니라 심리학자나 의사들의 주의를 끌었다. 이들은 트립을 연구하기 위해 광장 근처의 호텔에 심리실험실을 설치하고 그에게 매일 심리테스트를 실시하여 그의 반응을 검사했다. 광장은 그를 보기 위해 나온 호기심 많은 시민들로 북새통을 이뤘다.
이틀째 되던 날 트립은 심한 피로를 느끼고, 3일째 되던 날 착시와 환각을 경험하기 시작했다. 그는 자신의 신발에서 거미집을 보았다. 그는 테이블 위의 얼룩이 살아 있는 곤충이라고 생각했다. 그는 또 부스 안에서 토끼를 봤다고 생각했다. 기억에 있어서도 문제가 발생했다.
100시간(4일)쯤 지났을 때 주의집중과 정신적인 능력이 요구되는 심리검사를 더 이상 받지 못했다. 그는 알파벳도 암기하지 못했다. 그의 정신기능은 급속히 악화되었으며, 170시간(7일)이 지났을 때에는 간단한 검사조차도 고역이었다.

200시간 동안 잠을 자지 않은 피터 트립

5일째 되었을 때 그는 깨어 있기 위해 각성제를 요구했다. 이때쯤 성격파탄이 일어나기 시작했고 더욱 기묘한 환각이 보이기 시작했다. 그는 코트를 털북숭이 벌레로 생각했다. 그는 간호사가 침을 흘리고 있으며, 한 과학자의 넥타이가 춤을 추고 있다고 주장했다.
150시간(6일)이 지날 무렵 트립의 방향감각은 없어졌으며, 그가 누구인지, 어디에 있는지도 알지 못했다. 이런 희한한 경험을 설명하기 위해 트립은 '자신의 한계를 검사하기 위해 고안된 음모의 희생자'라는 망상을 했다.
그가 깨어 있기는 하나 가끔 그의 뇌파는 깊은 수면상태에서 나타나는 것과 비슷했다. 그러나 그는 오후 5시부터 8시까지의 방송시간 동안 놀라울 정도의 수완을 발휘했다. 청취자들은 그의 개인적인 고통을 전혀 눈치채지 못했다.
마지막 날 아침, 신경학자가 그를 검사할 때 그는 이 의사가 자신을 생매장시킬 사람이라고 판단하고는 냅다 도망치기 시작했다. 의사들이 따라가 그를 설득하고는 겨우 마지막 날을 넘길 수 있었다. 그리고 트립은 13시간 동안 깊은 잠에 빠졌다.
그가 눈을 떴을 때 정신적 고통은 사라지고 방향감각도 되돌아왔다. 그는 정신적인 문제도 해결할 수 있게 되었다. 이후 3개월 동안 약간 침울한 것만 제외하면 그의 다른 기능들은 모두 정상으로 돌아왔다.

간 동안 에너지 절약을 위해 수면이 나타나게 되었다는 설명과, 낮에 일어난 일들을 기억하기 위해 수면중에 분류하여 정리하기 때문이라는 설명도 있다.

2차적 동기

심리학자들은 초기에 동기를 본능이라고 보는 경향이 있었다. 즉 일정한 자극이 있으면 일정한 방식으로 행동한다는 것이다. 그러나 시간이 흐르면서 상당히 많은 동기가 있음을 확인했고, 행동을 보다 정확히 설명하기 위해 다른 생각을 하게 되었다.

그리하여 모든 동기가 타고나는 것은 아니며, 배우게 되는 동기도 있다는 결론에 도달하게 되었다. 이런 동기에는 성취욕구, 친애욕구, 지배욕구, 과시욕구, 굴욕회피욕구, 양호욕구, 질서욕구, 구호욕구 등이 있다. 이런 욕구에는 생리적인 면은 없고 대신 심리적인 면이 있다. 이것이 2차적 동기다.

이런 욕구는 생활에는 필요하지만 생존에는 그리 필요하지 않다. 또한 사람에 따라 그 강도가 대개는 달리 나타난다. 호기심과 성취동기를 보자.

호기심

다음 문제를 풀어보기 바란다. 각 알파벳은 0부터 9까지의 숫자 중 하나를 의미한다.

$$\begin{array}{r} AA \\ +\ \ BB \\ \hline CAC \end{array}$$

너무 쉬운가? 그렇다면 다음 문제를 풀어보라. 마찬가지로 각 알파벳은 0부터 9까지의 숫자 중 하나를 의미한다. 힌트는 없다.

$$\begin{array}{r} SEND \\ +\ \ MORE \\ \hline MONEY \end{array}$$

여러분이 방금 선물을 하나 받았다고 하자. 아마도 여러분은 그것이 뭔지 궁금해질 것이다. 또 이상한 소리까지 난다면 더욱 궁금해질 것이다. 뜯어보지 않고서는 못 견딜 것이다. 또 공포영화나 괴기영화가 대대적으로 광고되었다고 하자. 이것도 극장 앞에 줄을 서게 만든다. 어려운 수수께끼라도 들으면 답이 무엇인지 찾기 위해 머리를 쥐어짜게 된다. TV드라마나 신문 연재소설은 꼭 중요한 대목에서 끝을 맺는데, 호기심(curiosity)을 자극하여 다음번에도 계속 보아달라는 은근한 압력이다.

위의 문제를 풀지 못한 독자는 아마도 이 책의 어딘가에 독자를 위한 배려로 정답을 넣었을 것이라고 생각하고는 답을 찾기 위해 책장을 넘길지도 모른다. 이것 역시 호기심이다.

사람이나 동물은 태어난 지 얼마 되지도 않아 주변을 탐색하기 시작한다. 그러므로 호기심은 본능적인 것이기도 하다. 조금 더 나이가 들면 아빠의 목소리가 들리는 전화기를 '아빠가 이 속에 계시나보다' 생각하고는 전화기를 분해한다. 또 엄마 손을 놓고 다른 곳을 두리번거리다가 길을 잃어 엄마아빠 속을 태우기도 한다.

호기심은 특별한 보상을 기대하고 행하는 것은 아니다. 너무 복잡하면 재미가 없고 고통스럽기도 하지만, 그냥 알고 싶어 하는 것이다. 이런 호기심 때문에 발명가가 있고 학자가 있으며 탐험가가 있다. 인류가 발전하게 된 데에는 이런 호기심이 있었다.

그러나 호기심이 항상 긍정적인 결과를 가져오는 것은 아니다. 바람직하고 인류에게 공헌하는 호기심에는 부와 영예가 따르고 개인과 사회, 인류의 발전이 이루어진다. 그러나 바람직하지 못한 호기심에는 망신과 고통과 파멸이 뒤따른다. 청소년들의 술과 담배, 약물에 대한 호기심이 그렇고, 다른 사람의 답안이나 지갑, 안방 장롱에 호기심을 가지는 행위가 그렇다.

호기심의 대상이 너무 복잡하거나 이상하면 오히려 역효과를 낸다. 바둑에 호기심이 있어 접근했는데 생각대로 되어주지 않으면 지쳐버린다. 보통의 상식을 뛰어

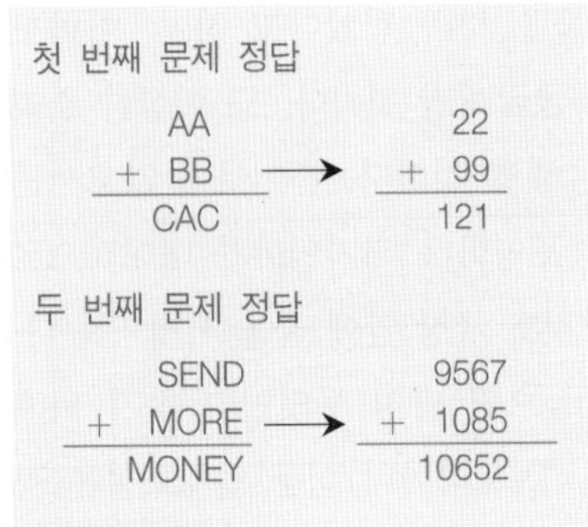

177쪽 문제 정답

넘는 천재적인 음악이나 미술, 패션 등도 강한 거부와 비판을 각오해야 한다.

'그래도 지구는 돈다'는 갈릴레이가 인정을 받는 데 많은 시간이 걸린 것처럼 개인의 호기심에도 학습이라는 배움의 과정이 필요하다. 즉 「학교종이 땡땡땡」으로 시작하고 「동구 밖 과수원길」을 지나야 베토벤의 「운명」을 이해할 수가 있다. 차근차근 하나씩 배워감으로써 그 호기심의 수준도 높아지고 또 다음에 나오는 성취욕구도 충족시킬 수 있다.

성취동기

시험을 아주 잘 봤다고 한 친구(A)는 점수가 중간 정도에 머물고, 그렇게 잘 보진 못했다고 한 친구(B)는 최상위 점수를 받는 일이 있다. 친구 A는 공부를 많이 하지 않았기 때문에 자기는 과락만 면하면 된다는 정도의 성취동기를 가졌을 것이다. 그래서 평균 정도의 점수로도 친구 A는 크게 만족해하는 것이다. 그러나 공부를 많이 한 친구 B는 만점을 목표로 삼았기에 한두 문제라도 틀린 것이 아쉬운 것이다. 이것은 성취동기의 문제다.

성취동기(achievement motive)는 장애를 극복하고 어려운 일을 달성함으로써 높은 목표에 도달하고자 하는 욕구를 말한다. 1등을 하려는 학생, 신기록을 세우려는 운동선수, 남보다 월등한 매출실적을 올리려는 세일즈맨들에게만 해당되는 것은 아니다.

성취동기의 수준은 사람마다 차이가 있다. 같은 IQ를 가진 학생이라도 성취동기가 높은 학생이 더 높은 성적을 얻는다.

하지만 성취동기가 강하다 하여 모든 것을 이룰 수 있는 것은 아니다. 목표가 자신의 능력에 비해 적당히 어려워야 한다. 목표가 너무 쉬우면 성취감을 느낄 수 없고, 또 너무 어려워 달성하기가 불가능하면 포기하는 것을 배운다. 그래서 다른 일도 지레 겁을 먹고 시도조차 하지 않게 된다.

'하면 된다, 하면 된다'고 말들 하지만 세상에는 아무리 해도 되지 않는 일도 있는 법이다. 계속하다간 학습된 무력감을 느낄 수도 있다. 과유불급(過猶不及)이 생각나는 대목이다.

동기의 위계

매슬로(A. Maslow)라는 심리학자는 동기들을 단계별로 묶어 위계화하였다. 그는 식욕·성욕 등 기본적인 욕구가 충족되어야 다음 욕구로 나아간다고 했다. 즉 먹고사는 게 만족되어야 몸의 안전을 돌볼 수 있고, 이게 또 만족되어야 소속감·사랑욕구라든가 자존심, 자아실현 욕구 등 다른 고차적인 동기를 추구한다는 것이다.

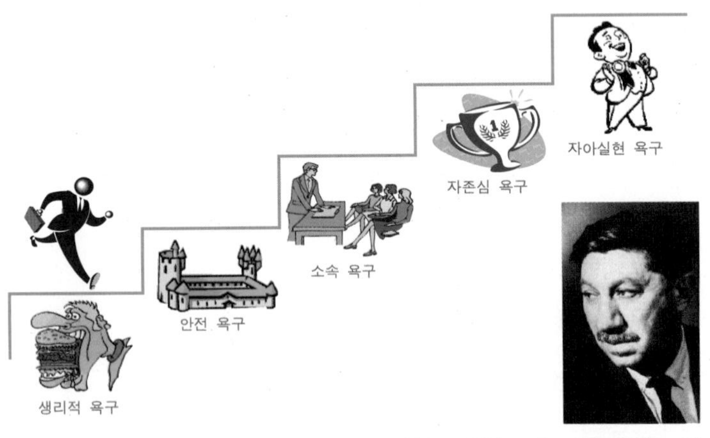

동기의 위계와 매슬로(Abraham Maslow, 1908~1970). 그는 사람에게는 저마다 기본적인 생리적 욕구에서부터 사랑, 존중, 그리고 궁극적으로는 자기실현에 이르는 충족되어야 할 욕구의 위계가 있다고 주장했다. 또 진정으로 건강한 사람은 가장 높은 심리적 욕구까지 충족시키고 자기실현을 이룬 사람이라고 믿었다. (그림 : 장영광·정기만, 생활속의 경영학)

생리적 욕구

욕구 중 가장 기본이고 중요한 욕구는 생리적 욕구다. 생리적 욕구는 배고픔과 목마름, 수면, 성욕 등을 포함한다. 매슬로에 따르면 생리적 욕구가 만족되어야만 안전을 생각한다고 한다. 생리적 욕구가 만족되지 않은 전쟁중의 병사는 빵조각이나 물이 지뢰밭에 있더라도 들어간다는 말이다.

배고픈 사람의 유토피아는 단지 음식이 많은 곳이다. 또 생리적 욕구가 만족되지 못한 사람들은 감옥에 가는 한이 있더라도 그 욕구를 충족시키려 한다.

음식부족이 얼마나 무서운 결과를 초래하는가 하는 예는 1972년 여객기가 안데스 산맥에 떨어진 사건을 보면 알 수 있다. 생존자들은 음식이 떨어지자 죽은 승객의 사체를 먹었다. 사회에 뿌리박힌 도덕조차도 생명을 위협하는 상황에서는 포기된다.

❖얼라이브(Alive)

1972년 10월 13일 금요일, 페어차일드 F-227호가 안데스 산맥에 추락했다. 이 비행기는 우루과이에서 칠레로 가는 중이었는데, 칠레 산티아고 시에서 벌어질 시합에 참가하려는 아마추어 럭비팀과 그 가족, 친지들을 태우고 있었다.
승무원은 비행기 추락시 모두 사망하고 40명의 승객 중 32명이 살아남아 생존을 위한 투쟁을 시작한다. 각자의 역할분담이 이루어지고 협동하여 일했으나 의견불일치가 벌어지기도 한다. 하지만 생존을 위해서는 한 집단으로 결속해야 된다는 것을 깨닫고 리더 아래 단결하여 결국 70여일 후 끝까지 살아남은 16명이 구조된다. 이 사건은 얼라이브(Alive : The Miracle of The Andes)라는 제목으로 1993년 영화화되었다.

안전욕구

생리적 욕구가 만족되고 나면 사람은 안전에 대한 욕구에 관심을 갖게 된다. 안전욕구는 개인이 실제적인 위기, 가령 전쟁, 재난, 폭동, 실업 등에 직면했을 때 크게 나타난다. 의식주를 해결할 수 있는 직업, 저축, 보험 등을 좋아하는 것도 안전의 추구 때문이다.

경부고속도로 준공식(1970)과 무너진 성수대교(1994). 1968년 2월 착공하여 1970년 7월 준공한 경부고속도로는 1968년 교육비 예산과 맞먹는 430억원의 비용을 들여 2년 5개월 만에 완공했다. km당 1억원의 비용은 앞서 건설한 일본 도쿄-나고야 고속도로 공사비의 1/5에 불과했다. '선개통 후보완' 방침에 따라 서둘러 공사를 끝내다 보니 1990년말까지 들어간 보수비만 1,527억원에 달했다. 건설비의 4배 가까운 돈이 든 것이다. 성수대교도 2년 6개월 만에 완공되었다. 사고 발생 7년 후 대법원은 본 사고의 직접적 원인이 동아건설의 부실시공 때문이라고 확정판결을 내렸다. 동아그룹 자체도 2001년을 끝으로 완전히 해체되었다. 먹고살기가 바쁜 시기에는 안전이 크게 문제가 되지 않는다.

꼭 사람에게만 안전욕구가 해당되는 것은 아니다. 나라에도 해당된다. 먹고살기가 바쁜 시기에는 안전이 크게 문제가 되지 않는다. 무조건 빨리 만드는 것이 지상과제다. 그 결과 부실시공된 다리가 끊어지고 건물이 무너진다. 경부고속도로의 보수비로 그런 고속도로를 몇 개 더 만들 수 있다는 것도 같은 맥락이다.

소속감 · 사랑욕구

소속감 · 사랑욕구는 생리적 욕구와 안전욕구가 충족되었을 때 나타난다. 사람은 다른 사람과의 애정적인 관계, 자기 가족 내에서의 위치, 준거집단 등을 갈망한다. 집을 떠나 유학하는 학생이라면 동아리 활동이나 향우회에 참석하는 횟수가 많아진다. 이동이 심한 현대의 산업사회는 사랑을 더욱 갈망하게 만든다.

여기서의 사랑은 성(性)과 같은 말이 아니다. 성은 아주 기본적인 생리적 욕구이나, 사랑은 상호존중, 칭찬, 신뢰, 사랑하는 것과 사랑받는 것 등을 포함하고 있다. 사랑받는 것을 통해 자기가 가치 있다는 건전한 기분을 갖게 된다. 사랑을 받지 못하면 공허감, 무가치, 적대감을 가져온다.

자존심의 욕구

사랑을 받고 남을 사랑하려는 욕구가 제대로 충족되면 자존심의 욕구가 생긴다. 이것은 능력, 신뢰감, 성취, 독립, 자유 등을 의미하는 자기존중과, 명성, 주목, 지위, 평판 등을 말하는 존경받음 둘 다를 말한다. 건강한 자존심은 명성, 지위, 아첨과는 상관이 없다. 또한 다른 사람들의 의견에 따라 자존심이 좌지우지되는 것은 위험하다. 중요한 것은 자신에 대한 믿음이다.

언제 어디서든지 마음에 조금이라도 거슬리는 말을 듣게 될 때 "아이, 자존심 상해"라는 말을 상습적으로 쓰는 사람들이 있다. 놀림을 받을 때, 단점이 들춰지거나 질책을 받게 될 때, 뚱뚱하다거나 못났다는 말을 들을 때, 또는 자기의 능력이나 재능을 남들이 알아주지 못하거나 무시할 때 등등. 이럴 경우 대개는 그 사람이 아주 자존심 강한 사람으로 알려진다. 그래서 말을 붙이는 것조차 어려워진다. 과연 그 사람은 건강한 자존심을 가진 사람일까?

자존심을 양적인 개념으로 한번 생각해보면 자명해진다. 커피잔 속의 커피만 한 자존심이 있는 사람과 강이나 바다만큼 정말로 많은 두 경우를 가정하자. 커피잔에는 아주 작은 돌멩이(다른 사람의 비난) 하나 떨어져도 풍랑이 생긴다. 그릇이 깨어질 염려도 있다. 그러나 강이나 바다만큼의 자존심을 가진 사람은 집채만 한 바윗덩어리가 떨어지더라도 그때 그뿐 별다른 동요나 풍랑이 생기지 않는다.

자존심은 글자 그대로 자기를 스스로 존경해주는 마음가짐이다. 자기가 중요하기 때문에 남도 자기만큼 중요한 줄을 '자존심의 사람'들은 알고 있다. 한나라 명신 한신은 젊었을 때 동네 깡패의 가랑이 사이를 기어갔다 하여 남의 비웃음을 샀다. 하지만 그는 태연했다. 오히려 후에 대장군이 되었을 때 그에게 벼슬을 내렸다고 한다.

이것이 자존심이다. 남이 자기를 알아주지 않더라도 성내지 않으면 군자라는 이야기다. 자존심이 조금밖에 없는 사람은, 그래서 자존심이 쉽게 상하는 사람은 다시 한 번 되씹어주기 바란다. 자존심은 다른 사람의 평가에 영향받는 것이 아니다.

자아실현의 욕구

안전욕구가 만족된 다음에는 다른 사람들과 사귀고 사랑하고 싶어 하는 애정욕구가 싹튼다. 그 다음에는 다른 사람으로부터 인정받고 능력 있는 사람이 되고자 노력한다(자존심의 욕구). 이런 식으로 해서 대부분의 욕구가 만족되면 최고의 욕구인 자아실현의 욕구로 나아간다.

자아실현은 자기가 성취할 수 있는 모든 것을 성취하

려는 욕구를 말한다. 자아실현은 자아증진을 위한 개인의 갈망이며, 그가 잠재적으로 지닌 것을 실현하려는 욕망이다. 자신의 본성에 진실해지는 것이다.

서울 마포구에 있는 일성여자중고등학교 졸업식. 학생 평균연령은 60세가 넘는다. 이들에게 배움의 의미는 무엇일까?

인간의 잠재력을 실현하려는 충동은 자연스럽고 필요한 것이라고 매슬로는 말했다. 그러나 모든 사람들이 자아실현을 달성할 수 있는 것은 아니다. 대부분의 사람들은 자아실현을 원하며 또 찾고 있으나 그것을 달성한 사람들은 극소수에 불과하다. 이것은 많은 사람들이 그들의 잠재력에 대해 모르고 있다는 사실, 즉 그것이 존재하고 또 자아증진이 가져다주는 보상을 사람들이 모르고 있기 때문이라는 것이 매슬로의 생각이다. 오히려 사람들은 자신의 능력을 의심하고 두려워하는 경향이 있으므로 자아실현할 기회를 잃어버리고 있다는 것이다.

또 사회적인 환경이 자아실현을 억눌러버린다. 소설을 좋아하고 소질도 있어 소설가가 되고자 문학을 전공한 사람이 졸업 후 많은 월급을 보장해주는 직장에 취업하는 것처럼 많은 사람들은 자아실현을 포기하고 안전욕구에 따라 행동한다.

❖매슬로가 말하는 자아실현한 사람의 특성

1. 효율적인 현실판단을 하며 불확실성과 모호성을 잘 수용한다.
2. 자기나 타인을 있는 그대로 받아들인다.
3. 자발적으로 행동한다.
4. 문제중심으로 사고하며 중요한 목표가 있다.
5. 사생활을 중시하며, 혼자 있는 것도 꺼리지 않는다.
6. 환경에 의존하지 않고 자율적으로 행동한다.
7. 반복되는 경험조차도 새롭게 평가한다.
8. 가끔은 황홀한 느낌에 빠진다.
9. 공동체의식이 있다.
10. 몇 사람과 깊은 대인관계를 갖는다.
11. 고정관념으로 사람을 판단하지 않는다.
12. 수단과 목표를 구별한다.
13. 유머가 있다.
14. 창의성이 있다.
15. 특정 문화에 집착하지 않는다.

정서

어머니의 아들 중 둘은 올해 수학능력시험을 친 쌍둥이다. 어머니는 항상 새벽 5시에 일어나 도시락을 두 개씩 싸주고, 늦은 밤에는 야식을 만들어 주는 등 5남매 가운데 마지막 수험생인 쌍둥이를 극진히 보살펴왔다. 시험 당일엔 새벽 4시에 일어나 도시락을 챙겨 시험장에 데려다주었다. 수능시험을 치르고 돌아온 쌍둥이 형제는 생각보다 시험을 잘 봤다고 했다. 중상위권 대학이 목표였던 두 아들이 상위권 대학 진학도 가능하다고 하자 어머니는 즐거웠다. 식사 후 아들이 방송의 문제풀이를 보면서 "1교시에 두 문제밖에 안 틀렸다"는 말을 어머니는 부엌에서 들었다. '이제 너희들 도시락 싸는 일도 끝났구나.' 어머니는 흐뭇하게 설거지를 계속하다가 쓰러졌다. 그리고 다시는 일어나지 못했다.

1994년 11월 서울에서 일어난 일이다. 당시 신문보도에 따르면 어머니 김모씨(46)는 평소 뚜렷한 지병이 없었다고 한다. 경찰은 자식들의 입시 뒷바라지로 인한 긴장이 풀리면서 심장마비로 인해 숨진 것으로 보았다.

이런 사례는 그리 드문 일만은 아니다. 미국에서도 20년 동안 헤어져 못 만났던 80세 아버지와 55세 아들이 만났을 때 아들이 갑자기 사망하자 그 순간 아버지도 넘어져서 사망했다. 또 단돈 2달러의 배팅으로 1,600달러를 배당받은 한 노인이 돈을 손에 쥐었을 때 급작스럽게 사망한 사건도 있었다.

울화통이 터지는 것이나 화병도 신체적으로는 아무 이상이 없으나 정서적으로 느끼는 고통은 실제 질병 이상이다. 우리나라 사람에게만 나타나는 '화병'은 국제적인 공식 의학용어다. 1996년 미국정신과의사협회에서 '한국인에게 주로 나타나는 분노증후군'으로 화병을 공식적으로 인정한 것이다. 화병(火病)은 냄비가 끓다가 어느 순간에 뚜껑이 열리면서 국물이 넘치는 것과 같이 '장기적으로 스트레스를 받고 이를 풀지 못해 폭발하는 병'으로 다른 나라에서는 찾아보기 어렵다. 병명도 우리말을 그대로 쓴 Hwa-byung이다. 정서에 따라 건강이 달라지는 것이다.

비교적 최근에 정서와 건강의 관계에 대한 과학적인 연구가 활발했다. 그래서 가족 중 한 명의 죽음은 남아있는 가족(특히 남자)이 심장마비 등 질병으로 사망할 위험을 증가시킨다는 결과가 나왔으며, 감정을 억제하는 사람은 위궤양이나 고혈압, 비만, 심장병, 암에 걸릴 수 있다는 결과도 나왔다.

쌍둥이 어머니의 사례 같은 경우는 예부터 창자를 조각낼 만큼 강한 모성애를 설명하는 사례와 비슷하다. 그러나 이것은 정서의 문제이기도 하다. 동기는 어떤 행동을 하게끔 하는 요인이었는 데 반해, 정서는 심리적인 반응이나 감정에 관련된 것이다. 정서(emotion)는 감정경험을 동반하는 흥분상태로서, 분노, 공포, 놀람, 질투, 애정, 박애, 슬픔 등 많은 종류가 있다.

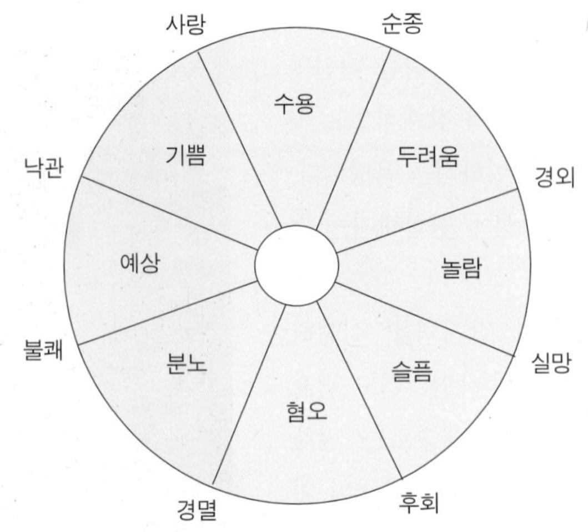

플루치크(R. Plutchik)의 정서의 수레바퀴. 안쪽은 8가지 기본정서를 나타내고 바깥쪽은 인근 정서의 조합으로 나타나는 정서를 나타낸다. 각 정서는 비슷한 것과 인근에 배치되고 맞은편은 반대의 정서를 나타낸다. 각 정서는 강도를 갖고 있는데, 슬픔의 경우 약한 강도의 정서는 시름(pensiveness)이고 강한 강도의 정서는 비탄(grief)이다.

정서표현

개와 고양이가 서로 친해질 수 없는 것은 그들이 정서를 표현하는 방법이 서로 다르기 때문이다. 즉 개는 즐겁고 기쁘면 꼬리를 세우고 살랑살랑 흔드는데, 이것을 고양이는 자신을 위협하는 것으로 받아들인다.

꼬리를 세우는 것이 개에게는 친근함의 표시지만, 고양이에게는 적개심의 표현이다.

사람에게도 정서의 표현이 저마다 다르다면 아찔해지고 혼동이 올 수밖에 없다. 남하고 친하게 지내지도 못할 뿐만 아니라 길조차 물을 수도 없게 된다. 만나고 사랑하고 결혼하는 것들은 아마도 전설에나 남아 있었을 것이다.

정서는 언어나 행동으로 표현할 수 있다. '슬프다', '성난다'라고 말할 때, 주먹으로 책상을 '쾅' 칠 때 우리는 정서를 표현하고 있는 것이다. 그러나 여러 가지 이유로 해서 언어나 행동으로 표현된 정서는 그리 믿을 만한 게 못 된다. 걱정이 되지 않더라도 걱정스럽다고 말하기도 하고, 슬프더라도 슬프지 않다고 말할 수도 있기 때문이다. 눈물을 흘리는 것도 슬프기 때문만은 아니다.

언어나 행동으로 표현되는 정서보다 더 믿을 만한 것이 신체에 나타나는 정서다.

신체에 나타나는 정서

보디랭귀지(body language)가 언어소통에 도움이 되듯이 정서는 비언어적인 행동을 통하여 극적으로 나타난다. 우리는 안면표정, 신체자세, 목소리 등을 통하여 언어 이상으로 우리의 정서를 전달한다. 특히 안면표정(facial expressions)은 그 사람의 정서를 그대로 나타내고 있다. 그렇기에 우리는 그 사람의 표정만 보고도 그가 어떻게 느끼고 있는지, 그가 어떻게 행동할지를 추측할 수 있다.

또한 반대로, 어떤 나라 사람이든 그의 처지에 따른 표정을 알 수 있다. 정서는 사람이나 민족마다 차이가 있는 것이 아니기 때문이다. 다음 경우에서 우리는 연령과 성별, 인종과 국적에 관계없이 엘리베이터를 탄 이 사람의 얼굴표정을 짐작할 수 있다.

- 여러 사람과 같이 있는데, 방귀가 나오려 할 때(당황)
- 방귀가 나오기 전에 다른 사람들이 내릴 때(다행)
- 혼자만 있는 엘리베이터 안에서 시원하게 한 방 날렸을 때(기쁨)
- 냄새가 가시기 전에 다른 사람이 탔을 때(창피)
- 둘만 있는데 다른 사람이 아주 독한 방귀를 뀌었을 때(고통)
- 방귀 뀐 사람이 마치 자기가 안 그런 양 딴전을 피울 때(울화)
- 방귀 뀐 사람이 내리고 그 냄새를 혼자 느껴야 할 때(고독)
- 그 냄새가 가시기 전에 다른 사람이 올라타며 얼굴을 찡그릴 때(억울)
- 엄마손 잡고 탄 아이가 나를 가리키며 '엄마 저 사람이 방귀 뀌었나봐'라고 할 때(울분)
- 엄마가 '방귀는 누구나 뀔 수 있는 거야' 하며 아이를 타이를 때(허탈)

이런 능력은 선천적인 것이다. 외국어를 모른다 하더라도 외국영화를 보면서 그 영화의 대략적인 내용과 분위기를 파악할 수 있는 것은 우리가 비언어적인 요소들로부터 외국배우의 정서를 읽을 수 있는 타고난 능력이 있기 때문이다.

컴퓨터 채팅이나 문자메시지에서는 ^.^(웃음)과 같은 이모티콘(emoticon, 감정을 뜻하는 이모션과 아이콘의 합성어)들이 많이 등장한다. 자신의 정서를 그림으로 나타내어 보이지 않는 상대방에게 전달해주는 것인데, 이것을 모르면 대화를 하지 못할 정도다. 간단한 특징만을 나타낸 것이기는 하나 아래의 이모티콘들이 어떤 정서를 나타내고 있는지 알 수 있을 것이다.

^^ ^.^	웃는 얼굴	*^^*	아이, 부끄러워라
T_T ㅠ_ㅠ	우는 얼굴	^O^	만족해!
–_–;	죄송	{{>–<}}	추워! 썰렁!
(^.*)	너 찍었어	(?.?)	황당해!
–.–a	쑥스럽구먼!	*.*	놀람
(–.–)(–.–)(–.–)	두리번두리번	^^;;	앗! 실수!
(^o^)	호호!	@.@	어리둥절, 취함
m(_ _)m	큰절	^~.~^	몰라몰라!
–.–)....	???(어이없음)	(*^O^*)	수줍게 웃는 모습

정서의 파악

말로는 아무리 무섭지 않다 해도 가슴이 두근거리고, 호흡이 빨라지고, 목소리가 떨리는 것을 보면 그가 상당히 겁먹고 있다는 것을 알게 된다. 옛날에는 제 발 저리는 놈을 도둑놈으로 알고 "네 죄를 네가 알렸다"라고 호통쳤지만 지금은 거짓말탐지기를 이용한다.

수사기관에서 많이 이용하는 거짓말탐지기도 용의자가 거짓말을 하는지 안 하는지를 정확하게 잡아주는 것은 아니다. 어떤 질문, 특히 범죄상황과 관련하여 범인이 행했으리라 여겨지는 질문을 받았을 때 그의 정서적인 반응, 즉 호흡수, 심장박동수, 피부전기반응의 변화 등등을 기초로 하여 거짓말을 하고 있다 또는 아니다라는 그럴싸함만 찾아낼 뿐이다. 그래서 거짓말탐지기 결과가 법적 증거로 채택되기 어렵다.

신체자세로도 정서를 파악할 수 있다. 의자에 깊숙이 앉는 것은 그 사람의 긴장이 풀려 있다는 얘기가 되지만, 다리를 모으고 빳빳하게 앉아 있다면 긴장하고 있다는 이야기가 된다. 팔다리를 꼬는 것, 시선의 방향, 제스처 등이 모두 단서가 된다.

또 그 사람의 행동도 정서를 파악하는 데 중요한 도구가 된다. 문을 '쾅' 하고 닫고 나가는 사람이나 물건을 이리저리 내던지는 사람은 상당히 화가 나 있음을 말해준다. 또 악수할 때의 세기라든가 대화할 때 말하는 속도 등도 그가 어떠하다는 것을 말해주며, 한밤중에 전화를 했으면 상당히 다급했음을 알려준다.

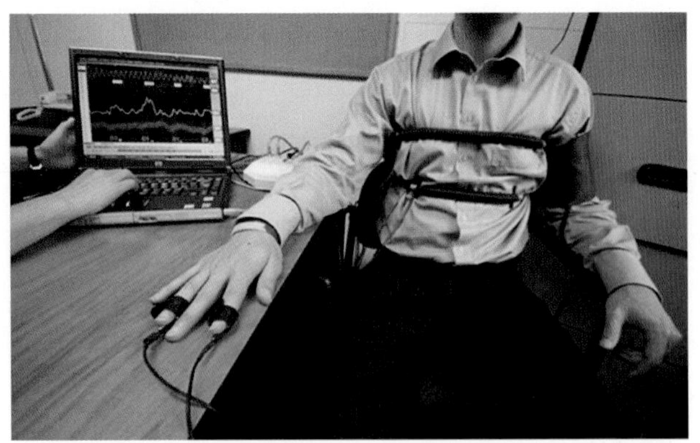

거짓말탐지기는 대상자의 답변 중에 호흡수, 심박수, 피부전기반응 등의 변화를 관찰한다.

그러나 언어와 마찬가지로 신체언어도 항상 정확한 것은 아니다. 눈물 흘리는 것만 하더라도 슬퍼서 울 수도 있고 기뻐서 울 수도 있다. 또 매운 것을 먹어서 눈물이 날 수도 있다. 멍하니 있는 것도 때에 따라서는 깊은 생각에 잠겨 있는 것처럼 보이기도 한다. 미소를 짓는다는 것이 비웃는 것처럼 보이기도 해 가끔은 주먹이 오가기도 한다.

정서이론

심리학에서 증조할아버지에 해당하는 제임스라는 학자는, 정서는 신체에서 나오는 피드백 때문이라고 했다. 즉, 우리는 울기 때문에 슬프고, 남을 때리기 때문에 성이 나며, 떨고 있기 때문에 무섭다는 것이다. 이솝 우화에 〈곰과 두 남자〉가 있다. 곰과 마주치자 한 남자는 나무 위로 도망갔고, 그럴 겨를이 없던 다른 남자는 땅바닥에 납작 엎드려 죽은 사람의 흉내를 내어 모면했다는 내용이다. 이 우화에서 나무로 올라간 친구는 도망갔기 때문에 무서움을 느낀 것이며,

2004년 12월, 유럽 3개국 순방을 마친 노무현 대통령은 귀국길에 이라크에 파병중인 자이툰 부대를 전격 방문하게 되었다. 오랜 파병생활에 지친 장병들은 갑작스런 대통령의 방문을 뜨거운 환호로 열렬히 환영했다.
그러던 찰나, 갑자기 한 병사가 감격에 겨워 "대통령님! 한번만 안아봐도 되겠습니까?"라고 외치며 대통령에게 달려갔다. 당황한 경호원들은 병사를 대통령에게서 떼어낼 참이었다. 하지만 대통령은 경호원들을 손짓으로 제지하고는 "좋습니다!" 하며 병사를 힘껏 껴안아주었다. 부대 방문을 마치고 쿠웨이트로 돌아오는 길에 노무현 대통령은 눈물을 훔쳤다.

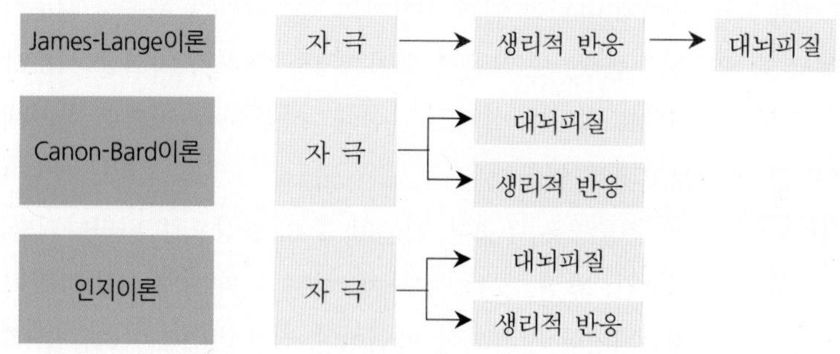

하버드 대학의 제임스(W. James)는 신체변화에 대한 지각 자체가 바로 정서의 주관적 경험이라고 했으며, 비슷한 시기에 덴마크의 랑게(C. Lange)도 이와 비슷한 입장에 도달했다. 이들의 입장을 종합하여 제임스-랑게 이론이라 한다. 즉 신체는 자극에 대하여 먼저 생리적으로 반응하고 그 후 대뇌피질은 어떤 정서를 경험하고 있는지를 판단한다는 것. 캐넌과 버드에 의해 확립된 캐넌-버드 이론은 자극이 대뇌피질과 생리적 반응에 동시에 영향을 끼치므로 정서의 경험은 생물학적 변화와 동시에 일어난다고 한다. 그러므로 도망가면서 무서움도 함께 느낀다는 것이다. 한편 뜨거운 국물을 먹으면서도 '시원하다'고 느끼는 것처럼 인지이론(cognitive theory)은 대뇌피질과 말초신경계가 공동으로 작업하여 우리가 어떤 정서를 느끼는지를 판단한다고 한다. 즉 정서적 경험이 우리가 현재 처해 있는 상황에 대한 지각이나 판단에 달려 있다는 것이다.

땅에 엎드린 친구는 도망가지 않았기 때문에 무섭지 않은 것이다. 그렇기에 '곰이 위급할 때 혼자 도망가는 친구하고는 사귀지 말래'라는 독설적인 유머를 말할 정신이 있는 것이다.

한여름 납량특집이 효과 있는 것도 마찬가지 이유다. 귀신 이야기를 들으면 우리의 몸은 변한다. 무서운 이야기는 스트레스 호르몬을 증가시켜 우리의 몸이 추위를 느낄 때와 비슷한 상태로 변한다. 소름이 돋고, 몸이 떨리며, 땀구멍과 말초혈관이 수축하고, 오줌이 마려운 현상은 추울 때와 무서울 때 똑같이 일어나는 우리 몸의 변화다. 이럴 때는 순간적으로 몸이 오싹해지며 긴장된다. 그래서 한여름에 귀신 이야기를 들으면 서늘한 느낌을 갖게 된다.

표정과 정서 사이에도 밀접한 관계가 있다. 연필을 입술로 물고 2분간 있어보라. 기분이 '별로'일 것이다. 하지만 연필을 이(齒)로 물고 2분간 있어보라. 기분이 좋아질 것이다. 연필을 입술로 문 것은 얼굴의 무뚝뚝한 근육을 활성화시키기 위한 것이며, 이로 물게 한 것은 웃는 근육을 활성화시키기 위한 것이다. 그래서 미소 짓는 표정을 몇 분간 유지하면 기쁨의 감정을 경험하게 되고, 찡그린 얼굴을 하고 있으면 기분이 나빠진다. 바꿔 이야기하면 기쁜 감정을 느끼고 싶으면 웃으면 된다는 것이다. 웃으면 복이 온다는 말이다.

정서장애

우리는 생활하면서 기쁠 때에는 기쁜 정서를, 슬플 때에는 슬픈 정서를 느낀다. 그러나 어떤 사람들에게는 생활이 안 될 정도로 이런 정서가 극단적인 경우가 있다. 바로 정서장애다.

세계적으로 가장 많은 임상 연구자들이 사용하는 정신장애 분류체계는 DSM-5이다. 이것은 2013년 미국정신의학회에서 다섯 번째로 개정하여 발표한 정신장애의 분류로, Diagnostic and Statistical Manual of Mental Disorder · 5th edition의 약자다. 말 그대로 '정신장

매도 먼저 맞는 게 낫다. 예고된 충격을 기다리는 시간이 그 충격만큼이나 고통스럽기 때문이다. 연구에 의하면 충격을 기다리는 도중에도 통증을 감지하는 뇌 부분에서 실제 충격이 가해졌을 때만큼이나 격렬한 반응이 관찰된다. 그 때문에 나쁜 일을 뒤로 미룰수록 그 시간만큼 고통은 증가할 수 있다. 오랜 도피생활을 한 범죄자가 체포되면 오히려 홀가분하다고 말하기도 하는 게 이 때문이다. (사진 : 영화 〈말죽거리 잔혹사〉)

애에 대한 진단 및 통계적 매뉴얼'이다. 1952년에 처음 발표된 이후 개정을 거듭(1968, 1980, 1994년)해온 DSM-5는 특정한 이론에 치우치지 않고 심리적 증상과 증후군을 위주로 정신장애를 분류하고 있다. 정서와 관련된 장애로 이전 판인 DSM-IV는 기분장애를 다루고 있었다.

기분장애는 지나치게 저조하거나 혹은 지나치게 고양된 기분상태가 지속되어 현실 적응에 어려움을 겪는 장애를 말한다. 우울증과 양극성 장애가 기분장애의 대표적 사례였지만 DSM-5에서는 기분장애에서 분리되어 나왔다.

우울증

우울증(depressive disorder)은 '심리적 독감'이라고 불릴 정도로 개인의 삶을 고통스럽게 만드는 정신장애이며 흔한 장애다. 게다가 우울증은 개인의 능력과 의욕을 감소시켜 현실적응을 어렵게 하는 주요 요인이기도 하며, 흔히 자살로 이끈다는 면에서 치명적인 심리적 장애이기도 하다.

평생 동안 우울증에 걸릴 확률은 남자가 5~12%, 여자가 10~25% 정도다. 우울증은 연령대를 가리지 않으며, 점차 우울증에 걸리는 연령도 낮아지는 추세다. 전문가들에 따르면 연간 자살자의 70~80%가 우울증 때문이라고 한다. 또 우울증 환자의 15~20%가 자살을 시도하며 3% 정도는 실제로 자살에 '성공'하는 것으로 학계에 보고되어 있다.

우울증은 우울한 기분이 주요 증상으로 나타나지만, 죄책감, 좌절, 고독, 무가치, 허무 등의 고통스런 감정이 지속되거나 증폭되어 학업이나 직장생활에 어려움을 겪게 된다. 우울증은 이처럼 무서운 장애인데, 우울증에 걸린 많은 사람들은 이런 사실을 잘 알지 못해 치료를 받지 않고 고통스런 나날을 보내기 일쑤다.

우울증을 설명하는 대부분의 심리학 이론은 부정적인 생활사건이 우울증 발생에 중요한 역할을 한다고 본다. 즉 사랑하는 가족의 사망이나 질병, 가정불화, 가족관계나 이성관계의 악화, 친구와의 갈등 같은 주요 생활사건뿐만 아니라 작은 부정적인 사건들이 누적되어 생겨날 수도 있다.

그리고 사회적 지지가 부족하거나 결여되면 개인의 정서적 안정감과 자존심을 서서히 잠식하여 우울증을 촉발시킬 수 있다. 사회적 지지는 개인으로 하여금 삶을 지탱하도록 돕는 심리적 또는 물질적 지원을 의미한다. 즉 친밀감, 인정과 애정, 소속감, 돌봄과 보살핌, 물질적 도움 등등의 지원을 통해 자존감과 안정감을 유지시켜주는

✣행복해지려면, 행복한 척하라

"날씬한 몸매에 독신에다 돈 많은 것이 행복을 보장해주지 않는다. 그보다는 높은 자부심과 사교적 생활, 그리고 자제력이 내적 행복의 티켓이다." 최근 뉴욕에서 열린 미국 심리학회 연례회의에서 '어떤 사람이 행복하냐'는 문제에 대해 심리학자들이 내린 결론이다. 미시간에 있는 호프 대학의 심리학자 데이비드 마이어스 씨는 이 회의에서 발표한 조사보고서에서 행복이란 개인적 특성에서 나오는 것이지, 생활환경에서 나오는 것이 아니라고 강조했다. 그는 세계 45개국에서 실시, 작성된 916건의 조사보고서를 분석한 결과 몇몇 놀라운 사실들을 접하게 됐다고 밝히면서 그같이 말했다.

"통계적으로 볼 때, 어느 한 그룹이 다른 그룹들보다 더 행복하거나 더 불행하다고 할 수 없다"고 그는 지적했다. 예외가 있다면, 그것은 결혼하지 않은 또래들보다 훨씬 행복하다고 떠벌리는 경향이 있는 결혼한 남녀들이란 것. "나이, 성별, 인종, 교육, 거주지 등 그 밖의 모든 것이 행복에 별다른 영향을 주지 않는다"고 그는 강조했다.

마이어스 씨는 그러나 앞으로 행복해질 것으로 점칠 수 있는 네 가지 특성을 사람들에게서 발견할 수 있다고 주장한다. 그에 따르면, 이 특성들은 자부심, 자제력, 낙천주의, 그리고 사교적 성격이라는 것. 한편 일리노이 대학의 심리학자 에드 디너 씨는 아주 바람직한 일자리를 얻거나 복권에 당첨되는 것과 같은 외적 상황은 단기적 행복감만을 불러일으킨다고 지적했다. 새로 갓 차지하게 된 명성이나 돈에 사람들은 곧 적응하게 되고, 그 결과 그것들이 가져다준 애초의 행복감도 곧 시들해져 버리고 점차 사라진다는 말이다. 은막의 스타들이나 실업계 거물들이라고 해서 반드시 다른 일반 사람들보다 더 행복하지는 않은 까닭이 바로 여기에 있다고 디너 씨는 강조했다. (연합뉴스, 1995.8.16)

사회적 지원이다.

이러한 사회적 지원은 주로 배우자, 친구, 가족, 동료, 교사 등으로부터 나오는데, 이들의 사회적 지지는 우울증을 유발하는 생활사건을 차단시켜줄 뿐만 아니라 어려움이 닥치더라도 이겨낼 수 있다는 자신감을 준다.

양극성 장애

양극성 장애(bipolar disorder)는 우울한 기분상태(우울증 상태)와 고양된 기분상태(조증 상태)가 교차되어 나타나는 증상이다. 기분이 몹시 고양된 조증 상태에서는 평소보다 훨씬 말이 많아지고 빨라지고 자신감에 넘쳐 때로는 과대망상적 사고를 하기도 하지만 실제적으로 이루어지는 일은 없다. 대신에 부적응적인 결과를 보인다. 이전에는 조증과 우울증이 연달아 나타난다 하여 조울증이라 했다.

인류의 역사에 위대한 업적을 남긴 천재 중에는 정신장애를 가진 사람들이 많은데, 천재들이 흔히 지녔던 장애가 바로 양극성 장애다. 시인 중에는 윌리엄 블레이크, 조지 고든 바이런, 앨프리드 테니슨, 화가로는 반 고흐, 조지아 오키프, 음악가로는 로베르트 슈만, 과학자로는 진화론을 주장한 찰스 다윈, 양자역학을 발전시킨 닐스 보어 등이 그들이다.

양극성 장애의 조증 상태를 실감나게 볼 수 있는 영화로 〈미스터 존스〉(1994)라는 영화가 있다. 이 영화에서 배우 리처드 기어는 조증 상태에서 하늘을 날아보려 하거나, 은행에서 한꺼번에 1만2천 달러를 인출하고 여직원을 유혹하거나, 음악회에서 신나는 음악에 도취되어 무대 위에 올라가 악단을 지휘하려 하다가 경찰에 연행되는 등 전형적인 양극성 장애 행동양상을 멋지게 연기했다.

작가들은 일반인에 비해서 양극성 장애를 갖고 있을 확률이 월등하게 높다(Andreasen, 1987). 무려 작가들의 80%가 이에 해당됐다고 한다. 헝가리의 유명 시인을 대상으로 한 연구 결과도 이와 비슷하다. 시인 중 67.5%가 양극성 장애의 진단기준을 충족했다(Czeizel, 2001). 일반인 집단에서 조울증 유병률이 0.6~3% 정도라는 것을 생각하면 어마어마하게 높은 수준이다.

1960년부터 1990년 사이에 뉴욕타임스 북리뷰(Book review)에서 1,005명의 전기를 검토한 루드비히의 연구(Ludwig, 1992)에서 조증이력이 있는 예술가는 8.2%인 반면 비예술가는 2.8%였다. 조증은 연극, 건축, 작문, 음악 등 예술분야에서 뛰어난 사람들 사이에 가장 흔했다.

조증 증상은 창의적인 활동을 증가시킨다. 미국에서 가장 천재적인 시인들 중 한 명으로 꼽히는 에밀리 디킨슨(Emily Dickinson)은 2,000편에 달하는 시를 썼는데, 그녀는 경조증 증상을 겪은 3년 동안 다른 기간에 비해 10배에 달하는 시를 쏟아냈다. 작곡가 슈만의 편지에는 그의 기분상태를 공개한 것이 많았는데, 그의 기분과 작품의 연관성에 관한 연구(Slater and Meyer, 1959)에 따르면 그는 조증기간 동안 더 많은 작품을 썼다.

이런 천재들은 웅대한 포부와 낙관적 전망, 분방하고 풍부한 창의적 발상, 자신감과 의욕에 찬 추진력, 매우 활동적이고 정열적인 목표지향적인 행동, 낙천적이고 폭넓은 사회적 활동과 같은 조증적 특성으로 인해 위대한 업적을 남길 수 있었다. 그러나 이들은 왕성한 활동을 펼치다가 어느 시점에서 활력이 소진된 듯 우울증적인 침체기를 나타내곤 했다. Ψ

마무리사례

억지웃음도 진짜 웃음의 90% 효과 있어

소문만복래(笑門萬福來)라는 말이 있다. '웃는 집안에 복이 많이 들어온다'는 뜻이다. 웃는 사람은 행복하고 성공할 가능성이 높다. 이는 기업이나 국가에도 해당한다. 국운 상승도 지도자들뿐만 아니라 일반 국민들이 자주 웃을 수 있어야 결실을 맺을 수 있다. 아이들은 하루에 평균 400번 정도를 웃는데, 어른이 되면서 하루 6번 정도로 줄어든다. 나이가 들면서 웃음을 잃고 더불어 건강도 잃게 되는 것이다.

의학적인 측면에서 웃음은 질병을 예방하기도 하고 치유하기도 한다. 사람이 크게 한번 웃으면 몸속의 근육 650개 중 231개 근육이 움직인다. 인체 근육의 약 3분의 1이 움직이는 웃음은 1분 동안 실컷 웃으면 10분 동안 에어로빅이나 조깅, 자전거를 타는 것과 같은 효과를 낸다고 한다. 웃음은 또 1,000억개에 달하는 뇌세포를 자극한다. 살짝 웃는 미소 역시 얼굴의 근육 15개가 움직여 만들어내는 것처럼 보이지만 실제로 훨씬 더 많은 근육이 움직이는 것으로 알려져 있다.

우리 몸에는 교감신경과 부교감신경 등 두 가지 자율신경이 있다. 놀람, 불안, 초조, 짜증이 섞인 감정은 교감신경을 예민하게 만들어 심장을 상하게 하지만 웃음은 부교감신경을 자극해 심장을 천천히 뛰게 하고 몸 상태를 편안하게 만들어 심장병을 예방해준다. 또한 웃음은 스트레스를 진정시키고 혈압을 떨어뜨리며 혈액순환을 개선시키는 효과가 있다. 웃음이 소화액 분비를 촉진시켜 식욕을 불러일으키고 면역력을 높여준다는 연구결과도 있다.

♠ 크게 웃으면 윗몸 일으키기 25번 효과

15초 동안 박장대소를 하면 100m를 전력 질주한 운동 효과와 맞먹는다고 한다. 또 크게 한번 웃으면 윗몸 일으키기를 25번 하는 효과와 3분 동안 노를 힘차게 젓는 효과가 있다고 한다. 이는 미국 스탠퍼드 대학의 윌리엄 플라이 교수가 웃음과 심장의 상관관계를 연구한 결과 얻은 결론이다.

웃음은 웃을 때마다 폐의 구석구석까지 혈액과 산소가 공급돼 폐의 기능이 좋아진다. 연세대 의대 노성훈 교수는 '위암 완치설명서'라는 책에서 "웃음은 심장박동수를 높여 혈액순환을 돕고 몸의 근육에 영향을 미친다"며 "3~4분 동안 웃으면 맥박을 배로 증가시키고 혈액에 더 많은 산소를 공급하며 복식호흡이 되기 때문에 '소화기 마사지 효과'를 볼 수 있고 변비예방에도 좋다"고 말한다.

팔을 활짝 펴고 호탕하게 웃으면 온몸의 신진대사가 활발해져 통증을 억제해주고 염증을 낫게 한다. 이는 온몸의 긴장이 풀리면서 뇌하수체에서 엔도르핀이 분비되고 통증을 없애주는 호르몬이 왕성하게 나오기 때문이다.

웃음은 스트레스 해소와 함께 두려움, 분노를 완화시키는 데 도움을 줘 오랫동안 질병에 시달린 환자들이 긍정적인 마음을 갖도록 하는 데 적지 않은 효과를 발휘하기도 한다. 마지못해 웃는 '억지웃음'도 효과가 있는 것으로 알려져 있다. 우리 뇌는 가짜와 진짜 웃음을 구별하지 못한다. 억지로 웃든지, 진짜로 웃든지 뇌가 구별을 못하기 때문에 억지로 웃어도 90%의 효과가 있다.

♠ 웃음은 암 예방 · 치료에도 특효약

암을 예방하거나 암을 치료하는 데 웃음만큼 좋은 특효약이 없다. 암을 이겨낸 사람들의 노하우를 종합해보면 현대의학과 함께 긍정적인 마음, 부지런한 몸놀림(운동), 자연식 위주 식생활 등이 올바른 암 극복법으로 손꼽힌다.

미국 로마린다 의과대 리 버크 교수는 웃음이 면역 시스템에 도움이 되는 킬러세포를 활성화시킨다는 것을 증명했다. 버크 교수는 "진실에서 우러난 웃음은 혈액과 타액의 면역 글로블린 항체의 생성을 증가시키고 종양세포 증식을 억제하는 감마 인터페론을 증가시킨다"며 "웃음 치료야말로 대체의학이 아니라 참의학"이라고 밝힌 바 있다. 우리 몸은 대략 60조~100조 개 세포로 이뤄져 있다. 이들 세포는 모두 몸 주인의 뜻에 따라 반응한다고 한다. 다시 말해 주인이 살려는 뜻을 세우고 '생각(生覺)'으로 무장하면 세포들이 살기 위한 반응으로 무장한다고 한다. 반대로 주인이 절망, 우울, 낙심과 같은 '사각(死覺)'으로 무장하면 세포들 또한 주인의 뜻에 따른다고 한다.

긍정적인 사고방식이 중요하다는 얘기다. 실제로 독일의 암병원에서는 매주 1회씩 어릿광대를 불러 환자들을 웃기고 있다. 뉴욕 장로교병원에서는 코미디 치료단을 만들어 활동하고 있다. 영국에서는 의사가 웃음요법을 처방전에 사용할 수 있도록 추진하고 있다. 국내에서도 서울대병원 등 일부 병원에서 웃음요법을 환자의 임상에 활용하고 있다.

♠ 어떻게 웃어야 제대로 웃는 것인가

웃음은 혼자보다는 여럿이 모여 함께 웃을 때 33배나 더 잘 웃게 된다고 한다. 웃음도 전염력이 있다는 얘기다. 잘 웃는 사람을 만나게 되면 웃음이 전염돼 곧 잘 함께 웃게 된다. 평소 잘 웃지 않는 사람은 웃는 연습이 필요하다. '행복해서 웃기보다는, 웃다 보면 행복해지는 것이 우리네 삶이라는 것'을 깨달으면서 말이다.

이순구 작가의 웃음꽃-함께

전문가들은 웃음은 크게 3가지 원칙이 뒤따라야 한다고 지적한다. 웃음의 3원칙은 △크게 웃어라 △내쉬는 호흡, 즉 날숨으로 10초 이상 웃어라 △웃음이 '내장 마사지' 역할을 할 수 있도록 크게, 그리고 숨이 끊어질 정도로 박장대소하라 등이다. 크게 웃으면 광대뼈 주위 혈과 신경이 뇌하수체를 자극해 엔도르핀 분비를 촉진시켜 기분을 좋게 만든다. 또 날숨은 몸 안의 독소와 스트레스를 해소하는 역할을 하기 때문에 10~15초 정도 웃어야 한다. 10초 이상은 엔도르핀이 가장 많이 분비되기 때문에 웃음의 효과가 극대화된다. 특히 숨이 끊어질 정도로 끝까지 웃게 되면 진짜 웃음으로 전환된다.

웃음은 박수를 치면서 웃으면 훨씬 더 효과가 크다. 아이들이 정말로 신나게 웃을 때 방바닥을 데굴데굴 구르며 방방 뛰며 웃는 것처럼 어른도 박장대소하고 웃어야 내장이 마사지되고 전신운동이 된다. (매일경제, 2010.1.5)

핵심 용어

1차적 동기	2차적 동기	동기	동기의 위계
동기이론	반전이론	본능이론	생리적 욕구
성취동기	소속감 · 사랑욕구	안전욕구	양극성 장애
우울증	유인이론	인지이론	자아실현의 욕구
자존심의 욕구	정서	정서이론	정서장애
정서표현	제임스-랑게 이론	추동감소이론	캐논-버드 이론
호기심			

요약

- 동기는 목표행동을 향해 나아가도록 하는 개인의 욕구, 욕망, 흥미와 같은 요소들이다. 동기가 있는 행동은 동기가 없는 행동에 비해 더 오래 지속되고 활발할 뿐만 아니라 목표지향적인 행동을 보인다.
- 1차적 동기는 주로 생존과 관련되는 생리적인 욕구로 타고난 것이며, 배우게 되는 2차적 동기도 있다.
- 매슬로(A. Maslow)는 사람에게는 저마다 기본적인 생리적 욕구에서부터 안전, 사랑, 자존심, 그리고 궁극적으로는 자기실현에 이르는 충족되어야 할 욕구의 위계가 있다고 주장했다.
- 정서는 감정경험을 동반하는 흥분상태로서, 분노, 공포, 놀람, 질투, 애정, 박애, 슬픔 등 많은 종류가 있다.
- 정서는 언어나 행동으로 표현할 수 있고 신체에 나타나기도 하며, 자세나 행동으로도 나타난다.
- 정서이론으로는 James-Lange이론, Canon-Bard이론, 인지이론이 있다.
- 기분장애는 지나치게 저조하거나 혹은 지나치게 고양된 기분상태가 지속되어 현실 적응에 어려움을 겪는 장애로, 우울증과 양극성 장애가 대표적이다.

CHAPTER 9

성격과 정신분석

성격심리학(personality psychology)은 개인의 성격에 초점을 맞추어 인간을 연구하려는 심리학 분야다. 정신분석(psychoanalysis)은 신경증 치료를 위해 프로이트가 발전시킨 치료방법을 일컫기도 하고, 정신분석 방법으로 생겨난 심리학 이론체계를 말하기도 한다.

'아우'들이 더 개혁적이고 유머감각 뛰어나!

MIT의 역사학자인 프랭크 설로웨이는 25년간 출생순서와 성격 간의 상관관계를 연구하면서 흥미로운 사실을 발견했다. 정치와 과학 분야의 변혁은 대부분 맏아들이 아닌 아우들에 의해 주도되었다는 것이다. '장남'은 동생보다 보수적이고 현상유지를 원하며 새로운 아이디어를 배격하는 성향이 높지만, '아우'들은 '큰형'보다 모험을 즐기고 급진적이며 편견이 적은 것으로 나타났다는 것이다.

그는 16세기 중반부터 20세기 중후반까지의 400년 동안 있었던 28개의 주요 과학 논쟁에 참가한 2,800여 명의 과학자들의 입장을 조사했다. 그 결과 코페르니쿠스의 지동설에 대해 '장남' 과학자들은 22%가 지지했지만, '아우' 과학자들은 75%가 지지했다. 다윈의 진화론에 대해 '장남' 과학자들은 20%, '아우' 과학자들은 61%가 지지했다. 또 아인슈타인의 상대성이론에 대해 '장남' 과학자들은 30%, '아우' 과학자들은 76%가 지지했다. 알프레트 베게너가 제안한 대륙이동설의 경우 장남 과학자들은 36%만이 지지했지만 장남이 아닌 과학자들은 68%가 지지했다.

혁명적인 아이디어도 더 잘 받아들여 셀로웨이는 아우로 태어난 과학자들이 큰 아들로 태어난 과학자보다 혁명적인 아이디어를 받아들이는 경향이 평균 3배 정도 강하다는 결론에 도달했다. 뉴턴, 라부아지에, 아인슈타인처럼 큰 아들로 태어났어도 혁신적인 이론을 주창한 사례가 없는 것은 아니지만 대체적으로 기존의 고정관념을 깨는 급진적 이론에 대한 반대자는 주로 장남 과학자들이었다는 것이다.

로완 앳킨슨(Rowan Atkinson). 미스터 빈으로 알려진 이미지로 인해 어딘가 좀 모자란 동네 아저씨로 보이지만 뉴캐슬 대학교 전기공학과를 졸업한 후 옥스퍼드 대학교의 퀸스 칼리지에서 전기제어공학 석사과정을 공부한 엘리트다.

지미 카터나 빌 클린턴 그리고 조지 W. 부시 등 '합법적' 정치 지도자는 장남이며, 카를 마르크스나 피델 카스트로 같은 모험심이 엿보이는 '혁명가'들은 '비(非)장남' 출신이다. 우리나라의 경우 육군 소장일 때 쿠데타로 정권을 잡았다는 공통점이 있는 박정희와 전두환 전 대통령도 장남이 아니다. 박정희는 5남 2녀의 막내, 전두환은 3남 3녀의 넷째다. 김대중 대통령은 4남 2녀 중 차남이며, 노무현 대통령도 3남 2녀의 막내다.

한편, 영국 하트퍼드셔 대학의 연구(2006)에 의하면, 장남 및 장녀 중에서는 1/3이 다른 사람을 웃기는 것이 쉽다고 말한 반면, 차남(차녀) 및 막내 중에서는 절반 이상이 유머 구사에 자신감을 표했다. 하지만 특이하게도 외동아이의 경우 유머 구사 능력을 가진 비율은 11%에 불과했다.

차남 및 막내가 사람들을 더 즐겁게 만들 수 있는 것은 어릴 때부터 훈련이 된 덕분인데, 부모의 관심을 끌기 위해 더 재미있고 재치 있는 말을 해야 하는 것이 그들의 운명이며, 어린 시절 터득한 유머의 기술은 어른이 되어서도 유지된다는 것이 연구자인 와이즈먼 교수의 설명이다. 미스터 빈으로 유명한 로완 앳킨슨과 돈 프렌치 등 여러 코미디언들이 비(非)장남 출신이다. (관련 자료 종합)

생각해보기 우리나라 인기 개그맨 중 비장남 출신은 누구인가?

성격

우리는 어떤 사람을 만나면 그 사람에 대해 알고 싶어 한다. 그 사람이 내향적인지 외향적인지, 따뜻한 사람인지 차가운 사람인지 알려고 한다. 소설을 읽거나 영화를 보면서도 우리는 주인공의 행동이나 생각을 통해 그가 어떤 사람인지 알고자 한다. 그 사람에 대해 알게 되면 그의 많은 것을 이해할 수 있기 때문이다.

사람들이 저마다 갖고 있는 특성들 때문에 어떤 상황에 처했을 때 똑같은 행동으로 나타나지는 않는다. 위급한 상황에서 어떤 사람은 희생을 감수하면서까지 도와주려 하는데, 또 어떤 사람은 멀뚱히 보고만 있기도 한다. 잔소리를 들을 때 기분이 언짢아지는 건 누구나 마찬가지지만, 어떤 사람은 묵묵히 듣고 있는 반면 또 어떤 사람은 반발하기도 한다. 그러므로 어떤 사람의 특성에 대해 알면 그가 앞으로 어떻게 행동할 것인지도 예측할 수 있다.

이런 것들은 성격의 문제다. 성격(personality)이라는 말은 라틴어의 '페르소나레(personare)'에서 유래되었다. 페르소나레는 '~을 통하여(through)'란 뜻의 '페르(per)'와, '말하다(speak)'라는 뜻의 '소나레(sonare)'가 합쳐져 생긴 말로, 원래는 배우가 무대에서 쓰는 가면이나 탈을

영화 〈브이 포 벤데타〉(V for Vendetta, 2005)에서 시민들이 주인공 브이가 쓴 것과 같은 가이 포크스의 가면을 쓰고 의사당으로 향하고 있다. 성격이라는 말은 가면에서 유래했다. 가면 뒤에 감추어진 인간의 본모습을 알기란 참으로 어렵다.

✣성격이론

- 특성이론은 특성들이 다양한 자극들에 대한 반응을 연결하고 통합시키기 때문에 행동에 일관성을 보인다.
- 행동주의 이론에서는 사람들이 강화를 받은 역사가 다르기 때문에 다른 성격을 보인다.
- 인지주의 이론에서는 성격을 만들어가는 데 있어 개인의 참여를 강조한다.
- 정신분석 이론에서는 우리의 성격이 생의 첫 5년 동안 벌어진 사건에 의해 결정된다.

이들 각 이론들은 유전/환경, 선천적/후천적, 의식/무의식, 내부요인/외부상황, 과거/현재/미래의 강조 등에 있어 주안점이 다르다.

뜻했다. 그러므로 이 말의 의미는 거짓 모양이고, 눈에 보이기는 하지만 속이는 것이다. 이처럼 우리 모두는 성격이라는 가면 뒤에서 어느 정도 자신을 위장하기에 성격을 파악하는 것이 어려운 일인지도 모른다.

나쁜 성격은 없다

성격은 '한 개인의 행동특성들에 비교적 일관되게 나타나는 독특한 심리적 자질'이라고 말할 수 있다. 이러한 성격은 하루아침에 갑자기 이루어진 것이 아니다. 개인이 자라면서 환경과의 상호작용을 통해 서서히 이루어진 것이다.

그 때문에 성격은 쉽게 바뀌지 않고, 나이가 들면서 점차 더욱 견고하게 형성되어간다. 그러므로 내향적인 당신이 정반대인 외향적인 사람으로 바뀌는 것은 고목에 새순이 돋는 것만큼이나 어려운 일이다(설사 바뀐다 하더라도 대개는 당신의 나이에 맞먹는 세월이 걸릴 것이다).

또 하나 주의할 것이 있다. 일반적으로 "누구는 성격이 좋다", "누구는 성격이 나쁘다"고들 말한다. 그러나 사실 성격에는 좋고 나쁜 것이 없다. 남자가 내향적이라 해서 성격이 나쁘고, 여자가 외향적이라 해서 성격이 나쁜 것이 아니라는 말이다. 성격은 개인이 긴 세월 동안 환경과의 상호작용을 통해 이룩한 특성일 뿐, 좋고 나쁘다는 평가의 대상이 아니기 때문이다.

물론 그 사람이 나와 잘 맞아서 "성격이 좋다"고 일

상적으로 표현할 수 있겠지만, 좋고 나쁨이라 말할 수 있는 것은 인간의 격이라 할 수 있는 인격이다. 성격은 인격이 아니다.

행동과 성격

일반적으로 행동을 보면 그 사람의 성격을 대충 파악할 수 있다. 먼저 다음 걸음걸이와 그 사람의 성격을 한번 생각해보자.

1. 보폭이 넓고 팔을 자유롭고 힘차게 흔들면서 걷는 활보형
2. 머리를 내밀고 어깨를 늘어뜨린 채 질질 끌면서 걷는 형
3. 찰리 채플린처럼 몸을 이쪽저쪽으로 흔들며 걷는 오리걸음형
4. 보폭이 좁고 무겁게 걷는 형
5. 하이힐을 신은 여성이 걷는 걸음걸이로, 보폭이 좁고 점잔 빼며 걷는 형
6. 패션모델의 걸음걸이로, 엉덩이를 흔들고 뽐내며 걷는 형

이 질문은 플로리다 애틀랜틱 대학에서 한 연구인데, 걷는 모습만 봐도 그 사람의 성격과 기분, 성별은 물론 거주지까지 알 수 있다고 한다. 위 걸음걸이와 다음의 성격을 한번 연결해보자.

a. 자신감이 넘치고 독립심이 강한 성격
b. 순종적인 사람이거나 기분이 우울하고 힘이 없을 때 걷는 스타일
c. 추진력이 강하고 장난꾸러기 같은 성향이 있으며 많은 사람들이 호감을 갖는 스타일
d. 순종적이고 다른 사람과 잘 어울리지 못하며 욕구불만적인 성격
e. 순종적이고 소심하며 자신이 없을 때의 걸음
f. 무관심하며 매정한 성격을 가진 사람

영화 〈모던 타임스〉의 마지막 장면. 찰리 채플린처럼 몸을 이쪽저쪽으로 흔들며 걷는 오리걸음형은 추진력이 강하고 장난꾸러기 같은 성향이 있으며 많은 사람들이 호감을 갖는 스타일로 평가된다.

그 대학에서 규정한 각 문제의 정답은 문제의 순서와 같다. 즉 1번 걸음걸이의 성격은 a이며, 2번 걸음걸이의 성격은 b이다. 그리고 3－c, 4－d, 5－e, 6－f 이다.

이것은 우리가 어느 정도 예상해볼 수 있는 결과다. 그러나 이 연구는, 성격 때문에 걸음걸이가 그렇게 되었는지, 거꾸로 걸음걸이 때문에 성격이 그렇게 되었는지는 보여주고 있지 않다.

성격에 따라 정치성향도 다르게 나타난다. 진보적인지 보수적인지 정치성향을 파악하고(특정 정당을 지지하는지를 물은 것이 아니다) 성격 테스트를 실시한 뒤 이 둘의 관계를 분석했다. 조사결과, 질서를 잘 지키고 덜 개방적이며 예의 바른 사람은 보수주의적인 성향을, 유쾌하고 감성적이며 동정심과 평등의식이 높은 사람은 진보적인 성향을 띠었다.

일반적으로 우리는 어떤 사람의 행동을 보고 성격을 짐작하려 한다. 하지만 그런 행동이 그 사람의 성격이 아닐 수도 있다. 차도에 뛰어들어 택시를 잡는 사람은 성급한 성격 때문이 아니라 급한 일 때문일 수 있는 것이다. 즉 성격은 행동 특성들에 비교적 일관되게 나타나는 개인의 독특한 심리적 자질이지만, 상황에 따라 행동은 바뀔 수도 있는 것이다.

혈액형과 성격

이따금씩 혈액형과 성격의 상관관계가 입에 오르내리고 있다. 혈액형을 제목으로 한 노래가 있는가 하면 혈액형을 소재로 한 영화도 만들어졌다. 한 케이블 방송사에서 혈액형과 성격의 상관관계에 대해서 우리나라 사람이 어떻게 생각하고 있는지를 조사한 적이 있었다. 이 조사결과 전체 응답자의 75.9%가 상관관계가 밀접하다는 반응을 보였다고 한다.

혈액형은 1901년 오스트리아 빈의 병리학 연구소에서 일하던 세균학자 란트슈타이너(Landsteiner)가 수혈할 때 피가 엉기는 것을 막기 위해 만들었다(란트슈타이너는 이 공로로 1930년 노벨상을 받았다). 그러다 1927년 일본의 다케지 후루카와라는 철학 강사가 「혈액형을 통한 기질 연구」라는 논문에서 처음으로 혈액형과 성격을 나눴는데, 당시 일본의 선정적인 언론보도와 라디오 프로그램을 통해 큰 반향을 불러일으켰다고 한다. 이에 따라 이력서에는 혈액형 난이 생겨났고, 2차대전 중에는 일본 육군과 해군이 병사의 성격을 파악하기 위해 혈액형을 이용했다는 소문이 돌기도 했다.

특정 혈액형을 가진 사람으로 지원자격을 제한하여 물의를 빚은 지방의 한 금융회사 채용공고. 이를 한 네티즌이 다른 사이트에 올려 널리 퍼지게 되었고 항의성 댓글이 잇따랐다. 혈액형 채용공고가 큰 파문을 일으키자 채용공고 담당자는 공고내용 중 혈액형 부분을 삭제하고 사죄의 글을 올렸다.

그러다가 1970년대 초 일본의 노미 마사히코라는 저널리스트가 쓴 『혈액형 인간학』이라는 책이 나오면서 혈액형에 대한 관심은 다시 불붙기 시작했다. 그는 혈액형에 따라 몸의 구성물질이 다르며, 이것이 체질을 만들고 성격을 결정한다고 주장했다. 이러한 주장에 힘입어 일본에서는 혈액형 껌, 음료수, 달력, 콘돔까지 나왔다고 한다. 게다가 혈액형에 따라 원생들을 나눠서 가르치는 방법을 달리하는 유치원이 생겼고, 결혼중매업체에 등록한 남녀의 가장 중요한 목록 역시 혈액형이라고 한다. 가히 혈액형 붐이라 하지 않을 수 없다.

성격과 혈액형에 대한 이런 견해는 의사들뿐만 아니라 심리학자들 사이에서도 환영받지 못하고 있다. 과학적 근거가 없고, 설사 맞는 것이 있더라도 우연의 일치라고밖에 볼 수 없다는 것이 과학자들의 생각이다. 게다가 성격과 혈액형의 상관관계는 아주 낮다는 것도 밝혀졌다.

그런데도 왜 사람들은 혈액형이 자신의 성격과 맞다고 생각할까? 그것은 바넘효과(Barnum effect)로 설명할 수 있다. 바넘효과는 점성술이나 점괘 등의 성격묘사에서 대부분의 사람들에게 해당하는 일반적인 진술을 마치 자기 것인 양 믿는 현상이다(바넘효과에 대해서는 90쪽 참조). 그러한 점괘는 우리의 머릿속에 저장되어 있는 기억을 인출하게끔 하는 단서의 역할을 하기 때문에, 그런 인출단서가 있으면 그와 일치하는 것만을 기억해낸다. 그 때문에 혈액형과 성격이 맞아떨어지는 것처럼 보이는 것뿐이다.

앞서 보았듯이 사람들은 복잡한 외부세계를 파악할 때 단순히 몇 개의 그룹으로 나누어 알려고 한다. 있는 자/없는 자, 흡연자/비흡연자, 남자/여자, 혈액형별/띠별 성격 등등…. 이것은 복잡한 환경을 몇 그룹으로 단순화시킴으로써 두뇌의 부담을 덜기 위한 우리의 지각체계의 특성(범주화)이기도 하다.

유전이냐 학습이냐—성격은 복합적

장(場) 이론으로 유명한 독일의 심리학자 쿠르트 레빈(K. Lewin)은 사람의 행동은 그 사람의 성격과 당시 환경의 상호작용 함수라고 말하고 있다. 즉 $B = f(P \cdot E)$라는 공식으로 사람의 행위를 설명한다. 여기서 B(behavior)는 행동, P(personality)는 성격, E(environment)는 환경이다. 사람의 성격은 거의 변하지 않기 때문에 불변이라고 보더라도 환경이 바뀌면 행동이 달라진다는 설명이다.

성격을 이해하기 위한 주요 이론들로는 특성이론, 행동주의 이론, 인지주의 이론, 정신분석 이론 등이 있다. 하지만 논란이 되는 질문은 성격이 유전적·선천적인 것이냐 아니면 학습의 결과로 생성된 후천적인 것이냐에 대한 것이다. 일반적으로는 유전과 환경의 복합적인 산물로 성격을 이해하려는 것이 주류다.

요컨대 사람의 성격은 유전적 요인과 문화적 요인, 사회적 요인 그리고 상황적 요인이 모두 합쳐져 영향을 끼친 결과라는 것이다.

❖모험심은 커플끼리 같아야

모험을 좋아하는 성격을 심리학에서는 '새로움 추구'라고 정의한다. 스릴, 모험의 추구, 쉽게 지루해하는 것이 이 성격의 기본 특성이다. 이런 사람들은 위험을 감수하고 성공했을 때 짜릿한 기분을 느낀다. 새로움 추구는 인간관계, 특히 남녀관계에 결정적인 영향을 끼친다. 성격이 다른 경우에도 잘 사는 부부가 많지만, 새로움 추구만은 그렇지 않다. 미국, 네덜란드, 독일 학자들의 조사 결과 새로움 추구만은 점수가 비슷해야 만족을 느끼고 행복하게 사는 것으로 조사됐다.

가끔 상대방의 새로움 추구 경향에 이끌려 친해지는 수가 있지만, 시간이 갈수록 점수가 높은 사람은 상대의 열정 부족에 실망해 헤어지는 경우가 많다. 또 점수가 낮은 사람은 새로운 것을 찾아 헤매는 상대방의 예측할 수 없는 변화에 견디지 못하고 결국 헤어지게 되는 경우도 많다. 점수가 높은 남자가 점수가 낮은 여자와 살 경우에는 남자답게 행동한다고 느끼고 무리 없이 사는 경우도 적지 않다. 하지만 점수가 낮은 남자가 점수가 높은 여자와 사는 경우에는 성적 욕구를 잃어버리거나 발기불능상태에 빠지기도 하는 등 심각한 문제가 발생할 수 있다.

성격검사

성격을 검사하기 위해서는 관찰 등을 하기도 하지만, 대부분의 경우 MMPI, 로샤검사, 주제통각검사 등을 사용한다.

관찰법은 면접이나 행동관찰 등에서 얻은 인상을 평정척도를 사용하여 판단하는 것이다. MMPI는 검사문항을 제시하여 답을 요구하는 것이며, 로샤검사와 주제통각검사는 모호한 그림을 보여준 다음, 응답을 하도록 하는 것이다. 로샤검사와 주제통각검사는 모두 응답에 피험자의 사고, 감정, 공상, 신념 등이 투사(project)되기 때문에 투사법이라고도 한다.

로샤검사는 스위스 정신과의사인 헤르만 로샤(Hermann Rorschach)가 1921년에 개발한 검사법으로 총 10개의 카드로 구성되어 있다. 피험자는 좌우대칭 잉크 반점을 보고, 이것이 무엇처럼 보이는지를 말하게 된다.

주제통각검사(TAT, Thematic Apperception Test)는 사람과 상황에 대한 모호한 그림을 보고 이야기를 구성하도록 한다. 그러면 피험자는 자신의 경험에 의해 그림을 해석하고 이야기를 만들어낸다. 이전의 경험을 이용하여 새로운 경험을 인식한다는 의미에서 통각(統覺)이라는 명칭이 붙었다.

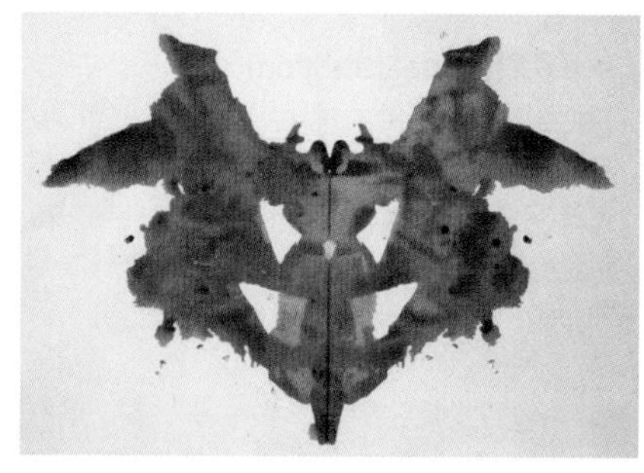
로샤검사의 잉크그림

예를 들어, 아래의 TAT 그림을 본 21세의 남자는 다음과 같이 말했다.

"이 여자는 어떤 사람의 도착을 위해서 이 방을 정리했으며, 마지막으로 방의 일반적인 분위기를 확인하기 위하여 문을 열었다. 이 여자는 아마 아들이 돌아올 것을 기대하고 있다. 이 여자는 아들이 떠날 때처럼 모든 것을 배치하려고 한다. 이 여자는 매우 폭군적인 성격을 가진 것처럼 보인다. 이 여자는 아들의 생활을 아들에게 유익하게끔 이끌어왔으며, 아들이 돌아오면 바로 다시 생활을 이끌어가려고 한다. 이것은 단지 이 여자의 지배의 시작이며, 아들은 이러한 그녀의 태도에 분명히 겁을 먹고서 그녀의 잘 정돈된 생활양식 속에 빠져들어갈 것이다. 그는 그녀가 그를 위해서 깔아놓은 선로를 따라서 인생을 터벅터벅 걸어갈 것이다. 이러한 모든 것은 그녀가 죽을 때까지 자식의 인생에 대한 그녀의 완전한 지배를 의미한다."

이러한 반응에 대해 심리학자들은 개인의 욕구, 동기 또는 대인관계를 처리하는 특징적인 양식을 드러내는 반복되는 주제를 찾아 개인의 성격을 파악할 수 있다.

신뢰도와 타당도

어떤 성격검사든지 길이나 무게를 재듯이 손쉽게 성격을 측정할 수 있는 것은 아니다. 그 때문에 검사가 정확성을 유지하기 위해서는 두 가지 핵심적인 조건이 있다. 언제 어디서 측정을 하든 일관된 결과가 나와야 하고(신뢰도), 측정하려고 목적한 것을 측정해야 한다(타당도)는 것이다.

신뢰도와 타당도는 성격검사에만 적용되는 것은 아니다. 학교에서 치르는 시험뿐만 아니라 IQ검사라든가 적성검사 등 대부분의 심리검사에 공통으로 적용되는 개념이다.

신뢰도

신뢰도(reliability)는 동일한 사람에게 그 값이 비교적 일관성 있게 나와야 한다는 것이다. 그래야 그 검사가 제대로 된 것으로 평가받는다.

신뢰도를 검사할 때 많이 사용되는 방법은, 일정한 기간을 두고 동일한 검사를 하는 것이다(검사-재검사 신뢰도). 즉 검사지로 한 번 실시한 후 일정 기간이 지난 뒤 똑같은 검사지로 다시 한 번 실시하는 것이다. 그리하여 그 값이 비슷하게 나오면 그 검사의 신뢰도는 상당히 높다고 할 수 있다.

이 방법은 검사의 실시기간을 어떻게 잡느냐가 중요하다. 기간을 너무 짧게 잡으면 문항을 나누어 절반을 실시한 후 일정 시간이 지난 뒤에 나머지 절반을 갖고 검사한다(반분 신뢰도). 이 경우에도 마찬가지로 이전과 이후의 값이 비슷해야 신뢰도가 높다.

타당도

검사가 신뢰도만 높다고 하여 가치가 있는 것은 아니다. 타당도라는 또 하나의 개념이 추가되어야 한다. 타당도(validity)는 심리측정도구가 문항 제작시 의도했던 목적을 어느 정도 충실히 재고 있느냐는 것이다. 수학시험을 볼 때 질문이 잘 이해가 되지 않으면 문제풀이보다 질문이 무엇을 요구하는가에 더 신경이 쓰이게 된다. 이것은 수학실력을 평가하는 것이 아니라 국어 이해력을 평가하는 것일 수도 있다. 이런 시험은 타당도가 떨어진다.

어떤 오토바이 퀵서비스 회사에서 사원모집을 위해 광고를 낸다고 하자. 모집광고에 국어와 영어, 상식에 관한 지식을 요구하는 문구가 있다면 아마도 고개를 갸우뚱할 것이다. 그것은 그 모집광고가 타당도를 결여했기 때문이다. 즉 퀵서비스 회사에 필요한 직원에 대한 검사(시험과목)가 아니라는 이야기다. 퀵서비스 직원에게 제일 먼저 요구되는 자질은 오토바이를 빠르고 안전하게 운전하는 능력과 물품을 제대로 전달하기 위해 주소를 찾아가는 능력일 것이다. 국어와 영어, 상식에 능통하다 하여 이 사람이 퀵서비스 업무를 제대로 할 수 있을지는 보장할 수 없을 것이다.

이처럼 타당도는 검사해야 할 항목을 검사하는 것을 뜻한다. 국어시험이라면 국어에 해당하는 능력을 시험해야 되고, 수학시험이라면 수학능력에 관한 것을 시험해야 한다는 것이다.

이렇듯 성격검사에서 가장 중요한 것은 신뢰도와 타당도다. 하지만 여전히 성격을 검사하는 데는 어려움이

> **✣심리검사**
> MMPI와 같은 성격검사라든가 적성검사 등 심리검사는 엄격한 조건을 갖춘 상태에서 측정한다. 그 때문에 심리검사를 다루는 검사지는 시중에서 구할 수가 없다. 혈액형이나 손금, 별자리 등을 기초로 하거나 여성잡지 등에서 간단한 몇 문항만으로 평가하는 시간 때우기식 심리검사는 모두 신뢰할 수 없다. 한 개인의 앞날을 좌우할 수 있는 심리검사니만큼 검사를 받을 때에는 전문가를 찾아야 한다.

> **✣표준화(standardization)**
> 신뢰도와 타당도 이외에 또 하나의 중요한 개념이 있는데, 바로 표준화(standardization)다. 이것은 검사를 받는 조건이 모든 사람들에게 동일해야 한다는 것이다. 즉 검사시간도 같아야 하며, 지시문도 같아야 하는 등 똑같은 조건에서 검사가 실시되어야 한다. 이렇게 해야 점수를 제대로 해석할 수 있다.

따른다. 앞서 말한 것처럼 동일한 사람이 똑같은 상황에서도 서로 다른 행동을 보일 수 있기 때문이다. 이 때문에 성격검사에서는 그 사람이 보여주는 전형적인 행동에 관심을 갖는다.

그러면 성격검사의 하나인 MMPI를 살펴보자.

MMPI

MMPI는 '미네소타대학의 다면적 인성검사(Minnesota Multiphasic Personality Inventory)'의 줄임말이다. 1940년대 초에 개발된 이 기법은 원래는 정신질환을 측정하기 위해 개발되었지만, 이후 성격을 검사하는 용도로 확장되었다. 약 40년이 지나자 많은 문항이 시대에 뒤떨어졌고, 차별적 단어 등이 사용되고 있어 수정할 필요가 생겼다. 그리하여 개정판 MMPI-2가 1989년에 출판되었으며, 우리나라는 2005년에 MMPI-2의 한국어 버전이 출판되었다. MMPI-2는 만 19세 이상 성인을 대상으로 하며, 검사시간은 60~90분이다.

MMPI-2는 전 세계적으로 가장 많이 사용되는 성격검사이며, IQ 및 성취도 검사에 이어 심리학 분야에서 세 번째로 가장 많이 사용되는 검사다. 2020년 12월에는 MMPI-3가 출시되었다. 한국어판이 나오려면 번역과 재번역, 표준화 작업 등 수년이 걸린다.

MMPI-2는 567개의 짧은 문항으로 구성되어 있으며 "그렇다", "아니다"의 두 가지 답변만 할 수 있다. 이 정도 답변만으로 어떤 사람의 성격을 속속들이 파악할 수 있을까 의문이 생기기도 하지만, 여러 연구를 보면 유효한 것으로 입증되고 있다.

False True 63. My feelings are not easily hurt.
False True 64. I enjoy reading love stories.
False True 65. Most of the time I feel blue.
False True 66. It would be better if almost all laws were thrown away.
False True 67. I like poetry.
False True 68. I sometimes tease animals.
False True 69. I think I would like the kind of work a forest ranger does.
False True 70. I am easily downed in an argument.

영문판 MMPI-2 검사지 일부. MMPI 검사지는 일반인이 구할 수 없다. 일정 자격이 있어야 구매가능하고, 분석 또한 전문가가 해야 한다. 일반인은 심리 센터 등에서 5만원 정도의 비용을 내면 검사와 분석까지 해볼 수 있다. 청소년에게 적합하지 않은 문항을 뺀 청소년용 버전도 있으며, 검사시간 단축을 위해 문항수를 줄인 버전도 있다.

MMPI-2에는 9개의 타당도 척도가 있어 검사태도의 신뢰성 및 타당성을 확인할 수 있다. 문제 중에는 비슷한 문항이 여럿 있기 때문에 답의 진실성을 알아볼 수 있다. 비슷한 내용의 질문에 상반되게 응답했다면 그 검사는 신뢰성 없는 검사가 된다. 뿐만 아니라 응답하지 않은 문항이라든가 부주의한 답변 등을 알아내는 무응답 척도(물음표(?), Cannot say 척도), 지나치게 긍정적이고 모범적인 답변을 하려는 성향을 잡아내는 긍정왜곡 척도(L, Lie 척도), 보통 사람과 다르거나 일탈된 응답을 잡아내는 부정왜곡 척도(F, Frequency 척도), 자신이 심리적 문제가 있으면서도 정상적인 사람으로 보이기 위해 방어적으로 응답하는 방어성 척도(K, Correction 척도) 등의 타당도 척도가 있다.

이런 문항들이 교묘하게 위장되어 문항 곳곳에 숨어 있다. 예를 들어 "그렇다" "아니다" 모두에 체크하거나 또는 응답을 하지 않은 것이 많은 경우 이 검사는 타당하지 않는 것으로 여겨진다(?척도). 그리고 가령 "나는 언제나 진실만을 말하지 않는다"라는 항목은 거의 모든 사람들이 "그렇다"라고 답하는 문항인데, 이 문항에 "아니다"라고 답했다면 자신을 모범적으로 보이기 위한 것으로 평가된다.

또 부정왜곡 척도가 높으면 현재의 성격검사에 무관심하거나 일부러 일탈된 모습으로 보이기 위해 의식적·무의식적으로 답변을 왜곡한 것으로 평가받는다. 방어성 척도에서 높은 점수를 받는 것도 마찬가지다. 이러한 응답은 신뢰성이 없는 것으로 평가된다.

MMPI-2에는 다음과 같은 10개의 임상척도(앞의 한 자리 숫자는 기호)와 9개의 재구성 임상척도가 있어 우울, 불안, 피해의식, 반사회성 등과 같은 임상적 문제를 탐지할 수 있다.

1 Hypochondriasis(Hs) : 건강염려증
2 Depression(D) : 우울증
3 Hysteria(Hy) : 히스테리
4 Psychopathic Deviate(Pd) : 반사회성
5 Masculinity-Femininity(Mf) : 남성성-여성성
6 Paranoia(Pa) : 편집증
7 Psychasthenia(Pt) : 강박증
8 Schizophrenia(Sc) : 조현병
9 Hypomania(Ma) : 경조증
0 Social Introversion(Si) : 내향성

시간이 지나면 성격이 변할 것이라고 생각하는 것은 대부분 환상이다. 배우자가 산악자전거를 좋아하면 이를 말리기보다는 점심을 싸주고 생명보험 액수를 높이는 것이 현실적이다.

이 외에도 공격성, 충동성, 내향성 등의 성격 문제 등을 탐지하는 5개의 성격병리 척도, 분노, 낮은 자존감, 가정문제, 직업적 곤란과 같은 특수한 영역에서의 문제를 탐지할 수 있는 15개의 내용척도와 15개의 보충척도가 있다.

MMPI-2는 다양한 환경에서 사용할 수 있다. 병원이나 법정에서 정신상태를 평가하는 것뿐만 아니라 진로선택이나 인사 선발 및 배치에도 유용하게 활용할 수 있다. 특히 비행기 조종사, 경찰관, 원자력발전소 근무자 등 고위험 직종에 근무하는 사람들의 '심리적 안정성'을 평가하는 데 유용하다(Beutler et al., 1985; Butcher, 1994).

'욱' 하는 성격이라든가 심리적으로 문제가 있는 사람이 이런 직업에 종사하면 대형 참사가 일어날 수 있다. 2015년 스페인에서 독일로 향하던 루프트한자(Lufthansa) 소유 저가비행사인 저먼윙스(Germanwings)의 비행기가 알프스에 추락했는데, 부기장의 자살 비행으로 드러났다. 승객과 승무원 150명 전원이 사망했다. 그는 우울증을 앓고 있었으며 자살 충동으로 인해 치료를 받고 있었다. 하지만 의료 비밀 요구 사항으로 인해 의사는 회사에 그 사실을 알리지 못했다.

우리나라에서는 경남에서 일어난 '우순경 사건'으로 알려진 참사가 있다. 1982년 정신적으로 문제가 있던 우○○ 순경이 술에 취해 네 개 마을을 휘저으며 주민 수십 명에게 무차별 총격을 가했다. 60여 명이 사망하고 30여 명이 부상을 입었다.

MMPI는 성격과 정신질환을 평가하는 데 사용되는 도구다. 합격/불합격 시험이 아니다. 정답이 있는 것도 아니다. 그러므로 이 검사를 위해 공부할 필요도 없고 답안을 수정할 필요도 없다. 검사받는 사람을 위한 것이기에 정직하게 체크하기만 하면 된다.

한편, 또 다른 성격검사로 MBTI(The Myers-Briggs Type Indicator)라는 것이 있다. 몇 년 전부터 우리나라에서 인기를 얻고 있는데, 한때 열풍이 불었던 혈액형 성격설이 MBTI로 대체되었다고 할 정도다. 브릭스와 마이어스는 개발자로서, 모녀관계다. 알파벳 네 글자로 성격을 규정한다.

하지만 MMPI와 달리 MBTI는 개발자들이 심리학자가 아니다. 이들이 기반한 카를 융의 심리유형론도 현대 심리학과는 뿌리가 다르다. 또한 통계적 타당성에 있어서도 많은 문제가 있다. 그래서 이 책에서는 다루지 않는다.

성격장애

정신장애는 비교적 무난한 현실적 적응을 하던 사람에게 어떤 부정적인 사건이 계기가 되어 발생하는 경우가 일반적이다. 그러나 이와 달리 개인의 성격특성 자체가 특이하여 부적응적인 삶이 지속되는 경우가 있다. 이처럼 어린 시절부터 서서히 발전하여 성인기에 개인의 성격으로 굳어진 심리적 특성이 부적응적 양상을 나타내는 경우를 성격장애(personality disorders)라고 한다.

성격장애의 진단을 위해서는 개인의 인종적, 문화적, 사회적 배경을 고려해야 한다. 한 문화에서는 적응적인 성격이 다른 문화에서는 부적응적인 것으로 평가될 수 있으므로 새로운 지역이나 문화권으로 이주하여 새로운 환경에 적응하며 나타내는 부적응 문제가 그 개인이 원래 속했던 문화에서 수용된 것이라면 성격장애로 진단하지는 않는다.

성격특성이 지나치게 경직되고 다양한 삶의 전반에 광범위하게 나타나서 사회적 또는 직업적 적응에 현저한 문제를 야기하는 경우에 성격장애로 진단할 수 있다. 또한 이러한 성격특성이 흔히 사춘기 이전부터 나타나기 시작하여 오랜 기간 지속되는 것이 일반적이다.

성격장애의 치료에는 개인 심리치료가 가장 흔히 적용되는데, 일반적으로 성격장애는 잘 치료되지 않지만 오랜 기간 집중적인 치료를 통해서 개선될 수 있다.

DSM-5에서는 10개의 성격장애로 구분하며 이들을

세 그룹(A군 3개, B군 4개, C군 3개)으로 묶어서 분류하고 있다.

A군 성격장애

A군(群) 성격장애는 기이하고 괴상한 행동특성을 나타내는 성격장애다. 편집성 성격장애, 조현성 성격장애, 조현형 성격장애가 여기에 속한다.

편집성(paranoid) 성격장애의 주된 특징은 타인의 의도를 적대적인 것으로 해석하는 불신과 의심이다. 다른 사람이 자신을 부당하게 이용하고 피해를 주고 있다고 왜곡하여 생각하고, 친구의 우정이나 배우자의 정숙성을 자주 의심하며, 자신에 대한 비난이나 모욕을 잊지 않고 가슴에 담아두어 상대방에게 보복하는 경향이 있다. 의처증이나 의부증 등이 여기에 포함된다.

조현성(분열성, schizoid) 성격장애는 감정표현이 없고 대인관계를 기피하여 고립된 생활을 하는 성격장애다. 이런 성격의 소유자는 사람을 사귀려는 욕구가 없으며, 생활 속에서 거의 즐거움을 느끼지 못하고 타인의 칭찬이나 비난에 무관심하며 혼자 하는 활동에 종사하는 경우가 많다.

조현형(분열형, schizotypal) 성격장애는 친밀한 인간관계를 불편해하고 인지적 또는 지각적 왜곡과 더불어 기괴한 행동을 나타내는 성격장애다. 심한 사회적 불안을 느끼며, 마술적 사고나 기이한 신념에 집착하고, 말이 상당히 비논리적이고 비현실적이며 기괴한 외모나 행동을 나타내는 경향이 있다.

B군 성격장애

B군 성격장애는 극적이고 감정적이며 변화가 많은 행동을 보인다. 반사회성 성격장애, 연극성 성격장애, 자기애성 성격장애, 경계선 성격장애가 여기에 속한다.

영화 〈양들의 침묵〉(1991)에는 반사회적 성격장애의 특성을 지닌 한니발 렉터(앤서니 홉킨스 분)가 등장한다. 렉터는 전직 정신과의사로, 풍부한 지성과 감성을 겸비하고 탁월한 통찰력과 뛰어난 분석력을 갖추고 있으며 독심술의 대가인 한편으로, 엽기적인 살인마다. 그는 수감된 감옥에서 탈출하는 과정에서 교도관의 얼굴가죽을 벗겨내고, 사람을 살해한 뒤 인육을 먹어치우기도 하지만, 그런 행위에 대해 아무런 죄책감을 느끼지 않는다.

반사회성(antisocial) 성격장애는 사회적 규범이나 타인의 권리를 무시하는 행동양상이 주된 특징이다. 거짓말, 사기, 무책임한 행동, 폭력, 범법행위를 나타내고, 이러한 행동에 대해서 후회나 죄책감을 느끼지 않는 경향이 있다.

연극성(histrionic) 성격장애는 과도하고 극적인 감정표현을 하고 지나치게 타인의 관심과 주의를 끄는 행동

하룻밤의 유희가 낳은 광란의 비극을 그린 영화 〈위험한 정사〉(1987)에서 여주인공 알렉스(글렌 클로즈 분)는 '원 나잇 스탠드' 상대였던 유부남 댄(마이클 더글러스 분)이 자신을 떠나자 임신했다고 고백하며 위협하기도 하고, 애원하기도 하며 댄과의 관계에 광적으로 집착한다. 끝내는 댄의 집에까지 침입해 그의 아내를 해치려 한다. 알렉스의 행동에서 강렬한 애증관계의 형성, 애인에 대한 집착과 거부의 두려움, 자해행동, 극렬한 분노와 적개심 같은 경계선 성격장애의 전형적 특성을 볼 수 있다.

을 특징적으로 나타낸다. 이런 성격장애를 지닌 사람은 항상 사람들로부터 주목받는 위치에 서고자 노력하고, 외모에 신경을 많이 쓰며, 자신을 과장된 언어로 나타내는 경향이 강하다.

자기애성(narcissistic) 성격장애는 자신이 대단히 중요한 사람이라는 웅대한 자기상을 지니고 있어서 다른 사람으로부터 찬탄을 받고자 하는 욕구가 강한 반면, 자신을 위해 타인을 이용하며 타인의 감정을 이해하는 공감능력이 결여되어 있는 특징이 있다.

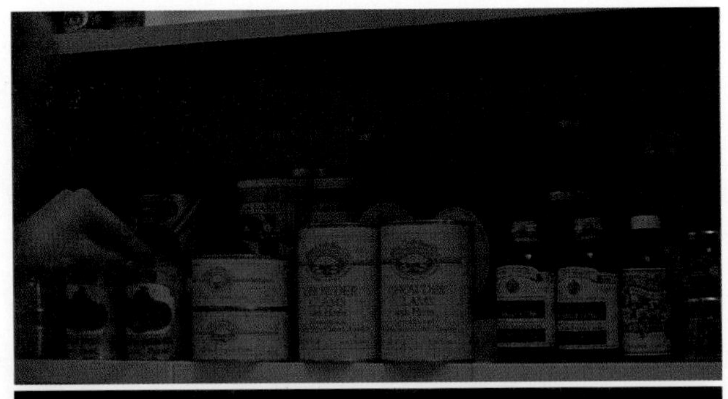

영화 〈적과의 동침〉(1991)에서 주인공 로라(줄리아 로버츠 분)는 남편 마틴(패트릭 버긴 분)에게 의처증이 있다는 사실을 모르고 결혼한다. 마틴은 부자에다 미남이지만, 선반 위의 통조림 하나도 줄을 좌악 맞춰 정리해두고 욕실에 걸어둔 타월의 길이까지 자로 잰 듯 맞춰야 직성이 풀리는 결벽증에다 로라의 일거수일투족을 감시한다. 그리고 자신을 속이고 도망친 로라를 되찾기(?) 위해 집요하게 행적을 추적한다. 마틴이 로라의 집에 몰래 들어가 흐트러져 있는 수건을 정돈하고 통조림을 가지런히 놓아둔 것을 로라가 발견하는 장면은 그의 강박성 성격장애를 시각적으로 한눈에, 소름끼치게 보여준다.

경계선(borderline) 성격장애는 대인관계, 자기상, 감정상태의 심한 불안정성이 주된 특징이다. 이런 성격장애의 소유자는 타인으로부터 버림받는 것에 대한 두려움을 지니며 강렬한 애정과 증오가 반복되는 불안정한 대인관계를 계속적으로 나타낸다. 아울러 자기정체성에 대한 확고한 인식이 없으며 만성적으로 공허감과 분노감을 경험하고 충동적인 행동이나 자살과 같은 자해적 행동을 반복적으로 나타내는 경향이 있다.

C군 성격장애

C군 성격장애는 불안과 두려움을 지속적으로 지니는 것이 특징이다. 강박성 성격장애, 의존성 성격장애, 회피성 성격장애가 여기에 속한다.

강박성(obsessive-compulsive) 성격장애는 질서정연함, 완벽주의, 자기통제에 과도하게 집착하는 부적응적 성격특성을 의미한다. 이런 성격의 소유자는 지나치게 꼼꼼하고 인색하며 완고하고 사소한 것에 집착한다.

의존성(dependent) 성격장애는 타인으로부터 보살핌을 받고자 하는 과도한 욕구를 지니고 있어서 이를 위해 타인에게 지나치게 순종적이고 굴종적인 행동을 통해 의존하는 성격특성을 보인다.

회피성(avoidant) 성격장애는 타인으로부터 부정적 평가를 받는 것에 대해 과도하게 예민하며, 사회적 상황에서 지나치게 감정을 억제하고 부적절감을 많이 느끼게 되어 대인관계를 회피하는 성격장애다.

정신분석

사람의 신체적 특성이나 체질에 따라 성격을 설명하려는 특질론 이후, 사람들의 성격이 어떻게 서로 다르고 또 변화되는지를 밝히려는 연구가 시도되었다. 그중에서 가장 유명한 것이 프로이트(S. Freud)의 정신분석이다. 정신분석(psychoanalysis)은 개인의 독특성을 설명할 때 사람들이 어린 아기 때부터 어른으로 자라오면서 어떻게 성숙하고 환경으로부터 어떤 영향을 받았는지를 강조한다.

오스트리아의 신경과의사이자 정신분석의 창시자 프로이트(S. Freud, 1856~1939). 히스테리 환자를 관찰하고 최면술을 행하며, 인간의 마음에는 무의식이 존재한다고 하였다. 프로이트의 이론은 인간에 대한 이해를 확장시켰다는 점에서 철학, 문학, 예술, 사회과학 등에 엄청난 영향을 끼쳤다.

정신분석은 프로이트가 성문제를 겪고 있던 환자를 치료하는 과정에서 이루어졌다. 프로이트는 환자들이 겪고 있던 행동적·정서적 문제들이 그들의 어린 시절에 이루어진 성적(性的) 사건들과 관련이 있다는 사실에 충격을 받았다. 정신과의사로서 환자에 대한 치료경험을 토대로 그는 우리의 무의식 속에 기억이 저장되어 있으며, 이것이 현재의 행동에 영향을 미친다고 하였다.

인간 행동의 두 동기

프로이트의 이론에서 인간 행동의 동기는 무의식 내의 정신적 긴장이나 충동으로부터 나온다고 한다. 이런 충동들을 프로이트는 본능이라 말했는데, 삶의 본능과 죽음의 본능 두 가지가 있다.

삶의 본능(eros)은 배고픔과 같이 삶을 유지해주는 것과 종족을 번식시키는 성(性)과 같은 충동을 말한다. 성본능은 개체의 정신구조에서 상당히 중요한 역할을 하므로 프로이트는 이것이 가장 영향력이 큰 삶의 본능이라 생각했다. 성본능에 내재하는 힘은 리비도(libido, 라틴어의 '소망', '욕구'에서 유래)라는 것인데, 이것은 생존본능의 힘을 일컫는 것이 되었다.

죽음의 본능(thanatos)은 우리 모두가 타고나는 죽음과 파괴에 대한 경향을 말한다. 여기에는 공격과 자기파괴가 포함된다. 프로이트는 이런 죽음의 본능을 소리를 지르든가 욕을 하든가 스포츠를 하거나 영화를 관람하면서 평소에 조금씩 내보내야 된다고 보았다. 댐이 물을 방출하지 않으면 결국 넘치듯이 한꺼번에 죽음의 본능이 폭발하면 폭력이나 자살 또는 살인으로 나타나거나 정신병에 걸리게 된다고 한다(이 때문에 건강한 욕이 발달된 사회가 건전한 사회이기도 하다). 이런 것들은 방어기제를 통해서 어느 정도 줄일 수 있다.

의식, 전의식, 그리고 무의식

프로이트는 마음이 의식과 전의식, 무의식으로 구성되어 있다고 보았다. 이것들은 곧잘 빙산으로 비유된다. 즉 수면 위에 튀어나온 작은 부분이 의식, 수면 바로 아래의 부분이 전(前)의식, 그리고 그 아래에서 빙산의 큰 부분을 차지하는 것이 무의식이다.

의식(consciousness)은 우리가 깨달을 수 있고 기억할 수 있는 것을 말한다. 이것은 우리가 어느 순간에 알거나 느낄 수 있는 모든 경험과 감각을 포함한다. 또 이 경험도 잠시 동안 의식될 뿐 우리가 다른 쪽으로 주의를 돌리면 전의식이나 무의식 속으로 사라져버린다. 의식은 아주 작고 제한된 부분이기 때문이다. 이것은 기억의 구조 중 단기기억과 유사하다.

의식의 아래에는 우리가 즉시 깨닫지는 못하지만 쉽게 기억할 수 있는 전의식(preconscious)이 있다. 전의식은 어느 순간에 있어서는 의식이 되지 않지만 우리가 조금만 노력하면 바로 의식될 수 있는 경험을 말한다. 그냥 기억(장기기억)이라고 보

면 이해가 쉽다.

정신에 있어서 가장 크고 중요한 부분은 무의식(unconsciousness)이다. 무의식은 우리가 깨닫기를 완강히 거부하는 것으로서 전혀 인식되지는 않지만 행동에 가장 중요한 영향을 미친다. 사람들이 말하거나 행동할 때 무의식은 실수를 통해 나타나는데, 프로이트는 이것이야말로 그의 진짜 생각이라고 주장한다.

2023년 4월 5일, 한덕수 총리는 국회에서 열린 본회의 교육, 사회, 문화 분야 대정부질문에서 "독도가 한국 영토가 맞느냐"는 맹성규 더불어민주당 의원의 질문에 "절대로 아니다"라고 답했다. 이에 본회의장은 술렁였고, 맹 의원은 "예?"라고 되물었다. 이내 자신이 실언을 했음을 인지한 한 총리는 "죄송하다. (독도는) 일본의 땅이 절대 아니다"라고 정정했다. 맹 의원은 "독도는 우리 땅이 맞지요?"라고 재확인했고, 한 총리는 고개를 숙인 뒤 작은 목소리로 "네, 죄송합니다"라고 말했다.

일상 속의 무의식

프로이트는 환자의 행동을 연구함으로써 무의식적 갈등이론을 완성했다. 그러나 신경증 증상을 유발하는 갈등은 보통사람에게도 나타난다고 보았다. 그에 의하면, 이 내부적인 갈등은 통제 아래에 있어 큰 불안은 없으나 그래도 존재하며, 이것들은 우리가 일상생활에서 기억을 잘할 수 없거나 실언을 할 때, 또는 꿈으로 나타난다.

실언과 망각

며칠 동안 보지 못했던 친구에게 전화를 걸려고 했으나 전화번호가 생각이 나지 않는 것은, 무의식 속에는 그 친구에게 전화를 걸 마음이 없기 때문이라는 것이 프로이트의 생각이다. 회장이 개회사를 할 때 "지금으로부터 회의를 **폐회**하겠습니다"라고 말하면 그는 빨리 회의를 끝내고 싶다는 것이다. 또 "나의 반은 '자기'의 것이고 '자기'의 반은 '자기' 것이고…"라는 실언을 했다면 '나'는 '자기'를 사랑하고 있지 않다는 진짜 마음을 나타낸다는 것이다. 우리가 정말로 하고 싶지 않은 일에 대해서는 억제라는 방어기제가 작용해 우리를 멍한 사람으로 만든다는 것이다.

그러나 프로이트에 따르면 모든 실언이나 실수, 망각이 무의식적으로 동기화가 되었기 때문은 아니다. 예를 들어 남편을 다른 사람에게 소개할 때 남편 이름이 갑자기 떠오르지 않는 것은 또 다른 이유가 있을 수 있다는 것이다. 순간적으로 그녀가 멍해졌거나 이름이 너무 단순하거나 아니면 기억들이 간섭을 일으켰을지도 모른다는 것이다.

꿈

프로이트가 독특하게 영향을 끼친 분야는 꿈이다. 그에 따르면 꿈은 의미를 갖고 있기 때문에 해석할 수 있다고 한다. 겉으로는 꿈이 아무런 의미가 없어 보이고 희한하게 보이지만, 그것은 내부충동들이 무의식적으로 갈등을 일으킨 것으로 이해하면 해석이 된다는 것이다.

꿈은 소망을 충족하려는 것이다. 깨어 있을 때에는 충동적인 소망이 자아와 초자아(자아와 초자아는 뒷부분 참조)의 눈치를 봐야 하기 때문에 그대로 활동하지 못한다. 그러나 잠을 자는 동안에는 이들의 힘이 약해지기 때문에 나타나게 된다. 소망충족은 간단하고 직접적이다. 배고픈 사람은 맛있는 음식 꿈을 꾸고 목마른 사람은 물 마시는 꿈을 꾼다. 그러나 이렇게 단순한 꿈은 그리 많지

퓌슬리, 〈악몽〉(1781). 프로이트에 의하면 꿈은 무의식이 나타나는 전형적인 사례다.

않다.

보다 많은 꿈들은 이상하고 비논리적이며 희한하다. 이런 꿈들도 마찬가지로 소망충족의 꿈이다. 그러나 소망이 음식을 먹거나 물 마시는 정도가 아니고, 성(性)이나 폭력 같이 사회적으로 제약이 있는 것이라면, 그래서 불안을 일으키는 것이라면 그 소망은 그대로 나타날 수가 없다. 자고 있기는 하지만 자아와 초자아의 힘이 완전히 없어진 것은 아니기 때문에 변장함으로써 이들의 '검열'을 피한다. 이 꿈이 잠재몽이며 우리가 진실로 소망하는 것이다. 그러나 꿈을 꾼 사람은 자신의 소망이 무엇인지 알지 못한다. 그 꿈은 방어기제가 작용하여 변장되고 난 다음 조심스럽게 나타나기 때문이다.

정교하게 변장하기 위해 소망은 다른 사물로 바뀌어 나타난다. 이것이 상징(symbol)이다. 예를 들어, 송곳이 남성 성기를 의미하고 상자가 여성 성기를 의미하는 것

상 징	의 미	상 징	의 미
목욕	출산	풍선, 비행기	발기
방	여자	송곳, 연필, 뱀	남근
상자	자궁	아이들과 노는 것	자위행위
숲, 덤불	음모	과일	유방
이빨제거, 대머리	거세	계단오르기, 말타기	성교, 자위

처럼 몇몇 상징들은 모양이나 기능, 언어적인 유사성으로 인해 널리 통용되고 있다. 그러나 전혀 그렇지 않은 것들도 있다. 상징은 꿈을 꾼 사람의 과거 경험과 관련되어 있기 때문에 이런 것들은 자유연상(free association, 자유롭게 생각하면서 머리에 떠오르는 것은 무엇이든지 말하는 것)을 통해서만 해석될 수 있다.

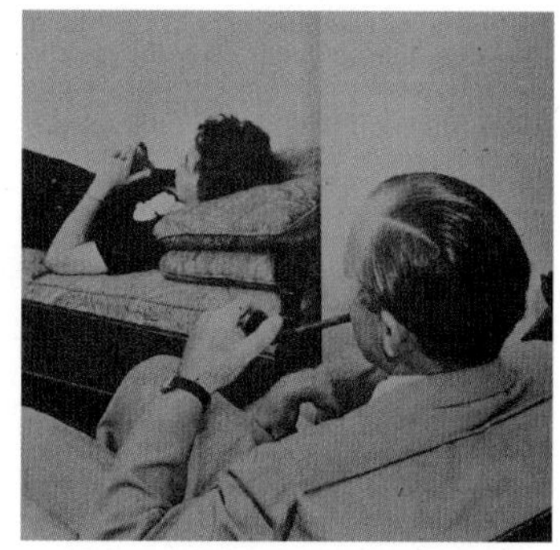

전형적인 자유연상 장면. 치료자는 환자의 뒤편에 앉아 내담자가 편안한 상태에서 무엇이든 말하게 한다.

하나의 꿈을 예로 들어보자. 이 꿈을 꾼 사람은 수년 동안 결혼생활을 한 여성인데, 꿈을 꾸기 직전에 그녀는 친구인 엘리스가 약혼했다는 것을 알게 되었다.

> 그녀는 남편과 함께 극장에 앉아 있었다. 일등석은 완전히 비어 있었다. 엘리스가 그녀의 약혼자와 함께 오려고 했으나 1.5달러짜리 나쁜 좌석밖에 없어 되돌아갔다고 남편이 그녀에게 말했다. '그 좌석이라도 구했더라면 괜찮았을 텐데'라고 그녀는 생각했다.

꿈이란 게 원래 이렇다. 앞뒤가 맞지 않다. 그러나 자유연상을 통해 이 꿈은 그녀의 최근 사건과 관련이 있음이 밝혀졌다.

비어 있는 극장은 극장표를 미리 사놓음으로써 비싼 돈을 치러야 했던 최근의 일을 암시하고 있다. 그날 빈자리가 많았기 때문에 표를 미리 사놓을 필요는 없었다. 또 그녀는 늦으면 안 된다고 남편에게 시달려야 했다.

꿈속의 극장표는 자신의 남편이 시누이에게 준 150달러와 간접적으로 관련이 있었다. 시누이는 곧바로 보석을 사는 데 그 돈을 다 써버렸다. 프로이트는 그녀가 좋지도 않은 표를 너무 빨리 샀다고 몇 차례 되뇌는 것을 보고, 그녀가 결혼을 너무 빨리 했다는 데 대해 실망하고

있다는 것을 알아냈다. 즉 동갑내기 친구인 엘리스는 결혼을 서두르지 않았고 또 지금까지 기다려서 좋은 남자를 만났다는 것이다. 그래서 그녀의 꿈은 그녀 역시 기다려야 했다는 것을 나타낸다. 지금의 남편은 별 가치가 없고, 기다렸다면 더 좋은 사람을 만날 수 있었다는 것이다. 1.5 대 150처럼 백 배나 더 좋은 남편을.

이드, 자아, 그리고 초자아

프로이트의 성격이론은 정신역동이론(psychodynamic theory)으로 불린다. 그 이유는 정신 내에서의 역동적이고 활동적인 상호작용을 강조하기 때문이다. 이 상호작용은 정신의 세 구성요소들 사이에서 일어난다. 세 가지 구성요소는 이드(id), 자아(ego), 초자아(superego)다.

이드

이드(id)는 태어나면서부터 지니고 있는 성격의 한 부분으로, 미성숙되고 충동적이며 비합리적이고 완전히 무의식적인 것이다. 이드는 삶의 본능이나 죽음의 본능 같은 정신에너지를 보관하는 창고다. 욕구의 충동이 있으면 긴장을 가져오게 되고, 이드는 긴장을 해소하기 위해 즉각적인 만족을 추구한다. 프로이트는 이것을 쾌락원리(pleasure principle)라고 불렀다.

자아

두 번째로 발달되는 것은 자아(ego)다. 자아는 환경과 초자아의 통제를 감안하여 이드의 욕구를 만족시킨다. 그러기 위해 자아는 계획을 세우고, 문제를 해결하며, 이드를 통제하는 역할을 한다. 이드는 쾌락원리를 따르지만 자아는 현실원리(reality principle)를 따른다. 현실원리의 목적은 욕구를 만족시키는 대상이나 조건이 성숙될 때까지 만족을 늦추는 것이다. 그래서 자신의 안전을 꾀한다.

초자아

초자아(superego)는 성격에서 가장 마지막에 발달하는 것으로서 자아로부터 나온다. 그러나 자아로부터 분리되어 정신을 감독하고 검열하는 역할을 한다.

초자아의 분리는 아이들이 부모들로부터 규칙과 가치를 배울 때 생긴다. 부모들은, 어른들에게 존대를 하지 않으면 예의가 없는 것이고, 다른 사람들과 친하게 지내는 것이 좋은 것이며, 남의 물건을 훔치는 것은 나쁜 것이라는 등등을 아이들에게 가르친다. 이런 선악의 판단들이 우리에게 내면화된 것이 초자아인데, 초자아는 부모 대신 우리의 행동을 판단한다. 양심이라고 보면 된다.

이드는 끊임없이 충동의 즉각적인 만족을 꾀하며, 초자아는 이드의 충동을 제지하려 한다. 이 중간에서 자아는 현실적인 여건을 고려하여 이 둘을 모두 만족시켜야 한다. 그렇지 못하면 불안이 나타나게 된다.

이드가 강하면 충동을 억제하지 못하게 되기 때문에 사회적으로 바람직하지 못한 일을 저질러 처벌을 받을 수 있다. 이때 경험하게 되는 것이 신경증적 불안이다. 신경증적 불안(neurotic anxiety)은 제기된 실제의 위험에 걸맞지 않은 공포(무대공포 등)를 느끼는 것이다. 또 초자아가 강하면 죄책감이나 자기비하를 경험한다. 이것이 도덕적 불안(moral anxiety)이다. 불안을 경감시키기 위해 방어기제(225쪽 이하 참조)를 사용한다.

(출처 : https://practicalpie.com/psychoanalytic-theory)

성격의 발달단계

프로이트의 성격발달은 단계를 강조한다. 각 단계는 전 단계를 성취함으로써 이루어진다. 아기들은 쾌락만을 추구하는 경향을 갖고 생을 시작한다. 쾌락은 신체의 어떤 부위를 자극함으로써 구해지는데, 이 부위는 입이라든가 항문, 성기와 같이 촉감에 특히 민감한 곳이다. 프로이트는 이 부위를 성감대라고 불렀다.

어린이가 성장해감에 따라 성감대도 변한다. 이것에 따라 단계가 정해진다. 애초에는 입을 통해 쾌락을 얻는다(구순기). 변훈련을 할 때쯤이면 성감대가 항문으로 옮겨간다(항문기). 좀더 지나면 성기를 자극함으로써 쾌락을 추구한다(성기기). 성이 억압되는 몇 년(잠복기)을 지나면 다른 사람을 통해 만족을 얻는 단계(생식기)에 도달함으로써 성격발달은 끝나게 된다.

프로이트는 한 단계에서 다른 단계로 넘어갈 때 두 가지 반응이 있다고 생각했다. 하나는 고착(fixation)이다. 이것은 다음 단계가 시작된 후에도 이전 단계의 쾌락추구에 집착하여 머무르고 있는 것이다. 젖을 뗀 아기가 손가락을 빤다든지 하여 이전 단계에 집착하는 것이다.

고착은 더 심한 문제를 일으킬 수 있다. 다음 단계에서 갈등이나 좌절이 있게 되면 아기는 만족을 얻었던 이전 단계로 되돌아간다. 동생이 태어남으로써 이전의 '주목받던 자리'를 내주어야 하는 네 살배기 아이는 운다든가 손가락을 빤다든가 변통제를 하지 않는 등 화려했던 '왕년'으로 돌아가려고 한다. 이것을 퇴행(regression)이라 한다.

또 하나는 반동형성(reaction formation)이다. 이것은 좌절이 있으면 나타난다. 한 발달단계에서는 쾌락추구 이전에 해야 할 것이 있다. 예를 들어, 변훈련 동안에는 괄약근을 조절할 수 있어야 된다. 이것은 아이에게 힘든 일이다. 그러나 부모들이 꼭 해야 된다고 하기 때문에 아이들은 불안을 경험한다. 이 불안을 처리하기 위해 아이는 자기가 하고 싶은 것과 정반대의 행동을 하게 된다. 이것이 반동형성이다. 이런 경우의 반동형성은 변비나 지나치게 깨끗해지려는 것으로 나타난다.

구순기

태어나서 1세 전후까지가 구순기(oral stage)다. 이 단계에서는 입술 또는 입 부위가 쾌감의 원천이다. 유아가 젖을 빨고 따뜻한 젖이 입, 입술을 자극하게 되면 본능적인 쾌감을 느낀다.

이러한 활동은 젖을 먹을 때가 아니더라도 나타난다. 일반적인 것은 손가락을 빠는 것이다. 처음에는 공복상태일 때 나타나지만, 이것이 쾌감을 자아낸다는 것을 알게 되면 배고픈 것과 관계없이 계속된다.

또, 다른 욕구가 제한되어 불안을 느끼게 되면 손가락을 빪으로써 긴장을 줄이려고 한다. 이가 나면서부터는 물어뜯거나 씹는 것으로 쾌감을 느끼게 된다.

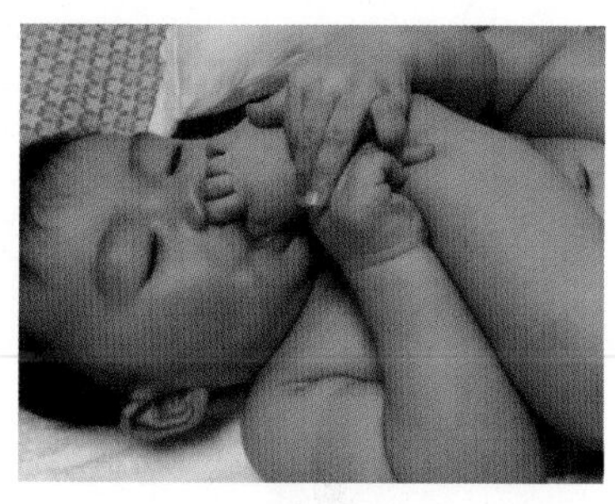

만일 이 단계에 푹 빠지게 되면(고착) 성인이 된 후에도 여러 장애가 생긴다고 한다. 성인이 된 후에 정도가 심한 키스를 즐긴다든가 술, 담배에 강한 유혹을 경험하게 된다. 특히 담배의 부드러운 필터는 어머니의 젖꼭지의 촉감과, 담배연기는 젖과 같이 따뜻하게 목에 느껴진다.

구순기 때에는 강보에 싸여 따뜻하고 잘 먹고, 보호받기 때문에 고착이 되면 수동적이고 친절하며 낙천적·호의적 성격을 갖게 되고 고독을 싫어한다(이 성격을 구순기 성격이라고 한다). 그러나 반동형성이 이루어지면 그와 정반대로 거칠며 빈정대고 야심 있는 사람이 된다.

항문기

구순기 후부터 3세 전후의 기간에는 배설기관이 쾌감을

✣위생제품이 호황을 누리는 일본

일본의 업체들은 일본국민들 사이에 만연하고 있는 병적인 집단결벽증을 이용, 때 아닌 호황을 누리고 있다. 이른바 '멸균제품'이라 불리는 기상천외한 위생제품들이 시장에 무한정 쏟아지고 있는 것. 항균처리된 만년필이나 계산기서부터 악취가 제거된 양말, 건조시 자동 살균처리되는 세탁기, 말 그대로의 현금 세탁기, 일회용 가라오케용 마이크나 수화기, 소독용 가스를 함유한 마스크에 이르기까지 6백여 종에 달하는 멸균 및 항균제품들이 매출액 연 45억 엔대에 이르는 내수시장을 형성하고 있다.

접촉 후 자동으로 손과 입을 반복세척할 수 있는 스프레이나 각종 기구가 보편화되어 있고, 치약판매량이 지난 4년 사이에 5배나 늘었다. 맥주캔 모양의 휴대용 여성국부세척기는 지난 1년 사이에 20만 개나 팔렸다. 분비물의 악취제거용 약품들도 젊은이들 사이에 날개 돋친 듯 팔리고 있다. 그런가 하면 전국 4만 7천 개 초등학교에선 학생들의 손씻기를 의무화하고 있고, 배달도시락이 집에서 싸온 도시락으로 대체되고 있다. 간이나 날고기, 스시(생선초밥) 등 날 음식의 가격이 폭락하고 있다. 일본인들의 멸균강박관념은 특히 젊은 층일수록 더욱 심하다. 어린이들 사이에는 친구에 대한 가장 심한 욕이 '사이킹(세균)'이라는 말이 나돌 정도다. 일본인들이 지닌 결벽증의 원형은 일본 고유의 전통 종교인 신토(神道)의 정화의식에서 유래됐다는 설이 있다. 이것이 현재 사회에서는 위생에 대한 세심한 주의력으로 표현되고 있다는 것이다.

하지만 지난해 여름 오사카 근방 사카이에서 출처불명의 O-157 바이러스가 출현, 일본 전역에 걸쳐 1만여 명의 환자가 발생하고, 그중 12명이 식중독으로 사망한 사건이 발생한 이후, 사람들 사이에 전염병 독성세균에 대한 공포는 더욱 병적인 상태로까지 치닫고 있다.

여기에 1995년 3월 도쿄 지하철역에서 발생한 사린독가스 테러사건도 일본인의 집단적 괴벽현상을 부추기는 또 다른 요소가 되고 있다. 심리학자들은 이 같은 현상이 사람과 사람 간의 접촉에 대한 두려움을 낳고 있다고 말한다. 집단결벽증은 한국인이나 중국인들 사이에서는 그다지 심하지 않다. 더구나 이들 나라에서는 그처럼 심각한 중독현상이 발생한다 하더라도 일본처럼 난리법석을 떨지도 않는다. 일본은 청결에 관한 한 면역결핍상태인지도 모른다. (문화일보)

가져오는 부위다. 이때가 항문기(anal stage)다. 유아의 근육은 점차 발달하여 괄약근을 조절할 수 있게 되며, 이 부분의 점막이 과민해져 쾌감을 얻게 된다. 그러므로 변을 참으려고 한다든가 손가락으로 자극을 줌으로써 쾌감을 얻는다. 자기 배설물을 가지고 장난하기도 한다.

변훈련이 시작되는 것도 이 단계다. 변훈련은 대개 아이가 스스로 괄약근을 조절할 수 있기 전에 이루어지기 때문에 아이들에게는 아주 힘든 일이다. 그 결과 불안이 생기며 아이들은 불안을 감소시키기 위해 방어기제를 사용하게 된다. 그것은 주로 반동형성인데, 변을 내보내기보다는 억제하게 된다. 그러다보니 이들은 지나칠 정도로 정돈을 하고 규칙적이며 완고하고 검약, 인색한 성

우리나라의 한옥(좌)과 일본의 다다미방(우). 마루나 장판으로 이루어진 우리의 한옥과 달리 일본의 다다미방은 볏짚으로 되어 있어 엄격한 변훈련을 해야 한다. 정신분석이론에 의하면 그 때문에 일본인은 항문기 성격을 갖게 되었다.

격을 갖게 된다(이 성격을 항문기 성격이라고 한다). 반대로 마려울 때마다 내보내어 고착이 되어버리면 무절제하고 기분파가 된다.

일본사람들의 높은 질서의식은 정신분석이론에 따르면 항문기 성격 때문이다. 볏짚으로 엮은 일본의 다다미방은 우리나라의 장판과는 달리 관리가 매우 까다롭다. 다다미방에서 아기들이 변을 보게 되면 변과 냄새가 바닥에 스며들게 된다. 따라서 아기들의 변훈련을 엄격하게 할 수밖에 없다. 그 때문에 불안해진 아기들은 반동형성을 하게 되고, 그러다보니 질서의식이 높고 깔끔한 성격을 가지게 되었다는 것이다. 반대로 고착이 되어버리면 줏대가 없이 이리저리 쏠려다니는 성격이 된다.

변훈련과 관련하여 재미있는 이야기가 있다. 일반적으로 여자는 언어에 강하지만 남자는 수학이나 과학에 강점을 갖고 있다. 사고력이 필요한 수학이나 과학 방면에서 남자가 여자보다 뛰어나게 된 것이 변훈련 때문이라고 설명하는 사람들도 있다. 즉 남자는 변훈련을 할 때 '큰 것'이냐 '작은 것'이냐에 따라 자세가 달라지고 바지를 내리는 범위에도 차이가 있다. 그러나 여자는 무조건 들어가 앉고 본다는 것이다. 품위 있게 이야기하면 남자는 화장실에 들어가기 전에 '서느냐, 앉느냐'의 문제로 고민을 하는데(엄마가 물어본다), 여자들은 그 문제를 따져보지 않는다는 것이다. 어릴 때의 이런 변훈련 차이로 인해 남자의 사고력이 여자보다 뛰어나다는 것이다(요즘은 그 차이가 계속 좁아지고 있다는 보고들이 나오고 있다).

성기기

항문기 이후 5세 정도 될 때까지가 성기기(phallic stage)다. 이때에는 성기에 대해 주의를 하게 되고 자기 성기를 노출하려 한다든가 다른 사람의 몸에 흥미를 가지게 된다. 또 성인과 아동, 남성과 여성의 성기 차이에 대해 이상하게 생각하게 된다.

아동은 성생활이 성기와 관련이 있다는 것을 느끼고 호기심을 만족시키기 위해 성적인 놀이를 즐기는 일도 있다. 여자아이의 경우, 남자아이는 성기를 갖고 있으나 자기에게는 그것이 없다는 것을 알고 남자아이의 성기를 부러워한다. 이를 남근선망(penis envy)이라 한다.

이 시기에 남자아이와 어머니의 관계는 강한 애정관계다. 아이는 어머니를 사모할 뿐만 아니라 어머니의 존재를 기쁘게 느끼고 어머니를 사랑하게 된다. 이것이 오이디푸스 콤플렉스(Oedipus complex, 오이디푸스는 아버지를 죽이고 어머니와 결혼한 테베의 왕 이름이다)다. 그러나 아이는 어머니를 독차지하는 것이 불가능하다는 것을 알게 된다. 어머니 옆에는 아버지가 있기 때문이다. 아버지는 남자아이의 경쟁상대다.

여자아이의 경우에는 이와 반대로 아버지를 사랑하게 된다. 이것이 엘렉트라 콤플렉스(Electra complex, 엘렉트라는 자기 동생을 부추겨 어머니를 살해하도록 한 그리스의 여자 영웅이다)다. 어머니도 역시 여자아이의 경쟁상대다.

아이들은 동성의 경쟁자인 부모와 한판 승부를 벌이

크로넨버그 감독의 영화 〈스파이더〉의 한 장면. 오이디푸스 콤플렉스는 남자아이가 어머니를 사랑하는 것이다. 이 갈등은 동일시 과정을 통해 해결되는데, 남자아이는 동성의 부모와 일치하기 위해 아버지의 가치관, 태도 및 행동을 채택한다.

려고 하지만 신체도 작고 훨씬 무력하기에 당할 수가 없다고 느끼게 된다. 부모에게 적대감을 가짐으로써 보복을 당하지 않을까 하는 두려움도 가지고 있다. 예를 들어 남자아이는 아버지가 자신의 '고추'를 떼어가지 않을까 하는 불안을 갖고 있는데, 이것은 여자아이가 '고추'를 갖고 있지 않다는 것을 알기에 더욱 위협이 된다.

그래서 남자아이는 어머니에 대한 성적 욕구를 억압하고 아버지를 닮음으로써 아버지의 위협을 피하려고 한다. 여자아이는 어머니를 닮음으로써 어머니의 위협을 피하려고 한다. 이 과정이 동일시(identification)다. 여기에서 아이는 동성 부모의 가치를 자기 것으로 내면화시키고 초자아를 형성한다(여자아이가 어머니를 닮아가는 과정은 연구된 것이 거의 없다).

잠복기와 생식기

부모와의 '삼각관계'를 해결한 아동은 이에 관한 기억을 잊어버린다. 이것을 유아기 건망(아동기 기억상실증)이라고 한다. 보통사람의 경우 5세 이전의 기억은 거의 없다.

잠복기 단계에서 아이들은 성과 관련되지 않은 활동과 관심사에 초점을 맞추면서 사회적 관계를 발전시키고 강화하기 시작한다. 프로이트는 이전에 생식기로 향했던 성적 에너지가 이제 지적·창의적·사회적 추구로 방향이 바뀐다고 믿었다.

프로이트에 따르면 개인이 이전 단계의 도전과 갈등을 성공적으로 탐색했다면 생식기에서는 상호 만족스럽고 오래 지속되는 관계를 시작하고 죄책감이나 불안 없이 성적 쾌락을 경험할 수 있어야 한다. 초기 단계에서 해결되지 않은 문제는 성인기에 성기능 장애, 관계 문제 또는 신경증적 행동으로 나타날 수 있다.

6세 이후가 되면 본능적 충동은 점점 쇠퇴하여 이른바 잠복기(latency period)로 들어간다. 아동은 학교생활을 하면서 본능적 충동을 사회적이고 받아들여지는 쪽으로 승화시킨다.

사춘기가 되면 여러 성기관이 성숙하고 생식하려는 욕망이 왕성하게 활동한다. 이때가 생식기(genital stage)다. 이와 동시에 오이디푸스 콤플렉스 때의 여러 갈등은 또다시 모습을 보여주며, 성적인 것과 공격적인 것이 고개를 쳐들게 된다.

사춘기에 최초의 성적 대상이 되는 것은 동성이다. 이것은 오이디푸스 콤플렉스 때의 세력이 남아 있는 것이라고 볼 수 있다. 환경적으로 특수한 경우를 제외하고는 누구든지 한 번은 다 경험한다고 한다.

그 후 성적 대상으로 이성을 택하게 된다. 처음에는 옛날과 같이 소녀는 아버지 상을 연인에게서 구하고 소년은 연상의 여자를 사랑한다. 좀더 지나게 되면 비로소 어렸을 때의 이상에서 깨어나 독립적으로 이성을 선택한다. 이 시기에는 감정적으로 아주 불안정하지만 어린 시절을 순조롭게 보낸 사람은 곧 불안정을 끝낸다. Ψ

마무리사례

꿈은 평범하고 지루한 내용이 대부분

"재밌지만 의미 없는 쓰레기 B급 영화"

꿈은 마법적 세계와 기이한 환상으로 가득 찬 공간이 아니라 꽤나 평범하고 지루한 내용을 담고 있을 수 있다는 연구결과가 나왔다. 영국 일간 더타임스에 따르면 미국 캘리포니아 대학 부설 '꿈은행(Dreambank)'에는 1897년 이래 수집된 2만2천여 건의 꿈 이야기가 기록돼 있다.

이를 분석한 결과, 꿈은 섹스나 종교와 깊이 관련돼 있다는 일반적 통념과 달리 이들 내용이 차지하는 비율은 상대적으로 낮은 것으로 나타났다. 이성과 성관계를 맺는 꿈은 남성의 경우 2%, 여성은 0.4%에 불과했으며, 교회나 대성당, 사원, 예배당 등 종교적 장소가 등장하는 꿈은 3%에 그쳤다. 특정 종교를 언급한 꿈도 0.8% 수준이었다.

MIT McGovern Institute의 박사후연구원인 Dheeraj Roy는 "대부분의 꿈은 우리가 삶에서 이미 만난 경험, 생각, 감정, 장소 및 사람들로 구성된다"며, "꿈을 꾸는 동안 이러한 기억의 일부가 재구성되어 특히 기괴한 시나리오를 만드는 것 같다"고 말한다. (https://mcgovern.mit.edu/2022/08/01/why-do-we-dream/)

꿈이 일상의 억압에서 벗어난 욕망의 분출이란 시각도 잘못된 것으로 나타났다. 조사결과, 꿈의 75~80%는 가족이나 친구, 운전, 쇼핑, 운동 등 평범하고 일상적인 내용의 꿈이 차지하고 있는 것으로 밝혀졌다. 예컨대 한 남성의 경우 친구들에 대한 꿈이 53.9%로 절반 이상이었고 부모가 23.9%, 운전 24.5%, 야외활동 17%, 식사 13.7%, 운동 6.1%(중복 응답) 등의 순으로 나타났다.

연구를 주도한 빌 돔호프 박사는 "우리가 꿈을 거의 기억하지 못한다는 사실은 꿈에 어떤 실제적 기능이 있다는 주장에 반한다"며 "꿈이 그렇게 중요하다면 꿈을 기억해낸 사람들에게 뭔가 이익이 있어야 할 것 아닌가"라고 말했다. 돔호프 박사는 "우리는 생각하는 동물이지만, 이것이 모든 형태의 생각이 기능을 갖추고 있다는 뜻은 아니다"라고 말했다.

그러나 핀란드 투르쿠 대학 연구진은 이러한 주장과 달리 꿈이 실제적 기능을 갖추고 있다는 연구결과를 내놓았다. 꿈 600여 건을 분석한 결과 이 가운데 3분의 2가 최소 한 가지 이상의 위협적 상황을 담고 있었으며, 이 중 60%는 일상생활에서 부닥칠 수 있는 것들이었다는 것. 즉 꿈은 잠을 자면서 세상의 위협에 대처하는 방식을 익히는 가상게임의 일종이라는 것이 투르쿠 대학 연구진의 결론이다.

또 미 하버드대 연구진은 자고 꿈을 꾸는 것이 낮시간 학습능력을 증진한다는 연구결과를 내놓기도 했다.

하지만 영국 러프버러 대학 수면연구센터의 짐 혼 소장은 특정 항우울제 등 약물을 복용할 경우 수개월 동안이나 꿈을 꾸지 않는 경우도 있다면서 꿈은 몸이 잠들어 있는 동안 자극을 필요로 하는 "뇌가 만들어낸, 재밌지만 의미는 거의 없고 잊어버리는 게 나은 쓰레기 B급 영화"라고 말했다. (연합뉴스, 2008.8.31)

핵심 용어

구순기	남근선망	로샤검사	리비도
망각	무의식	삶의 본능	생식기
성격	성격검사	성기기	신뢰도
실언	심리검사	엘렉트라 콤플렉스	오이디푸스 콤플렉스
의식	이드	자아	잠복기
전의식	정신분석	주제통각검사	죽음의 본능
초자아	타당도	항문기	DSM-5
MMPI			

요약

- 성격은 행동특성들에 비교적 일관되게 나타나는 개인의 독특한 심리적 자질인데, 상황에 따라 행동은 바뀔 수도 있다.
- 성격은 유전적 요인과 문화적 요인, 사회적 요인 그리고 상황적 요인이 모두 합쳐져 영향을 끼친 결과다.
- 성격을 검사하기 위해서는 관찰 등을 하기도 하지만, 대부분의 경우 MMPI, 로샤검사, 주제통각검사 등을 사용한다.
- 혈액형이 자신의 성격과 맞아보이는 것은 바넘효과(Barnum effect)로 설명할 수 있다.
- 신뢰도와 타당도는 성격검사, IQ검사, 적성검사 등 대부분의 심리검사에 공통으로 적용된다.
- 성격장애의 진단을 위해서는 개인의 인종적, 문화적, 사회적 배경을 고려해야 한다.
- 정신분석(psychoanalysis)은 신경증 치료를 위해 프로이트가 발전시킨 치료방법을 일컫기도 하며, 정신분석 방법으로 생겨난 심리학 이론체계를 말하기도 한다.
- 정신분석에서는 마음이 의식과 전의식, 무의식으로 구성되어 있다고 본다.
- 무의식은 일상생활에서 기억을 잘할 수 없거나 실언을 할 때, 또는 꿈으로 나타난다.
- 정신의 세 구성요소들은 이드(id), 자아(ego), 그리고 초자아(superego)다.
- 정신분석에서 성격의 발달단계는 구순기, 항문기, 성기기, 잠복기, 생식기 순으로 이루어진다.

CHAPTER 10

스트레스와 대처

스트레스는 주로 적응이라는 주제로 광범위하게 연구되며, 상담심리학에서 주로 다룬다. 상담심리학(counseling psychology)은 성격 및 대인관계, 적응상의 문제 등 비교적 가벼운 문제를 가진 사람들을 도와주는 분야다. (사진 : 허핑턴포스트코리아)

도입사례

삼성그룹 임원, 최고 대우만큼 스트레스도 많다

새롭게 임원으로 승진하는 숫자가 많다는 건 그만큼 퇴사하는 임원도 많다는 의미다. 물론 전체 임원 숫자가 늘어나면 그나마 물러나는 임원 수는 줄어든다.

지난 8일 단행된 삼성그룹 임원 인사에서도 310명가량이 부장에서 상무로 새롭게 임원이 됐다. 순수하게 늘어난 임원 숫자가 100명인 만큼 약 210명은 회사를 그만둔 것으로 추산된다.

임원은 샐러리맨의 '꽃'으로 통하지만 그만큼 스트레스가 많다. 지난 1월 삼성전자의 L부사장이 자살을 감행한 요인으로 중압감과 스트레스가 꼽혔다. 연봉이 10억원 안팎이고 60억원이 넘는 주식을 보유한 것으로 알려진 이 임원은 업무 과중과 우울증 등을 호소한 것으로 알려졌다. L부사장은 예외적인 사례가 아니다. 서울대병원에서 지난해 7월부터 1년간 단체 건강검진을 받은 대기업 임원 500명 가운데 무려 65명(13%)이 우울증 증세로 진단받았다는 사실이 이를 뒷받침한다.

이들이 우울증을 앓는 원인 중 대부분은 업무부담 때문이었다. 입사 동기들과의 경쟁에서 이겨 임원이 되더라도 또 다른 '실적 경쟁'이 기다리고 있다. 오전 6시 이전의 새벽 출근이 다반사다. 업무를 챙기고 부하직원 관리, 각종 회의와 보고, 대외적인 공식모임 참석 등으로 파김치가 된 상태로 귀가하기 일쑤다. 각종 목표를 달성해야 한다는 중압감과 스스로를 짓누르는 책임감, 끊임없는 실적 보고 등으로 스트레스를 달고 다닌다.

자신이 한 일은 대부분 수치화되도록 맞춰져 있어서 월별, 분기별 실적에 시달려야 한다. 특히 1년간의 업무실적이 종합돼 평가받는 10월에서 11월 사이에는 그해 빼어난 실적을 올린 사람을 제외하고는 거의 모든 임원이 스트레스에 시달린다. 많은 임원이 '임시직원'의 준말이 '임원'이라고 자조 섞인 얘기를 한다. 그만큼 신분 보장이 안 되는 존재라는 얘기다.

문제는 이 같은 부담감이나 중압감을 속 시원하게 풀 곳이 없다는 점이다. 대부분 기업은 병원과 연계해 심리상담이나 우울증 상담 등을 받도록 해 놓았지만 이곳을 이용하는 임원은 거의 없다. 혹시나 검사결과나 상담 내용이 회사에 알려질지도 모른다는 불안감이 작용하기 때문이다.

이런 점에서 스트레스를 개인이나 가족 차원을 넘어서 회사 전체에 치명상을 입히는 것으로 여기고 다양한 대책을 마련해 놓은 GE 등 글로벌 기업들의 사례는 참고할 만하다. (매일경제, 2010.12.10)

생각해보기 직업을 선택할 때 어떤 점을 고려해야 되는지 생각해보자.

스트레스

생활의 변화가 많거나 어떤 상황에 의해 해를 받을 것으로 생각되면 우리는 긴장하거나 불편함을 느낀다. 이것이 우리가 흔히 말하는 스트레스(stress)다.

우리는 생활하면서 크든 작든 간에 스트레스를 경험한다. 이는 끊임없이 환경과 상호작용하면서 신체적으로나 심리적으로 균형을 유지하려는 노력 때문이다.

하지만 한 사건에 대한 스트레스가 모든 사람마다 동일한 강도로 느껴지는 것은 아니다. 사람이 스트레스를 느끼는 정도는 외부사건의 실제적인 위험의 정도, 사람이 위협을 느끼는 정도, 외부사건에 대한 과거의 경험, 그리고 책임감의 정도에 따라 다를 수 있다. 즉 전쟁이나 자연재해 등은 그 위험도가 크기 때문에 스트레스도 크다고 볼 수 있으며, 말단사원보다는 총괄적인 책임을 맡고 있는 부서장의 책임감이 더 크기 때문에 스트레스가 더 크다고 볼 수 있다.

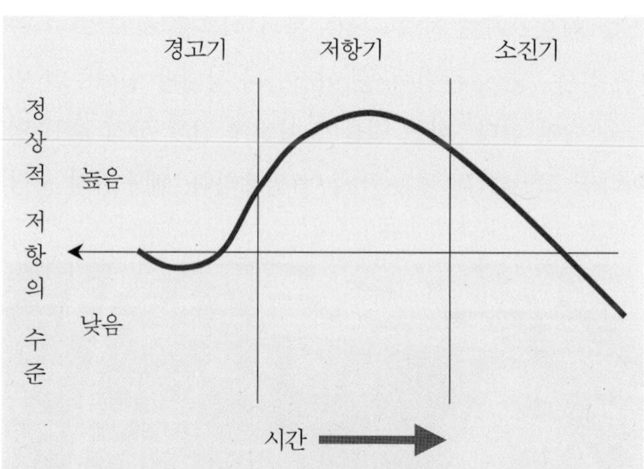

캐나다 내분비선학자 한스 셀예(Hans Selye)는 1936년 심각한 스트레스원(stressor)에 대한 일반적인 신체반응을 일반적응증후군(general adaptation syndrome)이라 불렀다. 이에 의하면 신체는 스트레스원에 세 단계로 반응한다. 첫 단계는 경고단계로, 신체가 위협에 맞서기 위해 준비하는 단계다. 스트레스원이 남아 있으면 저항단계에 접어드는데, 이 단계는 신체가 위협에 맞서는 단계로 저항수준이 가장 높고 에너지 소모가 많다. 스트레스원에 계속 노출되면 신체는 소진단계로 접어드는데, 이때에는 경고반응신호가 다시 나타나지만 저항은 감소하고 모든 적응에너지는 소진되어 돌이킬 수 없게 된다. 그 결과 병에 걸리거나 사망할 수도 있다. 그래서 셀예는 스트레스원에 장기간 노출되는 것은 삶에 위협적인 것으로 보았다.

스트레스가 있으면 일시적으로 주의력이 감소되는 것에서부터 심할 경우 환경에 적응하지 못함으로 인해 인간의 안녕 자체가 흔들리고 심리적 장애를 일으키기도 한다. 그러나 환경과의 끊임없는 작용으로 인한 것이 스트레스라면 스트레스는 생활에서 피할 수 없는 부분이다.

또 스트레스라 하여 꼭 불쾌한 것만은 아니다. 결혼이라든가 승진, 여행, 소개팅, 복권 당첨 등은 생활의 변화를 일으키는 스트레스이긴 하지만 유쾌한 것들이다.

유쾌함도 스트레스

과장 승진을 하게 되면 다른 사람들과 새로운 관계를 가져야 하고 새로운 일을 하기 위해 배워야 한다. 출근시간도 조금은 빨라지고 이전보다 조금 더 늦게 퇴근을 하게 된다. 결재서류에 사인을 하는 게 책임을 요하기 때문에 한 번이라도 더 서류를 보게 된다. 불쾌한 것은 아니지만 스트레스가 아닐 수 없다.

이처럼 우리가 겪게 되는 여러 생활상의 변화는 스트레스를 가져온다. 홈즈와 라헤(Holmes & Rahe)라는 두 심리학자는 여러 생활변화에 대한 스트레스 평정값을 만들었다(다음 표 참조). 우리가 생각하기에 대단치 않은 일들도 엄청난 스트레스가 될 수 있다.

하지만 이 생활변화사건은 생활의 극히 일부분에 불과하다. 또 우리가 일상적으로 겪게 되는 여러 사건들은 빠져 있다. 예를 들어 매일매일 교통난을 겪는 것도 큰 스트레스인데 이 척도에는 없다. 또 학점 문제로 리포트를 제출하고 시험을 치러야 하는 학생들의 스트레스는 빠져 있다.

또 평정값이라는 것이 모든 사람에게 일률적으로 적용되는 것도 아니다. 배우자의 사망이라도 어느 정도 예견하고 있었던 경우(예컨대 불치병)라면 사고로 갑자기 사망한 경우에 비하여 그 강도는 낮을 것이다. 그럼에도 불

생활변화사건	평정값	생활변화사건	평정값
배우자의 죽음	100	자녀결혼	29
이혼	73	친척간의 싸움	29
별거	65	큰일 해냄	28
교도소 수감	63	아내의 취업/퇴직	26
가족의 죽음	63	입학이나 졸업	26
부상이나 질병	53	생활조건 변화	25
결혼	50	습관 변경	24
해고당함	47	상사와 불화	23
별거 후 재결합	45	업무시간/조건 변화	20
은퇴	45	이사	20
가족의 질병	44	전학	20
임신	40	여가활동 변화	19
성문제	39	교회활동 변동	19
출산	39	사회활동 변동	18
사업재적응	39	1만 달러 미만의 저당	17
경제사정 변화	38	수면습관 변화	16
친구의 사망	37	동거가족수 변화	15
직업변경	36	식사습관 변화	15
부부싸움 횟수변화	35	휴가	13
1만 달러 이상의 저당	31	크리스마스	12
저당물상실이나 대부	30	가벼운 법규위반	11
직책변화	29		

지난 1년 동안 평정값 합계가 200 이하이면 낮은 것이고, 200~300 정도면 적당하다. 300을 넘어서면 높은 것이다.

구하고 이 척도는 스트레스를 측정하는 유용한 지침이 된다.

표에 제시된 43개의 각 생활변화사건 중 한 사건과 그로 인해 나타날 수 있는 여러 뒤따르는 사건들의 평정값을 합하면 스트레스의 강도가 나온다. 예를 들어 여러분이 지방의 고등학교를 졸업하고 서울에 있는 대학에 입학했다면 입학(26), 생활조건 변화(25), 이사(20) 등을 겪기에 평정값은 최소 71이 된다.

또 모든 사람들이 부러워하고 축하해주는 결혼(50)은 경제사정 변화(38)와 생활조건 변화(25), 개인습관의 변경(24), 이사(20)를 포함하므로 평정값은 최소 157이 된다. 게다가 임신(40), 성문제(39), 출산(39), 아내의 취업이나 퇴직(26), 수면습관(16) 및 식사습관(15)의 변화 등 가까운 장래에 예상되는 변화까지 합치면 엄청난 스트레스가 된다. 이 때문에 결혼식장에서는 위로의 말이 더 어울릴지도 모른다.

일상 속의 스트레스

모든 스트레스 상황이 배우자의 사망이라든가 출산처럼 단 하나의 단기적인 사건은 아니다. 업무조건이 좋지 않다거나 상사가 보기 싫은 사람일 때, 그리고 마음에 들지 않는 하숙집 룸메이트와 생활하는 것과 군 입대 등은 비교적 장기간에 걸친 스트레스를 가져온다. 또 '언제나 최선을 다해야 한다'거나 '나는 안 돼', '모든 게 내 탓이야'와 같은 우리들의 비합리적인 내부규칙도 스트레스를 가져온다.

또 생활사건 그 자체가 스트레스를 유발하기도 하지만 그 상황에 따라오는 여러 가지 작은 사건들이 스트레스를 일으키기도 한다. 예를 들어 이혼을 하게 되면 빨래, 식사, 청소, 돈벌이 등 이전까지 상대방이 해주던 일들을 해야 한다. 이런 일들이 이전에 전혀 하지 않던 일이라면 그만큼 더 많은 적응이 필요하다. 배우자의 사망

일상생활에서 이사는 여러 가지 스트레스를 일으킨다. 이삿짐을 옮기는 것도 만만치 않거니와 짐을 정리하는 것도 며칠 고생이다. 이웃과 새로운 인간관계를 맺어야 하고 버스노선도 새로 알아야 한다.

✣스트레스 많은 현대인, 갈수록 급히 걷는다

영국의 과학자들이 전 세계 30여 개 도시를 대상으로 진행한 연구에서, 현대인의 걸음 속도가 10년 전에 비해 10% 빨라졌다는 사실을 밝혀냈다. 전체 평균 걸음 속도는 시속 5.63km.
허트포드셔 대학교의 심리학 교수 리처드 와이즈먼 연구팀은 세계 여러 도시에서 시민들의 걷는 속도를 측정했다. 비밀 측정의 대상이었던 남녀들은 공히 휴대폰을 이용하지도 않았고 무거운 짐도 들지 않은 상태에서 홀로 걷고 있었다.
그 결과 60피트(18m)를 걷는 속도가 1990년대에 행해진 연구결과에 비해, 10% 이상 빨라진 것으로 나타났다. 특히 아시아 지역 사람들의 걸음 속도 증가율이 가장 높았다. 싱가포르는 30%, 중국 광저우는 20% 이상 증가했던 것. 또 여성보다는 남성이 25% 정도 빨리 걷는 것으로 측정되었다.
연구팀은 이런 결과가 스트레스와 업무 중압감이 커져 마음이 바빠졌기 때문에 나타났다고 분석했다. 또 휴대폰, 이메일, 인스턴트 메신저 등의 이용 증가가 매 순간 무엇인가를 생산해야 한다는 강박을 일으켰고, 이것이 보행 속도에 영향을 끼친다고 덧붙였다. (팝뉴스, 2007.5.3)

이나, 이혼, 별거, 교도소 복역, 결혼 등 평정값이 50이 넘는 중요한 생활사건들이 스트레스의 강도가 큰 것은 바로 자질구레한 사건들이 장기간에 걸쳐 많이 뒤따라오기 때문일 것이다.

특히 하루의 일상생활 중 직장에서 보내는 시간이 많기 때문에 자연스럽게 일과 관련된 스트레스가 많이 있을 수밖에 없다. 업무와 관련된 스트레스는 주로 자신의 경력상의 문제, 전직, 업무수행, 동료와의 관계에서 많이 나타나고 있다.

우리나라의 경우도 직장생활로 인해 스트레스를 받고 있는 사람이 94%에 이른다. 주로 상사나 동료, 부하와의 갈등이 가장 많고 조직 내 역할, 과중한 업무, 적성, 승진, 직무환경의 순으로 스트레스를 경험하고 있다.

일과 관련된 스트레스가 문제되는 이유는 생산성과 관련 있기 때문이다. 직무 자체가 자신에게 맞지 않고 업무량이 많거나 적을 때, 자기가 해야 할 일이 뚜렷하지 않을 때, 인간관계와 근무분위기가 좋지 않을 때, 예기치 않은 해고나 은퇴 등은 회사의 생산성을 떨어뜨리고 개인의 자기개발 기회를 박탈해버린다.

실제로 핀란드에서는, 스트레스가 심한 사람은 적은 사람에 비해 심장마비 등 심혈관 질환으로 사망할 위험이 2.2배 높은 것으로 조사되었고, 미국에서 스트레스와 관련된 심장병을 조사했을 때, 이 병은 근로자 근무태만의 12%를 초래하고 매년 40억 달러의 경제손실을 가져왔다. 또 스트레스로 인한 편두통은 단 1년 내에 2,280만 근로일수를 잃어버린 결과를 가져왔다고 한다. 이것은 2,280만명이 스트레스로 인한 편두통으로 하루를 쉬었거나, 1,140만명이 이틀 쉬었다는 것을 말한다. 또 직장에서의 스트레스는 가정에서 다른 가족들에게도 스트레스를 일으킨다고 한다.

비합리적 사고의 스트레스

우리는 일상생활을 하면서 많은 규칙과 관습에 얽매여 있다. 그러한 규칙들 중 어떤 것은 우리가 잘 알고 있으며 또 잘 지켜나간다. 그러나 다음과 같이 우리가 잘 인식하지 못하는 규칙들이 있다. 잘못되거나 비합리적이고 자기패배적인 생각들이다. 의식적이거나 의도적인 것은 아니지만 평소 반복되어 과학습된 것이기 때문에 거의 자동적으로 나타난다. 그래서 왜곡된 자각을 하게 되며 정서장애로 발전하기도 한다.

엘리스(Ellis)의 합리적 정서치료(rational-emotive therapy)에 의하면 정서장애는 주로 비적응적인 사고과정의 결과이며, 치료의 주요 과제는 이 잘못된 사고과정을 재구성하는 것이다.

흑백논리(이분법적 사고)

흑백논리는 사물을 흑과 백의 두 가지 종류로만 보는 경향성이다. 항상 우수한 성적으로 전 과목 A를 받던 학생이 어쩌다 한 과목에서 실수로 B학점을 받고서 "이제 끝났어! 난 실패자야"라고 말하는 경우다. 이러한 사고방식은 실수나 불완전함에 대한 공포나 불안을 유도하여 어떤 일에 쉽게 착수하는 데 어려움을 겪게 만든다. 또한 자신에 대한 무가치감을 느끼게 하고 작은 실패에도 자신을 패배자로 간주하게 된다.

과잉일반화

하늘을 나는 동물이 새라는 것을 알게 된 어린이가 나비나 잠자리를 보고서도 새라고 하는 것처럼 한 사건을 다른 분야에까지 부당하게 확대하는 것이 과잉일반화다. 데이트를 거절당한 경우 '난 여자한테 인기가 없는 모양이다. 과연 세상에 나 같은 남자하고 데이트하고 싶은 여자가 있을까? 다른 여자들도 마찬가지로 날 싫어할 거야'라고 생각하는 것처럼 과잉일반화는 부정적 사건을 마치 계속적으로 반복되고 있는 실패로 생각하는 것이다.

부정적인 면에 대한 선택적 주의

잘못된 부분에는 계속 집착하면서도 자신의 좋은 측면에 대해서는 인정하려 들지 않는 것이다. 시험에서 100문제 중 일곱 문제를 틀렸는데, 그 일곱 문제에 집착하여 자책하는 경우다. 그 결과 자긍심과 자존심은 약화되고 스스로를 무력감과 우울감에 빠뜨리고 만다. 이는 겸손이 아닐 뿐만 아니라 좋은 일도 나쁜 일로 만들어버린다.

성급한 결론

성급한 결론은 자신의 생각이나 결론을 뒷받침할 확실한 증거도 없이 어떤 일을 부정적으로 해석하는 것이다. 가령, 한 여자가 마음속으로 그 남자의 전화를 기다리고 있었는데, 그 남자는 '내가 전화하면 귀찮아할 거야. 그 여자처럼 매력적인 아가씨가 나 같은 녀석을 거들떠볼 리가 없지'라고 생각하면서 전화를 걸지 않는 것이다.

이들은 일이 잘못될 것이라고 지레짐작한 나머지 그 진위도 확인해보지 않은 채 남들이 자기를 거부했다고 단정해버린다. 또 그러한 잘못된 추측으로 인해 자기도 부정적으로 반응함으로써, 결국 원래에 없었던 부정적 결과를 초래할 수 있다.

과잉확대/과잉축소

이것은 자신의 실수나 타인의 성공은 그 중요성을 과장해서 확대하고, 자신의 잘한 일이나 타인의 실수는 불공평하게 축소하는 것이다. 이렇게 되면 열등감에 빠지지 않을 사람이 없다.

감정적 판단

'난 저 녀석이 싫어. 일도 제대로 못하고 인간관계도 좋지 않을 거야'라고 생각하는 것처럼 감정적 판단은 자신

✣외상후 스트레스 장애

외상이라면 신체 외부적으로 상처를 입는 경우를 일반적으로 생각하겠지만, 정신의학에서는 사고나 재해와 같이 인간의 정신이나 신체가 감당하기 힘들 만큼 커다란 충격을 외상(트라우마, trauma)이라고 부른다. 외상후 스트레스 장애(Post Traumatic Stress Disorder)는 전쟁, 산업재해, 교통사고, 성폭력, 납치·감금 등 심리적 충격을 겪은 후에 발병하는 대표적인 정신장애로, 영어 약자를 따서 흔히 PTSD라고 한다. 일반적으로 사람들의 40~90%는 평생에 적어도 한 번 이상 외상을 경험한다고 한다.

일반적 증세는 불안과 초조, 경계심, 불면증 등이지만 심하면 자해적 행동과 자살시도 등이 나타난다. 베트남전 참전군인 가운데 150만여 명이 PTSD로 정신과 치료를 받았지만 이 중 2만여 명이 자살을 택했다. 1999년 9월 강력한 지진으로 2,400명이 사망한 대만에서 1년 동안 피해자와 가족 등 최소한 100명이 자살한 것도 PTSD와 관련이 있다고 한다.

이 같은 증상은 베트남전쟁 귀환병과 성폭력 피해 여성들이 호소하는 공통된 정신 증상이 부각되면서 1980년 미국정신의학회가 처음으로 진단 기준으로서 인정했다. 테러와 폭동, 전쟁, 지진, 홍수, 자동차 사고 등의 재난을 당한 사람 가운데 적게는 5%, 많게는 75% 정도가 외상후 스트레스 장애를 보이고 있는 것으로 학계에 보고되어 있다.

의 감정이나 느낌을 사실의 증거로 생각하는 것이다. 그러나 이러한 판단은 잘못된 것이다. 생각이 왜곡되어 있으면 그 감정은 타당성이 없다.

'해야 한다', '하지 않으면 안 돼'의 과용

약속시간에 5분 늦은 상대방을 '시간관념 없는 사람'으로 매도하는 경우다. 자신에게 엄격한 규율을 강요하면서 자신을 채찍질하는 것은 불필요한 죄책감, 수치감 또는 자기혐오감을 불러일으키며, 타인에 대해서는 분노와 실망감을 느끼게 만든다. 이런 태도를 갖고 있는 사람에게는 항상 불만과 실망만 있을 뿐이다. 따라서 이런 사람은 현실에 맞추어 자신의 기대를 조정하지 않으면 항상 기분이 상한 상태에서 살 수밖에 없다.

잘못된 이름 붙이기

이것은 극단적인 과잉일반화의 한 가지 형태로서, 잘못된 행동을 말하는 대신 자신이나 타인에게 '실패자', '무능한 녀석'과 같은 부정적인 이름을 달아주는 것이다.

자신에게 부정적 이름을 붙이는 경우 자신도 모르게 거기에 맞추어 행동함으로써 실제로 부정적 결과를 초래할 수 있다. 또한 타인에게 그러한 이름을 붙여주는 경우 그 상대에게 적대감을 갖게 되고 상대 역시 부정적 반응을 일으키게 되므로 결국 악순환의 고리가 형성된다.

모든 게 내 탓이오

실제적인 이유가 없음에도 불구하고 자신이 어떤 불행한 사건의 원인이라고 생각하면 비현실적인 죄책감의 원인이 된다. 애완견이 차에 치인 것은 당신이 먹이를 많이 줘 몸이 둔해져서도 아니고 현관문을 완전히 닫아놓지 못해서도 아니다.

이처럼 우리가 잘 의식하지 못하는 규칙들은 우리의 내적 관념이나 사고체계들로서, 자신의 경험을 통해 스스로 선택한 내적 규칙이라 할 수 있을 것이다. 이러한 내적 규칙들은 우리 생활에 강력한 영향을 주며 때로는 도움이 되기도 하지만, 그것을 지키려는 노력은 많은 경우 스트레스의 주된 원인이 되기도 한다.

자신의 규칙을 어겼을 때 느끼게 되는 실망, 좌절, 분노, 불안, 죄책감 등은 우리가 겪는 스트레스 중에서 상당한 비중을 차지한다. 따라서 일상생활의 스트레스를 해결해나가는 효과적인 방법은 우리 자신이 갖고 있는 왜곡된 내부규칙, 즉 비합리적 사고를 자각하고 이를 보다 합리적이고 건강한 생각으로 바꾸어나가는 것이다.

스트레스의 주요 원인

일반적으로 스트레스가 나타날 때에는 몇 가지 원인이 있다. 그것들은 자극의 결핍, 압박감, 좌절, 갈등 등이다.

자극의 결핍

외부에서의 자극이 없으면 스트레스를 일으킨다. 심심한 것을 풀어야 한다(이것이 심심풀이다). 일상생활을 정상적으로 수행하기 위해서는 일정한 수준 이상의 각성상태를

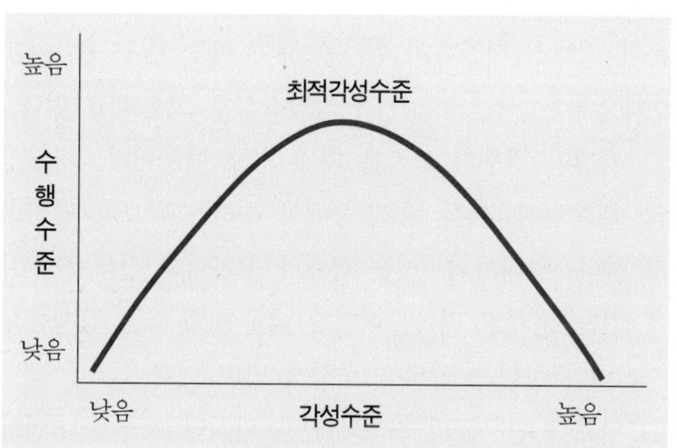

각성수준이 낮으면 수행도 낮고, 각성수준이 너무 높아도 수행이 낮다. 중간 정도의 각성수준이 최고의 수행을 얻는다. 각성수준과 수행수준은 U자를 거꾸로 한 형태(종 모양)를 갖는데, 이것을 여키스-도슨 법칙(Yerkes-Dodson Law)이라고 한다. 스트레스 수준도 이 법칙을 따른다. 즉 스트레스가 적당해야 최고의 수행을 얻는다.

유지해야 한다. 그러려면 역시 일정수준 이상의 자극이 요구된다. 외부자극이 없으면 사람들은 불안정해지고 심하면 주의력이나 판단력에 장애가 오며 더 심하면 환각을 경험하기도 한다.

또 개인의 기본적인 욕구를 만족시키는 수단이 박탈되었을 때에도 스트레스를 경험하게 된다. 다른 사람과 떨어져 혼자 있는 경우, 정서적으로 다른 사람과 떨어져 있는 경우 또는 할 일이 없는 경우가 여기에 해당한다. 간혹 사회지도급 인사의 부인들이 먹고살기에는 아무런 지장이 없으면서도 도박에 손을 대어 구속되는 사건이 발생하는 것은 그들에게 일상생활에서 적당한 수준의 자극(스트레스)이 없기 때문이다.

압박감

압박감(pressure)은 우리가 어떤 행동기준에 꼭 맞추려고 하거나 급속한 변화에 적응하려고 할 때 경험하는 긴장상태다. 자신의 실력이나 재능에 대한 신뢰 때문에 보다 우수한 수준까지 자신을 끌어올리려고 하는 경우 또는 남들과의 경쟁, 사회조건의 변화, 주위의 기대 등 내외적인 경우를 포함한다.

보고서나 원고처럼 마감시간이 정해져 있는 경우라든가 정해진 시간까지 뭔가를 해야 하는 경우 등, 바쁜 현대인들은 시간으로 인한 압박감으로 고통받고 있다.

외적인 경우의 압박은 대개 경쟁 때문이다. 내신성적, 대학입시, 취직, 승진 등에서 우리는 남보다 앞서려고 한다. 현대사회에서는 실패가 수치이고 실패자는 가치 없는 존재로 받아들여지기 때문에 우리는 경쟁에서 승리해야 한다는 압박을 심하게 받고 있다.

부모나 친구들의 기대와 같은 외적인 요구가 내면화되면 장학금을 받겠다든지, 무슨 대학에 들어가겠다든지와 같은 포부나 욕심으로 나타난다. 이러한 것들은 열심히 공부하여 장학금을 받아 성취감을 느끼는 경우처럼 생산적인 결과를 가져오기도 하지만, 실현불가능한 이상이나 목표에 자신을 밀어붙이는 경우에는 파괴적인 결과를 가져오기도 한다.

좌절

좋아하던 여자가 약혼을 했다든가 수능시험 결과가 좋지 않아 가고 싶은 대학에 들어가지 못하는 경우, 약속시간은 촉박한데 시내버스가 교통체증 때문에 못 갈 경우 우리는 좌절을 경험한다. 좌절(frustration)은 방해물에 가로막혀 있어 목표로의 접근이 금지된 상태를 말한다.

좌절은 일반적으로 행동의 지연 때문으로 생긴다. 현대사회에서 스트레스가 더 많은 것은 속도와 시간을 중요한 가치로 인정하고 있기 때문이다. 식당이나 매표소에서 오랫동안 기다리게 될 때 또는 중요한 업무서류가 제때에 올라오지 않을 때에도 마찬가지다.

입학시험이나 승진시험에서 떨어졌을 때 겪는 실패는 좌절의 단골요인이다. 실패가 특히 적응하기 힘든 스

좌절 상황. 좌절은 방해물에 가로막혀 있어 목표로의 접근이 금지된 상태다.

트레스가 되는 것은 실패에 뒤따르는 죄책감 때문이다. 실패를 하고 나면 뉘우침 또는 자신이나 다른 사람들의 실망에 대한 죄책감을 느끼게 마련이다. 게다가 '출신학교'라든가 '여자라서' 혹은 '못생겨서'와 같은 외적 요인 때문이라면 좌절의 강도는 훨씬 세진다.

재정적인 문제로 좌절이 생기기도 한다. 아이들의 과외나 외식을 시켜주기가 쉽지 않을 때, 광고에 나오는 제품을 살 여력이 없을 때 좌절을 경험한다. 또 가까이 지내던 사람을 잃을 때나 인생에 대한 무상함이 좌절의 근원이 되기도 한다.

기대나 목표가 없으면 좌절은 일어나지 않는다. 좌절은 그 사람이 목표를 포기하거나, 아니면 목표를 가로막고 있는 장애물을 제거하는 방법을 찾음으로써 해결된다. 교통정체로 좌절을 겪고 있다면 약속시간까지 가는 것을 포기하거나 아니면 지하철로 바꿔 타고 감으로써 좌절을 극복할 수 있다.

좌절이 특히 문제가 되는 것은 공격성을 높이기 때문이다. 여객기가 늦게 도착했다든가 지하철이 고장을 일으키면 으레 한바탕 소동이 벌어진다. 특히 경제적인 문제로 좌절을 겪게 되면 범죄로 발전한다.

❖좌절-공격가설(frustration-aggression hypothesis)

어떤 목표에 도달하려는 노력이 막히게 될 때에는 언제나 공격충동이 유발되어 그 좌절을 일으킨 대상이나 사람을 해치려는 행동을 동기화한다는 것. 하지만 좌절원(源)에 대한 직접적인 공격이 항상 가능하거나 현명한 것은 아니다. 때로 좌절원은 파악이 곤란한 경우도 있고 또는 매우 강력해서 위험스러울 수도 있다. 이때 공격은 다른 쪽으로 치환(displace)되는데, 이 대상이 희생양(scapegoat)이다.

갈등

우리는 아침에 눈을 뜨면서부터 갈등상황에 마주친다. 지금 일어날까 10분만 더 누웠다가 일어날까, 자가용으로 출근할까 지하철로 출근할까, 점심은 뭐 먹을까 등 일상생활에서 우리가 고민하는 일 중에서 아마도 갈등이 가장 흔한 문제일 것이다.

갈등(conflict)은 두 가지 이상의 상반되는 요구, 욕구, 기회, 또는 목표에 당면했을 때 일어난다. 한 가지 목적을 만족시키기 위해서는 다른 한 가지 목적을 포기해야 하기 때문이다.

행복한 고민(접근-접근갈등)

갈등이라 하여 꼭 불쾌한 고민만 있는 것은 아니다. 행복한 고민도 스트레스를 일으킨다. 접근-접근갈등(approach-approach conflict)은 동일한 가치를 지닌 매력적인 목표 사이에서 선택할 때 나타난다.

❖선택의 폭이 너무 많으면 역효과

사람들은 선택의 폭을 지나치게 강조하는 경향이 있다. 하지만 감당할 수 있을 정도를 넘어서면 오히려 부정적 효과를 가져온다.

한 연구에서 슈퍼마켓에 6가지 잼과 24가지 잼을 시식할 수 있는 부스를 설치하고 고객들의 반응을 지켜보았다. 고객들은 더 많은 선택이 있는 부스를 선호했다. 지나가는 고객의 60%가 24가지 시식대에 머물러 시식한 반면, 6가지 잼 시식대에는 40%의 고객만 발길을 멈추었다. 그러나 24가지 잼 부스에서는 3%의 고객만이 잼을 샀고, 6가지 잼 부스에서는 30%의 고객이 잼을 구매했다. 즉 대동소이한 선택들이 한꺼번에 너무 많이 주어지면 사람들은 그 수에 압도당하고 기가 질려 오히려 덜 구매하게 된다. 게다가 그런 사람들은 오히려 제한된 숫자에서 선택한 사람들보다 자신이 선택한 결과에 덜 만족하고 더 큰 후회와 불만을 갖게 된다.

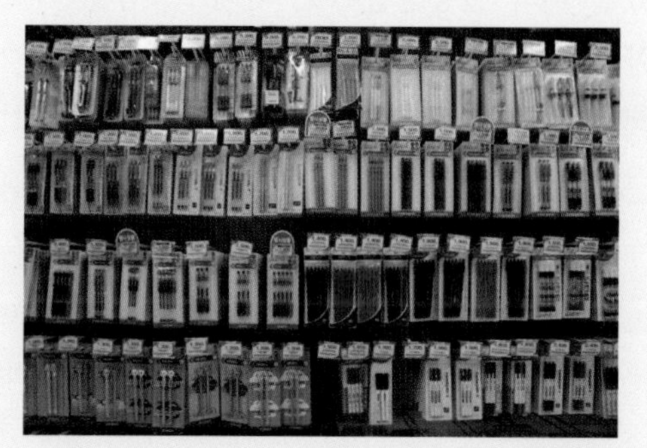

따라서 기업들이 고객들을 위해 끝없이 확대하는 선택전략이 반드시 효과적인 것만은 아니다. 실제로 P&G는 자사가 생산하는 샴푸 종류를 26종에서 15종으로 대폭 축소했다. 그 결과 샴푸시장에서 이 회사 제품의 비중이 오히려 커졌다는 사실이 이를 반증한다.

꼬마는 가족과 외식도 하고 싶고 집에서 TV도 보고 싶다. 하지만 외식하러 가면 TV를 못 보고, 집에서 TV를 보면 외식하러 가지 못한다. 심리학개론과 경제학개론을 수강신청하고 싶은데 시간이 겹친다든가, 합격통보를 받은 회사가 둘이라든가, 노처녀에게 두 명의 신랑감이 나타난 경우 등의 접근－접근갈등은 행복하다.

꼬마는 친구에게서 TV의 내용을 듣든가 녹화를 해서 보면 되고, 노처녀는 '이 사람이 인물이 잘나서' 등 어떤 이유를 붙여 한 사람을 선택하면 다른 사람이 가진 장점은 사라지게 되므로 이런 종류의 갈등은 해결하기가 쉽다.

돈 낼래, 맞을래(회피－회피갈등)

돈 내기도 싫고 맞기도 싫다. 회피－회피갈등(avoidance-avoidance conflict)은 동일한 크기의 불쾌한 목표 사이에서 선택해야 할 때의 갈등상황이다. 시험을 앞둔 학생이 공부도 하기 싫고 낙제도 하기 싫을 때라든가, 몸은 아픈데 병원에 가기 싫을 때가 이런 갈등의 경우다.

이런 갈등은 강렬한 스트레스이면서도 쉽사리 해결되지 않는다.

먹을 것은 없고, 버리기는 아깝고(접근－회피갈등)

접근－회피갈등(approach-avoidance conflict)은 어떤 한 가지의 목표가 매력적인 것과 불쾌한 것을 동시에 갖추고 있을 때의 갈등상황이다. 아이스크림을 먹고는 싶으나 살이 찔 것이 두려워 먹기가 망설여질 때라든가, 개가 귀여워 한번 쓰다듬어주고는 싶으나 물릴 것이 무서워 접근을 못하는 경우, 맞선 본 남자가 마음에는 들지 않으나 부자인 경우, 월급쟁이 노릇을 계속해야 되는데 상사가 꼴불견인 경우 등이 해당된다.

이런 경우도 해결이 만만치 않다. 매력적인 쪽에 접근할수록 불쾌한 쪽에 대한 두려움이 함께 커지기 때문이다.

이수일이냐, 김중배냐?(이중접근－회피갈등)

각각의 목표가 매력적인 것과 불쾌한 것을 동시에 갖고 있다면 이중접근－회피갈등(double approach-avoidance conflict)상황이 생긴다. 일하고 싶은 회사이긴 하나 대우가 변변치 못한 회사와, 내키지는 않으나 대우가 좋은 회사 중 하나를 선택할 때 나타난다. 사랑하긴 하나 가난한 이수일과, 사랑하진 않으나 부자인 김중배 사이에서 갈등하는 심순애의 상황이다.

불쾌한 갈등이 포함되어 있는 경우 주로 사람들은 이러지도 저러지도 못한다. 그러다가 '될 대로 돼라'는 식으로 반응을 하게 된다. 공부도 하기 싫고 낙제도 하기 싫은 학생은 밖에서 친구가 놀러 가자고 부르면 앞뒤 안 가리고 뛰어나간다는 이야기다.

또 선택을 못하고 있다가 어느 한쪽이 불쾌한 정도가 커지면 그때서야 다른 쪽을 택하게 된다. 아픈데도 병원 가기 싫어하는 사람은 그 병이 더 악화되어 참을 수 없을 때 병원을 찾게 되고, 상사가 보기 싫지만 아직 사퇴할 생각이 없는 샐러리맨은 한바탕 상사와 다툰 후 그의 책상을 엎어버리고 회사를 나오게 된다.

갈등 자체를 회피하기 위해 성급한 결정을 내리는 경우도 있다. '어느 대학을 갈 것인가', '어느 직장을 선택할 것인가', '누구와 결혼을 할 것인가' 등의 선택의 기로에 섰다고 하자. 이런 결정은 개인적으로 아주 중요하며 일생에 커다란 영향을 끼친다.

그 중요성이 큰 만큼 갈등도 크다. 따라서 '순간의 선택이 평생을 좌우하는' 결정을 신중히 하기 위해 갈등을 계속하는 사람이 있기도 하지만, 빨리 결정을 해버림으

✜'어떻게 되겠지'－폴리애나 현상

심리학자들이 자주 쓰는 표현 중에 '폴리애나 현상'이라는 것이 있다. 무섭거나 감당하기 어려운 일이 닥쳤을 경우 적극적으로 대처하기보다는 우선 '어떻게 되겠지' 하고 바라는 안일한 심리를 가리키는 말이다. 폴리애나(Pollyanna)는 E. 포터의 동명 소설에 나오는 여주인공으로서 대단한 낙천가다.

로써 그 갈등에서 벗어나고자 하는 사람들도 있다.

빠른 결정을 내린 경우 호의적인 결과는 과장되고 비호의적인 결과는 최소화되거나 무시되어 선택한 해결책을 합리화한다. 또한 최선의 해결책을 찾기보다는 최소한의 기준을 만족시키는 작전을 사용함으로써 갈등을 줄이기도 하고, 사소한 문제에 초점을 둠으로써 더 큰 문제를 다루는 것을 회피한다(111쪽 비보충모형 참고).

또 우물쭈물하다가 저절로 갈등상황이 사라져버리는 경우도 없진 않다. 운 좋게 지나가는 경찰관이 있어 돈도 안 내도 되고 맞지 않아도 된다. 보기 싫은 상사가 하루아침에 다른 부서로 옮겨갈 수도 있다.

그러나 매번 이러한 요행을 바라볼 수는 없다. 그런 점에서 다음에 나오는 스트레스 대처방법은 가히 스트레스 시대라고 할 만한 현대를 살아가는 사람들에게 몇 가지 대안을 제시하고 있다.

스트레스 대처

> 여우가 길을 가다가 포도를 발견했다. 포도는 넝쿨 위쪽에 달려 있었다. 여우는 포도를 따기 위해 몇 번이나 시도했지만 결국 따지 못했다. 할 수 없이 여우는 포기하고 길을 가면서 중얼거렸다. "저건 신 포도일 거야."

이 이야기는 자신의 한계를 극복해서라도 목표한 바를 이루도록 해야 한다는 교훈을 주는 것으로 배워왔다. 그래서 몇 번의 시도로 포기하고 마는 여우를 본받지 말고 '안 되는 것도 되게 하라'며 선생님들은 학생들을 격려했다.

그러나 조금만 더 깊이 이해를 하게 되면 꼭 그것이 아니라는 것을 알게 된다. 여우는 이솝 우화에서 아주 영리한 동물로 묘사된다. 여우가 포도를 따지 못했다면 어느 누구라도 따지 못했을 것이다. 먹고는 싶은데 따지 못한다면 좌절을 경험하게 된다. 더구나 여우같이 영리하다면 그 좌절은 더욱 클 수밖에 없다.

포도를 따지 못한 여우는 길을 가면서 "저건 신 포도일 거야"라고 중얼거린다. 무슨 수를 써서라도 따봐야 시기 때문에 먹을 수도 없는 것, 뭐하러 따느냐는 말이다. 그렇게 생각하면 포도를 따지 못한 데 대한 스트레스는 경험하지 않게 된다.

스트레스는 바라는 욕구가 있으나 원만히 해결되지 않기에 나타난다. 그렇기 때문에 스트레스를 줄이기 위해서는 욕구를 포기하거나 수정하면 된다. 이렇게 해도 결과가 신통치 않으면 자신을 변화시키면 된다.

이렇듯 스트레스를 효과적으로 다루려고 하는 것이 대처(coping)다. 스트레스에 대처하는 방법에는 크게 두 가지가 있다. 하나는 문제에 중심을 둔 대처이고 다른 하나는 정서적인 면에 중심을 둔 대처다.

문제중심적 대처

커피를 마시기 위해 자판기에 동전을 넣었다. 동전이 들어가는 소리가 들리며 버튼에 불이 들어오고, 밀크커피를 선택하여 버튼을 누른다. 잠시 지나 문을 열어보니 커피는 나오지 않았다. 컵도 없었다. 다시 한 번 버튼을 눌러보지만 결과는 마찬가지였다. 동전 반환버튼을 눌렀으나 돈도 나오지 않았다.

이런 경우 대부분의 사람들은 커피나 동전이 나오지 않는 이유를 파악하기 힘들다. 설사 알고 있다 하더라도 기계의 손상 없이 커피나 동전을 꺼내기는 더욱 힘들다. 도둑으로 몰리지 않으면서 자기의 손실을 보상받을 길은 관리인을 불러와 커피를 받거나 동전을 받는 것뿐이다.

문제중심적 대처(problem-focused coping)는 이처럼 문제를 해결하는 방식이다. 어떤 사람이 문제해결을 잘하면 그만큼 스트레스에도 잘 대처할 수 있다는 말이다. 이 대처는 스트레스를 일으키는 상황을 판단하고 그것을 변화시키거나 피하기 위한 여러 가능한 방법을 생각해서 가장 적합한 방법을 선택하여 스트레스 상황을 없애는 것이다.

자판기에서 커피도 나오지 않고 돈도 나오지 않을 때에는 문제중심적으로 해결할 수도 있고 정서중심적으로 해결할 수도 있다.

이런 방법에는 직면, 타협, 퇴각이 있다. 즉 우리는 문제에 정면으로 맞서서 자신의 목표를 향해 단호히 밀고나갈 수도 있고(직면, confrontation), 목표를 수정하거나 변경할 수도 있으며(타협, compromise), 아니면 투쟁을 그만두거나 패배를 받아들일 수도 있다(퇴각, withdrawal).

퇴각이 무슨 스트레스 대처방법이냐는 의문이 있을 수도 있겠지만, 다른 방법들이 먹혀들지 않을 때 퇴각은 현실적인 대처라 할 수 있다. 포기도 빨리하면 오히려 득이 될 때가 많다.

정서중심적 대처

관리인을 불러올 수 없는 한밤중에 그런 일이 벌어졌으면 어떻게 될까? 대개는 반환버튼을 몇 번 눌러보다가 그래도 안 되면 한두 번 자판기를 발로 걷어차고 뒤돌아서게 된다.

정서중심적 대처(emotion-focused coping)는 문제를 해결하려는 것보다는 스트레스 상황을 판단하고 평가하는 방법을 바꾸어버리는 것이다. 즉 상황에 직접 대처하지 않고 '액땜했다고 치지 뭐'라는 식으로 스트레스를 감소하려는 것이다.

정서중심적 대처의 극단적인 예가 있다. 그것은 스톡홀름 증후군(Stockholm syndrome)이라는 것이다. 스톡홀름은 스웨덴의 수도다.

> 1973년 8월, 스웨덴 스톡홀름의 한 은행에 몇 명의 무장강도가 들이닥쳤다. 곧 경찰이 출동했다. 강도들은 직원 4명(여성 3명, 남성 1명)을 인질로 잡아 은행 금고에서 경찰과 대치했다. 그들이 체포된 건 6일이 지나서였다.
> 놀랍게도 체포 당시 인질들은 경찰에 대항하고, 납치범들과 서로 키스하고 포옹하고 악수하며 헤어졌다. 또 인질들은 나중에 범인들에 대한 증언을 거부했다. 경찰은 인질들이 함께 강도사건을 계획했는지 조사하기까지 했다.

인질로 잡히는 것은 생각지 않은 것이며, 갑작스럽고 또 엄청난 스트레스다. 이런 경우 인질들은 자신들을 잡고 있는 범인들 편을 들면서 스트레스를 극복하려 한다.

인질들은 범인들의 잔악한 행동을 알면서도 그들을 자신을 해치지 않을 좋은 사람으로 보게 된다. 따라서 서로 다른 이 두 생각의 충돌을 막고 조화를 유지하기 위해서는 한쪽으로 생각을 몰고 가야 한다(272쪽 인지부조화 참조). 그 방향은 인질범을 좋게 보는 쪽이다. 또 자신의 목숨을 구하기 위해 협상하는 경찰이지만, 인질의 생각

✣증후군(症候群, syndrome)
증후군은 몇 가지 증후가 늘 함께 나타나지만, 그 원인이 명확하지 아니하거나 단일하지 않은 병적인 증상들을 통틀어 일컫는 말이다. 만성피로증후군, 대사증후군 등으로 사용되는 의학용어였으나 심리학 용어로 확장되었다. 영어 낱말인 신드롬(syndrome)도 많이 쓰인다. 신드롬(syndrome)은 그리스어에서 나온 것으로 "함께 달리다(run together)"라는 뜻이다.

✤리마 증후군(Lima syndrome)

인질범이 인질에게 동화되는 현상을 말한다. 1996년 12월 17일 페루의 수도 리마의 일본대사관에서 아키히토 일왕 생일 기념 리셉션이 열리던 날, 웨이터로 위장해 잠입한 범인들이 대사관저를 점령하여, 한국대사를 포함한 15개국 외교관과 페루 관료 등 400여 명을 인질로 잡았다가 1997년 4월 22일 진압되었다. 인질범 14명은 모두 사살되었다. 인질들에 의하면 상황이 그렇게 살벌하진 않았으며, 게릴라들의 교육수준이 상당해 자주 토론을 벌였고 주제도 법률에서 요리까지 다양했다고 한다. 또 인질범들이 인질들의 교양에 점차 동화되어 가족과의 편지 교환과 미사의 식도 허용했다고 한다. 인질범들의 이러한 호의는 결국 자신들에게 독이 되었다. 인질들의 요청으로 들여온 기타와 보온병 속에 도청기가 설치되어 있었던 것. 진압군은 대사관 내부 사정을 훤히 들여다보며 허를 찌르는 구출작전을 짤 수 있었다.

엔 경찰이 자기의 생명을 중요하게 생각지 않는 것으로 판단한다.

범인들 또한 그들의 인질을 동정하게 된다. 일단 경찰과 맞붙게 되면 범인들은 인질극이 성공할 수 없다는 것과 자신들이 죽을 수도 있다는 것도 알고 있다. 그래서 그들은 인질에게 잘해줌으로써 스트레스를 피하려고 한다(리마 증후군). 또한 인질을 해치게 되면 살아남기 더욱 어렵다는 것을 알기에 인질을 해치는 행동을 삼간다.

방어기제

스톡홀름 증후군과 같은 극단적인 경우는 아니라 하더라도 사람들은 정서적인 대처방법을 알게 모르게 사용하고 있다. 방어기제라는 것이다.

방어기제(defense mechanisms)는 정신분석에서 거론되는 것으로서, 무의식적으로 현실을 왜곡함으로써 불안을 감소시키고 자아를 보호하려는 것이다. 그러므로 받아들이기 힘든 본능적 충동을 우리가 의식하지 않도록 도와주며, 충동이 간접적으로 만족되도록 해주는 것들이다.

프로이트는, 방어기제란 이드(id, 인간의 원초적 본능과 관련된 성격의 한 부분, 자세한 것은 9장의 정신분석 참조) 충동의 공개적 표현과 이에 대립되는 초자아(superego, 양심)의 압력으로부터 개인을 보호하는 전략이라고 말했다.

다음은 우리가 스트레스 상황에서 무의식적으로 사용하는 방어기제들이다.

억압

억압(repression)은 망각의 한 형태다. 고통스럽거나 수치스런 생각, 받아들일 수 없는 충동이나 죄의식을 일으키는 감정 등을 의식에 떠오르지 않도록 막으며, 무의식으로 밀어버리는 것이다.

이것은 때로 '동기화된 망각'이라고 불리기도 한다. 보기 싫은 사람과 만나기로 한 약속이 그날이 지나서 생각나는 경우라든가, 어릴 때 몹쓸 짓을 당한 사람이 어른이 되어 의식적으로 기억이 나지 않는다면 억압 방어기제를 쓰고 있는 것이다.

외부표출을 시도하는 억압된 충동은 꿈이라든가 농담, 실언 등으로 일시적으로 나타나기도 한다.

한편, 억압과 비슷한 것으로 억제(suppress)라는 것이 있다. 억제는 불안을 일으키는 감정이나 욕망을 의식적으로 생각하지 않으려고 하는 것이다. 〈바람과 함께 사라지다〉의 스칼렛은 위협적인 것들을 오늘이 아닌 '내일' 생각한다. 억제가 억압과 다른 점은 의식적인 방어기제라는 것이다.

부인

부인(否認, denial)은 고통스러운 상황을 참아내기가 힘들 때 사용하는 방어기제로서 가장 흔한 것이다. 부인은 불안을 일으키는 생각과 반대로 행동하거나 불안이 없다고 생각하는 것이다. 무시하는 것도 부인의 가벼운 표현이다. 아들이 강도짓을 하다가 붙잡혔다는 연락을 받고 '절대 아닐 거야, 뭔가 잘못됐어'라고 하면서 실신하는 부모의 경우다. 불안이 의식적으로 되지 않도록 하는 면에서 억압과 비슷하다.

여자에게 퇴짜 맞은 남자가 자기는 차인 것이 아니라고 하거나 여자가 전부가 아니라고 말할 때에는 부인 방어기제를 사용하고 있는 것이다.

주지화

주지화(intellectualization)는 감정보다는 사고(思考)로써 불안을 일으키는 상황을 처리하려는 것이다.

주지화를 할 때에는 감정을 차단한다. 주사기를 꽂아 피를 뽑는 간호사의 경우 '검진해야 하기 때문에'라고 생각하면 보다 냉정하게 일을 할 수 있다. 의사는 수술부위만 남기고 환자를 시트로 덮고, 머리를 감기는 미용실 직원은 멀뚱멀뚱 눈뜨고 있는 손님의 얼굴을 수건으로 덮는다. 이는 환자와 손님을 인간으로 보지 않고 '치료해야 할 육체'와 '감겨줘야 할 머리'로 보기 위해서다. 그래야 일이 된다.

불법주차에 모두 그럴 듯한 이유가 있음에도 주차단속원들은 아랑곳하지 않고, 버스기사는 정류장 아닌 곳에 내려달라는 승객의 부탁을 거절한다. 이 모두는 그들이 몰인정한 사람이라는 것을 이야기하는 것은 아니다.

2002년 한일 월드컵에서 우리나라와 이탈리아의 16강전 주심을 맡았던 에콰도르의 모레노(B. Moreno) 심판. 토티 선수에게 레드카드를 주고 있다. 퀭한 눈과 무표정이 압권이다. 주지화는 감정을 차단하고 사고로써 스트레스 상황을 피하려는 것이다.

봐주고는 싶지만, 감정을 차단하고 '법대로' 함으로써(주지화) 스트레스를 피하려는 것이다.

합리화

> 여우와 늑대가 길을 가다가 길에 떨어진 레몬을 발견했다. 여우가 잽싸게 뛰어가 집었다. 늑대는 조금만이라도 달라고 졸라댔으나 여우는 응하지 않았다. 여우가 한입 먹었을 때 늑대가 맛이 있는지 물었다. 여우는 아주 달다고 말했다. 그러나 실제로는 아주 신 레몬이었다.

합리화(rationalization)는 사회적으로 용납되지 않는 감정이나 행동에 대해 논리적으로나 사회적으로 그럴 듯한 이유를 붙여 자신의 행동을 정당화하고 보호하는 것이다. 포도를 따지 못하고 "아마 저건 신 포도일 거야"라고 중얼거리며 가는 여우의 신 포도 이야기가 대표적이다.

반동형성

반동형성(reaction formation)은 받아들여질 수 없는 충동이나 생각, 감정을 그것과 반대가 되는 측면을 강조하거나 과장함으로써 자신의 원래 생각을 숨기고 불안을 억

누르는 것이다. 미운 자식 떡 하나 더 주는 것이다.

동성동본의 여자를 좋아하는 남자가 동성동본 금혼법을 과장되게 찬성하거나 그 필요성을 역설할 때에는 반동형성의 기제를 사용하고 있는 것이다. 강한 성욕으로 불안한 사람은 외설영화 상영을 극도로 반대한다. 강한 부정은 강한 긍정이라는 것이다.

승화

승화(sublimation)는 충동을 사회적으로 용납되는 생각이나 행동으로 돌리는 것이다. 성충동을 그림이나 조각 같은 미적 표현으로 돌리거나 공격충동을 축구나 복싱 같은 스포츠로 돌리는 것이다.

승화는 방어기제 중에서 가장 바람직한 것으로 평가받는다. 충동을 감추기 위해 사용되는 에너지를 적게 소모하며, 승화된 행동은 사회적으로 칭찬받기 때문이다.

승화는 충동을 스포츠와 같은 사회적으로 바람직한 방향으로 표출하는 것이다.

투사

투사(projection)는 자신이 스스로 받아들일 수 없는 충동이나 태도, 행동을 무의식적으로 다른 사람이나 환경 탓으로 돌려버리는 것을 말한다. '잘되면 자기 탓, 못되면 조상 탓'이라는 식으로 보통 누구 때문으로 탓을 돌리는 경우가 이에 해당한다. 흔히 쓰는 방어기제다.

치환

치환(displacement)은 원래의 불안대상에서 그것보다 위협이 작은 다른 대상으로 충동표현의 방향을 바꾸는 것이다. 상사에게 꾸중을 들은 사람은 집에 들어와 부인에게 화를 내거나 술집 종업원에게 분풀이하고, 꼬마가 화가 나면 개가 고생을 하게 된다. 남대문에서 뺨 맞고 종로에서 화풀이하는 식이다. 치환의 대상이 되는 것이 희생양(scapegoat)이다.

동일시

동일시(identification)는 자기보다 강하거나 우세한 다른 사람의 가치나 태도를 자기 것인 양 따라하면서 내면화하는 것이다. 그럼으로써 자신의 불안을 감소시키고 약함을 감추려 한다. 투사와 반대다. 최초의 동일시는 오이디푸스 콤플렉스를 겪고 난 직후 나타난다. 남자아이는

❖조삼모사, 지혜로운 원숭이들

조삼모사(朝三暮四)는 『열자(列子)』 〈황제편(黃帝篇)〉에 나오는 이야기다. 『장자(莊子)』 〈제물론(齊物論)〉에서도 찾아볼 수 있다. 춘추전국시대에 송나라의 저공(狙公)이란 사람이 원숭이를 많이 기르고 있었는데 먹이가 부족하게 되자 원숭이들에게 말하기를 "앞으로 너희들에게 도토리를 아침에 세 톨, 저녁에 네 톨 주겠다"고 했다. 원숭이들은 화를 내며 아침에 세 톨을 먹고는 배가 고파 못 견딘다고 하였다. 그러자 저공은 "그렇다면 아침에 네 톨, 저녁에 세 톨 주겠다"고 하자 그들은 뛸 듯이 기뻐했다.

원숭이의 어리석음을 이야기하고자 한 일화이지만, 심리학적으로 보면 원숭이들의 지혜가 돋보이는 얘기다. 즉 원숭이들은 아침에 미리 네 톨의 도토리를 확보함으로써 불안감을 줄일 수 있었으며, 또한 스스로 결정을 함으로써 스트레스를 줄일 수 있었다. 또한 경제학적으로도 아침의 밤 네 톨은 저녁의 밤 네 톨보다 가치가 크다. 그러므로 '아침에 네 톨, 저녁에 세 톨'이 '아침에 세 톨, 저녁에 네 톨'보다 가치가 큰 것이다.

아버지와 동일시함으로써 자신의 불안을 감소시킨다.

연예인의 행동을 따라하는 청소년, 선생님의 말투를 흉내 내는 학생, 스타의 안경과 같은 모양의 안경을 쓰는 20대 등이 동일시의 예다. 스타들도 선글라스를 쓰지만 스타인 것처럼 보이려는 사람들이 불필요한 곳에서 더 많이 선글라스를 쓴다. 역시 동일시다.

동일시는 자기보다 강하거나 우세한 다른 사람의 가치나 태도를 자기 것인 양 따라하면서 내면화하는 것이다.

방어기제는 대개 실패를 완화하고 긴장과 불안을 경감시키며 고통을 치유해준다. 따라서 대개의 사람들이 현 상황에서의 스트레스에 대처하기 위해 사용한다. 그러므로 방어기제를 사용한다 하여 그가 미숙하다고는 볼 수 없다. 때에 따라서는 문제중심적 대처보다 훌륭한 대책이 될 수도 있고, 어떤 경우에는 생존을 위해 필수적인 때도 있다. 의사는 주지화를 함으로써 냉정과 객관성을 유지할 수 있고 환자는 자신의 치명적인 병을 부인함으로써 삶의 희망을 버리지 않을 수도 있다.

그러나 방어기제를 사용한다 하더라도 객관적으로 스트레스 상황을 바꾸지는 못한다. 또 방어기제는 사실을 왜곡하고 자기를 기만하며 고통스런 상황을 순간적이나마 벗어나려고 하는 것이기에 궁극적인 해결책은 못된다. 자신이 병의 초기증세를 부인하다가 치명적인 순간에 병원문을 들어선다고 생각하면 아찔하다. 또 방어기제가 강하게 나타나면 정서장애로 발전하는 경우도 있다. Ψ

✣행복도 절망도 길어봐야 2년… 충격 클수록 빨리 회복

美英佛 경제학자 연구… "행복조절장치 작동해 평상수준 유지"

에어컨에 온도자동조절장치가 있어 아무리 덥더라도 실내 온도를 일정 수준으로 유지해주는 것처럼 인간에게는 '행복조절장치'가 있어 평생 동안 '기본적인 행복수준'을 유지해준다는 연구결과가 나왔다. 불행한 사건이 발생해도 그 상태는 오랜 기간 지속되지 않아 '세월이 약'이라는 말이 사실로 증명된 것.

프랑스, 영국, 미국 경제학자들이 20년간 18~60세 독일인을 대상으로 삶의 만족도를 분석한 결과, 살다보면 부정적이든 긍정적이든 큰 사건이 일어나 행복에 영향을 미치지만 행복조절장치가 작동해 머지않아 종전 상태로 되돌려놓는다고 '경제학저널(Economic Journal)' 최신호에 발표했다. 이번 연구는 '적응력'이라 불리는 인간의 심리적 과정을 살핀 것으로, 적응력은 인간이 좋든 나쁘든 새로운 환경에 적응하는 능력을 말한다.

영국 BBC 방송, 유력일간지 텔레그래프 온라인판 등이 13일 보도한 내용에 따르면, 연구진은 대상자들에게 20년간에 걸쳐 정기적으로 삶의 행복감에 대해 묻고, 인생에 어떤 중요한 사건이 있었는지를 알아본 후 이 사건과 행복감의 관계를 알아봤다.

연구결과, 실직한 사람들은 직업을 잃어 생긴 불행한 마음 상태가 5년이나 지속됐다. 반면 배우자가 사망하거나, 이혼하는 등의 정신적인 충격이 큰 사건이 있은 후에도 삶의 행복감이 저하됐지만 곧 다시 회복한 것으로 나타났다. 결혼, 2세 출생 등 기분 좋은 사건이 있었을 때의 영향도 일시적이었다. 아이를 낳고난 후의 행복감은 일상적인 기분으로 돌아오기까지 2년 동안 지속됐다.

이번 연구의 공동 저자인 영국 부르넬 대학 야니스 조젤리스 박사는 "'세월이 약이다'라는 오랜 속담이 진실인 것으로 밝혀졌다"며 "종전의 다른 연구결과에서도 사람들이 불운을 겪고 난 후 회복하는 시간은 매우 빠르다는 것을 알 수 있었다"고 말했다. (코메디닷컴, 2008.7.14)

마무리사례

고액 연봉자는 황금 족쇄 찬 노예, 부자되기 어려워

우리는 고액 연봉을 받으면 부자라고 생각한다. 그들은 고급 주택가에 살며 좋은 차를 몰고 다닌다. 명품 브랜드의 의류와 구두를 신고 고급 시계를 찬다. 그들이 몸에 걸친 것을 모두 합하면 모르긴 몰라도 국민차 한 대 값보다 훨씬 비쌀 것이다.

그들은 호텔 피트니스 센터의 회원권을 갖고 있으며 정기적인 운동으로 몸을 슬림(Slim)하게 관리한다. 그들은 호텔 식당가나 일반 사람들은 이름도 들어보지 못한 고급 레스토랑에서 미각과 시각과 후각을 애무하는 식사를 즐긴다. 주말에는 골프 라운딩을 하고 연휴나 휴가 때는 해외에 나가 고급 휴양지에서 품위 있는 휴식을 취한다.

그들은 돈이 많다. 그들의 인생은 멋지다. 그들은 '소 쿨(So Cool~)'한 라이프스타일을 즐긴다. 그들은 부자다. 그들은 부유하긴 하지만 돈을 많이 받는 노예일 뿐이다. 그들의 인생은 고액 연봉에 담보 잡혀 있다. 그들의 손에는 '황금 수갑'이 채워져 있다. 그들은 세련되고 기품 있는 생활을 자랑하며 스스로 상류층이라고 생각하지만 그들의 품격 높은 라이프스타일은 그들 자신의 몸값을 담보로 한 노예생활의 대가일 뿐이다. 그들은 상류층의 노예다.

♠ "고액 연봉? 좋아. 대신 황금 수갑을 채워주지"

말도 안 되는 소린 집어치우라고? 엄연한 현실인데도? 미국 자료이긴 하지만 증거도 있다. 미국 워싱턴포스트(WP)의 칼럼니스트 배리 리트홀츠는 변호사, 금융가, 회계사, 의사, 엔지니어 등이 받는 "고액 연봉에는 더러운 비밀이 숨겨져 있다"고 주장한다. "고용주는 장래가 유망한 직원들이 돈을 펑펑 쓰도록 격려"하며 "직원들이 레버리지를 높여 돈을 쓰는 것을 너무나 좋아한다"는 것이다.

일반적으로 황금족쇄/수갑이라는 용어는 자신의 직업이 제공할 수 있는 삶의 더 좋은 것들을 계속해서 누릴 수 있도록 만족스럽지 못한 직업에 묶여 있다고 느끼는 고소득자에게 적용된다.

고용주는 고액 연봉을 주고 채용한 똑똑하고 재능 있는 직원들이 돈을 펑펑 쓰지 않을 수 없도록 분위기를 조장한다. 만나는 사람들이 주로 사는 비싼 동네에 집을 사도록 부추기고 기업 미팅에는 럭셔리한 자동차를 몰고 나가지 않으면 창피하게 느끼게 한다. 암묵적인 드레스 코드라는 것을 만들어 명품 브랜드를 입지 않을 수 없도록 한다. 이는 고액 연봉을 보장하는 기업의 문화다.

그래서 뭐가 문제냐고? 부럽기만 하다고? 실상은 그렇지 않다. 투자은행(IB), 법률회사, 회계법인, 대형 병원, 전문가를 채용해야 하는 대기업 등은 탁월한 직원들에게 '황금 족쇄'를 채워놓는 것이 얼마나 유리하고 수익성 높은 사업인지 너무나 잘 알고 있다.

똑똑하고 젊은 직원들은 고액 연봉으로 많은 수입이 생긴 데다 주변의 돈 쓰는 분위기에 휩쓸려 씀씀이가 점점 더 커진다. 이들은 화려한 생활을 유지하기 위해 주택담보대출 규모를 늘리고 카드 사용액을 확대한다. 이렇게 과소비와 과잉 부채로 이들은 월급 노예가 되어간다.

월급 노예들은 부채가 없는 직원들보다 더 열심히, 더 많이, 더 오래 일해야 한다. 레버리지가 높은 이들 고액 연봉자들은 월급 수준은 더 낮지만 가족적이고 근무시간이 짧은 회사로 결코 옮길 수 없다. 이미 많이 쓰는 데 익숙해졌기 때문이다. 이들은 고용주가 '당신 해고야!(You're fired!)'라고 소리칠 때까지 더 열심히, 더 많이, 더 오래, 진이 빠질 때까지 일해야 한다. 이들의 고액 연봉은 자신의 시간을 온통 회사에 바친 결과다.

♠ "상위 5% 고소득자, 저축률은 미국 꼴찌"

월스트리트 저널(WSJ)도 고소득자들이 소비의 노예가 되어 위기에 취약하다는 점을 지적했다. WSJ는 미국의 상위 5% 고소득자들이 미국 전체 소비 지출의 36%를 차지하고 있다고 전했다.

고소득자들이 돈을 많이 써주는 거야 고마운 일이다. 내수 발전에 도움이 되니 말이다. 하지만 놀라운 사실은 2008년 기준으로 평균 소득이 38만2,000달러인 이들 상위 5%의 고소득자들이 미국에서 저축률이 가장 낮다는 점이다. 나머지 미국 국민들의 저축률은 8%인데 이들 상위 5% 고소득자의 저축률은 1.4%에 불과했다. 연간 30만 달러 이상 고소득자들은 하위 40% 저소득자의 5분의 1만큼도 저축을 하지 않았다.

고소득자의 손 큰 씀씀이와 관련한 흥미로운 '스캔들'도 최근 화제였다. 미국 상류층 '마님'들의 생활을 보여주는 리얼리티 쇼 '뉴저지의 진짜 주부들'에 출연한 조 & 테레사 기디스 부부는 이 프로그램 시즌 2를 한창 찍고 있던 지난해 10월 29일 1,085만달러의 빚을 지고 파산을 신청했다.

하지만 파산을 신청한 전후로 찍은 프로그램에서 테레사는 딸들 옷값으로 1965.80달러를 쓰고 첫딸 지아에게는 아홉살 생일선물로는 너무 화려한, 소형 전지형 만능차(ATV)를 사줬다. 시즌 후반부에서는 이탈리아 베니스로 여행도 떠난다. 파산 신청으로 알거지가 될 위기에서도 사치스럽게 쓰는 습관은 버리지 못한다. 아마 이들의 직업이 궁금할 것이다. 남편 조는 석재를 취급한다. 조는 파산 신청 서류에 이 석재 사업으로 한 달에 3,250달러밖에 벌지 못한다고 기재했다.

♠ 매년 바뀌는 고소득자 명단, 고소득은 영원하지 않다

미국 국세청(IRS)이 매년 발표하는 고액 납세자 400명 명단은 매년 바뀐다. 이 명단이 발표된 1994년 이래로 매년 400명 가운데 27% 이상이 바뀌었다. 1994년 이후 이 명단에 매년 포함된 장기 고소득자는 단 4명에 불과하다. 연봉이든 임대수입이든 금융소득이든 최고의 소득을 장기간 유지하기란 쉽지 않다는 사실을 보여준다. 이 고소득에 맞춰 지출을 늘려가면 돈의 노예가 될 뿐이다.

갤럽이 50년간 150개국 이상 1,500만명을 대상으로 행복을 결정짓는 요소를 조사한 결과를 담은 '웰빙 파인더'라는 책이 있다. 이 책에 따르면 단순한 소득의 많고 적음보다는 재정적 안정감, 즉 하고 싶은 일을 언제라도 할 수 있을 만큼의 충분한 돈을 가지고 있다는 인식이 웰빙에 3배 높은 영향력을 미쳤다.

여기서 중요한 것은 하고 싶은 일을 언제라도 할 수 있다는 것은 돈만 갖고는 안 된다는 점이다. 하고 싶은 일을 하기 위해 소득이 줄어도 괜찮은지, 시간을 낼 수 있는지가 결정적으로 중요하다. 부자와 가난한 사람을 가르는 차이는 소득의 많고 적음을 넘어 소득에 상관없이 시간을 얼마나 마음대로 쓸 수 있느냐, 즉 마음과 시간의 자유를 가지고 있느냐의 차이이다.

당신은 그래도 '황금 족쇄'를 차고 싶은지, 당신이 지금 열심히 노력하는 것은 이 빛나는 '황금 족쇄'를 차기 위함은 아닌지, 솔직한 대답이 듣고 싶다. (머니투데이, 2011.6.24)

핵심 용어

갈등 / 감정적 판단 / 과잉일반화 / 과잉확대/축소
대처 / 동일시 / 문제중심적 대처 / 반동형성
방어기제 / 부인 / 비합리적 사고 / 선택적 주의
성급한 결론 / 스톡홀름 증후군 / 스트레스 / 승화
압박감 / 억압 / 이중접근-회피갈등 / 일반적응증후군
자극의 결핍 / 잘못된 이름 붙이기 / 접근-접근갈등 / 접근-회피갈등
정서중심적 대처 / 좌절 / 주지화 / 치환
투사 / 합리화 / 회피-회피갈등 / 흑백논리

요약

- 생활의 변화가 많거나 어떤 상황에 의해 해를 받을 것으로 생각되면 긴장하거나 불편함을 느끼는데, 이것이 스트레스다. 이는 끊임없이 환경과 상호작용하면서 신체적으로나 심리적으로 균형을 유지하려는 노력 때문이다.
- 심각한 스트레스원(stressor)에 대한 일반적인 신체반응을 일반적응증후군이라 한다.
- 흑백논리, 과잉일반화와 같은 비합리적 사고의 스트레스를 해소하는 방법은 잘못된 사고과정을 재구성하는 것이다.
- 스트레스의 주요 원인은 자극의 결핍, 압박감, 좌절, 갈등 등이다.
- 스트레스 대처방법에는 문제에 중심을 둔 대처와 정서적인 면에 중심을 둔 대처가 있다.
- 방어기제는 무의식적으로 현실을 왜곡함으로써 불안을 감소시키고 자아를 보호하려는 것인데, 스트레스 상황에서 무의식적으로 사용한다.

CHAPTER 11

집단과 리더십

사회심리학에서는 집단역학(group dynamic)이라는 주제로 집단을 다룬다. 리더십(leadership) 역시 사회심리학의 한 분야로, 어떤 사람이 리더가 되는지, 리더의 행동과 효율적인 리더 등을 다룬다. 그 과정에서 상황이나 조직원간의 관계도 다루어진다.

집단형성 | 집단갈등 | 응집력 | 집단의 효율성 | 집단사고 | 리더 | 리더십 이론
효과적인 리더십 – 히딩크 감독 | 리더가 되지 않는 방법

쪼그려 앉은 군통수권자… 승리는 이런 데서 온다

비밀 작전을 실시간으로 지켜보는 긴박한 상황에서 대통령은 상황을 분석하는 군 관계자(합동특수작전사령부 마샬 B 준장)에게 상석을 내줬다. 실무가 우선이지, 권력이 우선이 아니었다. 벙커에서 뻔한 지시나 내리고, 보고 내용을 듣고 '격퇴'만을 외치는 그런 지도자가 아니었다. 군인에게 승리의 다짐을 하도록 하고 그 다짐을 받는 식의 근엄한 군통수권자가 아니었다. 오바마에게 격식은 '실전에선 군을 잘 아는 사람이 존중받아야 한다'는 것이었다.

미 해군 특수부대 네이비실(Navy SEAL) 중에서도 최정예로 꼽히는 '팀 식스(Team Six)'가 작전을 개시하는 순간, 오바마 대통령은 마샬 준장의 오른쪽에 앉았다. 그것도 목 받침도 없고 등받이도 낮은 간이의자에 쪼그린 듯 앉은 모습이다. 일촉즉발의 현장을 지켜보며 실무적인 군사 지휘가 필요했던 만큼 그는 군의 실무지휘관에게 상석을 넘긴 것이다.

오바마 대통령은 빈 라덴 은신처에 대한 공습승인을 작전 개시 72시간 전에 내렸다. 이후 그는 평소와 다름없는 대통령으로서의 생활을 했다. 작전 당일인 1일(미국 현지시간)에도 오바마 대통령은 워싱턴 D.C. 인근의 앤드루스 공군기지에서 잠시 골프를 친 것으로 전해진다. 그러나 9홀 라운딩에 그쳤다. 빈 라덴 제거작전 준비가 끝났다는 보고를 받았기 때문이다.

그가 얼마나 급하게 골프장을 떠났는지 골프화를 그대로 신고 백악관으로 갔다. 신속한 군통수권자의 모습이다. 그러곤 백악관에 속속 도착한 존 바이든 부통령 등 국가안보회의(NSC) 주요 인사들과 회의를 했다. 그는 마침내 목표물을 제거하라고 최종 결정을 내렸다. 그러곤 상황실로 이동해 실무진에게 지휘봉을 넘겼다.

함께 맥주를 마시고 있는 버락 오바마 대통령과 다코타 마이어. 2011년 9월 미 정부는 아프가니스탄 파병군이었던 예비역 다코타 마이어에게 미국 최고 무공훈장인 명예훈장을 수여키로 결정했다. 2009년 아프간 현지에서 위기에 처한 36명의 동료를 구조하고, 4명의 시신을 수습한 공로를 인정한 것이다. 백악관은 건설노동자로 근무 중인 마이어가 일하고 있는 회사로 직접 전화했다. 하지만 마이어는 "지금은 근무시간이라 전화를 받을 수 없다. 몰두해 일을 하지 않으면 봉급을 받을 자격이 없어진다"며 "점심시간엔 통화가 가능하니 그때 전화해 달라"고 말했다. 오바마는 점심시간까지 기다린 후에야 마이어와 통화를 할 수 있었다. 훈장 수여식이 있던 날, 오바마는 마이어에게 "내 전화를 받아줘서 고마웠네"라며 웃었다.

적을 퇴치하는 데 그들의 결정은 거침이 없었다. 준비도 신속하고 치밀했다. 결정이 내려지자 작전은 전광석화처럼 진행됐다. 머뭇거림 없는 군사작전은 승리를 안겨다줬다. 그리고 오바마는 선언했다. "정의가 실현됐다."

(중앙일보, 2011.5.3)

생각해보기 현대 조직에서 요구되는 리더의 요건은 어떠한지 생각해보자.

집단형성

욕구 5단계설을 주장한 매슬로는, 다른 사람과 친하게 지내려 하는 것을 욕구의 하나로 본다. 즉 음식이나 물 등의 생리적 욕구가 만족되면 안전을 추구하는 단계로 나아가고, 안전욕구가 만족되면 소속감 · 사랑욕구로 나아간다는 것이다.

그리하여 다른 사람과의 애정적인 관계, 자기 가족 내에서의 위치, 준거집단 등을 갈망하게 된다. 집 안에만 틀어박혀 지내는 '은둔형 외톨이족'이 아니라면 다른 사람과 관계를 유지하며 생활하는 것은 욕구의 하나라는 것이다.

진화론에 기반을 둔 사회생물학에서는 다른 사람과 함께 있고 싶어 하는 것이 기본적인 인간 본성이기는 하지만, 집단을 형성하게 된 데는 환경적응적인 면이 더 강하다고 강조한다. 즉 집단이 개인의 욕구를 만족시켜주기 때문에 사람들이 집단을 형성하게 된다는 것이다.

인류가 처음 집단을 형성한 오랜 옛날, 인류의 조상들은 혼자서 생활하는 것보다 집단으로 생활하는 것이 생존하는 데 훨씬 유리함을 알았을 것이다. 즉 집단을 이루게 되면 맹수들로부터 자신을 보호할 수 있고, 협동하여 사냥함으로써 먹이를 더 확보할 수 있었다. 뿐만 아니라 이성을 찾기가 더 쉬웠으며, 자신의 후계자를 양육하고 보호하는 데 유리하기 때문에 집단을 갖는다는 것이 매력적이었을 것이다.

실제로 실험을 보면 두려울 때에는 다른 사람과 함께 있고 싶어 한다는 것을 보여준다. 그렇기 때문에 두려움이 존재할 때 집단의 단결도 훨씬 잘된다. 우리나라가 사상 초유의 IMF 구제금융을 받게 되었을 때, 당시 전 국민이 동참했던 금모으기 운동을 생각해보라.

또 다른 사람들은 사회적 상호작용을 경제학적 관점에서 보고 있다. 즉 다른 사람들(집단)과의 상호작용이 자신에게 가치가 있는지를 비교해보고 결정한다는 것이다. 한 집단에 가입할 때 이것이 주는 보상과 부담을 어떻게 보느냐에 따라 집단에의 가입여부를 결정한다는 것이다(이것을 사회교환 또는 사회비교라고 한다). 동호회나 친목회 등 자발적인 참여와 이탈이 가능한 집단이라면 그 집단에 '붙어 있는' 것이 나름대로의 이득이 되기 때문에 가입되어 있다는 것이다.

요약하면, 우리가 동호회에 가입하고 있든 기업에 몸담고 있든 어떤 조직에 머물러 있는 이유는 세 가지라고 할 수 있다. 그 조직이 좋기 때문이거나, 다른 조직에 가봐야 현재보다 더 나을 것이 없기 때문이거나, 그 조직에 자기가 투자한 것이 많을 때다.

그 때문에 특수 직업군의 협회나 지하조직 등과 같이 응집력이 높은 조직은 많은 액수의 가입비를 요구하거나 가혹한 입단식 등의 과정을 거치는 경우가 많다. 개인적인 투자를 통해 개인과 집단의 연결끈을 확실하게 하고, 섣부른 이탈을 방지함으로써 조직의 안전을 꾀하기 위해서다.

집단이 개인에게 주는 이익

집단에 가입하면 개인이 받는 보상은 한두 가지가 아니다. 일단 인간의 기본 욕구인 사회적 상호작용을 할 수 있다. 사람들을 만나고 대화하고 같이 시간을 보내고 하는 등의 행위 자체가 집단 속의 개인한테 이롭다는 것이다. 목마름이나 배고픔 같은 기본 욕구들이 충족되지 않으면 보다 더 욕구가 강해지는 것처럼 다른 사람과의 사회적 접촉이 없을 때에도 친교욕구가 더 강해진다는 것을 연구결과는 보여준다. 그만큼 다른 사람과 접촉한다는 것 자체가 보상이 된다.

그리고 집단은 비교적 비슷한 사람끼리 구성된다. 정치적 신념이라든가 종교, 사회경제적 지위, 고향 등이 같은 경우가 많다. 그리하여 동질적인 한 집단에 소속됨으로써 자기의 태도와 가치관 등이 유사한 구성원들은 자기를 지지해주는 후원자가 된다. 이러한 유사성 때문에 집단은 자기를 인정하고 승인하고 지지하는 버팀목이 된다.

게다가 집단이라면 나름의 목표가 있는데, 이러한 목표는 개인으로 추구할 때보다 집단으로 추구할 때 성공 가능성이 더 크다. 혼자서 결혼 상대자를 찾는 데는 많은 노력과 비용이 든다. 하지만 결혼을 목적으로 한 인터넷 사이트에 가입하면 그러한 비용과 노력을 최소로 줄이면서 최대의 효과를 얻을 수 있다.

집단의 구성원이 되면 또 다른 '좋은' 구성원들을 만나게 되는 것도 집단을 찾는 이유다. 이런 구성원들은 우리가 집단에 들어갈지 말지를 결정하는 중요한 요인이기도 하다. 즉 '좋은' 구성원이 많을수록 집단에 가입할 가능성이 크다는 것이다. 이런 집단에 들어가게 되면 자신이 부담해야 할 비용보다는 얻게 될 보상이 더 크다.

집단이 개인에게 주는 부담

집단이 개인에게 이익만 주는 것은 아니다. 개인이 집단에 들어가면 처음에는 낯설고 불편하고 긴장된 느낌을 갖게 된다. 부담이 아닐 수 없다. 그래서 어떤 모임에 처음 참석하는 사람은 자신이 잘 알지 못하는 그 집단의 사람들을 만날 때 대단히 조심하게 된다. 게다가 집단에 어떤 규범이라도 있지 않으면 신참들은 더욱 조심하게 된다. 무엇을 어떻게 해야 할지 모르기 때문이다. 사람에 따라서는 이런 것이 상당한 부담으로 작용하여 집단에 가입하는 것을 꺼리기도 한다.

일반적으로 집단은 가입 초기에 부담을 요구한다. 가입비나 까다로운 가입절차 등이 그것이다. 이처럼 집단에 투자를 많이 했을 때에는 조직에 남아 있게 될 가능성이 큰데, 그것은 투자를 많이 할수록 집단에 대한 호감이 증가되기 때문이다. 인지부조화 이론(272쪽 참조)에 따르면, 투자는 분명 개인적인 부담으로서 불편감을 갖지만 개인은 집단이 주는 보상적인 측면을 더 강조함으로써 부담의 측면을 최소화하기 때문이다. 그래서 조직에 대한 비판은 쉽지 않다.

군대나 지하조직 같은 경우 입문식은 엄격하거나 가혹한 경우가 많다. 개인과 집단의 연결끈을 확실히 하기 위해서다.

그 밖에도 집단에 가입했다가 자칫 '왕따'가 될 수 있다거나 집단의 간섭을 일일이 받아야 된다는 부담도 있다. '왕따'(배척)는 일반적으로 처벌의 형태로서 이루어지는데, 이럴 경우 자신의 고집을 꺾게 됨으로써 조직의 목적을 우선시하는 역할을 하기도 한다. 하지만 자신을 따돌린 구성원을 좋지 않게 보게 되기 때문에 실제로 집단에 도움이 되지는 못한다. 간섭도 개인이 느끼는 부담으로 작용한다. 집단의 구성원이나 지도자가 자신의 개인생활에 개입하게 되면 부담을 느끼게 될 뿐만 아니라 집단에 대한 매력을 감소시킨다.

이러한 왕따나 간섭이 많아지면 반발이 일어나기도 한다. 개인이 갖고 있는 자유의 상실에 대한 걱정 이상으로 집단의 간섭이 이루어지면 개인은 자신의 자율성을 지키기 위해 반발하고, 결국에는 경우 집단을 떠나게 된다.

선호되는 구성원

어떤 집단에 가입한 이유 중의 하나는 '그 집단의 구성원들이 마음에 들어서'다. 실제로 집단에 관한 연구를 보면 사람들은 조직 내에서 건강하고 관대하고 사교적이고 편견이 없고 솔직하고 사려 깊은 사람들을 좋아하는데, 이러한 구성원 속에서는 자신이 감당해야 할 부담을 줄이

"톰! 왜 이렇게 스토브가 뜨겁지? 빨리 불 좀 낮춰줘!" 뉴턴의 벼락같은 호통에 깜짝 놀라 잔심부름꾼이 방에 들어가 보니, 뉴턴은 스토브 앞에 한 자도 채 못 되는 가까운 거리에 바짝 다가앉은 채 열심히 책을 읽는 중이었다.
"주인님, 스토브가 뜨거운 것이 아니라 스토브에 바짝 다가가 계시는군요. 한 발짝만 뒤로 물러앉으세요!"
뉴턴은 29세 때 케임브리지 대학의 교수가 되었고, 30세에 영국 과학자라면 누구나 부러워하는 최고의 영예인 런던의 왕립협회 회원이 된 위대한 과학자다. 그런 그가 이러한 사소한 실수를 하다니…. 하지만 이런 실수로 인하여 오히려 그가 인간적으로 혹은 친근해 보이지 않는가?

고 보상을 최대로 받을 수 있기 때문이다. 그래서 우리는 보다 나은 구성원들이 모인 집단에 들어가길 원한다.

따라서 집단에서는 능력 있는 사람이 선호된다. 유능하고 지적이고 노련한 사람들은 더 사랑받는다. 하지만 지나치게 능력 있는 사람은 때로 거부되기도 한다. 그것은 지나치게 능력 있는 사람은 접근하기 어렵고 초인처럼 보이기 때문이다. 그리고 이들의 존재로 인해 다른 구성원들이 상대적으로 자신이 무능력하다는 느낌을 갖게 되는 것도 또 다른 이유다. 하지만 지나치게 능력 있는 사람일지라도 커피를 쏟는 것과 같은 사소한 실수를 저지르면 더욱 인기가 높아진다. 인간적으로 보이기 때문이다.

또한 집단에서는 신체적인 매력이 있는 사람들이 선호된다. 외모는 사회적 재산으로 여겨진다는 것이 여러 연구에서 입증되고 있다. 하지만 능력과 마찬가지로 극단적으로 매력적인 사람들은 배척된다. 매우 매력적인 사람은 개인적이고 야심 있고 성취지향적인 특성이 있다고 여겨지는데, 이들은 덜 매력적인 다른 동료들에게 관심을 보이지 않아 배척된다.

집단갈등

2005년 독일의 한 고속도로 요금소에서 발생한 황당한 교통사고 사진이 인터넷에 올라 네티즌들의 폭소를 자아낸 적이 있다.

독일의 한 커뮤니티 사이트를 통해 소개된 다음의 사진에는 고속도로 요금소에 먼저 진입하기 위해 경쟁을 벌이던 두 자동차의 최후가 담겨 있다. 두 대의 자동차는 차량 한 대가 진입할 수 있는 요금소 통로에 동시에 들어와 옴짝달싹 못하는 신세가 되고 말았는데, 양보의 미덕을 발휘하지 않아 두 명의 운전자 모두 상당한 곤란을 겪게 되었다고 한다. 언뜻 봐도, 두 명의 운전자가 어떻게 밖으로 나왔을까 궁금해진다.

우리는 이 두 차량의 운전자들이 끼어들기 진행과정에서 서로 어떤 갈등을 겪었는지 짐작할 수 있다. 그저 앞 운전자가 기분 상하지 않게 끼어들었다면 혹은 뒤 운전자가 대수롭지 않게 그냥 넘겼다면 이 정도로까지 상황이 악화되지는 않았을 것이다.

집단도 이와 비슷하다. 집단 내에서 지내다 보면 갈등이 없을 수가 없다. 같은 목적을 위해 한 배에 올라타기는 했어도 의견충돌은 어디든 있게 마련이다. 이러한 갈등은 물밑에서 떠돌다 갑자기 나타날 수도 있고, 어떤 누군가의 주의하지 않은 한마디 말로도 촉발될 수 있다.

갈등이라는 말 자체는 그리 유쾌한 개념이 아니다. 갈등에 관한 연구가 시작된 초기에는 갈등은 커뮤니케이

션의 효율성을 저해하고 인간관계를 해치는 등 유익하지 못한 요인이므로 해소되거나 해결되어야 한다고 생각되었다(전통적 관점). 그러다가 집단에서 필연적으로 나타나는 필요악이므로 갈등을 수용하고 인내하는 것이 대책이라는 관점도 생겨났다.

요즘은 오히려 갈등이 집단 내에서 절대적으로 필요하다는 관점이 우세하다. 즉 갈등은 새로운 아이디어를 촉진시키고 집단의 응집성을 향상시키며 우수한 의사결정을 내리게 하고 욕구불만의 탈출구를 제공하는 등의 이익을 집단에 제공한다는 것이다. 따라서 갈등을 촉진시키고 장려해야 한다는 것이다. 그래서 요즘은 경영학에서도 갈등을 조직관리의 한 형태로 다루고 있다.

갈등은 흔히 비탈을 굴러 내려오는 눈덩이와 비슷하다. 개인이든 집단이든 갈등은 대개 사소한 의견불일치로부터 시작된다. 그러다가 불안과 긴장이 높아지며 서로 감정적이 된다. 갈등은 당사자들간의 불신을 증가시키며, 이것이 다시 갈등을 증폭시킨다. 사회 전반에서 — 개인, 기업, 정당, 심지어 국가간에도 — 발생하며, 그 피해는 예측한 것보다 훨씬 큰 경우가 많다.

그러면 이러한 갈등은 어떻게 시작되고 그 과정은 어떠한 경로를 거칠까? '달러경매'라는 다음 실험은 갈등상황에서 긴장과 감정이 어떻게 증폭되며 나타나는가를 잘 보여준다.

> 1달러 지폐 한 장이 경매에 부쳐졌다. 일반 경매와 같이 가장 높은 입찰가를 부른 사람에게 낙찰된다. 그러나 특이한 규칙이 한 가지 있다. 그것은 최고의 입찰가를 부른 사람이 그 지폐의 임자가 되기는 하지만, 두 번째 높은 입찰자는 아무것도 얻지 못한다. 뿐만 아니라 두 번째 높은 입찰자는 자기가 부른 입찰가만큼의 금액을 내놓아야 한다.
>
> 구성원들은 처음에는 이런 게임을 꺼리지만 곧 입찰가는 50센트를 넘어서 1달러로 향한다. 처음엔 농담과 대화로 시작되지만 점차 분위기는 험악해진다. 불안과 초조, 신경질적인 감정이 솟아난다. 입찰을 포기하는 사람들이 늘어나고 결국 두 명만 남게 된다. 이제는 입찰가가 높아질수록 게임을 포기하면 크게 손해본다는 것을 깨닫고 서로 대결로 빠져들기 시작한다. 대화는 없어지고, 얼굴이 굳어진다.
>
> 
>
> 당신이 90센트를 불렀을 때 상대방이 1달러를 불렀다면 당신은 어떻게 할 것인가? 여기서 포기하면 당신은 90센트를 잃게 된다. 1달러보다 비싸게 부르는 것이 어리석게 느껴지기도 하지만, 당신은 결국 1달러 10센트를 부른다. 그러면 상대방도 또한….
>
> 게임이 진행될수록 이제는 이성의 문제가 아니고 감정과 자존심의 문제다. 어떤 대가를 치르더라도 상대를 굴복시켜야 한다. 이 실험에서 입찰가는 거의 모두 1달러를 넘어섰고, 어떤 경우는 20달러까지 올라갔다.
>
> (Allan Teger, 1980)

이제 앞의 두 운전자의 사례를 참고하면서 어떻게 저 지경으로 사고가 날 정도로까지 갈등이 진행되었는지 그 과정을 살펴보자. 그 과정을 보다 재치 있게 보여줄 수 있는 인터넷 유머를 소개한다.

의견불일치

> A : 어제 중국집 가서 자장면 시켜 먹었는데 정말 맛있더군요.
> B : 자장면이 뭐가 맛있어요? 우동이 훨씬 맛있지.
> C : 우동이요? 에이, 우동보다는 자장면이죠. 돼지고기도 들어가고.
> D : 자장면에 돼지고기라면 우동에는 해물이죠. 맛을 안다면 역시 우동!

A의 평범한 문제제기에 대해 B의 평범한 반론이 있다. 여기에 C의 재반론이 생겨 A편을 들며, C의 재반론에 또 다른 반론을 하는 D가 B의 의견에 합류한다.

일반적으로 집단 가입 후 초기의 어색한 기간이 끝나면 개인은 각자의 목소리를 내게 된다. 그러면서 서로를 더 잘 이해하게 되고, 상호간에 상호작용을 더 활발히 하게 된다. 하지만 이 시점에서 의견불일치가 나타나게 된다. 이러한 의견불일치는 단순한 것에서부터 아주 심각한 것에 이르기까지 다양하게 나타날 수 있다.

갈등은 대부분 오해에서 시작되는 경우가 많다. 집단에 의견불일치가 있다 하더라도 이러한 불일치는 대개는 집단의 목적을 달성하기 위한 것이다. 하지만 의사소통이 제대로 되지 않으면 서로를 오해하게 되고 그러다 보면 갈등이 나타나게 된다. 이런 경우 문제를 조금 더 탐색해 들어가다 보면 서로가 목적하는 바가 똑같고 아무런 갈등거리도 되지 않는다는 것을 깨달을 수 있다.

의견불일치로 인한 이러한 갈등은 초기에 비교적 손쉽게 해결된다. 그 중요성도 크지 않고 집단에 미칠 영향도 그리 크지 않은 것들이다. 하지만 이런 갈등도 까딱 대처를 잘못하다 보면 심각한 갈등으로 번지는 경우도 많다.

이처럼 개인간이든 집단간이든 갈등은 대개 사소한 의견불일치에서 시작된다. 그러다가 불안과 긴장이 높아지면서 서로 감정적이 된다. 갈등은 당사자들의 불신을 증가시키고, 이것은 다시 갈등을 증폭시킨다.

그 다음 대화를 보자.

대결

A : 님, 그럼 우동 안 먹는 사람은 맛을 모른단 말인가요?
B : 그만큼 우동이 낫다는 거죠. 에이, 자장면은 느끼해서….
C : 님께서 자장면에 대해서 잘 모르시는군요. 제가 설명해드리죠. (지식과 데이터, 증거 등등을 늘어놓기 시작하여 긴 설명이 이어진다) 아시겠죠? 자장면에 대해 잘 알지도 못하면서 함부로 말하지 마세요.

A가 말꼬리를 잡기 시작한다. B는 상대가 좋아하는 것을 깎아내리고, A편에 선 C는 이론으로 무장하여 B를 공격한다.

의견불일치 단계를 지나면 대결 국면으로 접어든다. 이 단계에서는 상대방의 약점을 부각시켜야 하며 자신의 입장을 합리화해야 한다. 그 과정에서 불안과 긴장이 높아진다.

이쯤 되면 서로가 '막 가보자'는 식이 된다. 문제해결보다는 감정이 앞서게 된다. 그리하여 토론은 논리적인 것에서 감정적인 것으로 대체된다.

격화

D : 님의 글 잘 읽었습니다만 혹시 ○○○씨 아닌가요?
A : ○○○씨 맞습니다. 그게 뭐가 중요한가요? 본질을 아셔야죠.
B : 님들 얘기 잘 들었습니다. 근데 말투가 좀 기분 나쁘군요.
C : 기분 나쁘다뇨? 시비를 건 건 그쪽 아닌가요? 맛도 제대로 모르면서.
D : 시비? 말이 너무 지나친 거 아냐? 사사건건 가르치려고 들잖아!
C : 어쭈? 어따 대고 반말이야? 너 몇 살이야?
A : C님, 참으셈. 잘 돼봤자 고딩이에요.
D : 고딩? 당신은 몇 살인데? 내 참, 군대 갔다 와서 직장 다니다 별꼴을 다 보네, 에이 ○○(욕설)
A : ○○? 왜 욕을 하고 그래? 진짜 기분 ☆(더 심한 욕설) 같이….
B : 그쪽에서 욕 나오게 하자나! 택도 아닌 자장면 갖고 사람을 우습게 봐?
C : 택도 아닌 자장면? ○○(욕설). 당신 좋아하는 우동보다는 100배 1,000배 나아!
E : 님들, 싸우지 마셈. 둘 다 맛있는 음식이잖아요. (말리는 사람 등장)
D : 님들도 아시겠지만 우동이 훨 낫잖아요? 근데 저 맛도 모르는 @%#들은….
F : 난 짬뽕이 맛있던데…. (엉뚱한 논제 제기, 이런 사람 꼭 있음)
A : F님, 지금 자장면 우동 얘기 중이니 짬뽕은 끼어들지 마시길….
C : 맞아요, 껴들 때 껴들어야지, 주제도 모르고.
F : 뭐라고? 아, ○○(욕설). 싸우지 말라고 좀 웃겨볼라고 그랬더니, 짬뽕을 무시하는 거야?
E : 님들 싸우려면 밖에 나가서 싸우세요!

드디어 상대방 흠집 내기와 깔보기가 시작된다. 그리하여 말투를 물고 늘어지고 반말과 욕설이 난무한다. 인터넷 채팅이 아니라면 한판 붙을 기세다.

대결의 단계를 지나면 갈등은 격화국면을 맞게 된다. 여기에서는 갈등이 상승기류를 타게 된다. 오해와 불신이 싹트면서 서로가 점점 더 적대적으로 변해가고 강압적인 방법을 선호하며, 서로를 위협하게 된다. 극단적인 경우에는 언어폭력이 신체폭력으로 바뀌기도 한다.

파국 또는 진정

이전의 단계를 지났다면 파국이나 진정의 두 국면으로 전환된다. 앞의 고속도로 요금소 사고처럼 비극적인 파국으로 치달을 수도 있고, '한 끼 음식 갖고 뭘 감정 상하느냐'며 화해하고 진정되기도 한다.

일반적으로 화해와 진정으로 전환되는데, 이것은 계속된 논쟁으로 집단의 에너지가 낭비되고 있음을 인식하게 되기 때문이다. 즉 끝없는 대결은 집단의 존립까지 위태롭게 할 수 있다는 인식이 생겨나는 것이다. 따라서 높았던 긴장 수준은 낮아지고, 이성과 이해가 증가한다. 그러면서 협상이 시작된다.

응집력

어떤 집단은 단결이 잘되는 반면 또 어떤 집단은 그렇지 않다. 이것은 집단 응집력의 문제다. 집단 응집력은 집단 구성원들이 서로 단결하여 집단 목표와 행동규범에 순응하는 정도를 말한다.

집단 응집력이 높을수록 집단의 단결은 강하고, 응집력이 낮을수록 집단의 단결은 약하다. 응집력이 높은 집단의 구성원들은 모임에 빠짐없이 나가고 적극적으로 활동하지만, 응집력이 낮은 집단은 집단의 활동에 대해 구성원들의 열의가 없고 모임에 참석도 잘 하지 않으며 별다른 공헌도 하지 않는다.

응집력이 강한 집단은 의사결정이 신속하게 이루어지고 결정된 방침에 대해 별다른 이견도 없다. 일체감이 조성되고 구성원들의 참여횟수도 많다. 향우회나 친목회처럼 집단의 목표에 공감하고 있을 때, 구성원들간에 친밀한 상호작용이 빈번할 때, 집단이 매력 있다고 개인이 생각할 때 응집력은 증가한다.

또한 응집력이 높은 집단은 일반적으로 가입하기가 쉽지 않다. 의사협회나 변호사협회는 의사나 변호사가 되어야 가입할 자격이 주어지지만 의사나 변호사가 되는 게 그리 쉬운 일은 아니다. 마찬가지로 은밀한 지하조직처럼 혹독한 가입행사를 치러야 한다든가, 상류층 사교클럽처럼 상당한 가입비를 지불해야 하는 여건이라면 응집력이 증가한다.

집단의 크기도 응집력에 영향을 미친다. 구성원 수가 적을수록 응집력은 증가하고 구성원 수가 많을수록 응집력은 떨어진다. 3학년 1반 반창회 참가율은 총동창회 참가율보다 높다. 재향군인회처럼 군대를 갔다 오기만 하면

✜회의에서 이기는 방법

대결에서 사람들은 상대방을 이기기 위해 각종 전략을 사용한다. 다음은 스넬이라는 심리학자가 『How to win the meeting』이라는 책에서 제시한 전략이다.

1. 모임에 안 나온 사람에게 질문을 돌려 질문을 회피한다.
   "그게 문제라는 건 알지만 (이 자리에 없는) C는 그게 쉽게 해결될 거라고 하더군요."
2. 비록 자신의 말을 상대가 정확히 해석했다 하더라도 비난한다.
   "그런 말을 제가 하긴 했죠. 하지만 당신은 제 말을 오해한 것 같습니다."
3. 상대방 때문에 실패한 과거의 경험을 상기시킨다.
   "당신이 박박 우겨서 저번 일이 엉망이 되지 않았습니까? 이번에도 그 꼴이 나면 어찌 되겠습니까?"
4. 시간이 10~20분 흐른 후 상대가 한 이야기를 다시 말하도록 요청한다.
   "아까 당신이 한 말 잘 기억이 안 나는데, 다시 한 번 해주시겠습니까?"
5. 의도적으로 상대를 오해한다.
   "그렇다면 당신은 이 일을 포기하자는 겁니까?"
6. 결정적인 비판을 말하지 않고 있다가 거의 결론에 이르러서야 말한다.
   "아! 그런데 말입니다. 그 일이 합법적인 겁니까?"

누구나 회원이 될 수 있는 집단은 응집력이 떨어진다(이런 집단은 다른 집단과 경쟁이 붙을 경우에는 수적으로 우세하기 때문에 결집되면 막강한 힘을 가진다).

집단의 역사가 길면 응집력은 커진다. 좋은 학교라도 신흥 명문보다는 역사와 전통을 자랑하는 학교가 더욱 응집력이 있다.

집단 외부로부터의 위협이 있으면 응집력은 증가한다. 좁게는 의약분업 때 의사협회와 약사협회의 대치상황에서라든가, 한약조제를 놓고 약사와 한의사 사이의 갈등이 있었을 때 각 집단의 단결력, 그리고 넓게는 외환위기 당시 금모으기 운동을 벌일 때 우리나라 국민의 응집력을 보면 이해가 된다.

'한번 해병은 영원한 해병'에서 알 수 있듯이 해병대의 응집력은 강한 것으로 평가된다.

하지만 외부의 위협이 상상을 초월할 정도로 크면 오히려 응집력은 약화되고 분열된다. 집단이 개인을 보호해주지 못할 것이므로 개인이 자신의 안전을 도모해야 하기 때문이다. 따라서 뿔뿔이 제 살길을 찾게 된다.

집단의 효율성

> 재정위원회에서는 핵발전소 건설에 10,000,000달러를 배정할 것인지를 다루었다. 토의는 간단하여 2분 30초간의 토의 끝에 만장일치로 승인되었다.
> 그러나 사무실 직원이 쓸 자전거보관소 시설에 2,350달러를 배정할 것인가에 대해서는 모든 위원들이 한마디씩 발언했다. 45분간의 토의가 진행되었고, 300달러를 절감하고는 구성원들이 만족감을 느끼고 돌아갔다.
>
> (파킨슨의 법칙)

우리 사회에서는 중요한 결정을 집단에 맡긴다. 회사에서의 중요한 결정은 한 사람의 책상 위에서보다는 경영진들의 회의석상에서 이루어진다. 정부의 주요 정책결정 또한 각료들이나 위원회의 회의를 통해 이루어진다.

그러면 왜 많은 결정들이 집단에 회부되는가? 그것은 개인으로 혼자 결정하는 것보다 집단이 결정하면 집단성

❖파킨슨의 법칙

영국의 경제학자 노스코트 파킨슨(C. Northcote Parkinson)은 영국의 해군성과 식민지성의 행정인력 증감 추세를 연구하는 과정에서 조직이란 주어진 역할이나 업무와는 상관없이 항상 사람을 증가시키는 속성이 있다는 사실을 발견했다. 예를 들어 1935년 영국 식민지성의 행정직원은 372명이었는데 식민지가 크게 줄어든 1954년에는 1,661명으로 늘어났다. 영국 해군성의 경우, 1914년에 62척이던 주력 함정이 1928년에 20척으로 감소한 반면, 인원은 2,000여명에서 3,569여명으로 증가하였다. 해군성의 인원은 그 후에도 계속 증가하여 1935년 8,118명, 1954년 33,788명으로 크게 늘었다고 한다.
그리하여 1955년 런던의 〈이코노미스트 Economist〉에 기고한 평론을 통해 이 법칙을 처음 발표했다. 관료제의 본질에 관한 그의 이론은 제2차 세계대전 당시 영국군 참모장교로 일하던 때의 경험을 토대로 한 것으로, 관리자들은 서로의 이익을 위해 일자리를 만들며 그렇게 해서 부하의 숫자를 늘려 자신의 권위를 강화할 수 있다는 것이다. 결국 일이 많아서 사람이 필요한 것이 아니라 사람이 많아져서 일이 필요한 것이다. 공무원 수가 늘면 일도 많아진다. 스스로 조직에서의 안전을 보장받기 위해 새로운 규제, 새로운 개입 영역을 계속 확대하기 때문이다.

노스코트 파킨슨(1909~1993)

원들은 자신들의 지식과 경험을 모두 동원할 것이며, 따라서 더 나은 결정을 할 것이라고 생각하기 때문이다.

물론 집단이 개인보다 효과적인 경우도 많다. 화성에 탐사선을 보낸 NASA의 성공은 여러 분야의 전문가들이 있었기에 가능했다. 하다못해 넓은 마당을 쓸어야 하는 일이라면 여러 사람이 구역을 정해 분담하면 혼자 하는 것보다 훨씬 빨리 일을 끝낼 수 있다. 줄다리기를 할 때에는 불공정하긴 하지만 집단이 클수록 이길 수 있다.

그러나 집단이 개인으로 행동할 때보다 못할 경우도 있다. 어려운 수학문제를 풀어야 하는 경우, 가장 똑똑한 한 사람의 해답이 집단의 해답이 된다. 나머지 구성원들은 들러리에 불과하다. 이어달리기나 등산을 할 때에는 가장 느린 사람의 결과가 승부를 좌우한다. 가장 약한 고리가 쇠사슬의 전체 강도를 결정하는 것이다.

요약하면 집단의 효율성이라는 것은 해결해야 할 과제가 어떤 종류의 것이며, 집단성원들의 자질이 어떠하며, 집단성원들의 상호작용이 어떠한가에 달려 있다. 이것이 적절치 못하면 회의를 오래 하더라도 결과가 흡족치 못하며, 회의를 회의적(懷疑的)으로 보게 된다. 그러나 더욱 겁나는 것은 집단의 응집성이 강할 때 나타나는 집단사고다.

집단사고

■ 집단사고의 사례 : 피그만 침공작전

1961년 4월 17일, 새벽의 어둠 속에서 8척의 상륙정이 쿠바 남부의 한 해안(피그만)으로 접근하고 있었다. 상륙정에 탄 1,400명은 카스트로에 반대하는 쿠바 난민들로서, 미국의 후원하에 무장봉기를 통해 새로운 정부를 세우려고 하고 있었다. 이들의 수는 적지만 피그만에 교두보를 확보, 방어하면 미 공군이 공습하여 쿠바군을 무력화시키고, 이것이 쿠바 대중의 전면봉기를 유도하여 카스트로의 군대를 몰아낼 수 있을 것이라 판단했다.

하지만 불행히도 거의 모든 것이 계획대로 되지 않았다. 해안접근 중 상륙정이 좌초했으며, 침공사실은 카스트로에게 즉시 전달되었다. 또 미 공군의 공격은 이미 날이 새어 취소되었다. 도리어 카스트로의 공군이 상륙군을 벌집 쑤시듯 공격했다. 결국 1,200명에 가까운 사람들이 죽거나 체포되었고, 미국은 몸값으로 5,000만 달러의 식량과 의약품을 지불해야 했다.

피그만에서 생포된 반군 포로들

집단사고(groupthink)란 응집력이 강한 집단의 사람들이 만장일치를 얻고자 하여 여러 대안적인 행동방안을 현실적으로 평가하려는 것을 억누를 때 나타나는 사고방식이다. 집단사고(groupthink)란 용어는 제니스(Irving Janis)가 불쾌감을 함축하기 위해 조지 오웰(G. Orwell)의 소설 〈1984〉에 나오는 신조어인 이중사고(doublethink) 및 범죄사고(crimethink)와 같은 맥락으로 사용한 것이다.

집단사고에 빠지게 되면 강한 일치추구 경향이 나타나 효과적인 집단토의를 방해한다. 즉 집단압력으로 인해 정신능력, 현실검증, 도덕판단의 감퇴가 나타난다.

이런 의사결정으로 인해 조직이나 집단에 엄청난 손해를 가져오는 경우가 많다. 회사에서는 아무도 사지 않으려는 제품을 만들겠다고 결정하는 것이나, 위생상 판매해서는 안 되는 제품을 팔겠다는 결정도 나온다. 삼풍백화점이나 성수대교 붕괴와 같은 참사에서도, 아랫사람들이 위험에 대한 보고를 해도 윗선의 회의에서는 이를 무시한 엉뚱한 결정을 했음이 보도되었다.

역사의 한 페이지를 장식하는 집단사고의 사례들도

많다. 미국이 일본의 진주만 기습에 대비하지 못한 것, 월남전의 확대, 워터게이트 사건, 우주선 챌린저호의 폭발사고 등은 모두 집단사고에 의해 결정이 내려진 것들로 평가받는다.

그러나 위 사례의 집단사고에 관여한 사람들은 멍청한 사람들이 아니었다. 케네디 대통령, 러스크 국무장관, 전 하버드대 경영대 교수였던 맥나마라 국방장관, 객관적이고 분석적 인물인 딜런 재무장관, 전 하버드대 학장이던 번디 국방담당 특별보좌관, 유명한 역사학자 슐레진저 등이 머리를 맞댔다. 그 밖에 라틴아메리카 전문가, CIA 국장과 부국장, 그리고 로버트 케네디 등 백악관 참모들이 이 계획에 참여했다. 당시 미국에서 가장 머리 좋은 사람들이었다. 그런데 왜 집단사고가 일어나는가?

집단사고가 일어나는 원인들 중 하나는 조급하게 만장일치를 추구하기 때문이다. 앞에서 보았듯이, 거의 모든 집단에서 동조압력은 어느 정도씩 있다. 그러나 집단사고의 경우 이 압력은 더욱 뚜렷해지고 압도적이 된다. 아무리 사소한 일일지라도 이의가 허용되지 않으며, 반대자를 끌어들이기 위해 상당히 가혹한 조치가 취해지는 경우도 있다.

또한 집단에 부정적인 정보는 여러 경로로 차단된다. 집단이 갖고 있는 신념을 보호하기 위해 파괴적인 정보를 다른 사람들에게 알려주지 않는 것이다. 실제로 케네디도 몇 명의 구성원으로부터 반대의 메모를 받았으나 회의에서 그 메모를 논의하지 않았다. 더 나아가 그들과의 사적인 대화를 통해 반대자의 의견은 어떤 대가를 치르더라도 억누를 것임을 분명히했다. 그러므로 결국엔 속으로 그 계획을 반대하나 회의중에는 그러한 반대가 제기되지 못하고 '만장일치'의 기류가 흐르게 되었던 것이다.

집단사고의 또 하나의 이유는 착각 때문이다. 피그만 침공에 참여한 이들은, 자신들이 완전무결한 집단이며, 공산주의와 싸우고 있는 도덕성 높은 집단이라는 착각을 하고 있었다. 또한 카스트로는 멍청한 인물이며, 1,400명만을 파견해도 카스트로의 정규군을 격파할 수 있으리라는 '가소로운' 기대를 갖고 있었다.

그러나 1년 6개월 후의 쿠바해상 봉쇄는 집단사고를 배제한 결정이었다.

✜집단극화가설(group polarization hypothesis)
토의 후 집단반응의 평균은 집단이 되기 이전의 개인반응의 평균과 같은 방향이지만 더 극단(모험 혹은 보수)으로 가는 경향이 있다는 것. 집단이 되면 개인으로 있을 때보다 더 모험적인 결정을 하는 것을 모험이행현상(riskyshift phenomenon)이라 하는데, 여기에는 몇 가지 설명이 있다. 먼저 집단 속에 들어가면 책임을 덜 느끼게 되고, 따라서 모험적인 결정을 하더라도 덜 불안해한다는 책임 확산이론, 보다 모험적인 사람이 자기주장을 강하게 펼치게 되어 결정에 영향을 많이 미친다는 지도력 이론, 문제를 다루다보니 친숙해져서 나중에는 불확실성이 감소되어 모험적인 결정을 하게 된다는 친숙화 이론, 그리고 마지막으로 모험을 추구하는 것을 많은 문화권에서 긍정적으로 받아들이므로 모험을 추구한다는 가치이론이 있다.

■ 집단사고의 반대 사례 : 쿠바해상 봉쇄

1962년 10월 13일은 전 세계가 일촉즉발의 핵재앙 위기 속에 놓여 있었다. 소련은 미국의 쿠바침공이 실패로 끝나기는 했으나, 피그만 침공사건으로 위협을 느껴 쿠바에 핵미사일기지를 설치하여 완성단계에 이르렀다. 미사일기지가 완성되면 8천만의 미국인이 사정권 안에 들게 되었다. 이 위기를 해결하고자 케네디는 고위 보좌관들을 모아 국

쿠바해상 봉쇄 때 소련 화물선과 나란히 항해중인 미해군 구축함

가안전보장회의의 집행위원회를 구성토록 했다. 이들은 5일 동안 이 문제를 생각하고 가능한 해결책을 토의한 끝에 쿠바에 이르는 모든 해상을 봉쇄하는 결정을 내렸다.
소련은 이 행위를 해적행위라 맹비난했으나, 결국 핵무기를 적재한 선박은 소련으로 되돌아가고 말았다. 쿠바 미사일위기는 소련이 미사일 발사대를 해체하는 대신 미국은 쿠바에 대한 불가침약속을 하여 해결되었다.

피그만 침공과 쿠바해상 봉쇄의 두 결정을 비교해보면, 모두 같은 지도자 밑에서 거의 같은 사람들, 같은 장소, 같은 시간압력하에서 이루어졌고, 같은 지역에서 충돌하여 심각한 결과를 가져올 가능성도 같았다.

이러한 유사점에도 불구하고 이번 위원회에서는 이전의 결정과는 다른 결정을 내놓았다. 위원들은 다양한 행동대안을 철저히 분석했고, 그들이 내릴 조치가 갖는 부담들을 신중히 검토했으며, 해상봉쇄가 실패할 경우 소련을 저지할 2차계획도 구체적으로 수립했다. 케네디 또한 회의분위기를 바꾸고 위원 개개인의 생각을 북돋우며 상호간 의사소통을 증진시켰다.

요약하자면 조급한 만장일치의 억제, 집단성원들의 잘못된 지각의 교정, 효과적인 의사결정기법이 집단사고를 배제한 결과를 가져온 것이다.

리더

현대에 리더가 없는 조직은 거의 없다. 학교나 직장, 친목회나 동호회에도 리더가 있다. 오랜 옛날, 동굴에 살았던 우리의 조상들이 무리를 짓게 되면서 일을 효율적으로 하기 위해 지도자를 뽑은 이후 현재에 이르기까지 집단에서 리더(leader)는 있어 왔다. 물론 집단 구성원의 독립에 대한 욕구가 크거나, 전문가라는 정체감을 갖고 있을 때, 또는 능력 있는 개인들로 구성되어 있어 리더가 주는 보상을 하찮게 여기는 집단 등에서는 오히려 리더가 없을 때 성과가 더 잘 나타나는 경우도 있다. 하지만 일반적으로 일이 복잡해지거나 집단이 위기의식을 갖게 되면 자연히 리더를 찾게 된다.

명장 밑에 약졸 없다는 말처럼 리더에 따라 조직의 흥망이 좌우된다. 훌륭한 리더를 가졌을 때에는 국가든 조직이든 융성했고, 그렇지 못한 리더를 가졌을 때에는 패망에 이르게 된다. 임진왜란 때 명량에서 12척의 전선을 가진 조선 수군이 133척의 일본 수군을 물리친 것은 이순신 장군이라는 위대한 리더가 있었기에 가능했다.

다음의 사례를 보자. 리더가 조직에서 차지하는 중요성을 알 수 있을 것이다.

유진 오르만디(1899~1985)

헝가리 출신의 천재 바이올리니스트 유진 오르만디(Eugene Ormandy)는 1936년부터 필라델피아 오케스트라의 지휘자로 왕성한 활동을 했던 명지휘자이기도 했다.
그가 이끄는 필라델피아 오케스트라는 1970년대 들어 아시아 지역 순회 연주회를 했는데, 1973년에는 당시 동서 화해 무드를 타고 중국을 방문하게 되었다. 이때 오르만디와 필라델피아 단원은 베이징에서 중국 필하모닉 오케스트라가 베토벤의 5번 교향곡을 연주하는 것을 듣게 되었다. 그것은 듣기가 민망할 정도로 빈약한 연주였다. 1악장이 끝나자 중국인 지휘자는 의례상 지휘봉을 오르만디에게 넘겨주었다.
오르만디가 2악장부터 지휘하기 시작하자 악단의 연주는 완전히 달라졌다. 마치 오르만디가 여러 해 동안 그 중국 교향악단을 지휘해 온 것만 같았다. 중국인 단원들마저도 자신들의 연주에 감동할 정도였다. 그들은 완전히 딴 사람이 되어 버린 것이다. 3악장에 들어가면서부터 그들은 더욱 신들린 사람이 되어갔다.
그러나 중국 단원들보다 더욱 놀란 사람들은 바로 필라델피아 오케스트라 단원들이었다. 그들은 지금까지 자신들의 실력이 뛰어나서 필라델피아 오케스트라가 명성을 날린다고 생각해왔는데, 보잘것없던 중국 오케스트라가 자신들 못지않은 연주를 하는 현장을 목격하고는 필라델피아 오케스트라의 명성이 자신들 덕분이 아니라 지휘자, 즉 오르만디가 이룩한 것임을 깨우치게 되었다.

(홍사중, 리더와 보스)

연말 음악회의 고정 레퍼토리 「합창교향곡」을 연주할 때 합창단까지 합하면 인원은 200명을 훌쩍 넘긴다. 단원들이 지휘자의 손끝에 따라주지 않으면 음악은 당연히 엉망이 된다. 단원들을 따라오게 만들면서 아름다운 선율로 통합할 수 있어야 한 곡의 멋진 지휘가 이루어진다.

하지만 지휘자는 아무나 할 수 있는 것이 아니다. 지휘자는 곡에 대한 이해가 있어야 하고 작곡자가 표현하고자 한 바를 제대로 구현해낼 줄 알아야 한다. 관악기, 현악기, 타악기 등 저마다 음색이 다른 악기를 이해하고 있어야 하고, 그 악기를 다루는 단원의 개성까지 파악하고 있어야 한다. 서로 다른 악기들이 내는 소리를 들어가며 고저장단과 세기, 빠르기 등을 조율할 수 있어야 하고, 단원들이 자신의 손끝에 따라오도록 만들 수 있어야 한다.

조직이든 국가든 리더는 서로 다른 개성을 지닌 구성원들의 역량을 결집시켜 조직의 목표를 향해 가도록 이끄는 사람이다. 리더는 오케스트라의 지휘자와 같다. 서로 다른 음색을 내는 악기처럼 서로 다른 생각을 가진 구성원들을 동기부여하고, 의사소통하며, 이끌어야 한다. 오케스트라에서 지휘자가 없다면 곡의 연주가 어떻게 될지 쉽게 상상할 수 있듯이, 조직에도 지도자가 없다면 그 조직의 앞날이 어떻게 될지 충분히 예상할 수 있다. 그래서 대부분의 조직과 사회에는 지도자가 있게 마련이고, 훌륭한 지도자를 갖는 것은 조직과 개인의 발전을 의미한다.

리더는 "가자!"라 하고, 보스는 "가라!"고 한다. (사진 : wit.co.kr)

리더십 이론

특성이론

"누가 사장이 되어야 하는가"라는 질문은 "누가 사중창에서 테너가 되어야 하는가?"라고 묻는 것과 같다. 두말할 것도 없이 테너를 할 수 있는 사람이다. (헨리 포드)

자동차왕으로 불리던 포드자동차 사장 헨리 포드는 지도력이 그 사람이 가진 자질에서 나온다는 사실을 지적했다. 즉 테너 곡을 소화할 수 있는 사람이 테너를 맡아야 하는 것처럼 한 회사를 이끌 수 있는 사람이 사장이 되어야 한다는 것이다.

리더십을 바라보는 하나의 관점은 특성이론이다. 특성이론(trait theory)은, 리더는 그만이 갖고 있는 우수한 자질이나 특성만 있으면 상황이나 환경에 상관없이 언제나 리더가 될 수 있다고 본다. 상황적응력, 성취지향성, 결단력, 협동심, 단호함, 신뢰성, 지배욕, 활동성, 인내심, 자신감, 책임성 등이 리더의 자질(특성)이라고 한다. 즉 리더가 될 수 있는 이러한 자질을 많은 사람이 갖추고 있지는 않으므로, 이러한 자질을 가진 자만이 리더가 될 수 있다고 본다.

특성이론에 따르면 리더들은 일반 구성원들보다 키

가 조금 더 큰 경향이 있고, 지능도 다소 우수하며, 구성원들보다 좀더 성취지향적이고, 지배적이며, 자기확신이 크다고 한다. 그리고 리더는 일반 구성원들보다 나이가 많은데, 이는 그 자리에 오르기 위한 지식과 지혜, 경험을 쌓는 데 시간이 걸리기 때문이다.

하지만 연구에 따르면 이런 특성과 리더의 상관관계는 그리 크지 않다. 역사적으로 보더라도 나폴레옹은 작은 키에도 불구하고 황제가 되었다. 또한 지나치게 지적인 리더도 그리 환영받지 못한다. 설사 그가 매우 유능한 리더라 하더라도 집단 구성원들과 지적인 면에서 차이가 크면 관심이나 태도, 가치관 등에서 마찰이 생겨 뜻하지 않은 문제가 나타날 가능성이 있기 때문이다.

따라서 특성이론은 그다지 환영받고 있지 못하다. 구성원들과 리더를 구별해주는 독특한 리더만의 특성이 거의 없고, 효율적인 지도력과 관련된 성격에 대한 연구도 별 다른 성과를 내지 못했기 때문이다.

시대정신 접근법

또 다른 설명은 환경에 중점을 둔다. 집단의 목적이나 가치를 달성하기에 중요한 기술이나 지식을 갖고 있다면 이런 자질이 필요한 상황에서는 리더가 될 수 있다는 것이다. 즉 적당한 장소와 적당한 시간에 적절한 사람이 리더가 된다는 것이다. 이런 접근법을 '시대정신(독일어로 자이트가이스트, zeitgeist)' 접근법이라 한다.

하지만 지도자의 자질을 가진 사람이 어떤 곳에서 어떤 시간에 리더십을 올바르게 발휘하지 못하면 파괴적인 결과를 가져오기도 한다. 짐 존스(Jim Jones)라는 사이비 교주의 예를 보자.

> 미국의 사이비 종교 지도자인 존스는 자신을 샌프란시스코에 거점을 둔 전도자 집단 '인민사원'의 메시아라고 선포한 뒤 추종자들에게 남아메리카 밀림에 이상향을 세워주겠다고 약속하고는 결국 이들을 집단자살로 이끌었는데, 이 사건은 '존스타운 대학살'(1978.11.18)로 알려지게 되었다.
>
> 
> 짐 존스(1931~1978)
>
> 그는 1960년대 초에 목사로 임명받아 청중을 사로잡는 정열적이고도 매혹적인 설교로 명성을 얻게 되었는데, 설교의 상당 부분이 인종간 화합의 중요성을 강조하는 것들이었다. 실제로 그 자신이 직접 인권운동에 참여하기도 하고, 인종이 다른 아이 7명을 입양하기도 했다. 1963년에는 자신의 교회인 인민사원 복음교회를 만들어 교인이 8천 명에 이르기도 했다.
>
> 그러나 시간이 지나면서 기괴하고 잔인한 교회 관련 소문이 떠돌기 시작했다. 사이비 종교집단이라는 언론의 계속된 공격과, 집단의 수입을 사적으로 전용한다는 비판을 많이 받게 되자 1977년, 존스는 수백 명의 추종자들을 이끌고 남아메리카 가이아나로 이민, 존스타운이라 불리는 농업공동체를 세웠다. 하지만 이주 후 추종자들로부터 여권과 수백만 달러를 몰수하고 협박·구타·살해 등의 방법으로 그들을 위협했다. 기괴한 집단자살 의식을 여러 번 예행연습하기도 했다. 존스타운이 이상향이라기보다는 감옥에 가깝다는 소문이 떠돌기 시작하자, 1978년 11월 14일 미국 캘리포니아 주 하원의원 레오 라이언은 기자들과 존스 추종자들의 친족들과 함께 가이아나에 도착하여 폭행 소문에 대해 비공식적인 조사를 벌였다. 4일 뒤 라이언 일행과 그 집단을 탈퇴한 14명이 존스타운 근처에 있는 활주로를 떠나려 하자, 존스는 추종자들을 시켜 이들을 암살했다. 라이언과 다른 4명(3명의 기자 포함)이 죽고 다른 사람들은 도망쳤는데, 도망친 사람들이 경찰에 신고했으리라는 보고를 접한 존스는 미리 세워놓았던 자살계획을 실행에 옮겼다.
>
> 11월 18일, 존스는 추종자들에게 청산가리를 넣은 탄산음료를 마시도록 명령했는데, 이번은 예행연습이 아니었다. 존스 자신은 머리에 권총을 쏘아 자살했다. 다음날 가이아나 군대가 현장에 도착했을 때, 희생된 사교 추종자들은 913명(어린이 276명 포함)이나 되었다.

1960년대 당시 미국의 국가적 시대정신은 인권이었다. 케네디 대통령 암살(1963년)과 인권운동가 마틴 루터 킹 목사의 암살(1968년) 등에서 보듯이 가난한 자, 흑인, 기타 소외집단의 인권과 관련하여 찬성이든 반대든 강력한 국민감정이 있었다. 이 과정에서 짐 존스는 편견과 가

집단자살을 보도하는 뉴스위크. 가이아나에서 벌어진 집단자살은 2001년 9.11 테러 이전에 자연재해가 아닌 사건으로 미국 시민이 가장 많이 죽은 사건이었으며, 역사상 최대의 집단자살로 꼽히고 있다.

난, 차별이 없는 유토피아를 약속했는데, 그것은 당시 그때 그곳에서 시의적절한 메시지였다는 것이다. 비참한 최후로 끝나기는 했지만, 시대정신 접근법에 따르면 이런 약속이 그를 그 집단의 리더로 만든 것이다.

상황이론

특성이론에 따르면 지도자는 지도자의 자질을 타고났으므로 언제나 어디서나 지도자여야 한다. 성공적으로 한 회사의 리더도 될 수 있고 정치지도자도 될 수 있다.

그러나 집단의 성격에 따라 리더의 역할과 자질은 다르다. 한 분야에서 성공적인 리더가 다른 곳에서는 그렇지 못한 경우가 많다. 한 회사의 성공적인 리더가 축구 국가대표팀 감독을 맡는다면 그리 효율적이지 않을 것이다. 훌륭한 국가대표팀 감독이 한 회사를 경영하는 것도 마찬가지다. 정치인이 낙하산 인사로 자신의 전공과 무관한 공기업 사장이 되면 기업이 부실해지는 경우를 많이 볼 수 있다.

따라서 어떤 상황에서나 효과적인 유일한 리더십 유형이란 존재하지 않는다. 알렉산더 대왕은 거대 제국의 모든 중요 사항을 결정할 정도로 권력을 집중하여 통치했다. 간디는 비폭력 저항이 큰 변화를 가져온다는 것을 보여줌으로써 대중을 이끌었고, 스탈린은 정치적인 책략, 숙청, 폭력을 통해 거의 절대적인 통제권을 가졌다. 이들 지도자들은 리더십 방식이나 유형은 서로 다르지만 모두가 역사적인 지도자로 기록되어 있다.

그런 가정 아래서 나온 이론이 상황(상호작용)이론이다. 이것은 리더란 상황의 산물이기 때문에 한 상황이 요구하는 리더의 형태가 있는데, 리더가 이에 부응할 경우 효율적인 리더십이 발휘된다는 것이다. 즉 리더십은 리더 개인의 특성과 상황(구성원의 자질과 기대, 집단의 목표와 자원, 리더와 구성원의 관계 등) 모두의 영향을 받는다는 것이다. 그리고 이에 따라 리더십의 유효성이 결정된다고 한다.

극렬 민족주의와 반(反)유대주의를 지향하는 나치 지도자 아돌프 히틀러가 집권할 수 있었던 것은 제1차 세계대전에서 패배한 독일 국민의 굴욕감과 베르사유조약의 가혹한 조항, 바이마르공화국을 괴롭힌 사회혼란 및 정치불안 등의 요인 때문이었다.

효과적인 리더십—히딩크 감독

리더십이 어떤 것인지는 서점에 있는 리더십에 관한 책 한두 권만 읽으면 거의 알게 된다. 그래서 웬만한 지도자들도 리더십에 대해 잘 알고 있다. 하지만 왜 진정한 리더십이 발휘되지 못하는가? 그것은 바로, 자신이 알고 있는 것을 행동으로 옮기지 못하기 때문이다. 가령 인재를 쓴다면 마땅한 인재를 적재적소에 써야 하고 지연이나 학연이나 혈연에 휘둘리지 말아야 한다는 것은 리더십 책에 나와 있는 기본 내용이다. 알고는 있지만 행동하지 않는 것이다. 비단 리더십에서뿐만이 아니다. "인생에 있어서 지극한 가치는 생각하는 것이 아니라 행동으로 옮기는 것이다." 다윈의 열렬한 지지자이자 진화론 확장에 앞장선 토머스 헉슬리(T. Huxley)의 말이다.

효과적인 리더십 예로 히딩크의 사례를 보자.

> 한국리더십센터가 2005년 네티즌 1,213명을 대상으로 '우리 시대의 신뢰받는 리더'에 대해 설문조사한 결과, '자신의 회사에 CEO(최고경영자)로 영입하고 싶은 리더'로 이순신 장군(24.2%)을 꼽은 이가 가장 많았다. 우리나라 지도자가 가장 본받을 글로벌 리더로는 링컨(26.1%), 히딩크 감독(19.5%), 간디(15.7%) 순으로 나타났다.

히딩크 감독은 이제 우리에게 이순신 장군이나 링컨, 간디만큼 잘 알려진 사람이다. 그는 1년 반 동안 우리나라 축구대표팀 감독을 맡아 월드컵 4강의 위업을 달성했지만, 거기에 도달하기까지 우여곡절도 많았다. 그는 한국 대표팀 선수 선발 과정에서도 원칙을 강조하며 외풍을 잠재우곤 했다. 히딩크는 대한축구협회와 스카우트 교섭을 할 때부터 '선수 선발과 훈련 등에 관해 일절 간섭하지 않는다'는 조건을 내걸고 대표팀 감독직을 수락했다고 한다.

선수 선발에 대한 그의 고집과 원칙은 결코 흔들리지 않았다. 프랑스 대표팀과 붙어 5 : 0으로 지자 그에게는 '오대영(5 : 0)' 감독이라는 별명이 붙기도 했다. 하지

2000년 11월부터 2002년 6월까지 대한민국 축구대표팀 감독을 맡아 월드컵 4강까지 이끈 거스 히딩크 감독과 박항서 수석코치

만 그는 묵묵히 리더의 길을 걸어갔다. 그 결과는 월드컵 4강 진출로 나타났다.

리더십을 효과적으로 발휘하기 위해서는 상황을 정확히 파악하고 있어야 하고, 목표를 설정해야 하며, 적절한 전략을 사용해야 한다. 이와 관련하여 히딩크 감독이 우리나라 축구대표팀 감독으로 부임할 즈음부터 월드컵까지의 그의 어록을 살펴보면, 리더십이 효과적이기 위해서는 어떠해야 하는지 알 수 있을 것이다.

상황파악

> "한국선수들이 하나같이 열심히 뛰는 데에 강한 인상을 받았다. 전체적인 사기, 투지, 근성에는 큰 문제가 없다고 판단한다. 한국팀의 가장 큰 문제는 전술이다. 공격 · 미드필드 · 수비진의 관계설정과 선수들간의 관계수립을 통해 팀의 역량을 최고조로 올리는 일이 중요하다."
>
> (2000년 1월 8일 네덜란드에서의 기자회견에서)

"한국축구를 잘 모르는 상태에서 선뜻 맡을 수 없다. 일단 나에게 생각할 시간을 달라."

(2000년 11월 한국축구팀을 맡아달라는 이야기에)

리더는 그 조직이 당면하고 있는 문제를 해결하거나 목표를 달성하기 위해 구성원을 동원하기에 앞서 나아갈 방향이나 전략을 수립해야 한다. 그러한 방향 · 전략을 합리적 · 과학적으로 수립하기 위해서는 곧 상황의 정확한 파악이 전제가 되어야 한다. 상황파악이 전제되지 않고는 올바른 목표설정이나 전략의 설정 및 적용은 불가능하다.

리더십 목표

"뭐든 현실적으로 생각해야 한다. 한국이 월드컵에 많이 나가 인지도는 높지만 단 1승도 거두지 못했다. 그러한 습관을 깨고 싶다." (2001년 1월 울산 첫 훈련회견에서)

"현재 대표팀의 16강 진출 가능성은 50%다. 앞으로 하루에 1%씩 향상시켜 월드컵 개막과 함께 100%로 만들겠다. 6월초 우리 팀의 모든 힘이 폭발하게 될 것이다."

(2002년 4월 9일 기자회견에서)

"오늘과 같은 상태라면 한국은 월드컵 이후에도 아시아를 지배할 것이다. 세계는 우리를 얕잡아 보지만 우리는 세계를 놀라게 할 준비가 돼 있다."

(2002년 5월 16일 스코틀랜드와의 평가전에서 4 : 1로 대승을 거둔 뒤)

목표란 '어떤 행위의 주체가 달성하고자 하는 바람직한 미래의 상태'를 말한다. 목표를 실현하기 위해서는 리더는 그러한 목표를 뚜렷이 가지고 있어야 하며, 그에 걸맞은 힘(능력)을 비축해야 한다.

리더십 전략

리더십을 효과적으로 발휘하기 위해서는 전략이 필요하다. 그것은 이해득실의 전략, 능력비교의 전략, 심리성찰의 전략, 융통성의 전략, 주도권 장악의 전략이다.

이해득실의 전략

"베스트 멤버는 통상적인 선수 개인의 능력이 아니라 상대방에 대한 전략에 따라 구성한다."

(2002년 5월 16일 스코틀랜드와의 평가전에서 박지성 선수의 기용에 대해)

리더는 부하를 통솔할 때 냉정을 잃어서도 안 되고 일시적인 감정에 따라 행동해서도 안 된다. 반드시 조직 전체의 유 · 불리 또는 대의명분에 따라 행동해야 하며, 그것은 조직의 이익을 극대화하는 것이어야 한다.

박지성은 히딩크가 발견한 흙 속의 진주다. 박지성은 2002 월드컵 때 포르투갈 전에서 결승골을 넣어 널리 알려졌지만, 명지대를 휴학하고 일본 프로축구에 일찌감치 뛰어든 선수다. 당시에는 국내에 잘 알려지지 않았지만 지칠 줄 모르는 체력과 성실함으로 히딩크의 낙점을 받은 그는, 내로라하는 선수들과 어깨를 나란히 하는 세계적인 선수가 되어 은퇴했다.

능력비교의 전략

"안정환과 윤정환은 모두 창조적인 플레이 메이커의 능력을 갖춘 선수들이다. 안정환에게 진짜 프로라면 외모나 인기 등 경기 외적인 부분이 아니라 그라운드에서의 실력으로 승부하라고 경고했고, 그는 내게 달라진 모습을 보여줬다. 윤정환은 소속팀의 2부 리그 추락으로 국제수준의 경쟁력 있는 축구를 못했지만, 최선을 다하는 훈련 모습에서 가능성을 읽었다." (2002년 5월 1일 D-30 인터뷰에서 안정환과 윤정환의 발탁 배경을 설명하며)

"고종수를 좋아하지만 자신에게 더 많이 투자해야 한다. 게으르고 열심히 하지 않는다면 성공할 수 없다. 이동국도 재능 있는 선수지만 스타는 필드에서의 능력이 중요하다. 외부 요인에 의해 스타가 되는 것은 의미가 없다."

(2002년 5월 1일 D-30 인터뷰에서 고종수와 이동국의 탈락에 대해)

리더는 자신 및 부하의 능력을 진단하여 그에 적합한 판단을 해야 한다. 그리고 리더가 자신이 왜 그렇게 판단했는지를 구성원들에게 설득시키고 이해하게끔 만들 수 있어야 한다.

심리성찰의 전략

"패하면 망신당할까 봐 소극적으로 경기하는 한국선수들을 개선하기 위해 선수 이름을 직접 외워 격려와 독려로 좀더 공격적인 선수들로 개조했다. 정신력과 복종심이 강한 한국선수들은 자신을 전사라고 생각하며 임무를 반드시 완수하는 책임감이 좋다."
(2002년 5월 20일자 영국 일간지 「가디언」과의 회견에서)

리더십은 인간을 대상으로 하고 있으므로 인간심리에 기초해야 한다. 따라서 리더는 조직구성원들의 심리를 잘 파악하여 그들의 단결과 사기에 긍정적 효과를 줄 것인가 또는 부정적인 효과를 줄 것인가를 고려하여 행동해야 한다.

융통성의 전략

"몇몇 선수는 경기운영에 가속을 주기 위해 후반에 교체 투입해야 한다. 스포츠카에서 기어를 3단 4단 5단으로 바꾸는 것과 마찬가지다."
(2002년 5월 16일 스코틀랜드와의 평가전에서 안정환을 후반에 넣은 이유에 대해)

현대의 조직에서 조직원을 인격체로 보아 자연법칙, 사회법칙, 생활욕구 등을 충분히 존중하여 각자의 판단과 행동을 그들이 목적한 방향으로 융통성 있고 자연스럽게 이끌어가야 한다.

주도권 장악의 전략

"여론을 수렴하다 보면 내 축구철학이 흔들릴 수 있고 전술적인 완성도가 방해받을 수 있다. 나는 오로지 나의 길을 간다." (2001년 4월 이집트 4개국 대회를 앞두고 대표팀 구성에 대해 묻자 언론에 흔들리지 않겠다며)

한마디로 주도권을 장악해야 한다는 것이다. '싸움에 능한 자는 적을 조종하되 적에게 조종당하지 않는다'는 말과 같이 리더는 항상 내가 원하는 대로 구성원들이 따라오도록 이끌어가야 한다. 유리한 기회는 리더가 만들어야 하고 그리하여 기선을 잡아야 한다. 그러나 그 기선을 제압하고 주도권을 장악한다는 것은 구성원들이 어떤 것을 원하기 전에 리더가 한 발 앞서서 이끌어주는, 말하자면 '늘 한 발짝 앞서라'는 관리전략과도 같은 것이다.

모든 준비는 끝났고, 월드컵의 막은 올랐다. 6월 4일 첫 경기인 폴란드전을 앞두고 히딩크 감독은 다음과 같이 말했다.

"흥분된다. 이게 얼마 만에 맛보는 느낌인가. 모든 준비는 끝났다. 이제 월드컵을 즐겨보자. 우리는 그동안 열심히 했다. 경험도 많이 했다. 우리가 해온 만큼만 플레이한다면 좋은 결과가 나올 것이다. 한국선수들은 결코 후퇴하지 않을 것이다. 우리는 그동안 공격수와 수비수의 구분이 없는 토털 사커를 연마해왔다. 우리 선수들이 주도권을 잡고 경기를 컨트롤한다면 이길 수 있다. 팬들은 우리가 어떤 결과를 내는지와 상관없이 대회 끝까지 우리를 성원해줄 것으로 믿는다."

얼마나 자신과 확신에 찬 말인가! 이날 한국은 폴란드에 2 : 0으로 승리했다. 우리나라가 월드컵 본선 무대를 밟은 지 48년 만의 첫승이었다.

2002 월드컵 폴란드전에서 선제골을 넣은 황선홍 선수

✤링컨의 리더십

[일화 1] 링컨이 변호사가 된 지 얼마 되지 않아 매우 중요한 사건을 맡게 되었다. 그와 함께 변호를 맡게 된 변호사들은 대단히 관록 있는 변호사들이었다. 그중 한 변호사는 링컨을 보자마자 "저런 애송이가 왜 여기 있단 말인가? 저런 촌뜨기와는 같이 일할 수 없으니 당장 꺼지라고 해!"라고 했다. 그런 모욕적인 이야기를 들으면서도 링컨은 자리를 지켰다. 재판 중에도 링컨은 완전히 왕따를 당했다. 그래도 링컨은 매일같이 재판장에 나와 자기를 모욕한 변호사의 능숙한 변호를 지켜봤다. 재판은 링컨 쪽의 승리로 끝났다. 다음날 링컨은 사표를 제출했다. 공부를 더 해야 되겠다는 것이 이유였다.

몇 년이 지나 링컨은 공화당 후보로 대통령이 되었다. 이전에 그를 야유했던 변호사는 여전히 그를 강력히 비판했다. 그래도 링컨은 국방(육군)장관 자리가 비자 민주당원인 그를 장관으로 임명했다. 그만한 적임자가 없었기 때문이었다. 장관이 된 다음에도 그는 여전히 직언을 해댔다. 하지만 대통령이 암살당했을 때 누구보다도 서러워한 사람은 바로 그 사람이었다. 그 사람의 이름은 에드윈 스탠턴(Edwin Stanton)이다.

에드윈 스탠턴(1814~1869)

[일화 2] 조지 매클렐런(George McClellan) 장군은 남북전쟁 당시 스콧 장군의 후임으로 사령관이 되어 뛰어난 조직력과 병참술로 패배의 혼란에 빠져 있던 북군을 재정비하여 뛰어난 전투부대로 되살렸으며, 남군의 침입을 막는 데 큰 역할을 한 사람이다. 하루는 링컨 대통령이 그를 격려하기 위해 국방장관과 함께 그의 야전사령부를 찾았다. 장군은 전투에서 돌아오지 않고 있었다. 링컨은 몇 시간을 사령관실에 앉아서 그를 기다렸다.

드디어 장군이 돌아왔다. 그는 방 안에 앉아 있는 대통령과 장관을 본체만체하고 그냥 2층 자기 방으로 올라가는 것이었다. 링컨과 장관은 서로 얼굴을 쳐다보고는 장군이 곧 내려오리라 생각하고 다시 의자에 앉아서 그를 기다렸다. 한참 후에 하녀가 나타나더니 "죄송합니다만 장군께서는 너무 피곤해 잠자리에 드셨다고 대통령께 말씀드리라고 이르셨습니다"라고 말하는 것이었다. 놀란 사람은 장관이었다. 일개 장군이 직속상관인 자기는 고사하고 감히 대통령마저도 그렇게 무시할 수는 없는 일이었다. "각하, 저렇게 무례한 놈은 제 생전에 본 적이 없습니다. 매클렐런을 당장 직위해제해야 합니다."

링컨은 잠시 침묵을 지키더니 조용히 장관에게 말했다. "아닙니다. 매클렐런 장군은 우리가 이 전쟁을 이기는 데 절대로 필요한 사람이오. 매클렐런 장군 때문에 단 한 시간이라도 이 유혈의 전투가 단축될 수 있다면 나는 기꺼이 그의 말고삐를 잡아주고 그의 군화도 닦아줄 것이오. 그를 위해서라면 무슨 일이든 다할 거요." (조선일보, '홍사중 문화마당')

리더가 되지 않는 방법

리더의 자리에 오르기는 쉽지 않다. 노력한다고 모두 리더의 자리에 오르는 것은 아니다. 하지만 리더의 자리에 오른 사람들은 노력을 했다.

리더는 조직의 목표를 조율하여 집단을 한 방향으로 이끌어간다. 그 과정에서 소외되는 구성원들로부터 미움을 받기도 한다. 구성원 전원으로부터 지지를 받는 결정은 그리 많지 않기 때문이다. 그래서 리더의 자리는 원래 고독한 자리라고 말한다.

리더는 외롭다. 리더는 집단에서 가장 외로운 사람이다. 리더의 행동은 모든 구성원들을 만족시킬 수가 없다. 어떤 결정이 내려지더라도 이에 대립되는 이해관계를 가진 구성원이 반드시 있게 마련이고, 그러다 보면 자연히 적이 생기게 된다. 또한 집단의 이익을 위하여 일부 구성원의 손해를 감수해야 하는 경우도 있다. 그래서 리더는 모든 구성원들로부터 호감과 애정을 얻지 못한다.

리더가 되기 싫은 사람에게는 다음과 같이 리더가 되지 않을 수 있는 방법이 있다(물론 이 방법을 거꾸로 실천하면 리더가 될 수 있기도 하다). 한 집단에서 책임 있는 직책을 맡지 않으면서 그저 집단이 만들어내는 성과의 과실을 따먹고 싶다면, 다음 원리를 따르면 된다.

첫째, 될 수 있는 대로 모임에 빠져라. 자주 보게 되면 저절로 호감이 간다(단순노출효과). 모임에 자주 참석함으로써 다른 구성원들로부터 많은 시선을 받는다면 리더가 될 가능성이 높아지기 때문이다.

둘째, 상호작용에 가능한 한 적게 기여하라. 다른 사람으로부터 호의를 받았으면 그에 상응하게 자신도 해줘야 하는 것을 상호성이라고 한다. 따라서 상대가 해준 것보다 적게 준다면 리더가 될 가능성은 줄어든다. 대신 집단에서 쫓겨나지 않을 정도로까지다.

셋째, 토론을 할 때에는 서기역을 맡아라. 집단에서 자기주장을 많이 펴게 되면 다른 구성원들은 자연히 리더의 추천목록에 당신을 올려놓는다. 따라서 토론을 할 때에는 말을 하지 않는 서기를 맡아라.

넷째, 남이 하자는 대로 따를 것이라는 의지를 나타내라. 리더는 다른 사람에게 뭔가를 하자고 권유하는 사람이다. 따라서 무엇을 하자고 권유하지 말고 기꺼이 따를 것이라는 것을 나타내면 그들은 리더 추천 목록에서 당신 이름을 지울 것이다.

다섯째, 토론에 일찍 나와라. 원래 주인공은 늦게 나타나는 법이다. 한 집단의 리더 또한 주로 늦게 나타난다. 그리하여 토론이 진행되고 있는 중이라면 그간의 토론내용을 듣고 지금까지 토론에 나온 내용 중 간과한 중요한 핵심사항을 한두 개 집어냄으로써 자신의 역량을 과시한다. 따라서 일찍 나온다면 핵심사항을 간과한 구성원이 되므로 리더 자격에서 한 발짝 멀어질 수 있다.

여섯째, 농담하는 역할을 맡아라. 적당한 농담이나 유머는 어색한 분위기를 바꾸고 집단에 활력을 주는 등 좋은 점이 많지만, 신중한 의사결정을 해야 하는 지도자로는 어울리지 않는다는 인상을 구성원들에게 주게 된다.

일곱째, 호언장담을 하라.

여덟째, 지도자 역할을 경멸하라.

위의 여덟 가지 원칙을 지키면, 당신은 지도자의 자질이 전혀 없는 구성원으로 보이게 될 것이다. 그러면 가장 외로운 자리에 앉는 '위험'에서 벗어날 수 있다. Ψ

성공한 리더들이 존경하는 '진정한 리더'는 누구일까. 미국 경제 전문지 〈포춘〉지가 미국 대기업 CEO 10명을 대상으로 '리더의 조건'에 관한 심층 인터뷰를 실시한 결과 '듣는 능력'이 리더의 성패를 좌우하는 것으로 나타났다. 포용력이 있어야만 '리더 중 리더'로 올라설 수 있다는 것. 〈포춘〉지는 "복잡한 기업 환경 속에서 불굴의 추진력을 가진 '카리스마형' 리더보다는 자신의 부족한 점을 인정하고 다른 사람의 얘기에 귀 기울이는 '서번트(Servant)형' 리더가 존경받는다"고 지적했다.

34대 미국 대통령이 된 아이젠하워 장군은 통솔하는 기술을 한 가닥의 끈으로 설명한 적이 있다. 그는 끈을 탁자 위에 올려놓고 말했다. "이 끈을 당겨보세요. 그러면 끈은 얼마든지 당신이 원하는 곳으로 따라갈 것입니다. 그러나 끈을 밀면 아무데에도 가지 못할 겁니다. 사람을 이끌 때의 요령도 이와 똑같습니다." (홍사중, 리더와 보스)

✤나쁜 리더십에 대한 몇 가지 명언들

"나쁜 리더는 팀이 자신을 위해 일한다고 믿고, 훌륭한 리더는 자신이 팀을 위해 일한다고 믿는다." - Alexander den Heijer, 동기부여 강사

"당신이 지도자가 되면 당신은 왕관을 받은 것이 아니라 다른 사람에게서 최고를 끌어낼 책임이 주어진 것이다." - Jack Welch, 전 GE CEO

"똑똑한 사람을 고용한 다음 그들에게 무엇을 하라고 지시하는 것은 이치에 맞지 않다. 우리는 스마트한 사람들을 고용하여 그들이 우리에게 무엇을 해야 하는지 알려줄 수 있도록 한다." - Steve Jobs, Apple 공동 창업자

"나쁜 리더는 누가 옳은지 신경을 쓴다. 좋은 리더는 무엇이 옳은지 관심을 가진다." - Simon Sinek, 저자 및 동기부여 강사

"리더십은 문제를 해결하는 것이다. 직원들이 당신에게 문제를 가져오는 것을 멈추는 날은 당신이 그들을 이끄는 것을 멈추는 날이다." - Colin Powell, 정치인(미 국무장관)

"리더십의 가장 심각한 실패는 예측하지 못하는 것이다." - Robert K. Greenleaf, 현대 서번트 리더십 운동의 창시자

"강력하고 안정적인 리더는 비난을 받아들이고 공로를 인정한다. 나약하고 불안정한 리더는 비난하고 공로를 가로챈다." - John Wooden, 농구 코치

"자신의 의견에 동의하지 않는 사람들을 어떻게 대하는지를 보면 리더와 깡패를 구분할 수 있다." - Miles K. Davis, Linfield College 총장

"리더십은 당신에 관한 것이 아니다. 다른 사람의 성장에 투자하는 것이다." - Ken Blanchard, 작가 및 비즈니스 컨설턴트

위대한 영국인 처칠의 리더십… 따뜻한 유머를 입은 불굴의 용기

영국의 국영방송 BBC는 2002년 '가장 위대한 영국인은 누구인가?'라는 설문조사를 실시했다. 찬란한 문화를 자랑하는 영국과 영국인. 수많은 위인들이 후보에 올랐다. 인도와 바꿀 수 없다는 대문호 셰익스피어, 물리학의 천재 뉴턴, 진화론으로 인류의 뿌리를 밝혀낸 다윈, 위대한 대영제국을 건설한 엘리자베스 1세, 세계 해전사를 새로 쓴 넬슨 제독 등등. 이렇게 만만치 않은 후보들을 제치고 1위를 차지한 인물은 정치가인 윈스턴 처칠이다.

유머감각이라고는 하나도 없을 것 같이 생긴 처칠이지만 그는 유머를 적재적소에 사용한 노련한 정치가였다. 대륙이 히틀러에게 점령당하고 영국만이 버티고 있던 상황에서 영국의 마지막 희망은 미국의 참전이었다. 당시 미국의 루스벨트 대통령은 정세를 주시하며 참전 결정을 미루고 있었다. 처칠은 워싱턴으로 루스벨트 대통령을 만나러 갔다. 처칠의 방으로 찾아온 루스벨트는 욕실 문을 벌컥 열었고 그만 알몸의 처칠과 딱 마주치고 말았다. 당황한 루스벨트에게 처칠은 오히려 주요 부위를 가리고 있던 수건마저 치우고 이렇게 말했다. "대통령 각하, 보시다시피 영국은 미국에게 아무것도 숨기는 것이 없습니다."

루스벨트는 처칠의 이런 솔직한 모습에 반했다. 그리고 협상은 긍정적으로 진행되어 미국은 참전을 결정한다.

혹독했던 제2차 세계대전에서 굽히지 않는 용기, 여유와 희망 넘치는 유머로 전쟁의 공포에 휩싸인 영국민의 맨 앞에 서서 승리를 쟁취했던 윈스턴 처칠(1874~1965). 처칠은 두 번의 비극적인 세계대전을 겪었고 90평생 중 55년을 의회에서 보냈다. 또한 장관으로서 31년을 보냈으며, 총리로 9년간 국가와 국민을 위해 봉사했다. 편지 겉봉에 '런던에서 가장 위대한 사람에게'라고 쓰면 편지는 예외 없이 그에게 배달됐다.

처칠이 정치에 입문한 1890년 선거에서 상대후보가 "처칠은 아침에 일찍 일어나지 못하는 게으른 사람입니다"라고 처칠을 공격하자 그는 이렇게 반격한다. "글쎄요, 저처럼 아름다운 아내(11세 연하로 미인이었다. 이름은 클레멘타인)와 같이 산다면 아침에 일찍 일어나는 일이 힘들지 않겠습니까." 연설을 들은 대중들은 처칠의 재치 있는 유머와 함께 풍기는 여유 있는 모습에서 감동받아 처칠의 손을 들어주었다.

처칠은 정적이 많기로 유명했다. 그의 잦은 당적 변경, 고집스럽고 분노를 조절 못하는 불같은 성격 탓에 평생 처칠은 공격의 대상이 되었다. 그러나 그는 심각한 토론을 넘어 인신공격성 발언에는 그 순간 발끈 화를 내면서도 마음에 담아두지 않았다고 한다. 그것이 바로 정치라 생각한 것이다. 의회에서 상대당의 여성 의원이 "만약 당신과 결혼해 당신이 내 남편이 된다면 난 차라리 독약을 마시겠다"고 처칠에게 독설을 퍼붓자 그는 여성 의원을 응시하며 이렇게 대답했다. "저 역시 의원님의 남편이라면 그 독약을 마셔버리겠습니다." 하루는 노부인이 처칠에게 바지지퍼가 열렸다고 말했다. 그러자 처칠은 점잖게 이렇게 답변했다. "부인, 너무 걱정하지 마세요. 이미 죽은 새는 새장 문이 열려도 밖으로 나올 수가 없으니까요."

처칠은 유머의 위력을 잘 알고 있는 정치가였다. 연단 위에 오르다 넘어지자 청중들이 일제히 웃음을 터트렸다. 그러자 처칠은 말했다. "여러분이 웃을 수 있다면 나는 한 번 더 넘어질 수 있습니다."

군인이자 정치가이기 전에 뛰어난 문필가였던 처칠은 2차대전 회고록이라는 기념비적인 기록문학을 통해 문학성과 인류의 보편가치를 제고한 공로를 인정받아 1953년 노벨문학상을 받았다. 그에게 수상의 영예를 안긴 〈제2차 세계대전〉은 격랑의 시대를 최고 지도자의 관점에서 바라본 보기 드문 명저로 평가받고 있다. 그 자체만으로도 역사서로 손색이 없지만 독특한 문체 또한 대단한 것으로 평가되고 있다. 후보자였던 헤밍웨이가 "처칠은 구어(口語)의 대가여서 노벨문학상의 취지와 맞지 않다"고 비난했지만, 스웨덴 한림원 측은 오히려 그런 이유 때문에 문학적 가치가 있다고 했을 정도였다. 헤밍웨이는 이듬해 노벨문학상을 받았다.

그는 중절모에 시가를 물고 한 손으로 V를 그리는 포즈를 즐겨했다. 승리의 V자를 의식적으로 내보이며 영국민에게 전쟁에서 이길 수 있다는 신념과 용기를 준 것이다. 리더의 유머는 조직을 풍요롭고 여유 있게 만들며 긍정의 에너지로 가득 차게 하는 마력을 지녔다. 머리를 울리며 가슴을 파고드는 유머는 그야말로 반대를 인정하는 진정한 여유에서 비롯된다. 리더는 결정을 내리는 과정에서 마음을 가라앉히고 좀더 차분하게 사안을 들여다볼 수 있는 여유가 있어야 한다.

처칠과 히틀러의 리더십 차이는 바로 유머에서 극명하게 드러났다. 히틀러는 조직적이고 획일화된 여론을 만들어 자신의 리더십에 카리스마를 부여했고 그 권한으로 조직을 통치했지만 히틀러의 조직은 자생적인 힘과 창조적인 생산성에서 부족함이 많았다. 반면 처칠은 긍정의 힘을 주는 리더십, 겸손과 솔선수범의 실천 리더십, 그리고 눈높이를 같이하는 공생의 리더십으로 조직을 이끌었다.

처칠의 위대함은 여기에 있는 것이다. 일중독 처칠은 심하게 부하직원과 관리들을 다루었지만 어느 누구도 '처칠의 독재'에 반기를 들지 않았다. 그것은 그의 리더십의 목표점이 자유, 공생 그리고 개인이 아닌 조직의 승리를 위한 것임을 알았기 때문이다. (박기종(커리어코칭 칼럼니스트), 매일경제 Citylife 제506호(2015.12.8) 발췌)

핵심 용어

리더	리더십 이론	사회교환	상황이론
시대정신 접근법	응집력	집단갈등	집단사고
집단의 효율성	집단형성	특성이론	

요약

- 어떤 조직에 머물러 있는 이유는 그 조직이 좋기 때문이거나, 다른 조직에 가봐야 현재보다 더 나을 것이 없기 때문이거나, 조직에 자기가 투자한 것이 많을 때다.
- 갈등은 대개 사소한 의견불일치로부터 시작되어 불안과 긴장이 높아지며 서로 감정적이 된다. 갈등은 당사자들간의 불신을 증가시키며, 이것이 다시 갈등을 증폭시킨다.
- 집단 응집력은 집단 구성원들이 서로 단결하여 집단 목표와 행동규범에 순응하는 정도를 말하는데, 집단 응집력이 높을수록 집단의 단결력은 강하다.
- 집단의 효율성은 과제의 종류, 집단성원들의 자질, 집단성원들의 상호작용에 달려 있다.
- 집단사고(groupthink)란 응집력이 강한 집단의 사람들이 만장일치를 얻고자 하여 여러 대안적인 행동방안을 현실적으로 평가하려는 것을 억누를 때 나타나는 사고방식이다.
- 리더십 이론으로는 특성이론, 시대정신 접근법, 상황이론 등이 있다.

CHAPTER 12

사회지각

사회심리학(social psychology)은 사회적 상황들 속에서의 개인행동의 본질과 원인들을 이해하고자 하는 학문이다. 이 장에서는 사회심리학 중 인상과 귀인 및 태도를 다룬다.

인상 | 대인매력 | 귀인 | 태도

도입사례

상대 매력적인가? 얼굴 본 후 0.1초 만에 판단

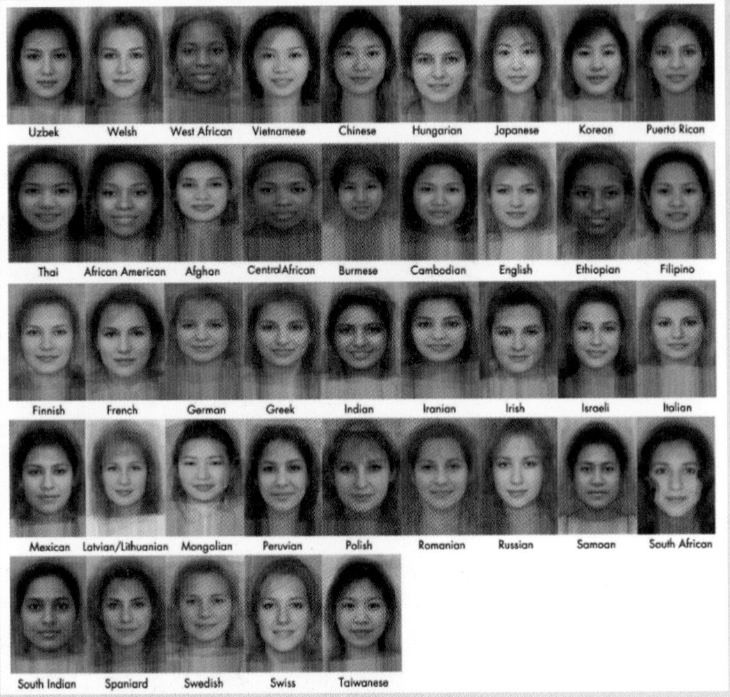

스코틀랜드 애버딘 대학교의 사이트 페이스리서치가 공개한 세계 각국의 여성 평균얼굴 사진. 평균얼굴은 미적으로 중간인 얼굴이 아니고 합성한 얼굴이다. 수백, 수천 명의 얼굴사진을 합성함으로써 피부의 잡티, 주름, 모반 등이 사라지고 매끈하게 된다. 그리고 합성이 진행될수록 미의 기준에 근접하게 되며 얼굴이 대칭적으로 변하면서 매력적으로 보이게 된다. 합성한 평균얼굴보다 더 잘생긴 사람은 TV나 영화를 통해 볼 수 있다. (사진 : https://riasah.quora.com)

낯선 사람 앞에서 우리의 뇌는 초고속으로 움직인다. 그 사람이 매력적인지 여부 또는 신뢰할 수 있는지 여부를 눈 깜짝할 사이에 판단한다는 것.

라이브사이언스와 가디언 등 해외 언론들이 23일 보도한 바에 따르면, 미국 프린스턴 대학의 심리학자 알렉스 토도로프는 상대방의 얼굴에 대해 사람들은 직관적으로 반응한다는 사실을 밝혀냈다. 단 0.1초 만에 상대방의 매력도나 신뢰도를 판단한다는 것. 이런 판단은 대화나 성찰의 과정을 거치지 않는다.

"우리는 한 사람이 우리가 중요하다고 생각하는 특성들, 예를 들어 좋아할 만한지 능력이 있는지 등을 판단할 때 너무나 빨리 결정을 내린다. 한마디 말도 주고받기 전에 말이다"라면서 이런 초고속 판단 습관이 인간에게 '본질적인' 것으로 보인다고 토도로프 교수는 말했다. 그는 또 "얼굴의 특성과 사람 성격의 연관은 아주 옅을 뿐인데도, 우리의 마음은 한눈에 다른 사람들을 평가한다"고 덧붙였다.

토도로프 교수는 피실험자들에게 낯선 사람의 사진을 보여주었는데, 사진을 본 시간이 1초이건 0.5초이건 0.1초이건 피실험자들은 사진 속 사람에 대해 똑같은 판단을 내린 것으로 나타났다.

사진 노출 시간을 늘려도 상대에 대한 판단 내용을 바꾸기보다는 더 확신하게 되는 경향을 보였다는 것이 연구팀의 설명이다.

(팝뉴스, 2006.8.24)

생각해보기 좋은 인상을 주기 위해서는 어떻게 해야 할까?

인상

우리는 다른 사람을 처음 만날 때 자기도 모르는 사이에 그에 대해 판단을 해보는 일이 많다. 우리 앞에 나타난 사람의 겉모습을 보고 우리는 일단 그 사람의 신분, 직업 등을 대충 알 수 있고, 더 나아가 그의 성격, 취미, 능력, 감정 등을 짐작한다.

물론 아주 제한되고 단편적인 정보에 근거하여 인상을 형성함에도 불구하고 우리는 그가 갖고 있는 특성들에 대해 모두 알았다는 식의 결론을 짓는다. 그것이 맞고 맞지 않고는 나중 문제다.

이렇게 한번 형성된 인상은 일관성이 유지되는 경향이 강하다. 웬만해서 바뀌지 않는다. 그래서 일단 인상이 형성되고 나면 원래의 인상과 맞지 않은 진짜 정보가 들어오더라도 무시되거나 원래 인상에 맞게 왜곡된다. 그래서 첫인상이 중요하다.

인상형성의 단서들

우리가 인상형성을 하는 데에는 몇 가지 단서가 있다. 첫 번째는 그 사람의 옷차림이다. 가장 눈에 잘 띄기 때문이다. '옷이 날개'라는 말도 있듯이 옷에 따라 그 사람에 대한 인상이 달라진다. 1960년 닉슨이 대통령 선거에서 케네디에게 진 것은 TV토론회 때 회색 옷을 입었기 때문이라는 주장도 있다. 감색 옷을 입은 케네디가 한결 젊고 깔끔한 인상을 줬다는 것이다.

그러나 옷은 쉽게 바꿔 입을 수 있다. 따라서 옷차림은 인상형성의 단서이긴 하지만 사람의 아주 깊은 내면까지는 알아낼 수 없다. 그럼에도 불구하고 다른 정확한 단서가 없을 때에는 눈에 가장 잘 띄는 옷과 같은 단서를 토대로 하여 인상을 형성하게 된다.

옷보다 더 뚜렷한 단서로는 외모, 표정, 몸가짐, 목소리 등이 있다. 외모는 우리의 생각 이상으로 사람에 대한 인상과, 더 나아가 그에 대한 행동에 커다란 영향을 끼친다는 사실이 밝혀지고 있다. 메시지를 전달하는 데에도 외모가 55%, 음성이 38%라는 결과가 있다. 이 두 가지를 빼면 나머지는 7%밖에 되지 않는다.

미국의 퍼스트 레이디였던 힐러리에 대한 여론은 처음에는 좋지 않았다. 그녀는 곧 테가 두꺼운 안경을 벗고 콘택트렌즈로 바꾸었다. 두꺼운 테가 자기주장이 강한 여자라는 인상을 주었다고 생각했기 때문이다. 밤색머리도 금발로 염색하고 스커트 길이도 짧게 했다. 그러자 그녀의 인기는 뛰어올랐다.

빌 클린턴과 힐러리 클린턴이 1982년 6월 8일 아칸소 주지사 선거에서 당선돼 환호하던 모습. 힐러리의 머리색은 지금 같은 금발이 아니다.

한편, 인상형성은 주어진 정보에만 근거하여 이루어지지는 않는다. 사람들은 누구든지 자기 나름대로의 '틀'을 갖고 있다. 그래서 정보를 축소하거나 과장 또는 왜곡하여 우리가 가지고 있는 '틀'에 맞도록 한다. 다음과 같은 식이다.

> 중국인은 돌솥과 같다. 달구기가 여간 어렵지 않다. 그러나 한번 뜨거워진 다음에는 좀처럼 식지 않는다. 식은 줄 알고 잘못 손댔다가는 혼이 나기 쉽다.
> 중동인은 합성냄비다. 겉 부분은 뜨겁지만 속 부분은 좀처럼 뜨거워지지를 않는다.
> 영국인은 그을린 놋쇠솥이다. 화끈 달아오르지도 않고 겉으로 얼마나 뜨거운지 좀처럼 알아내기 어렵다.
> 일본인은 은그릇과 같다. 조금만 힘을 줘도 잘 찌그러진다. 그러나 아무리 찌그러져 있어도 쉽게 펴질 수가 있다.
> 한국인은 양철냄비와 같다. 달아오르기도 쉽지만 식기도 쉽다. 그러면서도 소리만 요란하게 낸다. 모든 게 불 위에 올려놓을 때뿐이다.

인상형성에 있어 하나의 틀이 '고정관념(stereotype)'이다. 고정관념은 '어떤 부류의 사람들은 어떠한 특성을 가지고 있다'는 일종의 믿음인데, 합당하지 않은 것들이 많다. 특히 성별, 인종, 직업, 외모, 특정 학교, 지역 등에 대한 고정관념들이 많다.

고정관념이 첫인상을 지배할 때 우리는 그들의 사회 범주에만 기초하여 그들에 관한 일을 추론하며, 고정관념에 맞지 않는 사실들은 무시한다.

한편, 고정관념과 비슷한 것으로 생각하는 편견(prejudice)은 다른 집단의 사람들에 대한 불공정하고 편협하거나 비호의적인 태도다. 그러므로 편견은 태도와 마찬가지로 신념, 감정, 행동경향이라는 세 요소를 갖는데, 편견에 사로잡힌 신념은 언제나 고정관념이다.

고정관념은 불행히도 쉽게 없어지지 않는다. 고정관념 때문에 첫인상이 영향을 받으며, 또 고정관념에 들어맞지 않은 정보는 받아들이지 않기 때문이다. 그래서 고정관념은 계속된다.

인상의 정확성

1980년 미국 시라큐스 비행장. 몇몇 여행자들은 몇 가지 밀수품을 갖고 세관대를 통과해보라는 권유를 받았다. 성공적으로 일을 수행하면 100달러까지 받을 수 있었다. 임의로 '밀수꾼'이 된 이들은 작은 카메라 혹은 흰 가루가 들어 있는 작은 주머니를 받았다.

밀수꾼이 세관대를 통과하는 과정은 비디오카메라로 촬영됐다. 실제로 속였던 사람들이 나타낸 특수한 비언어적 행동(몸가짐, 자세, 시선회피, 말더듬기 등)들이 기록되었다. 이 테이프를 다른 관찰자에게도 보여주어 누가 밀수꾼이고 아닌지를 알아내게 했다.

밀수꾼과 일반 여행객 사이에는 누가 밀수꾼이고 아닌지 구별할 만한 행동상의 차이가 없었다. 또한 밀수꾼들이 혐의

✣헤어스타일에 신경 써라

외모는 사람의 정서에 심대한 영향을 미치며 특히 청춘기 남녀에게는 더욱 그렇다. 뿐만 아니라 단정치 못한 머리는 사람의 외모에만 영향을 미치는 것이 아니라 마음에도 영향을 미친다고 한다.

미국 예일대학이 단정치 못한 머리가 미치는 심리적 영향을 조사한 결과 사람들은 머리카락이 흐트러질 때 자존심도 잃고 사고도 덜 명석해지며 일을 처리하는 능력도 떨어지는 것으로 나타났다.

또한 일반적으로 알려진 것과는 달리 남성들이 여성들보다 그들의 머리칼이 정돈되지 않았을 때 감정이 더 상하며, 또한 남성들이 여성보다 머리칼이 튀어나왔거나 이발이 보기 흉하게 되었을 때 사고가 덜 명석해지고 일을 처리하는 능력도 더 떨어지는 것으로 조사되었다.

사람의 이미지와 인상을 한눈에 결정하는 것은 바로 헤어스타일이라고 한다. 첫인상과 헤어스타일의 상관관계에 관한 예일대의 연구에 따르면, 가장 자신감 있고 활동적인 여성으로 보이게 하는 헤어스타일은 맥 라이언처럼 짧고 볼륨을 살려 자연스럽게 연출한 스타일. 새로운 사람을 만날 때나 새로운 직업을 찾을 때 등 전략적 이미지 변화에 가장 적합한 스타일이다.

섹시하고 부유해 보이는 스타일은 기네스 펠트로나 크리스티나 아길레라 같은 긴 생머리의 금발. 샌드라 블록, 리브 타일러처럼 중간 길이의 갈색 머리는 지적이며 성격도 좋은 것으로 받아들여진다.

남성의 경우 가장 섹시한 스타일은 영화 <세븐>의 브래드 피트처럼 앞머리를 스포츠 스타일로 세운 짧은 머리로, 자기중심적이며 자신감 넘치는 스타일로 보인다. 가장 지적이고 부유한 느낌을 주는 스타일은 신사복 모델처럼 중간 길이에 옆 가르마를 탄 헤어스타일. 동시에 가장 속좁고 계산적인 스타일로도 받아들여진다.

야생마 같은 긴 머리는 가장 덜 지적이며 부주의한 부류로 인식되고 있다. 긴 머리 남성은 근육만 있을 뿐 머리는 텅 비었다는 선입견이 확실하게 작용하고 있다는 것이다.

위 왼쪽부터 시계방향으로 맥 라이언, 기네스 펠트로, 브래드 피트, 샌드라 블록

가 될 만한 행동을 나타내고 있었다 하더라도 밀수꾼들마다 서로 달랐다. 실제로 세관원들도 그리고 테이프만을 본 관찰자들도 밀수꾼과 일반 여행객을 구분할 수 없었다.

그러나 관찰자들은, 실제의 밀수꾼들이 안절부절못하고, 답변을 하는 데 시간이 걸리며, 세관원과의 시선을 회피할 것이라는 데에는 상당히 의견이 일치했다. 즉 누가 밀수꾼이고 누가 아닌지 구분해내지는 못했지만 '밀수꾼들이 이러이러할 것'이라는 데 대해선 모두가 '틀린' 생각을 갖고 있었다.

일반적으로 사람들은 다른 사람을 보는 자기의 눈을 과신하고 또 자신만만하게 생각하고 있지만, 많은 경우 정확하지 않다. 사기를 당한 후 맨 처음 내뱉는 말이 대개는 이 말이다. "그 사람 그렇게 안 봤는데."

하지만 그럴 수밖에 없는 것이, 자기나 타인, 사회상황을 평가하는 사회지각은 자기가 파악한 것이 정확한지 아닌지를 알아낼 만한 분명한 기준이 없기 때문이다. 무게나 길이라면 저울이나 자를 이용하면 되겠지만, 사회지각에서는 저울이나 자와 같은 역할을 하는 도구가 없다.

또 자기가 파악한 것이 아주 단편적인 것이기에 사람들은 타인의 옷차림이나 행동 등에서 자기가 받은 개별적인 생각들을 모아 전반적인 인상으로 종합하게 된다. 그래서 진짜 거지도 암행어사 행세를 조금만 자연스럽게 한다면 사또의 융숭한 대접을 받는다.

인상의 일관성

우리가 어떤 사람에 대한 첫인상을 형성할 때 그것은 주로 '좋다－나쁘다'(평가차원), '강하다－약하다'(능력차원), 그리고 '적극적이다－소극적이다'(활동차원) 중 한 가지가 된다.

이 가운데 가장 중요하고도 강력한 것은 평가(evaluation)차원이다. 우리가 모르는 사람을 처음 만났을 때 내가 이 사람을 좋아하는가 싫어하는가, 또 얼마나 좋아하고 얼마나 싫어하는가가 인상의 대부분을 좌우한다는 말이다.

인상을 형성하는 데에는 초두효과, 후광효과, 마이너스 효과 등이 영향을 미친다. 이 때문에 일단 인상이 형성되면 쉽게 바뀌지 않는다.

초두효과

어떤 사람에 대한 상반되는 정보가 시간간격을 두고 주어진다면 앞의 정보가 뒤의 정보보다 인상형성에 더 큰 영향을 미친다. 다음 이야기를 보자.

❖원조 프리미엄

초두효과 때문에 '처음'이 중요하다. 만남에서는 첫인상이 중요하고, 경기에서는 초반 기선을 잡는 것이 중요하다. 신차가 나오면 온갖 스포트라이트를 출시 시점에 쏟아붓는다. 뿐만 아니라 '창밖의 여자'는 조용필이 불러야 제맛이고, '만남'은 노사연이 불러야 제격이다. 제일 처음 불러 강력한 인상을 남겼기 때문이다. 뒤에 다른 사람이 부르면 아무리 가창력과 모방이 뛰어난 가수라 하더라도 노래의 제맛이 살지 않는다.

원조라는 것도 초두효과와 비슷하다. '맛동산'은 '땅콩으로 버무린 튀김과자'의 원조격이다. 1970년대 중반 맛동산이 처음 선보였을 때 선풍적인 인기를 끌었다. 그 후 40여 년 동안 다른 경쟁업체에서 맛동산의 모방품을 수없이 내놓았지만 역부족이었다. 맛이나 모양새는 모방할 수 있었지만 도저히 따라갈 수 없는 게 하나 있기 때문이다. 그것은 어떤 제품이든지 맨 처음 선보인 브랜드가 일단 성공하면 소비자들에게 강한 인상을 남기는 '원조 프리미엄'이다. 원조 프리미엄을 누리는 또 다른 제품으로는 롯데의 '쥬시 후레쉬', 동양제과의 '오리온 초코파이' 등이 있다. 이 제품들도 40여 년 동안 넘볼 수 없는 벽으로 군림해 왔다.

(1) 짐(Jim)은 문구를 사기 위해 집을 나섰다. 그는 친구 두 명과 함께 햇빛이 쨍쨍한 거리를 걸어갔다. 문구점에 들어섰을 때 사람들이 많았다. 짐은 직원이 자기에게 눈을 돌릴 때까지 아는 사람과 이야기를 나누었다. 문구점을 나설 때 그는 그 가게로 들어오는 학교친구를 만나 이야기했다. 학교로 가면서 그는 지난번에 소개받았던 여학생을 만나 잠시 이야기했다.

(2) 방과 후에 짐은 혼자 교실을 나서 집으로 걸어가기 시작했다. 거리는 햇빛으로 빛나고 있었다. 짐은 그늘진 길 쪽으로 걸었다. 도중에 그는 지난번에 만났던 여학생을 보았다. 짐은 길을 건너서 다과점에 들어갔다. 그 상점은 학생들로 붐볐으며 아는 얼굴들도 몇 명 보였다. 짐은 점원이 자기를 볼 때까지 기다린 다음 주문을 했다. 그는 마실 것을 들고서 옆 테이블에 앉았다. 다 마신 다음 그는 집으로 갔다. (Luchins, 1957)

여러분은 짐에 대해 어떤 인상을 가졌는가? 짐이 사교적이라고 생각하는가 아니면 비사교적이라고 생각하는가? (1)만을 본 사람들은 95%가 짐이 사교적이라고 이야기했다. 그러나 (2)만 본 사람들 가운데 짐이 사교적이라고 이야기한 사람은 3%에 지나지 않았다.

그러나 (1)을 먼저 보고 (2)를 나중에 본 사람들은 78%가 짐이 사교적이라고 대답했지만, (2)를 먼저 보고 (1)을 나중에 본 사람들은 겨우 18%만 짐이 사교적이라고 대답했다. 이것은 먼저 받은 정보가 인상형성에 더 큰 영향을 미친다는 것을 보여준다. 이것이 초두효과(初頭效果, primary effect)다(초두효과에 관해서는 제4장의 기억 부분도 참조).

초두효과는 우리가 일관성 있게 지각하려 하기 때문에 나타난다. 그래서 이전의 인상과 일치하지 않은 정보가 들어오면 바꾸거나 제거한다. (1)을 먼저 보고 (2)를 나중에 본 사람들은 아마도 짐이 피곤해서 (2)와 같이 행동했을 것이라고 평가했다.

이것은 어떤 사람을 다른 사람에게 소개할 때 특히 중요하다. 가령 A라는 사람이 ① 지적이고 근면하고 강인하고 비판력이 있고 말이 많고 질투심이 많은 사람이라고 소개할 때와, ② 질투심이 많고 말이 많고 비판력이 있고 강인하고 근면하며 지적이라고 소개할 때 A에 대한 인상이 달라진다. ①과 ②는 단지 순서만 바꿔 이야기했을 뿐이다.

인상은 쉽사리 바뀌지 않는다. 그러므로 낯선 사람을 처음 만나게 되면 그날 기분이 좋지 않더라도 좋은 인상을 주도록 애써야 한다. 다시 만나지 않는다는 보장이 없기 때문이다.

정중한 사람일지라도 첫날 무례한 언행을 했다면 그 사람에 대한 인상은 무례한 사람으로 남게 된다. 다음에 아무리 정중하게 행동한다 할지라도 가식으로만 비친다.

✣첫인상 흥행법칙

'첫인상 5초의 법칙'이란 책이 있다. 처음 본 5초가 평생 그 사람을 평가하는 기준으로 작용한다는 뜻이다. 첫출발은 그만큼 중요하다. 문화 상품도 첫인상으로 결정되는 흥행의 법칙이 있다. 음악, 영화, 드라마, 연극, 책, 뮤지컬 등이 출시 3일부터 30일 사이의 초반 장세에 따라 대박과 쪽박의 길이 엇갈린다. 장르별로 제작자가 '가장 잠 못 이루는 이 시기'를 알아봤다.

3일 : 음반은 출시 3일 만에 결판난다. 음반을 발표한 지 2, 3일 안에 인터넷 순위에 오르지 않으면 음반사는 실망에 빠지기 시작한다.

4일 : 영화의 흥행은 개봉 첫 주말 관객에 좌우된다. 요즘은 목요일 개봉이 늘어나는 추세여서 일요일까지 '첫 4일 관객'이 흥행의 가늠자가 된다.

7일 : 드라마의 경우에는 의견이 엇갈린다. "대박(시청률 40%)은 첫 회에 안다"는 말도 있고 2주까지는 봐야 한다는 주장도 팽팽하다. 주말 드라마나 사극은 한 달은 지켜봐야 판가름할 수 있다고 한다. 그런데도 초반 일주일이 흥행 토대를 다지는 데 비중이 크다는 점에 대해서는 이견이 없다. 첫 주 시청률을 잡기 위해 인상 깊은 장면을 배치하는 경우가 늘어나는 것도 이 때문이다.

14일 : 책과 뮤지컬의 흥행을 판단하는 기간은 초반 2주다. 다른 장르에 비해 비교적 긴 편이지만, 주기는 더 잘 지켜진다.

30일 : 뮤지컬을 제외하고 연극 등 장기 공연의 경우에는 '한 달'을 판가름 시기로 본다. 흥행의 요건 중 하나인 입소문이 확산되기까지 그 정도 시간이 걸린다는 것이다. 특히 소극장 공연은 입소문 의존도가 높다. 그러나 대형 공연의 경우 홍보 마케팅에도 큰 비중을 두기 때문에 1, 2주 만에 결판나기도 한다. (동아일보, 2007.8.15)

우리의 지각이 일관성을 유지하려 하기 때문이다. 다음에 나오는 후광효과도 이런 이유 때문이다.

후광효과

우리가 다른 사람을 볼 때, 그는 '정직하면서도 부정직한 사람', '온순하면서도 사나운 사람' 등과 같이 어중간하게 보지 않는다. 대신 '좋은 사람' 또는 '싫은 사람'처럼 둘 중 하나로 본다.

어떤 사람에 대해 '좋은 사람', '호감이 가는 사람'이라는 인상이 형성되고 나면, 그 사람은 또한 매력적이고, 지적이고, 관대한 사람이라고 보게 된다. 즉 하나의 특성이 좋으면 다른 특성도 좋을 것이라고 생각하게 된다. 반대의 경우도 마찬가지다. 하나가 나쁘면 모두가 나빠 보인다. 이것이 후광효과(halo effect)다. 후광(後光)은 부처님 머리 뒤쪽에 있는 빛을 말한다.

이 사람에 대한 당신의 인상은 어떠한가? 인상을 형성했다면 265쪽을 보라.

후광효과는 특히 겉으로 다른 사람의 인상을 형성할 때 두드러지게 나타난다. 잘생긴 사람은 공부도 잘하고 능력도 뛰어나며 인격도 좋을 것이라고 생각한다. 게다가 건강하다고까지 한다.

마이너스 효과

어떤 사람이 좋은 특성과 나쁜 특성을 함께 가지고 있을 때 그 사람에 대한 인상은 중간이 되지 않는다. 나쁜 점이 인상에 미치는 효과가 더 크기 때문이다. 이것이 마이너스 효과(minus/negative effect)다. 어떤 정치인이 깨끗하고 소신 있다는 인상과, 권력을 잡기 위해 야합을 마다하지 않는다는 인상을 받게 되면 그 정치인에 대한 인상은 나쁜 쪽으로 흘러간다.

> 인상을 통합할 때 평균원리와 가산원리라는 두 가지 원리가 있다. 평균원리는 여러 인상에 대한 평가의 정도를 평균하여 통합한다는 것이고, 가산원리는 정적인 어떤 인상에 또 다른 부수적인 정적 인상이 첨가되면 더 호의적으로 평가한다는 것이다. 그러나 중요하다고 생각되는 특성에 더 많은 비중을 두어 통합한다는 가중평균모형이 보다 적절한 것으로 평가된다.

이에 대한 한 가지 설명은 사람들이 갖고 있는 긍정성 편향 때문이다. 긍정성 편향(positivity bias)은 대인지각에서 사람들이 타인들을 긍정적으로 평가하는 경향을 말한다. 타인도 자기를 긍정적으로 평가해주기를 바라는 마음에서다. 이 때문에 부정적인 평가를 하게 되면 긍정적인 평가보다 더 잘 보이고, 따라서 다른 사람들이 더 주의를 기울이기 때문이라는 것이다.

또 다른 설명은 사람들이 이득을 보는 것보다 손해를 보는 것에 더 민감하게 반응하기 때문이라는 것이다(1만원 지폐를 주웠을 때의 좋은 기분과, 갖고 있던 1만원 지폐를 잃어버렸을 때의 나쁜 기분 중 어느 것이 더 강도가 큰지 비교해보라). 이익을 보진 못할지언정 본전치기라도 하려면 남의 나쁜 평가를 더 주의해서 들어야 한다. 어떤 사람이 '말도 잘하고 유머감각이 있고 잘생겼지만 사기를 가끔 친다'는 이야기를 들으면 사람들은 그를 '사기꾼'으로 본다는 말이다. 그래야 그 사람으로부터 피해를 당하지 않기 때문이다.

> **✜대통령후보 이미지 메이킹**
>
> 대통령 선거 때 후보자들은 저마다 '대통령다운' 옷차림을 연출한다. 누가 더 대통령직에 잘 어울리는지 경쟁을 하는 것이다. 여기저기 걸려 있는 광고선전물이나 캠페인 포스터에도 한 나라의 대통령 이미지로 보이는 옷차림과 그에 걸맞은 표정을 연출한다.
>
> 양복 선택도 선거구에 따라 투표자들에게 호소력 있는 것으로 기획한다. 중하류층의 투표자들 모임에는 그들에게 친근감 있으면서 믿을 수 있고 어쩐지 '우리의 리더' 같은 느낌이 드는 부드러운 스타일을 내세운다. 상류나 엘리트층을 대할 경우에는 '우리는 통하는 사이'를 암암리에 강조하면서도, 투표인들과 비교했을 때에는 스스로의 남다른 능력과 권위로써 이들을 다스릴 수 있는 압도감을 나타내려고 시도하는 경향이 있다.

중심특성과 인상

중심특성(central trait)은 다른 특성들보다도 인상에 더 많이 영향을 주는 것들이다. 대표적인 중심특성이 '차갑다'와 '따뜻하다'이다. '그는 똑똑하고 잘생겼고 따뜻한 사람'이라는 인상과, '그는 똑똑하고 잘생겼고 차가운 사람'이라는 인상을 비교해보라. 아마도 앞사람은 상당히 호감이 가지만 뒷사람은 냉혈인간처럼 느껴질 것이다.

이것은 중심특성이 다른 특성들보다도 인상에 미치는 영향이 얼마나 크고 중요한가를 단적으로 보여준다.

대인매력(호감)

우리가 선호하는 음식이 있는 것처럼 선호하는 사람도 있다. 왜 어떤 사람은 보기만 해도 좋은데 또 어떤 사람은 그렇지 못할까?

심리학자들, 특히 사회심리학자들은 호감(대인매력)과 관련된 요인들을 연구해왔다. 그 결과 신체적 매력, 근접성, 유사성이라는 것을 찾아냈다. 학자에 따라 보상성(이득이 되는 사람)이라든가 보완성(자기의 부족한 부분을 채워줄 수 있는 사람), 친숙성, 상호성(자기를 좋아하는 사람)을 추가하기도 한다. 그 외에도 외부의 자극이 호감을 일으키기도 한다.

신체적 매력

여러분들이 애인을 처음 만났을 때를 생각해보라. 아마도 잘생겼고 마음이 따뜻하고 똑똑해 보이거나 유머감각이 있는 사람이었을 것이다. 그중에서도 신체적 매력에 가장 먼저 끌렸을 것이다. 키, 몸무게, 얼굴, 옷맵시 등과 같은 신체적 매력이 우리가 다른 사람을 좋아하거나 사랑하는 데 가장 중요한 요인이기 때문이다(다음에 다시 만날 것인지의 여부를 결정한다는 측면에서).

신윤복의 〈미인도〉

신디 크로포드

매력의 기준은 시대나 지역, 문화에 따라 다양하다. 톱모델 신디 크로포드가 우리나라 조선시대에 태어났다면 '키와 손발이 지나치게 크고, 피부가 허옇고 털이 많으며, 머리카락이 노란, 코 큰 여자' 정도로 당시의 미인상과는 엄청난 차이가 있었을 것이다.

역사적으로 보더라도 르네상스 시대의 그림에는 풍만한 몸매의 여성들이 등장하고 있다. 근세의 여성들은 허리를 잘록하게 보이고 엉덩이를 크게 보이기 위하여 허리를 꽉꽉 졸라맸으며 부푼 치마를 입고 다녔다.

대신 1950~60년대에는 마릴린 먼로처럼 호리호리하고 연약해 보이는 여성들이 매력 있는 여성으로 여겨졌다. 또한 몇 년 전까지만 해도 남녀 모두 하얀 피부, 세련된 몸, 근육 없는 매끈한 피부 등이 선망의 대상이었다. 그러나 요즘은 그을린 피부, 날씬하면서도 잘 발달된 근육을 가진 사람이 선망의 대상이다.

신체적인 매력은 일생을 통해 우리가 생각하는 것 이상으로 중요하다. 아이 때만 하더라도 잘생긴 아이들이 인기가 있고 교사들로부터 많은 칭찬을 듣는다. 어른이 되어서도 잘생긴 사람들이 재미있고 사회성이 있으며 독립적이라는 평가를 받는다.

근접성

우리가 어떤 사람과 거리상으로 가까이 살고 있거나 함

께 일하고 있다면 그에게 호감을 느낄 가능성은 커진다.

1930년대 미국 필라델피아 시에 결혼신청서를 낸 5천 쌍에 대한 분석에서 3분의 1의 부부들이 서로 5구역 이내에 살고 있었음이 밝혀졌다. 또 대학 기숙사의 연구에서도 바로 옆방의 학생들이 두 방 지나서 사는 학생들보다 더 친하게 지냈다.

근접성이 호감을 일으키는 이유 중의 하나는 친숙성을 높여주기 때문이다. 자주 보면 좋아하게 된다. 우리가 TV 스타들을 좋아하는 이유도 자주 보아 친숙성이 높기 때문이다. 물론 연예인들 중에도 '이들이 연예인이 되지 않았으면 지금 무슨 일을 하고 있을까' 하고 의문을 가질 정도로 못생긴 사람들도 있다.

또 지금 널리 사용되는 '애론의자'라는 것이 있다. 이것은 파격적인 디자인 때문에 처음에는 '잔디 깎는 기계'라는 혹평을 받았다. 하지만 디자인상을 받고 언론에 많이 노출되다보니 사람들이 좋아하게 되었다.

애론의자

우리는 자신이 아주 미남 미녀라고 '착각'하고 우리의 얼굴에 호감을 갖고 있다. 이것 역시 늘 거울을 보면서 자기 얼굴에 익숙해졌기 때문이다. 또 우리가 사진을 찍은 다음 자기의 얼굴을 보게 되면 뭔가 이상하다는 느낌을 받는다. 이것은 우리가 늘 보아오던 자신의 얼굴이 거울에 비친 역상이기 때문이다(대부분의 얼굴은 완전한 좌우대칭이 아니다. 일단 눈의 크기와 형태를 비교해보라).

오바마 대통령의 수행비서로 '영부인보다도 더 친한 듯하다'고 평가받는 레지 러브(Reggie Love). 이제는 그의 인상이 어떠한가? 인상이 좋은 쪽으로 바뀌었다면 후광효과가 작용한 것이다.

하지만 가까이 있더라도 처음부터 불쾌한 만남으로 시작되었다면 다가가는 것은 거부당한다. 그러나 첫 만남이 불쾌하게 시작되는 경우는 사회생활에서 거의 없다. 대부분은 중간 정도이거나 유쾌하게 만남을 시작하기 때문에 근접성이 호감의 첫 단추일 수가 있다.

✣단순노출효과(mere-exposure effect)

어떤 자극의 단순한 반복적 노출만으로도 그 자극에 대한 호감이 증가하는 효과. 근접성이 호감을 일으키는 주요 이유 중의 하나는 근접성이 친숙성을 증가시킨다는 것이며, 친숙성 자체만으로도 호감을 증가시킨다. 진화론적으로 보면 친숙한 것은 낯선 것에 비해 안전하기 때문이다. 친숙성이 호감을 낳는 효과는 여대생들의 얼굴 사진과 거울상 사진을 여대생 자신과 그녀의 친구/애인에게 보여준 실험을 보면 알 수 있다. 여대생들은 68%가 자신이 늘 보는 거울상 사진을 좋아했으나, 친구/애인들은 61%가 평상시 보게 되는 얼굴사진을 더 좋아했다.

유사성

우리는 우리와 비슷한 사람을 좋아한다. 또 비슷해야 오래간다. 신념, 종교, 사회적 지위, 흥미, 태도 등이 서로 비슷해야 오래 지속될 수 있다.

심지어 유전자마저도 무작위로 선정한 남녀보다는

부부간에 확실히 유사성을 보인다는 연구도 있다. 이에 의하면 결혼했기 때문에 닮는 것이 아니라 애초에 닮았기 때문에 부부의 연을 맺게 된 것이다. 유유상종이란 말이다.

유사성은 우리가 어떤 사람을 만나 사귀고 있을 때 떠오르는 중요한 개념이다. 비슷한 사람은 나를 지지해주고 후원해주기 때문이다. 좋아하든지 사랑하든지 간에 유사성은 관계를 오래 지속하도록 해준다.

사귀는 사람들의 신체적 매력도 유사하다. 가장 매력적인 사람이 가장 매력적인 상대와 데이트를 하며, 덜 매력적인 사람은 덜 매력적인 상대와 사귄다.

'매력적인 그녀가 매력적인 남자에게 차이면 덜 매력적인 나를 만나줄 거야'라고 생각하는 것도 오산이다. 매력적인 남성에게 차인 여성은 매력적이지 않은 남성을 더욱 강하게 거절하는 경향이 있다.

그러므로 매력적인 사람과의 데이트를 위해서는 눈만 높아서는 안 되고, 이를 받쳐줄 수 있는 매력을 자신이 갖고 있어야 한다. 그 이유는 상대방의 매력이 호감의 중요한 요인이기는 하지만, 생활에서는 성공 가능성, 즉 자기와 짝이 될 수 있는 가능성을 생각하여 판단하기 때문이다. 자기보다 훨씬 매력적인 사람에게는 거부당할 것이 예상되고, 따라서 거부 가능성이 낮은 덜 매력적인 사람을 찾게 된다.

한쪽이 지배적이면 다른 쪽은 복종적인 사람이 잘 맞을 것이라는 것과 같이 성격특성상 반대가 되는 사람들이 잘 어울릴 것이라는 생각을 욕구-상보성 가설이라 한다. 그러나 연구에 따르면 상보적인 특성이라 하더라도 기본적인 태도의 유사성을 흔히 발견할 수 있고, 또한 결혼 5년 이내의 부부들의 적응은 상보성보다 유사성에 더 의존한다고 한다. 그리고 어떤 특성과 어떤 특성이 서로 상보적인지에 대해서도 성공적인 연구가 별로 없다.

자극

운동을 하고 난 후의 느낌은 좋아하는 사람과 함께 있을 때의 느낌과 비슷하다. 가슴이 두근거리고 얼굴이 화끈거린다. 이럴 때 눈앞에 이성이 나타나게 되면 운동을 해서 가슴이 두근거리는 것이 아니라 그 사람 때문에 두근거리는 것으로 오해하게 된다. 이것은 운동을 하고 난 후 쉬고 있을 때 효과가 있다. 운동 바로 직후에는 운동 때문이라는 것을 명확하게 알 수 있기 때문에 효과는 떨어진다.

이처럼 적당한 자극은 호감을 일으킨다. 등산이나 하이킹 같은 가벼운 운동을 같이 할 때, 흔들다리를 건너거나 바이킹을 타는 것처럼 약간 흥분되는 경험을 하게 되면 둘 사이의 관계는 훨씬 가까워진다. 이 때문에 많은 남자들이 데이트 초반기에 영화를 보러 가거나 놀이동산으로 이끈다.

또 남자의 경우 미팅을 할 때 여자가 마음에 들면 분위기 좋은 집으로 가고, 그렇지 않을 경우엔 맛있는 집으로 간다는 우스갯소리가 있다. 이러한 것은 여성을 자극하기 위한 남성의 전략이다. 분위기 좋은 집에서는 여자를 자극시켜 들뜨게 하고, 그것이 남자 때문에 설렌다고 생각하게 만들면 대성공이다. 물론 여자가 마음에 들지 않으면 식사라도 맛있게 할 심보로 맛있는 집을 찾는다.

술을 마시는 것도 비슷하다. 솔직하게 대화하기 때문에 가까워질 수도 있지만, 술 마신 후의 흥분으로 인해 상대방이 매력적으로 보이게 된다. 따라서 가까워지기

하와이를 배경으로 한 영화 〈식스 데이 세븐 나잇(Six Days Seven Nights)〉. 남태평양 휴가지에서 나이 든 조종사 퀸(해리슨 포드 분)의 낡은 경비행기를 타게 된 잡지사 부편집장 로빈(앤 헤이시 분). 비행기는 폭풍우를 만나 무인도에 불시착하고 해적들에게 쫓기는 등 모험이 시작되고 둘은 점점 애정을 느끼게 된다.

위해서는 가벼운 운동이나 흥분, 한잔의 술이 도움이 되지만 절교를 위해서는 도움이 되지 못한다.

그래서 어려움을 함께 헤쳐온 남녀라든가 두려움을 함께 겪은 사람들이 사랑에 빠질 가능성이 높다. 전쟁영화나 모험영화를 보면 각종 역경을 물리친 남녀가 서로 사랑을 시작하게 되거나, 별거중인 부부가 어려움을 헤쳐 나가면서 관계를 회복하는 경우가 많이 나온다. 이것은 해피엔딩을 의도적으로 유도하기 위해서가 아니다.

실제로 1991년 중동에서 벌어진 걸프전 때 이스라엘에서는 이른바 '전시사랑(war love)'이라 불리는 현상이 나타나 수많은 남녀들이 사랑에 빠졌다. 전쟁이라는 극적인 사태를 함께 경험하면서 남녀가 쉽게 사랑에 빠지게 됐고, 심지어 이혼을 했거나 별거를 하고 있던 부부들도 대피소 생활을 함께하면서 다시 결합하는 경우도 생겨났다고 한다.

그리고 2011년 3월 동일본 대지진이 발생한 후 일본 전역에서 이상현상이 일어났는데, 그동안 결혼에 관심이 없었던 여성들이 잇따라 결혼을 결심한 것이다. 약혼반지가 불티나게 팔리는가 하면, 일본 최대 결혼정보회사 오넷(O-net)에도 입회를 희망하는 미혼 여성의 문의전화가 쇄도했다.

귀인

우리들은 주위의 사람들을 알거나 이해하려 할 때 그 사람의 행동에 대한 이유를 찾으려고 한다. 그가 영화관에 갔다면 그가 영화를 좋아해서인지 아니면 데이트 약속이 있어서인지를 알려고 한다. 또 그가 등산을 갔다면 그가 등산을 좋아해서 갔는지, 아니면 친구들이 가자고 해서 갔는지를 알고 싶어 한다. 책임을 돌리는 것이 귀책(歸責) 이듯이 행동의 원인을 어디로 돌리느냐가 귀인(歸因, attribution)이다.

우리가 사회생활을 할 때에는 다른 사람이 왜 그렇게 행동했는지 원인을 파악하는 일들로 가득 차 있다. 그 원인들은 성격, 태도, 기분, 체력 등과 같은 내부의 것일 수도 있고, 운이라든가 압력, 돈, 날씨와 같은 외부적인 것일 수도 있다. 시험을 잘 봤을 때 '노력을 해서'라고 말하면 내부귀인이지만 '문제가 쉬워서'라고 말하면 외부귀인이 된다.

그리고 귀인은 통제할 수 있는 것과 없는 것으로 나누어볼 수 있다. 성격이나 능력, 운 같은 것은 통제가 어렵다.

귀인은 환경을 예측하고 통제하는 데 도움을 준다. 빨간 신호등이 켜지면 교통법규라는 원인 때문에 자동차들이 정지할 것이라고 생각한다(예측). 그가 항상 약속시간에 늦는 것이 교통사정 때문이 아니라 습관이라면 우리는 조금 늦게 출발하더라도 괜찮을 것이다(통제).

또 귀인은 우리의 감정이나 태도, 행동에도 큰 영향을 미친다. 정체된 고속도로에서 비상등을 켜고 갓길을 달리는 차가 곧 출산할 산모를 태우고 있다는 사실을 알게 되면 비난은 줄어든다. 어쩔 수 없는 행동이므로 그에게 행동의 책임을 돌릴 만한 것이 아니기 때문이다. 그러나 차량에 장애자 표시가 있어 주차를 허용했는데 운전자가 멀쩡한 사람이었다면 화가 치밀어오른다.

내부귀인과 외부귀인

마크 트웨인의 『톰 소여의 모험』 중에는 다음과 같은 장면이 있다.

> 톰 소여가 담장에 페인트를 칠하고 있었다. 톰이 마지못해 일하고 있는데 친구 벤이 그곳을 지나갔다.
> "야! 톰, 어쩐 일이니, 일을 다 하게?"
> 보통 때의 톰이라면 화가 나 있었겠지만 그날은 달랐다.
> "일이라고? 겨우 페인트칠 가지고 말이야? 그래! 일이라면 일이라고 할 수 있지. 그러나 상관은 없어, 좋아서 하고 있으니까. 이런 일은 좀처럼 걸려드는 일이 아니거든."
> "그래? 나도 도와줄까, 톰?"
> "안 돼. 여기는 사람들의 눈에 제일 잘 띄는 곳이라서 깨끗이 칠해야 한단 말이야. 하기야 이것을 깨끗이 잘 칠할 수 있는 사람은 나밖에 없으니까."
> "야, 톰! 이 사과 줄 테니 나도 시켜줘."

어떤 행동이 외부의 압력에 의해 일어났다고 보게 되면 우리는 그 행동을 외부요인 때문이라고 생각한다. 마음먹고 공부하려고 할 때 책상에 앉자마자 어머니가 '공부 좀 해라'고 하면 공부할 마음이 싹 달아나버린다. 공부하려는 것이 스스로의 마음 때문이 아니라 어머니가 시켜서 공부한다는 식이 되어버리기 때문이다.

어떤 사람이 어떤 행동을 하도록 지나치게 강요하게 되면 그 사람은 외부압력으로 인해 행동을 했다고 보게

나의 불법유턴은 어쩔 수 없이 한 것이고 다른 사람의 불법유턴은 안전의식이 없는 미친 짓이라고 사람들은 생각한다. 이처럼 행동의 원인을 찾는 것이 귀인이다.

된다(외부귀인). 그리고 자신이 원해서 행동한 것이 아니라고 생각한다. 이렇게 되면 자발성이 없어지고 피동적으로 움직이게 된다.

아이가 100점을 받아왔을 때 용돈이나 선물을 주면 동기부여가 되지만, 또 한편으로는 아이가 자기는 용돈이나 선물을 받기 위해 공부했다는 외부귀인을 할 수도 있다. 그렇다면 나중에는 자동차라도 사줘야 공부하게 된다. 그러나 머리를 쓰다듬어주거나 칭찬을 해주게 되면 외부귀인을 할 가능성은 줄어든다. 대가가 하찮기(?) 때문에 그것을 받으려고 공부했다고 생각하지는 않는다.

자기가 어떤 일을 할 때 좋아서 하느냐 아니면 마지못해서 하느냐에 따라 느끼는 생각이 달라지고 하는 행동이 달라진다. 주인정신이냐 종의 정신이냐의 차이다.

주인정신(내부귀인)으로 등산하는 사람은 앞서 가고 신나고 지칠 줄을 모른다. 하지만 종의 정신(외부귀인)으

귀인의 사례
- 잘난 남자+못난 여자 : '여자가 돈이 많나봐'
- 못난 남자+잘난 여자 : '남자가 대단한가봐'
- 못난 남자+못난 여자 : '서로 사랑하나봐'

로 마지못해 따라가는 사람은 산에 오르기도 싫고 힘도 들고 발걸음도 잘 떨어지지 않는다. 그리고 뒤에 처지고 빨리 지친다. 꼭 등산에만 해당되는 이야기가 아니다.

입장차이

약속시간에 늦은 사람은 '차가 밀려서' 늦었다는 이유를 대고(외부귀인), 기다린 친구는 '왜 이렇게 시간관념이 없느냐'고 질책한다(내부귀인).

일반적으로 자신의 성공은 '자기가 잘나서'라든가 '실력이 좋아서' 등과 같이 내부로 이유를 대고, 타인의 성공은 그가 '운이 좋아서'와 같이 외부로 돌려버린다. 그러나 반대로 자신의 실패는 '운이 없었기 때문'(외부귀인)이고 타인의 실패는 그가 '무능한 사람이기 때문'(내부귀인)이라고 생각한다. 예컨대 다음과 같은 식이다.

- 남의 흰머리는 조기노화의 탓이고, 내 흰머리는 지적 연륜의 상징이다.
- 남이 은둔하면 세상이 그를 버린 것이고, 내가 은둔하면 내가 세상을 버린 것이다.
- 남이 한 우물을 파면 우물 안 개구리이기 때문이고, 내가 한 우물을 파면 전문가이기 때문이다.

이러한 행태는 타인의 비난을 피하고 우리의 자존심을 해치지 않으려는 욕망에서 비롯되는 것이다.

그러나 다른 사람의 실패와 불행을 그 사람 내부로 책임을 돌리는 이러한 경향은 때로는 사실을 왜곡되게 만든다. 한 여자가 지하철에서든 사무실에서든 희롱을 당했다면 여자가 뭔가 허점을 보였지 않았겠느냐고 곧잘 생각한다. 전과자를 대할 때 사람들은 사정도 들어보지 않은 채 그를 '나쁜 놈'으로 낙인찍어 버린다. 또 어떤 사

사람들은 자존심을 해치지 않는 쪽으로 행동한다. (상) 담배 피우는 사람? (중) 친구가 담배 피우는 모습을 본 적이 있는 사람? (하) 저요. 저요! (자료 : MBC)

람이 많은 불행을 겪을 때 그것은 그 사람에게 책임이 없는 경우가 많은데도 불구하고 모두 그 사람의 책임(내부 귀인)으로 돌리게 된다.

통제가능성

지하철에서 두 사람이 갑자기 쓰러졌다고 하자. 한 사람은 술에 만취되어 몸을 가눌 수 없어 쓰러졌고 나머지 한 사람은 심장발작을 일으켜 쓰러졌다. 여러분은 누구에게 달려가겠는가? 처음의 사람은 술을 적게 마심으로써 자신을 통제할 수 있었으나 두 번째의 사람은 급작스런 발작으로 자신을 통제할 수 없었다.

행동이 통제할 수 없는 원인 때문에 발생했다면 많은 도움을 받을 수 있고 아무리 큰 사건이라도 비난을 덜 받는다. 그래서 당적을 바꾸는 국회의원들은 '시대흐름'이나 '지역주민의 의사'라는 자신의 통제 밖의 이유를 대고, 시험에 낙방한 사람은 '시험이 어려웠다'거나 '운이 없었다'고 통제불가능한 이유를 댄다.

1995년 일본 고베 대지진 때 튼튼한 구조물임을 자랑하던 일본의 도로와 건물이 엿가락처럼 무너지고 엄청난 피해가 났지만, 통제할 수 없었던 자연재해(강진) 때문이었기에 각국의 원조와 위로의 말을 받는 것이다. 비슷한 시기, 고베 대지진에 비해 인명과 물적 피해가 적었던 성수대교 붕괴(1994년, 사망 32명, 부상 17명)가 더 많은 비난을 받는 것은 사전에 충분히 통제할 수 있었기 때문이다.

귀인착오의 이유

그러면 우리는 왜 귀인을 제대로 하지 못하는 것일까? 그 이유는, 첫째로 다른 사람의 행동에 대해서는 그 사람의 개인적 원인을 과대 강조하고, 자신의 행동에 대해서는 그러한 원인을 강조하지 않는 경향이 있고(이를 기본적 귀인착오fundamental attribution error라 한다), 둘째로는 우리의 성공은 우리의 노력이나 자질에 귀인하고, 실패는 외부 요인에 귀인하는 경향이 있으며(이를 방어적 귀인defensive attribution이라 한다), 셋째로는 나쁜 일은 나쁜 사람에게 일어나고, 좋은 일은 좋은 사람에게 일어난다는 가정(이를 공정한 세상 가설just world hypothesis이라 한다)을 근거로 하기 때문이다.

이처럼 보통 사람들은 타인에게 엄격하고 자신에게 너그럽지만, 현자들은 남에게는 관대하고 자신에게는 엄격하라고 가르친다. 남에게는 아무리 관대하려 해도 다른 사람이 볼 때에는 엄격해 보일 수 있으며, 자신에게

1995년 1월 17일 고베 대지진. 진도 7.2의 강진으로 사망 6,300여 명, 부상 27,000여 명, 피해액 1,400억 달러의 피해가 발생했다. 많은 피해가 통제불가능한 사건 때문에 발생한 것이라면 비난받지 않는다. (사진 : 산케이신문)

대부분의 운전자들은 자신은 교통법규를 잘 지키지만 상대 운전자는 그렇지 못하다고 생각한다. 교통방송(TBS)과 시장조사기관 이지서베이는 2011년 성인 남녀 1,000명을 대상으로 조사한 교통법규 관련 설문조사 결과를 공개했다. 조사결과, 운전자 10명 중 6명에 해당하는 응답자 56.7%가 자신의 교통법규 준수 점수로 90점 이상을 줬다. 100점 만점을 준 응답자도 5.2%에 달했다. 또한 전체 응답자의 68.1%는 자신이 교통법규를 전혀 위반하지 않는다고 답하기도 했다. 반면 상대 운전자의 교통법규 준수에 대해서는 호의적이지 못했다.

아무리 엄격하려 해도 타인의 눈엔 관대해 보일 수 있기 때문이다. 그래야 그나마 공평하게 타인과 자신을 볼 수 있다.

행동의 원인 파악

이렇듯 행동의 원인을 찾으려고 하는 것이 귀인이다. 세 가지 요인을 알면 행동의 원인을 비교적 정확하게 알아낼 수 있다. 그것은 독특성, 일치성, 일관성이다. 두 가지 상황을 보자.

A. 여자는 영화를 보면서 울었다.

B. 남자가 나를 보고 웃었다.

독특성

첫 요인은 독특성(distinctiveness)이다. 독특성은 특정 자극이 있을 때 특정 행동이 나타나는가이다. 여자가 다른 영화를 볼 때에는 잘 울지 않는데 유독 이 영화를 볼 때만 운다면 이 영화가 슬픈 영화였기 때문이라고 볼 수 있다. 즉 어떤 행동이 특정한 대상에 한해서 일어난다면 그 대상 때문이라고 생각할 수 있다. 남자가 다른 사람에게는 웃지 않고 나에게만 웃는다면 나를 좋아하든 어떻든 나 때문이다.

일치성

두 번째 요인은 일치성(consensus)이다. 일치성은 그 상황에 처해 있는 다른 사람들도 같은 식으로 행동을 했느냐이다. 만일 영화관에 있는 다른 사람들도 이 영화를 보면서 울었다면 그 여자의 울음은 영화 때문이다. 그러나 다른 사람들은 울지 않는데 유독 그 여자만 울었다면 그 여자가 눈물이 많은 사람이라고 평가할 수 있다. 또 다른 남자들도 나를 보고 웃었다면 나 때문이고, 다른 남자들은 웃지 않고 그 남자만 나를 보고 웃었다면 그 남자만이 나를 좋아해서이다.

일관성

마지막 요인은 일관성(consistency)이다. 일관성은 원인이 있을 때마다 그 행동이 일어나는가이다. 여자가 이번에도 그 영화를 보면서 울었고 일주일 후에도 그 영화를 보면서 울었다면 영화가 행동(울음)의 원인이다. 그러나 일주일 후에 영화를 봤을 때 울지 않았다면 여자가 그 당시 일시적으로 감정이 슬펐거나 다른 원인이 작용하고 있었을 것이다. 남자가 나를 보고 웃었지만 일주일이 지나자 더 이상 나를 보고 웃지 않았다면 일주일 전에는 아마도 얼굴에 경련이 일어났었나보다라고 생각해볼 수 있다.

이솝 우화의 양치기 소년은 사람들을 놀려먹으려는 단순한 동기로 거짓말을 했지만, 그 대가로 자기의 양들을 잃어버렸다. '소년'만 거짓말을 한 독특성, '다른 소년들'은 거짓말을 하지 않은 낮은 일치성,

조 건	독특성	일치성	일관성	귀인대상
1	높다 그녀는 영화를 볼 때 잘 울지 않는다.	높다 모든 사람들이 역시 울었다.	높다 그녀는 그 영화를 보면서 항상 울었다.	영화
2	낮다 그녀는 영화를 볼 때 잘 운다.	낮다 우는 사람은 거의 없었다.	높다 그녀는 그 영화를 보면서 항상 울었다.	여자(그녀)
3	높다 그녀는 영화를 볼 때 잘 울지 않는다.	낮다 우는 사람은 거의 없었다.	낮다 그녀는 그 영화를 보면서 우는 일이 거의 없었다.	상황

'계속'된 거짓말의 높은 일관성이 소년을 거짓말쟁이로 만든 것이다.

태도

여러분은 신랑감으로 어떤 남성을 좋아하는가? 술, 담배의 광고에 관해서는, 그리고 자동차의 속도제한에 대해서는 또 어떻게 생각하는가?

이런 것들은 태도의 문제다. 태도(attitude)는 어떤 사람이나 대상, 상황에 대해 긍정적으로 또는 부정적으로 일관성 있게 반응하는 학습된 경향을 말한다. 바꿔 말하면 그 대상에 대해 알아야 하고, 좋거나 싫다 또는 찬성이나 반대라는 감정이 있어야 하며, 또 그런 평가에 맞게 행동을 할 수 있어야 태도라고 할 수 있다.

이 세 가지가 충족되지 않으면 태도라고 이름 붙이기 어렵다. 대상에 대해 알고만 있으면 그것은 지식이라 말할 수 있다. 또 대상에 대해 잘 모르고 평가만 내리면 고정관념이나 편견이라고 할 수 있다(그러므로 고정관념이나 편견을 없애는 가장 효과적인 방법은 대상을 보다 잘 알게 되는 것이다). 알지도 못하고 감정도 없으면서 행동만 하는 것은 맹종이라 할 수 있다.

'우리들이 어떤 태도를 갖고 있느냐'라는 것은 다른 사람들에게 매우 중요하다. 태도는 우리가 어떻게 행동할 것이냐에 대한 중요한 원천이기 때문이다. 어떤 사람의 태도를 알면 그 사람이 어떻게 행동할 것인지를 예상해볼 수 있다.

그러나 태도는 단지 행동의 경향을 이야기하는 것이다. 그렇게 행동할 가능성이 크다는 이야기다. 불행히도 태도와 행동은 정확히 일치되지 않는다.

인지부조화

1930년대 한 백인 교수가 중국인 부부와 미국을 여행했다. 당시는 아시아인들에 대한 편견이 아주 심할 때였다. 세 명의 여행자들은 200개의 호텔과 여관, 식당에 들렀으며, 한 군데의 호텔에서만 거부를 당했다.
그 뒤, 방문했던 업소들에 편지를 보내서 그들이 중국인 부부를 손님으로 받을 것인지를 물어보았다. 회신이 온 128군데 가운데 92%가 받지 않겠다고 응답했다.

조국에 위기가 닥치면 총을 들고 당장 전쟁터로 달려나갈 사람이라도 세금을 내는 데는 인색하다. 남을 돕는 행위에는 동의하지만 자선냄비를 보면 멀리 돌아가거나 못 본 체하는 사람들이 많다. 건강에 대해 아주 신경을

✣인지부조화 현상과 세계적 사례

인지부조화 이론(theory of cognitive dissonance)은 1950년대 후반 페스팅거(L. Festinger)가 주장한 이론으로서, 사람들이 그들의 태도들간 또는 태도와 행동 간에 비일관성이나 모순이 존재할 때 이러한 비일관성이나 모순을 불쾌하게 여기며, 이것을 감소시키려고 한다는 이론이다. 예를 들어, 자신의 태도와 행동이 상반될 때 이를 일치시키기 위해 태도를 바꾸든 행동을 바꾸든 해야 하는데, 자신의 태도는 다른 사람이 모르지만 자신의 행동은 이미 다른 사람이 알고 있으므로 행동에 맞게 태도를 바꾸게 된다.
인지부조화 현상은 특정 사건에 대해 인간의 믿음과 사실이 충돌할 때에도 나타난다. 그러한 부조화에 따른 스트레스를 견디지 못해 사실을 무시하고 억지로 자신의 믿음을 정당화 내지 합리화시키는 것이다. 다음은 이와 같은 인지부조화 현상에 대한 대표적인 사례다.

[사례 1] 히틀러가 지하벙커에서 썼다는 일기가 경매장에 나온 적이 있었다. 히틀러의 일기가 발견되자 독일의 신우익들은 일제히 환호성을 질렀다. 그러나 그 일기는 조작된 것으로 판명되었다. 일기에 사용된 종이가 히틀러 사후인 1950년대의 것으로 드러났기 때문이었다. 그러자 이 소식을 들은 신우익들은 또다시 환성을 질렀다. "그렇다면 히틀러 총통은 살아 계시다"라고 하면서 말이다.

[사례 2] 1950년대에 미국의 미네소타주에서 휴거 소동이 있었다. 12월에 세상의 종말이 찾아오기 때문에 '사난다'라고 하는 神을 믿는 사람들만이 구원을 받을 수 있다는 소문이 나돌게 되었고 당연히 이를 믿은 사람들은 집도 팔고 가족들도 버리면서 신앙의 공동체를 구성했다. 그러나 종말은 오지 않았다. 그럼에도 종말에 대한 그들의 믿음은 더 깊어졌다. 그들은 오히려 "자기들이 열심히 세상에 빛을 퍼뜨린 덕분에 神이 특별히 인간의 죄를 용서했고 따라서 종말이 오지 않았다"면서 기뻐서 소리쳤다.

쓰는 사람들도 담배를 끊지 못한다. 위 사례에서도 대부분이 중국인 부부를 손님으로 받지 않겠다고 대답했지만, 실제로는 한 군데에서만 손님으로 받지 않았다.

행동과 태도가 다르면 인지부조화가 생긴다. 펩시콜라를 마시는 코카콜라 직원 (사진 : 펩시콜라 광고)

우리는 살아가면서 우리의 태도와 맞지 않는 행동을 해야 될 때가 많다. 하기 싫어도 해야 하고 내키지 않아도 씩씩거리면서라도 해야만 하는 일들이 많다. 여러분이 어떤 사람과 미팅을 한 후 마음에 들지 않았는데도 좋아한다고 말해야 할 때가 있다. 또 별로 좋은 사람도 아닌 사람을 다른 사람에게 소개할 때 그가 좋은 사람이라고 말할 때가 있다. 두 번 다시 보기 싫은 영화라도 마이크를 들이대면 괜찮은 영화라고 말할 때도 있다.

태도와 행동(말)이 일치하지 않으면 인지부조화(cognitive dissonance)를 느낀다. 이것은 자신의 태도와 행동이 서로 다르기 때문에 느끼는 불편함이다. 그래서 사람들은 이런 불편을 해소하기 위해 태도와 행동을 일치시키려고 한다. 임금님의 귀가 당나귀 귀라는 것을 알고는 있지만, 그 사실을 발설하지 않아야 하는 이발사는 "임금님 귀는 당나귀 귀"라고 한바탕 소리침으로써 비로소 인지부조화에서 벗어난다.

행동이 태도를 바꾼다

태도와 행동이 다를 때 태도에 맞게 행동하는 것이 아니라 행동한 대로 태도를 바꾸게 된다. 자신의 진짜 생각(태도)은 남이 모르지만 남에게 비친 자신의 태도는 행동(말)을 통하여 알려졌기 때문이다.

그가 좋은데도 싫다고 남들에게 얘기했다면 싫은 쪽으로 태도가 바뀌게 된다. 직장이나 학과가 마음에 드는

시민의 안전 보호와 운항장애 예방을 위해 에스컬레이터 두줄서기 운동을 벌여왔지만 제대로 정착되지 못하고 있다. 먼저 가는 사람을 위해 에스컬레이터 한쪽을 비워두는 것이 오랜 지하철 문화로 굳어졌기 때문이다. 한 번 형성된 태도는 이처럼 수정하기가 쉽지 않다.

데도 남의 눈을 의식해 자기도 싫다고 이야기하면 자연히 싫어진다. '죽겠네'를 상습적으로 쓰지 말아야 하는 이유도 여기에 있다. 고대 올림픽이 벌어졌을 때 철학자 페레그리노스는 '남이 말려주겠지'라고 생각하며 성화에 뛰어들겠다고 말했다. 그러나 불쌍하게도 그의 기대와 달리 아무도 말리려고 나서지 않았다. 그는 결국 스스로 성화에 뛰어들 수밖에 없었다.

기업이나 정부에서는 사원과 국민들의 태도를 바꾸어야 할 때가 있다. 그러나 단순한 강의나 홍보만으로는 태도를 바꾸기가 어렵다. 시간도 오래 걸린다. 태도변화와 의식개혁에 가장 간편하고도 빠른 방법은 행동을 통해서 하는 것이다.

행동이 태도를 바꾼다! 소극적인 사람이라도 억지로 모임에 자주 참석하게 되면 친화성이 뛰어난 사람으로 남이 평가하게 되고, 또 자신도 그런 사람으로 바뀌게 된다. 길거리 시음회에서 한 잔 얻어 마시면 그 제품에 대한 호감이 증가하고, 억지로라도 어떤 캠페인에 서명을 하면 그 캠페인에 호의적으로 된다.

기업체에서는 행동을 시범해 보임으로써 신입사원을 교육시키고, 나라에서는 법을 만들어 국민들에게 강제로 따라하게끔 한다. 버스 안이나 지하철역 구내에서 담배를 피우지 않는 것은 지금은 모든 사람들이 당연히 생각하고 있다. 그러나 1980년대만 하더라도 고속버스에는 흡연석이 있어 버스 안에서 담배를 피울 수 있었다.

따라 하다 보면 태도가 바뀌고 의식이 바뀐다. 서당 개 3년이면 풍월을 읊듯이 보수적인 사람조차도 진보적인 집단에 들어가 그곳 구성원들과 같이 행동하다 보면 진보적인 사람이 된다. 자신의 생각과 전혀 다른 사상이라도 강압적으로라도 자꾸 듣고 따라 하다 보면 유일한 진짜처럼 보인다. 이것이 세뇌(brainwashing)다.

태도변화의 방법—설득

위에서 보았듯이 태도와 행동의 불일치로 인지부조화가

✣의지만으론 안 돼… 변화할 수밖에 없는 환경을 만들라

해충박멸 전문업체 C사의 인사를 담당하는 박 상무는 요즘 직원들 때문에 몇 달째 끙끙대고 있다. 바퀴벌레며 모기며 온갖 험악한 해충을 잡는 일이라서 그런지 직원들 분위기도 험하기 때문이다. 사무실에서 비속어는 예사이고, 현장에 나가서도 어찌나 불친절하게 행동하는지 고객들의 항의 전화가 일주일에 수십 통씩 걸려올 정도다. 그동안 인사팀에서는 회사 전체의 분위기를 개선하기 위해 평가시스템도 바꿔보고 채용 면접도 강화해봤지만 별 소용이 없었다. 그러던 중 총무팀 김 과장이 작은 아이디어를 하나 냈는데, 실천해 보니 한 달도 채 안 되어 직원들의 태도가 확 달라지는 것 아닌가?

딜레마 속 상황은 해충박멸 전문업체 세스코에서 실제 있었던 일이다. 초기에 세스코는 해충박멸업의 특성상 더럽고 험하다는 인식이 강해 조직적인 어려움을 겪었다. 그런데 이 상황을 해결한 것은 아주 간단하게도 제복 하나였다. 마치 경찰 제복같이 깔끔하고 전문적인 인상을 주는 블루톤 제복을 맞춰줬더니, 그 옷을 입고 일하는 직원들이 스스로를 해충박멸 전문가로 인식하게 된 것이다. 말투도 행동도 자연스레 전문가답게 달라졌다. 고객을 응대하는 태도도 확연히 개선됐다. 평가·채용 등 제도를 통해 직원들의 행동 방식을 바꾸려 아무리 노력해도 되지 않던 변화가 제복 하나로 쉽게 이뤄진 것이다. (조선일보, 2011.12.8)

일어나면 행동이 변하는 것이 아니라 태도가 변한다. 인지부조화는 태도변화의 한 가지 방법이다.

또 강연이라든가 면담 등을 통한 설득도 태도변화의 중요한 수단이다. 뿐만 아니라 다음의 사례에서처럼 상대를 배려한 행동이 설득으로 이어지기도 한다.

고객은 지방에서 레미콘 사업을 시작하려고 계획하고 있었다. 부지 등 다른 것은 별 문제될 것이 없었으나 트럭이 문제였다. 레미콘 트럭값이 만만치 않았기 때문이다. 너무 비싸면 사업을 하기가 어려운 실정이었다.

고객은 자동차 회사로 전화를 걸었다. 전화를 받은 영업사원은 전화감이 멀자 다급히 고객에게 전화번호를 묻고는 전화를 끊으라고 했다. 고객은 의아해했다.

전화를 끊자마자 조금 전의 바로 그 사원으로부터 전화가 왔다. 고객은 전화를 끊으라 한 이유가 궁금했다. 사원은 자신의 회사에 용무가 있어 전화를 했을 텐데 비싼 시외전화 비용을 고객에게 물릴 수 없어 자신이 전화를 했다고 말했다. 게다가 차에 대해 상세히 설명하자면 꽤 많은 시간이 든다면서….

고객은 다른 건 묻지 않았다. 즉석에서 그는 트럭 16대를 주문했다. 쌍용자동차에 전설처럼 내려오는 이야기다.

여러분은 자신과 생각이 다른 사람을 어떻게 설득시키는가? 다른 회사 제품에 호감을 갖고 있는 사람에게 어떻게 자기회사 제품을 사게 만드는가? 남편이 일요일마다 낚시를 가버리는데 못 가게 할 수는 없을까? 이번 일요일엔 꼭 그이를 데리고 산에 가고 싶은데 어떻게 하면 같이 갈 수가 있을까?

우리가 다른 사람들의 태도를 변화시키기 위해 가장 많이 쓰는 방법은 설득이다. 설득은 태도를 변화시키기 위해 논리적인 주장을 펴거나 새로운 정보나 사실을 제공하는 방법을 사용한다.

그래서 설득은 말을 통해서만 행해지는 것은 아니다. 태도를 변화시키기 위해 의도적으로 행하는 모든 것을 설득이라고 볼 수 있다. 책이나 팸플릿 같은 문자일 수도 있고 영화 포스터나 신문광고와 같은 글+그림일 수도 있으며 TV광고처럼 영상일 수도 있다.

남의 지갑에 있는 돈을 내 지갑에 옮기는 것이 세상에서 두 번째로 어렵다고 한다. 사업이나 홍정이 쉽지 않다는 뜻이다. 이보다 더 어려운 것이 내 머리에 든 것을 다른 사람 머리로 옮기는 것이다. 그만큼 설득은 쉽지 않다.

❖ "커피 한잔 하실래요?"

식사를 제공하면 설득효과가 높아진다. 입에 음식이 들어 있어 그만큼 설득에 저항을 제대로 하지 못하기 때문이다. 이런 것 때문에 직원들이나 상대를 설득시켜야 하는 기업체나 정당에서는 아침이나 점심 식사를 제공하는 조찬회나 오찬회 등의 모임이 많다.

이성을 만나는 첫 대면에서 주로 커피를 마시는데, 이것 역시 마찬가지 이유다. 특히 커피를 마셔 적당량의 카페인이 몸속에 들어가면 설득당할 태세가 한층 강화된다. 일반적으로 데이트를 할 때 남자들이 여자들에게 커피를 사는데, 이는 어느 정도 과학적 근거가 있는 것이다. 즉 카페인은 뇌의 정보처리능력을 크게 강화시켜주기도 하고 기분을 좋게 함으로써 남의 말에 귀를 더 기울이도록 해주는 효과가 있다.

효과적인 설득을 위해서는 다음과 같은 것들이 필요하다.

신빙성

설득을 할 때에는 누가 말하는지가 중요하다. 말하는 이의 신빙성이 높을수록 효과가 크다. 신빙성은 그 사람의 전문적인 지식을 말한다. 머리손질법에 관하여 헤어 디자이너가 말할 때에는 잠자코 있어야 한다. 의사선생님이 이렇게 저렇게 건강관리를 하라고 하면 그대로 따라하는 것이 몸에 좋다. 그 분야에서는 이들이 전문가이기 때문이다. 그러나 술자리에서든 커피숍에서든 정치적인 문제가 한번 화제로 오르면 쉽사리 결말이 나지 않는데, 이것은 모든 사람이 정치에 대해서는 전문가(?)이기 때문이다.

이처럼 설득하는 사람의 신뢰도가 높으면 설득효과도 높다. 그러나 신뢰도가 낮은 사람이 설득을 하더라도 시간이 지남에 따라 설득효과가 높아지는 경향이 있다. 이것을 수면자 효과(sleeper effect)라고 한다. 이것은 설득자의 신뢰도와 내용이 시간이 지남에 따라 분리되기 때문이다. 그래서 설득자에 대한 기억은 희미해져 가고 내용만 남게 되어 설득효과가 높아지는 것이다. 그래서 어디선가 들은 멋진 유머를 친구에게 이야기해줬을 때 "그거 내가 해준 이야기잖아"라는 썰렁한 반응이 나오는 것도 이런 이유 때문이다.

우리가 좋아하는 사람(준거집단)

우리가 좋아하는 사람이 설득을 하면 태도변화가 조금은 쉬워진다. 친구가 장에 가자고 하면 지게를 지고서라도 따라간다. 광고를 할 때 비싼 돈을 들여 인기 연예인을 모델로 내세우는 것도 일반 사람들이 그 연예인을 좋아하기 때문이다.

설득내용

설득내용이 어떤 것이냐에 따라 효과가 달라진다. 내용

✜편의점 상품배치의 비밀

편의점의 상품도 설득을 위해 치밀하게 계산된 위치에 진열된다. 우리나라 편의점 매장의 평균 크기는 20평이 조금 넘는다. 이 속에는 수백 종의 상품이 빼곡히 놓여 있다. 특히 모든 상품은 그 자리에 놓여 있는 이유가 있다. 고객들이 조금이라도 더 머물고 더 많은 상품에 관심을 갖도록 특별히 '계산'된 위치에 있다.

음료냉장고는 매장 맨 안쪽에 위치한다. 전체매출의 25%를 차지하는 음료코너를 매장 깊은 곳에 배치하는 것은 최대한 고객의 동선을 늘리기 위한 '작전'이다. 즉 음료를 사러 들어온 고객이 내친 김에 다른 상품도 구매할 가능성을 높이기 위한 것이다.

비슷한 이유로 꼭 사야 하는 목적구매상품은 아래쪽에 두고, 충동구매상품은 위쪽에 배치해 고객들의 눈길을 끈다. 보리차나 생리대 등은 구석진 곳에 두어도 필요한 사람들은 다 찾아 사기 때문에 느긋하다. 반면 안주류, 즉석식 등은 눈에 잘 띄는 곳에 두고 '한번 사보라'며 구매를 유도한다.

또 연관상품은 끼리끼리 모여 있다. 맥주와 안주, 빵과 우유, 컵라면과 김치처럼 하나를 살 때 아쉽게 마련인 '짝'상품은 이웃에 배치한다.

한편, 편의점의 상품선반은 보통 높이 135cm, 폭 90cm로 구성되어 있다. 이 높이는 한국 성인 남자의 평균키인 170cm를 기준으로 편안하게 손을 움직일 수 있는 가슴선 높이에 해당된다. 폭 90cm는 상품선반에서 1m쯤 떨어져 볼 때 가장 넓은 시야를 확보할 수 있는 각도로, 진열대의 상품이 한눈에 들어올 수 있도록 계산된 것이다. 백화점이나 할인점에 비하면 손바닥만 한 공간에서 최대의 매출을 올리기 위한 편의점의 상품배치에는 치밀한 설득의 기법(상술)이 동원되는 것이다.

이 듣는 사람의 태도와 너무 차이가 나면 효과가 적고, 차이가 작으면 변화가 일어나지 않는다. 따라서 종교라든가 지지하는 정당을 설득을 통해 바꾸기가 쉽지 않다.

세계자연기금(WWF)의 “Before it's too late”라는 제목의 이 캠페인은 시청자가 특정 행동을 취하도록 동기를 부여하기 위해 세상의 종말 접근방식을 사용한다. 이 캠페인은 우리가 하고 있는 일이 지구를 파괴하고 있으며 그 과정에서 우리 자신을 파괴하고 있다는 느낌을 준다.

공포유발

설득내용이 공포를 유발하면 태도변화가 잘 된다. 그래서 보험회사에서는 “당신에게 만약 불상사가 일어난다면?” 식의 화법을 즐겨 사용한다. 많은 사람들이 이 화법에 넘어간다.

하지만 너무 공포가 크면 효과는 감소한다. 설득자를 믿지 않게 되기 때문이다. ‘나를 찍지 않으면 나라가 망한다’고 떠들어봐야 금배지를 달 수 없다. 오히려 그런 사람이 없어야 나라가 잘 돌아간다. ‘5분 빨리 가려다 50년 빨리 간다’는 끔찍한 교통표어가 도로에서 사라진 것도 마찬가지다.

주의분산

누군가 설득을 할 것이라는 예상을 하면 설득에 대한 저항이 생겨 효과가 적어진다. 대신에 사람의 주의를 분산시키면 설득효과가 커진다. 저항을 그만큼 집중적으로 하지 못하기 때문이다. 백화점 점원 아가씨가 예쁘면 제품으로 가야 할 신경이 자꾸 옆으로 샌다. 그래서 아이(eye)쇼핑을 하러 갔다가도 카드를 긁게 되고 거금을 들이게 된다.

또 세일즈맨들은 제품을 소개하다가도 날씨나 TV드라마로 화제를 돌려 우리를 헷갈리게 한다. 저항의 집중도를 떨어뜨려 우리를 쉽게 공략하기 위해서다. 필요한 제품이라면 크게 상관은 없지만 필요 없는 제품이라면 이때 특히 긴장의 고삐를 늦추지 말아야 한다. 없는 살림에 잘못 구입했다간 나중에 꼭 필요한 것을 내다팔아야 할지도 모른다. ψ

수천억원의 연구비를 쏟아부은 신차의 발표회 때 미녀가 등장하는 것은 제품으로 눈길을 끌기 위한 것이기도 하지만, 혹 발견될지도 모를 단점으로부터 주의를 돌리기 위한 것이기도 하다.

피고인, "내가 성폭행범" vs 검찰, "넌 범인 아니야"

-중국판 '7번방의 선물'은 블랙 코미디

얼마 전 중국 CCTV의 뉴스채널을 통해 대단히 희한한 재판 광경을 볼 수 있었습니다. 머리가 반쯤 벗겨진 40대 중반의 남성 왕수진이 피고인이었습니다. 왕 씨는 여러 명의 부녀자를 강간했고 그 가운데 3명을 살해했다는 혐의를 받고 있었습니다. 이미 1심 법원에서 사형을 선고받은 뒤 이를 받아들이지 않아 항소심 재판이 열린 것입니다.

CCTV는 거의 하루 종일 재판 모습을 생방송으로 연결해 자세하게 내용을 전했습니다. 그런데 뭔가 이상했습니다. 왕 씨가 비록 극악무도한 범죄 혐의를 받고 있지만 그렇다고 재판 내용을 생중계할 만큼 유명인이거나 특별한 사람은 아니었기 때문입니다. 뿐만 아닙니다. 형사 재판이라면 피고인이 '자신은 죄가 없다'고 주장하고 검찰 측은 '이런 증거를 볼 때 죄인이 맞다'고 공방을 벌여야 당연합니다.

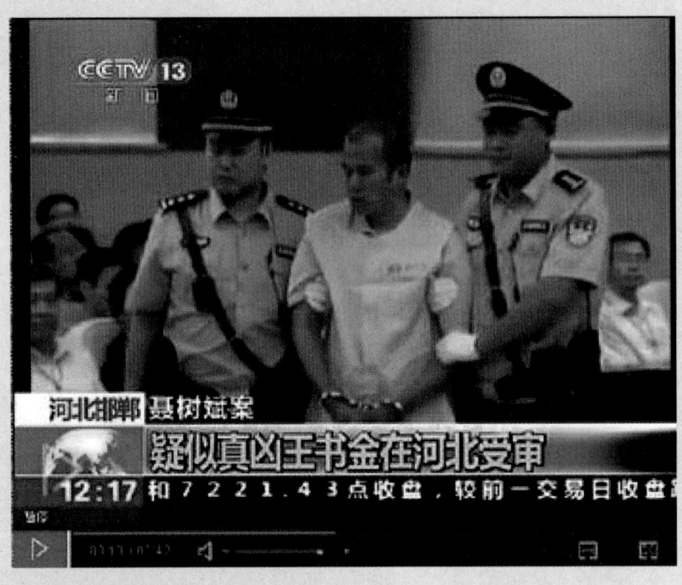

그런데 왕 씨의 재판 모습은 정반대였습니다. 왕 씨는 시종일관 '자신이 강간과 살인을 했다'고 주장하는데 검찰 측은 '당신은 그 사건의 범인이 아니다'라고 반박했습니다.

검찰은 심지어 왕 씨가 자신의 죄를 자백하며 내놓은 진술의 허점을 집요하게 파고들었습니다. 살해된 여성의 목에 강하게 압박을 받은 혈흔이 나타났는데 왕 씨는 이에 대한 정황을 전혀 진술하지 않았다는 것입니다.

오히려 왕 씨는 자신이 다리로 여성의 가슴을 눌렀더니 죽었다고 말했는데 여성의 갈비뼈가 골절된 흔적은 없었다고 반박합니다. 아울러 왕 씨는 살해된 여성의 키도 잘못 말했고 살해 시간도 정확히 몰랐다고 꼬집었습니다. 마치 왕 씨의 변호인이 변론을 하는 듯한 내용입니다. 오히려 거꾸로 왕 씨 측 변호사는 왕 씨의 범죄 사실을 입증하기 위해 노력했습니다.

사건이 발생한 것은 1994년 8월, 왕 씨가 경찰에 잡혀 조사를 받은 것은 2005년 1월로 거의 10년이란 세월이 흐른 만큼 왕 씨가 사건과 관련된 세부적인 내용을 자세하게 기억할 수 없는 것 아니냐고 반론을 펼쳤습니다. 또 당시 왕 씨가 사건이 난 지역에 있었다는 여러 증거가 있고 무엇보다 본인이 피해 여성을 살해했다고 자백하고 있음을 강조했습니다. 검찰과 변호사의 역할이 완전히 바뀐 모습이었습니다.

왕 씨는 그러면서 '내가 범인이 맞으니 사형에서 종신형으로 형을 깍아달라'고 재판부에 요구했습니다. 이건 또 무슨 말일까요? 왕씨의 주장은 자신이 죄를 있는 그대로 자백해 크게 뉘우치고 있고 사회에 도움을 주기 위해 노력했으니 정상 참작을 받아야 한다는 것입니다.

점점 더 곡절을 모르시겠다고요? 이런 해괴한 재판 뒤에는 큰 비극일 수도 있는 사연이 숨겨져 있기 때문입니다.

1994년 8월 허베이성의 성도인 스좌장의 한 한적한 마을에서 20대 여성의 강간 살해 사건이 발생했습니다. 수사에 나선 경찰은 당시 20세의 이 마을 청년 녜슈빈을 용의자로 붙잡아 강도 높게 조사한 끝에 녜 씨로부터 살인 자백을 받아냈습니다. 다음 해인 1995년 1심 법원은 녜 씨의 강간살인죄를 인정해 사형 판결을 내렸고 그해 4월 2심 법원이 판결을 그대로 확정하면서 이틀 뒤 녜 씨는 사형을 당했습니다.

녜 씨의 어머니인 장환즈 씨는 녜 씨가 수감돼 있던 교도소로 옷가지와 먹을 것을 챙겨서 아들의 면회를 갔다가 이런 사실을 전달받았습니다. 아들이 범죄를 저질렀을 리 없다고 굳게 믿고 있던 어머니 장 씨는 거의 정신을 놓을 지경이었습니다. 왕 씨가 최근 재판에서 검찰 측과 '내가 범인 맞다', '너는 범인이 아니다'라며 옥신각신하는 바로 그 사건을 둘러싸고 벌어진 일이었습니다.

녜 씨가 형장의 이슬로 사라진 지 10년 만에 진범이라고 주장하는 사람이 나타나자 녜 씨의 어머니는 아들의 억울한 죽음을 법적으로 보상받기 위해 동분서주하고 있습니다. 그 사연이 또 책 한 권입니다. 재심을 청구하기 위해서는 아들에 대한 1심과 2심 판결문을 구해야 하는데 해당 법원이 이를 내주지 않았습니다.

몇 년 동안 발만 동동 구르고 있을 때 지난 4월 '누군가'가 익명으로 문제의 판결문들을 복사해 우편으로 장 씨에게 보내줬습니다. 그 익명의 지원자는 아직까지 누구인지 드러나지 않고 있습니다. 어쨌든 장 씨는 이를 근거로 베이징 최고인민법원에 아들 녜 씨의 재심을 청구하는 신청서를 냈습니다. 그러니 중국의 검찰과 법원도 왕 씨의 항소를 '이유 없다'고 바로 기각하지 못하고 법정 공방을 벌이게 된 것입니다.

왕 씨의 이번 재판은 중국의 사법체계 자체에 대한 재판의 성격까지 띠고 있습니다. 지난 2일 항저우 샤오산구 법원이 17년 전 강도살인 사건의 범인으로 사형을 언도했던 5명의 청년들에 대한 판결을 오심으로 뒤집는 일이 벌어졌습니다. 진범이 나타난 것이었습니다. 5명이 범행을 했다는 증거도 없었고, 게다가 현장에 남아 있던 지문과 5명의 지문이 전혀 일치하지 않았는데도 강요에 의해 억지 자백을 받아냈던 사실도 뒤늦게 밝혀졌습니다.

이로 인해 중국인들의 사법체계에 대한 의혹과 비난의 감정이 잔뜩 고조된 상황에서 이제 왕 씨의 사건은 이런 불만을 폭발시킬 수 있는 도화선이 돼버렸습니다. 5명은 그나마 다행히 감형 끝에 목숨을 유지해 이제 국가로부터 보상을 받을 수 있는 기회라도 갖게 됐지만 녜 씨는 이미 되돌릴 수 없는 처지가 됐다는 점 때문에 그 폭발력이 훨씬 큽니다.

그동안 비난을 받아온 중국 수사 당국의 자백 지상주의와 각종 가혹행위, 이를 제대로 통제하지 못하는 검찰과 법원의 치부가 드러날 위기에 처한 셈입니다. 그러니 중국 검찰은 기를 쓰고 왕 씨가 범인이 아니라고 주장하고 거꾸로 왕 씨를 돕고 나선 중국의 인권 변호사들은 왕 씨가 진범이라며 소리 높이고 있습니다.

중국에서도 항저우의 청년 5명과 같은, 혹은 억울한 죽음을 당했을지도 모를 녜 씨와 같은 일이 끊임없이 벌어지고 있습니다. 즉, 영화 속의 이야기가 단순히 허구가 아니라 언제든 현실이 될 수 있기 때문에 그렇게 마음에 와닿았나 봅니다. 게다가 중국판 '7번방의 선물'은 블랙 코미디여서 웃어야 할지, 울어야 할지 너무나 난감합니다.

(SBS 우상욱 기자, 2013.7.18)

1995년 누명을 쓰고 사형 당한 故 녜슈빈. 이 사건은 당시 중국 내에서 '오심 사형' 논란을 불러일으켰고, 당국은 이 사건을 중대사건으로 규정해 재수사를 벌였다. 녜슈빈은 결국 2016년 최고인민법원 재심을 통해 무죄가 확정됐고, 허베이성 고급인민법원은 이듬해 그의 억울한 죽음에 대해 국가가 부모에게 268만 위안(약 4억 3,537만원)을 배상하라고 판결했다. 진범 왕수진은 2020년 최종적으로 사형을 선고받았고 이듬해 집행되었다.

핵심 용어

고정관념	공정한 세상 가설	귀인착오	근접성
기본적 귀인착오	내부귀인	대인매력	독특성
마이너스 효과	방어적 귀인	설득	신체적 매력
외부귀인	유사성	인상형성	인지부조화
일관성	일치성	자극	중심특성
초두효과	태도	후광효과	

요약

- 인상을 형성할 때에는 옷, 외모, 표정, 몸가짐, 목소리 등의 단서와 고정관념을 이용한다.
- 타인의 옷차림이나 행동 등에서 자기가 받은 개별적인 생각들을 모아 전반적인 인상으로 종합하는데, 일단 인상이 형성되면 쉽게 바뀌지 않는다.
- 인상을 형성하는 데에는 초두효과, 후광효과, 마이너스 효과 등이 영향을 미친다.
- 대인매력(호감)과 관련된 요인들로는 신체적 매력, 근접성, 유사성, 보상성, 보완성, 친숙성, 상호성 등이 있다.
- 귀인은 행동의 원인을 어디로 돌리느냐에 관한 것으로, 내부귀인과 외부귀인이 있다.
- 기본적 귀인착오, 방어적 귀인, 공정한 세상 가설을 근거로 하기 때문에 귀인착오가 일어난다.
- 행동의 원인을 파악하기 위해서는 독특성, 일치성, 일관성을 고려해야 한다.
- 태도는 어떤 사람이나 대상, 상황에 대해 긍정적으로 또는 부정적으로 일관성 있게 반응하는 학습된 경향을 말한다.
- 태도와 행동이 일치하지 않으면 인지부조화를 느낀다. 이것은 자신의 태도와 행동이 서로 다르기 때문에 느끼는 불편함인데, 주로 행동에 맞게 태도를 바꾸게 된다.
- 강연이라든가 면담 등을 통한 설득은 태도변화의 중요한 수단이다.

CHAPTER **13**

사회행동

사회심리학의 연구범위는 다양하지만, 이 장에서 다루는 것은 사랑, 이타행동, 동조와 응종, 복종 등에 관한 것이다.

사랑 | 도움행동 | 동조 | 응종 | 복종 | 동맹 | 권력

도입사례

"쥐도 공감능력과 이타성 있다"

초콜릿 독식하기보다 갇힌 쥐 풀어주고 나눠 먹어

영장류뿐 아니라 쥐들도 공감능력과 이타성을 갖고 있다는 연구결과가 발표됐다. 시카고 대학의 페기 메이슨 교수가 이끄는 연구진은 반복적인 쥐 실험을 통해 설치류에서 이타성을 처음으로 입증했다고 과학학술지 8일자 '사이언스' 최신호에 밝혔다. 원숭이 같은 유인원들이 곤경에 빠진 동료를 돕는 습성이 있다는 것은 잘 알려져 있지만 쥐 같은 설치류도 이타성을 갖고 있는지는 그동안 확실하지 않았다.

시카고대 연구진은 1단계 실험에서 한 우리 속에 쥐 2마리를 넣고 2주 동안 같이 지내게 한 뒤 새 우리로 옮겨 한 마리는 구속장치 속에 가두고 나머지 한 마리는 자유롭게 돌아다닐 수 있도록 했다. 이때 밖에서만 열 수 있게 만들어진 구속장치에 갇힌 쥐는 괴로워하는 반응을 보인다.

이후 연구진은 쥐가 특별히 좋아하는 초콜릿 무더기를 이 우리 속에 넣어주고는 자유롭게 다니는 쥐가 어떤 행동을 하는지 살폈다. 놀랍게도 자유로운 쥐는 초콜릿을 독식하기보다는 고통스러워하는 '친구' 쥐를 먼저 풀어주는 모습을 보였다. 실험대상 쥐 30마리 중 52%는 동료 쥐를 풀어주고 초콜릿을 나눠 먹었다. '이타적 쥐' 중 일부는 몇 입을 미리 먹어보는 듯한 모습을 보이긴 했지만 이내 구속장치로 돌아가 어렵게 문을 따고 동료를 풀어준 후 성찬을 함께했다.

2단계로 연구진은 1단계와 두 쥐의 역할을 바꿔, 자유롭게 돌아다니던 쥐를 가두고 갇혀 있던 쥐를 풀어줬다. 그 결과 30마리 중 24마리가 동료를 구해준 후 초콜릿을 나눠 먹었다. 처지가 뒤바뀌자 어려운 동료를 도와주는 쥐가 더 많아진 것이다. 특히 암컷의 경우 6마리 전부가 동료를 구해줘 수컷에 비해 더 높은 이타성을 나타냈다.

이번 연구결과는 쥐가 탐욕스럽고 이기적이며 사나울 것이라는 세간의 인식과는 크게 달랐다. 연구를 이끈 메이슨 교수는 "쥐가 이처럼 동료를 아끼고 도울 수 있다면 (같은 포유류인) 우리 인간도 그러지 않을까 하는 일말의 희망이 생긴다"고 말했다.

(연합뉴스, 2011.12.9)

생각해보기 곤경에 빠진 동료를 돕는 것은 무엇 때문일까?

사랑

호감에는 존경과 같은 좋은 평가가 있는 반면, 사랑에는 그런 평가뿐만 아니라 보호, 애착, 친밀이라는 세 가지 요소가 덧붙여진다. 보호는 그 사람을 돕고자 하는 열망이며, 애착은 그와 함께 있고 싶어 하는 욕망, 그리고 친밀은 감정을 공유하고 신뢰하는 것을 말한다. 그러고 보면 호감보다는 사랑이 훨씬 복잡하고 수준 높은 개념이다. 그래서 친구는 많을지라도 애인은 한 명이다.

사랑의 유형

'사랑의 삼각형 이론'이라는 흥미로운 사랑이론이 있다. 여기서는 사랑이 세 가지 요소들의 조합으로 구성되어 있다고 보고 있다. 그 세 가지 요소들은 친밀, 열정 그리고 책임이다.

친밀(intimacy)은 가깝고, 연결되어 있고, 유대감이 있는 느낌을 말한다. 예를 들어, 그(녀)의 삶이 윤택해지기를 바라고, 같이 있을 때 행복하고, 존경심을 갖고, 의지하고, 이해하는 것들이 친밀이다. 열정(passion)은 신체적

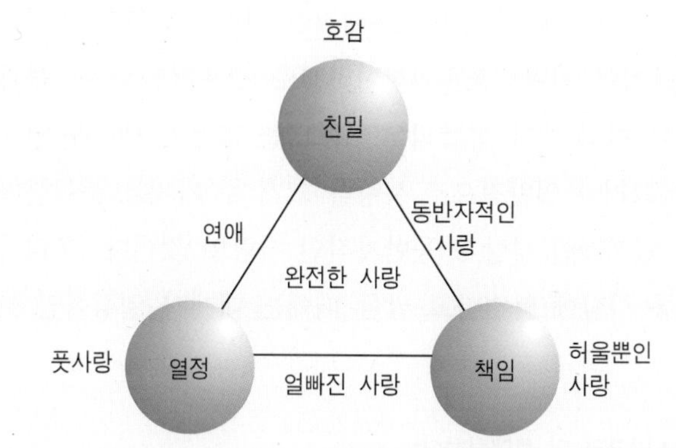

사랑의 삼각형 이론(triangular theory of love)에서는 친밀과 열정, 책임이 모두 크고 균등해야 완전한 사랑이다. 친밀이 다른 것보다 크거나 책임이 다른 것보다 작은 경우 등 여러 형태의 삼각형 그림이 있다. 사랑의 삼각형 이론은 스턴버그(R. Sternberg)라는 심리학자가 1986년 발표한 이론이다. 개인마다 사랑에 대한 생각이 서로 달라 '과학적'으로 연구하기 어려운 부분이 많다. 사랑에 대한 심리학적 연구가 많지 않은 이유는 이 때문인 듯하다.

서울 남산공원타워 옆에 있는 사랑의 자물쇠들. 많은 사연들이 자물쇠에 채워져 있다.

매력, 성적 흥분과 호감을 일으키는 충동이다. 성적 욕구들이 열정의 주요 부분을 구성하지만 자존심이라든가 자아실현 같은 것도 열정에 포함시킬 수 있다. 책임(commitment, 사전적 의미로는 개입이다)은 사랑을 유지시키기 위한 모든 의무를 말한다. 이 세 가지 요소를 조합하면 여덟 가지 유형이 생긴다.

① 세 가지 요소가 모두 갖추어져 있다면 완전한 사랑이고, ② 세 가지 요소가 전혀 없다면 아무것도 아닌 관계다. ③ 친밀만 있는 것은 호감(우정)이다. 따라서 남녀간에 친밀만 존재한다면 남녀간에도 친구가 될 수 있다. 그러나 대개 열정을 느끼지 못할 만큼의 외모라면 아예 만나지도 않기 때문에 남녀간의 친구는 성립되기 어렵다.

④ 열정만 있는 것은 풋사랑이다. 풋사랑은 어떤 사람에 대한 이상(理想)이 바탕에 깔려 있다. 따라서 풋사랑은 어떤 대상을 뚜렷하게 알고 있지 못할 경우에 지속된다. 여선생님을 좋아하는 남학생은 그 선생님이 화장실에도 가지 않고 겨드랑이에는 날개가 있을 것이라고 생각한다. 대상을 잘 알게 되어 허상이 깨지면 풋사랑은 끝나게 된다. 또 풋사랑은 대개가 짝사랑이기 때문에 그 정도가 클수록 더 큰 고통을 당한다.

⑤ 책임만 있는 것은 허울뿐인 사랑이다. 이런 사랑은 정략결혼 혹은 우리의 조상들과 같이 결혼이 다른 사

람의 결정에 의해 이루어졌을 때처럼 처음단계부터 시작할 수도 있고, 혹은 별거중인 결혼생활과 같이 친밀과 열정이 사라져버리면 나타난다.

⑥ 친밀과 열정만 있는 것은 연애다. 연애에는 책임이 빠져 있다. 다시 한번 강조한다. 연애에는 책임이 빠져 있다. 이 때문에 젊은 날 첫사랑의 결실이 잘 맺어지지 않고, 애절하거나 쓰라린 기억을 갖고 있는 사람들이 많다. 그리고 ⑦ 열정과 책임만 있는 것은 얼빠진 사랑(가령 미모의 여배우에 대한 재벌 2세의 사랑), ⑧ 친밀과 책임만 있는 것은 동반자적인 사랑(가령 중년부부의 사랑)이다.

사랑의 의미

사람들이 보통 '사랑해'라는 말을 할 때에는 말하는 사람마다 그 의미가 다를 수 있다. 사랑에 대한 자기 나름대로의 정의가 다르기 때문이다. 에리히 프롬은 대등한 사랑, 무조건적인 사랑, 이성간의 사랑, 자기사랑, 신에 대한 사랑으로 구분하고 있으나, 우리의 관심은 이성간의 사랑이다. 연구에 따르면 대개 여섯 가지 기본적인 사랑의 유형이 있다고 한다.

첫째는 로맨틱한 사랑이다. 이 사랑은 대단히 정서적이어서 첫눈에 빠지는 사랑이다. 손이라도 스치거나 한번 잡게 되면 감전될 정도의 사랑이다. 신체적인 매력이 이런 사랑에 가장 중요하다.

두 번째는 소유애다. 소유애에 빠진 사람들은 정서적으로 긴장하고 질투가 심하며 파트너에게 집착하고 의존한다. 그렇기에 상대방으로부터의 거절을 두려워한다. 상대방이 자기에게 관심을 두지 않는다고 생각하거나 애인이 다른 사람과 함께 있다는 의심이 들면 마음을 놓을 수가 없게 된다.

세 번째는 친구애다. 이 사랑은 친밀감에 바탕을 두기 때문에 오랜 친구관계에서 사랑이 생겨나는 것이라고 생각한다. 사랑은 신비한 것이 아니며 깊은 우정이라는 것이다.

네 번째는 실용적인 사랑이다. 이 사랑은 시장에서 물건 고르듯 자기에게 맞는 사람을 찾는 것이다. 이 사랑에서는 두 사람의 관계가 잘 유지될 수 있을지, 잘 조화가 될지, 서로의 욕구를 만족시켜줄 수 있을 것인지가 가장 중요한 문제다. 이 사랑에 빠진 사람들은 자신에게 맞는 상대를 선택할 때 논리적으로 요모조모 따져보게 된다.

다섯 번째는 이타적인 사랑이다. 이런 사랑은 상대방에게 무조건적으로 주고, 보살피고, 용서하면서도 대가를 요구하지 않는다. 자기의 모든 것을 상대방을 위해 사용할 수 있으며, 상대방이 고통을 당하느니 자신이 고통을 당하는 것이 낫다고 생각한다. 자기희생과 인내를 통해 나타난다.

마지막은 게임애다. 이것은 게임을 하듯이 사랑게임을 즐기고 이기려고 한다. 몇 사람의 애인들과 사귀면서도 이 애인들이 서로 눈치를 못 채게 해야 한다. 그러므로 머리회전이 빨라야 하며 책임을 지려고는 하지 않는다. 오래 지속되는 관계는 있을 수 없다. 한쪽이 싫증을 내거나 혹은 심각해지면 관계는 끝나게 된다.

이런 사랑의 분류는 아주 기본적인 것에 지나지 않는다. 또 어느 하나의 사랑에만 빠져 있는 경우도 드물다. 로맨틱한 사랑이면서 소유애적인 사랑, 로맨틱하면서도 이타적인 사랑, 소유애적이면서도 실용적인 사랑 등과 같이 여러 개가 복합되어 나타나는 경우가 대부분이다.

그러나 일반적으로 사랑을 크게 두 가지로 분류한다면 열정적인 사랑과 동반자적인 사랑일 것이다. 우리가 보통 사랑에 빠졌다고 말할 때에는 대개가 열정적인 사

❖남자가 더 로맨틱하다!

일반적으로 생각하는 것과 반대로, 남자가 여자보다 더 로맨틱하며, 여자의 3분의 2 이상은 만일 어떤 남자의 모든 조건들이 받아들일 만하면 그 남자를 사랑하지 않더라도 결혼할 것이라는 것을 연구는 보여준다. 따라서 많은 여자들은 남자의 가능성을 보는 것이 아니라 현재의 능력을 보며, 어느 정도 기다리다가 그 가능성이 실현되지 않으면 포기한다.

랑이다. 많은 노래와 소설들이 열정적인 사랑을 찬양하기 위해 불리거나 쓰였다. 앞서 본 로맨틱한 사랑과 소유애적인 사랑이 결합하면 열정적인 사랑이 되고, 친구애와 실용적인 사랑이 결합하면 동반자적인 사랑이 된다.

열정적인 사랑

- 연애시절 : "자기, 아~."
- 약혼시절 : "더 먹지 그래요."
- 결혼 후 : (속으로) '돼지같이 처먹는군.'

열정적인 사랑(passionate love)의 특징은 강렬한 정서라고 할 수 있다. 따스함, 성적 욕망, 흥분, 고통, 근심과 안도, 봉사와 질투 등의 격렬한 감정들이 공존한다. 이런 정서는 열정적인 사랑에 가장 중요하다.

대개의 사람들은 자신들의 이런 감정이 영원히 지속될 것이라고 장담한다. 그러나 이런 감정은 결국 사그라지게 마련이다. 왜냐하면 열정적인 사랑이 대개는 환상에 자리잡고 있기 때문이다(따라서 환상을 깨지 않으면 열정은 계속된다. 헤어진 첫사랑을 생각해보라).

이런 환상은 매일매일의 만남을 통하여 조금씩 깨진다. 짧으면 6개월, 길어야 30개월을 넘지 못한다. 서로 사랑에 빠져 연애를 했다 하더라도 결혼할 때쯤이면 그런 열정은 식는다. 옛날이야기나 TV드라마는 열정적인 사랑에 빠진 사람들이 그들의 관계를 해치려는 모든 역경을 딛고 영원히, 영원히 행복하게 살았다는 메시지를 전한다. 하지만 이 주인공들의 열정적인 사랑도 결국엔 사그라지고 만다. 드라마는 그 결말을 보여주고 있지 않을 뿐이다.

열정적인 사랑을 어느 정도 길게 유지시키는 방법이 있기는 하다. 그것은 열정적인 사랑의 환상이 잘 깨진다는 것을 깨닫고 약간의 변화를 주는 것이다. 고급 레스토랑에 데려간다든가 특별한 날이 아닌데도 꽃배달을 하거나 깜짝선물을 준비해 놀라게 해주는 것 등이 좋은 방법이다.

열정적인 사랑의 '유효기한'은 최대 30개월이다.

또 약간의 훼방꾼이나 장애가 있으면 보다 오랫동안 지속될 수 있다. 몬태규가와 캐퓰릿가의 반대는 로미오와 줄리엣의 열정에 부채질을 했고, 불륜의 사랑이 식을 줄 모르는 것도 결혼하기 어려운 장애가 있기 때문이다.

그러면 오래 지속되지 못하는 열정적인 사랑은 왜 있을까? 그것은 그 기간 동안 서로에게 친밀감을 더욱 느끼게 해주고 서로에 대한 책임을 증가시켜주는 데 있다. 앞에서 말한 것처럼 친밀과 책임으로 이루어진 사랑이 동반자적인 사랑이다. 결국 열정적인 사랑은 동반자적인 사랑의 발판역할을 하고 있는 것이다.

동반자적인 사랑

> 사랑하는 것은 서로 응시하는 것이 아니라 함께 같은 방향을 응시하는 것이다. – 생텍쥐페리

열정적인 사랑이 6개월에서 길어야 30개월 정도 지속되는 데 반하여, 친밀과 책임에 바탕을 둔 동반자적인 사랑은 시간이 지날수록 강렬해져 평생 동안 지속될 수 있다. 오랫동안의 결혼생활을 유지해주는 사랑이 바로 동반자적인 사랑(companionate love)이다.

동반자적인 사랑은 우리의 삶과 밀접하게 관련되어 있는 사람에게 느끼는 감정이다. 이것은 보다 현실적인

것이며, 따라서 신뢰와 보호, 인내를 요구한다. 이 동반자적인 사랑의 감정은 온화함이라 할 수 있다.

동반자적인 사랑은 두 사람이 만족스런 관계를 유지해오면서 천천히 발전시키는 것이다. 이것은 동등한 관계이며 따라서 그 관계가 오래 지속될 수 있는 기초를 제공해준다.

왜 열정적인 사랑은 동반자적인 사랑으로 변할 수밖에 없을까? 사랑의 초기에는 격렬하다가도 나중에는 왜 그런 열정이 없어질까? 사랑이 식어서일까?

심리학자들에 따르면 정답은 '그렇지 않다'이다. 시간이 지날수록 상대에 대한 고귀함이나 환상은 깨지게 된다. 이상적인 사람으로 생각했던 상대는 역시 불완전한 인간이라는 사실에 맞닥뜨리게 된다. 그리하여 두 사람의 상호관계는 일상적인 것이 되어가고, 격렬한 감정에 휩싸였던 생활은 점차 안정된다. 또 시간이 지날수록 서로 의존적이 되어간다(그래서 부부는 닮아간다). 오래된 커플들은 지금껏 그들의 감정을 잘 조절해왔기 때문에 강한 감정을 나타내는 일은 드물다. 눈빛만 봐도 상대의 마음을 알 수 있다.

그러나 그렇다 하여 사랑이 식었다든가 격렬한 감정이 사라져버린 것은 아니다. 눈에 띄지는 않지만 더 큰 감정으로 잠재되어 있다. 잠재된 감정은 가끔씩 폭발한다. 파트너가 멀리 여행을 하든가 출장을 가 서로 떨어져 있게 되면 강한 외로움을 경험한다. 만나 사랑한 지 오래되었으나 부득이 헤어져야만 되는 커플의 경우에는 이전에 경험하지 못한 강렬한 감정이 찾아온다.

동반자적인 사랑은 시간이 지날수록 강렬해져 평생 지속될 수 있다.

또 상대가 다른 사람을 만나고 있을 때 느끼는 질투 또한 잠재되어 있는 격렬한 감정이다. 질투는 그들 관계의 붕괴에 대한 두려움과 자존심 손상으로 인한 분노가 섞여 있는 것이라고 할 수 있는데, 상대방에 대한 의존 정도가 크고 그런 위협을 심각한 것으로 받아들이면 질투는 최고조에 이른다.

❖부부는 닮는다

부부는 실제로 오래 살수록 닮는 것으로 나타났다. 이는 부부의 성격이 갈수록 비슷해지기 때문인 것으로 분석된다.
영국 리버풀대 연구진은 남녀 각 11명에게 부부 160쌍의 사진을 뒤섞은 뒤 인상이 닮은 남녀들을 고르도록 했다. 이 결과 서로 닮은 것으로 지목된 남녀 가운데 실제 부부가 놀랍도록 많았다.
이 같은 현상은 웃음, 찡그림 등과 관련이 큰 것으로 나타났다. 즉 얼마나 자주 웃느냐, 또는 찡그리느냐에 따라 특정 안면근육과 주름살이 수축 또는 이완되면서 부부의 인상이 비슷해진다는 얘기다. 연구진은 "시간이 흐를수록 두 사람의 감정 표현이 비슷해진다"며 "얼굴은 감정을 나타내는 일종의 게시판으로 시간이 흐를수록 개인의 감정 상황이 얼굴에 쓰이게 된다"고 설명한다. (중앙일보, 2006.2.16)

도움행동

■ 일본판 쉰들러

1940년 여름, 나치 독일군이 폴란드를 침공해 오자 많은 유대인들이 리투아니아로 피난해 왔다. 이미 리투아니아의 각국 영사관에도 퇴거명령이 나와 있었다. 유대인들은 다시 여기서부터 다른 나라로 탈출해야 했다. 그들에게는 비자가 필요했다. 그들이 찾은 곳은 일본 영사관이었다. 절망적인 그들에게는 그곳이 마지막 희망이었다.

스기하라 영사는 본국 외무성 장관 앞으로 암호전보를 쳤다. 그러나 장관으로부터는 비자를 발급해주지 말라는 답신이 왔다. 독일과 협정을 맺고 있던 일본으로서는 독일 측 비위를 건드릴 수 없다는 것이었다.

스기하라 영사는 다시 두 차례나 탄원의 전보를 쳤다. 회신은 같았다. 겁에 질린 채 영사관 앞에서 서성거리는 유대인들을 바라보면서 스기하라는 이틀 밤을 고민했다.

그는 인도적인 입장에서 저 사람들을 버릴 수 없다며 본국 훈령을 거역하고 비자를 발급해주기로 했다. 그는 리투아니아를 퇴거하는 마지막 순간까지 식사도 걸러가며 유대인들에게 비자를 발급해주었다. 이리하여 그는 6천 명의 유대인 목숨을 살렸다.

■ 타이태닉 최후의 날

1912년 4월 14일 밤, 영국의 호화여객선 '타이태닉'호가 짙은 안개 속에서 빙산과 충돌하여 침몰했다. 이 여객선에는 2천2백 명이 타고 있었다. 그러나 구명보트의 수용능력은 1천여 명밖에 되지 않았다. 승무원과 승객 중 절반 이상은 가라앉는 배와 운명을 같이할 수밖에 없었다.

그런 생사의 갈림길에서도 승객들은 모두가 차례를 기다리면서 침착하게 구명정에 옮겨 타기 시작했다. 자기 차례가 오자 다른 사람에게 양보하는 늙은 신사도 있었다. 승객들을 구조하는 승무원들을 돕겠다고 굳이 배에 남기를 간청한 젊은이도 있었다.

1등객실 남자승객들에게는 구명보트가 우선 배정됐다. 그런데도 이를 거부한 승객들이 있었다. 그중에는 억만장자인 벤저민 구겐하임, 뉴욕 메이시 백화점 소유주 스트라우스 부부, 당시 미국 최고의 부자인 존 애스터도 있었다.

스기하라 지우네(좌상)와 당시 일본 영사관 건물(우상). 현재는 스기하라 기념관으로 사용된다. 당시 입구에서 비자를 받기 위해 기다리는 사람(좌하)이 있던 문기둥에는 '희망의 문 생명의 비자'라는 글자가 일본어와 리투아니어어로 병기되어 있다(우하). (사진 : www.miestai.net)

■ 뉴욕에서 일어난 일

1964년 뉴욕. 한 20대 여인이 밤늦게 직장에서 귀가하고 있었다. 그녀가 집에 들어서려는 순간 노상강도로 보이는 한 남자가 칼을 들고 그녀를 습격했다. 놀란 그녀는 도망가면서 도와달라고 소리쳤다. 습격자는 그녀를 쫓아가 칼로 찔렀다. 몇몇 아파트 가구에 불이 켜지고 사람들이 몰래 엿보고 있었다. 그러나 아무도 나오지 않았다. 경찰의 출동도 없었다. 30여 분의 저항 끝에 그녀는 살해당했다.

인근에 살고 있던 주민들 중 38명은 그녀의 비명소리를 들었다고 나중에 진술했다. 그러나 아무도 도와주러 나온 사람은 없었다. 경찰에 전화를 건 사람조차 한 명도 없었다. 경찰에 신고된 것은 그녀가 사망한 지 20분이 지나서였다. 경찰이 출동하고 구급차가 그녀를 실어갈 때조차 누구도 나오지 않았다.

전쟁이 끝나자 소련에 억류되어 있던 스기하라는 당연히 외무성에 복직하려 했다. 그러나 일본 정부는 그에게 사직을 요구했다. 본국 정부의 훈령을 어겼다는 것이었다.

훗날 이스라엘은 스기하라를 기념하는 공원을 만들었고, 훈장을 수여했다. 1985년에는 일본인으로서는 처음으로 야드바셈상을 수상했다. 미국에서는 그의 덕분으로 살아남은 유대인들이 뉴욕에서 감사의 모임도 가졌고, 리투아니아에서는 수도의 한 거리를 스기하라거리라고 이름 붙였다.

그러나 스기하라는 1986년 명예를 회복하지 못한 채 세상을 떴다. 많은 유대인들로부터 사랑을 받은 그가 자신의 조국에서 공식적으로 명예를 회복한 것은 세상을 떠난 지 14년이 지나서였다.

타이태닉호의 침몰과정에서도 또 한 사람의 일본인(호소노 마사부미, 1870~1939)이 등장한다. 42세의 철도공무원이던 그는 '자리가 둘 남았으니 두 사람만 타시오'라고 승무원이 외쳤을 때 이 소리와 함께 구명정으로 뛰어내린 사람이다. 두 달 뒤 그는 무사히 일본으로 돌아왔지만 그를 맞은 일본 사회의 눈은 냉담했다. 다른 사람을 밀어제치고 살아남은 게 아니냐는 것이었다. 서양의 기사도보다 더 멋진 일본의 사무라이 정신을 보여주기는커녕 겁 많고 비겁한 일본의 이미지를 퍼뜨린 것에 일본 사회는 격분했다. 그는 직장에서도 물러나야 했고, 계속되는 수난에 시달려야 했다. 그는 물론 그의 가족까지도 어깨를 펴지 못하고 숨어 살다시피 했다.

1964년의 뉴욕사건(피해자의 이름을 따 키티 제노비스 사건이라 한다)은 보통사람의 상식과는 너무나 달라 당시의 미국 사회에 큰 충격을 주었고 심리학자들의 관심을 끌었다.

사람들은 어떤 때에는 다른 사람들을 잘 도와주면서 또 어떤 때에는 전혀 개입하지 않으려 하는가?

키티 제노비스(Kitty Genovese)가 살해당한 뉴욕 퀸스 거리(좌). 같은 지역에서 2010년 4월 18일 새벽, 한 남자가 여성에게 강도짓을 하려다 이를 말리려던 다른 남자를 흉기로 찌르고 달아났다(우). 흉기에 찔린 남자(원안)는 이내 길거리에 쓰러졌다. 이후 1시간 20분 동안 무려 25명의 행인이 이곳을 지나갔지만 단 한 명도 죽어가는 이 남자를 돕지 않았다. 뒤늦게 구조대가 왔지만 그의 몸은 이미 싸늘한 상태였다.

왜 돕는가

동물 중에도 무리사냥에서 슬쩍 뒤로 빠지는 침팬지나, 적이 나타났다고 거짓경보를 울려 혼자 벌레를 독식하는 얌체 새도 있지만, 많은 동물들은 종족을 살리기 위하여 위험을 감수한다. 돌고래들은 부상당한 동료가 숨을 쉴 수 있도록 물 위에 뜨게 붙잡아주고, 흡혈박쥐는 2~3일 동안 피를 먹지 못하면 죽지만 동료를 살리기 위해 피를 토해 나눠준다. 병정개미는 침입자에 대항해 싸우고, 벌은 침입자를 향해 침을 쏘고

호혜적 이타주의 이론에서는 미래의 어느 순간에 보답이 돌아오는 만큼 친척이 아닌 관계에서도 이익을 제공하는 심리적 메커니즘이 진화할 수 있다고 주장한다. 가령 먼 옛날, 사냥에 성공했을 경우 사냥에 실패하여 굶는 다른 사람에게 음식을 제공하면 나중에 자기가 실패했을 때 그로부터 음식을 얻을 수 있다는 것이다.

죽음을 맞이한다. 어미들은 자기 새끼들이 위험에 처하면 스스로를 희생한다.

사회생물학에서는 인간의 이타행동이 유전적으로 결정된 본성의 일부라고 주장한다. 남을 돕고자 하는 특성들이 세대를 거쳐 내려오면서 후세에 전해졌다는 것이다.

하지만 낯선 이들을 돕는 행동을 설명하기 위해 또 다른 학자들은 인간의 사회적인 진화에 초점을 맞춘다.

남한테 베푸는 마음씨 좋은 사람이 자신만을 생각하는 사람보다 오래 산다는 연구결과가 있다. 미국 미시간 대학 사회연구소의 스테파니 브라운 박사는 다른 사람을 돕지 않는 노인은 돕는 노인보다 일찍 숨질 가능성이 두 배나 높다는 사실을 발견했다.

인간은 사회의 복지를 증진시키는 여러 기능들을 점진적이고도 선택적으로 진화시켜 왔으며, 이런 기능들은 사회적으로 유익하기 때문에 규칙과 규범이 되었다고 한다. 이 규범들 중 특히 사회적 책임, 상호성, 사회정의가 도움행동에 가장 중요하다고 한다. 실제로 이 세 규범은 뒤에서 보듯이 사람을 돕게 만든다.

왜 돕지 않는가

키티 제노비스 사건의 경우 많은 사람들이 여자의 비명소리를 들었지만 아무도 경찰을 부르지 않은 것은 충격적이다. 사회문제 전문가들은 도덕적 타락과 소외의 결과라고 주장하기도 했다. 하지만 많은 타인들의 존재가 돕지 않은 이유가 될 수 있다.

책임의 분산

도와줄 사람이 많이 있음에도 불구하고 도와주지 않는 것에 대한 하나의 설명은 책임이 분산(diffusion of responsibility)되기 때문이라는 것이다. 즉 어떤 사람이 곤경에 처해 있을 때 주위에 여러 명이 있으면 누군가 도와주겠지 하는 마음이 생겨, 결과적으로 아무도 그를 도와주지 않게 된다. 공동책임은 무책임이라는 것이다. 즉 사람들이 많이 있으면 있을수록 각자에게 돌아가는 책임의 양은 상대적으로 줄어들게 된다. 그래서 도와주려는 행동이 일어날 가능성은 더 낮아진다.

이처럼 사람들이 많이 있을수록 어떤 개인이 도움을 제공할 가능성이 적으며, 도움을 제공하기까지의 시간도 더 긴 현상을 주변인 효과(bystander effect)라고 한다.

그렇기 때문에 사람들로 북적대는 명동이나 서울역에서 구걸하고 있더라도 지나가는 사람의 숫자에 비해 버는 돈은 그리 많지 않다. 명동이라고 다 명당자리는 아닌 것이다. 또 짐을 둔 채 자리를 잠시 비워야 할 경우 옆 사람에게 봐달라고 하면, 즉 책임을 부과하면 잃어버릴 가능성은 적어진다.

상황에 대한 해석이 모호

두 번째 설명은 상황에 대한 해석이 모호하기 때문이라는 것이다. 남자와 여자가 고함과 비명을 지르며 한바탕 소동벌이는 것을 부부나 연인간의 다툼 정도로 여길 수도 있다. 그 상황이 정말 자기가 끼어들어야 할 긴박상황인지 확신이 서지 않을 수도 있다. 게다가 다른 사람들도 개입하지 않는 것을 보면 그만한 이유가 있을 것이라고 생각한다.

그래서 지하철에서든 버스에서든 치한으로부터 곤경을 당하는 여성의 가장 현명한 대처는 “당신 누군데 이러는 거야?”라고 외치는 것이다. 그래야 다른 사람들이 치한을 여자의 연인으로 보지 않고 성추행범으로 보게 된다.

손해 볼 때

자신에게 돌아올 이익보다 손해가 더 클 때 개입하지 않게 된다. 한 사람이 뭇매를 맞고 있더라도 뒷짐 진 채 보고만 있게 된다. 교통사고를 목격하고도 애써 못 본 체한다. 위급상황에 개입하게 되면 자신이 신체적으로 해를 입을 수도 있고, 나중에 증인 신분으로 경찰서에 불려가야 하는 등 여러 번거로움이 따른다. 그래서 사람과 차량이 홍수를 이루는 시대를 살아도 뺑소니차는 잡아내기 힘들다.

시내에서 자주 볼 수 있는 목격자 탐문 현수막. 여러 이유 때문에 목격자는 나타나지 않을 수 있다.

✣착한 사마리아인 조항(the Good Samaritan Clause)

위난을 당한 사람이 구조를 필요로 하는데 이를 구조해주지 않았을 때, 이를 도덕적으로 비난만 할 것인가, 그렇지 않으면 법적으로 처벌할 것인가? 이와 관련해서 성서의 누가복음에 나오는 ‘착한 사마리아인’의 내용을 형법 속에 신설하여, 구조불이행자에 대해서 벌금(핀란드 · 터키), 3개월 이하의 구류(체코 · 에티오피아), 1년 이하의 징역(독일 · 그리스 · 헝가리 · 유고), 최고 5년 이하의 징역(프랑스) 등의 형벌을 부과할 수 있도록 하는 나라들이 많이 나타나고 있다.

도움을 줄 때와 받을 때

“날씨에 따라 내가 변할 사람 같소?”라고 말하는 사람들도 날씨에 따라 도움행동이 다르게 나타난다. 여름이라면 비교적 선선한 날, 겨울이라면 비교적 따뜻한 날과 같이 쾌적할 때 잘 도와준다. 비오는 날보다는 화창한 날에, 밤보다는 낮에 더 잘 도와준다.

기분이 좋아야 도움행동이 잘 나타난다. 하지만 그 기분을 심하게 해칠 위험이 있으면 주저하게 된다. 곤경에 처한 사람에게 공감을 느끼거나 자기와 비슷한 사람이라면 잘 도와준다. 그래서 어려움을 겪어본 사람이 잘 도와주고, 낯선 이국땅이라면 고국에서 온 사람을 잘 도와준다.

신체적으로 매력이 있는 사람이 더 많은 도움을 받는다. 주민등록증을 잃어버렸더라도 매력적인 사람은 크게 걱정을 하지 않아도 된다. 며칠만 지나면 우편함에 들어있다. 중국에서는 지갑을 훔쳐 갔던 도둑이 지갑 속 사진을 보고 반해 주인에게 지갑을 돌려줘 화제가 된 적이 있다.

친구와 같이 자기가 좋아하는 사람이라면 그를 위한 자기의 도움행동은 더욱 증가한다. 그러나 상대방의 경우 도움을 받았을 때 고마움의 표시는 모르는 사람으로부터 도움을 받았을 때보다 줄어들고, 대신 도움을 받지 못했다면 아주, 아주 섭섭하게 생각하게 된다.

또 사람들은 사회생활에서 자기에게 합당한 몫을 가져가려는 성향이 있다. 한적한 국도에서 마주 오는 차로

대낮에 술 마시고 쓰러진 사람과 같이 스스로를 통제하지 못한 사람에 대해서는 사람들이 잘 도와주지 않는다.

부터 교통단속이 있다는 신호를 받으면 자기도 그 자리를 지나 다른 차에게 신호를 해준다. 받은 만큼 되돌려주는 것이다(상호성). 또 자기가 기여한 것보다 대가를 많이 받게 되면 불공평을 느껴 적게 받은 사람에게 돌려주려 하고, 이로 인해 도움행동이 나타난다고 하는 설명(사회정의)도 있다. 그래서 친목 고스톱에서 제일 많이 딴 사람은 한턱을 내거나 돈을 잃은 사람에게 개평을 준다.

그러나 곤경에 처했다고 하여 누구든지 도움을 받을 수 있는 것은 아니다. 도움을 주려는 사람은 그 사람이 도움을 받을 만한 자격이 있는지를 따져보게 된다. 개인이 상황을 통제할 수 없었을 때에는 도움을 받을 만한 자격이 있다고 생각하지만, 상황을 통제할 수 있었을 때에는 사람들이 도와주지 않는다. 갑자기 아파서 쓰러진 사람(자신이 통제할 수 없었음)에게는 여러 명이 달려가지만, 술에 취해 쓰러졌을 때(자신이 술을 적게 먹음으로써 통제할 수 있었음)에는 그렇지 못하다. 게을러서 놀고 지내는 사람이나 사지가 멀쩡한 사람이 구걸하면 역시 잘 도와주지 않는다.

도움의 거부

도움을 받으면 일단은 고맙게 생각한다. 그러나 곤경에 처했다 하여 모든 사람이 도움을 요청하는 것은 아니다. 다른 사람이 도와주려 할 때 이를 거부하기도 하며, 오히려 미워하기까지 한다.

사람은 자신의 선택과 행동의 자유를 최대한 유지하기를 바라고 있는데, 이것이 위협받게 된다고 생각하면 도움을 거부하게 된다. 사랑싸움이나 부부싸움을 할 때 곤경에 처한 사람조차도 말리는 사람에게 대들 때가 있다. 낯선 지방을 여행할 때 누군가가 친절히 다가와 안내를 해주겠다 하면 그다지 내키지 않는다(자유의 상실에 대한 반발).

도움을 받게 되면 남에게 빚을 지게 되어 부담이 생긴다. 그래서 나중에라도 도와줘야 할 상황이 생길 우려가 있을 때에는 도움을 거절하기도 한다. 축의금 명부를 꼼꼼히 챙겨둬야 하고, 공짜술 한잔 얻어먹기가 망설여진다(채무의 부담).

또 도움을 받는 것이 자신이 무능하고 의존적이라는 것을 의미한다면 도움을 받는 것은 우리의 자존심을 위협한다. 그래서 창피스럽고 부끄러움을 느낀다. 자기가 곤경에 처하게 된 것이 자기도 어쩔 수 없는 상황 때문이라면 자존심이 상하지는 않기에 도움을 받지만, 자신의 잘못 때문이라면 도움을 받으려고 하지 않는다. 버스에서 내리다가 넘어졌을 때 남이 밀어서 넘어졌으면 주저앉은 채 도움을 기다리지만, 자기 잘못으로 넘어졌다면 벌떡 일어난다. 그래야 자존심을 살릴 수 있기 때문이다(자존심의 위협).

동조

다른 사람들이 어떤 행위를 하고 있기 때문에 따라하는 것을 동조(conformity)라 한다. 동조는 간단하게는 남 따라 무단횡단을 하는 것, 사람이 많은 식당으로 들어가는 것, 남의 답을 훔쳐보는 것에서부터 유행에 이르기까지 다양한 형태로 나타난다.

생전 처음 지하철을 타거나 상갓집에 문상을 갈 때

처럼 어떻게 행동해야 할지 자기가 잘 모르거나 확신이 서지 않을 때에는 충분히 그럴 수 있는 것처럼 보인다. 그러나 분명히 틀리거나 또는 자신의 생각과 같지 않을 때에도 사람들은 동조를 한다. 안데르센 동화 「벌거벗은 임금님」에서 사람들은 임금님이 벌거벗었다는 것을 알고 있지만 겉으로는 훌륭한 옷이라고 찬사를 보낸다.

애시(S. Ash)라는 심리학자의 실험을 보자.

일곱 명의 사람들이 실험에 참가하기 위해 도착했다. 이들은 제비뽑기로 정해진 자신의 자리에 앉았다. 화면에 선분이 제시되었다. 오른쪽에는 길이가 서로 다른 세 개의 선분(A, B, C)이 있었다. 왼쪽에는 한 개의 선분(X)이 있었다. 이들이 해야 할 일은 이 한 개의 선분과 길이가 같은 것을 세 개의 선분 중에서 찾는 것이었다. 선분들은 길이와 순서가 바뀌면서 제시된다. 일반적인 상황에서 100%의 사람들이 맞히는 문제로 아주 단순한 것이었다.

(X) (A) (B) (C)

그러나 실험상황은 계획된 것이었다. 여섯 사람은 실험자를 도와주는 보조자들이었으며, 이들의 자리와 말해야 할 답은 미리 정해져 있었다.

처음 몇 차례의 시행에서는 보조실험자들이 정답을 이야기하다가 정해진 때가 되면 엉뚱한 답을 말하기 시작한다. 가령 위 선분들이 제시되었을 때 첫 번째 사람이 답한다. A라고. 두 번째 사람도 A라고 답한다. 세 번째…. 앞 사람 모두 A라고 답한 후 진짜 피험자에게 질문이 주어졌다. X와 같은 길이의 선분이 A, B, C 중 어느 것이냐고.

애시의 실험 상황. 진짜 피험자(왼쪽에서 여섯 번째)가 자신의 눈을 의심한 듯 자극을 뚫어지게 보고는(위) 자신이 본 대로 말하겠다고 응답하고 있다(아래).

✜마지못한 동의 – 애빌린 패러독스(Abilene Paradox)

미국 텍사스에 한 가족이 살았다. 아버지는 늘 바빠서 주말이 되어도 가족들과 함께할 시간이 많지 않았다. 그래서 아버지는 항상 미안한 마음을 갖고 있었다.

어느 일요일 아침에 아버지는 가족들에게 이런 말을 던졌다. "우리, 휴일이 되었는데 애빌린에 가서 하루 놀다 올까?" 사실 아버지는 이렇게 말했지만 속마음은 오늘도 하루 푹 쉬었으면 하고 바랐다. 하지만 미안한 마음에 그런 얘기를 했던 것이다. 그 제안을 들은 가족들은 서로 다른 사람들의 얼굴을 쳐다보며 아버지의 제안에 대해 부정적인 반응을 보이진 않았다. 그래서 그 가족은 휴일 하루 애빌린으로 야유회를 갔다.

애빌린이란 곳은 가까운 곳이 아니었다. 차로 왕복 4시간은 족히 되었다. 게다가 휴일에 차가 막히면 몇 시간이 더 걸리곤 했다.

지친 몸을 이끌고 집으로 돌아온 다음 문제가 발생했다. 다들 집에 돌아와서는 지쳐서 불평을 하기 시작한 것이다. 그런 와중에 각자 자기 속마음을 얘기를 하게 되었는데 의외의 사실에 가족 모두가 놀랐다. 즉 그 가족 구성원들 중 어느 누구도 애빌린에 가고 싶어 하지 않았다는 사실이다. 아버지도 쉬고 싶었는데 미안한 마음에 그런 제안을 했던 것이고, 아내나 아이들도 그다지 놀러 가고 싶은 생각이 없었는데 아버지가 모처럼 그런 제안을 해서 '못 가겠다'는 얘기를 못해서 마지못해 '그럼 가지요'라고 답했던 것이다. 결국 어느 누구도 가고 싶어 하지 않았지만 모두가 갔다 온 것이다.

이것은 개인이 혼자 있을 때 판단하고 행동하는 것과 달리 집단 속에서 행동하고 판단할 때에는 집단 속 타인들의 영향을 받는다는 것을 잘 보여준다. 회의에서도 개인적으로는 동의하지 않지만 마지못해 공개적으로는 동의할 수밖에 없는 상황에 처할 수 있는 것이다. 즉 모두가 원하지 않는 곳에 가서 야유회를 하고 오는 꼴이 되는 것이다.

이러한 상황에서 진짜 피험자들은 많은 수(33%)가 틀린 대답을 했다. 그들은 그 대답이 틀렸다는 것을 알면서도 다른 사람들과 의견을 같이했다.

동조가 일어나는 데에는 적어도 세 가지 이유가 있다. 한 가지는 자기가 확실히 알지 못하는 일이 있을 때 남이 하는 대로 따라 하면 적어도 손해는 보지 않게 된다는 것이다. 어차피 모르는 문제인데 남 따라 쓰다보면 맞을지도 모른다. 낯선 지방을 여행하다 그 마을 사람들이 우물물을 먹지 않으면 자기도 먹지 말아야 한다. 모르긴 몰라도 뭔가 이유가 있을 것이기 때문이다. 식당이 북적대는 것도 그만한 이유가 있을 것이라고 생각한다.

또 집단압력이 있기 때문이기도 하다. 어떤 집단이든지 규범이 있고 또 구성원들은 그것을 지켜야 한다. 그렇지 않으면 집단에서 쫓겨나게 된다.

나머지 이유는 동조를 함으로써 다른 사람의 인정을 받고 사랑을 받으려는 욕구 때문이다.

상황이 모호할수록, 개인이 집단에 대해 강하게 애착을 느끼는 경우에는 동조하는 경향도 높아진다. 집단의 응집력이 높으면 동조는 더 강해지고 처벌 또한 무거워진다. '외로운 반란자'는 '왕따'를 감수하는 용기가 필요하다. 그러나 집단에 이탈자가 한 명이라도 생기게 되면 동조하는 성향은 줄어든다. 안데르센 동화에서 임금님이 벌거벗었다고 아이가 소리쳤을 때 모든 사람은 그제야 웃음을 터뜨렸다.

심리학의 원리를 이용하려는 사람들은 미리 전화번호가 적힌 조각 하나를 떼서 전단지를 붙인다. 구걸하는 사람들 역시 통 안에 돈 몇 닢을 미리 넣어둔다. 동조를 유도하는 전략이다.

유행

유행(fashion)이 바로 동조 때문에 나타나는 현상이다. 옷 패션에만 한해서가 아니다. 노래에도 유행이 있고, 책에도 유행이 있고, 방송 프로그램에도 유행이 있다. 입맛에도 유행이 있어 한때 잘나가던 조개구이나 탕수육 전문점은 요즘 찾아보기 어려워졌다.

더 나아가 이런 경향은 사상과 정서에도 적용된다.

동조의 사례 - 유행 (사진 : 헤럴드경제)

1970년대에 홍콩 특파원으로 가 있던 어떤 기자는 축구장에서 북한이 경기를 하자 단순히 동포애 때문에 북한을 응원했는데, 이것이 빌미가 되어 송환을 당해 정보기관으로부터 고초를 겪었다고 한다. 그러나 지금은 상황이 크게 달라졌다.

동조로 인해 우리가 집단의 규범이라든가 질서, 예의범절을 갖게 되었다는 것을 생각하면 동조가 반드시 나쁜 것만은 아니라는 사실을 알게 된다. 여러 사람이 모여 살게 되면 서로의 이익을 위하여 해야 할 것이 있고 하지 말아야 할 것이 있다. 해야 할 것을 하도록 집단의 압력이 작용하고 또 그렇게 행동함으로써 인정을 받고 사랑을 받는다. 물론 하지 말아야 할 것을 하게 되면 각종 제재와 압력을 받는다. 예의를 지키지 않으면 무례한 놈으로 지탄을 받고 더 큰 잘못을 저지르면 법이라는 제재로 사회와 격리된다.

응종

우리는 생활하면서 다른 사람에게 어떤 행동을 요구하기도 하고 그들로부터 간섭을 받기도 한다. 인간이 사회적 동물이라는 것도 알고보면 서로에게 영향을 끼치고 또 영향을 받기 때문일 것이다. 일찍 일어나라, 수업시간에 늦어서는 안 된다, 이 일을 며칠까지 해라, 담배 피우지 마시오, 이 제품을 사세요 등이 그 예다. 사람들은 이런 요구나 부탁을 하면서 차근차근 설명을 하기도 하고 압력을 넣기도 하며 금전적인 대가를 주겠다고 약속하기도 한다.

이런 요구나 부탁을 할 때 사람들이 얼마나 잘 따르게 하느냐는 개인의 생활에 아주 중요하다. 학생들이 잘 따라주면 교사는 훌륭한 스승으로 평가받고, 고객들이 물건을 잘 사주면 세일즈맨은 유능하다는 평가를 받는다. 다른 사람이 잘 응하게끔 만들어야 돈이라도 쉽게 빌릴 수 있고 데이트의 애프터 신청이 가능해진다.

이것은 응종의 문제다. 응종(compliance)은 사람들의 태도와 무관하게 어떤 요청에 응하게끔 만드는 것이다. 앞에 나온 동조와 뒤에 나오게 될 복종도 응종의 한 형태라고 할 수 있다. 동조는 어떤 실례(예를 들어 옷차림)를 설정함으로써 응종을 얻는 것이며, 복종은 권위를 휘두름으로써 응종을 얻는 것이다.

사회적 영향

다음과 같이 어떤 사람이 다른 사람에게 영향을 주기 위해 사용할 수 있는 세력이 있다. 이것들을 사회적 영향(social influence)이라 한다.

보상

사람들을 따라오게 하는 압력들 중 한 가지는 그들에게 도움이 될 만한 것(보상)을 주는 일이다. 공부를 더 열심히 하면 원하는 선물을 사주든지, 용돈을 올려주든지, 여행을 보내주겠다고 약속하는 것이다.

강요

강요도 응종을 이끌어내는 방법이다. 지각하는 사원에게는 징계를 주겠다고 위협할 수 있으며, 교통법규를 지키

민방위훈련 때 길가에 정차한 차량들. 이러한 훈련은 실제상황 때 피해를 줄여주고 군작전의 효율을 높인다. 그래서 강제적으로 시행된다.

지 않으면 과태료가 부과된다.

전문성

특수한 지식이나 기술과 같은 전문성 또한 그들을 따르게 만든다. 약사가 약을 주면서 '아침 저녁 식후 30분'에 먹으라고 하면 우리는 그대로 따른다. 길을 물을 때 그 사람이 알려주는 쪽으로 발걸음을 옮기는 것도 그가 그 쪽 지리만큼은 우리보다 더 잘 알기 때문이다.

정보제공

정보를 제공하는 것도 눈에 보이지 않는 은근한 압력이다. 광고는 우리에게 '냉기를 차단하는 냉장고가 나왔다'는 정보를 제공함으로써 제품을 사도록 요구한다. 재미있는 새 영화가 언제 어디에서 개봉된다며 우리를 오도록 한다.

준거세력

우리가 좋아하고 따르고 비슷해지려고 하는 사람(준거세력)도 영향을 미치는 한 요인이다. 부인이 좋아하는 스타가 조미료 광고에 나올 때에는 남편은 별 신경을 쓰지 않아도 되지만, 식기세척기 광고에 나올 때에는 재빨리 채널을 돌려야 한다. 뭉칫돈이 빠져나갈 수 있기 때문이다.

합법적 권력

다른 사람에게 어떤 식으로 행동하도록 요구할 권리가 있는 사람에게는 우리가 따라야 할 의무가 있다. 학생은 교사에게 따르며, 부하는 상사의 말에 따른다. 합법적 권력이 응종을 일으킨다는 얘기다.

이와 같은 외부의 압력들은 응종을 증가시킬 수 있다. 그러나 너무 많은 압력이 존재하는 경우에는 반발이 일어나기도 한다. 고문(강요)을 하더라도 첩자는 자백하지 않을 수 있고, 흡연의 해악을 아무리 설명해줘도(정보제공) 담배를 끊지 않는다. 사람들이 자신의 행동의 자유를 최대한 유지하려 하기 때문이다. 이런 자유를 위협하는 것이라면 응종을 거부하거나 정반대의 행동을 하기도 한다. 그래서 하라면 하지 않고 하지 말라면 하고 싶어진다. 공부하라고 야단쳐도 하지 않던 학생이 '네 맘대로 하라'고 하면 공부하기 시작한다.

응종기법

응종을 이끌어내기 위해 의도적으로 사용하는 몇 가지 기법들이 있다. 이 기법을 사용함으로써 사람들은 자기의 부탁을 들어주게끔 만들고 자기회사의 제품을 사게 만들며 사기를 치기도 한다.

문간에 발 들여놓기

응종을 증가시키는 한 가지 방법은 처음에는 작은 요구에 응하게끔 만드는 것이다. 어떤 사람이 작은 요구에 응하게 되면 더 큰 요구에 응할 가능성이 많아진다. 이것을 '문간에 발 들여놓기(foot-in-the-door technique)'라 한다. 일단 현관문이라도 열어주게 되면 세일즈맨은 거실로 올라서게 되고 그 다음엔 소파에 앉게 된다. 이렇게 되면 물건을 사지 않기가 어려워진다.

시음회는 사람들을 제품과 관련시켜 태도변화를 이끌어내고 앞으로 제품을 구매할 가능성을 높인다.

이 방법이 효과를 잘 내는 이유는 확실치 않다. 가장 그럴 듯한 설명은, 작은 요구에 동의한 사람들은 그 내용(관계된 이슈나 행동) 또는 단순히 어떤 행동을 취했다는 생각에 관여되고 개입되어 장차의 요구에 더 잘 응한다는 것이다.

또 다른 설명은 그 사람의 자기상이 변화되었을 수도 있다는 것이다. 즉 거절하기 곤란한 작은 요구에 동의하게 되면 자기 스스로에 대한 지각에 약간의 변화를 일으킨다는 것이다.

이것은 사기꾼이나 협박범들이 많이 써먹는 방법이다. 천만원을 떼먹으려고 작정한 사기꾼은 10만원, 20만원부터 빌리기 시작하여 제 날짜에 갚으며 신뢰를 쌓는다. 그러면서 빌리고 갚는 액수가 늘어나고 마지막엔 들고튀는 것이다.

또 지은 죄가 있어 협박받는 사람은 처음에는 협박범의 작은 금액에 안도하여 돈을 주지만, 조만간 액수도 높아지고 횟수도 잦아진다. 경찰에 신고하는 것 말고는 발을 뺄 수가 없다.

광고에서도 이 기법은 많이 활용되고 있다. 뻔한 답(대개 정답은 아주 쉽거나 문제 바로 옆에 있다)을 보내주면 추첨하여 경품을 준다고 한다. 또 길 가는 사람을 붙잡아 놓고 새로 나온 맥주라며 공짜술을 권한다(시음회). 이것은 어떤 수를 쓰든지 간에 사람들을 그 제품과 관련되었다고 생각하게 만들기 위해서다. 그래야 그 소비자가 그 제품을 살 가능성이 증가되기 때문이다.

면전에서 문 닫기

'문간에 발 들여놓기'와 정반대의 기법인 '면전에서 문 닫기(door-in-the-face technique)'도 효과가 있다. 이것은 처음에 매우 큰 요구를 하고 그 다음에 작은 요구를 하는 것이다. 그렇게 되면 처음에 문을 '쾅' 하고 닫은 사람이라도 나중의 작은 요구에는 따른다는 것이다. 누군가 자신의 요구를 줄이게 되면 상대방이 보기에 그는 타협할 줄 아는 사람으로 보이고, 상대방은 이제 자기가 양보할 차례라는 압력을 받게 된다. 그렇게 되면 나중의 작은 요구를 더 잘 들어줄 수 있다.

노사 대표들이 협상을 타결한 뒤 악수를 나누고 있다. 배수진을 친 협상은 서로 한 발짝씩 양보함으로써 주로 '극적인' 타협을 보게 된다.

이것은 흥정이나 협상에 많이 쓰인다. 상인은 처음에는 비싼 가격을 부르고 그 다음에 가격을 내려 부름으로써 거래를 성사시킨다. 노사협상에서도 처음에 들고 나오는 조건은 까다롭기 그지없다. 상대방의 조건에 그대로 따르다간 큰 낭패를 보게 된다. 그래서 자기편의 조건을 관철시키기 위해 한편(노조)에서는 총파업을 불사하겠다고 으르렁거리고, 또 다른 한편(사용자)에서는 직장폐쇄로 위협한다. 그러나 대개는 시한을 얼마 남기지 않은 때에 '극적으로' 타협을 보게 된다. '극적인 타협'이라는 것도 알고보면 미리 짜여 있는 각본의 한 장면일 뿐이다.

'문간에 발 들여놓기'와 '면전에서 문 닫기'는 상반된 기법이다. 이 기법들은 관계된 행동이 사회적으로 바람직한 친사회적 행동일 때 가장 효과적인 것으로 나타난다. 그러나 아쉽게도 각각의 기법이 어떤 상황에서 서로 효과를 나타내는지에 대해서는 알려진 것이 별로 없다.

낮은 공 기법

'낮은 공 기법(lowball technique)'이라는 것도 있다. 이 용어는 야구에서 투수의 공이 낮게 들어오다가 타자 앞에서 갑자기 높아지는 것에 비유한 말이다. 타석에서 공이 높아져 '스트라이크'가 되면 타자로서는 얼마나 황당하겠는가?

이 기법은 비교적 부담이 덜한 것에 동의하게끔 유도한 후, 개입이 이루어지면 부담의 양을 늘리는 것이다. 즉, 처음 조건과 나중 조건이 다른 것이다. 예를 들어 '전 품목 90% 세일'이라고 해놓고 막상 어떤 제품을 골랐을 때 "역시 안목이 높으시군요. 그 제품만 세일이 되지 않습니다"라고 둘러대는 식이다.

이 기법은 외판 판매에 많이 이용된다. 외판원들의 매력적인 조건에 고객은 솔깃해지지만 나중에는 조건이 달라졌다는 것을 알게 된다. 싼 가격에 좋은 차를 선택해 흡족해진 소비자는 '이 차에는 에어컨 가격이 포함되어 있지 않다'는 이야기를 나중에 듣게 된다. 그렇더라도 취소하는 것이 쉽지 않다. 대개의 사람들은 에어컨 값을 별도로 치르고 그 차를 구입하게 된다. 그 차 가격이 싼 것처럼 보이지만 실제로는 싸지 않은 것이다.

낮은 공 기법은 기분 나쁜 방법이다. 모르는 사람에게만 통한다. 친구를 잃지 않으려면 그에게는 써먹지 말아야 한다. 또 당신이 주당이라면 조심해야 될 경우가 길거리에서 호객하는 술집이다. '기본'이 싸다 하여 들어갔다가는 옷을 벗고 나와야 한다. '기본'의 술과 안주는 '코끼리에 비스킷 한 조각'밖에 되지 않는다.

✣최면도 응종의 한 사례

무대에서 최면술사가 보여주는 마술은 상당히 신비하다. 구경꾼 중에서 뽑힌 평범한 사람이 최면에 걸려 놀랄 만한 일을 행한다. 관중들은 이런 광경을 최면술사의 힘 때문이라 믿어버린다. 그러나 조금 더 자세히 보게 되면 최면술사의 힘은 최면에 있는 것이 아니라 그가 알고 사용하는 어떤 심리학적인 원리(응종)에 의한 것임을 알 수 있다.

우선 최면술사는 무대에 자원해서 나온 관중들 중에서 몇 가지 테스트를 거쳐 조심스럽게 피험자를 선발한다. 테스트에 통과한 사람들만 무대에 남게 된다. 그러고 나서 최면술사는 최면이 될 것이라면서 '쇼'를 시작한다. 이 과정은 사람들에게 이상한 사건과 행동이 일어날 것이라는 기대를 높여준다.

첫 단계에서 최면술사는 피험자들이 암시에 반응할 준비가 되어 있는지 파악한다. 그러고 나서 최면술사는 가장 동기화가 잘되어 있고 외향적으로 보이는 사람에게 비교적 쉬운 어떤 행동을 하도록 요구한다. 예를 들어 "당신은 수탉입니다. 태양이 점점 떠오릅니다. 당신은 날갯짓을 하면서 '꼬끼오' 하고 웁니다."

피험자들은 순종하지 않기란 어렵다는 것을 알고 있다. 이들은 관중들과 최면술사가 자기들이 그렇게 행동하기를 기대하고 있다는 것과, 자신들은 최면술사에게 순종적인 위치에 있다는 것, 그리고 어리석은 행동을 하더라도 욕먹지 않을 것이라는 것을 알고 있다. 그러므로 그들은 최면에 걸릴(따라 할) 수밖에 없는 것이다.

열광하는 관중들의 반응은 이런 모든 감정을 더욱 부채질한다. 곧 모든 피험자들이 행동하기 시작하고, 급기야는 서로 앞다투어 경쟁하기 시작한다. 관중들이 실제로 무대로부터 듣는 것은 최면술사와 피험자들 사이의 대화 중 한 부분일 뿐이다.

최면술사는 '관중들에게는 들리지 않게' 피험자에게 속삭이면서 많은 주문을 한다. 예를 들어 최면술사는 피험자에게 다음과 같이 속삭인다. "앉아서 눈을 감으세요." 피험자들이 따라 하면 최면술사는 피험자를 감시하면서 정교한 손동작을 한다. 그러고 나서 누군가를 빨리 최면에 빠뜨리는 자신의 능력을 관중들에게 보여주기 위해 관중들이 듣게끔 소리친다. "당신은 이제 깊은 최면상태에 빠져들고 있습니다."

대부분의 최면은 '놀랄 만한 업적'들을 보여준다. 그중 하나가 인간판자다. 한 남자 피험자가 두 의자 사이에 누워 있다. 한 의자는 정강이 아래에, 또 한 의자는 어깨 아래에 놓여 있다. 최면술사는 그의 몸이 완전히 굳었다고 말한다. 그러고 나서 매력적인 여자가 그의 가슴에 앉으면 관중들은 열광하기 시작한다. 관중들이 모르고 있는 것은, 보통의 남자라면 이런 방법으로 누워 잠시 동안 100kg 정도는 가슴에 얹어 놓은 채로 있을 수 있다는 사실이다. 최면상태가 아니라도 말이다.

요약하자면, 최면이 벌어지는 무대상황에서 응종에 대한 심리적인 압력 때문에 신기한 '최면 쇼'가 이루어질 수 있는 것이다. 비협조적인 피험자만 제외한다면 피험자들이 실제로 최면이 되었든 안 되었든 관계없이 최면술사는 훌륭한 최면을 보여주게 되는 것이다.

그것이 전부가 아닙니다 기법

이 외에도 비교적 늦게 연구되기 시작한 또 하나의 책략은 '그것이 전부가 아닙니다 기법(That's not all technique)'이다. 한 실험에서 연구자들은, 한 개의 케이크와 두 개의 과자를 75센트에 팔 때보다, 한 개의 케이크를 75센트에 팔면서 두 개의 과자를 추가로 준다는 말을 했을 때 더 많이 팔 수 있었다.

실제 상황에서도 이것은 상품판매에 많이 사용된다. 재래시장의 상인들은 정해진 양에다 한 줌을 추가로 주면서 여러분을 단골로 만들려고 한다. 또 여러분들이 마음에 드는 어떤 제품을 구입하고자 할 때 가격 때문에 잠시 망설일 때가 있을 것이다. 이때 판매원은 별도의 사은품을 증정하면서, '특별판매'나 '당신만을 위한' 어떤 것이라고 설명함으로써 당신을 꼬이려 들 것이다.

물론 원래부터 사은품이 그 제품의 가격에 포함되어 있을지라도 이 기법은 제품구매를 매력적으로 보이게 하고, 그 제품을 잘 샀다는 생각이 들도록 한다. 게다가 제품 구입시 제공되는 사은품은 특히 반품을 어렵게 한다. 주로 소모성 제품이라 곧바로 사용해버리는 데다가 똑같은 것을 시중에서 구하기가 지극히 어렵기 때문이다. 독이 든 사과인 셈이다.

재래시장 상인들은 정해진 양에다 덤을 얹어준다. '그것이 전부가 아닙니다 기법'을 사용하는 것이다.

복종

모든 사회에서 어떤 개인은 한정된 범위 내에서 다른 사람보다 높은 권위를 지니고 있다. 교사는 숙제를 내고, 의사는 처방을 내리며, 교통경찰은 자동차를 세운다. 학생이나 환자, 운전자는 따를 수밖에 없다. 합법적인 범위 내에서 명령이 이루어지면 따라야 하는 것이다.

그러나 그 범위를 넘어서는 것은 용납되지 않는다. 경찰관이 학생을 불러 세워놓고 왜 숙제를 하지 않았느냐고 따지는 것을 생각해보라.

■ 아이히만의 항변

독일에서 히틀러와 나치가 정권을 잡으면서, 나치는 인종청소라는 명목으로 유대인들을 체포하여 감옥에 수용하기 시작했다. 독일이 폴란드를 침공한 1939년경, 수십만의 유대인들이 수용소에 감금되었다.

아돌프 아이히만(A. Eichmann)의 감독 아래 유럽 전역에서 잡혀 온 유대인들은 아우슈비츠 등의 수용소에서 굶주림이나 독가스로 죽어갔다. 1945년 2차 대전이 끝났을 때 6백만 명의 유대인들이 죽었다. 독일에 점령된 나라에 살고 있던 유대인 네 사람 중 세 사람꼴로 목숨을 잃은 셈이다.

아이히만은 전쟁이 끝난 뒤 아르헨티나로 도망갔으나, 1960년 이스라엘 요원에게 붙잡혀 법정에 넘겨졌다. 살인죄로 기소당한 그는 유대인 학살에 책임이 없다고 항변했다. 단지 명령에 따랐을 뿐이라는 것이다. 아이히만의 항변(어떤 사람이 나쁜 짓을 저지르고 난 후 명령에 따라 했다고 변명할 때 이를 아이히만의 항변이라 부른다)은 기각되었고, 그는 사형선고를 받았다.

아이히만은 국제적 관심을 모은 전범재판의 피고가 되리라고는 상상할 수도 없는 평범한 삶을 살아온 사람이다. 학교 성적이 나빠 일찌감치 실업학교로 보내진 열등생이었고 실업자로 전전하다 엉겁결에 군에 입대했다. 그는 나치 친위대 장교였으나 히틀러의 『나의 투쟁』조차

1961년, 방탄 부스 안에서 재판을 받고 있는 아이히만. 명령에 따라 유대인 학살을 '충실히' 수행한 그는 사형선고를 받았다. 한나 아렌트는 다음과 같이 그를 묘사했다. "우리 주변 어디에서나 볼 수 있는 중년남성이었다."

읽지 않았다고 한다.

이 재판은 전 세계의 이목을 끈 세기적인 재판이었다. 일주일 전부터 각국의 취재진들이 구름처럼 몰려들었다. 하지만 재판이 진행된 지 일주일도 되지 않아 대부분 철수해버렸다. 아이히만이 어떤 괴물 같은 모습인지 궁금했으나 실제로는 너무나 평범했기 때문이었다.

법정에 증인으로 나선 아우슈비츠의 한 생존자(예이엘 디무르)는 그를 보고 기절하고 말았다. 정신을 차린 그에게 재판관이 "과거의 지옥 같은 악몽이 되살아났습니까?"라고 물었을 때 디무르는 고개를 내저으며 탄식했다.

"아이히만이 저렇게도 평범한 사람이라니. 저토

하이데거와 야스퍼스의 애제자이자 정치철학자였던 한나 아렌트(H. Arendt)는 미국 「뉴요커」 잡지의 특파원을 자원해 아이히만의 재판을 지켜본 후 〈예루살렘의 아이히만—악의 평범성에 대한 보고서〉를 썼다. 그녀는 "아이히만은 사악하지도 유대인을 증오하지도 않았고, 단지 히틀러에 대한 맹목적 충성심에서 관료적 의무를 기계적으로 충실히 수행했을 뿐"이라고 적으며 악의 평범성에 대해 얘기해 전 세계 지성계의 뜨거운 논란을 불러일으켰다.

록 평범한 인물이 그 많은 사람들을 가스실로 몰아넣었다니…. 나 자신도 아이히만이 될 수 있다는 사실에, 내 안에도 아이히만이 있을 수 있다는 사실에 충격을 받은 것입니다."

아이히만은 상관의 명령을 따른 평범한 사람이었다. 이것은 우리들 모두가 명령을 받는 위치에 놓여 있다면 행동의 정당성에 관계없이 그러한 악을 저지를 수 있다는 것을 시사한다. 심리학자 밀그램(S. Milgram)이 했던 유명한 실험을 보자.

> 예일 대학교의 밀그램은 기억과 학습에 관한 실험을 한다면서 신문광고를 통해 보통의 남녀들을 피험자로 뽑았다. 밀그램은 피험자들에게 그들이 교사 역할을 담당하게 될 것이라고 했다. 교사 역할을 하는 이 피험자들은 다른 학습자가 실수를 저지를 때마다 전기쇼크를 주는 임무를 담당했다. 이 피험자는 학습자가 전기의자에 묶이고 손목에 전극이 부착되는 것을 보았다.
>
> 그러고 난 후 이 피험자를 옆방으로 데리고 가 전기쇼크발전기 앞에 앉혔다. 쇼크발전기에는 '약한 쇼크(15V)'에서부터 '위험 : 심한 쇼크(450V)'에 이르기까지의 각 스위치들이 놓여 있었다. 스위치를 누르면 부저가 울리고 불빛이 나고 전압기의 바늘이 우측으로 움직였다. 실험자는 피험자에게 학습자가 실수를 연속으로 하게 되면 한 단계 높은 쇼크를 주라고 지시했다.
>
> 실제로 학습자는 전기쇼크를 받지 않는다. 그는 특별히 훈련받은 보조실험자였다. 실험이 시작되면 학습자는 미리 정해진 각본대로 실수를 범하게 되고, 교사 역할을 하는 피험자들은 전기쇼크를 주기 시작한다. 쇼크가 점점 더 강해짐에 따라 학습자는 소리를 치거나 벽을 발로 차거나 혹은 더 이상의 쇼크에서는 실신한 것처럼 아무런 소리도 내지 않았다.

전기쇼크발전기

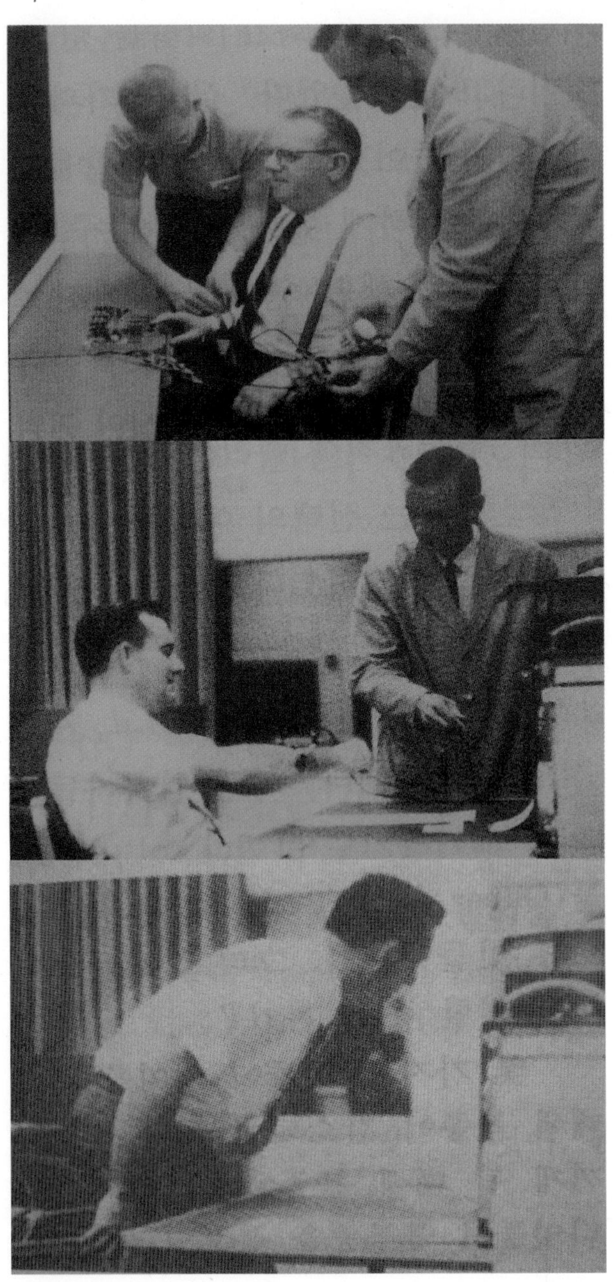

실험자와 함께 '학생'을 묶고 전극을 부착하는 피험자(상). 계속 실험해줄 것을 요구받는 피험자(중). 더 이상의 실험을 거부하는 피험자(하)

예상할 수 있는 바와 같이 많은 피험자들은 이런 실험에 반대하기 시작했으며, 실험을 중지해달라고 요청했다. 그러나 실험자는 "중지해서는 안 됩니다", "계속해주십시오", "계속해야만 됩니다"라면서 피험자로 하여금 실험을 계속하도록 요구했다.

권위에 대한 복종실험은 피험자가 계속하기를 거부한 바로 직전의 최대 쇼크로 측정되었다.

결과가 어떻게 나왔을까? 65%의 피험자들이 최대 쇼크인 450V까지 진행했다. 학습자가 벽을 발로 차기 시작한 시점인 300V의 쇼크에서 중지한 피험자는 한 사람도 없었다.

사람들은 밀그램의 실험결과를 들었을 때 믿을 수 없었다. '어떤 사악하고 가학적인 사람들을 피험자로 쓴 거냐'고 의심을 품었다. 실제로 다른 연구를 보면 사람들은 복종하는 피험자를 비난하는 경향이 있고, 실험상황 전반에 작용한 강력한 압력을 인정하려 하지 않고 그 개인의 탓으로 돌리는 경향이 많았다.

Public Announcement

WE WILL PAY YOU $4.00 FOR ONE HOUR OF YOUR TIME

Persons Needed for a Study of Memory

*We will pay five hundred New Haven men to help us complete a scientific study of memory and learning. The study is being done at Yale University.

*Each person who participates will be paid $4.00 (plus 50c carfare) for approximately 1 hour's time. We need you for only one hour: there are no further obligations. You may choose the time you would like to come (evenings, weekdays, or weekends).

***No special training, education, or experience is needed. We want:**

Factory workers	Businessmen	Construction workers
City employees	Clerks	Salespeople
Laborers	Professional people	White-collar workers
Barbers	Telephone workers	Others

All persons must be between the ages of 20 and 50. High school and college students cannot be used.

*If you meet these qualifications, fill out the coupon below and mail it now to Professor Stanley Milgram, Department of Psychology, Yale University, New Haven. You will be notified later of the specific time and place of the study. We reserve the right to decline any application.

*You will be paid $4.00 (plus 50c carfare) as soon as you arrive at the laboratory.

밀그램이 지역신문에 낸 광고

실험 전 조사에서 대부분의 전문가들(예일대 심리학과 교수들과 의과대학 정신과 의사들)은 150V 수준에서 멈출 것이라고 예상했으며, 4%만이 300V 이상 줄 것이라 답했다. 450V까지 줄 것이라고 답한 사람은 아무도 없었다. 그런데 왜 이런 결과가 나왔을까?

복종의 이유

사회규범

우리가 소속되어 있는 집단은 위계를 형성하고 있다. 집단의 목표를 위해서는 높은 사람의 요구나 명령이 있으면 복종(obedience)해야 한다. 그래야 집단이 제대로 돌아갈 수 있다.

그렇기 때문에 우리는 자라나면서 권위에 복종하는 것이 미덕이며, 또 그렇게 하도록 교육받는다. 그러므로 권위에 복종하는 것은 사회규범에 따르는 것이다. 복종하지 않으면 처벌을 받게 되고 복종하면 칭찬을 받는다. 또 결과가 나쁘게 나온다 하더라도 책임을 전가할 수가 있다.

합법적 권위

밀그램의 실험에서도 실험자는 합법적 권위를 가졌다. 왜냐하면 이 실험자는 저명한 대학에서 실시하는 연구의 책임자였고, 피험자들에게 전문가라는 인상을 주었던 것이다. 또한 피험자들은 스스로 실험에 참가한 사람들이었지만, 약 한 시간의 실험에 4달러(교통비 50센트 별도)를 받아 피용인의 지위에 있었다.

계약

사람들은 부당한 명령을 받게 될 때조차도 이성적으로는 복종할 수 없는 행동인 줄 알면서도 복종하지 않기가 힘들다. 어떤 집단이나 조직에서든 계약이 있는데 일방적으로 깨기가 쉽지 않다.

❖한강교 폭파

1950년 6월 27일 전세가 불리하게 전개되면서 육군 긴급회의에서 채병덕 총참모장은 서울 사수를 포기하고 육군본부의 서울 철수와 함께 한강다리를 폭파하기로 결정했다. 당일 오후 한강 인도교, 경부선 철교, 경인선 철교에 폭파 장치를 완료했고 하루 뒤인 1950년 6월 28일 서울 돈암동에 북한군 전차가 진입했다는 보고를 받은 채병덕 총참모장은 최창식 공병감(대령)에게 한강다리를 폭파하도록 명령했다. 새벽 2시 30분, 명령을 받은 최 공병감은 한강다리를 폭파했으나 너무 일찍 폭파함으로써 강 이북에 있던 국군 7만 5천여 명의 병력이 고립되는 등 군사적인 면에서 막대한 피해를 입었으며, 1천 명에 가까운 민간인 인명 손실도 생겼다. 최창식 대령은 폭파 작전상의 실책에 대한 책임으로 총살을 당하나 1964년 부인이 제기한 재심에서 재판부는 한강다리 폭파는 상관 명령에 따른 것으로 판단된다며 최 공병감에게 무죄를 선고했다.

또 그들이 자신의 '잘못'을 깨달을 때쯤에는 이미 덫에 걸려 중단할 수도 없는 지경이 되어버린다. 중단하게 되면 그 이전까지의 자기행동이 잘못이었다는 것을 인정하는 꼴이 된다. 그러므로 오래 끌수록 중단하기가 더 어려워진다.

동맹

동맹(alliance)은 둘 또는 그 이상의 사람들이 한 사람 또는 그 이상의 사람들에게 영향을 주기 위해 같이 행동하는 것을 말한다. '사람'을 '집단'으로 바꿔도 뜻은 같다. 동맹은 전쟁중인 국가뿐만 아니라 정치집단이나 기업체, 하다못해 한 지붕 세 가족이나 세 명의 형제간에도 나타날 수 있다. 사례를 보자.

> 4인 집단에 17개의 투표권이 주어졌으나 불공평했다. 한 사람은 8표, 다른 한 사람은 7표, 나머지 두 사람에게는 각각 1개씩의 투표권이 주어졌다. 승리를 차지하기 위해서는 과반수가 넘어야 했다. 어떻게 동맹을 맺어야 승리를 차지할 수 있을까?

네 사람에게 분배된 투표권의 수는 8, 7, 1, 1이고, 9는 이기기 위해 필요한 최소의 투표권 수다. 이때 승리할 수 있는 동맹은 8-7, 7-1-1, 8-1, 또 다른 8-1의 네 경우다. 어떤 동맹을 택해야 이길 수 있을 것인가?

중간의 복잡한 홍정과정은 빼버리자. 동맹의 대체적인 특징을 보면 셋 이상은 많다는 것이다. 승리에 필요한 최소한의 구성만 있으면 된다. 정치적 목적이 아니라면 8-1-1의 동맹은 거의 없다(그래서 위의 네 경우에서 빠졌다. 8-7-1 동맹도 마찬가지다).

또 하나의 특징은 약한 것이 힘이라는 것이다(최소권력이론). 갖고 있는 자원이 너무 적어 힘을 못 쓰는 약한 상대라 하더라도 그 자원이 나에게 왔을 때 승리를 보장한다면, 이런 개인이나 집단이 매력적인 동맹자가 된다(최소자원이론). 이는 약한 쪽에서 보면, 강한 상대와 동맹을 맺어야 승리할(살아남을) 수 있다는 것을 깨닫고 있으며, 강한 쪽에서 보면, 약한 상대는 적게 기여했다는 것을 알고 있을 것이므로 '승리의 전리품'을 조금만 나누어 주더라도 만족해할 것이라고 기대하기 때문이다.

또 이 관계는 보다 오랫동안 지속될 것이라고 생각한다. 왜냐하면 강한 상대를 동맹으로 택하면 언제든지 이 강한 상대에게는 제3의 상대로부터 유혹의 손길이

京鄕新聞

1990년1월22일 월요일

民正·民主·共和 新黨창당 선언

盧대통령·두金총재 전격會同

合意文발표…內閣制개헌 전제로

集團체제 代表최고위원 金泳三씨될듯

擧國內閣구성 6개월이내에 全黨대회

平民 議員총사퇴·總選 요구

3黨통합 강력비난

3당합당을 보도한 경향신문(1990.1.22). 비판적인 입장에서는 3당야합이라고도 한다. 이 사건은 동맹에 관한 전형적인 사례를 심리학에 제공했다.

뻗쳐오기 때문이다. '불침번'이라도 서야 하는 부담이 생긴다.

이와 같은 동맹의 특징을 한마디로 요약하면 '동상이몽을 꾸는 적과의 동침'이다. 동침과 이별이 반복될 가능성도 물론 있다.

동맹은 기본적인 문제들에서 많은 부분이 일치하지 않는다. 하지만 특정 목표의 달성을 위해 이런 불일치를 잠시 덮어둔다. 더 나은 매력적인 상대가 외부에서 나타날 수 있기 때문에 안팎으로 신경을 써야 한다. 다른 매력적인 상대가 나타나 뿌리치기 힘든 유혹이 들어오면 언제든 동맹은 박살난다.

우리나라 정치사에서 가장 훌륭한(?) 동맹의 사례는 1990년 1월의 3당합당이다. 국회의원 재적 과반수가 안 되던 집권당의 노태우(투표권 수 8)는 제1야당인 김대중(투표권 수 7)을 제쳐놓고 제2, 제3야당이던 김영삼(투표권 수 1), 김종필(투표권 수 1)과 동맹(합당)하였다(앞서 말한 것처럼 정치에서는 8-1-1의 동맹이 나타나기도 한다). 당시 세 사람의 정당 대표가 각각 어떤 동상이몽을 꾸었으며, 그 동침의 과정과 결과는 어떠했는지 확인해보라.

권력

사람들은 권력(power)을 얻기 위하여 많은 수단을 동원한다. 반장선거든 국회의원, 대통령 선거든 선거 때가 되면 모든 입후보자들은 공복이 되겠다느니, 이 조직 이 나라의 발전을 위하여 한 몸 바칠 것이라고 하면서 한 표를 호소한다. 그들 중 누가 당선되든지 간에 공약만 제대로 지켜진다면 '멋진 신세계'가 열릴 것이다.

하지만 멋진 신세계를 만들겠다는 우리들의 영웅이 권력을 얻고 나면 잔인하고 파렴치하며 이권을 챙기고 비인간적으로 되어버리는 예를 많이 볼 수 있다. 급우 편에 서겠다던 반장은 선생님 편이 되어버리고, 국회의원은 제 맘대로 당을 바꾸며 뒷돈을 챙긴다. 급우나 지역구의 여론은 안중에 없다.

회사라 하여 예외가 될 수 없다. 진급이나 승진을 하여 보다 권력 있는 자리에 올라가는 것도 마찬가지다. 과장 승진을 하면 대리 때보다 목에 힘이 더 들어가고 아랫사람을 부르는 호칭이 달라진다. 걸음걸이가 느려지고 어깨를 펴면서 등이 뒤로 휘어 배가 나오게 된다. 옛날의 그 대리가 아니다. 자리가 사람을 만드는 것이다.

이라크 아부 그라이브 교도소의 포로학대사진(좌, 2003)과 드라마 〈완장〉의 한 장면(우, MBC, 1989). 교도소 경계를 맡은 미군 헌병들은 각종 잔혹한 방식으로 포로들에게 고문과 모욕, 성적 학대 등을 일삼았다. 윤흥길은 자신의 소설 〈완장〉에서, 한 번도 큰 권력에 다가서지 못하고 권력에 의해 시달림을 당해 권력에 한이 깊은 동네깡패 임종술이 차마 권력이라 말할 수조차 없는, '저수지 관리인'이라는 하찮은 완장을 우연한 기회에 얻어 차고 난 후 벌이는 이야기를 통해 권력의 속성을 여실히 그려냈다. 1989년 8부작 드라마로 탄생한 MBC 드라마 〈완장〉에서는 조형기가 임종술 역을 맡아 열연했다.

스탠퍼드 감옥 실험

이 실험은 영화로도 만들어졌다(좌). 연구자인 짐바르도 교수(우)는 2003년 자행된 미군의 이라크 포로 학대와 본 실험을 엮어 〈루시퍼 이펙트〉라는 책을 출간했다.

> 24명의 대학생들이 죄수생활게임에 참가했다. 실험이 시작되기 전 각 피험자들은 '죄수'와 '교도관'의 두 역할 중 하나에 무작위로 배치되었다.
>
> '죄수' 역할을 할 사람들은 자기 집에서 체포되어 학교에 마련된 모의경찰서로 호송된 후 나체로 수색을 당하고, 지문을 찍고, 방역을 실시한 후 지하실 독방에 감금되었다. 피험자들은 자기가 맡은 역할에 대해 어떻게 하라는 지시도 받지 않았으며, '교도관'들은 '물리적 폭력 없이 법과 질서를 유지하라'고 들은 게 전부였다.
>
> 얼마 지나지 않아 '교도관'들은 믿기 힘들 정도로 포악하고, 거만하고, 공격적이고, 학대적으로 되어 갔다. 이들은 모든 '죄수'들이 자신들이 만든 규칙에 맹목적으로 복종할 것을 주장했다. 사소한 불복종도 '맨손으로 화장실 청소하기'와 같은 굴욕적인 처벌이라든가 '먹고 잠자고 씻는' 권리를 없애는 것으로 다스렸다. 교도관들은 모두 권위주의적으로 변하고 권력의 남용에 몰입하고 있었다.
>
> 대부분의 죄수들은 처음에는 너그러운 마음으로 독단적인

규칙에 반응했으나, 규칙이 많아지고 학대가 시작되면서 수동적이 되고 쇠약해져 갔다. 4명의 죄수들은 4일째 만에 흐느껴 울거나, 분노를 삭이지 못하거나, 심각한 의기소침과 심리적 전신 발진으로 '훈방(실험 포기)'되었다. 이 실험은 처음에 2주간 계속되는 것으로 시작되었으나 참가자들의 심리적인 변화 징후 때문에 6일 만에 끝나고 말았다.

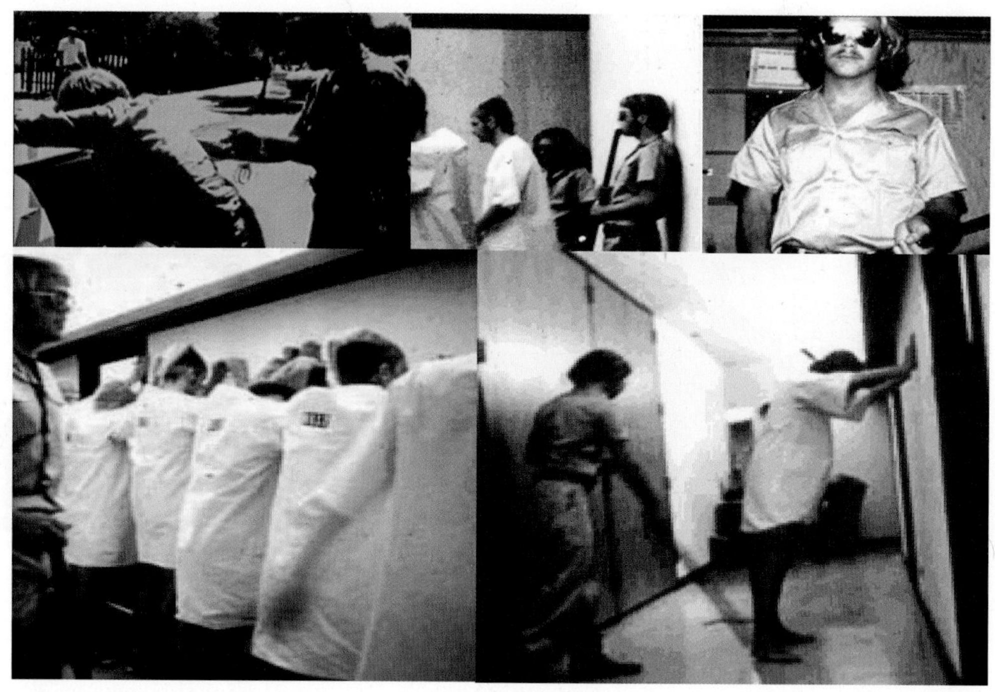

스탠퍼드 감옥실험의 실제 장면들 (사진 : www.prisonexp.org)

권력자가 되면 권력 없는 사람들과 점차 거리를 두고, 권력 없는 사람들을 얕잡아 보며, 다른 사람들을 통제하는 데 그 권력을 사용한다. 방법도 설득보다는 강압이다. 그리하여 성과가 좋게 나오면 자신들의 통솔능력 때문에 좋은 결과가 나왔다고 생각한다.

이제 일그러져 버린 우리들의 영웅은 자신의 권력에 대한 맛을 보게 된다. 한번 맛들인 현재의 권력은 보다 많은 권력을 획득하도록 자극한다. '일그러진 영웅'은 더 큰 권력을 가지려는 동기에 이끌려 권력을 추구하는 데에만 몰입한다. 은퇴도 있을 수가 없다.

추운 날, 따뜻한 아랫목에 누워 있으면 아버지가 들어오더라도 자리를 내놓기 싫다. 버르장머리 없다는 소리를 듣더라도 한번 잡은 아랫목은 내놓기 싫은 것. 이것이 '우리들의 일그러진 영웅'의 모습이자 권력의 속성이다. 자기의 갈 길을 알고 돌아서는 자의 뒷모습은 아름답다고 말들 하지만, 권력에는 통하지 않는다. 그래서 권력은 타락한다. 절대권력은 절대로 타락한다. Ψ

조지 오웰이 쓴 〈동물농장〉은 러시아혁명과 스탈린 시대의 권력체제를 모델로 한 정치풍자소설이지만, 일반적으로 이상적인 공약을 내건 모든 혁명을 겨냥한 것이다. 혁명이 부패로 귀결되는 경우가 많다.

권력을 쥐면 진상이 되는 이유는?

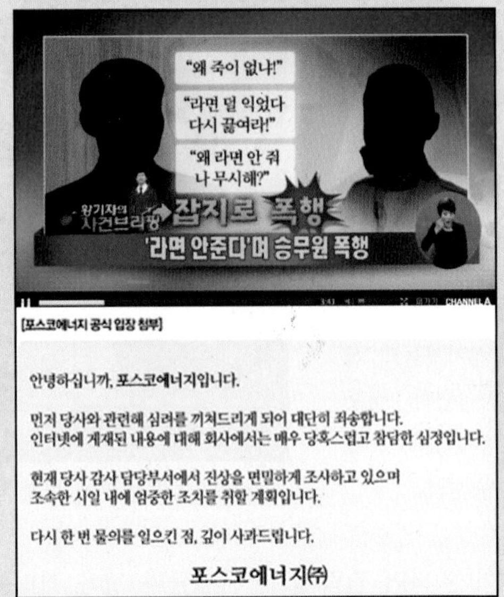

[포스코에너지 공식 입장 첨부]

안녕하십니까, 포스코에너지입니다.

먼저 당사와 관련해 심려를 끼쳐드리게 되어 대단히 죄송합니다.
인터넷에 게재된 내용에 대해 회사에서는 매우 당혹스럽고 참담한 심정입니다.

현재 당사 감사 담당부서에서 진상을 면밀하게 조사하고 있으며
조속한 시일 내에 엄중한 조치를 취할 계획입니다.

다시 한 번 물의를 일으킨 점, 깊이 사과드립니다.

포스코에너지㈜

국내 대기업의 임원이 기내에서 여성 승무원을 못살게 굴었다고 알려지면서 신상털기가 이뤄지고, 소속 기업 포스코에너지는 사과성명을 내고, 그 임원은 보직 해임됐다.

몇 년 전에도 캐나다 '리서치인모션(RIM)'사(캐나다 기업으로 블랙베리휴대폰 생산)의 임원 2명이 중국 출장을 갔다 캐나다로 돌아오는 여객기 안에서 술에 취해 난동을 부렸다. RIM사가 발표한 성명 내용은 이랬다.

"언제나 진실과 존엄을 생각하는 저희 'RIM'사는 법규와 사규에 어긋나는 행동을 용납지 않습니다. 비행기에서 취해 난동을 부린 두 임원을 해고했음을 알립니다. …실망을 안겨드려 고객들에게 죄송합니다."

♠ 알 만한 사람이 왜 진상 짓을 하지?

사람들은 경악하며 묻는다. '사회적 지위가 그만해서 여객기 비즈니스석에 앉아 갈 정도면 점잖은 신사일 텐데 어째 저럴 수 있을까?' 술에 취한 것도 아닌데 그런 행패를 벌였다니 쉽게 납득이 가지는 않는다. 그러나 지위가 높다고 해서 사람이 신사이고 품성이 좋을 거라는 기대는 통하지 않는다.

조직 내에서 임원이나 총수 등 높은 지위에 앉게 돼 대접받고, 아부에 길들여지고, 지시를 내리는 데 익숙해지면 타인을 과도하게 압박하고 타인의 입장을 생각하지 못하는 경향이 짙어진다고 한다. 스스로를 과대평가하고, 듣고 싶은 것만 듣는 경향이 생긴다는 것. 그러니 자기 자신이 고약하게 굴고 있고, 밉상인 걸 전혀 인식하지 못한다는 것이 여러 연구에서 발표된 내용이다.

캘리포니아대 대처 켈트너 연구에서는 '조직 내 보스의 이런 행동은 뇌의 전두엽 중 안와전두피질 손상환자'와 비슷한 행동이라고 지적했다. 이안 로버트슨 연구에서는 권력을 쥐면 테스토스테론과 그 부산물이 증가하는데 이것은 마약을 복용했을 때의 증상과 비슷하다고 한다. 지위가 올라갈수록 현실 인식과 타인에 대한 감수성이 무디어지니 잘 살펴야 하고, 수양을 쌓고자 더 노력하지 않으면 환자나 중독자 수준의 진상—진짜 밉상이 되기 십상이니 조심하라는 의미이다.

♠ 웨이터에게 보인 모습… 그것이 진짜

2007년 리서치 업체 조그비가 직장인 8,000명을 상대로 조사한 결과 기업 내 상대하고 싶지 않은 악질로 꼽히는 기피인물의 70%는 총수나 임원, 즉 보스들인 것으로 나타났다. 보스의 지위나 주위 사람들의 대접으로 인해 보스는 구조적으로 진짜 밉상이 되기 쉽다는 걸 보여주는 결과이다.

미국에는 웨이터 법칙이라는 걸 적용하기도 한다. 자신에게 친절 서비스를 제공해야만 하는 사람들을 어떻게 대하는지 살펴보면 그 사람의 됨됨이를 알 수 있다는 기준이다. 회사 내에서는 점잖고 친절한 모습을 보이지만 밖에 나가서 웨이터에게 그렇지 않다면 그 사람의 본모습은 웨이터에게 내보인 모습이라는 것. 그러니 웨이터/웨이

트리스, 벨 보이, 카운터 데스크의 회계원, 캐디, 운전기사 등에게 거드름 피우며 불친절하고 윽박지르면 가까이 하거나 중요한 책임을 맡기지 말라는 충고이다.

그런 사람에게 맡겼다가는 조직의 평판을 하루아침에 거덜 낼 수 있기 때문이다. 조직 내 여론을 살펴서 남을 맥 빠지게 하고, 초라한 느낌이나 수치심을 안겨 주는 사람. 그런 공격적인 행동을 자신보다 힘없는 사람에게 집중시키는 사람. 이런 사람들을 꼼꼼히 살펴 대형 사고를 방지하는 게 바람직하다고 경영전문가들은 충고한다.

THE WAITER RULE

미국 제너럴 일렉트릭은 성적이 좋으면 엄청 푸짐한 보너스를 주고, 평가가 나쁘면 과감히 해고하는 것으로 유명하다. 가장 높은 점수는 연결능력(connective talent)이다. 남이 성공하도록 돕고, 알고 있는 정보를 여럿에게 전달해 공유하는 열의와 능력이 없으면 해고당하기 십상이란 의미.

팀원은 잔뜩 있는데 팀장을 따로 임명하지 않는 기업도 있다. 고어 앤 어소시에이트. 그럼 그 팀에서는 누가 팀장 노릇을 할까? “자, 회의실에 잠깐 모입시다”라고 회의실로 들어갈 때 그 사람 뒤를 몇 명이 따라 들어가느냐로 결정된다. 팔로워를 많이 모이게 하는 사람이 팀장격인 리더가 된다.

♠ 나부터 내가 먼저!

권위주의적 문화가 팽배한 우리 대기업 문화에서는 아직 먼 이야기이다. 총수의 편법 증여, 부실차명 회사 불법 지원… 하라면 뭐든 시키는 대로 한다. 심지어 총수가 가죽장갑 끼고 야구 방망이 들고 사람을 두들겨 패도 그저 굽실거린다. 총수에게 복종만 하는 임원은 부하에게도 복종만 하면 된다고 전염시키고, 부하를 평가할 때도 복종하는 충성도로 평가한다. 결국 직장 상사로 아래 사람을 괴롭히는 걸 넘어 자신과 같은 부하들을 판박이로 만들어낸다. 밖에 나가면 서비스업 종사자들을 괴롭혀 사회에 불만과 불신을 전염시킨다.

저 보스에게만 잘 보여 내 자리만 보전하면 된다는 진상 부하가 줄줄이 생겨나고, 사회에는 가진 사람에 대한 분노가 번진다. 그렇게 조직과 사회가 망가지는 것이다. 악행은 선행보다 전염력이 5배 정도 강하다는 게 연구결과. 이래서는 창조도 어렵고 혁신도 어렵다. 역시 중요한 건 나부터 그러지 말자는 우리의 결의이다. 내 탓이다. 나부터 남을 존중하자.

(CBS 변상욱 대기자, 2013.4.23)

핵심 용어

낮은 공 기법	도움행동	동맹	동조
면전에서 문 닫기	문간에 발 들여놓기	복종	사회적 영향
유행	응종	주변인 효과	권력

요약

- 인간은 사회의 복지를 증진시키는 여러 기능들을 점진적이고도 선택적으로 진화시켜 왔는데, 사회적 책임, 상호성, 사회정의가 도움행동에 가장 중요하다.
- 사람들이 많아서 책임이 분산되거나, 상황에 대한 해석이 모호하거나, 손해를 볼 가능성이 있으면 도움행동이 줄어든다.
- 도움을 받는 것이 자기의 자유를 상실하게 하거나, 채무의 부담이 있고, 자존심을 위협하면 도움행동을 거부하기도 한다.
- 다른 사람들이 어떤 행위를 하고 있기 때문에 따라 하는 것을 동조라고 한다. 대표적인 것이 유행이다.
- 응종은 사회적 세력을 사용하여 사람들의 태도와 무관하게 어떠한 요청에 응하게끔 만드는 것이다.
- 응종기법으로는 문간에 발 들여놓기, 면전에서 문 닫기, 낮은 공 기법, 그것이 전부가 아닙니다 기법 등이 있다.
- 복종이 이루어지는 것은 사회규범, 합법적 권위, 계약 등의 이유 때문이다.
- 동맹(alliance)은 둘 또는 그 이상의 사람들이 한 사람 또는 그 이상의 사람들에게 영향을 주기 위해 같이 행동하는 것을 말한다.
- 권력은 보다 많은 권력을 획득하도록 자극한다. 그 결과 권력은 타락하는 경향이 있다.

CHAPTER 14

군중행동과 환경

군중행동은 사회심리학에서 집합행동(collective behavior)이라는 용어로 다룬다. 집단역학(group dynamics)과 달리 집합행동은 진정한 의미의 집단이 아닌 무리(군중) 속에서 이루어진다. 환경심리학(environmental psychology)은 분야가 다양하지만 이 장에서 다루는 것은 개인공간과 좌석배치, 영역, 그리고 과밀이다.

군중행동 | 환경

도입사례

상주 시민운동장 압사사고

자전거축제 MBC 가요콘서트, 한꺼번에 출입문으로 몰리다 발생

3일 오후 5시 40분께 경북 상주시 화산동 시민운동장에서 열린 자전거축제 행사 일환으로 열린 MBC 가요콘서트를 앞두고 관중들이 한꺼번에 들어오던 중 11명이 사망하고 30명이 중경상을 입는 등 40여 명의 사상자가 발생했다.

이날 사고는 <가요콘서트>를 보기 위해 몰려든 1만여 명의 관객이 몰린 가운데 한쪽 출입문이 갑자기 열리자 뒤쪽 관중들이 밀면서 앞쪽 관객들이 넘어져 피해를 당한 것으로 파악되고 있다.

MBC <뉴스데스크>에 따르면 사고가 일어난 지점은 상주 시민운동장 '직3문'. 시민운동장에는 4개의 출입문이 있다. 이날 시민운동장에는 이미 리허설이 시작된 <가요콘서트>를 보기 위해 1만여 명의 관객이 각 출입문마다 줄지어 서 있던 것으로 전해졌다.

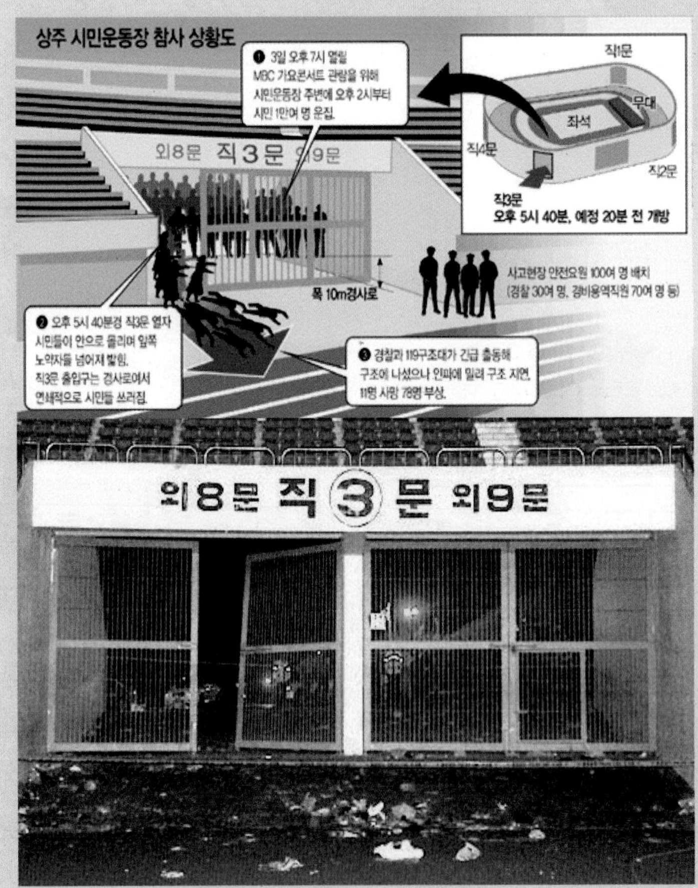

상주 시민운동장 참사 상황도(donga.com)와 11명이 압사당한 상주 시민운동장 출입문(오마이뉴스)

MBC는 이번 사고원인으로 현장통제 미흡 문제를 들었다. 수많은 인파가 몰렸지만 장내 정리가 되지 않았고, 경찰 30명과 시 자체 용역 70여 명 등이 나섰음에도 통제에 실패했다는 것. 특히 이번에 사고가 된 '직3문'이 갑자기 개방되면서 현장통제에 실패했다고 MBC는 밝혔다.

애초 각 출입문은 <가요콘서트> 최종 리허설이 끝난 뒤 개방될 예정이었다는 게 MBC 설명이다. 그러나 출입문이 예상보다 일찍 열리게 된 구체적인 경위는 밝혀지지 않은 상태. 이날 행사는 상주시 모 이벤트 업체가 맡았고, 모 경호업체에 경호를 맡긴 것으로 알려졌다.

(Korea Weekly, 2005.10.4)

생각해보기 이런 사고가 발생하게 된 원인은 무엇이며, 이런 사고를 방지하기 위한 대책으로는 어떤 것이 있을까?

군중행동

집단 속에서의 행동은 대개 일정하다. 학생들은 집단으로 수업을 듣고 있더라도 조용하며, 회사의 직원들도 자기 일을 묵묵히 하고 있다. 그러나 비교적 덜 조직화되어 있고 목표도 같지 않은 군중이 되면 양상은 달라진다.

사람들이 모여 군중이 되면 개인적으로 하기 힘든 일을 저지르기도 한다. 이때 사람들은 개인으로서 행동하는 것이 아니라 더 큰 무리에 속한 익명의 구성원으로 행동하게 된다. 군중 속의 개인이 되면 개체성을 상실하여 대개는 비이성적이고 야만적인 존재로 변하게 된다. 이것에 대한 하나의 설명은 익명성이다.

여러분들은 친구들과 몰려다니면서 혼자였다면 하기 어려웠을 일을 한 적이 있을 것이다. 쓰레기를 길바닥에 버리고, 큰 소리로 떠들고, 주위의 눈치엔 아랑곳하지 않고 행동한다. 모두 같은 복장이라면 증상은 조금 더 심해진다. 보다 극적인 사례는 난동이나 소요, 폭동과 같이 훨씬 많은 인원이 있는 경우다. 이런 경우 사람들은 폭력을 행사하고 약탈을 하고 불을 지른다. 보통 때라면 생각지도 못할 행동들이다.

누군가 나를 보고 있다는 표시는 익명성을 줄여준다.

익명성

군중 속에 있을 때 사람들은 '원초적 인간'의 정서를 느낀다. 군중심리는 자신의 정체를 상실하고 집단의 정체를 느낄 때 나타난다(몰개인화). 몰개인화(deindividuation)는 집단소속, 익명성, 책임감 상실, 흥분 등으로 인해 자기의식을 잃게 만들고 비전형적인 행동을 하게 만드는 경험상태를 말한다. 그래서 개인은 자신의 가치나 행동에 덜 주의를 기울이게 되고, 대신 집단이나 상황에 초점을 두게 된다.

이런 군중심리의 핵심요소는 남이 자기를 모른다는 익명성이다. 익명성은 개인의 책임감을 상실하게 만든다. 익명성이 크면 클수록 그들이 느끼는 책임감은 상대적으로 줄어들고, 결과에 대해 생각을 하지 않게 된다. 어려운 사람을 도와주지 않아도 남들은 자기가 누구인지 모른다. 버스나 지하철에서 자리를 양보하지 않아도 남이 자기를 모른다면 죄책감은 순간적인 것일 뿐이다. 대신 앉아 갈 때의 편안함은 더 오래 지속된다.

책임의 상실은 보통 때 하지 않는 일도 하게 만든다. 규범이라든가 질서가 개인을 통제할 수 없게 되기 때문이다. 그래서 어떤 사람이 건물 꼭대기나 한강철교에서 투신하려고 하면, 몰려든 군중들은 그가 빨리 뛰어내리기를 바라고 있다. 그가 구조되거나 자발적으로 걸어 내려오면 군중들은 허탈해한다. 군중의 익명성(다른 사람은 자기를 모른다는 것)과 피해자의 비인간화(피해자는 호기심의 대상으로만 보일 뿐이다), 기다림으로 인한 좌절(감질만나게 하면 군중들은 '열' 받는다) 등이 뛰어내리기를 부추기기 때문이다.

이런 것이 흥분된 군중 속에 있게 되면 충동적이 되고, 자제하기가 힘들며, 또 폭력적으로 된다. 익명성은 체포될 위험성마저 줄여준다.

그러나 아는 사람이 한 사람이라도 있게 되면 상황은 돌변한다. 익명성이 없어지기 때문이다. 그래서 바람이라도 쐴 겸 명동에 나갔는데 누군가가 자기를 알아보고 이름을 부르면 멋쩍어진다. 익명의 인간에서 현실로 돌아올 때의 당혹감인 것이다.

사회전염

옆 사람이 하품을 하면 자기도 모르게 하품을 하게 된다. 대화 도중 누군가가 팔짱을 끼면 다른 사람도 팔짱을 낀다. 강의가 끝난 다음 질문시간에 처음에는 나서는 사람이 없다가 누군가 질문을 하면 나중에는 여기저기에서 손이 올라간다.

또 역사적인 사례도 많다. 십자군 전쟁은 남녀노소 누구나가 구원의 약속, 부자가 될 수 있다는 유혹으로 예루살렘에 모여들게 만들었다. 프랑스 혁명 때 파리 시민들은 관리를 살해하고 공공재산을 파괴하면서 파리 시내를 돌아다녔다. 1969년 캐나다의 몬트리올 경찰이 17시간 동안 파업에 들어갔을 때 범죄활동이 급증했고, 밤이 되자 선량한 시민들도 폭동을 일으키기 시작했다.

갑자기 누군가가 뛰기 시작했다. 아마 급한 일이 있었으리라. 신문팔이 소년도 뛰기 시작했다. 그는 기분이 좋아 달리고 있었다. 젊은 신사도 뛰기 시작했다. 아내와의 약속에 늦었기 때문이다. 10분 이내에 길가의 모든 사람들이 뛰기 시작했다. 웅성거리는 소리가 '댐'이라고 변하기 시작했다. '댐이 무너졌다!'고 누군가가 소리쳤다. 2천 명의 사람들이 동시에 뛰기 시작했다.
(제임스 터버, 댐이 무너진 날, 1933)

사회전염(social contagion)은 집단성원들이 다른 사람의 행동의 의미를 알지 못하고 상황을 잘못 이해하게 되면 나타난다. 이러한 오해에 근거하여 행동하면 집단 내의 다른 사람들도 상황을 잘못 해석하게 되며, 이것은 전염이 확산될 때까지 계속된다. 그래서 한 사람이 멍하니

✣하품과 웃음은 불치의 전염병

하품은 누구나 한다. 하품은 누구도 빠르게 또는 느리게 할 수 없고 절반만 하다가 말 수도 없다. 임신 11주만 지나면 태아도 하품을 한다고 한다. 하품의 원인은 흔히 뇌의 산소결핍이나 피로, 기능이상 등으로 추측된다. 하지만 아직까지 정확한 원인은 밝혀지지 않고 있다. 메릴랜드대 심리학과 로버트 프로빈 교수는 사람과 고릴라를 대상으로 실험한 결과 "하품은 행동의 변화와 동시에 뇌와 신체에 활동을 준비하게 하는 신호"라고 주장한다. 즉 하품은 두뇌활동을 활발하게 하고 피를 원활하게 순환시키고 심장박동을 빠르게 하므로 "어떤 일에 대한 준비 태세가 되어 있다"는 뜻이라는 것이다. 산소가 100% 충만한 상태에서도 피험자들이 하품을 하므로 산소부족 때문에 생기는 것은 아니라고 한다.

하품은 전염성이 대단히 강하다. 하품하는 사람을 보거나 하품에 대한 책을 읽고 방에서 혼자 하품에 대한 생각만 해도 하품을 하게 된다. 프로빈 교수는 "뇌 메커니즘이 하품하는 얼굴을 인지하면 바로 하품이 나온다"며 "일단 뇌 신경계가 작동하면 하품을 멈추는 것은 어렵다"고 설명한다.

전염성은 웃음도 마찬가지다. 웃는 사람들 사이에 있으면 웃게 된다. 일단 웃기 시작하면 멈출 수 없고, 웃지 않으려고 노력하면 웃음이 더 나오게 된다. 프로빈 교수는 "웃음은 집단 구성원을 결속시키는 접착제 같은 것"이라고 말한다.

하늘을 쳐다보고 있으면 여기저기 같은 사람들이 많이 나오게 된다.

이것은 뒤에서 보게 되는 공포행동에서도 나타난다. 집단 내 한 사람이 흥분하고 겁에 질린 행동을 하게 되면 근처에 있던 사람들도 무슨 일이 일어났다고 생각하게 되고 불안해한다. 처음에 불안해하던 사람은 다른 사람의 불안한 행동을 보고 더 불안해한다. 이런 과정은 증폭되어, 실제로 관여하지 않은 방관자들도 이에 말려들게 된다. 1995년 3월 서울 논현동 D빌딩 가스누출 사고는 사회전염의 한 예다.

서울 논현동 D빌딩 가스누출 사고는 당시 일본 도쿄 지하철역에서 발생한 독가스 테러사건의 모방범죄일 가능성이 있다는 의문이 사고 직후 일부 언론에서 제기돼, 검경은 물론 군 화생방부대와 안기부까지 나서 진상파악을 하는 소동을 빚었다.

고의적인 독가스 범행설이 사고현장에서 나돌기 시작한 것은 사고 후 한 시간이 지난 오후 5시경. 사고현장에 있던 한 여사원이 기자들과 인터뷰한 직후였다. D빌딩 18층에서 근무중 중독증세를 보여 바깥으로 대피한 여사원은 기자들에게 "가스에 중독된 것을 느끼는 순간 일본의 독가스 사건이 연상돼 엘리베이터를 재빨리 타고 내려왔다"고 말했다.

이때 인터뷰 현장 근처에 있던 사람들이 여사원의 말을 제대로 듣지 못한 채 주위 사람들에게 "일본 독가스사건과 비슷한 사건이더라"는 소문을 내기 시작했다. 급기야 "이 빌딩에 건물을 폭파하겠다는 협박전화가 왔었다"는 소문으로까지 발전했다.

소문은 이때부터 눈덩이처럼 불어나기 시작했다. 일부 직원들이 최근 부도가 난 T그룹의 계열사가 일주일 전까지 이 빌딩에 입주하고 있었다는 사실을 기억하여 '협박전화와 T그룹'을 연결시키고, 'T그룹의 부도로 피해를 본 사람의 보복'이라는 말까지 나왔다. 이를 일부 언론이 철저한 확인작업 없이 오후 6시경부터 "이날 오전 D빌딩에 협박전화가 왔었다"고 보도하기 시작했다.

사고현장에 나와 있던 경찰과 소방서 측은 "고의적인 범행으로 볼 흔적이 발견되지 않고 있다"는 보고를 상부에 올렸지만, 안기부와 검찰은 뉴스를 접한 후 '단순사고가 아닌 범행'일 가능성이 있다고 보고 육군 모부대 화생방부대까지 동원, 현장조사에 나섰다.

청와대로부터도 현장수사본부에 확인전화가 걸려 왔다. 검경 및 안기부, 군관계자들까지 동원되자 현장에 있던 사람들은 더욱 자신들의 추측을 확신하게 됐다. 특히 병원에서 치료받은 후 곧 회복돼 귀가했던 사람들까지 뉴스를 접하

The Dong-A Ilbo 1995年3月23日 木曜日

빌딩 가스누출 18명 질식 소동

어제 서울강남 구토·호흡곤란 入院치료

日 신흥「眞理敎」수색

예배당등 25곳 경찰2千

사린溶劑압

지하철搜査隊 증원

化生放전담반 신설

당시 사례의 사건을 보도한 신문(동아일보, 1995.3.23)과 1995년 3월 20일 오전 발생한 일본 지하철 독가스 테러사건(우). 일본 사건에서는 12명이 사망하고 5천5백 명이 부상당했다. 범행에 사용된 독가스는 청산가리보다 500배나 강한 것으로 알려진 사린이었다. 한번 깊이 들이마시는 것으로도 목숨을 잃을 수 있는 위험한 물질이다.

고, "독가스가 아니냐"며 다시 병원으로 찾아가 입원하는 소동이 벌어졌다.
기자들과 경찰이 소문의 진원지를 찾아 나섰지만, 협박전화를 받은 사람이 없는 것은 물론, "그 같은 얘기를 누군가로부터 들었다"는 말만 꼬리를 물고 이어질 뿐이었다. 사고 발생 6시간 만인 밤 10시경 병원 측에서 "일산화탄소 중독 같다"는 혈액검사 결과가 나온 뒤 독가스 소문은 제풀에 꺾이기 시작했다. (동아일보, 1995.3.24)

집단히스테리

어느 날 초봄. 미국의 한 대학 전산센터의 키펀치실에서 근무하던 35명 중 대부분이 이상하게도 비슷한 질병에 걸렸다. 이들은 이상하고 지독한 냄새에 대해 불평했으며, 두통과 메스꺼움, 구토, 눈물로 고통을 받고 있다고 호소했다. 증상은 아주 심각하여 10명이 응급실로 실려 갔다. 많은 사람들은 이상한 가스가 원인이 되었을 것이라고 의심하고 있었다. 대학은 의사와 학자로 구성된 조사단을 만들었다. 이 병은 곧 진정되었다. 연구자들은 환자들을 안심시키기 위해 근처 파워플랜트에서 날아온 연기로 인해 병이 났다고 거짓말을 했다. 그러나 실제 연구결과는 집단히스테리였다.

2004년 12월 24만여 명의 사망자를 낸 인도네시아 지진해일(사진)이 발생한 후 한 달도 채 되지 않아 칠레에서 지진이 발생했는데, 지진해일이 났다는 거짓말에 도시 전체가 혼란을 겪었다. 주민들은 자다 말고 뛰쳐나와 높은 곳으로 대피했고 차량들이 한꺼번에 쏟아져 도시가 마비되었다. 지진해일 소문은 몇 시간 뒤 거짓말로 드러났지만 주민들은 놀란 가슴을 진정시키지 못하고 병원을 찾았다.

이 사례는 집단히스테리를 보여준다. 집단히스테리(mass hysteria)는 어떠한 실제적 또는 가상적 사건에 극도로 놀라거나 흥분하여 히스테리적 행동을 보이는 다수 사람들의 행위다.

이 '병'에 제일 먼저 걸리는 사람은 친구가 없거나 기절을 해본 적이 있는 사람들이다. 전형적인 집단히스테리의 경우, 동료나 급우들 사이에 기절이나 메스꺼움과 같은 증상이 일어난다. 이 증상은 실제적인 것이며, 꽤나 아프고 고통스러운 것이다.

스트레스에 관련된 증상들은 '이상한 가스'나 '독물질' 때문이라는 유언비어로 인해 더욱 심해진다. 이런 과정으로 말미암아 사람들은 증상을 실제 이상으로 받아들이게 되고, 스트레스나 근심 때문이 아니라 외부의 이상한 위협 때문에 병이 나게 되었다고 생각하게 된다.

심인성 집단병으로 불리는 이 현상은 심각한 스트레스에 대한 집단의 반응이다. 사례의 전산센터의 경우 단조로운 일상, 낮은 월급, 엄격한 규율로 인한 매일매일의 스트레스 때문이었다. 또 근처 공사장에서 들려오는 시끄러운 다이너마이트 폭발음도 한몫을 했다.

그 병은 곧 사라진다. 심인성 집단병은 병원체에 의해 발병되는 것이 아니라 심리적 요인으로 발병되므로 의학적으로는 이 병에 대해 설명을 하지 못한다.

또한 집단히스테리는 비현실적 사건으로부터 일어나기도 한다. 영화 〈시민 케인〉으로 유명한 영화감독 오손 웰스가 한 방송국에서 일할 때 그가 했던 실감나는 방송으로 인해 일어난 다음의 예는 이에 대한 극적인 사례다.

1938년 10월 30일 밤 8시, 뉴욕의 CBS방송은 핼러윈 특집으로 『우주전쟁(The War of the Worlds)』이라는 소설을 극화하여 방송했다.
이 방송극의 한 부분인 '생방송 뮤직 댄스'라는 오락 프로그램이 전파를 타고 동부 해안 1천만 청취자의 귀를 막 때리고 있는 순간이었다. 갑자기 이 오락 프로그램이 중단되면서 임시뉴스가 나왔다. 화성의 표면이 폭발한 이후 정체불명의 비행접시가 지구로 날아와 뉴욕 근교 뉴저지 지방의 한 농가에 내려앉았다는 것이다.
더불어 현장의 특파원은 살인광선 무기로 무장한 화성인들의 모습을 상세히 설명하고, 저명한 우주선 전문가가 나와 화성인의 전면적인 공격이 개시되었음을 확인해주었다. 대부분의 사람들이 화성에도 지능이 높은 생물체가 생존할 수 있다는 사실을 믿어왔다는 얘기가 나올 즈음에 이르러 이 방송은 영락없이 무시무시한 현실로 느껴졌다. 다음은 실제 방송 내용이다.

"아나운서 : 지금 이곳은 뉴욕시 방송국 옥상입니다… 지금 이곳은 뉴욕시 방송국 옥상입니다. 지금 듣고 계신 종소리는 화성인이 오고 있기 때문에 사람들을 대피시키기 위한 것입니다. 지난 두 시간 동안에 3백만 명 이상이 북쪽 도로로 대피한 걸로 추정됩니다. 허치슨 리버 도로는 아직 열려 있습니다. 롱아일랜드 쪽 다리는 피하십시오. 꽉 막혀 있습니다. 저지 만과의 모든 통신은 10분 전에 끊겼습니다. 방어병력은 없습니다. 군대는… 전멸했습니다. 포병대, 항공대, 모두 다 죽었습니다. 이게 마지막 방송이 될지 모릅니다. 마지막까지 저희는 이곳을 지키겠습니다.
(노랫소리)
아나운서 : 아래층의 성당에서 사람들이 기도를 올리고 있습니다.
(뱃고동 소리)
아나운서 : 항구 쪽을 보면, 모든 배가 사람들이 가득 찬 채로 부두를 벗어나고 있습니다. 거리에는 사람이 가득 차 있습니다. 마치 섣달 그믐날에 새해를 맞이하러 모인 인파 같습니다. 잠깐… 놈들이… 모습을 살짝 드러냈습니다. 팰리사이드 방향입니다. 다섯… 다섯 대의 거대한 기계들입니다. 선두가 강을 건너기 시작했습니다. 여기서 잘 보입니다. 마치… 도랑을 건너는 사람처럼 허드슨 강을 건너고 있습니다.
속보가 들어왔습니다… 전국에 화성인들의 우주선이 떨어지고 있습니다. 버팔로에 하나, 시카고에 하나, 세인트루이스에도… 시간을 맞춰 간격을 두고 떨어지고 있는 것 같습니다.
이제 선두의 기계가 강둑에 도착했습니다. 가만히 서서 도시를 둘러보고 있습니다. 머리는 금속빛의 고깔 같은 형태고 고층 건물과도 맞먹는 높이입니다. 다른 녀석들을 기다리고 있습니다. 도시 서쪽에 새로 고층 건물들을 세운 것 같은 모습입니다. 놈들이 손을 들어올립니다. 이제 끝인 것 같습니다. 연기가 쏟아져 나옵니다. 검은 연기가… 도시 위를 떠돕니다. 길거리의 사람들이 그걸 봅니다. 이스트 리버 쪽으로 도망칩니다. 수천 명이… 마치 쥐떼 같습니다. 연기가 점점 빨라집니다. 타임스 광장에 도달했습니다. 사람들이 도망치려고 하지만 소용없습니다. 사람들이 파리떼처럼 죽어나갑니다. 연기가 이제 6번가를 지나고 있습니다… 5번가… 아… 100야드까지 다가왔습니다. 이제 50야드…
(뭔가 떨어지는 둔탁한 소리, 이어서 경적소리, 호각소리 등등이 이어진다)
무전사 : 여기는 2X2L 아무나 응답 바람. 여기는 2X2L 아무나 응답 바람. 여기는 2X2L 아무나 응답 바람. 뉴욕 쪽에 아무도 없는가? 통신가능한 사람 아무도 없는가? 아무도 없는가? 여기는 2X2L…
(진짜) 아나운서 : 여러분은 오손 웰스의 머큐리 극장에서 '우주전쟁'의 드라마를 듣고 계십니다. 잠시 휴식 뒤에 방송을 계속하겠습니다. 여기는 콜롬비아 방송(CBS)입니다."

방송중인 오손 웰스

이 방송극의 시작과 중간휴식 전후, 그리고 마지막 부분에서 아나운서가 '이 방송은 실제상황이 아닌 가상극'이라는 사실을 확인시켜주었음에도 불구하고, 무려 1백만 명 이상의 청취자가 실제상황으로 믿고 있었던 것으로 후에 밝혀졌다. 극이 끝날 즈음 수천 명의 사람들이 히스테리적으로 거리에 모여 화성인의 침입뉴스를 퍼뜨리고 있었다. 이 상황을 친지에게 알리려는 전화의 홍수로 전화국의 모든 회선은 만원이 되었고, 경찰서에 확인전화가 빗발쳤다.
자동차를 타고 룸메이트와 같이 멀리 줄행랑을 쳤던 어느 대학생은 당시의 상황을 다음과 같이 회상했다. "…나의 룸메이트는 울면서 기도했다. 그는 나보다 훨씬 더 흥분해 있었다. 나는 액셀을 끝까지 밟았다. 상황이 끝나고서야 비로소 내가 얼마나 과속했나를 겨우 느낄 수 있었다. 시속 70

The New York Times.

NEW YORK, MONDAY, OCTOBER 31, 1938.

Radio Listeners in Panic, Taking War Drama as Fact

Many Flee Homes to Escape 'Gas Raid From Mars'—Phone Calls Swamp Police at Broadcast of Wells Fantasy

A wave of mass hysteria seized thousands of radio listeners throughout the nation between 8:15 and 9:30 o'clock last night when a broadcast of a dramatization of H. G. Wells's fantasy, "The War of the Worlds," led thousands to believe that an interplanetary conflict had started with invading Martians spreading wide death and destruction in New Jersey and New York.

...and radio stations here and in other cities of the United States and Canada seeking advice on protective measures against the raids.

The program was produced by Mr. Welles and the Mercury Theatre on the Air over station WABC and the Columbia Broadcasting System's coast-to-coast network, from 8 to 9 o'clock.

The radio play, as presented, was to simulate a regular radio pro-

DAILY NEWS FINAL

FAKE RADIO 'WAR' STIRS TERROR THROUGH U.S.

"War" Victim

"I Didn't Know".

당시 사건을 보도한 신문들(1938.10.31). 라디오 청취자가 전쟁드라마를 사실로 여겨 패닉상태에 빠졌다는 내용이다.

마일(110km) 이하로 떨어진 적은 결코 없었다. 그것은 시간과의 경쟁이었다. …겁에 질린 것 말고는 당시에 내가 무엇을 하고 있었는지 도대체 생각이 나지 않는다."

사회적 촉진

어느 날 강가를 걷고 있는데 한 보이스카웃 소년이 물에 빠져 허우적거리고 있는 게 보였다. 나는 그곳 지리를 잘 알고 있었으며 물이 그리 깊지 않다는 것도 알고 있었다. 나는 소년의 목숨을 구해주기로 했지만 다만 군중들이 보는 앞에서 하고 싶었다.

나는 잠시 벤치에 앉아 기다렸다. 살려달라는 소년의 비명에 사람들이 몰려들었다. 나는 그제야 의자에서 일어나 물가로 다가갔다. 나를 격려하는 관중을 의식하면서 천천히 신발을 벗었다. 관중 속에서 박수가 터져 나왔다. 그런데 내가 양말을 벗으려는 순간 다른 사람이 나를 따라 옷을 벗기 시작하는 것이었다.

"저 소년은 내 차지야." 내가 먼저 소리쳤다. "누구든 먼저 구하는 사람이 임자지." 그가 응수했다. 가만히 생각해보니 그 말도 맞는 것 같았다. 다행히도 나는 그보다 먼저 옷을 벗기 시작했다. 그대로는 나에게 지겠다고 여긴 그는 바지를 입은 채로 물속에 뛰어들었다.

다급해진 나는 뒤질세라 뛰어들며 그를 덮쳤다. 나는 그 후 소년이 어찌되었는지 모른다. 왜냐하면 소년을 구하려던 우리 둘은 다 같이 병원에 실려간 것이다. 나는 그의 팔을 꺾었고, 그는 나의 앞니를 부러뜨렸다.

술집에 손님이 많아야 술맛이 나고 잘 넘어간다. 경기장의 관중이 많아야 응원도 신나고 선수들도 몸을 아끼지 않는다. 일반적으로 타인이 존재하게 되면 개인의 수행량이 늘어난다. 이것을 사회적 촉진(social facilitation)이라 한다. 이것이 일어나는 이유는 타인의 존재가 동기를 더 강하게 해주기 때문이다.

그러나 모든 경우에 타인의 존재가 행동을 부추기는 것은 아니다. 집에서 어려운 문제를 풀 때에는 잘 풀리다가도 학교 급우들 앞에서 풀면 잘 풀리지 않는 경우가 있다. 전날 연설문을 완벽하게 소화했는데, 막상 연단에서는 잘되지 않는 경우도 있다.

이러한 것을 설명하는 것이 주의분산-갈등이론

관중의 존재는 선수들의 경기력을 증대시킨다.

(distraction-conflict theory)이다. 이것은 타인이 존재함으로써 생긴 주의분산과 주의집중 갈등이 단순과제의 생산성을 촉진시키는 반면, 복잡과제의 수행을 억제시킨다는 것이다.

사회촉진은 과제의 유형에 따라 달리 나타난다. 숙달되지 않거나 잘 모르는 행위, 생소하거나 복잡한 행동에 대해서는 타인의 존재가 방해하지만, 일단 그 행위에 숙달되면 관중은 행위를 촉진시키게 된다. 그러므로 세미나 또는 스터디 그룹 등에서 어려운 주제나 교재를 사용하면 발표하거나 토의하려는 분위기가 잘 이루어지지 않는다.

한편, 집단 속에 묻혀서 일하는 경우에는 혼자 일할 때보다 덜 일하게 되기도 한다. 이것을 사회적 태만(social loafing)이라고 한다. 즉 사람들이 혼자 일할 때와 비교해서 집단으로 일을 할 때에는 노력이 감소한다는 것이다. 링겔만(M. Ringelmann)이라는 심리학자는 혼자서 줄을 당길 때의 압력보다 여러 사람이 함께 줄을 당길 때의 압력이 줄어들었음을 발견했다. 1인당 줄을 당긴 압력이 100이었다면 두 사람이 당겼을 때는 93, 세 사람이 당겼을 때는 85로 줄어들었다. 8명이 당겼을 때는 혼자

줄다리기를 할 때 개인들은 모든 힘을 쏟지 않을 수도 있다. (http://cafe.naver.com/ssnrotary)

의 절반에도 미치지 못하는 49였다. 발견자의 이름을 따서 이것을 링겔만 효과(Ringelmann Effect)라고 한다.

사회적 태만은 특히 다른 사람이 자기가 한 일의 양을 모를 때 심하게 나타난다. 작은 짐을 여러 개 옮길 때에는 개수로 알 수 있기에 열심히 일하지만, 여럿이 냉장고를 옮겨야 할 때에는 얼마나 힘을 쓰는지 모르므로 힘을 덜 쓴다. 줄다리기를 할 때 설사 여러분 팀이 이겼다 하더라도 여러분은 모든 힘을 내지 않았을 수도 있다. 자기가 온 힘을 쏟지 않더라도 일이 잘되어가고 있으며, 또

❖무임승객효과와 봉효과–사회적 태만의 이유

사회적 태만에 대한 흥미 있는 설명은 무임승객효과(free rider effect)와 봉(鳳)효과(sucker effect)다.

예를 들어 당신이 한 집단의 사람들과 함께 배를 젓는다고 생각해보자. 모든 사람들이 열심히 노를 젓고 당신은 배가 멋지게 나아가고 있는 것을 본다. 모든 것이 잘되어가고 있기 때문에 당신은 이제 자신의 큰 노력이 필요치 않다고 느낄 수 있다. 따라서 당신은 노 젓는 자신의 노력을 줄이고 무임승객이 되어 빈둥거리게 된다(무임승객효과).

이와 달리, 당신은 온 힘을 다해 노를 젓고 있다가 눈을 돌려보니 다른 구성원이 거의 힘을 기울이지 않는 것을 보게 된다. 그 구성원들은 당신을 하나의 봉으로 보고 있다. 즉 당신이 모든 일을 하면 결국 놀고 있는 그 구성원도 당신만큼의 찬사를 받게 된다. 이제 당신은 자신의 노력을 줄이고 혼자 일할 때만큼 열심히 일하지 않게 될 것이다(봉효과).

연구에 따르면 사람들은 의도적으로 게을리 행동하는 타인들을 위해 봉이 되는 것을 가장 피하고 싶어 한다. 그러므로 이때 사회적 태만이 가장 크게 일어난다.

이겨봐야 찬사를 받는 것은 자기가 아니라 집단이기 때문이다.

공포행동

> 1903년, 시카고의 한 극장. "불이야!" 하고 누군가가 비명을 질렀다. 무대에 있던 코미디언(에디 포이)은 흥분하지 말고 잠깐 기다리라고 했다. 하지만 관객들은 공황상태에 빠져들었다. 10분 안에 소방차가 출동하여 화재는 곧 진압되었다. 하지만 602명이 사망했다. 대부분의 사망자들은 출입구와 계단 주변에 뒤엉켜 있었다. 다른 사람에게 떠밀려 압사하거나 질식사한 사람이 대다수였다. 나중에 소방관들이 시신을 가지런히 했을 때 얼굴에 찍힌 신발자국이 참상을 그대로 말해줬다.

군중행동이 꼭 공격적인 것에만 한정되는 것은 아니다. 두려움도 무리 속에서 느끼면 공포가 된다. 위의 사례는 집단 속의 사람들은 아무도 예상할 수 없는 심각한 결과를 가져오는 방식으로 행동할 수 있다는 것을 보여준다.

군중으로 꽉 찬 극장이나 나이트클럽 같은 곳에서 화재가 발생했을 때 모든 사람을 위한 제1의 해결책은 서로서로 믿고 협력하는 것이다. 그렇게 해야 희생을 최소로 줄일 수 있다.

그러나 이런 신뢰가 부족하면 각자는 제2의 행동을 하게 된다. 그것은 남보다 먼저 문으로 뛰어가 탈출하는 것이다. 그러나 이런 생각을 모든 사람들이 동시에 하고 있는 데 문제가 있다. 그래서 결국엔 모두가 비슷한 시간에 문에 도달하게 되고, 사람들로 혼잡한 가운데 끼여 터지는 것이다.

그렇지만 두려움이 강하다고 해서 공포행동으로 나타나는 것은 아니다. 중요한 것은 탈출구에 대한 사람들의 믿음이다. 탈출구가 열려 있고 가까운 거리에 있으면 소떼가 우르르 몰려가는 것과 같은 공포행동을 하지 않게 된다. 반대로 탄광붕괴와 같이 탈출구가 완전히 막혀 있다는 것을 알면 두려움을 겪긴 하겠지만 공포행동을 나타내지는 않는다.

공포행동이 일어나려면 교량, 터널처럼 탈출구가 한정되어 있거나 비상구 같이 열 수 있는 것이어야 한다. 이럴 때 개개인은 다른 사람들도 뛸 것이라고 믿고 남보다 먼저 뛰어야만 탈출할 수 있다는 것을 생각한다. 모든 사람이 이렇게 생각하면 공포행동이 나타난다.

공포행동은 다음과 같은 게임이론으로도 설명이 가능하다.

죄수의 딜레마—게임이론

> 두 사람이 은행강도 혐의로 체포됐다. 자백을 받아내기 위해 검사는 잔인한 방법을 생각해냈다. 검사는 한 사람씩 따로 불러 자백을 하든지 입을 다물든지 둘 중 하나를 택하라고 했다. 그러나 그 결과는 나머지 한 사람의 선택에 따라 크게 달랐다. 한 사람(A)이 자백을 하고 나머지 한 사람(B)이 자백을 하지

죄수 B \ 죄수 A	침 묵	자 백
침 묵	A : 1년 B : 1년	A : 석방 B : 20년
자 백	A : 20년 B : 석방	A : 8년 B : 8년

2010년 7월. 독일의 한 야외 음악축제 현장에서 압사사고가 발생했다. 축제 인파가 공연장으로 가는 터널에 한꺼번에 몰리면서 참사가 벌어졌다. (사진 : YTN)

않는다면 자백한 사람(A)은 석방이 되나 나머지 한 사람(B)은 최고형인 20년형을 구형받게 된다. 둘 다 침묵을 지키면 각각 1년을 구형받으며, 둘 다 자백하면 적정형량인 8년을 구형받게 된다.

이럴 경우 죄수들은 어떻게 행동할까? 물론 둘 다 침묵을 지킨다면 서로에게 좋다. 그러나 상대방이 자기를 배반하지 않을 것이라고 어떻게 서로 믿을 수 있을까?

죄수 A가 자백하는 것은 죄수 B가 어떤 결정을 하든 침묵을 지키는 것보다 자기에게 유리하다. 다행히 B가 자백을 하지 않으면 자기는 석방되고, 설사 B가 자백했다 하더라도 자기는 20년이 아닌 8년을 감옥에서 살기 때문이다.

죄수 B의 경우도 마찬가지다. B가 전부 털어놓을 때 A가 침묵을 지킨다면 B는 둘 다 침묵을 지켰을 때보다 더 유리해진다(석방). 결국 각자에게 최선의 선택은 둘 다 자백하는 것이다. 그러면 검사는 적정 형량인 8년을 구형한다(이 게임은 알 카포네를 감옥에 보낸 게임이다).

어찌 보면 그들의 선택이 최선이 아니었기에 불합리하게 보인다. 그러나 그렇다 하여 그들이 불합리하게 행동한 것은 아니다. 상대방이 자백할지 안 할지를 확신할 수 없다는 것을 고려한다면 이들의 선택은 가장 합리적인 행동이다. 죄수의 딜레마의 경우 각자는 상대방의 선택에 관계없이 자신의 이익을 최대화하도록 행동한다.

이제 죄수의 딜레마를 화재현장으로 옮겨보자. 죄수 A를 자기, 죄수 B를 다른 사람, 구형량을 부상의 정도, 침묵을 질서 지키기, 자백을 먼저 탈출하기로 바꿔놓으면 앞의 표는 다음과 같이 바뀐다.

		자기(A) 질서 지키기	자기(A) 먼저 탈출하기
다른 사람(B)	질서 지키기	A : 경상 B : 경상	A : 무사 B : 치명상
다른 사람(B)	먼저 탈출하기	A : 치명상 B : 무사	A : 중상 B : 중상

죄수의 딜레마에서 밝혀진 것처럼 각자의 선택은 하나밖에 없다. 그것은 앞뒤 안 가리고 문으로 돌진해 가는 것이다. 가장 합리적으로 결정한 각자의 선택인 것이다. 많은 사상자를 낸 화재사건을 신문방송에서 보도할 때면 으레 이런 탄식이 나온다. '모두가 질서를 지켰더라면 사상자의 수가….' 하지만 생각대로 되어주지 않는 데에 문제가 있다.

꼭 위와 같이 목숨이 오가는 급박한 상황은 아니지만 비슷한 행동은 주변에서 심심찮게 일어난다. 여름 휴가철 때 자정 넘어 영동고속도로가 막혀버린 적이 있다. 서울에서 강릉까지 24시간이 걸렸다고 한다. 모든 사람들이 '자정 넘어 출발하면 막히지 않겠지'라고 '합리적으로' 생각했기 때문이다. 또 명절의 귀향길 때 꽉 막힐 것이라는 보도가 나가면 의외로 잘 뚫린 일이 많다. 역시 모두가 '합리적으로' 그날을 피하기 때문이다.

금전적인 위험도 공포행동으로 나타난다. 부동산 값이 들먹이기 시작하면 '묻지 마' 투자가 횡행하여 정부가 쉽사리 안정시키지 못하는 것, 금융기관이 부도를 내면 '안심하라'는 정부의 약속에도 불구하고 돈을 인출하기 위해 새벽부터 은행 앞에 장사진을 치는 것 등이 그 예다. 정부가 어떤 경제정책을 쓸 때 효과를 못 보는 한 가지 이유는 개인이나 기업이 이용가능한 모든 정보를 동

2015년 6월 21일, 울산의 한 터널에서 6중 추돌사고가 발생했다. 119구급차가 긴급 출동해 터널 진입을 시도하자 꽉 막혀 있는 터널 안에서 차들이 길을 비켜주는 기적 같은 일이 생겼다. 구급차는 수백 대의 차가 터널 벽에 붙으면서 생긴 길을 따라 사고 현장에 일찍 도착했고, 다친 사람을 구할 수 있었다. (YTN, 2015.6.24)

원하여 그 다음 단계를 '합리적으로' 예측하여 나름대로 대응하기 때문이다(이것이 경제학에서 이야기하는 '합리적 기대가설'이다. 이를 제창한 시카고 대학의 루카스 교수는 1995년 노벨경제학상을 수상했다).

'나 혼자쯤'이 가져오는 사회적 재난

옛날에 왕이 큰 잔치를 벌이기로 했다. 음식은 왕이 내고 참석자들은 각자 포도주를 한 병씩 가지고 오도록 일렀다. 드디어 잔칫날이 왔다. 즐비하게 놓인 술독에 참석자들이 가지고 온 포도주를 쏟아붓기 시작했다. 그러나 그건 포도주가 아니라 물이었다. 사람들은 모두 자기 한 사람쯤 술 대신 물을 가지고 와도 모르려니 생각했던 것이다.

이처럼 '나 혼자쯤이야'라는 탐욕스런 생각이 결과적으로는 사회적 재난을 초래하기도 한다. '나 혼자쯤'의 새치기가 줄을 엉망으로 만들고, '나 혼자쯤'의 꽁초 버리기가 길을 더럽힌다. '나 혼자쯤'의 막힌 교차로 진입으로 교차로는 엉망이 된다. 교차로 꼬리물기로 인해 서울 시내에서만 연간 144억원의 경제적 손실이 발생한다(삼성교통안전문화연구소). '나 혼자쯤 안 찍어도 그 사람이 당선되겠지'라고 생각하고 투표소에 가지 않으면 엉뚱한 사람이 당선된다.

교차로 꼬리 무는 진입이나 좌석이 제한된 붐비는 식당에서 가방 등으로 자리를 미리 잡아놓는 행위도 상대방에 대한 신뢰부족 때문이다. 내가 정지선에 설 때 상대방이 진입한다면 난 손해를 보게 된다. 내가 자리를 잡아놓지 않고 다른 사람이 잡아놓으면 내가 손해를 보게 된다. 하지만 질서를 지키면 모두에게 이득이 된다.

'나 혼자쯤'으로 '나 혼자'는 이득이 되지 않는다. '나 혼자쯤' 앞차 꼬리를 문 교차로 진입으로 다른 급한 차들이 가지 못한다. 하지만 '나'가 급할 때 또 다른 누군가의 '나 혼자쯤'으로 '나'는 큰 피해를 볼 수도 있다. 결국 '나 혼자쯤'의 미래의 최대 피해자는 바로 '나 혼자'다.

사회에서 상호간의 신뢰가 중요한 이유가 바로 여기에 있다. 제대로 된 법(악법은 법이 아니라 악이다)과 질서가 사회에 있고 모든 구성원들이 이를 지킬 것이라는 신뢰가 사회 전반에 깔려 있어야 사회적으로뿐만 아니라 개인적으로도 최대의 효과를 얻는다.

유언비어

제2차 세계대전이 한창이던 영국 런던. 한 아주머니가 밤길을 걸어 귀가하고 있었다.
마침 한 중년 사내가 아주머니에게 다가왔다. 그는 무척 피곤한 기색이었으며, 어딘가 아픈 듯했다. 그는 아주머니에게 꼬깃꼬깃 접은 한 장의 편지를 건네며 오늘중으로 이 편지를 전달해야 한다며 주소를 알려주고는 쓰러졌다.
그녀는 황급히 그 주소로 찾아갔다. 그러나 밤중인 데다 자신이 잘 모르는 곳이라 결국 찾지를 못했다. 편지내용이 궁금해진 그녀는 편지를 뜯어보았다. 거기에는 이런 문구가 쓰여 있었다. "오늘 고기는 이 사람으로 끝내겠소."
이 편지는 인육공장으로 가는 편지였으며, 편지의 전달자인 그 아주머니는 그 날의 '고깃감'으로 찍힌 사람이었다.

위 사례는 제2차대전 당시 런던에 떠돌던 유언비어다. 유언비어는 소문 또는 루머로 흔히 일컬어지는데, 우리의 일상생활에서 많이 사용되고 있다. 가까운 이웃이나 친구들 사이의 입소문, 좋아하는 연예인에 대한 스캔들, 인사이동 때나 선거 때의 루머, 혹은 기업의 부도설 등은 모두 유언비어의 일종이다.

이런 유언비어의 특징 중 하나는 확실한 근거가 없다는 것이다. 그러나 아니 땐 굴뚝에 연기가 나지 않는 것처럼 유언비어는 근거 없이 발생하지 않는다.

이런 근거는 모호하고 불확실하다. 사람들은 주위환경이나 사건이 모호하고 불확실하면 긴장되고 불안한 느낌을 갖는다. 그래서 모호한 사건이나 환경에 대해 어떤 의미나 설명을 찾으려고 하면서 불확실한 것을 확실하게 만든다. 그래야 자신의 불안을 해소하고 안정을 찾을 수 있게 된다(승진, 시험 등과 같이 미래의 불확실한 사건에 대해서는 점을 봄으로써 앞일을 규정지어 불안을 해소하려고 한다).

그러므로 모호한 사건이 하나 있게 되면 이 사건에 대해 사람은 자기의 경험과 지식에 근거하여 나름대로 확실하게 규정을 짓고자 한다. 그렇게 되면 이 모호한 사건은 자기에게는 하나의 진실이 된다. 사람들은 위장된 이런 정보를 친한 사람에게 전해주고 싶은 충동을 느낀다. 그러면서 "너한테만 몰래 이야기하는데…"라는 말을 잊지 않는다.

이런 '…하더라', '…했더라' 통신의 과정에서 비밀스럽고 은밀한 소문을 나눠 가짐으로써 서로서로의 관계를 더욱 돈독하게 만들고 친구의식을 키워간다. 뿐만 아니라 '이런 정보를 갖고 있는 내가 너보다 낫다'는 의식 또한 유언비어의 전달자를 기쁘게 한다.

공시 이전에 증시에 떠도는 풍문이나 보도 가운데 10개 중 7개는 어느 정도 근거가 있다. 금융감독원에 따르면 증권선물거래소가 올해 들어 지난 19일까지 상장사들에 총 49건의 풍문 또는 보도 관련 조회공시를 요구한 것으로 나타났다. 이 중 해당 기업이 사실이라고 공시하거나 '추진중' 또는 '검토중'이라고 미확정 답변을 한 경우가 전체의 71.4%인 34건에 달했다. (연합뉴스, 2006.5.21)

그래서 소문은 주로 친하거나 관계가 있는 사람들 사이에 퍼진다. 한 기업의 자금악화설은 그 회사의 주식을 갖고 있는 사람들에게는 큰 사건이 되지만, 관계가 없는 사람들에게는 한낱 지나가는 말에 지나지 않는다.

불확실한 이런 정보는 여러 사람을 거치면서 또다시 어떤 부분은 없어지거나 강조되고, 새로운 설명이 추가되면서 퍼져나간다. 이런 과정은 어떤 집단에 대한 일체

✜큰 사건 뒤 고개 드는 음모론

다이애나 비는 음주운전의 희생자일까 아니면 영국왕실의 희생양인가. 닐 암스트롱은 정말로 달표면에 착륙했을까 아니면 그냥 미국 네바다 사막의 영화 세트를 가로질렀을까. JFK는 누가 암살했을까. 러시아인, 쿠바인, CIA, 혹은 외계인?

음모론을 믿는 사람들은 갈수록 늘어나는 추세다. 지난 1968년 한 조사에 미국인의 3분의 2가 음모이론을 믿었지만 1990년에 들어 미국인의 10명 중 9꼴로 음모이론을 믿는다고 답변했다. 연구자들에 의하면 인터넷이 새로운 음모이론을 재빨리 만들어 전파하고 네티즌들이 끊임없이 이에 대해 논쟁하기 때문이라고 지적한다.

로열할로웨이대 연구팀은 다음과 같이 설명한다. "일반인들은 대통령 암살이나 다이애나 비 사망과 같은 큰 사건에는 당연히 특별한 원인이 있어야 한다고 믿는다. 그런데 다이애나 비가 단순히 음주운전자에 의해 사망했다는 사실은 일반인을 혼란스럽고 불편하게 만든다. 대형사건의 원인치곤 너무나 일반적이고 평범하다. 앞으로도 이와 같은 불행한 사건을 예측할 수 없게 된다. 사람들은 예측가능하고 안전한 세상에 살고 있다고 생각하기를 선호하기 때문에 이런 점은 우리 모두를 불안하게 한다." 음모이론은 우리가 본능적으로 대형사건에 대해 예측가능한 설명을 선호하기 때문에 우리의 귀를 솔깃하게 한다는 설명이다.

특히 음모이론을 반증하는 새로운 증거가 나타나면 음모이론은 여기에 맞게 줄거리가 변하거나 정보 출처에 대해 의심하는 형태로 돌연변이를 거듭하면서 확대 재생산된다. 지난 1987년 레이건 정부의 '이란-콘트라 스캔들'처럼 음모이론이 사실로 판명되는 일도 있다. 그러나 돌연변이를 거듭하는 음모이론 대다수는 진실 규명을 어렵게 만들고 사회에 불신의 씨를 뿌릴 위험을 가지고 있다. 실제로 유대인 대학살이나 냉전시대 동서진영의 적대감 상승에는 음모이론의 책임도 크다. (부산일보, 2009.5.30)

✣소문을 퍼뜨리는 사람들
음해성 루머를 퍼뜨리는 사람은 성격적인 장애가 있다고 정신과 의사들은 말한다. 이들은 일종의 피해의식으로 인해 자신이 낙오자라 생각하고 사회적으로 몹시 위축된 생활을 하고 있으며, 대인관계도 원만하지 못하다는 것. 이들은 자신들이 탈출구가 없는 꽉 막힌 공간에 갇혀 있다고 생각한다. 그들에게 탈출구는 '다른 사람의 불행'이며, 자신이 나아질 수 없기 때문에 다른 사람이 불행해지는 것으로 대리만족을 하게 된다고 한다.

감이나 소속감이 클수록 더욱 강력하게 나타난다. 뜬소문 때문에 건실한 기업이 망하기도 하지만 그 기업이 망했다는 사실만으로 사람들은 그 소문을 더욱 진실한 것으로 믿게 된다.

유언비어는 그럴 만한 근거는 있지만 정확한 정보가 없기 때문에 발생한다. 그러므로 사회가 어지럽거나 위기를 겪고 있을 때처럼 혼미한 상황에서 더욱 기승을 부린다. 유언비어를 없애는 길은 확실한 정보를 제공하는 것이다. 당나귀 귀의 임금님이 백성들 앞에서 자신의 귀를 드러내야 소문은 소문으로 끝난다.

환경

개인공간

여러분이 지금 정류장에서 버스를 기다린다고 하자. 그런데 어떤 낯선 사람이 와 바로 옆에 선다면 대개는 자리를 이동하게 된다. 또 공원의 벤치에서 그이를 기다리고 있는데, 그이가 와서 멀찌감치 떨어져 앉는다면 이상한 느낌이 들 것이다.

우리는 옆에 있는 사람이 가족인가 연인인가 사업상 만나는 사람인가 아니면 생면부지의 사람인가에 따라 그와 일정한 거리를 유지하려고 한다. 이것은 사람들이 사회적인 상호작용을 하는 데 있어 좋아하는 일정한 거리가 있다는 말이다. 사람들은 이런 공간을 마치 자신의 일부인 것처럼 느낀다. 이 공간이 바로 개인공간(personal space)이다. 사람들은 사회생활을 하면서 가까이 오는 것을 거부하기도 하며 또는 안락감을 느끼기 위하여 가까이 오도록 유도하기도 한다.

개인공간은 문화마다 조금 차이가 있다. 영국인이나 미국인은 최대한 떨어져 이야기하려고 하며, 남부 유럽인은 가까이 서려고 한다. 또 라틴아메리카인이나 아랍인들은 최대한 붙으려고 한다. 그래서 떨어지려는 미국인이 붙으려는 아랍인과 만났을 때 어떤 광경이 벌어질지 예상해볼 수 있다. 아랍인은 미국인을 아주 냉정하고 우호적이지 못한 사람으로 보게 될 것이고, 미국인은 아랍인을 너무 우호적이고 징그럽게 구는 사람으로 보게 될 것이다.

개인공간은 사람이나 상황에 따라 가깝게도 멀게도 느껴진다.

개인공간의 종류

개인공간은 사람과 간격을 유지하려는 거리로 측정하여 네 가지로 나눌 수 있다. 하나는 친밀한 거리(intimate distance)로서 약 50cm 이내의 거리다. 이것은 연인들이라든가 어머니와 아기의 거리처럼 다른 사람이 파고들 여지를 주지 않는다. 두 번째는 개인적 거리(personal distance)다. 약 50cm에서 1.2m 정도로 친구와 이야기하기 좋은 거리다. 세 번째는 사회적 거리(social distance)다. 1.2m에서 2m 정도로 회의나 사업상 거래를 하기에 적당하다. 마지막은 공공거리(public distance)로서 3.5m에서 7.5m의 거리다. 큰 목소리가 필요하다. 강의나 거리의 약장수를 생각하면 된다.

이것은 물론 거꾸로 생각하더라도 마찬가지다. 서로 가깝게 붙어 있는 사람들은 그들이 친밀하거나 연인의 관계라는 것을 나타낸다. 어떤 남자가 여자에게 더욱 가까이 붙으려고 한다면 그가 그 여자를 사랑하거나 좋아하고 있다는 또 다른 강렬한 표현에 다름 아니다.

개인공간은 그 사람이 어떠한 사람인가에 대해서도 무엇인가를 말해준다. 내향적인 사람은 외향적인 사람보다 다른 사람과의 거리를 더 두려고 한다. 친근하고 긍정적인 인상을 받으려는 사람(예컨대 국회의원 후보자)은 거리를 적게 두며 또한 눈길의 마주침, 악수와 같은 행동을 함께 하기도 한다.

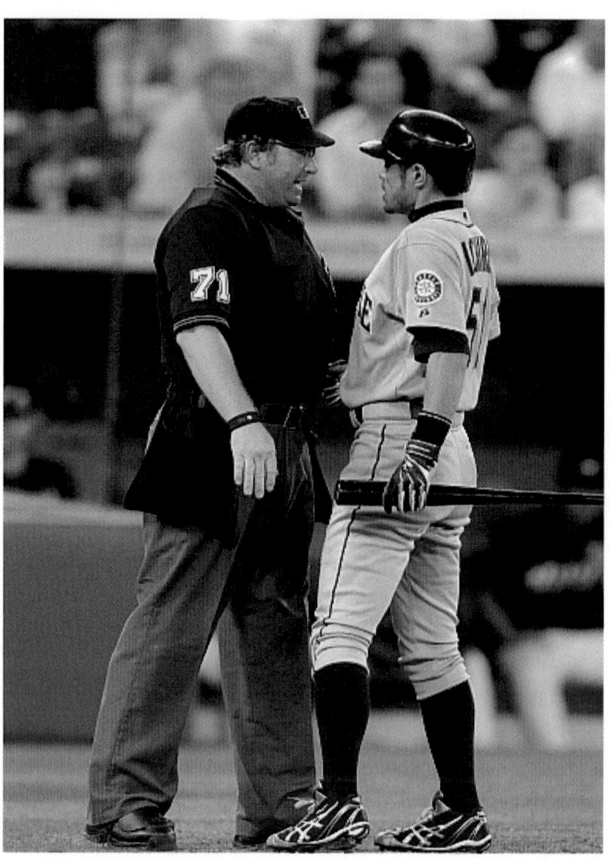

가까이 있고 눈 마주침을 한다고 친밀한 것은 아니다. 다투거나 항의하는 사람들도 상대방 코앞에 바싹 붙어 선다. 심판에 항의하는 이치로 선수.

일반적으로 친밀하면 더 가까이 서려고 하지만, 만원버스 속에서와 같이 가깝다는 것이 꼭 친밀하다는 것을 나타내지는 않는다. 낯선 사람이 다른 선택의 여지가 전혀 없이(즉 고의성이 없을 때) 우리와 가까이 서 있을 때에는 그들의 침입을 무시한다.

그러므로 그 사람과 자기가 친밀한가 아닌가를 알아내기 위해서는 개인공간 이외의 요인을 함께 고려해야 한다. 그것은 눈길 마주침의 양, 화제의 친근한 정도, 그리고 서로 미소짓는 양이다. 어떤 사람이 여러분과 가깝

✜나 홀로 자가용이 줄지 않는 이유는?

대중교통 이용을 권장하는 정부당국의 호소나 휘발유값 등락, 자동차 배기가스의 환경유해론 등에 아랑곳하지 않고 승용차를 혼자 몰고 출퇴근하는 사람이 많다. 서울시내 승용차 중 82.3%는 나 홀로 차량이다(2010). 교통체증이 더 악화되고 출퇴근 시간이 늘어나는데도 직장인들이 나 홀로 출퇴근을 고집하는 것은 자가용의 아늑함, 즉 자신만의 개인공간을 즐기려는 경향이 높기 때문으로 풀이할 수 있다. 미국의 한 여론조사 결과에 따르면 미국 여성 운전자 가운데 92%가 차 안에서 식사를 하며, 72%는 화장을, 65%는 헤어스타일을 고치는 것으로 조사되었다. 자동차가 미국 여성들의 편안한 개인공간인 셈이다.

게 앉은 상태로, 눈을 자주 마주치고, 미소를 지으면서 개인적인 화제를 이야기한다면 상당히 친밀하다고 할 수 있다.

하지만 이 중 하나라도 빠지면 친밀을 보장할 수 없다. 항의하거나 싸우는 사람들도 상대방의 코앞에 바싹 붙어 서기도 한다. 이는 상대방의 개인공간을 침해함으로써 불쾌하게 만들려는 '작전'이다. 이 경우 주로 눈맞춤을 하고 미소도 띠게 되지만, 눈맞춤은 상대방을 압박하려는 '전술'이며, 미소 역시 상대를 깔보는 '기싸움'에 불과하다.

좌석배치

개인공간과 밀접하게 연관되어 있는 문제 중의 하나가 좌석배치다. 강의실이나 극장, 버스, 공원, 레스토랑, 커피숍, 회의실, 공항이나 터미널의 좌석배치는 제각각 다른 모양을 하고 있다.

좌석에는 크게 두 가지 유형이 있다. 하나는 모여드는 좌석(사회구심적sociopetal 좌석)이며, 다른 하나는 내모는 좌석(사회원심적sociofugal 좌석)이다. 사회구심적 좌석은 눈맞춤을 자주 하게 만들고, 대화에 지장이 없도록 하며, 친밀감을 느끼도록 해준다. 레스토랑이나 거실처럼 둥글게 배치한 소파가 여기에 해당한다.

사회원심적 좌석은 사람들이 눈맞춤을 못하게 하고

내모는 좌석인 사회원심적 좌석은 마주보며 하는 편안한 대화를 어렵게 만든다.

대화를 못 나누게 만든다. 대합실, 병원, 교실, 대기실의 의자들이 여기에 해당한다. 이 의자들은 한쪽 방향인 극장식으로 배열되어 있거나 등을 맞대고 앉게 되어 있다. 심지어 마주보게 배열해놓았다 하더라도 너무 멀리 배치한 탓에 대화를 나눌 수 없게 되어 있다. 또 함부로 움직일 수도 없다. 너무 길거나 무거운 데다가 대개 움직일 수 없도록 볼트로 죄어져 있기 때문이다. 이런 배치는 낯선 이들과의 원치 않는 대화를 막고 자기 일만 보게 만든다.

좌석배치의 연구들을 보면 집단성원일 경우 사회구심적 배치를 선호한다는 것을 알 수 있다. 그러나 이러한 경우에도 그 상황에서 수행하는 과제의 유형에 따라 좌석배치가 달라지기도 한다. 평범한 대화를 할 때나 어떤 문제를 협동해서 하거나, 경쟁하거나 혹은 서로 다른 과제를 동시에 수행할 때 좋아하는 배치가 다르다는 것이다.

그러면 여러 좌석의 배치를 보자.

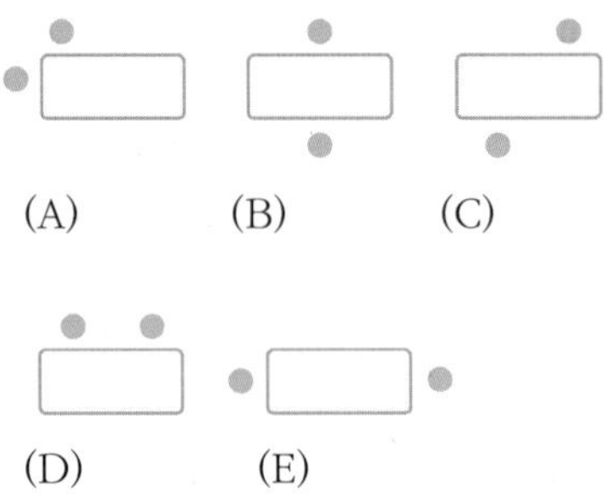

(A)와 (B)처럼 모서리-모서리 배치와 맞대면 배치는 대화를 할 때 선호하는 것이고, 나란히 앉는 배치(D)는 협동을 할 때 선호하는 배치다. 경쟁하는 짝들은 직접 맞대면하는 배치(B)나 대인거리를 멀리 두는 배치(E)를 선택하며, 눈길을 피할 수 있는 배치(C)는 서로 다른 일을 해야 하는 짝들이 좋아한다. 원형 테이블에서의 좌석배치도 사각 테이블과 비슷하다.

테이블의 형태가 원형인가 아니면 사각형인가 하는 것도 대화의 효과에 영향을 미친다. 원형 테이블은 사람

14차 남북 장관급 회담(2004)까지는 직사각형 테이블을 사이에 두고 남북 대표들이 마주앉아 논의했으나 15차 남북 장관급 회담(2005)에서 처음으로 원탁 테이블이 등장했다. 생산적인 회담으로 분위기를 바꾸기 위한 차원이라는 게 통일부 측의 설명이다.

들간의 매력을 높여주고 또 모두가 같은 위치에서 대화를 하고 참가자 전원이 발언할 기회를 주기도 한다. 하지만 맞대면하는 사각 테이블은 대화의 자리뿐만 아니라 경쟁, 설득, 논쟁, 대결의 자리이기도 하다. 교수가 학생을 면담할 때 어떤 테이블에서 이야기를 나누었는가에 따라 교수에 대한 학생의 인상이 달라진다. 원형 테이블에서 면담했을 경우 학생들은 교수가 공평하고 동정심이 깊고 개방적이며 권위적이지 않다고 생각했다. 1967년 파리에서 열린 한 회담은 회담장의 좌석배치를 어떻게 하느냐는 문제로 몇 달을 끌었다고 한다.

또 남녀간에는 선호하는 좌석에 차이가 있다. 남성들은 자신들이 좋아하는 상대와 마주앉는 위치를 좋아하고, 여성들은 옆자리를 선호한다. 더군다나 사람들은 그들이 좋아하는 상대를 위해 좋아하는 자리를 남겨놓는 경향이 있기 때문에 그 자리에 다른 사람이 앉게 되면 그 사람은 그만큼 더 거부당한다.

도서관에서 실시된 실험을 보면 남학생들은 자신의 맞은편에 앉은 낯선 사람을 가장 싫게 여기고, 여성들은 그들 옆에 앉은 낯선 사람에 대해 더 부정적인 반응을 보였다. 침범자가 없는 경우라도 남성은 자신의 정면에 책이나 물건을 둠으로써 개인공간을 지키려 했고, 여성은 양옆에 물건을 두는 경향이 있었다. 그러므로 상식이 가끔은 오해를 불러일으킨다. 낯선 여자에게 흑심을 품고

6각형 이코노미 클래스 좌석이라는 이 아이디어는 여객기 좌석을 생산하는 업체 Zodiac Seats France의 작품이다. 이런 식의 좌석배치로 얻을 수 있는 장점은 단 하나. 공간 활용도를 극대화하는 것. 하지만 실현될 수 있을까?

❖지도자가 되는 자리

지도자가 없는 회의석상에서 사람들은 주로 맞은편에 앉아 있는 사람에 바로 이어서 말하는 경향이 있다. 이는 잘 보이는 곳에서 말하는 사람(마주 앉은 사람)의 진술을 관찰하고 듣기 쉬우므로 더 강하게 자극을 받기 때문이다. 이런 경향성을 발견자의 이름을 따 '스타인저 효과(Steinzor effect)'라고 한다.

한편, 많은 구성원들과 눈맞춤을 할 수 있는 자리가 바로 상석이다. 모르는 사람들끼리 처음 만났을 때 고개를 돌리지 않고도 다른 사람들과 눈맞춤을 많이 할 수 있는 자리를 차지하면 지도자가 될 가능성이 커진다. 5명의 피험자를 2명과 3명으로 나눠 마주보고 대화하게 했을 때, 2명이 앉은 자리에서는 70%가 지도자로 배출되었으나 3명이 앉은 자리에서는 30%만 배출되었다. 3명 자리에서 주의집중하여 가장 잘 볼 수 있는 사람은 맞은편 2명이기 때문이다.

바로 옆자리로 돌진했다간 본전도 건지기 어렵다. 남성 자신은 위협적인 앞자리를 피하고자 옆으로 접근을 시도했는데, 여성의 위협적인 자리는 바로 옆자리이기 때문이다.

영역행동

시험 때가 되면 도서관은 아침 일찍부터 자리를 잡으려는 사람들로 북적댄다. 줄 선 사람은 서른 명이고 도서관 좌석은 백 개라 하여 느긋하게 생각하고 늦게 들어갔다간 자리를 못 잡고 만다. 이미 들어온 사람들이 빈자리에도 책을 펴놓거나 가방을 놓아 자리를 차지하고 있기 때문이다.

동물과 마찬가지로 사람에게도 영역이 있다. 사람들은 특별한 장소에 표시를 함으로써 자신의 것이라고 선언해버린다. 빈자리에 가방을 놓거나 화장실의 문을 잠그는 식으로 영역을 표시한다.

영역(territory)은 어떤 사람이나 집단에 의해 통제되는 범위다. 집단의 경우 영역의 크기와 위치는 그 집단에서의 위계와 관련되어 있다. 지위가 올라갈수록 더 넓고 호화롭게 치장된다.

개인공간이 신체적으로 한 사람에게만 관계되어 있다고 한다면, 영역은 신체와는 관계가 없다. 도서관의 좌석처럼 자신이 자리를 비워 신체적으로 떨어져 있다 하더라도 영역에 대한 주인의 지배는 계속되기 때문이다.

눈에 보이든 보이지 않든 자신의 영역은 정해져 있다. 지정좌석이 없는 화장실이나 교실의 경우라도 꼭 자기가 앉던 자리에 앉게 된다. 또한 아무리 직급이 높더라도 하급자의 의자에 허락 없이 앉으면 그날로 높은 그분에 대한 존경심은 사라진다. 해군 함장의 의자는 주인을 제외하면 대통령만 앉을 수 있다.

자신의 영역이 침범을 받으면 마음속에서 저항이 생긴다. 그러나 겉으로 드러나는 저항은 그리 크지 않다. 늘 애용하던 화장실의 한 칸에 사람이 있으면 비켜달라 소리도 못한다. 하지만 다른 칸을 이용해야 한다면 '볼일'이 제대로 되지 않는다.

이런 영역행동은 사람들이 질서 있게 사회작용을 하도록 돕고 프라이버시를 지키도록 한다.

사람들은 영역을 지키기 위해 여러 방법들을 사용한다. 자신의 영역이 침범을 받으면 저항이 생긴다(우하).

영역의 종류

대문과 담장은 일차적인 영역의 범위를 나타낸다(좌상). 비어 있는 주차구역이라도 자신의 영역(거주자 우선주차)이 아니면 주차하기 어렵다(우상). 주인이 자리를 비웠더라도 영역에 대한 주인의 지배는 계속되기 때문이다. 옛날 대문에 많이 써놓았던 "개조심"은 자기 영역에 대한 타인의 침입을 막기 위한 목적이기도 하다(좌하). 요즘은 "개조심" 대신 다른 방식을 사용한다(우하).

영역에는 세 가지 종류가 있다. 첫 번째는 일차적인 영역(primary territories)으로서, 가정이나 개인 사무실처럼 한 개인이나 집단에 의해 배타적이고 독점되어 있는 영역이다. 울타리나 담장, 아파트의 현관은 영역의 범위를 나타낸다. 개가 없더라도 '맹견주의'라는 푯말을 대문에 붙이는 것도 좀도둑의 접근을 막기 위해서이기도 하지만, 낯선 사람의 자기공간 침입을 방지하기 위해서이기도 하다.

권위적인 선배가 순종적인 후배의 가정을 방문하면 그 위치는 바뀌게 된다. 어떤 사람에게 따질 게 있어 이를 갈면서 갔다가도 막상 그의 집에서는 목소리가 잦아들고 만다. 자신의 영역이 아니기 때문이다. 프로축구나 야구에서도 원정팀보다는 홈팀이 자기영역인 홈구장에서 이길 확률이 더 높다. NBA의 시카고 불스는 1996년 홈경기에서 44연승을 기록했고, 20년 뒤 골든스테이트는 2016년 4월 홈경기 54연승으로 그 기록을 갈아치웠다.

두 번째는 이차적인 영역(secondary territories)이다. 이것은 관련되어 있는 다른 사람들과 정기적으로 함께 쓰는 영역이다. 그래서 소유관계가 확실하지 않다. 회의실이나 휴게실, 동아리방, 단골술집이 좋은 예다. 자기 혼자만 쓸 경우도 있지만, 대개는 다른 사람들과 함께 사용한다. 자기가 오기 전에 다른 사람이 있을 수도 있고, 자기가 간 다음 다른 사람이 있을 수도 있다.

✣역시, 홈그라운드!

야구와 축구는 적지보다 안방에서 싸울 때 다소 유리하지만 경기장이 훨씬 좁은 농구와 하키는 홈 어드밴티지가 상당히 많다고 스포츠 심리학에서는 주장한다. 미국 프로야구 월드시리즈의 경우 1924년부터 1982년까지 5차전 이상을 가진 월드시리즈 경기를 분석한 결과 안방 승률이 60%로 적지의 40%보다 높게 나타났다.

심리학자들은 축구시합에서도 홈 어드밴티지가 많다고 한다. 동물의 텃세행동이 테스토스테론(남성호르몬의 일종)의 영향을 받는 것처럼 안방에서 싸우는 선수들의 몸에서 테스토스테론이 많이 분비된다는 것이다. 또한 관중의 응원이 심판의 판정에 영향을 미친다는 보고도 있다.

이 밖에 홈팀 선수들이 홈그라운드에 익숙해 패스 등의 정확도가 높아질 수밖에 없으며, 원정팀은 장거리 여행으로 인한 부담을 안게 된다는 분석도 있다.

그래도 영역은 영역이다. 용무가 없는 사람이나 잡상인들은 출입이 저지된다. 낯선 사람이 동아리방에 등장하면 경계의 눈초리를 받고, 단골손님이 술집에서 큰소리를 치면 처음 온 사람은 기가 죽는다.

마지막은 공공영역(public territories)이다. 이것은 공원의 벤치, 대합실의 좌석, 공중전화부스, 도서관과 같이 모든 사람들이 접근할 수 있는 영역이다. 이것은 먼저 자리잡는 사람이 임자다. 강이나 산에서 야영할 때 먼저 텐트를 치면 자신의 영역이 된다.

그렇다 하더라도 공공영역을 선택할 때 사람들은 다른 사람들과의 거리를 감안하여 행동한다. 야영을 하더라도 먼저 온 사람 바로 옆에 텐트를 치지 않으며, 버스나 도서관에서도 타인과 멀찍이 자리를 잡게 된다.

또 영역에 대한 소유감은 그 사람이 자리에 있은 시간과 비례한다. "당신은 내 자리에 앉아 있습니다"라고 말하면 앉은 지 1분도 안 된 사람은 자리에서 벌떡 일어서지만 10분 앉아 있은 사람은 저항을 하게 된다.

과밀

여러분은 지금 가로 2m, 세로 1.7m, 높이 2.3m의 좁은 공간에 열두 명의 다른 사람들과 함께 서 있다.
이 공간은 창문이 없으며 환기도 제대로 되지 않는다. 그래서 아가씨의 화장품 냄새와 젊은이의 헤어젤 냄새, 점심을 막 끝낸 아저씨의 고기 냄새로 범벅이 되어 있다. 또 천장에 있는 전등은 아주 밝아서 앞에 선 사람의 비듬까지도 다 보인다. 게다가 모든 사람들이 정면을 향해 있으며 서로간의 대화도 없다. 모두가 정면 위쪽에 변하는 빨간 숫자만을 바라보고 있을 뿐이다.

비단 몇십 초만 그런 상황에 있긴 하지만, 여러분에게 이런 일이 닥친다면 아찔할 것으로 생각할 것이다. 이런 상황이 싫어 일부러 힘든 고생을 하는 사람들도 있다.

사례의 경우는 드문 것이 아니다. 바로 꽉 찬 엘리베이터 상황이다. 매일 수백만 명의 사람들이 이 좁은 공간을 들락날락한다. 뒤치락거리지도 못할 상황에서 사람들은 음악에 귀를 기울이기도 하며, 또는 '오늘의 명언'이라도 하나 붙어 있으면 철학자가 된 듯 그것을 보면서 이 복잡한 상황에 적응하려고 한다. 또 누구는 아예 눈을 감아버린다.

✜빠른 걸음걸이는 환경 탓!

세상에서 걸음이 빠른 사람 중 하나로 일본사람을 꼽는다. 일본인의 걸음걸이는 빠르다 못해 머리를 발보다 앞세워 자라같이 목을 앞으로 빼고 다닌다고 서양인들은 보고 있다. 그중에서도 성질 급한 오사카(大阪) 사람의 걸음걸이가 가장 빠르다고 한다. 어느 심리학자의 통계에 따르면 오사카 사람의 걸음걸이는 초속 1.6m로 일본에서 최고라는 보고가 있다. 오사카 사람의 이 같은 초스피드 보행습관은 각박한 주변환경 탓이라고 지적하는 사람들이 많다.

이것은 과밀의 문제다. 과밀(crowding)은 사람들이 빽빽한 환경 속에서 일어나는 스트레스의 한 형태다. 엘리베이터뿐만 아니라 출퇴근시간 때의 버스와 지하철, 바겐세일하는 백화점, 명절날의 터미널 등에서 과밀을 경험할 수 있다.

그러나 과밀은 주관적인 개념으로, 일정공간의 인구수를 말하는 밀도(density)와는 다르다. 극장이나 야구장, 유원지 등에서는 밀도는 높지만 과밀을 경험하지 않을 수도 있다. 또 단둘이 있고 싶어 호젓한 바닷가를 찾았는데 다른 한 쌍이 있다면 과밀을 경험하기도 한다. 고밀도가 불쾌한 상황은 더욱 불쾌하게 만들고, 유쾌한 상황은 더욱 유쾌하게 만든다. 이러한 것을 밀도-강도 가설(density-intensity hypothesis)이라고 한다. 따라서 오랜만에 간 놀이공원이 혼잡할 경우 놀러 갔을 때와 억지로 갔을 때 느끼는 감정이 다르다.

과밀상황이 되면 다른 사람들은 우리의 행동을 방해하고 지장을 주게 된다. 식사를 하기 위해 긴 줄을 서야 할 때, 지하철을 쉽게 빠져나갈 수 없을 때와 같이 우리의 자유를 제약한다.

또 과밀상황은 자극이 너무 많다. 대부분의 사람들은

적당한 수준의 자극을 좋아하는데, 과밀은 이 범위를 넘어선다. 그래서 사람들은 어떤 정보를 무시하고 행동을 제한함으로써 이 상황을 벗어나려고 한다.

특히 도시의 삭막함도 이것으로 설명이 가능하다. 사람들의 인심이 삭막해졌기 때문이 아니라 자극이 너무 많기 때문이다. 많은 사람들이 살다보니 도시생활은 교통사고, 범죄, 프라이버시의 보호, 경쟁 등 사람들에게 많은 자극을 준다. 이 많은 자극들은 스트레스의 원천이 된다. 그래서 사람들은 자극을 줄임으로써 스트레스를 피한다. 그 결과 남의 일에 간섭하지 않고 자신의 일에만 신경을 쓰게 된다.

그러나 고밀도의 상황이긴 하지만 통제력을 갖고 있다면 과밀감을 덜 느낀다. 바꿔 이야기하면 통제력이 없으면 과밀을 더 느낀다는 이야기다. 레스토랑에 먼저 들어와 창가의 좋은 자리를 골라 앉은 사람은 그렇지 못한 사람보다 과밀을 덜 느낀다. 엘리베이터의 단추를 조작하는 사람 또한 다른 사람보다 과밀을 덜 느낀다.

경기장이나 유원지에 가는 것과 같이 우리는 고밀도를 경험하기 위해 찾아가기도 한다. 그러나 일반적으로 과밀을 느끼게 되면 경쟁과 공격성이 증가하고 폭력적으로 되기 쉽다. 또 학습된 무력감을 느끼거나 사회적 접촉을 회피하게 되며, 심각한 스트레스를 경험한다.

과밀을 보여주는 한 주택의 도시가스 배관들(상)과 한가로운 해수욕장(하). 해수욕장이 한가롭더라도 한두 팀이 더 있으면 과밀을 경험하기도 한다. 과밀은 밀도와 달리 주관적인 개념이기 때문이다.

그래서 공간배치나 건축설계를 어떻게 하느냐에 따라 과밀을 느낄 수도 있고 그렇지 않을 수도 있다. 사무실의 경우 칸막이를 설치하느냐 않느냐에 따라 능률에 차이가 있게 되고, 아파트나 기숙사의 경우 복도를 'ㅡ'자형으로 하느냐, 아니면 'ㄷ'자나 'ㄹ'자로 하느냐에 따라 주거의 쾌적성을 다르게 느낀다. 많은 사람들이 접촉하다보면 과밀을 느낄 수밖에 없기 때문에 요즘의 아파트들은 한 층의 두 집만이 쓰도록 계단이나 엘리베이터를 제공한다. ψ

이전에는 한 층의 모든 주민들이 엘리베이터와 계단을 함께 쓰는 복도식 아파트(좌)가 많았으나 요즘은 한 층의 두 집만이 그것을 사용하는 계단식 아파트(우)를 많이 짓는다.

관중 배려한 설계… 지그재그 좌석 그라운드 한눈에

'선수들의 숨소리도 들린다.'

대구삼성라이온즈파크는 국내와 메이저리그의 사례를 연구한 끝에 탄생한 작품이다. 야구장 시설을 하나하나 살펴보면 관중에 대한 배려가 섬세하게 녹아 있다.

새 야구장의 가장 큰 특징은 기존처럼 원형이 아니라 팔각형 구조라는 점. 메이저리그 필라델피아의 홈구장인 시티즌스뱅크파크를 벤치마킹한 것이다. 원형 구장과 달리 팔각형 구장은 관람석과 그라운드의 거리가 가까워 관중이 생동감과 박진감을 느끼며 경기를 즐길 수 있다.

물론 관람석도 그라운드와 최대한 가깝게 설치했다. 하부 스탠드에서 1, 3루 베이스까지의 거리는 18.3m로 국내 최단거리다. 기존 국내 야구장의 하부 스탠드와 1, 3루 베이스 간 거리는 평균 22m에 이른다. 파울 라인과의 거리는 더 가까워 내야석 일부는 파울 라인에서 불과 4.6m 떨어져 있다.

상부 스탠드는 돌출형 구조다. 이 덕분에 상부 스탠드가 기존 국내 야구장보다 7.4m 앞당겨져 이곳에 자리한 관람객도 실감 나게 경기를 볼 수 있게 됐다. 상부 스탠드가 돌출, 하부 스탠드 위를 37% 정도 가리기 때문에 비와 눈 등을 피할 수 있는 지역도 넓어진 셈이다. 상부 스탠드 4, 5층 앞쪽에는 국내에서 처음으로 강화유리로 된 난간을 설치했다. 관람객들의 시야를 확보하면서 안전성까지 고려한 조치다.

시야 확보를 위한 조치는 또 있다. 새 야구장의 좌석 배치는 일렬로 줄 세워진 방식이 아니다. 뒷좌석을 앞의 두 좌석 사이 공간에 배치하는 지그재그 형태를 취해 '머리가 큰' 앞사람 때문에 시야가 가려지는 일이 적도록 배려했다.

새 야구장의 중심축(투수와 포수를 기준으로 한 축)은 동북동 방향이다. 경기가 진행될 때 관람객이 햇빛을 등질 수 있게 설계한 것이다. 이곳의 홈팀 관람석은 오후 4시쯤부터 전 좌석에 그늘이 생기는 3루 쪽에 배치된다. 물론 홈팀 더그아웃도 3루 쪽이다.

전광판(가로 30m, 세로 20.4m)에도 신경을 썼다. 3루 쪽이 홈팀 관람석임을 고려해 3루 쪽에서 보기 편하도록 외야 한가운데가 아니라 우익수 뒤편에 전광판을 설치했다. 이 외에 곳곳에 띠 전광판을 설치, 경기 상황을 쉽게 파악할 수 있게 했다.

(매일신문, 2016.3.15)

핵심 용어

개인공간
게임이론
공공영역
공포행동
과밀
링겔만 효과
몰개인화
밀도-강도 가설
사회구심적 좌석
사회원심적 좌석
사회적 촉진
사회적 태만
사회전염
영역행동
유언비어
이차적인 영역
익명성
일차적인 영역
집단 히스테리

요약

- 군중심리는 자신의 정체를 상실하고 집단의 정체를 느낄 때 나타난다.
- 사회전염은 집단성원들이 다른 사람의 행동의 의미를 알지 못하고 상황을 잘못 이해하게 되면 나타난다.
- 집단히스테리는 어떠한 실제적 또는 가상적 사건에 극도로 놀라거나 흥분하여 히스테리적 행동을 보이는 다수 사람들의 행위다.
- 타인이 존재하면 개인의 수행량이 늘어나는데, 이것을 사회적 촉진이라 한다. 타인의 존재가 동기를 더 강하게 해주기 때문이다.
- 사람들이 혼자 일할 때와 비교해서 집단으로 일을 할 때에는 노력이 감소하는데, 이를 사회적 태만이라 한다(링겔만 효과). 사회적 태만은 특히 다른 사람이 자기가 한 일의 양을 모를 때 심하게 나타난다.
- 공포행동은 탈출구가 한정되어 있는 상황에서 서로에 대한 신뢰가 부족할 때 일어난다.
- 개인공간은 사람이나 상황에 따라 다른데, 친밀한 거리, 개인적 거리, 사회적 거리, 공공거리가 있다.
- 거실 쇼파와 같은 사회구심적 좌석은 눈맞춤을 자주 하게 만들고, 대화에 지장이 없도록 하며, 친밀감을 느끼도록 해준다. 반면, 대기실의 의자 같은 사회원심적 좌석은 사람들이 눈맞춤을 못하게 하고 대화를 못 나누게 만든다.
- 영역은 어떤 사람이나 집단에 의해 통제되는 범위인데, 일차적인 영역, 이차적인 영역, 공공영역이 있다.
- 고밀도가 불쾌한 상황은 더욱 불쾌하게 만들고, 유쾌한 상황은 더욱 유쾌하게 만든다. 이것을 밀도-강도 가설이라고 한다.

찾아보기

ㅁ

ㅂ

ㅇ

ㅈ

ㅊ

ㅋ

이병관 서울대학교 심리학과 졸업(학사) | 서울대학교 대학원 졸업(석사) | University of Texas at Austin 대학원 졸업(석사, 박사) | 공군사관학교 심리학 강사 | Korad, Ogilvy & Mather 차장
현, 광운대학교 산업심리학과 교수

[저서 및 논문]

소비자심리와 광고PR마케팅(2019) | 광고PR실무를 위한 전략적 커뮤니케이션(2019) | 더 알고 싶은 심리학(2018) | 소비자심리학(2014) | 광고심리학(2009) | "Understanding the Role of New Media Literacy in the Diffusion of Unverified Information during the COVID-19 Pandemic" | "사회적 배제가 제품 패키지 선호에 미치는 영향 : 자연주의 추구 동기의 매개 효과를 중심으로" 등

박지영 서울대학교 심리학과 졸업(학사) | 경상대학교 대학원 졸업(석사, 박사) | 경상대 강사 | 도로교통공단 교통과학연구원 연구원
현, 신영사 편집국장

[저서 및 논문]

언어는 마음을 담는다(2020) | 당신의 기억은 변한다(2020) | 자기의 심리 이런 거였어?(2016) | 남친의 마음을 읽을 수 있다고?(2012) | 유쾌한 기억의 심리학(2009) | 내 모자 밑에 숨어 있는 창의성의 심리학(공저, 2007) | 유쾌한 심리학(2003, 2010 개정판) | "시가지도로의 동화상광고물이 운전자 행동에 미치는 영향" | "노년층 교통참가자의 운전특성 및 교육내용에 관한 연구" 등

생활속 심리학

2023년 8월 5일 제1판 1쇄 인쇄
2023년 8월 10일 제1판 1쇄 발행

저 자 이병관 · 박지영
발행인 권 영 섭
발행처 (주)신 영 사

경기도 파주시 심학산로 12(출판문화단지)
등 록 : 1988. 5. 2 / 제406-1988-000020호
전 화 : 031-946-2894(代)
F A X : 031-946-0799
e-mail : sys28945@naver.com
홈페이지 : http://www.shinyoungsa.co.kr

저자와의 협의하에 인지생략

정가 23,000원

ISBN 978-89-5501-842-4